ÉTUDE

SUR LA

THÉORIE GÉNÉRALE

DE

L'OBLIGATION

D'APRÈS

LE PREMIER PROJET DE CODE CIVIL
POUR L'EMPIRE ALLEMAND

PAR

Raymond SALEILLES

PROFESSEUR A LA FACULTÉ DE DROIT DE L'UNIVERSITÉ DE PARIS

TROISIÈME ÉDITION

PARIS

LIBRAIRIE GÉNÉRALE DE DROIT & DE JURISPRUDENCE

Ancienne Librairie Chevalier-Marescq et Cⁱᵉ et ancienne Librairie F. Pichon réunies

F. PICHON ET DURAND-AUZIAS, ADMINISTRATEURS

Librairie du Conseil d'Etat et de la Société de Législation comparée

20, RUE SOUFFLOT (5ᵉ ARRᵗ)

1914

ÉTUDE

SUR LA

THÉORIE GÉNÉRALE

DE L'OBLIGATION

DU MÊME AUTEUR

Étude sur les sources de l'obligation dans le projet du code civil allemand (Paris, Pichon, 1889).

De la cession de dettes (Paris, Rousseau, 1890).

Du refus de paiement pour inexécution de contrat (Paris, Rousseau,
1894).

Étude sur la théorie générale des obligations dans la seconde rédaction du projet de code civil allemand (Paris, Pichon, 1895).

Les accidents de travail et la responsabilité civile (Paris, Rousseau,
1895).

De la déclaration de volonté (Paris, Pichon, 1901).

MÉLANGES DE DROIT COMPARÉ. I. Introduction à l'étude du Droit civil
allemand à propos de la traduction française *Bürgerliches gesetzbuch*
entreprise par le Comité de législ. étrangère (Paris, Librairie Générale de Droit et de Jurisprudence, 1904).

II. De la possession des meubles, études de droit allemand et de
droit français comparés (Paris, Librairie Générale de Droit et de Jurisprudence, 1907).

ÉTUDE

SUR LA

THÉORIE GÉNÉRALE

DE

L'OBLIGATION

D'APRÈS

LE PREMIER PROJET DE CODE CIVIL
POUR L'EMPIRE ALLEMAND

PAR

Raymond SALEILLES

PROFESSEUR A LA FACULTÉ DE DROIT DE L'UNIVERSITÉ DE PARIS

TROISIÈME ÉDITION

PARIS

LIBRAIRIE GÉNÉRALE DE DROIT & DE JURISPRUDENCE

Ancienne Librairie Chevalier-Marescq et Cⁱᵉ et ancienne Librairie F. Pichon réunies

F. PICHON ᴇᴛ DURAND-AUZIAS, ADMINISTRATEURS

Librairie du Conseil d'État et de la Société de Législation comparée

20, RUE SOUFFLOT (5ᵉ ARRᵗ)

1914

Raymond Saleilles a été enlevé brusquement le 3 mars 1912.
De lui aussi on peut écrire ce qu'en 1901, en publiant la seconde
édition de ce livre, il écrivait de M. Bufnoir, auquel il l'avait
dédié : il a été une des gloires de l'enseignement, un serviteur infa-
tigable et passionné du droit.

On a montré déjà, dans une étude admirable (1), toute l'im-
portance de son œuvre si considérable et si variée. Dans cette
*œuvre, l'*Etude sur la théorie générale de l'Obligation d'après le
premier projet de Code civil pour l'empire allemand, *tient, de*
l'avis unanime, la première place. Sous son titre trop modeste,
c'est un des plus beaux essais de droit comparé qui aient été
publiés ; il demeure un modèle pour les jurisconsultes qui explo-
rent ce nouveau domaine de la science juridique. La méthode de
l'auteur, qui concevait le droit comparé comme devant servir à
rajeunir et à enrichir le droit national, en en révisant les con-
ceptions traditionnelles et en y introduisant des théories nou-
velles, par la voie de l'interprétation doctrinale, en inspire tous les
développements. Pour chaque institution, qu'il s'agisse de l'obli-
gation en elle-même, étudiée dans ses effets, sa transmissibilité, ses
modes d'extinction, ou des faits juridiques qui en sont les sources,

---

(1) E. Gaudemet, *Raymond Saleilles,* « Revue bourguignonne de l'Uni
versité de Dijon », 1912.

l'auteur remonte au droit romain, expose l'évolution historique des idées ; puis, avec une admirable érudition, une merveilleuse clarté, il décrit les constructions juridiques que, presque toujours sous l'influence de Doneau, la doctrine allemande a édifiées sur les textes du Digeste, et recherche quelle influence elles ont exercée sur la rédaction du Code civil allemand. Enfin, il ne manque jamais de montrer dans quelle mesure ces conceptions pourraient s'adapter au droit français, sans en troubler l'harmonie. Nous assistons ainsi à l'évolution des idées dans une matière, dont le cadre, si magistralement tracé par les Romains, paraissait à beaucoup immuable.

Peu d'ouvrages ont exercé une influence aussi profonde sur la doctrine française. Le nombre des études qu'il a suscitées est considérable. Aussi les deux premières éditions qui ont été publiées n'en ont-elles pas épuisé le succès. Une réimpression s'imposait. Le maître ayant disparu, c'était à ses amis qu'il incombait de remplir cette pieuse tâche. Il ne leur a pas paru utile de rien ajouter à la deuxième édition. Sans doute, on eut pu, dans quelques notes nouvelles, faire connaître les interprétations données à certains textes du Code par ses commentateurs, et indiquer les travaux publiés depuis 1901 sur les diverses questions étudiées dans l'ouvrage ; mais cela n'eût en rien accru l'intérêt du livre. Ce n'est pas un exposé de législation qui, comme tel, risque de vieillir et doive être tenu au courant ; c'est une œuvre essentiellement scientifique, qui vaut par l'excellence de la méthode, la sûreté de l'érudition, la force et la finesse de la dialectique, et par le souci constant d'adapter la règle de droit aux faits. C'est un chef-d'œuvre auquel il a paru préférable de ne pas toucher.

Henri CAPITANT,
Professeur de législation civile comparée
à la Faculté de droit de Paris.

PRÉFACE DE LA PREMIÈRE ÉDITION

L'étendue donnée à cet ouvrage pourra sembler excessive. Il s'agit d'un projet législatif étranger qui est loin d'être accepté comme loi définitive, et encore n'est-il question que de l'une des matières qu'il contient. Je dois, sous forme d'excuses, expliquer ce que j'aurais voulu faire.

La matière des obligations est dominée, pour la plus grande partie, par le principe de la liberté des conventions : ici donc, il n'y a pas de conceptions juridiques que l'on puisse déclarer définitives ; ici, tout est incessamment en progrès, ou, tout au moins, en voie d'innovations.

Or, c'est le mérite des études de droit comparé de fournir à cette marche du progrès juridique les éléments d'observation qui lui sont indispensables. Il n'est pas une seule des conceptions scientifiques imaginées en France ou ailleurs, pas un seul des usages inspirés par la pratique du monde civilisé, qui ne puisse répondre à une intention possible des individus qui entrent en rapports d'affaires, et donner satisfaction, aujourd'hui ou plus tard, à un besoin de la vie juridique.

C'est dans cet esprit que j'ai entrepris cette étude. On voudra bien n'y chercher, ni une analyse exégétique, ni une critique du nouveau projet : ceci regarde les intéressés.

Mais j'ai essayé, à l'occasion des dispositions admises par le projet, de grouper sur chaque question les principales théories scientifiques qui ont cours en Allemagne. Je n'apprendrai rien, sans doute, à ceux de nos éminents jurisconsultes qui, faisant de ces matières l'objet principal de leurs travaux, connaissent à fond tout ce qui a été dit, en France ou à l'étranger, sur le sujet. Il m'a paru, toutefois, qu'une synthèse un peu minutieuse des conceptions germaniques, susceptible de fournir comme un tableau abrégé du mouvement juridique, issu de la pratique du droit romain en Allemagne, ne serait pas inutile à ceux qui ne peuvent sans cesse recourir aux monographies spéciales, et pourrait peut-être trouver bon accueil auprès du public savant, et même des praticiens.

Je n'ai pas eu d'autre but. La première partie de ce travail a fait l'objet d'une communication insérée au *Bulletin de la Société de législation comparée* ; cet essai a paru devoir répondre au but que je viens d'exposer et j'ai été encouragé de divers côtés à lui donner une suite ; cette suite fournira la partie nouvelle de cet ouvrage. J'ai insisté, surtout dans celle-ci, sur la comparaison avec le droit français, et je m'estimerais heureux d'avoir ainsi fourni de nouveaux éléments d'interprétation, pour certaines matières de notre Code civil, que, sinon pour le texte, du moins pour la conception doctrinale, tout le monde s'accorde à vouloir rajeunir.

Je viens de dire ce que je m'étais proposé de faire. Mais je ne cacherai pas que cette préface ne révélerait qu'à demi ma pensée, si elle ne laissait pas tout au moins soupçonner ma reconnaissance pour le Président actuel de la Société de législation comparée, qui a été le véritable inspirateur de ce travail, et dont les conseils et l'appui, d'une façon générale, m'ont été si précieux. Il est devenu pour moi beaucoup plus qu'un Maître ; et si je ne puis guère ici accentuer davantage ma reconnaissance, je demande tout au moins l'autorisation, en inscrivant son nom en tête de ce livre, de mettre celui-ci sous le patronage de sa haute autorité et de l'offrir ainsi au

public sous le couvert d'une recommandation dont il a,
je ne le sens que trop, le plus grand besoin (1).

Vaux, par Etang-sur-Arroux, 1er octobre 1889.

Raymond SALEILLES,
*Professeur agrégé à la Faculté de droit
de Dijon.*

(1) La première édition de cet ouvrage était, en effet, dédiée à
mon beau-père, M. Bufnoir, qui était, en 1889, président de la Société de Législation comparée. — M. Bufnoir, qui était né à Autun,
le 3 janvier 1832, fut enlevé subitement, le 11 février 1898, à l'enseignement dont il restait l'une des gloires, à la science dont il avait
été l'infatigable et passionné serviteur, à l'affection profonde et
inaltérable de tous ceux qui l'avaient véritablement approché, péné-
tré et connu.

PRÉFACE DE LA SECONDE ÉDITION

La seconde édition de cet ouvrage est due, moins à mon initiative personnelle qu'à des sollicitations auxquelles j'ai cru devoir céder, et qui, d'ailleurs, ne me laissaient, ni le temps, ni la possibilité, d'opérer une revision complète de mon premier travail.

J'aurais souhaité, si le temps ne m'avait fait défaut, de mettre cette édition nouvelle au point de tous les changements introduits dans le texte du premier projet de Code civil allemand et d'étudier, avec le texte définitif, les raisons d'être des modifications adoptées.

La rapidité avec laquelle cette nouvelle publication devait être faite ne me l'a pas permis. D'ailleurs, toute l'analyse de ce travail de remaniements successifs sera donnée, sous une forme brève, il est vrai, mais suffisante, dans les notes qui suivront la traduction du Code civil allemand, que prépare le Comité de législation étrangère, et qui paraîtra prochainement.

Je ne voulais pas que la seconde édition de cet ouvrage risquât de faire double emploi avec l'œuvre considérable entreprise par le Comité de législation étrangère.

D'autre part, je me suis rendu compte que les raisons pour lesquelles on me demandait de publier à nouveau cet ouvrage tenaient moins aux nécessités où l'on pouvait être d'une étude exégétique des textes allemands qu'aux intérêts, bien autrement supérieurs, d'une culture scientifique universelle, prenant son point de départ dans les conceptions et théories juridiques élaborées, soit en Allemagne, soit en France, sur les matières les plus importantes du droit privé.

J'avais essayé, dans ce travail sur le Projet de Code civil allemand, de mettre au point quelques-unes de ces théories. A cet égard, l'utilité d'une seconde édition, alors même qu'il ne fût rien changé au texte initial, pouvait s'expliquer et se défendre. C'est le motif qui m'a fait consentir.

Je me suis contenté, sans modifier le texte, d'ajouter quelques notes destinées à marquer, sans autre commentaire, les solutions définitives admises par le Code civil, et à donner l'indication, lorsqu'elle m'a paru indispensable, des quelques ouvrages récents, touchant aux matières dont il était traité.

Toutefois, dans la dernière partie de ce livre, il m'était devenu impossible de respecter et de maintenir jusqu'au bout ce procédé d'abdication. Il s'agissait de questions d'une actualité tout à fait prenante, et principalement des théories relatives à la responsabilité délictuelle. Cette matière touche de très près, comme on le sait, au problème du Risque professionnel. J'avais, moi-même, publié sur tous ces points, dans ces dernières années, différentes études qui marquaient les étapes successives de l'évolution de mes idées en cette matière. En France, depuis la loi du 9 avril 1898, toutes ces questions ont été remuées et analysées dans tous les sens. Je me suis refusé absolument à reproduire, sans autre critique, ce que j'écrivais à ce point de vue il y a douze ans ; je ne pouvais pas davantage me contenter, comme je l'avais fait pour le reste, d'indiquer le texte pur et simple des articles du nouveau Code civil, correspondant aux dispositions du projet que j'avais commentées. J'ai tenu à fournir en notes un très bref exposé des discussions et des conflits d'idées auxquels avaient donné lieu les travaux de la seconde commission.

Ces quelques observations m'ont paru nécessaires pour

expliquer, et cette édition nouvelle, et les insuffisances qu'elle présente (1).

Paris, 1er juin 1901.

R. SALEILLES.

(1) J'ajouterai que j'ai cru devoir apporter une légère modification au titre de la première édition de cet ouvrage, qui était le suivant : *Essai d'une théorie générale de l'obligation.* Il m'a toujours paru quelque peu ambitieux ; j'ai préféré lui substituer aujourd'hui le titre plus modeste. mais plus vrai, que j'écris en tête de cette seconde édition : *Etude sur la théorie générale de l'obligation.*

ÉTUDE

SUR LA

THÉORIE GÉNÉRALE

DES OBLIGATIONS

D'APRÈS

LE PREMIER PROJET DE CODE CIVIL ALLEMAND

———

INTRODUCTION

1. Dans toute œuvre législative, la matière des obligations constitue une partie presque essentiellement théorique et abstraite ;
il s'agit, en effet, pour une grande part tout au moins, de préciser
les différentes formes sous lesquelles peut se manifester la volonté
dans le domaine des conventions humaines et d'étudier les effets
qu'elle peut produire : il semble donc qu'il suffise pour les décrire
de raisonner juste et d'être logique. C'est là ce qui donne à cette
partie du droit un caractère d'œuvre rationnelle et par suite d'œuvre scientifique plus accentué que dans toute autre ; mais c'est là
aussi ce qui fait que, de toutes les institutions de droit privé, ce
soit celle qui tende le plus à l'uniformité : les effets de la volonté
humaine sont presque partout les mêmes et les mêmes nécessités
juridiques suscitent à peu près partout des conventions identiques ou analogues (1). La matière des obligations, se dégageant
de plus en plus du formalisme primitif et même des questions
d'influence locale, tend à se présenter dans les législations modernes comme l'expression idéale de la logique juridique, en harmonie
avec le principe supérieur du respect absolu de la liberté des conventions. Le projet du nouveau Code civil allemand n'a garde de

(1) Cf. Glasson, *Hist. du droit et des instit. de la France*, t. III, p. 223 224.

manquer à d'aussi hautes et aussi belles ambitions ; l'œuvre, qu'il nous présente en cette matière, a un caractère incontestable d'élévation et une apparence scientifique non moins certaine. Le projet procède surtout par formules abstraites et néglige les détails, laissant à la doctrine et à la jurisprudence le soin de tirer les conséquences et de trouver les applications. Nos habitudes d'esprit s'effraient quelque peu de cette méthode de généralisation, dont nous ne sentons pas toujours au premier abord la portée exacte et la juste mesure, au point de vue des applications concrètes (1) ; mais, en allant au fond, il est facile de se convaincre qu'on a essayé de donner à chacune de ces formules une limite précise, ce qui ne veut pas dire qu'on y ait toujours réussi. En tous cas, nous chercherons, autant qu'il sera possible, à découvrir, sous ces abstractions, la portée pratique qu'elles recouvrent. C'est là le point sur lequel il conviendra d'insister.

2. *Source d'inspiration.* — Il est un autre point qu'il importe de mettre ici en relief : c'est que la principale source d'inspiration du projet, en cette matière tout au moins, a été le droit romain. Il n'y a pas à nous en étonner ; la matière des obligations, par suite de son caractère spéculatif, a constitué comme le chef-d'œuvre de la législation romaine : toutes les législations postérieures y ont puisé en matière d'obligations leurs principaux éléments ; notre ancien droit français se référait sur ce point au droit des Pandectes ; Pothier nous a donné sur ce sujet le résumé le plus clair que l'on puisse voir, et notre Code civil a fait du traité de Pothier la base de ses dispositions sur les obligations. A plus forte raison, devait-il en être de même en Allemagne, où le droit des Pandectes a continué de former, sous le nom de droit commun, la législation subsidiaire du pays. Tous les grands principes de la législation romaine se trouvent reproduits dans le projet, dans ce qu'ils avaient de profondément rationnel et d'essentiellement juridique.

3. *Principe de la distinction entre les modes générateurs d'obligations et les actes d'aliénation.* — Or, parmi ces principes, il en

_____

(1) Les Allemands eux-mêmes reprochent aux auteurs du projet le tour abstrait de leurs formules et les longueurs un peu contournées qui en ont été la conséquence. Un Code civil écrit de cette façon n'atteindra jamais, dit Bekker, à la popularité du Code civil français (Bekker, *Beiträge zur Erläuterung... des Entwurfes*, fasc. 2, p. 51). C'est déjà ce qu'avait si bien dit M. Bufnoir, dans sa communication à la Société de législation comparée (*Bulletin*, 1889, p. 147, note 1).

est un qui domine toute la théorie des obligations, comme celle des droits réels, et qu'il importe de signaler au début de cette étude, car il doit être le point de départ du système. C'est celui de l'absolue séparation entre les actes générateurs d'obligations et les actes constitutifs ou translatifs de droits réels (1). Il avait semblé aux Romains que promettre d'aliéner, ce ne pouvait pas être déjà réaliser l'aliénation : notre Code civil, au moins pour les obligations de corps certain, a cru devoir supprimer l'espace intermédiaire et cru plus simple d'attribuer au même acte le double effet de créer l'obligation et de réaliser l'aliénation (art. 1138). Le projet admet, comme les Romanistes l'avaient toujours admis en Allemagne, qu'il y ait une ligne de démarcation entre la convention par laquelle on s'engage à exécuter un fait et la convention par laquelle on réalise le transfert d'un droit. Sur ce point, d'ailleurs, les traditions romaines se trouvaient pleinement d'accord avec les plus anciennes traditions germaniques. Le vieux droit féodal n'admettait pas qu'on pût se dire plein propriétaire d'un immeuble sans une remise solennelle de la possession, appelée investiture (2). Cette investiture devint la cession judiciaire de l'époque des coutumiers allemands ; il n'y avait de différence avec le système romain que dans la forme employée pour l'acte de transfert, les Romains se contentant de la tradition pure et simple et les feudistes exigeant une cession en justice ; mais tout le monde était d'accord pour distinguer l'acte de cession du simple contrat.

4. Le principe de la cession judiciaire avait l'avantage de constituer un véritable système de publicité ; la cession était, en effet,

---

(1) Cf. *Motifs*, t. II, Einleit., p. 3.

(2) Dans les textes de l'époque carolingienne, on distingue, en matière d'aliénation d'immeubles, deux actes, la *traditio* et la *vestitura* : la *traditio* désigne, dans le langage de l'époque, le contrat lui-même, vente ou donation. On n'est pas absolument d'accord sur l'effet de la *vestitura* : les uns veulent qu'elle ait été nécessaire pour la transmission du droit, d'autres qu'elle ne fût requise que pour la perfection du contrat à l'égard des tiers (c'est le système qui paraît prévaloir parmi les historiens modernes du droit germanique et du droit gallo-franc). En tous cas, pour l'époque des coutumiers allemands, l'ancienne investiture, devenue la cession judiciaire (*Auflassung*), est bien considérée comme nécessaire pour effectuer l'aliénation. Cf., pour l'étude de l'ancien droit, Albrecht, *Gewere*, p. 65 (il représente l'école traditionnelle). Pour l'école nouvelle, voyez Heusler, *Die Gewere*, p. 17 et suiv. et *Instit. des deutsch. Privat. R.*, II, § 92 et 93 ; Sohm, *Eheschliessung*, p. 80, 81 et Sohm, *Zur Geschichte der Auflassung*, p. 100 et suiv. — Cf. Roth, *Syst., des deuts. Priv. R.*, t. III (Sachenrecht), p. 307, § 255. Add. Glasson, *Hist. du droit et des instit. de la France*, t. III, p. 134 et suiv.

constatée sur des registres, elle était de plus opérée par le magistrat lui même, ou confirmée par lui, suivant les systèmes, et elle devenait par suite irrévocable ; il y avait là une garantie très sûre pour les tiers. Aussi est-ce cette pratique qui l'avait emporté en Allemagne, et c'est à elle qu'est due l'extension du régime de la publicité en matière de propriété foncière ; ce régime fut admis en Prusse par les lois hypothécaires du 5 mai 1872 (1) ; et il est consacré d'une façon générale, et dans ses grandes lignes, par le projet de Code civil ; il en est question dans la matière des droits réels.

5. *Théorie du contrat abstrait d'aliénation.* — Ce que nous avons à retenir ici c'est que, à côté des actes créateurs d'obligations, il existe un contrat spécial d'aliénation, lequel suppose, au moins en matière immobilière, la participation d'un officier judiciaire et l'inscription de l'acte dans les registres fonciers. Ce que ce contrat a surtout de particulier, c'est qu'il est, comme l'ancienne tradition romaine (2), une pure convention de transfert, indépendante de la cause en vertu de laquelle les parties procèdent à l'aliénation. Les parties déclarent vouloir transférer ; cela suffit pour que, leur consentement soit pleinement efficace, il n'y a pas à rechercher en vertu de quel titre elles veulent aliéner ; il en résulte que, le contrat étant ainsi dégagé de sa cause juridique, le titre en vertu duquel on procède à l'aliénation pourra être nul ou annulable, l'aliénation n'en sera pas moins maintenue, et la partie qui aura fait annuler le titre n'aura à son service qu'une action person-

---

(1) Voy. la notice très intéressante de M. Paul Gide, servant d'introduction à la traduction qu'il a donnée des lois hypothécaires prussiennes du 5 mai 1872 (*Ann. de la Soc. de législ. comp.*, ann. 1873, p. 208 et suiv.). Ces lois, d'ailleurs, ne faisaient que reproduire un système déjà admis, pour le fond tout au moins, dans la législation de quelques Etats de l'Allemagne : ce principe était celui de la participation d'un officier judiciaire et de l'inscription de l'acte dans les registres fonciers (c'est le développement de l'ancienne *Auflassung*). Seulement cette participation du juge avait lieu de deux façons différentes, suivant les pays : ou bien le contrat devait se former devant lui et s'effectuer par l'inscription immédiate aux registres : c'était le système du contrat devant justice (*Consensprincip*), ou bien les parties présentaient au magistrat le contrat fait antérieurement, et celui-ci était censé le confirmer avant d'en permettre l'inscription, système de la confirmation (*Legalitätsprincip*). Cf. Roth, *Syst. des D. priv. R.*, t. III, § 258. Pour ce qui est du système admis par le projet, voyez articles 828 et suiv. et *Motifs*, t. III, p. 19, 20 (C. civ. al. art. 873 et suiv.). Nous renvoyons, du reste, pour cette partie du projet, à la communication si complète et si intéressante de M. Challamel (*Bull.*, 1889, p. 407 et suiv.).

(2) Cf. Accarias, *Précis de Dr. rom.*, t. Ier (éd. 1886), n° 226, p. 573 ; Windscheid, *Pandekten*, t. Ier, § 171, note 5. Girard, *Manuel élémentaire de droit romain* (Ed. 1901), p. 292, note 3.

nelle en restitution, analogue aux anciennes *condictiones* ; on en voit l'avantage au point de vue des tiers (1). Ce contrat abstrait, que les Allemands appellent aussi contrat réel, n'a pas été restreint au contrat d'aliénation de la propriété ; toute convention par laquelle on cède un droit se trouvera distincte du titre en vertu duquel on procède à la cession, et par suite tout acte de cession sera aussi un contrat abstrait dégagé de sa cause. C'est ce qui sera admis, par exemple, pour la cession de créances, et également pour la remise de dette, laquelle est, de toutes les aliénations, la plus complète puisqu'elle équivaut à l'extinction du droit.

Cette théorie du contrat abstrait d'aliénation domine, on le voit, toute la matière : il importait de la bien mettre en relief (2).

6. *Division et plan de la matière* (3). — Il n'y a plus maintenant qu'à indiquer les grandes lignes du projet. Comme toutes les législations qui visent à être logiques, le projet distingue essentiellement l'obligation en elle-même des sources d'où elle dérive : il étudie donc d'abord, dans une première partie, l'obligation au point de vue de ses effets (4), de sa transmissibilité et de ses modes d'extinction (liv. II, sect. I, art. 206-351) ; puis, dans une seconde, il étudie les sources d'où l'obligation dérive et qui sont : 1° les *actes entre vifs*, lesquels comprennent le contrat et aussi la promesse unilatérale dans les cas où la loi lui attribuera un effet obligatoire (liv. II, sect. II, art. 342-703) ; 2° le *délit* (liv. II, sect. III, art. 701-720) ; et 3° certaines causes spéciales que le projet ne désigne pas autrement et qui correspondent à ce que nous appelons les *quasi-contrats* (liv. II, sect. IV, art. 717-722). Pour chacune de ces sources, le projet établit une théorie générale, puis une série de dispositions relatives à des cas particuliers. C'est ainsi qu'à la suite de la théorie générale du contrat et avant de passer aux

(1) Pour les détails, voir la partie du projet relative au *Sachenrecht* (art. 828 et suiv.) ; sur la nature contractuelle de la tradition (Voy. *Motifs*, t. III, p. 7).

(2) *Dinglicher Vertrag*, art. 290 et 294 (*Motifs*, t. II, pp. 114 et 120) ; art. 828 et suiv. (*Motifs*, t. III, pp. 6-8 et 159). Cf. l'étude de M. Challamel au *Bulletin de la Soc. de lég. comp.*, 1889, p. 404 et suiv.

(3) Pour les modifications apportées au plan initial dans le second projet, voir Bul. 1895, p. 724 suiv.

(4) Certaines matières, comme celle, par exemple, de l'action Paulienne, ayant fait l'objet de lois spéciales, restent en dehors des dispositions du projet ; pour l'action Paulienne, cf. loi d'Empire du 10 fév. 1877 sur les faillites (*Konk. ordn.*), art. 22 34 (*Konk. ordn. R.* art. 29 suiv.) et loi d'Empire de 21 juill. 1879 (*Annuaire* 1880, p. 92).

délits, le projet traite des contrats particuliers : ce procédé est assez familier aux ouvrages de Pandectes allemands ; peut-être a-t-il le tort d'interrompre l'exposé d'ensemble du système général des obligations. Nous n'avons pas l'intention, pour le moment tout au moins, d'étudier les contrats particuliers. Nous voudrions surtout présenter une théorie générale des obligations, à la façon de la partie correspondante de notre Code civil.

Nous diviserons cette étude, comme l'a fait le projet ainsi que nous venons de l'indiquer, en deux grandes sections, la première consacrée à l'étude de l'obligation prise en elle-même, la seconde consacrée à la théorie générale des sources de l'obligation.

PREMIÈRE SECTION

DE L'OBLIGATION EN ELLE-MÊME

7. Le projet, supposant l'obligation déjà née, se place, pour en décrire la portée juridique, aux cinq points de vue suivants :

1º Il l'étudie d'abord dans son objet ;

2º Il en détermine ensuite les effets, ce que le projet appelle le contenu de l'obligation ;

3º Il en décrit les modes d'extinction ;

4º Passe aux modes de transmission ;

5º Enfin étudie les modalités tenant à la pluralité de sujets actifs ou passifs, ce qui correspond à la solidarité.

Nous allons essayer de passer rapidement en revue les points les plus saillants contenus dans ces cinq paragraphes :

1º Objet de l'obligation ;

2º Effets, ou contenu de l'obligation ;

3º Extinction de l'obligation ;

4º Transmission de l'obligation ;

5º Solidarité et indivisibilité.

§ 1. — OBJET DE L'OBLIGATION

8. La section relative à l'objet de l'obligation s'ouvre par une définition qui a la valeur d'une déclaration de principe (art. 206 ; art. 241 C. civ. al.) ; il y est dit que l'objet de l'obligation peut être un fait ou une omission quelconque, pourvu que la chose soit licite ; et on a bien soin de ne pas exiger que le fait présente une valeur pécuniaire pour le créancier. C'est la condamnation de l'ancienne théorie romaine exigeant que l'objet de l'obligation soit appréciable en argent ; depuis longtemps on commençait à faire justice de cet adage, qui s'expliquait à Rome par des motifs propres au formalisme et à la procédure romaine, et dont l'admission dans le droit moderne constitue une véritable anomalie (1). En Allemagne, c'est surtout à von Ihering que l'on doit d'en avoir mieux compris l'inexactitude juridique (2) ; et le projet ne pouvait pas ne pas faire justice des anciens préjugés à cet égard. Aussi, verrons-nous la validité des stipulations pour autrui pleinement acceptée (art. 412 et 413); qu'importe que le fait promis doive se réaliser au profit d'un tiers et que le stipulant n'ait en vue que l'intérêt d'autrui (3) ? Il n'y a pas de raison pour lui refuser l'action ; seulement le projet admet que, si le débiteur n'exécute pas le fait promis, le créancier ne pourra lui demander l'indemnité que s'il peut évaluer en argent le dommage que lui cause personnellement l'inexécution (art. 221) ; ceci est conforme aux principes en matière de dommages-intérêts.

9. *Obligation alternative.* — Après cette déclaration de principe, le projet étudie certaines obligations spéciales, considérées au point de vue des modalités de leur objet. La première est l'obligation alternative. La théorie admise est la théorie traditionnelle, contraire à celle que proposait Dumoulin ; ce sera donc la même que celle de notre Code civil (4).

Les deux objets compris dans l'alternative seront considérés comme étant dus dès le principe (5) et le choix qui aura lieu aura

(1) Cf. Larombière, *Obligations* (art. 1128, n° 37, éd. 1885, t. I, p. 237) : Aubry et Rau, § 344 *in fine* ; Windscheid, *Pand.*, § 250, note 3.

(2) Ihering, dans *Jahrb. für Dogm.*, t. XVIII, p. 41 et suiv. Cf. sur toute cette matière la thèse importante de M. DONVILLE : *De l'intérêt moral dans les obligations* (Paris, 1901) ; voir p. 277 suiv.

(3) Cf. Demol., t. XXIV, n° 232. Il ne faudrait pas croire que la question n'eût d'intérêt pratique qu'en ce qui concerne les stipulations pour autrui ; le contraire est suffisamment démontré par l'espèce même au sujet de laquelle est intervenue la consultation de Ihering. Il s'agissait d'une société suisse, fondée en vue du développement du réseau intercantonal, laquelle avait stipulé d'une des compagnies suisses la construction d'une voie ferrée ; et la compagnie cherchait à se soustraire à son obligation en alléguant que celle-ci n'offrait d'intérêt pécuniaire pour aucun des membres de la société pris en particulier et que ceux-ci n'avaient aucun intérêt personnel à l'affaire, que par suite la simple préoccupation de l'intérêt général ne suffisait pas à valider l'obligation (Voir la consultation de Ihering dans *Jahrb. für Dogm.*, t. XVIII, p. 41-85). — Add. Regelsberger (Théorie des contrats commerciaux dans le *Handbuch d'Endemann*, t. II, § 250, note 13) Voir IHERING, *œuvres choisies* (Traduction Meulenaere).

(4) Cf., sur tous ces points, Demol., t. XXVI, n°° 6 et suiv., n°° 16-19.

(5) On sait que dans le Code civil l'intérêt pratique de la controverse porte

pour but de dégager de l'obligation celui qu'aura exclu le débiteur ; c'est en effet au débiteur que le choix appartiendra en principe [art. 207 ; art. 262 C. civ. al.] (1) ; ceci est conforme au Code civil et à toutes les législations. Mais ce que le projet admet ici de particulièrement nouveau, c'est une théorie de Ihering sur la façon dont le choix sera opéré, et, par suite, deviendra irrévocable. On pensait en effet que le choix, pour devenir irrévocable, exigeait l'acceptation du créancier ; Ihering a essayé d'établir que, au point de vue des principes, il devait suffire de la désignation du débiteur et que le choix constituait par suite un acte unilatéral dont l'effet était acquis dès que la volonté de celui à qui appartient le droit d'option s'était manifestée. Le projet consacre cette idée comme étant la plus favorable à la sécurité du commerce (2) (art. 208 ; art. 263 C. civ. al.).

10. L'option étant ainsi faite, restait à en décrire les effets ; le projet les résume dans ce que la doctrine appelle le principe de

---

surtout sur la question de transfert (art. 1138). Si l'on admet, comme le voulait Dumoulin, qu'aucun des deux objets ne puisse être considéré comme étant dû avant le choix à intervenir et qu'il s'agisse de choses corporelles à livrer en propriété au créancier, le transfert ne peut se réaliser qu'au moment où le choix intervient ; cet intérêt pratique ne peut plus se présenter dans la théorie du projet qui n'admet pas que la convention de donner soit par elle seule translative de propriété. Mais l'influence du système adopté par le projet ne s'en fait pas moins sentir sur la réglementation des effets de l'obligation alternative (Cf. *infrà* p. 9, not. 1). La théorie dominante parmi les romanistes allemands était de distinguer suivant que le choix appartenait ou non au créancier : dans ce dernier cas, on considérait que les deux objets étaient d'ores et déjà *in obligatione*, puisque le créancier n'avait qu'à vouloir pour que le débiteur fût obligé de lui fournir l'un ou l'autre : mais on n'admettait plus aussi facilement cette conception lorsque le choix appartenait au débiteur, et l'on sait que c'est le droit commun. Dans le sens de cette distinction, voir Windscheid, *Pand.*, § 255, note 5 et les citations. Le projet repousse cette distinction et admet que dans tous les cas les deux objets compris dans l'alternative sont déjà, et avant le choix intervienne, objets de l'obligation ; c'était aussi l'opinion de Fitting (*Correal Oblig.* pp. 136-169), lequel établissait déjà, comme l'avait fait également Demolombe, une très réelle analogie entre l'indétermination de l'objet, c'est-à-dire l'alternative, et celle du sujet, c'est-à-dire la solidarité. Cf. Brinz, *Pand.*, § 242, t. II (2ᵉ éd.), p. 103.

(1) La convention a pu d'ailleurs attribuer le choix au créancier, ce qui ne change pas le caractère ni la nature de l'obligation alternative, bien que ceci ait été contesté (V. Karlowa, *Ueber den Begriff der fungibilen Sachen* dans la *Revue de Grünhut*, t. XVI (1889), p. 431, note 37. V. surtout Pescatore, *Die Sog. alternative Obligation*, p. 77 et suiv., p. 237 et suiv. Cf. Seuffert, *Obligationenrecht in dem Entwurfe* (dans *Bekker-Beiträge*, fasc. 11, p. 7).

(2) Ihering, *Jahrb. f. Dogm*, I, p. 31-33. Cf. Windscheid, *Pand.*, § 255, note 9 ; Brinz, *Pand.*, § 242, note 5, t. II (2ᵉ éd.), p. 104 ; Larombière, *Oblig.*, art. 1190, n° 3 ; Demol., t. XXVI, n° 51.

concentration ; lequel signifie que, l'un des deux objets étant écarté ou devenu impossible, l'obligation se concentre sur l'autre et doit être considérée comme ayant toujours été pure et simple ; cela revient à dire que le choix a un effet rétroactif (1) (art. 209 ; art. 263, C. civ. al.) ; ce qui est très remarquable dans le système du projet qui n'admet pas la rétroactivité de la condition (art. 128) (2). Cela prouve qu'il n'accepte pas l'explication donnée par Demolombe (3) et quelques-uns de nos auteurs français, pour qui chacun des objets de l'alternative est dû sous la condition du choix à intervenir. Pour les auteurs du projet, la rétroactivité s'explique uniquement par cette idée que, dès le principe, l'objet choisi était déjà, comme disaient nos vieux auteurs, *in obligatione* ; l'idée de condition n'a pas à intervenir. Elle n'intervient que si le choix doit être fait par un tiers ; et dans ce cas c'est l'existence même de l'obligation qui est subordonnée à cette condition que le tiers exerce le choix dont les parties l'ont chargé (art. 212, § 1). Le principe de concentration s'applique également au cas de perte de l'un des objets dus (art. 211 ; art. 265 C. civ. al.), tout au moins lorsque la perte n'est pas imputable au débiteur ; ce dernier doit alors fournir l'objet qui subsiste et n'est pas autorisé à offrir le prix de celui qui a péri ; c'est la décision de notre article 1193, § 1 (4).

11. *Obligations de genre.* — De l'obligation alternative le projet rapproche avec raison les obligations de genre. La grosse difficulté portait ici encore sur la façon dont le choix pourrait être opéré ; en effet, jusqu'à ce que le débiteur ait spécialisé l'objet de l'obligation, rien n'est dû (5) Lorsque l'objet aura été désigné, le choix sera devenu irrévocable et l'obligation traitée comme pure et simple. Mais quel est l'acte qui opérera désignation suffisante de l'objet ? Trois théories étaient en présence ; celle qui se contente de

---

(1) Cette rétroactivité est précisément l'un des intérêts pratiques les plus tangibles du système admis par le projet en matière d'obligations alternatives (Cf. *suprà*, p. 8 et 9 et les notes). Voy. Windscheid, § 225, note 6).
(2) V. *Bullet. de la Soc. de législ. comp*, 1889, pp. 160 et 161, note 1.
(3) Cf. Demol., t. XXVI, n⁰ˢ 8 et 63.
(4) Cette solution n'était pas celle, cependant, de tous les romanistes allemands. Cf. Windscheid, *Pand.*, § 255, note 13. L'art. 265 C. civ. al. admet désormais ce principe de concentration, sans distinguer si la perte est imputable ou non au débiteur, à condition bien entendu que le choix ait appartenu à celui-ci (Cf. *Bull.* 1895, p. 748).
(5) Cf. Demol., t. XXVI, n⁰ 7.

la simple séparation : il suffirait que l'objet eût été séparé et mis à part, ce qui se fait d'ordinaire par le pesage et le mesurage ; c'est la théorie de notre Code civil en matière de ventes de marchandises faites au compte, au poids ou à la mesure (art. 1585) ; c'était aussi le système le plus accrédité parmi les Romanistes allemands (1) ; une seconde théorie, qui paraît bien avoir été acceptée par le Code de commerce allemand (art. 345, ancien texte), exigeait qu'il y eût en outre envoi des marchandises, ou remise au voiturier, tout au moins pour certaines ventes spéciales (2) ; enfin Ihering, allant plus loin, pensait qu'il devait y avoir livraison réalisée, donc tradition au créancier ; jusque-là, le débiteur pourrait revenir sur son choix et livrer un autre objet pourvu qu'il fût de la même espèce (3).

Ce qui faisait surtout l'importance de ces diversités d'opinions, c'est que tout le monde était d'accord pour admettre que le moment, où l'objet serait spécialisé et le choix acquis, serait celui où les risques devraient passer au créancier ; or les Romanistes admettaient l'idée romaine que les risques d'une façon générale étaient toujours pour le créancier en matière d'obligations de corps certain. On comprend donc qu'ils se fussent contentés d'une simple désignation de la chose par le pesage ou le mesurage pour déclarer que l'objet ainsi spécialisé, bien que restant aux mains du débiteur, était déjà par le fait même aux risques du créancier. Mais on verra que le projet, en matière d'obligations de corps certain, a repoussé le principe romain ; il laisse les risques à la charge du débiteur jusqu'à la tradition (art. 463 ; C. civ. al. art. 446). Aussi, en matière d'obligations de genre, il devait être amené à consacrer la théorie d'Ihering et à admettre qu'en principe le choix ne serait consommé que par la livraison aux mains du créancier (art. 214). Il pousse d'ailleurs si loin la corrélation que, pour les cas exceptionnels où les risques passent au créancier avant la tradition, il place également à ce même moment la spécialisation de l'obligation, comme par exemple au cas de vente à distance et autres

---

(1) Cf. Aubry et Rau, § 349, note 41. Voy. Windscheid, § 390, note 8.

(2) Voir sur la portée d'application de l'art. 345 du Code de commerce, Endemann, *Handelsrecht*, § 135, III, note 35 *a* et suiv.

(3) Ihering, dans *Jahrb. f. Dogm.*, t. IV, p. 346 et suiv. : à la théorie de la désignation et mise à part de l'objet (*Auscheidungstheorie*), il opposait celle de la livraison réalisée (*Lieferungstheorie*). Au point de vue des textes, Ihering s'appuyait surtout sur le sens qu'il donnait au composé *admetiri*, dont il faisait le synonyme de *tradere* (Ihering, *loc. cit.*, p. 390). — *Contrà*, Karlowa, dans la *Revue de Grünhut*, t. XVI (1889), p. 438 et suiv.

conventions devant aboutir au transport de l'objet : le risque passe ici au créancier au moment de l'expédition (art. 465 ; C. civ. al. art. 447) et à ce même moment l'obligation se concentre sur l'objet expédié (1).

12. *Obligations de sommes d'argent.* — Parmi les obligations de ce genre il en est une dont le projet devait plus spécialement s'occuper ; c'est l'obligation de sommes d'argent. Le projet l'étudie surtout dans ses deux applications les plus intéressantes, comme dette d'intérêts et comme dette d'indemnité A propos de la dette d'intérêts, nous nous contenterons d'indiquer les trois principes suivants : que nulle dette ne porte intérêts de plein droit, que les taux de l'intérêt est libre, et enfin qu'à défaut de taux fixé par la loi ou la convention l'intérêt légal est de 5 pour 100 (art. 358 et 217) (2).

13. *Dette d'indemnité.* — La dette d'indemnité nous amène au

---

(1) Seuffert reproche au projet ce système de corrélation rigoureuse qui aboutit à de véritables singularités en pratique ; si par exemple je commande un wagon de charbon à une compagnie de mines qui me l'expédie, et que par suite d'une fausse indication le wagon dépasse la gare du lieu de la livraison et que la compagnie en dispose au profit d'un tiers, se réservant de m'envoyer un autre wagon de charbon de même qualité, devra-t-on le lui interdire sous prétexte que son obligation en ce qui me touche s'était spécialisée sur le wagon le premier chargé et expédié à mon adresse ? (cf. Seuffert dans *Bekker-Beiträge*, fasc. 11, p. 10).

L'art. 243 C. civ. al., tout en prenant pour point de départ le principe de l'art. 214 P¹, accepte une formule bien autrement large : il déclare la spécialisation opérée dès que le débiteur a fait, pour ce qui est de lui, tout ce à quoi il était obligé. Cette spécialisation pourra donc avoir lieu par le seul fait de l'expédition, même au cas de contrats unilatéraux, dans les mêmes hypothèses où, s'il se fût agi de contrats synallagmatiques, les risques fussent passés au créancier. Et cependant la formule de l'art. 214 P¹ relative aux risques se fût difficilement appliquée en matière de contrats unilatéraux, puisque, pour ces derniers, la question de risques ne s'élève pas. On pourra soutenir, d'ailleurs, d'après la nouvelle formule, que, dans tous les cas, le seul fait d'une expédition régulière devrait suffire à l'individualisation de l'obligation, alors même que l'expédition, dans l'espèce, n'eût pas été translative des risques : ce qui rend plus douteuse l'admissibilité du système d'Ihering, que l'on prétend avoir maintenu (cf. BUL. 1895, p. 728 et suiv. et SCHOLL. p. 11-12. Cf. PL sur § 243, p. 11-12).

(2) Cf. Code féd., art. 83, § 1. Ce taux à 5 pour 100 est peut-être un peu élevé, a-t-on remarqué, par rapport au taux usuel en Allemagne : les placements ne se font guère qu'à 3 1/2 et 4 pour 100. — V. Koch dans Bekker, *Beiträge*, fasc. 4, p. 19). Sur les conditions d'après lesquelles le contrat deviendrait usuraire et nul comme contraire aux bonnes mœurs voir art. 138, C. civ. al. et SAL. *Décl.* p. 291 et suiv.

Le Code civil allemand (art 246) fixe le taux légal à 4 pour 100. Cette modification a été introduite par la commission du Reichstad, et non par le second projet (cf. BUL. 1895, p. 736).

contraire à faire allusion à l'une des théories les plus importantes du projet. Il suffit de remarquer la place où il est traité de l'obligation d'indemnité pour que l'esprit soit en éveil ; les autres législations parlent d'indemnité, soit à propos de l'inexécution des contrats, soit à propos du délit civil (1). Or le projet étudie l'obligation d'indemnité en elle-même, indépendamment de la cause qui lui a donné naissance, qu'il s'agisse de faute contractuelle ou de délit ; il en résulte que lorsqu'il s'agit d'indemnité à payer, le projet ne fait allusion qu'au dommage causé et non au fait d'où le dommage dérive : quel que soit le fait d'où émane le préjudice, la réparation doit être la même ; le principe est celui de la réparation intégrale. Le projet pose donc les bases du calcul de l'indemnité d'une façon tout à fait générale et sans distinguer entre ce que nous appelons la faute contractuelle et la faute délictuelle, sans s'attacher, par conséquent, comme le faisait le droit prussien, au plus ou moins de gravité de la faute, sans même distinguer, comme le fait le Code civil, entre les dommages prévus et ceux qui ne pouvaient pas l'être, ces derniers n'étant pris en considération chez nous qu'au cas de dol ; enfin, sans même faire allusion aux dommages directs et indirects (2). Le principe est dans tous les cas celui de la réparation intégrale, fondée sur ces deux éléments traditionnels : la perte réalisée et le gain manqué (art. 218) (3).

Nous arrivons ainsi avec le projet au second paragraphe de cette section.

§ 2. — EFFETS OU CONTENU DE L'OBLIGATION (*Inhalt der Schuldverhältnisse*).

14. Tous les effets de l'obligation se résument en un seul mot :

(1) Cf. Code civ., art. 1149 et suiv. : Code féd., art. 51.

(2) Cf. Preuss. All. L. R., I, 5, §§ 285 et suiv. ; I, 6, §§ 10, 16, 85, 88, 93, 95 ; I, 16, § 17 ; Cod. féd., art. 51 et 116 ; Cod. civ., art. 1150. Cf. L. unic. Cod. (7-47) et Windscheid, *Pand.*, § 258, note 9.

(3) Certains criminalistes, tout en approuvant le projet d'avoir supprimé la distinction des deux fautes, le délit qui consiste à violer un contrat étant en effet de même nature que celui qui consiste à violer la propriété d'autrui, reprochent aux auteurs du projet d'avoir confondu l'obligation *ex delicto* avec l'obligation d'indemnité ; il est en effet des cas où il y a dette d'indemnité en matière contractuelle sans qu'il y ait responsabilité, par exemple en matière de garantie proprement dite, comme au cas de responsabilité pour autrui (V. *infra*, nᵒ 17). — Les conséquences devraient elles être les mêmes dans les deux cas ? Pourquoi pas ? Puisqu'il ne doit être question au civil que de réparation et non de peine privée (Cf. Liszt dans *Bekker-Beiträge*, fasc. 5, pp. 27-28).

l'exécution. Le projet s'occupera donc de l'exécution en elle-même ;
puis du refus légitime d'exécution, ce qui fait allusion au droit de
rétention ; enfin, il traitera de l'inexécution et de ses suites, et sous
ce titre il comprendra le retard dans l'exécution, ce qui l'amènera
à parler de la demeure.

15. *Responsabilité du débiteur.* — La première question à se
poser en matière d'exécution de l'obligation est une question de
responsabilité ; car il s'agit de savoir dans quelle mesure le débiteur s'est engagé à exécuter et quelle somme de diligence il
a entendu promettre. La pensée du projet est que, en principe,
l'étendue de l'obligation du débiteur en matière de diligence, et par
suite la mesure de sa responsabilité, dépendent uniquement de la
convention. Il se contente de poser une présomption pour le cas
où la convention est muette, et cette présomption est celle de la
diligence appréciée à un point de vue abstrait, en prenant pour
type celle d'un bon administrateur (art. 224) (1). Toute violation
de la diligence promise constituera une faute, de sorte que le principe admis est celui de la responsabilité de toute faute, même
légère, sans distinction (art. 144). Le projet repousse donc la
prétendue graduation des fautes, faussement attribuée au droit
romain et plus ou moins acceptée par le droit prussien et les
autres législations allemandes ; il n'accepte pas davantage la
formule de notre article 1137, adoptée, ou à peu près, par le Code
fédéral. lequel, après avoir posé le principe d'une responsabilité
unique, attribue au juge un large pouvoir d'appréciation suivant
les cas (2).

16. *Des clauses de non-responsabilité.* — Mais ce principe de
responsabilité n'est qu'une règle interprétative de volonté ; il
pourra donc être, soit aggravé, soit atténué par la convention, et
dans tel ou tel cas déterminé il ne sera pas impossible de sous-entendre une clause de ce genre, soit dans un sens, soit dans l'autre. Le

---

(1) La définition de la faute n'a plus été donnée, comme dans le premier
projet, dans la partie générale du Code civil (cf. art. 144 P¹), mais dans la
partie relative aux obligations (art. 276 C. civ. al) Et le Code civil a substitué au type abstrait du « Bon père de famille » que reproduisait l'art. 144 P¹,
le type plus moderne de « l'homme d'affaires loyal et honnête » (Brl.
1895, p. 759).

(2) Cf. Accarias, *Précis de Dr. rom.*, t. II, n° 662 et suiv. ; Girard, *loc.
cit.*, p. 646 suiv. Pour l'état de la législation allemande, voir *Motifs*, sur
l'art. 224 (t. II, p. 27). Code féd , art. 113.

projet admet ainsi dans sa plus large extension l'application de la liberté en matière de clauses de non-responsabilité, celles qui touchent au dol étant seules exceptées (art. 225). Ce principe de liberté est maintenu même en ce qui touche la faute lourde. Les romanistes allemands étaient d'avis contraire, parce qu'il était de tradition, en se fondant sur le droit romain, d'assimiler la faute lourde au dol (1) ; chez nous, les partisans des théories de Sainctelette n'admettent pas davantage les clauses de non-responsabilité visant la *culpa lata*; cela tient à ce que l'on accepte la concurrence, en fait d'inexécution d'obligation, de la faute contractuelle fondée sur une pure obligation de garantie dont on peut se départir et de la faute délictuelle fondée sur l'obligation générale de ne causer aucun dommage à autrui ; et de celle-ci on ne peut s'affranchir par aucune clause (2). Mais le projet ne connaît aucune de ces théories subtiles et raffinées ; il les connaît si peu que pour lui toute faute est un délit civil : le délit consiste à violer le droit d'autrui, or il y a violation du droit d'autrui aussi bien lorsqu'il s'agit d'atteinte à un droit de créance que lorsqu'il s'agit d'atteinte au droit de propriété (art. 704, 705 ; C civ. al. art. 823 à 825) ; donc, ce que nous appelons la faute contractuelle est pour les auteurs du Projet un délit civil comme tous les autres (3). Il y a seulement cette différence que, pour celui qui n'est pas engagé dans les liens d'une obligation, les conditions du délit civil se déterminent d'une façon absolue d'après les principes généraux, et les mêmes pour tous, sur le respect du droit d'autrui, tandis que, pour celui qui est débiteur, les conditions du délit, en ce qui touche son obligation, se déterminent d'après l'étendue de son obligation elle-même ; or, cette étendue dépend purement et uniquement de la convention. De cette unité de point de vue, en ce qui concerne la théorie de la faute, résultent les trois conséquences suivantes, dont les deux premières ont déjà été signalées : 1° le règlement uniforme de l'obligation d'indemnité, quelle que soit la cause qui lui serve de fondement (art. 218) (4) ; 2° l'admission de toute clause de non-responsabilité, celles qui touchent au dol étant seules exceptées (art. 225) (5) ; 3° l'application, en matière de faute dite contrac-

---

(1) C'est également la solution du Cod. féd., art. 113.

(2) Cf. *Annales de droit commercial*, 1re ann., pp. 185 et suiv., pp. 251 et suiv. ; et surtout, dans le sens du projet, la lettre très remarquable de M. Labbé, *loc. cit*, pp. 258 et suiv.

(3) Cf. *Motifs* sur art. 704-705 (t. II, p. 727), et *suprà*, n° 13.

(4) *Suprà*, n° 13.

(5) Le Code civil allemand (art. 278) a même supprimé cette réserve lorsqu'il

tuelle, des cas d'irresponsabilité admis en matière de délits civils : les mêmes causes qui effaceront ou atténueront la responsabilité de l'agent en matière de délit civil effaceront ou atténueront la responsabilité du débiteur en ce qui touche l'inexécution de son obligation (art. 224, 708, 709) (1).

17. *Responsabilité pour autrui.* — Il va de soi que, de même qu'on peut sous-entendre une clause de non-responsabilité, de même on peut admettre et sous-entendre une clause d'aggravation de responsabilité, et supposer même que le débiteur ait entendu répondre de certains risques : cela devient une clause de garantie. Or, une question de ce genre, et des plus graves, se posait en matière de responsabilité pour autrui : lorsqu'il s'agira du délit civil proprement dit, le projet exigera, pour engager la responsabilité du maître ou du patron, qu'il y ait défaut de surveillance par rapport à l'acte dommageable commis par le subordonné (art. 710 ; C. civ. al. art. 832) ; cela tient à ce qu'ici le maître ne peut être obligé qu'en raison de sa faute personnelle. C'est tout le contraire, on le voit, de notre article 1384 (2). Mais lorsque la question se pose à propos d'un débiteur et que la cause de l'inexécution de son obligation est imputable à son subordonné ou à celui qu'il emploie, les choses changent de face ; car il est possible que le débiteur ait entendu répondre du fait de ses employés, et la question est de savoir si cette clause doit être sous-entendue. Les Romanistes, et encore aujourd'hui Windscheid (3), faisaient à cet égard une distinction, suivant que l'emploi d'agents auxiliaires avait été ou non prévu par le contrat : dans le premier cas, le créancier était censé avoir accepté que l'ouvrage fût fait par d'autres et avoir consenti à en subir les suites ; aussi, le débiteur n'était responsable que du choix de ses agents ; dans le second cas, l'emploi d'auxiliaires restait chose

---

s'agit de responsabilité pour autrui : on peut stipuler que l'on ne répondra pas de l'inexécution volontaire et dolosive de ses agents et employés (Cf. BUL. 1895, p. 761-762).

(1) Cf. Liszt dans *Bekker-Beiträge*, fasc. 5, p. 28 et *suprà*, p. 13.

(2) La question, en matière de responsabilité délictuelle, fut également très discutée en Allemagne, et spécialement aux séances des xvii⁰ et xviii⁰ congrès des jurisconsultes allemands. Nous y reviendrons à propos des délits. On peut voir dès maintenant le discours du conseiller Petersen au xviii⁰ congrès (*Verhandl. des XVIII^ten deutsch. Juristentages* (1887), t. II, p. 67 et suiv.).

(3) Windscheid, *Pand.*, § 401, note 5 ; § 406, note 6 ; § 410, note 6 ; pour le droit prussien, voy. l'*All. L. R.*, I, 11, § 929, 930. Voy. aussi Goldschmidt dans *Zeitsch. f. Handelsrecht*, t. XVI, pp. 289-382.

étrangère au créancier, et le débiteur répondait de toute faute de
ses employés. Mais une théorie de ce genre était fort grave, surtout en matière de transport ; le créancier, en pareil cas, avait
toujours dû prévoir l'intermédiaire forcé d'agents auxiliaires. Fallait-il déclarer que le débiteur ne serait responsable que du choix,
que de la *culpa in eligendo* ? Heureusement, une loi romaine très
connue permettait de repousser la distinction proposée, et venait
rassurer les théoriciens (1) ; les praticiens pouvaient, de leur côté,
invoquer les dangers du système (2). Aussi, le·xviie Congrès des
jurisconsultes allemands, en 1884, s'était-il prononcé dans tous les
cas pour l'absolue responsabilité du maître ou du patron (3) ; déjà,
le Code de commerce allemand avait admis cette solution en
matière de transport : le projet la consacre d'une façon générale et
sans distinction (art. 224 ; C. civ. al. art. 242, 276 et 278) (4).

18. *Détails de l'exécution*. — Après avoir déterminé dans quelle

(1) L: 25, § 7, D. 19. 2 : « *Qui columnam transportandam conduxit, si
ea..., fracta sit, ita id periculum præstat, si sua ipsius eorumque, quorum
opera uteretur, culpa acciderit.* » Cf. Brinz, § 270, notes 6-8, t. II (2ᵉ éd.),
p. 278 ; Ihering, *Jahr. f. Dogm.*, IV, pp. 84, 85.

(2) Voy. les décisions de jurisprudence citées par Windscheid, *Pand.*, § 401,
note 5. Du reste, le principe avait déjà été admis, dans sa généralité, par le
Code féd. (art. 115).

(3) Compte rendu des travaux du xviie congrès, t. I, pp. 46 et suiv., 125
et suiv., 337 et suiv. ; t. II, pp. 86 et suiv., 284 et suiv. Résumé dans le
volume publié sur l'ensemble des travaux du congrès de 1860 à 1885
(*Gesammtbericht über die Thätigkeit des Deutsch. Juristentags in den 25
Jahren seines Bestehens*), pp. 90-92. — La plupart des consultations données
sur la matière avaient conclu dans le sens de la solution qui devait définitivement l'emporter. Cependant celle du professeur Leonhard, se plaçant
sur le terrain des présomptions de volonté, distinguait suivant les cas et
maintenait au fond le principe romain d'une faute personnelle. Aussi Leonhard demandait que l'on insérât dans le nouveau Code civil une revision
dans ce sens de l'article 408 du Code de commerce allemand. On voit que
cette opinion n'a pas prévalu. (Cf. compte rendu du xviie congrès, *Verhandl. des XVIIᵗᵉⁿ deutsch. Juristent.*, t I, p. 375, not. 2).

(4) Voy. *Motifs* sur art. 224 (t. II, p. 29). Code de comm. all., art. 400,
451. Cf. Code de comm. franç., art. 97-99 (Lyon-Caen et Renault, *Précis de
Dr. comm.*, nᵒˢ 883 *bis* et 885). Cf. les projets de Hesse et de Bavière qui
paraissent inspirés de notre art. 1384, bien que ce ne soit plus le domaine
d'application de l'obligation *ex delicto*. *Hess. Entw.*, IV, §§ 211-213 ; *Bayr.
Entw.*, II, art. 62 et suiv., 491, 513, 695, 696. Nous avons surtout fait allusion à la responsabilité du patron par rapport à ses employés ; mais l'article
224 règle également la responsabilité des représentants légaux des incapables,
celle enfin des représentants des personnes morales, fondations et établisse-
ments publics, y compris celle de l'Etat par rapport à ses employés (art. 46,
63) (Cf. Meischeider dans *Bekker-Beiträge*, fasc. 9, § 16). — Pour ce qui est
de la responsabilité des personnes morales pour les fautes de leurs représentants (art. 31, C. civ. al. 2), voir *Bul.*, 1900, p. 156 suiv.

mesure le débiteur devrait s'efforcer de procurer l'exécution, le
projet indique ce que devra comprendre l'exécution et entre dans
le détail des faits : ce sont dispositions sans grande importance au
point de vue des principes. Nous en détacherons une seule, celle
qui, en principe, déclare toutes dettes payables au domicile du
débiteur, sauf les dettes d'argent (1) qui sont portables (art.
230).

19. *Refus légitime d'exécution ; Droit de rétention.* — Le projet venait de parler de l'exécution et de la façon dont elle devait se
faire ; il devait prévoir un cas où le refus d'exécution serait légitime, c'est celui du droit de rétention. Sur cette matière, les théoriciens allemands aiment à rapprocher le droit de rétention de la
compensation. Dans les deux cas il y a dettes réciproques et l'un
des débiteurs s'autorise de ce fait pour refuser de payer ce qu'il
doit ; au cas de droit de rétention, il refuse le paiement pour forcer
son créancier à lui payer ce que celui-ci lui doit ; c'est donc un
moyen de contrainte pour obtenir un paiement. La compensation
suppose les deux dettes de même espèce et exigibles, et alors le
débiteur se paie sur ce qu'il doit lui-même, autrement dit en ne
payant pas ce qu'il doit. Aussi, Brinz a pu dire que ce n'était qu'un
droit de rétention plus complet (2) ; le droit de rétention est une
sorte de saisie temporaire opérée sur soi-même, mais n'allant pas
jusqu'à la libération. La compensation est une véritable saisie opérant libération réciproque. D'ailleurs, ces deux droits avaient à leur
service à Rome le même moyen de défense, l'*exceptio doli* ; il
semble donc que, soit en remontant à leur origine romaine, soit
en comparant les effets qu'elles produisent, entre les deux institutions un rapprochement s'impose.

(1) Sur ce point cependant, voir les art. 269 et 270 C. civ. al., et *Bul.*,
1895, p. 751 et 752.
(2) On a reproché à Brinz d'avoir confondu rétention et compensation :
Brinz n'a cependant jamais prétendu qu'il n'y eût là qu'une seule et même
institution, mais deux garanties reposant sur une même conception ayant pour
fondement juridique la même idée initiale. On peut voir la théorie de Brinz
dans son livre sur la compensation (Brinz, *Compensation*, pp. 54 et suiv., 110
et suiv., 142 et suiv.) ; et également ce qu'il dit de la compensation dans ses
Pandectes (Brinz, *Pand.*, § 287, 2ᵉ éd., pp. 419, 421, note 4). Cf. Goldschmidt, *Handb. des Handelsrecht*, I (2ᵉ abth.), pp. 962-996 ; Windscheid, *Pand.*,
§ 351, note 6. Cf. Krasnopolski (*Zum Gesetze über die Anfechtung von Rechts-
handlungen zahlungsunfähiger Schuldner*) dans *Zeitsch. für das priv. und
öffent. R.*, t. XV, pp. 177, 178 (notes 333 et suiv.) ; Hahn, dans son commentaire
du Code de comm. all. (II, 2ᵉ éd., pp 171, 177 et suiv., 181, et note 21). — (Cf.
Staub, *Kommentar zum Handels Gesetzbuch*, t. II sur § 369 p. 1207 et suiv.).

20. *Du droit de rétention entre commerçants.* — Ces idées paraissent avoir influé sur la réglementation du droit de rétention entre commerçants ; le Code de commerce (art. 313 ; C. C^ce R., art. 369 suiv.), l'admet dans tous les cas où un débiteur commerçant, se trouvant en possession d'objets mobiliers ou de papiers de commerce dont il doit restitution, peut invoquer à l'encontre du propriétaire une créance commerciale quelconque. On n'exige donc pas ici la connexité ; c'est la commercialité des dettes qui justifie le droit de rétention, et cela suffit (1). Aussi, la plupart des commentateurs du Code de commerce considèrent-ils le droit de rétention entre commerçants comme une sorte de moyen terme entre la rétention ordinaire et la compensation : le commerçant garde les papiers et valeurs de son débiteur pour se couvrir de ce qui lui est dû ; nous sommes très près, en effet, de celui qui se paie en ne payant pas ce qu'il doit (2).

21. *Principe de la connexité.* — Le projet n'a cependant pas osé généraliser ce système un peu hardi, et il revient au principe de la connexité ; il faudra donc, pour rendre admissible le droit de rétention, que le débiteur puisse s'autoriser d'une créance se rapportant au même fait que celui d'où est née sa dette (art. 233 ; art. 273 C. civ. al.) (3). Il va de soi aussi que la créance qu'il invoque doit être exigible comme sa dette elle-même, sauf l'exception admise

---

(1) On trouvera des renseignements intéressants sur l'origine de ce droit de rétention en matière de commerce dans le beau livre de M Thaller sur les *Faillites en droit comparé*, t. II, p. 31. On peut voir, du reste, le résumé du système dans tous les manuels de droit commercial allemand et spécialement dans celui de Goldschmidt, *loc. cit.* ; également dans le commentaire de Hahn sur les art. 313 et suiv. Voir aussi l'article cité plus haut de Krasnopolski dans la *Zeitsch. für das priv. und off. R.*, XV, pp. 166 et suiv. Voir, dans Endemann (*Handbuch des Deutsch. Handels-See-und Wechselrechts*), et t. II, pp. 92 et suiv. (article d'Endemann).

(2) Cf. Hahn, *loc. cit.*, II, p. 181. Goldschmidt y voit une sorte de gage tenant en partie de la saisie-arrêt et en partie de la compensation (Voir *Handelsrecht*, I, pp. 1030 et suiv.).

(3) Cf. A. L. R., I, 20, §§ 536 et suiv. Sächs. Ges. B. §§ 767-769. Le Code féd. (art. 224-228) n'a guère en vue que le droit de rétention entre commerçants et reproduit le système du Code de comm. all. (art. 313 et suiv.). Cf. Goldschmidt, *loc. cit.*, I (1868), pp. 964 et suiv. ; Thaller, *loc. cit.*, t. II, p. 32. Windscheid reprochait cependant au principe de la connexité d'être trop vague et de ne pouvoir fournir un criterium suffisamment sûr (*Pand*, II, § 351, note 9). — Pour les modifications de forme apportées par le second projet, voir *Bul.* 1895, p. 755.

en cas de faillite pour le droit de rétention entre commerçants (1).

22. *Effet de la rétention.* — Le seul effet du droit de rétention sera donc de retarder le paiement. Tout le système du projet se résume dans cette formule que la rétention n'est qu'une simple garantie offerte au débiteur et non un mode de libération. Aussi le projet admet-il, à l'imitation du droit prussien, une conséquence bien remarquable de cette idée, le droit pour le créancier d'écarter la rétention qu'on lui impose en offrant une autre garantie suffisante, pourvu que ce ne soit pas une caution (art. 234) (2). Il ne saurait donc être question de ranger ce droit de rétention parmi les droits réels (3) ; on n'admet même pas qu'il en soit ainsi pour la rétention entre commerçants, bien que celle-ci, au cas de faillite, se transforme en quelque sorte en un véritable droit de gage, permettant au débiteur créancier du failli de se payer par préférence sur les valeurs qu'il détient sans subir la loi du concours (4). Mais ceci, d'ailleurs, sera étranger à la rétention du droit civil.

23. *Impossibilité d'exécution.* — L'hypothèse du droit de rétention est le seul cas où l'exécution puisse légitimement être refusée. Mais il peut arriver que l'exécution ne soit pas procurée, non plus parce qu'on la refuse, mais parce qu'elle est impossible ; il s'agit alors de régler les conséquences de cette impossibilité. Or cette impossibilité peut provenir de deux causes très distinctes ; et ses conséquences seront elles-mêmes très différentes, suivant qu'il

(1) Cf. Code de comm. all., art. 314 ; Code féd., art. 226.
(2) Cf. A. L. R., I, 20, §§ 252 et suiv. — L'art. 274 C. civ. al. entre dans de plus amples détails de réglementation sans rien changer aux principes du premier projet (cf. art. 726 et art. 765 C. Pr. civ. R.).
(3) Cf. *Motifs* sur l'art. 234 *in fine* (t. II, p. 43). V. Endemann, *Handelsrecht*, § 100 (éd. 1887, p. 354). Si le droit de rétention est opposable aux créanciers du débiteur et en particulier à la masse au cas de faillite, ce n'est pas en tant que droit réel, mais cela tient à ce qu'il constitue un moyen de défense paralysant l'action qui appartient au débiteur et susceptible d'en arrêter l'effet, quel que soit celui qui l'intente. Cf. Thaller, *loc. cit.*, p. 29. Pour ce qui est des cas dans lesquels la rétention du droit civil peut être opposée à la masse, v. Konk. Ordn., § 41, nᵒˢ 1-7 et Endemann (dans *Endemann, Handbuch des deutsch. Handels See-und Wechselrechts*, t. II (1884), § 181, p. 97). Il n'en est pas moins vrai cependant que la rétention a un certain caractère de réalité et que le projet a oublié de l'envisager à ce point de vue ; on le lui a reproché (Cf Bekker dans *Bekker-Beiträge*, fasc. 2, p. 8).
(4) Cf. Konk. Ordn., art. 41, 6, 72. (*Konk. Ord. R.*, art. 49). V. Code autrichien des faillites, de 1868, art. 11 ; Cod. féd., art. 228. Cf. Thaller, *loc. cit.*, t. II, p. 35.

s'agira de l'une ou de l'autre ; elle peut provenir de la faute du débiteur et alors l'obligation se transformera en une dette d'indemnité, ou bien elle peut provenir d'un fait non imputable au débiteur et il en résultera la libération de ce dernier.

24. *Du cas fortuit.* — Le projet n'avait pas à définir le fait non imputable au débiteur, car il commence là où finit la faute, et cette limite nous est déjà connue : on évite même en pareil cas de parler de cas fortuit, car cela tendrait à faire croire que celui-ci suppose un événement de force majeure absolument étranger au débiteur, alors qu'en réalité il s'agit d'un fait, peut-être même d'un fait attribué au débiteur, mais n'impliquant aucune faute dont celui-ci, en raison de son obligation, puisse être responsable (art. 237) (1). Cette définition étant donnée, nous continuerons à employer l'expression de cas fortuit, qui est plus simple et plus commode. On sait déjà que le cas fortuit en principe commence où finit la faute ; mais on sait aussi que la limite du cas fortuit, au point de vue tout au moins de la libération du débiteur, peut être reculée par suite d'une obligation de garantie expresse ou tacite. Or, la question pouvait se poser au cas où l'exécution devient impossible pour le débiteur, mais peut être effectuée par d'autres ; c'est ce qu'on appelle l'impossibilité purement subjective ou personnelle au débiteur ; entraînera-t-elle sa libération si elle n'implique aucune faute à sa charge ? Or, il s'agit de savoir ce qu'a entendu promettre le débiteur, et le projet présume qu'il a entendu promettre l'exécution dès qu'elle serait possible en soi ; d'où il conclut que le cas fortuit, duquel dépendra la libération du débiteur, suppose l'impossibilité absolue, ou objective, pour parler comme les docteurs (art. 237). A ce principe cependant l'article 237 2° apporte une exception pour le cas où l'obligation consiste à livrer un corps certain ; le cas fortuit ici résultera de l'impossibilité simplement subjective (2). C'est sans doute une présomption de volonté qui sera le

(1) Code féd., art. 145. — Cf. Mommsen, *Beiträge zum Obligationenrecht*, I, p. 5, 29, note 7, 32. — Cf. Brinz, *Pand.*, II, p. 323. — Cf. Richard Lœvy, *Die Unmöglichkeit der Leistung* (Berlin, 1888), p 11-12. Pour ce qui est de la terminologie du projet en cette matière, voir Otto Gierke, *Der Entwourf... und das deutsche Recht* dans la *Revue de Schmoller*, t. XII (1888), p. 859 860. — La conception indiquée au texte, et qui concorde fort bien avec l'économie générale du projet et celle du Code civil allemand sur la responsabilité subjective, ne me paraîtrait plus aujourd'hui aussi évidente, en législation, si on devait admettre le principe, d'une part, de l'unité de responsabilité, et celui, d'autre part, d'une responsabilité purement objective.

(2) Le Code civil al. (art. 275) met au contraire les deux impossibilités, objec-

plus souvent justifiée. On a proposé cependant, sous forme d'objection, l'exemple suivant : si Primus s'est engagé à livrer un immeuble et que sans sa faute il perde le droit d'en disposer, il est libéré par cas fortuit ; mais qu'il s'agisse, au contraire, d'un industriel qui s'est engagé à faire un ouvrage dans la fabrique qu'il dirige et à en fournir livraison, et qui sans sa faute se voit enlever la direction de sa fabrique, il reste tenu : pourquoi cette différence de solution ? (Meischeider, dans *Bekker-Beträge*, fasc. 3, p. 48). Je ne sais trop ce qu'il faudrait supposer pour rendre cet exemple réalisable ; mais dans tous les cas les auteurs du projet pourraient répondre qu'on peut toujours faire exécuter l'ouvrage dans une autre fabrique, tandis qu'on ne peut pas remplacer l'immeuble qui devient indisponible.

25. *Impossibilité dérivant de la faute*. — Si l'impossibilité ne provient pas du cas fortuit, c'est qu'elle provient de la faute ; et on sait que l'obligation se transforme alors en une obligation de dommages-intérêts. Mais il va de soi que cette obligation n'est que subsidiaire et suppose absolument impossible l'exécution en nature (art. 219-243), ce que le projet admet même à l'égard des obligations de faire ; et il écarte par là le vieil adage tout à fait surranné d'après lequel les obligations de faire se résolvent en argent (1). Cette condition préalable est la seule exigée, et le projet n'exige pas, on le comprend, qu'il y ait mise en demeure du débiteur : celle-ci est la constatation officielle d'un retard dans l'exécution, elle est inutile, lorsque d'ores et déjà l'exécution est impossible (2). Quant au calcul de l'indemnité, il se fera d'après les principes généraux qui ont été antérieurement posés (art. 218). Le projet se contente d'élucider quelques points de détail qui auraient pu faire difficulté. entre autres sur le point de savoir à quel moment il faut se

tive et subjective, tout à fait sur le même pied, et cela d'une façon absolument générale, et non pas seulement dans l'hypothèse exceptionnelle prévue par l'art. 237-2° Pt. Il est vrai que cette assimilation de l'art. 275 C. civ. al. ne vise que la libération de la prestation formant le contenu de l'obligation, sans toucher à la question de savoir si une indemnité est due.

(1) Cf. Code civ., art. 1142 ; Code féd., art. III.

(2) Cf. Code civ., 1146, V. Demol., t. XXIV, n° 513. — Le principe rigoureux et purement doctrinaire de la réparation en nature a été considérablement atténué par la seconde commission, laquelle, heureusement, se laissa diriger, sur ce point, comme sur bien d'autres, par des vues beaucoup plus conformes aux nécessités pratiques. Pour les changements adoptés, voir *Bul.*, 1895, p. 738 et suiv. et art. 249 à 251. C. civ. al.

placer pour évaluer la valeur de la chose qui a péri. Logiquement, c'est à l'époque où elle aurait dû être livrée ; si cependant on établit que postérieurement elle aurait augmenté de valeur, le créancier pourrait peut-être prétendre qu'il doit lui être tenu compte de cet excédant ; mais le projet tient la prétention pour excessive, car rien ne prouve que le créancier eût conservé la chose jusqu'à ce que la plus-value se fût produite. Il n'admet donc cette évaluation exceptionnelle que si le créancier établit qu'il aurait certainement profité de l'augmentation de valeur, et que, par conséquent, celle-ci rentre dans l'appréciation du dommage qu'il subit (art. 240.2⁰).

26. *De la preuve du cas fortuit.* — De cette différence profonde de résultats entre la faute et le cas fortuit dérive l'importance considérable qui s'attache ici aux questions de preuve ; or, toutes les législations admettent en principe que ce sera au débiteur à prouver le cas fortuit, car de droit commun c'est à lui d'établir sa libération ; le projet suit les mêmes traditions (art. 239 ; art. 282, C. civ al.). Mais, ici encore, il évite certaines distinctions que le droit prussien et même le Code civil ont acceptées et qui ne cadrent plus avec le système du projet en matière d'indemnité. Le droit prussien avait,· en effet, admis une graduation des fautes avec échelle correspondante en matière d'indemnité ; on en avait conclu que le créancier n'avait rien à prouver tant qu'il s'en tenait à l'un des éléments du dommage, la perte éprouvée. Mais, pour qu'on lui tînt compte du gain manqué, il devait établir que le débiteur avait commis une faute suffisante pour que, d'après la graduation de la loi, il dût fournir indemnité de ce chef (1). Cela rappelle le système de notre Code civil (art. 1150), exigeant du créancier la preuve du dol pour qu'il ait droit aux dommages même non prévus. Ce sont des théories de ce genre qui ont pu donner l'idée d'une double faute en matière d'obligation, l'une censée prévue par la convention constituant une aggravation de responsabilité et ne donnant droit qu'à une indemnité limitée, mais en revanche toujours présumée ; l'autre, reposant sur la responsabilité générale en matière de délit civil, donnant droit à indemnité totale, mais alors devant être prouvée. Le projet rejette ces distinctions, et comme il n'admet qu'une seule mesure en matière d'indemnité, il n'admet, en matière de preuve, qu'une règle unique : le créancier n'a jamais rien à prouver. C'est au débiteur seul, dans tous les cas, à établir le cas fortuit, sinon il doit, et cela sans distinction, indemnité totale.

(1) V. *Motifs* sur l'art. 237 (t. II, p. 48, note 2).

27. *Inexécution partielle*. — Après avoir parlé de l'inexécution totale, le projet passe à l'inexécution simplement partielle, laquelle comprendra forcément le retard dans l'exécution, c'est-à-dire la demeure. L'inexécution partielle ordinaire donne lieu purement et simplement à l'application des principes généraux, si ce n'est que, si le créancier démontre que, l'exécution, telle qu'elle reste possible, lui est devenue sans utilité, il pourra avoir un triple choix. Il pourra, ou bien demander ce qui reste avec dommages-intérêts pour la perte partielle ou refuser l'exécution et demander indemnité pour inexécution totale, ou bien enfin, cela s'il s'agit de contrat synallagmatique, demander la résiliation, dans les cas et conditions où le projet l'admet (art. 242, art. 280 C. civ. al.) (1).

28. *Demeure du débiteur*. — Reste donc à parler de la demeure. C'est, comme disaient déjà nos vieux auteurs français, un retard officiellement constaté (2) et imputable au débiteur. Pour qu'il soit officiellement constaté, il faut, en principe, que le créancier ait fait sommation d'exécuter. C'est le principe de l'interpellation. Mais la sommation est-elle encore nécessaire lorsqu'un terme a été fixé pour l'échéance ? Depuis l'interprétation des glossateurs, on a considéré comme une règle romaine que l'échéance du terme suffisait à constituer le débiteur en demeure : c'est la règle *dies interpellat pro homine*. Elle peut être douteuse comme expression exacte du droit romain classique (3) ; mais l'application qui en fut

---

(1) Cf. *Bul.*, 1895, p. 770.

(2) V. Bourjon, *Droit commun de la France*, t. II, p. 445.

(3) Voir surtout, sur cette question célèbre, GIRARD, *Manuel de droit romain* (1901), p. 643, not. 4. Accarias, *Précis*, t. II, p. 742, note 1. On peut croire tout au moins que chez les Romains la question de savoir quels seraient, à ce point de vue, les effets du terme, était une question d'interprétation de volonté (cf. Windscheid, § 278, note 4). La difficulté serait alors de déterminer quelle était, au cas de doute, la présomption admise : les parties avaient-elles entendu que le débiteur dût payer au jour dit, sans sommation préalable, de telle sorte que l'échéance du terme le constituât en demeure ? La plupart des romanistes modernes sont pour la négative ; il semble bien, en effet, que les textes doivent leur donner raison ; mais ils invoquent une raison de principe, la règle que le terme est censé dans l'intérêt du débiteur (Accarias, *loc. cit.*, et Brinz, *Pand.*, § 272, note 40, t. II, p. 299) : peut-être n'est-elle pas décisive, car elle n'a en vue que le droit pour le débiteur de renoncer au bénéfice du terme ; elle ne vise pas la question de savoir si celui-ci doit ou non payer à l'échéance sans sommation. Enfin, il faut signaler un troisième effet possible de l'apposition d'un jour fixe, celui de faire considérer le contrat comme rompu s'il n'est pas exécuté au jour dit : tout dépend, on le voit, de la convention des parties ; on suppose, dans ce cas, qu'elles ont entendu faire de l'exécution au terme convenu la condition même du contrat. On peut voir, à ce sujet, une hypo-

faite par les praticiens allemands reste incontestable (1). Chez nous,

thèse très curieuse dans la loi, 135, § 2, D. (45,1). Un individu achète, en qualité de mandataire, un fonds qu'il doit ensuite faire acquérir au mandant ; mais le mandant ne s'est pas contenté de l'action qui lui appartient à cet effet, il a stipulé du mandataire la *datio* du fonds, et le mandataire l'a promise sous la condition qu'il toucherait au préalable le montant du prix qu'il a déboursé (Il y a donc eu novation). Intervient ensuite un pacte adjoint *in continenti* fixant à une date déterminée le remboursement du prix d'achat et le transfert du fonds. A la date fixée, partie seulement du prix a été payée ; or le mandant, très peu de temps après, offre le reste y compris les intérêts, et le mandataire se refuse à recevoir et, par suite, refuse de livrer le fonds. Assurément, il doit s'appuyer sur ce que le paiement du prix à l'échéance a été considéré comme une condition mise à l'exécution de son obligation ; or, la condition est indivisible et, du moment que l'intégralité du prix n'est pas offerte au jour dit, la condition est défaillie et le mandant est déchu de son action *ex stipulatu*, il ne peut plus exiger la *datio* du fonds. En droit moderne, nous dirions qu'il s'agissait de contrat synallagmatique et que le contrat devait être résolu de plein droit si l'une des parties n'exécutait pas à l'échéance. A Rome, ce langage serait inexact, puisque nous sommes dans une hypothèse de stipulation et que la stipulation est indépendante de sa cause, indépendante, par conséquent, de l'exécution par le stipulant de ce que celui-ci a pu promettre de son côté. On pouvait obvier à cet inconvénient en faisant de l'exécution par le stipulant de sa propre obligation la condition même de son action : c'était le cas dans l'espèce. Restait à interpréter l'intention des parties. Scævola, qui fut consulté, fut d'avis qu'il fallait interpréter la convention avec une certaine largeur et admettre que les parties avaient sans doute entendu faire du paiement à l'échéance la condition même de la stipulation, mais sous cette réserve, toutefois, que le paiement pourrait avoir lieu à un très court intervalle après le terme et à condition qu'il ne résultât de ce retard aucun dommage pour le mandataire. On voit donc que, dans certains cas et sous certaines conditions, le défaut d'exécution à l'échéance pouvait être considéré comme une résiliation du contrat ou plutôt comme une défaillance de la condition mise à l'existence du contrat. — *Seia cavit Lucio Titio, quod mandante eo hortos emisset, cum pretium omne cum usuris ab eo recepisset, se in eum proprietatem hortorum translaturam ; deinde in continenti inter utrumque convenit, ut intra Kalendas aprilis primas universam summam mandator numeraret et hortos acciperet. Quæritur, cum ante Kalendas aprilis non omne pretium cum usuris a Lucio Titio Seiæ solutum sit, interposito tamen modico tempore, reliquum pretium cum usuris Seiæ Titius solvere paratus fuerit neque Seia accipere voluit et usque in hodiernum per Titium non stet, quo minus reliquum solveret, an nihilo minus Lucius Titius, si Seiæ universam pecuniam solvere paratus sit, ex stipulatu agere possit, si non multo post obtulisset nec mulieris quicquam propter eam moram interesset : quod omne ad judicis cognitionem remittendum est.* On peut voir là le germe de la théorie de ce que les Allemands appellent les *Fixgeschäfte* (Code de comm. all., art. 357, art. 376 C. C^{ce} R. Cf. Endemann, *Handelsrecht*, éd. 1887, § 121, note 10 et § 136, note 49) : ce sont les affaires à jour fixe, lesquelles doivent être considérées comme non avenues si l'exécution n'intervient pas au jour dit ; elles ne se rencontrent pas seulement, du reste, en matière commerciale, mais aussi en matière civile, tout dépend de la convention des parties. On peut citer l'exemple des billets de théâtre ou de concert, ceux de chemin de fer, etc., dans lesquels on peut considérer l'heure indiquée comme une condition même de l'acceptation du billet (Cf. Brinz, *Pand.*, § 279, note 3).

(1) Cf. Windscheid, *Pand.*, § 278, note 5. On trouvera là l'indication d'un certain nombre de décisions de jurisprudence. Add. *Motifs* sur l'art. 245 (t. II, p. 56). Cf. Doneau, *De jur. civ.*, lib. XVI, II, § 7.

notre ancienne jurisprudence, surtout celle du Châtelet, avait
admis la règle contraire, celle de la nécessité absolue, même au
cas de terme, d'une sommation préalable (1) : elle a passé dans le
Code civil. Mais le projet (art. 245) (2) suit les traditions romaines,
telles du moins qu'elles ont toujours été interprétées en Allemagne
et consacrées par toutes les législations allemandes, le Code prussien, le Code saxon, le Code autrichien : on peut en dire autant du
Code fédéral, bien que celui-ci n'admette la demeure par la seule
échéance du terme que si le terme a été fixé par la convention (3).

29 *Condition d'imputabilité.* — A ces conditions de fait de la
mise en demeure il faut ajouter une condition personnelle au débiteur : la faute (4) ; et cette exigence est conforme aux principes,
puisque la demeure est un retard imputable au débiteur. Il faut
donc qu'il dérive d'une faute ; d'où la conséquence que le débiteur
pourra se disculper et écarter les effets de la demeure en prouvant le
cas fortuit. C'est également, quoi qu'en disent les motifs du projet
sur l'article 245 (5), la théorie incontestable de notre Code civil (6).
Ce n'est pas absolument, il est vrai, celle du Code fédéral. Celui-ci,
pour certains effets de la demeure, en ce qui concerne par exemple
les intérêts moratoires, les fait dépendre du seul fait de la mise en
demeure sans permettre aucune justification au débiteur ; il sous-

(1) V. Pothier, *Obligat.*, n° 144. Il semble que les exigences des praticiens
en cette matière aient été surtout inspirées par les principes admis en matière
d'intérêts moratoires, lesquels ne pouvaient jamais être dus qu'en vertu
d'une demande en justice (ordonn. d'Orléans de 1560, art. 60). On peut voir
dans Bourjon combien, sur ce dernier point, la jurisprudence du Châtelet
était rigoureuse et formaliste (Bourjon, *Droit commun de la France*. liv. VI,
tit. I, ch. VII, § 7-40, éd. 1770, p. 445).

(2) Les dispositions du premier projet en ce qui touche la demeure du
débiteur ont subi peu de modifications de fond dans le texte définitif du
Code civil al. (art. 284 et suiv.).

(3) Preuss. A. L. R., I, 16, §§ 20, 21, 67 ; Sächs. G. B., § 736 ; Hess. Entw.,
art. 124 ; Osterr. G. B., § 1374 ; Code féd., art. 117. Seulement le projet
exige, pour que le terme puisse constituer le débiteur en demeure, qu'il
s'agisse d'un terme fixé d'après le calendrier. Il a pensé que c'est dans ce
cas seulement que le débiteur peut être censé s'être engagé à payer sans
sommation préalable (Critique de cette disposition par Meischeider dans
Bekker-Beiträge, § 17).

(4) Cf. Donneau, *De jur. civ.*, lib. XVI, cap. II, §§ 1 et 2. « *Est enim mora
species ejus culpæ, per quam fit, quominus debitor præstet, quod debuit :
quam culpam veteres definiunt perpetuare obligationem*, etc., etc. » V.
Brinz, *Pand.*, § 271 (t. II, pp. 287 et suiv.).

(5) *Motifs* sur art. 245 *in fine* (t. II, p. 59).

(6) Demol., t XXIV, n°s 546 et 552. Cf. PLANIOL, *Traité de droit civil*,
II, n° 271.

entend à cet égard une sorte d'obligation de garantie stipulée pour
le cas de retard ; cela lui a paru d'une grande simplification pratique (1). Mais le projet a eu raison, au point de vue de la logique
juridique, de ne pas admettre cette atteinte aux principes. Reste
à savoir, il est vrai, si la logique juridique n'aurait pas dû céder
devant d'autres considérations d'utilité pratique.

30. *Effets de la demeure.* — Les effets de la demeure se produisent en ce qui touche les intérêts moratoires, et la perte par
cas fortuit : les législations qui, de droit commun, mettent les
risques à la charge du créancier, attribuent à la demeure un troisième effet, celui de transférer les risques à la charge du débiteur ;
le projet n'a pas à en parler, puisque dans son système celui-ci en
est toujours chargé.

31. *Intérêts moratoires.* — Les intérêts moratoires constituent
une indemnité pour inexécution partielle ; il y aura donc lieu de
leur appliquer les principes généraux sur la matière (art. 247), et
entre autres d'admettre le triple choix déjà indiqué, à condition,
bien entendu, que le créancier établisse que l'exécution tardive ne
lui serait plus d'aucune utilité.

32. *Intérêts moratoires en matière de dettes d'argent.* — Le projet n'établit de règles particulières qu'en matière de dettes d'argent.
Mais, contrairement à la plupart des législations, il admet ici le
moins de dérogations possible au droit commun et n'en établit, à
vrai dire, qu'une seule, le droit pour le créancier de n'avoir pas à
prouver le montant du dommage, s'il veut se contenter des intérêts légaux à 5 pour 100 (2) ; ce qui, d'ailleurs, ne lui enlève pas le
droit d'exiger plus, s'il peut établir un plus ample dommage (art.
248) (3). Il n'y a donc rien de changé en ce qui touche les conditions de la demeure, tandis que notre Code civil (art. 1153) admet
au contraire la nécessité d'une demande en justice. Celle-ci n'est

---

(1) Code féd., art. 117, 118. Il suit en cela l'opinion de certains romanistes qui, interprétant mal une loi romaine (L. 137, § 4, D. 45, 1), voulaient
que la demeure fût indépendante de la faute (Cf. Windscheid, *Pand.*, § 277,
note 9).

(2) On a vu *suprà* n° 12 que l'intérêt légal dans le Code civil al. a été abaissé
à 4 pour 100.

(3) Cette réforme est absolument logique ; mais sera-t-elle généralement
approuvée ? (Cf. Koch dans *Bekker-Beiträge*, fasc. 4, p. 20). — Il est permis
d'en douter (cf. *Bul.*, 1895, p. 782).

exigée par le projet que s'il s'agit d'intérêts moratoires d'intérêts
déjà dus, c'est-à-dire au cas d'anatocisme (art. 249). Cette rigueur
spéciale vient de ce que l'anatocisme reste interdit en Allemagne ;
une autre conséquence de cette interdiction sera que la demande
en justice ne fera courir ainsi les intérêts moratoires que s'il s'agit
d'intérêts conventionnels. L'interdiction reste absolue en matière
d'intérêts légaux (1) ; et en cela le projet paraît plus sévère que le
Code fédéral et les lois autrichienne et hongroise de 1868, lesquels
tout en exigeant une demande en justice, ne faisaient pas la distinction admise par le projet.

33. *Perte arrivée pendant la demeure.* — La seconde série d'effets, en ce qui touche la demeure, se produit en matière de perte de
la chose, ou en général d'impossibilité d'exécution. Celle-ci, arrivée
pendant la demeure, donne toujours lieu à indemnité et ne libère
plus jamais le débiteur, même si elle résulte d'un cas fortuit ; c'est
que, même dans cette hypothèse, elle est encore la conséquence du
retard, et par suite d'une faute. Cependant le cas fortuit peut fournir exceptionnellement un moyen de libération, ou plus exactement
d'exemption, au débiteur ; c'est pour le cas où celui-ci peut établir
que la chose aurait également péri chez le créancier. La raison en
est qu'au cas de perte le débiteur ne doit compte que du dommage
résultant de la demeure ; or, s'il est établi que même sans la demeure
la chose eût été également perdue pour le créancier, il en résulte
que la demeure n'a pas par elle-même causé de préjudice spécial
au créancier. Le projet, en admettant ces dispositions, ne fait que
se conformer aux traditions romaines et au droit commun de la
plupart des législations (2).

34. Mais si ces principes ne pouvaient faire doute, il restait à
régler quelques points assez subtils en matière de preuve et en ce
qui touche le calcul de l'indemnité. Voici d'où provenait la difficulté : il ne suffit pas, en effet, pour que le débiteur soit dispensé

---

(1) Le second projet (art. 245 P²) et le Code civil al. (art. 289) ont aboli toute
distinction, en matière d'anatocisme, suivant qu'il s'agirait d'intérêts légaux
ou conventionnels. La prohibition est désormais absolue dans les deux cas
(*Bul.*, 1895, p. 782).

(2) L'art. 287 C. civ. al. n'exige plus, pour cette exemption de responsabilité,
la preuve que la perte, si la chose eût été livrée à temps au créancier, fût
également arrivée par cas fortuit, et surtout qu'elle fût arrivée par le même
cas fortuit que celui qui a atteint la chose entre les mains du débiteur (cf.
Bul., 1895; p. 780-781).

d'indemnité, que l'on ait établi le cas fortuit qui aurait dû atteindre la chose aux mains du créancier, encore faut-il prouver que celle-ci se fût trouvée aux mains du créancier le jour de l'événement qu'on allègue. Or, le créancier peut prétendre que, si elle lui eût été livrée à temps, il l'aurait vendue et transformée en une valeur hors d'atteinte. A qui doit revenir la charge de ce supplément de preuve ? Assurément, c'est au débiteur d'établir le cas fortuit qu'il allègue ; mais, une fois la chose acquise, est-ce également à lui de prouver que le créancier eût conservé la chose jusque-là ; est-ce au contraire au créancier, parce que c'est à lui de fixer le montant de son dommage, qu'il appartiendra de démontrer qu'il eût avant le cas fortuit transformé la chose en argent ?

La question peut également se poser, s'il s'agit de perte partielle ; il est établi par exemple que la chose aurait diminué de valeur, cette diminution l'eût atteinte aux mains du créancier : cela est certain ; mais reste à prouver que le créancier l'eût gardée jusque-là. Cette preuve incombera-t-elle au débiteur ? La question est la même ; or on a voulu la résoudre en Allemagne d'après le principe romain que le créancier a droit à la plus haute valeur que l'objet aurait atteinte pendant la demeure ; il en résultait que, dans tous les cas, c'était au débiteur à démontrer que le créancier n'aurait pas bénéficié de ce plus haut prix, donc à lui d'établir, au cas de perte totale ou partielle, que le créancier eût conservé la chose jusque-là et subi la perte (1).

35. Cette solution, pour le cas de perte totale ou partielle par cas fortuit, est exacte et ce sera également celle du projet (art. 251). Mais le danger d'invoquer ici les lois romaines, c'est que celles-ci donnent la même solution qu'il s'agisse de perte, ou d'augmentation de valeur ; si donc le créancier prétend que la chose, lui eût-elle été livrée à temps, eût augmenté de prix, il peut réclamer ce plus haut prix sans avoir à prouver qu'il l'eut gardée jusque-là, et ce sera au débiteur d'établir qu'il l'eût aliénée avant cette plus-

(1) L. 3, § 3, D. 19. 1. C'est ce texte, et l'assimilation que, logiquement, on doit faire entre la perte partielle et la perte totale, qui a entraîné la conviction de Windscheid. Il avait d'abord mis la preuve à la charge du créancier, car c'est à lui d'établir le montant de son dommage, donc à lui de prouver qu'il eût bénéficié de la chose qui lui était due si on la lui eût livrée à temps (Windscheid dans *Heidelb. Krit. Zeitsch* , II, pp. 556-558 et III, pp. 263-265). Il abandonne aujourd'hui cette manière de voir et se fonde surtout sur la loi romaine citée plus haut. C'est, du reste, l'opinion dominante (V. Windscheid, *Pand.*, 1887, § 280, note 15 ; édit., 1900, t. II, p. 134, note 14).

value (1) ; et cependant les principes réclament contre cette assimilation. C'est au créancier d'établir tous les éléments du dommage qu'il allègue ; or, pour prétendre à la plus-value, il lui faut assurément démontrer qu'il en eût profité, donc qu'il eût conservé la chose jusque-là ; c'est la solution admise par le projet au cas de perte imputable au débiteur et arrivée avant la demeure (art. 240-2) ; il n'y avait pas de raison pour ne pas l'admettre au cas de perte par cas fortuit arrivée depuis la demeure. Si les textes romains accordent, dans tous les cas, au créancier le droit de prétendre à la plus haute valeur qu'aurait eue la chose, soit au jour de la livraison, soit au jour où se produit la demande du créancier, c'est par imitation de ce qui se passait au cas de délit aquilien, et, par conséquent, en se plaçant à un point de vue pénal qui ne saurait plus être admis aujourd'hui en matière purement civile.

36. Le projet a donc raison de rompre avec les traditions et de donner une solution différente pour les deux cas ; le point de vue auquel il se place est celui d'une présomption très juridique et qui est la suivante : l'enrichissement dont a été privé le créancier se mesure à la valeur que la chose aurait mise dans son patrimoine, donc à celle qu'elle avait au jour où elle aurait dû être livrée ; et c'est à celui qui invoque un événement susceptible d'avoir modifié, en plus ou en moins, cette valeur présumée, de faire la preuve complète du fait qu'il allègue. Si, donc, le créancier invoque une augmentation de prix qui fût arrivée après coup, c'est à lui de prouver qu'il en eût profité ; et si le débiteur parle d'une perte totale ou partielle qui eût atteint la chose après livraison, c'est à lui d'établir que le créancier l'eût gardée jusque-là et qu'il eût subi cette perte (2).

37. *Purge de la demeure et de la créance d'intérêts résultant de la demeure.* — Sur la cessation de la demeure, il n'y a rien de particulier à relever. Mais une question pouvait s'élever en ce qui touche la nature de la créance d'intérêts (3), résultant de la de-

---

(1) L 3, § 3, D. 19, 1. Cf. Windscheid, § 280, note 20 et § 258, note 8. V. sur tous ces points, Savigny (*Système*. VI. §§ 273-277).

(2) Cf. Windscheid, § 280, note 15 ; Demol., t. XXVIII, n° 774 ; Pothier, *Oblig.*, n. 664.

(3) Pour ce qui est du montant des intérêts et restitutions judiciaires, voir *Bul.*, 1895, p. 787 suiv., p. 783 suiv. et art. 290 et 291 C. civil. Il faut remarquer que l'art. 290 C. civ. al. ne dit plus, comme les art. 252 P¹ et 246 P², que le créancier n'a pas le droit d'exiger, en outre, d'indemnité supplé-

meure. On a dit, et cela avec raison, que la demeure n'engendre pas d'obligation nouvelle, et que le créancier, en réclamant des intérêts pour retard, ne fait qu'invoquer un des effets de l'obligation initiale (1); on en a voulu conclure que, l'obligation d'intérêts n'étant pas distincte de l'obligation principale, on ne pouvait l'invoquer à part, et que, si le créancier acceptait le paiement sans réclamer les intérêts, il n'avait plus d'action pour faire valoir ces derniers. On parlait de lui dénier l'action, même si, en recevant le paiement, il eût fait ses réserves (2); on se fondait sur une loi romaine pour prétendre que le créancier n'avait pas de droit spécial aux intérêts, et que ceux-ci ne pouvaient être fournis que par le juge sur la demande principale et par mesure d'équité (3); il s'est en effet trouvé des auteurs pour l'admettre et des tribunaux en Allemagne pour accepter cette solution (4). Cette rigueur a été repoussée par les différentes législations, qui toutes admettent le droit pour le créancier de faire ses réserves; mais à défaut de réserves expresses, elles reconnaissent que le droit aux intérêts s'éteint forcément avec l'obligation principale (5). Le projet, ici encore, a rompu avec les précédents et admis la pleine indépendance de la créance d'intérêts et de la créance principale; ce sera donc une question d'interprétation de savoir si, au cas d'extinction de cette dernière, le créancier a entendu ou non réserver ses droits aux intérêts (6).

38. *Demeure du créancier.* — A côté du retard imputable au débiteur, il faut placer l'hypothèse où ce retard dans l'exécution est imputable au créancier, celui-ci refusant d'accepter. C'est ce

mentaire pour la privation de jouissance. Cette suppression est due à la Commission du Reichstag, qui a voulu, par là, non pas poser en principe que cette indemnité serait toujours due, mais laisser la question à la décision des tribunaux (cf. *Bericht der Reichstags Kommission*, p. 36-37, et Kipp, sur Windscheid, dans *Wind*. Edit., 1900, t. II, p. 138).

(1) Cf. Windscheid, *Pand.*, § 259, note 10.

(2) Cf. Windscheid, *Pand.*, § 259, note 12.

(3) L. 49, § 1, D. (19, 1). Cf. Mommsen, *Beiträge zum Obligationenrecht* (3e abt.). *Die Lehre von der Mora* (1855), pp. 330-331; Brinz, *Pand.*, II, § 244, note 6.

(4) V. les citations dans la note de Windscheid citée plus haut, § 259, note 12.

(5) Cf. Windscheid, *Pand.*, § 281, note 8, § 259, note 10; Code féd., art. 119, § 2; Säch. G. B., § 754; Hess. Entw., art. 256, § 1, Bayr. Entw., art. 140-2°, § 2.

(6) Pour ce qui est du Code civil, voir Kipp sur Windscheid, *loc. cit.*, II, p. 67.

que l'on appelle la demeure du créancier. Elle résultera forcément
d'offres suivies de refus d'acceptation ; reste à savoir quels effets
lui attribuer et même s'il y a lieu d'attribuer quelque effet à l'offre
seule non suivie de consignation. Il y a, sous ce rapport, deux systèmes législatifs possibles ; celui, par exemple, de notre Code civil
qui n'admet d'autres ressources au profit du débiteur, au cas de
refus de paiement émanant du créancier, que la faculté de se libérer par voie de consignation, et pour qui par conséquent les offres
ne sont que la condition préalable de la consignation et ne produisent aucun effet par elles mêmes Dans une législation de ce genre,
il n'y a pas de théorie sur la demeure du créancier et le Code civil,
en effet, n'en connaît point (1) ; le débiteur est acculé à la consignation. Ce système est, au fond, celui également du Code fédéral,
bien que celui-ci parle déjà de demeure du créancier (2). Il y a un
autre système législatif pour qui la consignation n'est qu'une ressource extrême qu'il faut chercher à éviter et qui consiste par conséquent à attribuer aux offres seules l'effet de soustraire le débiteur
aux conséquences fâcheuses de cette prolongation injustifiée de son
obligation, et, par suite, à faire supporter au créancier le préjudice
résultant du retard dont il est l'auteur. Ce système est celui de toutes
les législations allemandes ; ces législations ont donc admis et régle-
menté une demeure du créancier : le principe d'ailleurs s'en trouve
en droit romain (3).

39. *Conditions de la demeure du créancier* (4). *Condition de
fait.* — Les conditions de cette demeure du créancier seront tout
d'abord et avant tout des conditions de fait se résumant dans les
offres régulières et complètes et non suivies d'acceptation. Le principe du projet, comme celui de notre Code civil, est celui d'offres
réelles ; mais il est suivi de telles exceptions qu'on pourrait tout
aussi bien ériger en règle, celui de l'offre purement verbale. Il est,
en effet, inadmissible que la demeure du créancier puisse aggraver

(1) Sauf, bien entendu, le droit pour le débiteur d'invoquer l'art. 1382,
pour se faire indemniser du dommage que le refus du créancier lui a causé.
Reste à savoir si on ne pourrait pas se fonder sur l'article 1382, et sur les
principes généraux en matière d'obligation, pour échafauder une théorie de la
demeure du créancier en droit français : la chose ne nous paraîtrait pas impossible (cf. cependant Huc, *Commentaire theorique et pratique du Code civil*,
t. VIII. n° 93, 127-129).
(2) Code féd., art. 106-109.
(3) Cf. Girard, *loc. cit*, p. 646.
(4) En cette matière également le Code civil al. (art. 293 suiv.) a très peu
modifié les solutions de fond du premier projet.

l'obligation du débiteur ; si donc l'exécution exige une démarche préalable du créancier, et ce sera le cas ordinaire dans une législation qui admet que toute dette, sauf celle d'argent, est quérable, il suffira que le débiteur soit en mesure de payer au jour dit et qu'il le fasse savoir au créancier (1). Si même il y a un terme fixé pour l'échéance et à jour fixe, et que le créancier ne se présente pas au jour dit, comme cela peut être le cas pour certains titres à ordre ou au porteur payables sur présentation à jour fixe, le créancier sera en demeure, par la seule échéance du terme, sans même qu'il soit besoin d'offres verbales : c'est l'admission, pour la demeure du créancier, de la règle *dies interpellat pro homine* (art. 255) (2).

40. *Condition d'imputabilité. Système proposé à cet égard.* — On sait que la demeure du débiteur n'exige pas seulement certaines conditions de fait, mais aussi une condition d'imputabilité : elle suppose la faute et, par suite, implique droit pour le débiteur de se justifier en prouvant que le retard ne lui est pas imputable. C'est, au contraire, une grave et difficile question de savoir s'il en sera de même de la demeure du créancier. Trois systèmes étaient en présence. Le premier, assimilant la demeure du créancier à celle du débiteur, présumait la faute et, par suite, donnait droit au créancier d'écarter les effets de la demeure en prouvant qu'il n'était pas en faute, par exemple qu'il a refusé le paiement par suite d'une erreur excusable (3). Le second admettait que la demeure était définitivement acquise dès qu'elle résultait du fait du créancier, sans que celui-ci fût alors autorisé à se disculper ; il n'y aurait que l'événement de force majeure sans le fait du créancier qui pût justifier ce dernier, comme, par exemple, si la dette est quérable et que le créancier, par suite d'accident, se fût trouvé dans l'impossibilité de se présenter au jour dit, sans qu'il pût envoyer personne à sa place (4). Le troisième, enfin, faisait résulter la demeure des seules conditions de fait indiquées, sans s'attacher à l'idée de faute

---

(1) Le Code civil al. (art. 297) ne fait plus de cette condition personnelle au débiteur une condition d'admissibilité de la demeure du créancier, mais un moyen de défense offert au créancier, de telle sorte que la charge de la preuve incombe à celui ci (*Bul.*, 1895, p. 792).

(2) Le Code civil exigeant, dans tous les cas, des offres réelles, on arrive à aggraver, dans certaines hypothèses, l'obligation du débiteur. Cf. art. 1257 ; cf. Cod. civ. ital., art. 1260-6 ; Demol., t. XXVIII, nº 73.

(3) Windscheid, § 345-3.

(4) Cf. Mommsen, *loc. cit. Die Lehre der Mora*, § 17.

et, par suite, sans jamais donner au créancier le droit de se disculper, même en invoquant le cas fortuit proprement dit (1) Le
système mixte est un système contradictoire, qui n'avait pas grande
chance d'être accepté par le projet : restaient les deux théories extrêmes (2).

41. Celui qui prend pour base l'idée de faute considère le créancier comme étant tenu d'une véritable obligation, laquelle consiste
à procurer au débiteur sa libération ; de sorte que, dans cette théorie, la prétendue demeure du créancier n'est autre que la demeure
d'un débiteur qui n'exécute pas ce qu'il doit : il faut donc lui appliquer les principes sur la demeure du débiteur, donc lui donner
le droit de se disculper. A quoi Windscheid ajoute que cette demeure va produire des conséquences fâcheuses pour le créancier et
qu'on ne peut l'exposer à souffrir un préjudice que s'il est en faute (3).
Le projet a compris que toute cette théorie n'était qu'une suite
de confusions de tous les principes. Il est impossible, en effet, que
la demeure repose sur une prétendue obligation à la charge du
créancier, laquelle, à moins de prouver la mauvaise intention,
donc le délit civil, ne saurait exister, tout au moins, qu'en matière
d'obligations nées de convention. La vérité est que la demeure du
créancier résulte de l'impossibilité où il se trouve d'exiger du débiteur plus qu'il ne doit : or, prolonger l'obligation c'est demander
au débiteur plus qu'il ne doit ; c'est, de la part du créancier, s'ar-
roger un droit que l'obligation ne lui donne pas. Donc, il devra
tenir compte au débiteur du fait de lui avoir demandé plus qu'il ne
lui était dû ; et alors il est indifférent de savoir si le créancier était
ou non en faute, car sa bonne foi elle-même ne peut l'autoriser à
invoquer un droit qu'il n'a pas et que ne contient pas l'obligation
dont il se prévaut. Si donc la demeure du créancier repose uniquement sur le droit pour le débiteur de repousser toute aggravation
de son obligation (4), elle résultera nécessairement des conditions
de fait qui constatent cette aggravation irrégulière de la dette et

---

(1) V. surtout Kohler, *Jahr. für Dogm.*, XVII (1879), pp. 265 et suiv.,
409 et suiv. ; *Moderne Rechtsfragen bei islamitischen Juristen* (1885), p. 12:
et *Der Gläubigerverzug* dans *Arch. f. Bürg. Recht*, t. XIII, p. 149.
(2) Cf. Windscheid, § 345, note 8.
(3) Windscheid, qui s'était d'abord appuyé sur la première idée (*Heidelb.
krit. Zeitsch.*, III, p. 269), l'abandonne dans ses Pandectes, pour s'en tenir
uniquement à la seconde (*Pand.*, § 345, notes 10 et 11). Cf. DERNBURG, *Pand.*,
II (éd. 1897), § 43, note 10.
(4) Cf. Brinz, § 275 et Kohler, *loc. cit.*

restera indépendante de toute question d'umputabilité. Si, d'ailleurs, le débiteur prétend, en outre, que le créancier s'était obligé à lui faciliter sa libération ou encore que, par mauvaise intention, il a réfusé le paiement ; c'est une tout autre question : ce sera au débiteur à prouver le fait qu'il allègue, de façon à recevoir une plus complète indemnité : mais ce sont là des faits étrangers à la demeure proprement dite. Telle est la théorie du projet (art. 254)(1).

42. *Effets de la demeure du créancier.* — Les effets de la demeure se résument, dit Brinz (2), dans les trois faits suivants : Justification du débiteur, indemnité à son profit et libération partielle de son obligation. Le projet a accepté cette triple division (3).

Il y aura justification, non seulement en ce sens que, si le débiteur est lui-même en demeure, sa demeure sera purgée ; mais, en ce que la demeure du créancier soustrait le débiteur à toutes les déchéances qui devraient résulter pour lui de l'inexécution au jour dit, comme, par exemple, à l'application d'une clause pénale.

43. *Indemnité résultant de la demeure.* — Il y aura droit à indemnité au profit du débiteur, puisque la demeure du créancier constitue pour lui une aggravation de son obligation et qu'il doit lui en être tenu compte. Mais dans quelle mesure l'indemnité lui sera-t-elle due ?

Les législations qui font reposer la demeure du créancier sur la faute présumée donnent droit, au profit du débiteur, à l'entière réparation du dommage causé : si l'on suppose que la conservation prolongée de la chose ait occasionné perte ou détérioration d'un bien appartenant au débiteur, celui-ci pourrait demander indemnité de ce chef. C'est la décision du Code prussien et du Code saxon (4). Mais le projet, qui admet la demeure en dehors de toute

---

(1) Cf. *Motifs* (t. II, p. 68 69); Preuss. A. L. R. I, 11, §§ 98, 102, 103, 939, 940 ; Österr., G. B., § 1419 ; Sächs. G. B., §§ 746-749. Cf. Code féd., art. 106. — Le Code civil (art. 293) accepte le même système, quant au fond ; mais avec une légère atténuation pour le cas où il n'y avait pas de délai fixé pour la prestation, le cas par conséquent où le débiteur pouvait à tout moment surprendre le créancier pour l'obliger à recevoir l'exécution (art. 299, C. civ. al.) cf. *Bul.* 1895, p. 794.

(2) Brinz, § 275.

(3) Le Code civil al. (art. 303) admet un quatrième effet de la demeure du créancier : le droit d'abandonner la possession, lorsque la prestation due consiste dans la restitution d'un immeuble.

(4) Preuss. A. L. R. I. 11, §§ 102, 103, 940 ; Sächs. G. B. 750. Cf. Dresd. Entw., art. 313.

faute du créancier, ne pouvait accepter ces conséquences rigoureuses et devait s'en tenir aux dommages immédiats résultant
directement de la demeure et représentant l'aggravation exacte qu'a
subie l'obligation du débiteur ; aussi ne donne-t-il droit à indemnité que pour ces deux chefs : les frais occasionnés par la tentative
d'exécution et les frais de conservation de la chose (art. 261 ; C.
civ. al. art. 304). Si le débiteur allègue d'autres dommages, ce
sera à lui de prouver la responsabilité du créancier, soit en démon-
trant qu'il s'était engagé à lui procurer sa libération au jour dit, soit
en prouvant sa malveillance, c'est-à-dire le délit civil ; mais c'est
là, on l'a vu plus haut, un terrain tout autre que celui de la demeure.

44. *Atténuation des effets de l'obligation et libération partielle
du débiteur.* — Enfin la demeure constitue pour le débiteur une
cause de libération partielle, en ce qu'elle atténue sa responsabilité
et relâche, en quelque sorte, les liens de son obligation. Cette atténuation des effets de l'obligation ne porte ordinairement que sur
un point, sur ce qui a trait à la responsabilité. Mais, dans le système du projet qui laisse les risques à la charge du débiteur, elle
devait également produire un transfert des risques à la charge du
créancier ; car le principe est que le débiteur doit être à l'abri des
dangers qui peuvent résulter pour lui de la prolongation irrégulière
de son obligation (1). Si donc le créancier eût accepté le paiement,
le débiteur eût été à l'abri des risques ; il en sera ainsi, lorsque le créancier, sans motif légitime, aura refusé le paiement
(art. 257, § 2 ; C. civ. al. art. 300).

45. *Atténuation de responsabilité.* — Quant à l'atténuation apportée à la responsabilité du débiteur, elle provient de ce que
celui-ci avait promis ses soins et sa diligence jusqu'à une époque
déterminée et pas au delà ; une fois l'échéance passée, il ne peut
plus être responsable qu'en vertu des principes généraux, c'est-à-
dire de son dol et sa faute lourde (art. 258-1) : c'est le droit
commun de la plupart des législations allemandes (2).

Il devra résulter de là certaines conséquences graves en matière
de restitution de fruits ou d'intérêts. Cela suppose, bien entendu,

---

(1) Cf. pour ce qui est du second projet et pour ce qui est, par suite, du
texte définitif du Code civil, al. *Bull.*, 1895, p. 795-796.
(2) Cf. A. L. R. I, 11, § 860 ; Sächs. G. B., § 751. Cf. Windscheid, § 346,
note 2 ; Brinz, § 275, note 9.

que la chose soit productive de revenus et que le débiteur en doive restitution ou bien que des intérêts aient été stipulés. Le point de vue théorique accepté par le projet est que le débiteur n'avait promis son'fait et ses soins que jusqu'à l'échéance et pas au delà, et que, par suite, après la demeure du créancier, il n'est plus tenu de faire produire des fruits ou de s'occuper d'un placement de la somme due, de façon à ce qu'elle rapporte intérêts. A un autre point de vue tout à fait pratique, le projet a pensé que le débiteur, qui est sous le coup d'une demande qui peut se produire chaque jour. ne peut ni s'occuper de récoltes ni trouver un placement ; la conclusion est que le débiteur ne sera jamais responsable de n'avoir fait produire depuis la demeure ni fruits ni intérêts et ne sera responsable que de ceux qu'en fait il aura perçus (art. 258-259 ; C. civ. al. art. 302 et art. 301).

46. *Cessation du cours des intérêts*. — Ce qu'il y a ici d'assez nouveau dans la décision du projet, c'est l'assimilation admise entre les fruits et les intérêts : on s'accordait, au contraire, presque unanimement à laisser courir les intérêts même au delà de la demeure du créancier. sous prétexte que le débiteur continuait à jouir du capital (1). M. Mommsen, dans une étude remarquable sur la demeure, avait été l'un des premiers à protester contre cette antinomie (2), dont le résultat était d'obliger le débiteur à chercher un placement pour une somme qu'il devait tenir incessamment à la disposition du créancier, ce qui était impossible, et dont la conséquence vraie était de faire peser les intérêts, non sur les revenus de la chose due, mais sur les revenus des autres biens du débiteur, ce qui, pour celui-ci, constituait une perte injustifiée. Le projet a eu raison de rompre ici encore avec les précédents (cf. C. civ. al. art. 301).

Avec cette théorie, si complète et si remarquable sur la demeure, se termine le paragraphe relatif aux effets et au contenu de l'obligation ; et nous arrivons ainsi au troisième paragraphe : Extinction de l'obligation.

§ 3. — EXTINCTION DE L'OBLIGATION

47. Comme préliminaire à la matière des modes d'extinction de

(1) Cf. Windscheid, § 346, note 7.
(2) Mommsen, *Die Lehre von der Mora*, pp. 288 et suiv.

l'obligation, il n'y a à faire ici qu'une seule remarque, c'est l'absence dans le projet de dispositions spéciales à la novation. Cela tient à la fois à des vues théoriques et pratiques. En fait, le projet remarque que dans les usages modernes c'est par voie de transfert, soit de la créance, soit de la dette, que l'on atteint les résultats pratiques obtenus autrefois par la novation. Si d'ailleurs on fait observer au point de vue théorique que l'effet produit n'est pas absolument le même, puisque le transfert laisse subsister l'ancienne obligation avec ses exceptions, tandis que la novation suppose substitution d'une dette à une autre, la nouvelle étant le plus souvent indépendante de la validité de l'ancienne, il est facile de répondre que ce résul'at, qui n'est en somme que le produit d'un acte en deux parties, peut toujours s'obtenir par une remise de dette subordonnée à la condition d'une promesse nouvelle, et qu'il était inutile de faire de cette combinaison une institution particulière ; les principes généraux suffiront à en indïquer les effets (1). Le projet s'occupera donc successivement : du paiement et de la consignation, de la compensation, de la remise de dette, de la confusion (2), et du décès de l'une des parties.

48. *Paiement et dation en paiement* (C. civ. al., art. 362 à 371). — Le paiement est le mode normal d'extinction de l'obligation ; et, sous ce nom, il faut comprendre l'exécution complète de l'obligation quel que soit son objet. Quant à la façon dont le paiement doit être fait, il n'y a qu'à s'en référer aux dispositions admises en matière d'exécution de l'obligation.

Tout l'intérêt du projet sur ce point se concentre donc sur la théorie admise en ce qui touche la dation en paiement. C'est la subrogation conventionnelle d'un nouvel objet à celui de la dette ; et cet objet peut être, non seulement une autre chose donnée en propriété à la place de celle qui était due, mais une nouvelle obligation substituée à l'ancienne, qu'il s'agisse soit d'une créance cédée en paiement au créancier, soit d'une véritable délégation opérée à son profit (3) ; dans tous les cas, ce qui domine, c'est la volonté des parties d'opérer un paiement, donc d'éteindre l'ancienne dette et celle-ci reste définitivement éteinte, quoi qu'il arrive.

(1) V. *Motifs*, t. II, pp. 78, 79. — Cf. Seuffert, *Bekker-Beiträge*, fasc. 11, p. 24.

(2) Et encore la confusion a été supprimée dans la rédaction définitive du Code civil al. comme allant de soi.

(3) Cf. Windscheid, § 342, note 15.

Tous les droits accessoires qui s'y rattachent sont également éteints et sous aucun prétexte ne sauraient revivre (1). Nous ne voyons pas, d'ailleurs, pour le cas où la dation en paiement se ferait par voie de novation, qu'on permette la réserve des hypothèques au profit de la nouvelle créance (2).

En affirmant ainsi l'extinction définitive de l'ancienne dette (art 264 ; C. civ. al. art. 364), le projet prend parti sur une très ancienne controverse de droit romain relative à la *datio in solutum*. La question se posait en effet pour le cas d'éviction de la chose donnée en paiement ; et l'on se demandait s'il fallait considérer alors le paiement comme non réalisé et faire revivre l'ancienne dette avec ses accessoires, ou traiter la *datio in solutum* comme une vente abrégée et donner au créancier évincé les droits et actions qui appartiennent à l'acheteur au cas d'éviction (3). L'opinion dominante des romanistes allemands, au point de vue tout au moins de la pratique moderne, était d'accorder le choix au créancier entre les deux partis (4), sans parler d'une troisième ressource que pouvait lui offrir la théorie des *condictiones* (5) ; ce qui ne veut pas dire d'ailleurs qu'en lui accordant la garantie pour éviction, on l'assimilât forcément à un acheteur (6) et qu'on fît de la *datio in solutum* une vente fictive. La garantie s'est généralisée et existe toutes les fois qu'il y a transfert de propriété ou d'un droit quelconque avec promesse d'en maintenir le bénéfice à celui qui le reçoit. Tels étaient les précédents. Le projet supprime le choix et traite le paiement, dans tous les cas, comme définitif ; il n'accorde donc au créancier évincé que les droits et actions dérivant de la garantie ; et sans pour cela, bien entendu, le traiter comme un acheteur, ni la dation en paiement comme une vente (art. 265) (7).

(1) Cf Code civ, art. 2038.

(2) Cf. Code civ., art. 1278 : Preuss. A. L. R. I, 16, §§ 470, 471 : Hess. Pfandges, art. 154. — Cf. *Projet*, art. 1086 et les *Motifs* sur cet article (t. III, p. 705). — Cf. Windscheid, t. I, § 233 *b*, notes 1 et 2. — Voir la thèse importante de M. Gaudemet, *Du transport de dette*, n° 301.

(3) Cf. Girard, *loc. cit.*, p. 682-683 ; Accarias, *Précis*, n° 961, t. II, p. 680, note 1 ; pour le droit français. cf. Code civ., art. 1276 et 2038 ; Aubry et Rau, § 292, note 4, § 324, note 28 : Larombière, *Oblig.* sur l'art. 1278, n° 6. — Planiol, *Traité de droit civil*, II, n°s 549, suiv.

(4) V. cependant Bechmann, *Kauf.*, t. II, pp. 557 et suiv.

(5) Cf. Brinz, *Pand.*, § 280, note 12 (t. II, p. 336).

(6) Windscheid, *Pand.*, § 342, note 14.

(7) L'art. 365 C. civ. al. dit expressément que c'est le débiteur qui est ainsi tenu à garantie. L'art. 265 P¹ s'exprimait d'une façon moins spécialisée, en disant qu'on appliquait alors les règles de la garantie. Aussi s'est-on

49. *Imputation des paiements* (art. 267 et 268 ; C. civ. al. art. 366 et 367). — Après quelques dispositions relatives à l'imputation des paiements, et qui, après avoir posé le principe à peu près absolu du droit de désignation du débiteur, fixent les règles de l'imputation légale, pour le cas où cette désignation n'a pas eu lieu, le projet passe à la consignation.

50. *De la consignation* (C. civ. al., art. 372 à 386). — La consignation est un mode de libération exceptionnel, admis pour le cas où le paiement régulier ne peut se faire aux mains du créancier, et qui s'accomplira par voie de dépôt dans une caisse publique : c'est, comme disait M. Demolombe (1), le paiement forcé. On sent déjà que c'est là une ressource extrême qui ne doit être admise que très parcimonieusement. Le projet est d'ailleurs, de toutes les législations antérieures, celle où éclate le plus ce système restrictif ; et cela tient aux effets déjà si importants attribués à la demeure du créancier. On sait au contraire que le point de vue du Code civil devait être tout différent, puisque le débiteur n'a aucun moyen de constituer le créancier en demeure et que, si celui-ci refuse le paiement, le débiteur se trouve en quelque sorte obligé de recourir à la consignation : aussi a-t-on corrigé ce qu'il y a d'excessif dans cette sorte d'encouragement légal à la consignation, en ne donnant jamais à la libération qui en résulte qu'un effet tout relatif, tant que le créancier n'a pas encore accepté (art. 1261). Il s'en suit enfin que le droit de consignation devait être admis dans une assez large mesure ; le Code l'organise pour les dettes de sommes d'argent et celles de corps certains, et certains auteurs sont d'avis de l'étendre à toute dette quelconque (2). En Allemagne, le droit commun et la plupart des législations admettent aussi avec assez de largeur la consignation ; et pour le cas où celle-ci est impossible en raison de l'objet de la dette, elles reconnaissent au débiteur le droit de faire vendre la chose en vue d'en consigner le prix ; enfin, s'il s'agit d'immeubles, la plupart des législations organisent une sorte de séquestre judiciaire, par exemple le droit prussien, et, pour l'Autriche, l'ordonnance du 14 novembre 1850 (3).

demandé si le Code civil aurait voulu exclure ces dernières, si la dation émanait d'un tiers. Mais ce raisonnement *a contrario* est généralement rejeté (cf. Pʟ. p. 145 et *Pr* , p. 333, suiv.).

(1) Demol., t. XXVIII, n° 63.

(2) Cf. Code civ., art. 1257 et suiv., art. 1264. Cf. Demol., t. XXVIII, nᵒˢ 173 et suiv.

(3) *Motifs* sur les art. 272-273 (t. II, p. 93). Cf. Preuss. A. L. R. I, 16,

51. *Conditions d'admissibilité.* — Le projet part d'une conception très différente, celle de n'admettre la consignation que comme moyen exceptionnel et le droit de vente comme ressource tout à fait extrême Les cas d'admissibilité seront les deux suivants : la demeure du créancier, et celui où, à défaut de cette dernière, le débiteur sera, par suite de circonstances relatives au créancier, dans l'impossibilité de payer avec sécurité (art. 272) : ce qui fait allusion surtout au cas où le débiteur ne peut savoir sûrement à qui il doit payer, comme au cas de saisie-arrêt, ou de conflit entre cessionnaires, ou entre cédant et cessionnaire de la créance. Quant aux objets susceptibles de consignation, comme le projet exige dans tous les cas que celle-ci ait lieu dans une caisse publique, ce seront ceux dont les caisses publiques admettront le dépôt : en général l'argent et les titres et effets de commerce (1).

52. *Effet libératoire de la consignation.* — Le point délicat était de préciser l'effet de la consignation ; le principe est qu'elle produit par elle-même et immédiatement la libération du débiteur (art. 272). Il a paru cependant difficile de la considérer fatalement comme irrévocable ; non pas parce que le créancier ne l'a pas encore acceptée : la consignation n'est pas, en effet, comme l'ont dit certains interprètes du Code civil, une offre de paiement faite au créancier ; la consignation est déjà un paiement. Seulement le débiteur peut lui-même concevoir des doutes sur la légitimité de la consignation et, dans ce cas, vouloir retirer l'objet pour revenir au paiement normal aux mains du créancier ; pratiquement il eût été dur de lui refuser le droit de retrait. La tendance en Allemagne se montrait cependant très peu favorable à ce droit de retrait ; c'est ainsi, par exemple, que la loi prussienne du 14 mars 1879 sur les dépôts et consignations ne l'admettait que si le débiteur en consignant se l'était expressément réservé (2). A l'extrémité opposée, on peut citer notre Code civil qui l'admet tant que l'acceptation du créancier n'est pas intervenue (C. civ., art. 1261, 1262). Le projet prend une position mixte entre les deux systèmes ; il admet le retrait en prin-

---

§ 234 ; I, 14, §§ 98 et suiv. et Preuss. Hinterleg. Ordn , art. 87 et suiv. ; Code féd., art. 107, 108 : Demol., t XXVIII, n. 172 *in fine.*

(1) On s'était étonné qu'on ne l'eût pas admise aussi d'une façon générale pour les objets précieux (Cf. Koch, dans *Bekker-Beiträge,* fasc. 4, p. 25 et 26). — Le texte définitif a donné satisfaction à ces réclamations (C. civ. al. art. 372).

(2) V. la loi prussienne du 14 mars 1879, art. 19 (*Ann. de législ. étrang.,* 1880, p. 119).

cipe, mais permet au débiteur d'y renoncer, auquel cas la consignation devient irrévocable, avant même que le créancier l'ait acceptée (1). Il en sera de même au cas de jugement qui se soit prononcé sur la régularisation du dépôt (2).

53. Il ne faudrait pas croire que le droit de retrait fût considéré comme supprimant l'effet libératoire de la consignation : la libération est acquise du jour de la consignation. Mais elle est soumise à une condition résolutoire, qui est l'exercice du retrait et qui, lorsqu'elle se réalise, fait revivre la dette avec tous ses accessoires (art. 275, cf. C. civ. al., art. 379), résultat que n'avait pas voulu admettre le Code fédéral, au moins pour les droits de gage et d'hypothèque (3) et que reconnaît formellement l'article 275 du projet. La libération dépend, d'ailleurs, si peu de la renonciation au droit de retrait ou de l'acceptation du créancier, que, si le débiteur tombe en faillite, l'objet consigné est véritablement considéré comme ne faisant plus partie du patrimoine du débiteur ; il est donc sorti de la masse et l'on enlève au débiteur ou au syndic l'exercice du retrait : le créancier aurait dû, en effet, toucher son paiement intégral avant l'ouverture de la faillite ; il est de toute justice que le paiement lui reste assuré (art. 277). Nos auteurs français décident, au contraire, que jusqu'à l'acception du créancier la propriété de la chose consignée reste au débiteur (4).

54. *Droit de vente en vue de la consignation du prix (Selbshülfeverkauf).* — Enfin, le projet admet le droit de vente pour les choses non susceptibles de consignation ; sans autre condition si le créancier est en demeure, et c'était déjà la décision du Code de commerce (art. 343 ; C. C^{ce} R., art. 373) (5), et, pour les autres cas où, en dehors de la demeure, la consignation serait admise, seule-

---

(1) L'art. 378, C. civ. al., admet une conception juridique qui, à l'apparence tout au moins, est juste à l'inverse de celle du premier projet. D'après l'art. 272 P¹, la libération dérivant de la consignation était immédiate, mais soumise à une condition résolutoire, dépendant du droit de retrait du débiteur. Désormais, au contraire, la libération n'est plus que conditionnelle, subordonnée, en tant que condition suspensive, au fait que le débiteur ait perdu le droit de retrait. Mais pratiquement, grâce à certains remaniements de textes, qu'il est impossible d'indiquer ici tout au long, les conséquences de fait des deux formules reviennent à peu près au même.

(2) Cf. l'art. 19 de la loi prussienne sur les dépôts.

(3) Cf. Code féd., art. 109.

(4) Demol., t. XXVIII, n° 148.

(5) Cf. Endemann, *Handelsrecht*, § 137, p. 500.

ment si la chose menace ruine ou encore si elle est d'un entretien trop coûteux. Bien entendu la vente doit être faite aux enchères par les soins d'un officier public, et doit être en outre précédée et suivie d'un avertissement au créancier et la libération n'est acquise que par le dépôt du prix (art. 278).

55. *Compensation.* — La théorie fort remarquable du projet en ce qui touche la compensation nous offrirait un grand intérêt de nouveauté si nous n'y étions déjà préparés par les dispositions de la loi des faillites en matière de compensation et par celles du Code fédéral sur le même sujet (1). Le système du projet peut se résumer dans les quelques lignes suivantes. Dès qu'il y a deux dettes réciproques ayant même objet et toutes deux exigibles, il n'y a pas extinction de plein droit de chacune d'elles jusqu'à concurrence de la plus faible et à l'insu des parties ; car il ne peut y avoir de paiement contre le gré et à l'insu de celui qui paie ; mais chacune d'elles tient l'autre en échec et fournit ainsi à chacune des deux parties le moyen de payer ce qu'elle doit en renonçant à ce qui lui est dû et celui, par la même occasion, de se payer elle-même, en saisissant en quelque sorte sur elle l'objet de sa propre dette (art. 281). Or, il suffit, pour que ce double effet se réalise, d'une déclaration unilatérale de volonté de la part de l'un des deux débiteurs à l'autre (art. 282) (2), déclaration qui peut se produire sans attendre la poursuite de l'autre et qui, par suite, n'est plus du tout l'analogue de l'ancienne exception dont se servait le droit romain classique pour faire valoir la compensation. Enfin, cette déclaration de compensation a un effet rétroactif, en ce sens que les deux dettes seront censées éteintes du jour où la compensation est devenue possible (art. 283) ; et ceci s'explique par cette idée que de ce jour, en effet, les deux dettes se sont paralysées réciproquement et que la déclaration de paiement ne fait qu'accepter une situation déjà acquise et reconnaître par suite une libération antérieure plutôt qu'opérer un paiement actuel, ce qui aura une grande importance au point de vue, par exemple, du cours des intérêts.

---

(1) Konkursordnung, §§ 46 et 47 (*Konk. Ord. R.* art. 53, 54) ; C. féd. art. 131-139. Pour le droit saxon, voir Säch. G. B, §§ 988, 992. — Cf. Bayr. Entw., art. 181, 182. — Dresd. Entw. art. 346, 372 Pour le droit autrichien, voir österr. G. B., §§ 1438 et suiv. et Unger, dans *Zeitsch. für das priv. und öff. R.*, t. XV (1888), p. 543 et suiv. : *Ueber Obligationenrecht.* Cf. Kohler, *Aufrechnung* dans *Zeitschrift für deutschen Civilprozess*, t. XXIV.

(2) Cf. Projet, art. 74 (C. civ. al. art. 130 et Sal. *Décl.* p. 118 suiv.).

56. *La compensation opposée par voie de déclaration unilatérale de volonté.* — Le point véritablement nouveau du système n'est pas à proprement parler le rejet de la compensation légale, opérant *ipso jure*, à l'insu et contre le gré des parties : cette interprétation assez malheureuse d'une expression romaine (1) n'avait jamais eu grand succès, sinon dans la théorie (2), tout au moins dans la pratique allemande ; le côté curieux serait plutôt dans le rejet de la compensation opérant par voie d'exception, impliquant par suite une poursuite préalable, ce que l'on pourrait appeler la compensation judiciaire, au sens tout au moins que nous venons d'indiquer. Dans le système du projet, la compensation s'opère par simple déclaration de l'une des parties à l'autre et en dehors de toute poursuite judiciaire ; cela paraît bien être au premier abord un grand progrès de simplification. Ne nous hâtons pas trop cependant de condamner le procédé romain ; assurément celui-ci s'expliquait surtout par des raisons de procédure plutôt que par un fondement rationnel ; mais il s'était trouvé que la procédure était d'accord avec l'équité, la forme avec le but juridique. En effet, toute compensation peut aboutir à un paiement partiel ; de plus, comme elle implique double paiement, elle suppose que l'un des deux est un paiement forcé. On comprend donc que les Romains aient hésité à permettre à l'un des deux débiteurs, à la fois créanciers l'un de l'autre, d'imposer à l'autre un paiement partiel. Pour que cela fût possible, il fallait supposer que l'un des deux créanciers prît les devants et poursuivît l'autre sans offrir lui-même le paiement de sa dette ; dans ce cas c'est le poursuivant qui agissait irrégulièrement, puisqu'il demandait à être payé sans payer lui-même ; et ce procédé de mauvaise foi justifiait aux yeux des Romains l'exception de dol offerte au défendeur. Que celle-ci du reste aboutît au rejet total de la demande ou à la diminution de la condamnation, peu importe, cette controverse (3) n'a rien à voir ici avec notre matière ; ce qu'il importe de relever, c'est que, si la compensation peut nuire à l'un des deux créanciers, elle ne lui nuit que parce que lui-même manque à sa propre obligation.

---

(1) GIRARD, *loc. cit*, p. 704, note 6. Accarias, *Précis*, t. II, n° 912, 3°
(p. 1241, note 6).

(2) Voir le résumé des systèmes dans Windscheid, *Pand.*, t. II, § 349,
note 10. — Cf. Brinz, *Pand.*, § 287, note 2.

(3) Cf. APPLETON, *Histoire de la Compensation en droit romain* (1895), p. 318
et suiv. GIRARD, *loc. cit.*, p. 702-703. Accarias, *Précis*, t. II, n°s 901, 910,
911. — Brinz, *Pand.*, § 287, note 12.

57. *Etat de la doctrine en Allemagne.* — On comprend donc que beaucoup de romanistes, aujourd'hui encore, repoussent le système d'une compensation opposée antérieurement à toute poursuite; Windscheid est de ce nombre (1). En dehors de la compensation opérant par voie d'exception, il n'y a place, dit-il, que pour la compensation conventionnelle, impliquant par suite consentement des deux intéressés. Si donc l'un des débiteurs propose à l'autre la compensation et que celui-ci s'y refuse, il y a lieu de se demander si tout au moins cette offre de compensation n'aura pas pour effet de constituer en demeure celui à qui elle est faite, et également si celui qui a ainsi pris les devants ne peut pas agir en justice pour faire prononcer la compensation qu'on lui refuse. Poser ces questions, c'est faire pressentir le résultat final auquel devait aboutir la pratique, celui d'une compensation imposée par l'un des intéressés avant toute poursuite et sans le consentement de l'autre. Windscheid lui-même a dû résoudre par l'affirmative les deux questions que nous venons d'indiquer ; il en est une troisième toutefois sur laquelle il a hésité et varié d'opinion. Si, au lieu de supposer l'un des débiteurs prenant les devants et proposant la compensation, on imagine que l'autre, au contraire, lui offre le paiement réel, pourra-t-il le refuser en déclarant qu'il veut compenser ? On en voit l'intérêt, puisque lui-même peut ne pas être prêt à fournir en nature ce qu'il doit. Windscheid a hésité, et, en dernier lieu, il se décide pour la négative (2) ; ce qui est logique, puisqu'il n'admet la compensation que sous forme d'exception, et ne connaît que la compensation judiciaire. Il n'en sera plus de même dans le système du projet qui admet la compensation sous forme de déclaration unilatérale adressée par l'une des parties à l'autre.

58. On voit que la pratique tendait de plus en plus à supprimer la nécessité d'une poursuite et à reconnaître l'admissibilité de la compensation sous forme de paiement imposé. Mais, pour en arriver là, il fallait nécessairement changer de point de vue et modifier l'ancienne conception juridique; la compensation des romanistes était bien considérée comme un paiement, mais un paiement opposé par voie d'exception et comme une sorte de réponse à une poursuite considérée comme injuste : ce paiement fictif deve-

---

(1) Windscheid, *Pand.*, § 349, note 15 et suiv.
(2) Windscheid, *Pand.* (éd. 1887), § 349, notes 15ᵃ, 16, 16ᵃ.

nait inadmissible, on l'a vu, si l'une des parties offrait le paiement réel. Le principe restait en faveur du paiement en nature ; le paiement fictif n'était offert à l'une des parties que si elle était exposée à payer sans toucher en même temps ce qui lui était dû. L'idée, au contraire, qui allait prévaloir est que la compensation était un paiement normal aussi bien que le paiement réel et que, par suite, elle devenait un droit appartenant en tout état de cause à chacune des deux parties, sans autre condition préalable.

59. *Historique de la question.* — L'idée est déjà en germe dans Doneau ; elle a été reprise et magistralement développée par Brinz. On sait qu'Azo, à l'encontre des glossateurs qui avaient comme inventé l'idée d'une compensation légale, opposait la conception, bien plus exacte au point de vue romain, d'une compensation opérant par le fait de l'homme, mais avec effet rétroactif (1). Doneau accepte l'idée et la développe avec une remarquable sûreté de vues. La compensation s'opère, dit-il, lorsque l'un des débiteurs veut payer son créancier avec les valeurs que celui-ci lui doit et en refusant par conséquent de les toucher lui-même ; de cette façon, il cesse d'être débiteur et, d'autre part, son créancier se trouve libéré, il y a paiement (2) ; et du moment qu'il y a paie-

---

(1) L'historique de la compensation est surtout fort bien présenté par Dernburg dans son étude sur la compensation (voir spécialement édit. de 1868, p. 284, note 7. — Add. *Pand.* (1897), t. II, § 62, notes 9 à 14). L'explication qu'il donne des mots *ipso jure* est cependant très peu vraisemblable : cela voudrait dire, suivant lui, que, contrairement à la pratique ancienne, la compensation ne dépendrait plus de l'appréciation du juge, mais serait soumise à des conditions légales qui s'imposeraient au juge et que, par suite, ce dernier ne serait plus libre de la rejeter. Il est possible au fond que le fait soit exact et Dernburg a raison de prétendre que la nouvelle leçon des *Commentaires* de Gaius l'ait confirmé dans son opinion, que primitivement, dans les actions de bonne foi, la compensation n'étant admise que par raison d'équité, le juge était libre ou non de l'accepter, suivant les circonstances (Gaius, IV, § 63, voir *Ed. Krueger et Studemund*). Cf. Dernburg, *Pand.* (1897), t. II, § 62, note 7. — Mais tout ceci ne prouve pas que l'expression *ipso jure compensari* fasse allusion à cette réglementation spéciale de la compensation (cf. Eisele, *Die Kompensation* (1876), p. 144 et suiv.). — On peut voir, au sujet de l'opinion de Martin Gosia et autres glossateurs, qui voulaient que la compensation opérât sans le fait de l'homme, par la seule force de la loi, une note de Doneau (*De jure civ.*, lib. XVI, cap. xv, note 27). — Cf. A. Lair, *Compensation* (1863), p. 109. — En somme, l'idée d'Azo a été le point de départ de toutes les théories de la pratique allemande en matière de compensation. — Pour le droit autrichien, voir dans *Zeitsch. für das priv. und öff. Recht.*, t. XV. — Unger, *Obligationenrecht (Compensation*, note 4). — Mais surtout il faut se reporter aujourd'hui à l'ouvrage capital de M. APPLETON, précédemment cité.

(2) Cf. Doneau, *De jure civ.*, lib. XVI, cap. xv, § 1 : Compensare namque dicitur debitor, qui cum ei vicissim aliquid debetur a creditore eodemque

ment, les deux dettes se trouvent éteintes de plein droit jusqu'à concurrence de la plus faible : la libération est acquise comme elle le serait au moyen d'un paiement réel ; il y a donc extinction de la dette *ipso jure* et non *exceptionis ope* (1). C'est en ce sens qu'il faudrait entendre la fameuse expression de Justinien, laquelle signifierait, non pas que l'extinction pût avoir lieu à l'insu des parties, ce qui était la traduction des glossateurs, mais qu'une fois la compensation opposée par l'une des parties, la libération serait acquise de plein droit, comme en vertu d'un véritable paiement, car la compensation est bien en effet un moyen de payer ce qu'on doit, en faisant abandon de ce qui vous est dû.

60. *Théorie de Brinz ; rétention et compensation.* — Ce qui ressort de là, c'est que chaque débiteur, au cas de dettes réciproques, a un moyen de payer ce qu'il doit sans rien débourser, et a entre les mains de quoi se payer lui-même à son gré. C'est bien là l'idée qui était au fond de la théorie de Doneau ; c'est celle que Brinz a surtout aperçue et qu'il met si vivement en relief (2). La compensation lui apparaît comme une garantie de paiement aux mains d'un créancier qui se trouve à la fois débiteur de son propre débiteur. S'il y a garantie de paiement, il n'y a pas encore paiement réalisé, les deux dettes continuent donc à coexister l'une en face de l'autre ; mais par cela seul qu'elles coexistent, elles se tiennent réciproquement en échec, l'une doit servir à couvrir l'autre (3). Qu'on

---

actore, *vult* quod sibi debetur *ab eo retineri ne amplius debeat*, et simul id sibi pro depenso, seu pensato apud eum esse, ut tanquam eo soluto desinat vicissim et ipse debere. — Add., *De jure civ.*, lib. XVI, cap. xv, § 38 et suiv.. et *ad Tit. Instit. de action.*, § XXI-5. — Cf. *De jure civ.*, lib. XVI, cap. xv, § 37 : « Solvit autem debitor qui creditori suo pecuniam numerat liberandi sui causa. Nihil autem interest, utrum numerem creditori meo pecuniam, *an vero meam quæ apud eum est, aut quam possum ab eo exigere, potior apud eum esse tanquam numeratam liberandi mei gratia* ». — Cf. Alb. Desjardins, *Compensation*, p. 198.

(1) Cf. Doneau, *De jure civ.*, lib , XVI, cap. xv, § 38 : At compensatio pro solutione est ipso jure, ac non tantum per exceptionem : quia et ipsa numerationem quamdam brevi manu continet. » Add. *ad. Tit. Institut. de actionibus*, § XXI-5 et suiv., cf. 6 : « (Justinianus de compensatione) induxit autem tria. Primum, ut compensationes fiant ipso jure, *si quis vult*, in omnibus actionibus, sive in rem sint, sive in personam. . . . . Principio cavet in omnibus actionibus tam in rem, quam in personam compensationes fieri ipso jure (*L. ut.* in prin. *C. de comp.*) id est, ut hic interpretatur, ut compensationes *opposita* actori minuunt actiones omnes ipso jure, ac non tantum opposita et initio contestata compensationis exceptione, sive in rem sint actiones, sive in personam. »

(2) Brinz, *Die Lehre von der Compensation*, et *Pand.* (1849), t. II, § 287.

(3) Brinz, *Pand.*, § 287, note 10.

ne dise plus que chacune des deux créances est paralysée par une exception, cette formule convenait à l'époque classique du droit romain, alors que la compensation n'était qu'une mesure d'équité destinée à repousser une poursuite malhonnête, intentée par qui ne payait pas sa propre dette ; on avait alors la ressource de l'*exceptio doli*, et la demande entière était rejetée, comme entachée de mauvaise foi. Mais à la dernière époque du droit romain, et dès avant Justinien, les conceptions avaient changé ; l'équité voulait, non seulement qu'un créancier non payé pût repousser une pour-suite non accompagnée de paiement, mais que tout créancier, qu fût débiteur de son propre débiteur, pût se payer lui-même et se considérer comme couvert pour ce qui lui est dû, de telle sorte que s'il se paie par voie de saisie sur lui-même, il y ait libération réci-proque, ou diminution de plein droit de la condamnation en cas de poursuite (1) ; on reconnaît les idées de Doneau.

61. Mais alors, si le créancier a en mains dans sa propre dette comme une garantie, ou comme une sorte de gage destiné à lui procurer le paiement, un rapprochement s'impose entre deux ins-titutions voisines, dont l'une sert de transition à l'autre, la réten-tion et la compensation. La première est aussi le droit de refu-ser un paiement pour contraindre un débiteur à payer. La seconde va plus loin ; elle n'est plus seulement un moyen de con-trainte, mais un moyen de réaliser le paiement ; elle consiste, non pas à refuser ce qu'on doit pour obtenir ce qui est dû, mais à se payer sur ce qu'on doit. C'est un droit de rétention renforcé (2). Il est vrai qu'au point de vue de l'équité il y aurait peut-être beaucoup à dire sur cette conception juridique de la compensa-tion, considérée comme un droit de rétention renforcé, alors que celui-ci n'a lieu que pour dettes connexes, tandis que la com-pensation va avoir lieu pour toutes dettes réciproques quelconques, qui auront même objet. Il faut bien dire aussi, nous l'avons déjà fait observer, que le premier pas avait déjà été fait dans cette voie par l'admission du droit de rétention du Code de commerce, lequel

---

(1) Brinz, *Pand.*, § 287, notes 12 et suiv.
(2) Voir Brinz, *Pand.*, § 287, notes 4 et suiv. — Cf. Windscheid, *Pand.*, § 351, note 6. Pour les développements, voir la Monographie de Brinz sur la compensation, p. 54 et suiv., p. 110 et suiv., p. 142 et suiv., et Brinz, *Pand.*, 1re éd., I, p. 646 et suiv. — On trouvera une bibliographie complète de la ma-tière dans la dernière édition de Windscheid (édition de 1900 donnée par Th. KIPP, t. II, § 348, p. 425).

n'exige plus que la commercialité et non la connexité des dettes ;
on comprend dans cette hypothèse que le seul obstacle à la libéra
tion soit le défaut d'identité d'objet, et encore a-t-on vu qu'au cas de
faillite cette rétention se transforme en un véritable gage : donc, que
les deux dettes se trouvent être identiques et il n'y aura plus de raison
pour ne pas admettre la libération réciproque au gré de l'une des
parties. C'est toujours la même tendance qui partout se manifeste :
quiconque a en mains une valeur appartenant à son débiteur a par
là-même une garantie qui lui assure le paiement de sa dette (1).
Dira-t-on que cette garantie va être un effet de pur hasard et sera dépourvue de tout fondement juridique ? Il pourra en être ainsi. Mais
dans la pratique des affaires, on considère que celui qui est déjà
débiteur d'un autre n'aura consenti à contracter avec lui et par
suite à devenir son créancier qu'en vue de la garantie que lui offrait
sa dette : la dette de l'un des contractants a fondé le crédit de
l'autre ; le premier a fait crédit au second jusqu'à concurrence de
ce que lui-même lui devait, parce qu'il a compté se payer sur l'objet de sa dette. Voici une hypothèse tout aussi pratique : il ne s'agit
plus d'un débiteur qui fait crédit jusqu'à concurrence de sa dette,
mais d'un créancier qui cherche à se payer en contractant une dette
envers son propre débiteur ; celui ci est insolvable, son créancier
lui fera des commandes, emploiera ses services, et comptera se
payer par voie de compensation. En somme, il y a présomption que
l'une des dettes a été la cause de l'autre ; si cela est, l'idée de
garantie est juridiquement fondée, et cette garantie ne peut plus
être enlevée, pas plus à l'un qu'à l'autre des deux intéressés.

62. *La compensation dans la loi des faillites.* — On comprend
maintenant que la loi des faillites ait déclaré la compensation opposable à la masse ; le créancier qui a en mains, dans sa propre dette,
de quoi se payer de ce qui lui est dû, ne rentre plus dans la masse ;
il est en dehors de la masse au même titre que celui qui a un gage
ou toute autre garantie : la masse, pas plus que le débiteur auquel
elle se trouve substituée, ne saurait le poursuivre sans le payer
intégralement, et ici encore la comparaison avec le droit de réten-

(1) Ces rapprochements entre la rétention et la compensation datent, d'ailleurs, de loin ; on trouvera dans les manuels de droit commercial et entre
autres dans l'excellent manuel de Goldschmidt l'historique de la question ; on
y verra cités d'anciens statuts italiens et allemands qui, en matière de faillite,
font tout à fait ce rapprochement entre les deux institutions. Voir Goldschmidt,
Handelsrecht, p. 1004, note 24. Quelques-uns de ces documents ont été reproduits par M. Thaller, *Les Faillites en droit comparé*, t. II, p. 38-41.

tion s'impose sans qu'il soit besoin d'insister. La conclusion est
que la compensation sera admise pour tous les paiements auxquels
la faillite donne ouverture : de là cette décision de la loi des fail -
lites qu'elle sera admise même pour dettes à terme ou condition-
nelles (1).

63. *Droit comparé* : *Jurisprudence française.* — Il semble bien
que partout aujourd'hui un même instinct, on ne sait au juste si
l'on doit dire un instinct d'équité (2), conduise vers cette solution.
Les lois les plus récentes la consacrent (3) ; et, là où la loi s'y refuse,
la jurisprudence paraît vouloir s'en rapprocher autant que les textes
qui la dominent le lui permettent. Cette tendance commence à
s'accentuer même chez nous. Il est vrai qu'avec notre théorie de
la compensation légale, nous ne sommes pas aussi loin qu'on le
pense des solutions de la loi des faillites de l'Empire d'Allemagne.
En effet, pour toutes dettes antérieures à l'ouverture de la faillite,
déjà exigibles et liquides avant cette époque, la compensation se
sera opérée de plein droit. La différence existe donc uniquement
pour les deux hypothèses suivantes : au cas de dettes antérieures à
l'ouverture de la faillite, mais non liquides ; et au cas de dettes qui
ne viendraient à existence ou ne deviendraient exigibles qu'après
l'ouverture de la faillite. Dans le premier cas, la dette n'étant pas
liquide, il pourrait y avoir lieu à la compensation conventionnelle ;
or précisément, si la période suspecte est ouverte, la compensation
conventionnelle est interdite en tant que paiement irrégulier (Code
de comm., art. 445-447) (4). Tel est le principe ; à ce principe la

(1) *Konk. Ordn.*, §§ 46 et 47 (*Konk. Ord. R.*, art. 53, 54). — Cf. Wil-
monski, *Konk. Ordn.*, § 47-1 — Mandry (*Konk. Ordn.*, I, p. 488). Voir surtout les motifs de la *Konk. Ordn.* (p, 229-234). — Cf. Schrutka-Rechtenstein
Kompensat. in Konk. nach österr. Recht (1881). Conc. Ord., § 20. — Cf. Unger.
loc. cit. (*Obligationenrecht*), Compensation, note 22. — Brinz, *Pand.*, I (1ʳᵉ
éd.), p. 642, et II (2ᵉ éd.), § 287, note 41. (Cf. *Preuss. Konk. Ordn.* du
8 mai 1855, art. 96-3, art. 97-2 ; voir dans la Revue de Goldschmidt, décision de jurisprudence sur le fondement de cette loi, permettant d'opposer à la
masse la compensation résultant d'une créance de change, comme par exemple de l'acceptation d'une lettre de change (*Zeitschr. für Handels R.*, t. XXIII,
p. 273). — Voir aussi les deux monographies de Leonhard, *Die Aufrechnung*
(1896), et de Geib, *Theorie der gerichtlichen Compensation* (1897).

(2) Cf. Thaller, *Les faillites en droit comparé*, t. II, p. 45, n° 128, *in fine.*

(3) Cf. C. féd., art. 226 ; cf. C. de comm. allem., art. 314 ; add. C. féd.,
art. 136. Pour la législatio﹐ autrichienne, voir le commentaire déjà cité de
Schrutka-Rechtenstein sur la loi des faillites (Conc. Ordn., § 20). Pour le
droit anglais, voir Thaller, *loc. cit.*, II, p. 44.

(4) Cf. Lyon-Caen et Renault, *Précis de droit commercial*, t. II, n° 2755
et p. 716, note 2.

jurisprudence apporte cependant une atténuation, lorsqu'il s'agit d'un accord qui n'ait pas pour but de dissimuler un paiement irrégulier, mais de faciliter une compensation légale qui, d'après les conventions antérieures et en vertu de faits préexistants, donc par la nature même des choses, aurait dû régulièrement s'opérer (1). Dans la seconde hypothèse, celle de dettes échues après ouverture seulement de la faillite, nous nous trouvons en présence de principes bien plus rigoureux. On pourrait croire au premier abord que, la compensation s'opérant de plein droit, elle va se réaliser même à l'encontre de la masse, il n'en est rien ; car la compensation légale est un paiement effectué par la force même de la loi et la loi ne peut pas se mettre en contradiction avec elle-même : elle ne peut opérer le paiement là où elle le défend, et c'est précisément le cas après ouverture de la faillite. Aucun créancier ne peut être payé par droit de préférence, sauf les créanciers privilégiés ; et dans notre droit celui qui peut opposer la compensation n'est pas au rang des privilégiés. On en a donné cette raison que la faillite équivaut à une saisie-arrêt au profit de la masse et que le débiteur saisi ne peut payer au préjudice du saisissant (Cod. civ., 1298) (2). Mauvaise raison, car en même temps qu'il paie, le débiteur libère la masse de sa propre dette ; il ne peut être assimilé au débiteur saisi qui paie son créancier sans que le saisissant profite en rien du paiement. La seule question est donc de savoir si le débiteur peut payer par voie de compensation de façon à soustraire le créancier à la loi du dividende, et nous avons vu que notre loi s'y oppose (3). On ajoute d'ailleurs que le créancier étant réduit à un dividende, sa créance n'est pas liquide et que par suite la compensation légale est impossible (4).

Reste à savoir si la compensation judiciaire, au sens où nous l'entendons chez nous, pourrait être admise. Assurément la négative est de principe ; car la justice ne saurait être appelée à opérer un paiement que la loi se refuse à réaliser. Cependant, sur ce point encore, il y a une hypothèse où la jurisprudence a ouvert la brèche ; c'est au cas de dettes connexes. Il s'agissait, dans l'une des espèces soumises aux tribunaux, et ce n'est pas la seule, d'une femme ayant obtenu la séparation de biens après faillite du mari et exerçant ses

(1) Cf. Cass., 26 juillet 1881 (S. 82. 1. 73) et surtout la note de M. Labbé sur Cass., 27 juin 1876 (S. 77. 1. 241).
(2) Cf. Demol., t. XXVIII, n° 636.
(3) Aubry et Rau, IV, § 326, note 34.
(4) Voir Lyon-Caen et Renault, *Précis*, t. II, n° 2666.

reprises ; la faillite de son côté lui réclamait récompenses, et celles-ci se référaient aux reprises de la femme. Or la faillite, tout en pour-suivant la femme, se refusait à lui payer ses reprises ; il s'agissait en effet d'une hypothèse où la femme ne pouvait se prévaloir d'aucun droit de préférence et qui par suite la laissait soumise à la loi du concours. Alors la femme refusa de payer tant qu'on ne lui aurait pas restitué l'intégralité de ses reprises : et la jurisprudence admit sa prétention. Il y aurait là, a-t-on dit, un compte indivisible ; il s'agi-rait d'une liquidation dont on ne peut scinder les éléments. Il y a com-pensation pour dettes connexes, a répondu avec bien plus de raison M. Labbé, dans une note pleine d'aperçus nouveaux (1). Mais alors n'est-ce pas en revenir à l'idée de la rétention pour dettes connexes et par suite à l'idée d'une garantie aux mains du créancier, garantie provenant de la compensation et qu'on ne puisse lui enlever ? Il y a un motif d'équité et de bon sens qui oblige à admettre la compensa-tion, même en matière de faillite, au cas tout au moins où il pour-rait y avoir lieu à rétention. Ce en quoi le système allemand va plus loin, c'est en ce qu'il admet la compensation pour toutes dettes réciproques, donc là où il n'y aurait plus lieu à rétention. Peut-être a-t-il dépassé le but ; en tout cas nous avons exposé les raisons pra-tiques et économiques qui l'ont guidé dans cette conception (2).

64. *Rétroactivité.* — Restait à se demander si la déclaration de compensation, comme l'exception de compensation, serait rétro-active. Pour ce qui est de l'exception opposée en justice, il n'y avait guère eu d'hésitation ; le défendeur se prévalait d'une situa-tion bien antérieure au jugement, les choses devaient donc se ré-gler comme elles l'eussent été au jour même où la compensation fût devenue possible (3). Mais dans le système du projet, le débiteur déclare payer son créancier avec ce que celui-ci lui doit et se payer lui-même par voie de libération ; il semble bien que le paiement se réalise au moment même de la déclaration faite par celui qui a pris les devants, et que la fiction de rétroactivité soit par suite plus difficile à admettre. Déjà Doneau avait hésité ; cependant les néces-

---

(1) Voir Amiens, 16 mai 1877, et Caen, 27 juin 1874 (S. 79. 2. 145) et note de M. Labbé. Jurisprudence approuvée par MM. Lyon-Caen et Renault, *Précis*, n° 2666, t. II, p. 656, note 1. (On trouvera là, à la note à laquelle nous renvoyons, l'indication d'autres hypothèses dans lesquelles il y aura lieu d'appliquer la même solution).

(2) Pour la loi anglaise sur la faillite, v. art. 38 (*trad.* Lyon-Caen, p 42).

(3) Cf. Windscheid, *Pand.*, § 349-3, notes 4 à 9.

sités pratiques avaient entraîné sa décision ; le créancier est censé avoir eu les espèces en mains du jour où il aurait dû payer lui-même, de sorte qu'en réalité il est censé avoir reçu son paiement du jour où il se trouve avoir eu les espèces en mains, c'est-à-dire du jour de l'exigibilité de la dette (1). On sait l'importance de la question en ce qui touche le cours des intérêts. C'est également cette raison de pratique qui a déterminé les auteurs du projet à consacrer encore la rétroactivité, bien qu'ils aient eu les mêmes scrupules que Doneau (2). Cependant, plus logiques que Doneau, ils exigent tout au moins, pour que la rétroactivité existe, que la compensation puisse se produire, et par conséquent que les deux dettes se retrouvent encore en présence au moment où l'une des deux parties veut invoquer la compensation ; et ils en concluent, contrairement à ce que disait Doneau (3), que si l'un des deux débiteurs a payé dans l'ignorance de la compensation, il ne pourra que poursuivre ce qui lui est dû et n'aura pas d'action en répétition pour recouvrer ce qu'il a payé (4) : cette solution peut avoir quelque intérêt au point de vue de l'objet et de l'étendue de l'une ou de l'autre action. Il est vrai que l'intérêt principal de la question n'existe plus dans le projet, celui-ci n'ayant pas admis d'obligations naturelles. En droit romain, il était fort utile pour le créancier, au cas d'obligation naturelle, de répéter ce qu'il avait payé, puisque, l'action lui faisant défaut, la compensation lui offrait le seul moyen qu'il pût avoir d'obtenir paiement de ce qui lui était dû. Aussi le droit romain accordait en pareil cas la répétition de l'indû, fondée sur ce fait que le débiteur avait payé une dette paralysée par une exception perpétuelle (5). Dans le système du projet, qui n'admet plus l'exception de compensation mais la déclaration de paiement par voie de compensation, le débiteur n'a plus rien à

---

(1) Cf. Doneau, *De jur. civ.*, lib. XVI, cap. xv, § 39 : « (Compensatio) dici enim potuit ex eo tempore eam (numerationem) habere, quo primum objicitur : quasi debitore tunc primum pecuniam numerante, cum vult pecuniam sibi debitam pro soluto esse. Dignum est igitur notatu quod placet non exinde primum compensationem pro soluto haberi ipso jure, cum objecta est : sed ex quo primum objici potuit, id est, ex quo primum cœpit pecunia utrinque deberi : quod est æquissimum ; nam et tunc primum eam pecuniam habere cœpit creditor, ex quo eam debuit, etc., etc. »

(2) Voir *Motifs sur l'art.* 283 (t. II, p. 108-109). — Cf. Seuffert, dans *Bekker-Beiträge*, fasc. 11, p. 27, 28.

(3. Doneau, *De jur. civ*, lib. XVI, cap. xv, § 39.

(4) *Motifs*, t. II, p. 109.

(5) Cf. Accarias, t. II, p. 1240, note 1³. Windscheid., *Pand.*, § 349, note 5.

payer, sa dette étant éteinte. Le projet a donc bien raisonné au point de vue logique en reconnaissant que l'idée de rétroactivité ne pouvait pas conduire à modifier les conditions d'admissibilité de la compensation et en repoussant en pareil cas la répétition de l'indû.

65. *Conditions de la compensation.* — Il faut déterminer maintenant les conditions d'admissibilité de la compensation (art. 281 ; C. civ. al. art. 387 et art. 390). Elles dérivent très logiquement des principes qui viennent d'être posés : ce seront la réciprocité des deux dettes existant entre les mêmes personnes, l'identité d'objet se produisant à un moment quelconque depuis que les dettes coexistent, comme par exemple s'il y a transformation d'une obligation de corps certain en dette d'indemnité (1) ; enfin, l'exigibilité des dettes, sauf l'exception admise au cas de faillite et dont on a vu les raisons. On remarque que le projet se tait en ce qui touche la liquidité, et nous ne saurions trop l'en féliciter. Si la compensation est une garantie de paiement fondée sur la coexistence de deux dettes réciproques, il est difficile d'en subordonner l'efficacité à un fait de pur hasard, tel que la liquidité des dettes et de fournir ainsi à l'une des parties le moyen d'en écarter les conséquences, en se fondant sur une allégation toujours facile à mettre en avant, mais le plus souvent inspirée uniquement par l'esprit de chicane. On dira peut-être que si, dans le système du projet, la compensation est assimilée à une déclaration ou reconnaissance de paiement, elle ne peut avoir lieu que dans les circonstances où le paiement aurait pu se faire, c'est-à-dire à supposer qu'il n'y ait plus lieu à contestation sur l'objet ou l'étendue de la dette. L'objection serait admissible à l'encontre d'un paiement réalisé par voie d'offres et de tradition matérielle ; le créancier pourrait être en droit d'en contester la régularité et d'exiger au préalable la liquidation de la dette. Elle est sans portée à l'encontre d'un paiement à faire valoir sur les espèces que le créancier est déjà censé avoir en mains, qu'il n'a pas à recevoir et par suite qu'il n'a pas à refuser. Le débiteur qui a des valeurs qui lui reviennent et qui sont aux mains du créancier, peut faire sur ces valeurs une imputation de paiement dont l'étendue reste subordonnée à la liquidation à intervenir. N'est-ce pas ce qui arrive toutes les fois qu'il y a remise de valeurs à titre de couverture ? Or, la compensation, comme la rétention, est une sorte de couver-

(1) *Motifs sur l'art.* 281 (t. II, p. 105).

ture aux mains d'un créancier. Le débiteur qui a dans la prestation qu'il avait à faire de quoi se couvrir d'une créance réciproque,
refusera de payer, alors même qu'on lui objecte la nécessité d'une
liquidation préalable. Il déclare néanmoins se payer lui-même sur
ce qu'il doit, sauf à déterminer plus tard le montant du solde et
par suite les limites dans lesquelles la compensation se sera opérée.

66. En décidant ainsi, le projet prend parti sur une controverse
qui partageait les romanistes ; on se demandait si la liquidité,
exigée d'ailleurs par une loi du Code (1), était un élément essentiel, donc une condition matérielle d'admissibilité de la compensation, ou simplement une exigence relative à la procédure, si bien
qu'au moment où le défendeur eût opposé l'exception, le juge n'aurait pas eu à rejeter en bloc et sans autre examen l exception de
compensation ou la demande reconventionnelle, sous prétexte de
défaut de liquidité, mais aurait eu à examiner purement et simplement si la liquidation pouvait s'opérer facilement dans la même
instance sans dommages pour le demandeur. Une autre question
venait ainsi se greffer sur la première, celle de la séparation possible des deux instances ; et l'on sait qu'en principe, dans le droit
prussien, par exemple, avait prévalu la règle que le juge de l'action
n'était pas juge de la reconvention. Tout ceci cependant était très
contesté (2). Le Code de procédure avait admis, au contraire, la
jonction des deux instances (3), sauf exception. La conséquence
devait être de ne considérer le défaut de liquidité que comme un
obstacle essentiellement de fait laissé à l'appréciation du juge et
qui, par suite, devait être écarté si la liquidation pouvait se faire
dans la même instance sans que le demandeur dût en souffrir. Ces
tendances ayant prévalu, il en résultait, dans le système de l'exception judiciaire opérant avec effet rétroactif, que la compensation, une fois la liquidité réalisée, n'en était pas moins reportée au
jour de la coexistence des deux dettes, supposées exigibles à ce
jour (4). On voit la différence avec ce que nous appelons chez nous

---

(1) L. 14, § 1, C. de comp. (4-31).
(2) Cf. Windscheid, § 350, note 13.
(3) C. P. Ordn., art. 136, 274 et 491 (C. Pr. civ. R., art. 145, 302 et 529).
C'est le contraire de notre article 464 du Code de procédure. Cf. Cout. de
Paris, art. 106.
(4) C'était le système de nos anciens auteurs avant que l'influence de Cujas
eût fait prévaloir l'idée des glossateurs d'une compensation légale, opérant *ipso
ure*. — Cf. Henrys, *Œuvres*, t. IV, p. 106 (6ᵉ *consultation*, n° 2). Despeisses,

la compensation judiciaire ; il va de soi en effet que dans une législation qui admet la compensation légale, c'est-à-dire le paiement réalisé à l'insu des parties, la liquidité devient une condition de ce paiement fictif imposé par la loi (1). Reste donc, à défaut de liquidité, la ressource de poursuivre la compensation en justice ; mais alors, comme la compensation s'opère par jugement, c'est-à-dire par voie de déclaration judiciaire, elle ne peut remonter au delà du jour de la demande (2) ; et même on a soutenu (3), avec beaucoup de raison, à notre avis, qu'elle ne saurait avoir aucune rétroactivité, si restreinte fût-elle, et ne devrait pouvoir produire effet qu'à partir du jugement. C'est qu'il ne s'agit plus d'un jugement, ayant pour but de reconnaître et de consacrer une situation juridique antérieure, mais de créer un effet de droit, lequel ne peut être acquis que du jour où intervient l'acte qui le produit : il n'y a plus à parler d'effet déclaratif du jugement. On voit combien notre compensation judiciaire diffère de la compensation judiciaire des Allemands, laquelle ne consistait pas dans une demande de compensation poursuivie en justice, mais dans le fait d'opposer en justice l'exception de compensation. Et ce sont précisément ces conséquences de notre compensation judiciaire qui rendent le système du Code civil très défectueux en ce qui touche la question de liquidité. On l'a vu pour le cas de faillite : cet obstacle de fait s'étant opposé à la compensation légale, le défaut de rétroactivité du jugement empêchera que l'on puisse reporter le paiement fictif à une date antérieure à l'ouverture de la faillite, et la compensation devient impossible : c'est une question presque de hasard. Notre jurisprudence essaie cependant de réagir contre ces résultats malencontreux. Nous renvoyons sur ce point à ce que nous avons dit plus haut. En résumé, le projet a eu raison de ne pas faire de la liquidité une condition essentielle de la compensation (4).

67. *De ceux qui peuvent opposer la compensation.* — Nous terminons cet exposé par une question fort importante en pratique :

Des Contrats, part. IV, tit. 3. Voir Alb. Desjardins, *De la compensation,* p. 227.

(1) Cf. Demol., t. XXVIII, n° 512. Alb. Desjardins, *De la compensation,* p. 297. — Planiol, *loc. cit.*, II, n° 599.

(2) Demol., t. XXVIII, n° 691, Cf. Aubry et Rau, t. IV, p. 237.

(3) Colmet de Santerre, t. V, n° 251 *bis*, VIII.

(4) Cf. pour le droit autrichien, Unger, *Oblig. Recht* (Compensat.), note 29 à 33 (Dans *Zeitsch. für das priv. und öff. R*, t. XV, 1888, p. 545).

On peut signaler des tendances analogues chez beaucoup de nos anciens qui peut opposer la compensation ? Les principes donnent cette double réponse : Pour pouvoir opposer la compensation, il faut : 1° pouvoir payer (1), et 2° avoir de quoi payer par voie de compensation, autrement dit être personnellement créancier de son propre créancier. A la première condition, se rattache l'impossibilité pour le débiteur saisi d'opposer la compensation au saisissant. Reste à déterminer la mesure et l'étendue de cette impossibilité ; le projet ne l'admet que s'il s'agit de dettes échues depuis l'opposition faite par le saisissant. Tout au moins faut-il que la créance avec laquelle s'opère la compensation n'ait été acquise que depuis la saisie ; décision excellente dans une législation comme la nôtre, qui admet la compensation légale. Car, en ce qui touche les dettes antérieures, la compensation se sera déjà opérée à l'insu des parties (art. 1298). On aurait pu hésiter dans le système du projet d'une compensation par voie de déclaration de paiement ; le saisi ne peut payer au préjudice du saisissant, même s'il s'agit de dette échue avant la saisie. On pourrait peut-être faire intervenir l'idée de rétroactivité ; mais la valeur du raisonnement serait discutable, car, avant de parler de rétroactivité de la compensation, il y a lieu de se demander si la compensation est recevable. Les auteurs des motifs invoquent une autre idée, l'analogie qu'il y a entre cette hypothèse et celle de la cession de créances ; cette dernière ne peut avoir pour effet d'enlever au débiteur cédé le bénéfice de la compensation : de même la saisie ne peut priver le débiteur saisi du droit qui lui était déjà acquis d'opposer la compensation. Au fond, l'idée dominante est encore celle d'une garantie de paiement aux mains du débiteur ; cette garantie lui est acquise du jour où

auteurs. Bien que Loysel et toutes les Coutumes qui admettaient la compensation eussent exigé que les dettes fussent claires et liquides (Loysel, *Inst. cout.*, V, II, 4 ; Cout de Paris, art. 105 ; Cout. de Reims, art. 397 ; de la Marche, art. 100, etc.), beaucoup cependant interprétaient la règle au sens très relatif du droit romain, entendant cela d'une liquidité facile à obtenir en justice ; cela tenait à une confusion perpétuelle chez nos anciens auteurs entre les effets de la compensation judiciaire du droit romain, opérant par voie d'exception, et celle de la compensation légale, opérant *ipso jure*. Voir Alb. Desjardins, *Compensation*, p. 294 et 295 et les citations. Cf. Lair, de la compensation, 1862, p. 165.

(1) Il faut remarquer cependant qu'un tiers, bien qu'il ait le droit de payer pour le débiteur, ne pourrait pas faire à l'insu de ce dernier et contre son gré, une déclaration de compensation, bien qu'il fût lui-même, il faut le supposer, créancier du créancier. Ce point avait été laissé incertain, d'après les motifs du premier projet (II, p. 105). Mais cette solution dérive d'une déclaration faite devant la seconde commission (voir le *Protokolle* des séances de la seconde commission, I, p. 362).

il a pu opposer la compensation : aucun événement, saisie ou cession, ne peut à son insu la lui enlever (art. 286) (1).

68. Nous disions en second lieu que, pour pouvoir opposer la compensation, il fallait avoir de quoi payer en monnaie de compensation ; ce qui implique que celui qui l'invoque ait des espèces à recevoir de son créancier, donc que les deux dettes existent encore et qu'elles existent entre les deux mêmes personnes. Une conséquence de cette idée est que, avant que la compensation ait été invoquée mais depuis qu'elle est possible, l'une des dettes a pu s'éteindre, par exemple par prescription ; et dès lors, il ne saurait plus y avoir lieu à compensation (2). On a vu une autre conséquence de la même idée dans le refus de la répétition de l'indû au cas de paiement par erreur d'une dette susceptible de compensation. D'autre part, les deux dettes peuvent encore exister, mais si elles n'existent pas entre les mêmes personnes, la compensation est impossible ; c'est le cas, par exemple, de la caution qui voudrait opposer en compensation au créancier ce que celui-ci doit au débiteur principal. Notre Code civil lui permet de compenser ; ou plutôt, elle ne fait qu'invoquer une extinction de la dette déjà accomplie (art. 1294-1°). Dans le système de la compensation judiciaire, au sens romain du mot, la question pourrait être plus douteuse, puisque la compensation est opposable sous forme d'exception et qu'il s'agit de savoir si cette exception est de celles que peut invoquer la caution ; il n'y a cependant que très peu d'hésitations. Mais, dans le système du projet d'une déclaration de paiement faite par l'un des intéressés à l'autre, il n'était plus possible de permettre à la caution de payer le créancier avec des espèces qui ne doivent pas lui revenir et, par conséquent, dont elle n'a pas le droit de disposer. Elle paierait, en somme, avec ce qui appartient

---

(1) L'art. 392 C. civ. al. interdit, au contraire, la compensation d'une créance qui eût existé antérieurement à la saisie, à une condition toutefois, qui est que l'exigibilité de cette créance se place postérieurement à celle de la créance saisie.

(2) Cette application strictement logique, mais purement doctrinaire, des principes a été repoussée par l'art. 390, C. civ. al., lequel admet bien, sans doute, que l'on ne peut pas compenser une créance couverte par une exception péremptoire, et la prescription (art. 222, C. civ. al.) ne fournit qu'une exception de ce genre : mais, par dérogation à ces principes, et pour des raisons pratiques qui s'imposaient, on accepte, si la prescription ne s'est accomplie que depuis la réciprocité des deux dettes, mais avant la déclaration de compensation, que cette déclaration puisse encore intervenir et la compensation s'accomplir.

à autrui ; la déclaration de compensation doit rester une faculté exclusivement personnelle au débiteur principal (1).

La question pouvait également se poser au cas de cession de créances ; elle était délicate Bien entendu, il ne saurait être question pour le débiteur d'opposer en compensation au cessionnaire une dette du cédant échue depuis qu'il a eu connaissance de la cession ; il sait que ce dernier a cessé d'être son créancier et que, par conséquent, il ne doit plus payer entre ses mains. Cependant, même s'il s'agit de dettes échues avant qu'il ait eu connaissance de la cession, on peut hésiter à lui donner le droit de les opposer au cessionnaire, car il n'y a plus réciprocité de dettes. Il semble qu'il va payer le cessionnaire avec des valeurs qui sont aux mains du cédant : en somme, il paie au cédant, et du jour où il a connaissance de la cession, il ne peut plus payer aux mains de ce dernier. Comment donc lui permettre de payer encore entre ses mains par voie de compensation, par cela seul que la dette invoquée était échue avant que la cession lui fût connue ? On comprend que, dans les deux autres systèmes, il n'y ait pas de question. Dans le système du Code civil, la cession n'est parfaite à l'égard du débiteur que si les formalités de l'article 1690 ont été remplies ; jusque-là les choses se passent à son égard comme s'il n'y avait pas eu de cession et, par suite, la compensation s'accomplit de plein droit, même à son insu : il y a compensation légale. Dans celui de la compensation judiciaire, l'exception de compensation est de celles que le débiteur peut invoquer contre le cessionnaire. Le doute ne pouvait s'élever que dans le système du projet ; et il semble qu'il eût été logique d'admettre ici une solution analogue à celle donnée par rapport à la caution. Les auteurs du projet l'ont bien senti ; mais ils ont compris aussi qu'au-dessus de la logique il y avait l'équité, et que cette dernière ne pouvait admettre que la cession faite à l'insu du débiteur pût lui nuire. Restait cependant à mettre l'équité d'accord avec les principes, ou plutôt à découvrir le principe qu'impliquait en quelque sorte l'équité ; or l'idée mise en avant est encore celle qui fait le fond de la théorie nouvelle, celle d'une garantie de paiement aux mains du débiteur. Une fois cette garantie acquise, la cession ne peut la lui enlever et le cessionnaire est censé avoir accepté que le débiteur qui a droit à la compensation use de son droit, même après notification de la cession. On peut lui interdire

(1) Voir cependant, pour ce qui est de la caution, l'art. 770, C. civ. al. ; et, pour ce qui est des codébiteurs solidaires, les art. 422 et 429.

de se procurer désormais une garantie de ce genre : il ne saurait plus acquérir de droit à la compensation en ce qui touche le cédant. Mais on ne peut lui enlever le droit qui lui appartient déjà de se payer par compensation ; c'est la garantie de sa propre créance et le cessionnaire en subira les effets. On sait que c'est également par le même raisonnement qu'on avait admis le débiteur au cas de saisie à opposer au saisissant la compensation pour dettes antérieures à la saisie. L'idée est la même (art. 303) (1).

69. Enfin, on verra que le projet admet, à côté de la cession de créances, une sorte de cession de dettes, ou plutôt de succession à la dette par voie de changement de débiteur. Mais ici la logique stricte reprend ses droits : le nouveau débiteur ne peut se prévaloir d'une créance appartenant à l'ancien ; il peut sans doute opposer les exceptions qui paralysent la dette, mais la compensation n'est pas une exception. D'autre part, l'équité n'exigeait plus, comme en matière de cession de créances, qu'on admît aucune dérogation à la rigueur des principes. Le débiteur subrogé n'a aucun droit acquis à la compensation, c'est son prédécesseur qui seul eût pu l'invoquer, mais par cela même qu'il cède sa place il y renonce. De plus, l'objet même du contrat passé entre l'ancien et le nouveau débiteur consiste dans le paiement que s'engage à fournir le subrogé ; si au lieu de payer en espèces, il payait en compensation, il se trouverait avoir payé avec ce qui était dû à son prédécesseur, de sorte qu'en définitive c'est celui-ci qui eût fait les frais du paiement et l'autre de cette façon eût violé son contrat. On voit qu'en pareille hypothèse, de toutes façons la compensation était impossible, et cette fois sans distinction, entre la dette cédée et la créance de l'ancien débiteur contre le créancier (art. 316 ; C. civ. al. art. 417).

70. *Résumé.* — On peut facilement saisir les points qui se détachent de toute cette théorie et qui la distinguent des deux autres systèmes législatifs, aussi bien de la compensation légale que de la compensation judiciaire, au sens romain du mot. Elle diffère de la compensation légale en ce qu'elle ne se réalise que par une manifestation de volonté de l'une des parties, et de la compensation judiciaire en ce que cette manifestation de volonté peut se produire

---

(1) L'art. 406 C. civ. al. reproduit ce système, sous une réserve analogue, ou à peu près, à celle que l'art. 392 avait introduite pour le cas de saisie.

en dehors de toute demande en justice. Elle admet, comme les
deux autres, qu'une fois opposée elle produise ses effets du jour de
la coexistence des deux dettes, supposées d'ailleurs exigibles ; elle
écarte la condition de liquidité, déjà fort atténuée dans la pratique
de la compensation judiciaire ; et enfin se sépare de cette dernière,
tout autant que de la compensation légale, en ce que la caution,
tant que le débiteur principal n'a pas opposé la compensation, ne
peut pas s'en prévaloir ; mais reconnaît, comme les deux autres,
qu'au cas de saisie ou de cession de créances, le débiteur peut invo
quer en compensation les dettes échues, soit avant la saisie, soit
avant la connaissance qu'il a pu avoir de la cession, ce qui d'ailleurs
n'existe plus s'il s'agit, non plus de cession de créances, mais de
succession à la dette.

71. *Remise de dette.* — Le projet n'a qu'un article sur la remise
de dette (art. 290 ; C. civ. al. art. 397) : il lui applique la théorie
générale du contrat réel ou abstrait, dont nous avons parlé dans
l'introduction de cette étude. Toute convention qui a pour but d'introduire une valeur dans un patrimoine ou de la faire sortir du
patrimoine est un contrat d'aliénation ou de transfert au sens large
du mot, lequel diffère du contrat par lequel on s'engage à effectuer
le transfert, et qui doit en être indépendant. Convenir qu'on éteint
une dette, ou déclarer qu'on la reconnaît inexistante, le projet met
les deux choses sur le même rang ; c'est là un accord de volontés
dont les effets doivent être tenus pour réalisés, sans qu'il y ait à
rechercher la cause qui, juridiquement, en explique la manifestation.
Ce contrat de reconnaissance d'inexistence de la dette doit être
rapproché de la reconnaissance de dette ou promesse unilatérale
de payer ; celle-ci est l'ancienne promesse unilatérale des Romains,
la *stipulatio*, valable indépendamment de sa cause, nous verrons
pourquoi. Or, de même qu'on peut reconnaître qu'une dette existe
et que cela suffit à vous engager, de même on peut reconnaître
qu'elle n'existe pas ou n'existe plus, et cela suffit à vous dégager ;
l'effet produit est définitif ; c'est l'ancienne *acceptilatio* romaine,
moins le formalisme. Elle se réalisera le plus souvent, aujourd'hui,
sous l'apparence d'une quittance. Mais, d'une part, la quittance
ne renferme pas forcément une convention de remise de dette ; sa
fonction ordinaire dans le système du projet est même toute différente, la quittance est un acte probatoire destiné à prouver le paiement : on déclare dans ce cas avoir reçu. Par exception, cependant,
elle peut impliquer ou prouver une remise de dette, si on déclare

reconnaître la dette éteinte (1) ; d'autre part, la remise de dette n'exige pas pour sa validité l'emploi d'un écrit, et nous verrons qu'il n'en est plus de même de la reconnaissance de dette, laquelle, d'après l'article 683 du projet, ne peut pas être verbale.

72. La conséquence du caractère de contrat abstrait (2) donné à la remise de dette est que, si, plus tard, l'ancien créancier prétend avoir accordé la remise en exécution d'un acte qui n'existait pas, ou avoir reconnu la dette inexistante sur le fondement d'une cause d'extinction, ou d'une satisfaction qui, en fait, se trouve non réalisée, il n'aura de ressource que dans la théorie des *condictiones* sur l'enrichissement sans cause. Il va de soi qu'il n'en serait plus

---

(1) On voit par là que la valeur probatoire de la quittance peut être très sujette à contestation ; d'autre part, il arrive souvent, dans le commerce, qu'on envoie la quittance d'avance avant d'avoir reçu. Si le créancier ensuite n'est pas payé, on se trouve dans une hypothèse analogue à celle qui avait donné lieu à Rome à l'*exceptio non numeratæ pecuniæ*. Ce sera alors au créancier à réclamer la quittance ou, si on s'y refuse, à prouver qu'il n'a rien reçu. C'est alors que le débiteur pourra objecter qu'il y a eu remise de dette ; ce sera à lui de le prouver. Le projet n'entre pas dans ces détails (cf. Koch, dans *Bekker-Beiträge*, fasc. 4, p. 22-23. V. sur tous ces points d'importantes observations de Bähr, *Zur Beurtheilung des Entwurfes* (extr. de la *Krit. Vierteljahresschrift*), t. II, fasc. 3 et 4 (tirage à part, p 37 et suiv.). — Le Code civil al. n'est pas arrivé, d'ailleurs, à fournir une réglementation beaucoup plus satisfaisante de cette matière (cf. art. 397 et art. 812).

On avait formellement proposé, devant la seconde commission, de faire de la quittance, au moins sous forme de présomption, un contrat de reconnaissance, distinct sans doute de la remise de dette, mais excluant la preuve contraire pour réduire le créancier aux ressources des art. 812 et suiv. C. civ. al. Aussi, demandait-on que l'on définit la quittance, non plus un acte par lequel le créancier déclare avoir reçu, mais par lequel il reconnaît avoir reçu, cette expression prenant ainsi le sens technique qu'il a dans la doctrine allemande. Ce changement de rédaction ne fut pas admis ; et l'on s'en tint encore, dans l'art. 368 C. civ. al., à l'idée d'un aveu ou d'un témoignage : aveu de paiement, et non reconnaissance de paiement, au sens technique du mot. Malgré cela, beaucoup de difficultés pourront encore se présenter. Elles proviendront d'abord de ce que la majorité de la commission, en repoussant cet amendement, n'a pas entendu forcément réduire la quittance à la fonction purement et simplement d'un aveu extrajudiciaire, dont la force probante ne fût pas déterminée par avance par une sorte de convention des parties, mais qu'on a formellement déclaré qu'on pourrait y voir un contrat relatif à la preuve (*Pr.*, p. 338). Or, un contrat de ce genre est bien près de se confondre avec les contrats de reconnaissance proprement dits. D'autre part, s'agissant dans cette interprétation de la commission, d'ailleurs à peine révélée par le texte de l'art. 368, d'une simple présomption à défaut de preuve contraire, il sera toujours permis d'établir, en se fondant sur le but de la quittance dans chaque cas particulier, ainsi que sur les usages du commerce, que les parties ont entendu repousser la preuve contraire, en interdisant toute poursuite, sauf celle qui serait fondée sur l'enrichissement sans cause (cf. PL., p. 151).

(2) Cf. Bähr (*loc. cit*), p. 41, note 1 et p. 42.

de même si la reconnaissance avait eu le caractère, non d'une convention nouvelle, constitutive de droit, mais celui d'une simple déclaration, destinée à confirmer un effet juridique préexistant, déclaration dont la valeur, par suite, serait subordonnée à la réalité de ce dernier. Mais le projet présume, avec raison, que la reconnaissance, dans le doute, doit être constitutive et non déclarative ; que les parties, tout en faisant allusion à un fait antérieur qui explique leur convention, ont entendu que celui-ci ne pût être recherché et que l'effet juridique qui en résulte fût rattaché à la reconnaissance elle-même : « Nous reconnaissons la dette éteinte et entendons qu'elle le soit, alors même qu'en réalité on contesterait le fait qui lui sert de cause juridique. » Il est vrai de dire, en présence d'une convention de ce genre, qu'en réalité l'extinction est détachée de sa cause véritable et se trouve rattachée à la reconnaissance elle-même : c'est de cette dernière qu'elle dérive. Les parties auraient pu, au contraire, vouloir reconnaître l'existence d'un fait de libération préexistant : « Nous reconnaissons la dette éteinte en vertu d'une cause antérieure qui en a produit l'extinction. » Ce n'est plus alors qu'une déclaration relative à la preuve, et par suite subordonnée à l'existence d'une cause juridique ; celui à qui on l'oppose pourrait donc en repousser l'effet en prouvant le défaut de cause. Nous avons déjà dit que de ces deux sortes de reconnaissances, le projet, dans le doute, présumait la première (1).

Il va de soi que la remise ou reconnaissance négative de dette est une convention et suppose le consentement des deux parties ; la simple déclaration unilatérale de renonciation émanant du créancier serait sans effet sur le sort de la dette ; ceci est conforme au droit commun et aux législations modernes.

73. *Confusion et décès de l'une des parties.* — Pour ce qui est de la confusion, le projet ne fait que signaler le principe de l'impossibilité d'être à la fois créancier et débiteur de la même obligation et celui, par conséquent, de l'extinction de fait de la dette quand les deux qualités viennent à se réunir sur la même tête (art. 291) (2).

Enfin, le projet range parmi les modes d'extinction de l'obligation le décès de l'une des parties ; mais il se hâte très vite d'a-

(1) Il faut rapprocher tout ceci du contrat de reconnaissance de dette, dont il sera parlé plus loin (n° 274). Rappelons également que cette présomption s'applique lorsqu'il y a reconnaissance expresse. Ce n'est plus le cas, comme on l'a vu, d'une simple quittance (*supra*, p. 62, note 1).

(2) Supprimé dans la rédaction définitive du Code civil.

jouter que ce n'est qu'un mode exceptionnel et que le principe est au contraire celui de la transmissibilité héréditaire de l'obligation, soit au point de vue actif, soit au point de vue passif. Les cas d'intransmissibilité sont signalés parmi les dispositions du projet, au fur et à mesure qu'ils se présentent.

§ 4. — TRANSMISSION DE L'OBLIGATION

74. *Exposé de la question.* — Le projet a décrit les effets de l'obligation ; il a indiqué ensuite comment l'obligation s'éteint ; mais avant qu'elle s'éteigne, une question peut se poser : les parties peuvent-elles se substituer une personne nouvelle à l'effet de prendre leur place dans le rapport obligatoire ? Cette substitution d'une personne à une autre, en ce qui touche un droit, correspond à la transmission du droit. Mais le mot de succession est plus exact, théoriquement tout au moins ; tous les droits étant attachés à la personne, quand on aliène, cela veut dire qu'une personne nouvelle devient le sujet du droit et succède à l'aliénateur en ce qui touche le droit qui est l'objet du transfert. La vraie formule ne serait même pas de dire qu'on succède au droit d'autrui, mais que l'on succède à une personne par rapport à tel ou tel droit (1). Aussi, le véritable intitulé de la matière est-il, dans le projet, non pas *de la transmission de l'obligation*, mais de *la succession à titre particulier à l'obligation*, soit au *point de vue actif*, soit au *point de vue passif*. Cette formule, qui est la bonne, le titre du projet la rappelle et se l'approprie quand il s'agit de la transmission de l'obligation ; c'est que, en effet, il suffit de la mettre en avant pour qu'aussitôt toutes les difficultés que soulève la question, lorsqu'il s'agit d'obligation, soient remises en lumière et reviennent à l'esprit (2).

75. *Système romain de l'intransmissibilité.* — Succéder à un droit lorsque ce droit s'exerce par les avantages que donne la possession matérielle, rien n'est plus facile ; aussi on n'a jamais mis

(1) Voir sur tous ces points la thèse de M. Em. LÉVY, *Preuve par titre du droit de propriété immobilière* (Paris, 1896).

(2) Sur toute cette partie, voir les deux thèses suivantes ; Varé, *De la cession volontaire de créances* (Paris, 1890), et Hayem, *Procédés de cession de créances* (Paris, 1894) : mais surtout le beau livre de M. Huc, *Traité théorique et pratique de la cession et de la transmission des créances* (Paris, 1891).

en doute la transmissibilité de la propriété, tout au moins par acte entre vifs. Mais succéder à un droit lorsque celui-ci consiste dans un fait qu'un tiers doit accomplir au profit d'une personne déterminée, est-ce possible ? Le droit romain l'avait nié absolument ; un fait se caractérise non seulement par l'objet auquel il se rapporte, mais par l'individualité de celui qui en est chargé : donc substituer un débiteur au premier, c'est changer l'objet de la dette, et par suite modifier l'obligation. Il n'y aura donc pas, en ce qui touche l'obligation, de succession au point de vue passif ; mais les Romains sont allés plus loin : le fait promis, disaient-ils, est caractérisé non seulement par l'individualité de celui qui l'a promis, mais par celle aussi de celui à qui il est dû ; car le débiteur en s'engageant envers Primus et non envers Secundus a entendu mettre son activité au service de Primus et de personne autre. Substituer un nouveau créancier à l'ancien, c'est modifier l'obligation ; il n'y aura donc pas non plus de succession au point de vue actif (1).

76. Et cependant il peut se faire que le créancier veuille tirer profit de son droit ; les Romains ne lui offraient primitivement guère d'autre ressource que la novation : qu'il s'entende avec le débiteur et que celui-ci consente à promettre le même fait à un nouveau créancier. Ce dernier acquerra ainsi le bénéfice de l'obligation et l'ancien aura, par là, le moyen de trafiquer de sa créance ; mais cela suppose le consentement du débiteur. D'ailleurs, on a beau prétendre que le contenu de l'ancienne obligation passe tout entier dans la nouvelle promesse faite au nouveau créancier (2), ce n'en est pas moins une autre obligation qui se substitue à l'ancienne : il n'y a pas succession à la créance d'autrui, mais substitution d'une nouvelle créance à la première. On a donc cherché d'autres procédés, surtout pour s'affranchir du concours du débiteur ; car

---

(1) Cf. Accarias, *Précis*, t. II, n° 480-1°. GIRARD, *loc. cit.*, p. 724 ; Puchta, *Cession*, note *b* (dans *Klein. civilist Schrift.*, p. 456). Ce raisonnement tout doctrinaire n'est d'ailleurs qu'une justification, donnée après coup par les jurisconsultes, d'un fait dont la vraie raison d'être se trouvait dans l'origine historique, mais dont on avait perdu de vue l'explication première. Voir sur l'intransmissibilité originaire de l'obligation, Cuq dans *Nouv. Rev. hist.*, 1886, pp. 544, 548 et suiv., et Esmein dans *Nouv. Rev. hist.*, 1887, p. 48 et suiv. — Signalons en outre un chapitre intéressant de Krüger dans son ouvrage sur la *Capitis deminutio*, Krüger, *Geschichte der capitis deminutio*, §§ 15 et suiv.).

(2) Voir Salpius, *Novation und Delegation* (1864) et avec lui P. Gide, dans son beau livre sur la *Novation* (III, ch. II, p. 246 et suiv.).

3° édition.

5

cette exigence était le plus gros inconvénient de la novation. Il
est probable, en effet, que le débiteur ne donnait son consentement que moyennant profit. On a pensé que le créancier pourrait
céder, sinon son droit, tout au moins le profit à en retirer et par
suite le droit de l'exiger ; c'est-à-dire le droit de poursuivre à sa
place : de là le procédé du mandat faisant fonction de cession de
créances. Mais le mandataire représente l'ancien créancier, il n'est
pas devenu créancier en son nom : il n'a même pas d'action qui
lui soit propre, il exerce l'action d'autrui. C'est alors que le
dernier pas fut franchi ; le créancier lui céda l'action, non pas
l'action propre, directe, la créance restant incessible : l'action
directe restait là où était la créance. Mais on admit que le créancier pourrait concéder un droit d'action indépendant de celui qui
était censé lui appartenir et pouvant constituer un droit propre
appartenant au cessionnaire, sous forme d'action utile (1).

Cela revenait à dire que l'on pouvait détacher les profits matériels d'un droit de la possession du droit lui-même. Si ces subtilités nous étonnent, elles ne surprendront pas ceux qui sont familia-
risés avec la marche du droit romain ; il n'y a qu'à se rappeler que,
dans tous les domaines juridiques, il y eut un moment où la même
séparation se fit entre le titre et le bénéfice du droit ; en matière de
propriété et d'hérédité la chose est frappante. Rappelons seulement
l'existence d'une propriété de fait à côté de la propriété de droit, la
première protégée par voie d'action utile (2), la seconde gardant

(1) Cf. Gide, *Novation*, III, ch. v, p. 334 et suiv. — Accarias, *Précis*, t.
II, nᵒ 641-2ᵒ *in fine*.
On connaît la théorie de Salpius, reprise chez nous et développée par
M. Paul Gide : ce mode de transfert opéré par cession des actions utiles se serait
introduit tout d'abord en matière de succession à titre universel, dans l'hypothèse par exemple du Sénatus-cons. Trébellien (cf. Gaius, II, 253), dans celle
également d'une vente d'hérédité (L. 16, D. 2, 14 ; L. 5, Cod. 4, 39). — (Pour
la *venditio bonorum*, voir Gaius, iv, 35). Ce procédé aurait été utilisé ensuite
pour la succession à titre particulier. On aurait peu à peu rattaché au titre
juridique qui sert de fondement à la cession le fait même de la cession sous
entendue de l'action utile ; par exemple au cas de créance donnée en gage,
pignus nominis (L. 18. pr , D. 13, 7 : L. 4, Cod., 8, 17 ; L. 7, Cod., 4, 39) ; on
l'admit pour le cas de vente de créances, l'*emptor nominis* acquiert par le
fait de la vente l'*utilis actio*, comme s'il était créancier. De même, celui
qui reçoit une créance à titre de dot, de même le légataire de créance (voir
les citations et le résumé de cette évolution dans Brinz, *Pand.*, § 284, note 7).
Cf. Girard, *loc. cit.*, p 726-727 et les notes.
(2) On sait qu'il n'y a d'action utile proprement dite que s'il s'agit du possesseur d'un fonds provincial ou de l'emphytéote : celui qui a l'*in bonis*, ou
propriété prétorienne, n'a pas, à proprement parler, de revendication utile ;
c'est qu'il trouvait dans la Publicienne, destinée à protéger sa possession en

l'action directe, mais aussitôt paralysée par voie d'exception dès qu'elle voulait tenter de s'en servir (1). Ce rapprochement explique l'évolution qui se produisit en matière de transmission de créances ; le dernier pas est franchi, le transfert s'opère par voie de cession de l'action utile (2). Théoriquement le droit reste à l'ancien créancier, le principe de l'intransmissibilité est sauf.

77. *Développements ultérieurs donnés à la théorie romaine.* — Tel est le point où en est resté le droit romain ; il s'agit de savoir quel développement a été donné au système par les successeurs des jurisconsultes romains et en particulier par les Allemands. Aucune matière n'a donné lieu à plus de discussions et de difficultés. On en est arrivé peu à peu à poser en thèse les trois propositions suivante : 1° Le droit romain définitif avait entrevu l'idée d'un véritable transfert de créances ; le mot seul n'avait pas été prononcé, la chose existait (3). 2° Tout au moins si le développement des principes romains ne permet pas d'admettre l'idée de transfert, le droit coutumier allemand a consacré la théorie de la transmissibilité de l'obligation et l'a fait prévaloir à l'encontre du droit commun (4). Enfin 3° la transmissibilité est conforme à la nature de l'obligation, donc à la raison ; elle est de plus exigée par les besoins du commerce : c'est elle qui doit définitivement l'emporter (5).

vue de le conduire à l'usucapion, une protection suffisante. Cf. Appleton, *Hist. de la propriété prétorienne*, I, p. 3 et suiv. ; cf. II, n° 371.

(1) Cf. Accarias, *Précis*, t. I (éd. 1886), n° 208, p. 528, note 2, n°s 229, 282, 283 *bis*. Voir Gaius, II, § 40, et L. 1, § 1, D , VI, 3. — Cf. Pellat, *De la Propriété*, p. 423 et suiv., p. 603 et introd., n° 120-124. On trouvera l'analogie que nous indiquons au texte présentée par Windscheid, *Pand.*, § 328, note 8. Cf. GIRARD, p. 261-262.

(2) Cf. L. ult. C. (4-15). — L. 18, C. (6, 37), et Windscheid, § 328, notes 6 et 7. Windscheid insiste surtout sur ce fait que par l'action utile le cessionnaire, comme disent les textes cités, agit *suo nomine* et non *ex persona creditoris* ; il poursuit en son nom, donc en vertu d'une action qui lui est propre, d'un droit qui lui a été cédé, et non en invoquant le droit du créancier initial et en se servant de l'action d'autrui ; l'*utilis actio* est une action qui appartient en propre à celui qui l'intente et non une action étrangère concédée à celui qui s'en sert : *eigene Action* et non *fremde Action* (cf. Windscheid, *Die Actio*, 1865, p. 126 et suiv.).

(3) Le cessionnaire, disait Windscheid, ne peut pas se dire encore créancier ; mais il lui est permis d'agir comme s'il était créancier et il en a tous les droits (Cf. Windscheid, *Die Singularsuccession in Obligationen*, dans *Krit. Ueberschau*, t. I, 1853, p. 41 et suiv.). Dans le même sens, sauf quelques nuances de détail, Brinz, *Pand.*, § 284, notes 8 et 9.

(4) Voir citations et exposé dans Kuntze, *Die Obligation und die Singular succession*, §§ 9 et 10.

(5) Cf. Windscheid, § 329, note 10, et *Krit. Ueberschau*, I, p. 27 et suiv.

Elle l'a, en effet, définitivement emporté ; non seulement le projet consacre la transmissibilité au point de vue actif comme cession de créances, mais il l'admet au point de vue passif, permettant qu'un nouveau débiteur entre aux lieu et place de l'ancien, sans que le rapport obligatoire cesse d'être le même. Comment en est-on arrivé là ? La chose vaut la peine d'être rappelée.

En France, nous avons admis depuis longtemps l'idée d'une trans-missibilité active ; et la légitimité de la cession de créances ne se discute plus (1) ; en Allemagne, elle se discute encore. Il y a actuellement un parti nombreux qui la repousse comme contraire à l'essence de l'obligation et qui veut en revenir à une simple cession de l'action (2), ou à l'ancienne novation. Mais le parti contraire va alors bien plus loin que nous n'avons jamais été, puisqu'il accepte la transmissibilité au point de vue du débiteur comme à celui du créancier.

78. *Conception de Doneau.* — Disons quelques mots de cette évolution qui, certes, n'est pas dépourvue d'intérêt. Toutes les fois qu'on veut remonter au point de départ d'une théorie allemande

---

— Delbrück, *Die Uebernahme fremder Schulden* (1853). — Brinz, *Pand.*, t. I (1re éd.), p. 561 : t. II (2e éd.), p. 400. — Beseler, *Deutsch. Privatr.*, § 118.

Bluntschli, *Deutsch. Privatr.*, § 110, no 2, et surtout § 111, no 2 : « *Alors que les Romains s'en tenaient à l'idée d'un lien personnel entre individus déterminés, notre droit nouveau s'attache plutôt au contenu objectif de l'obligation ou de la dette et admet par suite la possibilité d'un change-ment de personnes, pourvu que le fond de l'obligation reste le même.* »

Add. Stobbe, *Deutsch. priv. R.*, § 117. — Dernburg, *Preuss. Priv. R.*, II, §§ 80-85 et *Pand.* II, §§ 48 et 49 — Förster, *Preuss. Priv. R.*, § 99. — Regelsberger, dans l'*Handbuch, des Deutsch-Handels... Rechts* d'Endemann (t. II, § 257).

(1) Chez nous, cela semble bien dater déjà de l'ancien droit : sans doute Pothier dit bien encore à propos de la subrogation que celle-ci, comme le transport, ne s'opère que par voie de *procuratio* et que la créance reste atta-chée au créancier primitif (Pothier, *Intr. à la Cout. d'Orl.*, tit. XX, ch. I, sect. V, no 68). Mais on a fait remarquer avec raison que le principe de l'arti-cle 108 de la Coutume de Paris « *simple transport ne saisit point, et faut signi-fier le transport à partie* » implique que la signification saisira le cession-naire de tous les droits du cédant. Aussi Brodeau, dans son *Commentaire de la Coutume de Paris*, en tire cette conséquence que la signification en matière de droits incorporels équivaudra à la tradition pour les choses corporelles : c'est affirmer la possibilité d'une véritable cession du droit (Brodeau, *Comment.*, 2e éd., p. 533) — Cf. Loisel, *Rég.* III, 1, art. 10, et IV, art. 4. Voir Warnkœnig, *Französische Staats und Rechtsgeschichte*, t. II, § 539). — Cf. Beaumanoir, *Cout. de Beauv.*, XXI-29. (Edit. *Salmon*, t. Ier, ch. XXI, no 649).

(2) Voir Schmidt, *Die Grundlehren der Cession*, II, p. 438. Voyez l'état de la doctrine résumé dans Windscheid, § 329, note 10.

moderne issue du droit romain, c'est toujours à Doneau qu'il faut revenir ; on connaît sa théorie de la cession romaine, comme toutes, très originale, très personnelle (1). On peut dire que c'est lui qui a trouvé l'idée d'un véritable transfert par voie de cession de l'action utile : la transmission d'une créance ne se fit jamais à Rome, dit-il, que par voie de cession d'action ; seulement il y a deux procédés possibles : celui d'une cession véritable, mais alors le créancier ne peut céder qu'une action utile, c'est la *cessio actionis ;* ou celui d'une procuration judiciaire et, cette fois, le mandat porte sur l'action directe ; la *mandata directa actio* est opposée à l'*utilis actio translata*. Comment comprendre la cessibilité de celle-ci et l'incessibilité de la première ? Pour l'une, cela tient à ce que tout élément du patrimoine a une valeur pécuniaire ; on doit donc pouvoir le convertir en argent ; l'action est un élément du patrimoine : celui à qui elle appartient doit pouvoir la céder comme il céderait un objet corporel, seulement l'action qu'il cède ainsi ne peut plus être exercée par celui qui l'acquiert en vertu de la cause d'où provient l'obligation. Comment comprendre que le cessionnaire d'une action provenant d'une vente se prétende vendeur ? Tout ce qu'il peut faire, c'est de prétendre avoir droit au profit de la vente : le vendeur lui a donc cédé le droit de poursuivre le paiement du prix, il ne peut lui avoir donné celui de se dire vendeur de la chose (2). Ce qui peut être cédé, c'est donc une action utile et, quant à l'action directe, celle exercée en vertu de la cause même d'où provient l'obligation, elle ne peut être exercée par un tiers que par voie de procuration.

79. *Ecole germanique.* — On sent déjà tout le parti qu'on peut tirer de ces idées, surtout à une époque où l'on connaît une division déjà très artificielle de la propriété, où l'on parle de domaine direct et de domaine utile ; est-ce que cette distinction entre l'ac-

(1) Doneau, *De jur. civ.*, lib. XV, cap. xliv.

(2) Doneau, *loc. cit.*, § 15 : « *Quæret aliquis, cur actiones directæ non efficiantur propriæ ejus cui mandatæ sunt .. ? Meminisse debemus, omnem actionem in personam, ut ex certis causis inter aliquos constituta est... Mandata et cessa actio earum personarum conditionem non mutat : quo fit, ut in alium translata actione, non possit in ejus persona directa illa actio consistere, quæ cedenti competebat. Sit exempli gratia venditor... Finge hunc id nomen vendere et in eam rem mandare actiones ei qui nomen emit ; apparet jus superius non pati, ut actio ex vendito, quæ venditori competebat, in istum emptorem nominis transferri possit : nulla enim cessione nostra effici potest, ut is, cui cedimus actiones nostras, sit venditor.* »

tion utile et l'action directe en matière d'obligation ne revient pas à la division des deux domaines en matière de propriété ? Une fois l'idée entrevue, il ne sera pas difficile de déclarer artificielle et inadmissible une telle séparation en matière de créances. C'est un Allemand du siècle dernier qui a le plus nettement formulé l'idée nouvelle : Schilter (1). Il oppose la pratique germanique à la héorie romaine. Les Romains, dit-il, n'ont pas admis qu'il pût y avoir une tradition des créances, parce qu'ils ont accepté l'idée que le domaine direct devait être réservé, et ils n'ont pu alors procéder que par voie de mandat. Mais la pratique germanique admet que l'on puisse transmettre le domaine entier de la créance sans réserve du domaine direct, de telle sorte que le cessionnaire soit investi de la créance, non par la *litis contestatio*, comme le voulaient les Romains, car ce n'est qu'à ce moment que le débiteur se trouvait lié envers le *procurator*, mais par la *denuntiatio*, elle-même : le cessionnaire est donc bien le successeur du créancier primitif (2).

80. *Etat actuel de la doctrine.* — A partir de cette époque, il se forma donc un parti allemand partisan de la cessibilité, à l'encontre du parti romain, défenseur de l'intransmissibilité de l'obligation. Jusqu'à nos jours, les deux camps se sont maintenus en face l'un de l'autre, sans qu'il y ait eu un grand progrès de fait ni d'un côté ni de l'autre. D'ailleurs, les théoriciens du droit romain avaient forcément contre eux toute la pratique, et celle-ci ne

(1) Avant lui, voir Lauterbach, *Thesaur. jur. civ.* (éd. Mollenbecius. Lemg., 1717), lib. XVIII, tit. 4.
Schilter, *Praxis jur. Rom. in foro Germanico* (éd. Thomas, t. II (1733), exerc. 30 (*ad Dig.*, 18, 4), §§ 62, 66 et 88. Voir résumé et citations dans Kuntze, *Obligation*, § 8.
(2) « *Propter reservationem dominii et actionis directæ mandatum potiusquam traditionem esse voluerunt jurisconsulti Romani... Moribus et usu fori nostri venditionem ac cessionem jurium plene transferre dominium, et absque mandato, atque efficere cessionarium non procuratorem tantum in rem suam, sed plene dominum absque reservatione actionis seu juris directi..*
.... Unde et illud porro sequitur, ut non demum litis contestatio faciat dominum litis cessionarium, nec denuntiatio demum cedenti adimat jus exigendi, sed ipsum factum cedentis ac tradentis jus agendi, etc., etc. » — On peut comparer le mot de Brodeau : « *Signification vaut tradition* ». — Cf. C. Maximil. Bav., II, 3, § 8 : « 8° *Tritt Cessionnarius in alle Rechte des Cedentis, welche durch Gesetz oder Geding nicht besonders ausgenommen seynd, durchgehends ein, und ist der disfalls in Römischen Rechten Unterschied zwischen dem Dominio vel exercitio juris, dannder actione directa vel utili, nach teutsch-und Landublichen Rechten als eine unnöthige Subtilität aufgehoben* » — Voir citation dans Stobbe, *Priv. R.*, § 177 (t. III, p. 178).

pouvait revenir en arrière. Déjà, il y a trente ans, les partisans de l'intransmissibilité avaient fort à faire pour la défendre ; on pourra voir pour cette époque l'état de la question et de la doctrine dans l'étude très remarquable de Kuntze sur l'obligation et la succession à titre particulier en matière d'obligation. Kuntze représente l'ancienne doctrine. A la tête de la doctrine nouvelle, il faut citer Windscheid, un romaniste cependant ; mais c'est lui justement qui affirme que le droit romain de la dernière époque avait, sous une étiquette restée trompeuse, pour la forme, admis en somme une véritable cession, en tous cas qu'il y arrivait par une marche fatale et que les héritiers des jurisconsultes romains, chargés de développer leurs conceptions, restent fidèles à l'esprit du droit romain en affirmant l'idée d'une transmissibilité active de l'obligation. D'ailleurs, il y a une observation bien simple à faire : on n'admet pas que, si l'obligation se transforme en indemnité, il y ait, malgré le changement d'objet, substitution d'une nouvelle obligation à la première (1) ; les Romains admettent que celle-ci se perpétue : il y a *perpetuatio obligationis*. C'est donc la preuve que l'objet peut, dans une certaine mesure, changer sans que l'obligation change. L'obligation est constituée par le fait promis, apprécié au point de vue, de sa valeur pécuniaire. Considérée à ce point de vue, l'obligation se détache de la personnalité des parties qui en constituent les deux termes et devient un rapport juridique susceptible d'une valeur pécuniaire indépendante des personnes entre lesquelles elle existe. Ce sera donc bien, comme disait déjà Doneau, un objet d'échange, une valeur patrimoniale susceptible d'aliénation. Sans doute, il peut y avoir des obligations dans lesquelles la considération de la personne influe sur la valeur pécuniaire du droit, si bien qu'elle en constitue le principal élément : en ce cas, il sera vrai de dire que l'obligation reste attachée à la personne et il pourra y avoir, en effet, des créances incessibles, mais ce sera l'exception.

81. *De la transmissibilité au point de vue passif.* — Restait à se demander si cette conception, que tout le monde, ou à peu près, était d'avis d'accepter, au point de vue actif, devrait être étendue au rapport passif de l'obligation : sans doute la considération de la personne du créancier importe peu ; il sera le plus souvent indifférent au débiteur de payer au cédant ou au cessionnaire. Mais,

---

(1) Voir Windscheid, § 329, note 10. — Add. Brinz, *Pand.*, § 284.

au contraire, la personne du débiteur importe toujours au créancier, et il est inadmissible que le débiteur puisse se substituer un successeur à la dette sans qu'il y ait changement d'obligation. Donc, il faudra en revenir à la novation. C'est encore le point de vue français, et beaucoup de législations, même très modernes, s'en tiennent à la théorie romaine, ainsi le Code fédéral et même le Code saxon et aussi certains projets législatifs allemands comme ceux de Hesse et de Dresde.

Mais sur ce point encore, la pratique a comme forcé la main à la doctrine. Sans doute, on ne peut admettre que le débiteur se substitue un subrogé sans l'assentiment du créancier. Mais est-il nécessaire de procéder pour cela par voie de novation, c'est-à-dire par voie de création d'une nouvelle dette, qui n'aura pas forcément la même physionomie que l'ancienne, ni au point de vue des privilèges qui peuvent l'entourer, ni à celui des exceptions qui s'y trouvent attachées ? Est-il donc indispensable enfin de mettre le nouveau débiteur en rapport avec le créancier ; et, si celui-ci consent, pourquoi ne pourrait-il pas y avoir cession de l'élément passif de l'obligation par voie de contrat entre l'ancien débiteur et le nouveau ? Cette fois, on était complètement en dehors du droit romain et en pleine pratique moderne (1). Comment donc construire

---

(1) On trouvera dans Delbrück (*Die Uebernahme fremder Schulden*, p. 73 et suiv.) et dans les auteurs de Manuels de droit privé allemand les principaux cas dans lesquels la pratique sentait la nécessité d'admettre la possibilité d'une succession à la dette, sans passer par la voie de la délégation ou, en général, de la novation. C'était d'ordinaire au cas d'aliénation de patrimoine, vente d'hérédité par exemple, vente d'un patrimoine à charge de rente viagère (*Vitalizien-Vertrag*, ce que nous appelons une aliénation à fonds perdu), donation de tout ou partie de son patrimoine ; comment obliger l'acquéreur à faire novation avec chacun des créanciers dont la créance se trouvait avoir été cédée au point de vue passif avec l'ensemble du patrimoine ? Voir Förster-Eccius, *Preuss.*, *Priv.*, *R.*, t. I, § 102, notes 12 et suiv. — Stobbe, *Priv. R.*, III, § 181. — Voir décisions de jurisprudence en matière d'aliénation à fonds perdu, dans Förster-Eccius, *loc. cit.*, note 17. — Stobbe, *loc. cit.*, notes 28 et suiv. Mais l'hypothèse la plus intéressante, et aussi la plus pratique, est celle de l'acquisition d'un immeuble hypothéqué : il arrive souvent que l'acquéreur se charge de payer son prix aux créanciers hypothécaires et de les désintéresser. Comment interpréter cette clause ? L'acquéreur sera t-il censé avoir pris à sa charge les dettes du vendeur ; et, par suite, les créanciers hypothécaires auront-ils contre lui, non seulement l'action réelle résultant de l'hypothèque, mais l'action personnelle née de la créance ? On trouvera dans Förster-Eccius (*loc. cit.*, notes 22-49) un exposé très important de la question et des différentes phases par lesquelles elle a passé jusqu'à la décision de l'article 41 de la loi hypothécaire du 5 mai 1872 (*Annuaire*, 1873, p. 229 et les notes). On y verra citées des décisions de jurisprudence datant déjà de 1816 et 1823, puis une déclaration du 21 mars 1835 ayant eu pour but de faire cesser l'incertitude et décidant qu'en principe cette clause n'établit d'obligation

le système ? Le moyen le plus usité était celui d'un mandat de paiement : mais ce procédé n'établit aucun lien entre le mandataire et le créancier, pas plus que chez les Romains le mandat de poursuivre ne liait le *procurator* au débiteur. On avait songé aussi à l'emploi de la corréalité ; ce qui ne remplissait pas le but, puisque dans ce cas l'ancien débiteur n'eût pas été dégagé (1). Delbrück vint alors poser les premiers éléments de la construction nouvelle. L'idée qu'il met en avant est que, d'après la conception et les usages germaniques, on doit considérer à part et comme deux éléments distincts, les deux rapports possibles de l'obligation, le côté actif et le côté passif, et par suite les traiter chacun comme tels en tant qu'éléments de patrimoine : la créance est un élément de l'actif du créancier et la dette un élément du passif du débiteur. Si donc on les traite comme on traiterait toute autre chose, il s'ensuit qu'ils pourront changer de possesseurs ; et la conséquence sera que le possesseur d'une créance aura un droit de poursuite, une action, contre un tiers désigné comme débiteur, et le possesseur d'une dette sera soumis à l'action de celui qui est désigné comme créancier.

Chacun des deux éléments de l'obligation va pouvoir circuler comme élément actif ou passif du patrimoine, et chacun produira ses effets, soit au profit, soit à l'encontre, du possesseur actuel, ou, si l'on veut, du porteur, soit de la qualité de créancier, soit de la qualité de débiteur (2).

82. Voilà qui est très hardi, d'autres ont dit très faux ; et il faut bien reconnaître qu'il y a quelque peu de vrai dans cette dernière assertion. On ne peut isoler ainsi les deux éléments de l'obligation sans dénaturer l'obligation elle même, puisque toute mutation relative à l'un entraîne mutation correspondante par rapport à l'autre. Si l'élément actif passe à un nouveau possesseur, l'élément passif existera à l'égard de ce nouveau possesseur et inversement. On ne peut donc couper en deux l'obligation et en faire deux rapports juridiques distincts. Mais, sans aller si loin, ce qu'il faut reconnaître,

qu'entre l'acquéreur et son vendeur, le premier s'étant obligé envers l'autre à payer ses dettes, mais sans que les créanciers hypothécaires puissent s'en prévaloir. On sait, au contraire, que la loi de 1872 interprète la clause en ce sens que le créancier acquerra directement l'action personnelle contre l'acquéreur de l'immeuble. On trouvera, du reste, la question plus loin sur l'article 318 du projet.

(1) Voir résumé dans Kuntze, *Obligation*, § 76.
(2) Delbrück, *loc. cit.*, pp. 71, 117.

c'est qu'en réalité admettre, comme on l'avait déjà fait, la transmissibilité active, c'était avouer que l'essence de l'obligation consistait dans la nature de la prestation à accomplir, la façon dont
elle devait l'être et la somme d'activité à laquelle elle pouvait engager, ce que nous avons appelé le contenu de l'obligation, le
præstare des Romains ; c'était reconnaître enfin que ce *præstare*
pouvait avoir une valeur à part indépendante de la personne et circuler comme tel. En réalité ce que veut le créancier, c'est le résultat
qu'il attend de la prestation ; il lui importe peu que ce résultat lui
soit procuré par tel ou tel. Sans doute, la personne du débiteur lui
importe pour la garantie de la créance ; mais la garantie de la
créance n'est pas l'essence même de l'obligation. Cette garantie ne
peut lui être enlevée contre son gré ; mais, s'il y consent, rien n'empêche qu'un nouveau sujet passif se charge de la prestation. Le
contenu de l'obligation reste le même et lui seul constitue le fond
de l'obligation. Donc il est inexact de voir dans le changement de
débiteur un changement de l'obligation ; celle-ci reste la même
absolument, comme elle reste la même au cas de changement de
créancier (1).

83. *Etat de la législation en cette matière.* — Telles sont les
idées qui ont fini par prévaloir. La doctrine ne résiste plus guère ;
en législation la concordance n'a pas été aussi facilement admise.
Pour ce qui est de la transmissibilité active, toutes les législations
sont à peu près d'accord pour l'accepter, sauf peut-être quelques
réserves peu importantes (2). Mais, en ce qui touche la succession
à la dette, les législations sont partagées ; on sait déjà que le Code
civil (3), le Code fédéral, le Code saxon et les projets de Hess et

---

(1) Il faut en revenir, en somme, à l'idée si bien exprimée par Bluntschli
et que nous avons déjà citée (Bluntschli, *Deutsch., Priv. R.*, § 111, note 2, *in
fine*). — Cf. Bruns, dans *Holtzendorff's Encyclopädie*, t. I, p. 480 482 (*Das
Heutige Römische Recht*, §§ 64 et 65). Ceci n'était-il pas déjà implicitement
reconnu par les conceptions admises en ce qui touche le cas fortuit restreint
à l'hypothèse d'impossibilité objective (V. *suprà*, n° 24) ? Cela signifie que
les parties ont entendu que la prestation dût être fournie par un autre que
le débiteur au cas d'impossibilité purement personnelle à ce dernier. Si l'on
n'avait pas prévu la possibilité d'une exécution par autrui, l'impossibilité subjective arrivée sans la faute du débiteur aurait dû constituer un cas fortuit.
(2) Voir cependant *Säch. G. B.*, §§ 953 et suiv. — *Hess. Entw.*, I, § 261 -2°, 3°.
(3) Le Code civil ignore la cession de dettes ; ceci est indiscutable. Mais les
parties pourraient-elles consentir une véritable cession de dettes, en se fondant sur le principe de la liberté des conventions ? Ceci est une tout autre
question. Et, à notre avis elles le pourraient, puisqu'il n'y a pas un article
du Code qui s'y oppose ; on ne peut citer l'article 1278 qui se place dans un

de Dresde l'ignorent absolument (1). Le Code prussien avait déjà vu dans l'*expromissio* une sorte de contrat opérant transfert de dette (2). Le Code autrichien, suivant les motifs du projet; accepte l'idée au cas d'assignation, ce qui est une sorte de délégation par laquelle un individu tire un mandat de paiement sur un autre au profit d'un troisième (3) : le plus souvent ce sera le cas de celui qui délègue son débiteur à son créancier : mais ce n'est là qu'un exemple. Le Code autrichien admettrait en pareil cas qu'il y a succession à la dette (4). Enfin le projet pour le royaume de Bavière traite ou-

cas de novation : nous serions ici, en effet, en dehors de toute hypothèse de novation. On ne peut donc objecter que la conception théorique que les auteurs du Code civil se sont faite de l'obligation ; mais cette conception nous lie-t-elle ? Non, il est toujours permis à la science d'introduire un principe nouveau et à la pratique de l'accepter, lorsque ce principe ne doit modifier aucune des solutions de la loi écrite et doit aboutir seulement à en combler les lacunes. — Les quelques conceptions que j'avais émises dans cette note n'ont pas été sans soulever une assez vive opposition, surtout de la part de M. Coviello, dans son bel article de l'*Archivio Giuridico*, t. LVII, p. 491 suiv. Voir à ce sujet : *Annales de droit commercial* 1899, p. 92 (Cf. Lambert, *Du Contrat en faveur de tiers*, § 199 suiv. ; Huc, *Traité de la cession et de la transmission des créances* I, n° 219, p. 315 suiv., et *Commentaire théorique et pratique du Code civil*, t. X, n° 207.

(1) C. civ., art. 1271, 1274, 1275, 1277 ; C. féod., art. 129, 142. — *Säch. G. B.*, art. 1003, 1005 (Le Code saxon a cependant une section sur l'endossement de dette (*Schulduebernahme*) : mais sous ce nom il comprend quelque chose d'assez différent de ce que le projet entend par là, voir Projet, art. 318-1°. — *Hess. Entw.*, art. 322, 326, 327. — *Dresd. Entw.*, art. 375, 379).

(2) *A. L. R.*, I, 14, §§ 399 et suiv. — Cf. Förster-Eccius, *Preuss. Priv. R.*, I, § 101, note 14.

(3) *OEsterr. G. B.*, §§ 1345, 1400 et suiv. — Voir *Motifs sur les art.* 314, 315 (t. II, p. 142). — Sur la théorie de l'assignation en droit commercial allemand, voir Endemann, *Handelsrecht*, § 155, et tous les auteurs de manuels de droit commercial. Cf. aussi Windscheid, *Pand.*, § 412, b., notes 13 et suiv. Il en est traité au Code de commerce allemand aux art. 300, 301 (C. C^e R. art. 363) et dans le projet de Code civil, art. 605 et suiv. (C. civ. al. art. 783 et suiv.). — Cf *Säch. G. B.*, art. 1328 et suiv.

(4) Il faudrait bien se garder de généraliser cette idée pour le droit allemand moderne, car le tiré qui accepte le mandat est généralement considéré comme s'engageant à payer ; et c'est là de sa part une promesse abstraite dégagée de sa cause, du moins dans la théorie qui prévaut : Windscheid, *Pand.*, § 412-6°, note 16 (cf. Accarias, *Précis*, t. II, n° 699 a-1°). Il se trouve donc personnellement et directement engagé envers le bénéficiaire du titre (l'assignataire) ; il ne peut plus être question de succession à la dette, de transport de la dette de l'assignant sur la tête de l'assigné. C'est la théorie du Code de commerce, art. 300, 301 ; celle aussi qu'accepte le projet. Voir *Motifs sur l'art.* 607 (t. II, p. 560). Du reste, l'interprétation que donnent les motifs du projet de l'article 1400 du Code autrichien est elle-même très suspecte ; et Unger l'a relevée dans une très intéressante étude sur la cession de dette (Unger, *Die Schulduebernahme*, note 11).

vertement du contrat de transmission de dette (1). Le projet de
Code civil allemand ne pouvait moins faire que de consacrer ce
principe ; il admet ainsi la double succession, soit dans les droits du
créancier, soit dans les obligations du débiteur.

84. *Transport de créances.* — La succession à titre particulier
aux droits du créancier est désignée sous le nom générique de
transport de créances : nous avons à voir comment le projet a régle-
menté la matière.

Tout d'abord il résulte de l'introduction qui précède que la transmissibilité active est acceptée comme étant de la nature de l'obligation ; toutes les créances en principe seront donc cessibles. Il
n'y aura d'exception à cette règle que celles tenant à la nature
même de la créance, par conséquent, pour les créances qui ont
pour objet une prestation incommunicable à d'autres que le créancier originaire. Cela suppose, par exemple, que le fait à accomplir
ne soit possible que par rapport à une personne déterminée ou
qu'il doive se mesurer aux besoins personnels du créancier, ou
enfin que par sa nature il ait le caractère d'une faveur exclusivement personnelle, comme au cas où l'obligation aura été contractée par considération de la personne même du créancier. D'ailleurs
le projet établit une corrélation parfaite entre l'insaisissabilité et
l'intransmissibilité et il suffira de se reporter à l'article 749 du
Code de procédure (art. 850, C. procéd. R.), lequel énumère les
objets et créances insaisissables, pour voir quelles seront les
créances légalement incessibles (2) : bien entendu, il y en aura
d'autres également intransmissibles ; ce seront toutes celles dont
l'objet, nous l'avons déjà dit, est par nature incommunicable à
d'autres.

---

(1) *Bayr. Entw.*, art. 159 et suiv. (*Motifs*, p. 102).
(2) Voici les principales : les créances d'aliments établies par la loi, les
bons de secours contre les caisses d'assurances, soit qu'il s'agisse de l'assurance contre la maladie ou de l'assurance contre les accidents de travail. (On
peut se reporter aux lois sur l'assurance en matière d'industrie ; loi sur
l'assurance contre la maladie du 15 juillet 1883, art. 56 ; loi sur l'assurance
contre les accidents de travail du 6 août 1884, art 68 : loi du 28 mai 1885,
art. 1er ; loi du 5 mai 1886, art. 73 ; loi du 11 août 1887, art. 68 ; loi du
13 août 1887, art. 76). — Les pensions pour les invalides de l'armée ; les
retraites de fonctionnaires tant civils que militaires : les bourses de collè-
ges, etc , etc. — Cette corrélation n'était pas, d'ailleurs, absolument admise
par tout le monde (cf. Windscheid, § 335, note 9 *b*) ; aussi le projet a dû se
prononcer expressément à cet égard. — Sur les créances incessibles, voir
aussi Puchta, Cession, dans *Kleine Schrift.*, p. 466.

85. *Rejet des clauses d'intransmissibilité.* — Mais la question se posait de savoir si, en dehors de l'intransmissibilité naturelle, c'est-à-dire dérivant de la nature même de l'obligation, on n'accepterait pas l'intransmissibilité contractuelle, imposée par la convention des parties. On est tout d'abord tenté d'invoquer à l'encontre le principe sur l'interdiction des clauses d'inaliénabilité : cependant une objection se présente. La propriété est de sa nature essentiellement transmissible, puisqu'elle emporte plein pouvoir sur la chose, donc le droit d'en disposer ; la déclarer inaliénable par convention, ce serait créer une sorte de droit mixte que la loi ne connaît pas et qui serait inconciliable avec les besoins du commerce et le but économique des objets susceptibles d'échange. Mais, tout au contraire, l'obligation trouve sa mesure dans les conventions mêmes des parties ; elle n'a pas le caractère absolu de la propriété. Si donc la convention l'a attachée à la personne du créancier originaire, c'est en dépasser le contenu que d'en permettre le transport. Cependant, les motifs font remarquer que consacrer ce système, ce serait soustraire aux conséquences de la saisie toutes les créances et droits incorporels qui seraient ainsi déclarés incessibles ; ce serait permettre à un insolvable, en faisant accepter des clauses de ce genre de ses débiteurs, ce qui serait toujours facile, de soustraire au gage de ses créanciers une bonne partie de son patrimoine. D'ailleurs l'objection théorique que nous indiquions n'est au fond qu'une pétition de principes, et ce n'est autre chose que reprendre la thèse de la personnalité subjective de l'obligation qui est le fond de la théorie romaine et qui par suite se trouve écartée par cela seul qu'on admet la transmissibilité du droit : ce serait dire que ce caractère personnel de l'obligation dépend de la convention alors que la conception moderne est de ne s'attacher qu'au contenu de l'obligation, indépendamment de la personne qui doit en bénéficier : d'après cette conception il ne peut donc y avoir qu'une personnalité objective de l'obligation (1),

---

(1) Le projet cette fois ne va-t-il pas trop loin ? Le droit romain faisait échec aux principes de liberté en imposant l'incessibilité : le projet les viole tout aussi bien en l'interdisant. L'obligation, sans doute, se caractérise par son objet, mais l'objet lui-même peut se caractériser par la personne à qui il doit être fourni. Sans doute, il n'en est pas ainsi du droit commun : mais si les parties lui ont imprimé ce caractère de personnalité, c'est le dénaturer que de n'en pas tenir compte. Du reste, en matière de louage, de même que le contrat peut interdire la sous-location, de même il a pu interdire la cession des droits et créances résultant du bail, et cette intransmissibilité conventionnelle est admise par le projet (art. 516 ; C. civ. al. art. 549). Cf.

c'est-à-dire dépendant de la nature de l'objet à fournir et susceptible d'influer sur le contenu de l'obligation, en ce sens que le contenu de l'obligation dépendrait des besoins de la personne elle-
même, comme au cas par exemple de dettes d'aliments ; ce qui
revient à dire que le caractère de personnalité, et par suite d'intransmissibilité de la créance, dépend de son objet, ou autrement
dit de la nature des choses et non de la convention. Mais ceci
n'est pas admis par toutes les législations, témoin le Code fédéral
(art. 183).

86. *Des modes de transport.* — Le droit allemand connaît une
cession légale, une cession judiciaire et une cession conventionnelle ; c'est cette dernière qui porte plus spécialement le nom de
cession (*Abtretung*). Le projet accepte cette terminologie et désigne
alors sous le nom générique de transport (*Uebertragung*) tout
acte de transmission de l'obligation, réservant celui de cession
pour le transport par voie de convention, lequel, seul, doit nous
occuper. Le projet pose, d'ailleurs, le principe que, quel que soit
le mode de cession, le transport de créance, n'est soumis à aucune
condition de forme et est parfait par lui-même, même à l'égard
des tiers, sans qu'il soit besoin de dénonciation ou signification
adressée au débiteur. La dénonciation n'aura d'autre effet que
d'empêcher le débiteur de se prévaloir des garanties qui lui
sont réservées pour le cas où il serait de bonne foi ; à raison, par
conséquent, de l'ignorance où il pouvait être de la cession. La
dénonciation l'empêchera de se prévaloir de l'ignorance de la cession, elle sera donc exclusive de l'allégation de bonne foi : c'est là
son seul effet. Son but n'est pas de rendre la cession opposable aux
tiers ; car la cession est parfaite dès que le fait duquel elle émane
se trouve exister, qu'il s'agisse de cession légale, judiciaire ou conventionnelle.

87. *De la « denuntiatio ».* — Ce rôle ainsi restreint attribué à la
signification ou notification (la *denuntiatio* du droit romain) est,
il faut le reconnaître, une conception exclusivement moderne et
très moderne ; bien qu'on ait voulu, parfois, faire remonter ce système au droit romain, cette interprétation un peu hardie de la

---

Motifs, t. II, p. 396-397. — Cette rigueur de principes, telle qu'elle ressortait de l'art. 295 P¹, a été quelque peu atténuée dans le Code civil al. (cf.
art. 399, 413 et 137 ; Sᴀʟ. *Décl.*, p. 244 suiv.).

législation romaine n'en est pas moins une nouveauté ; et le crédit qu'elle a trouvé dans la législation allemande est le fait d'une inspiration qui n'a rien de traditionnel.

88. *De la denuntiatio en droit romain.* — Il est bien certain, en effet, que, tant qu'on s'en était tenu à la conception romaine du mandat, on ne pouvait prétendre que le cessionnaire, par le seul fait de la *procuratio*, fût investi d'aucun droit propre à l'égard du débiteur ; à plus forte raison ne pouvait-on déclarer le cédant déchu de ses droits (1). Mais lorsqu'on eut émis l'idée d'une cession de l'action utile, il n'y avait plus de raison, semble-t-il, pour ne pas considérer la cession comme déjà réalisée par l'acte même qui la rend obligatoire. Vendre une créance, c'est par le fait seul s'obliger à ne plus exercer pour son compte l'action qui s'y réfère ; si donc on sous-entend une clause de cession d'actions, comment ne pas admettre que, par le fait seul, l'action utile appartienne déjà au cessionnaire et que le cédant soit déchu de son droit ? Il est vrai que les anciens interprètes du droit romain opposaient à cela l'action directe restée aux mains du cédant et qui, pour le débiteur, était la seule considérée valable, tant que le cessionnaire ne lui avait pas fait signification. On mettait aussi en relief les textes qui, après cession de l'action utile, parlent encore d'un mandat au profit du cessionnaire (2) ; et on se demandait alors quelle pouvait bien être l'utilité de celui-ci, si le cessionnaire était déjà investi d'un droit propre et le cédant déchu de son droit avant même la signification. Aussi les partisans les plus convaincus du transport par voie de cession de l'*utilis actio*, comme Windscheid par exemple, considéraient le cédant comme gardant tous ses droits jusqu'à la *denuntiatio* (3) ; il est vrai qu'ils étaient quelque peu embarrassés pour déterminer quel serait alors le droit du cessionnaire, et non moins embarrassés pour préciser l'effet exact de la *denuntiatio*. Windscheid avait d'abord admis que le cessionnaire acquérait un droit subordonné à la condition d'une signification à faire au débiteur (4). Il en concluait que le cédant gardait encore son droit intact et pouvait le céder à un second cessionnaire dont le droit était

---

(1) Cf. Puchta, *Cession*, dans *Kleine Schrift.*, p. 482 ; cf. Girard, *loc. cit.*, p. 729, note 1 et 2.
(2) L. 5, C. (4 15) ; L. 18, C. (6-37), etc., etc. Voir citations, dans Brinz, § 284, note 11.
(3) Windscheid, § 331, note 8.
(4) Windscheid, à la fin de la note précitée.

soumis à la même condition que le premier ; et, par conséquent, c'était celui des deux qui eût le premier adressé signification au débiteur qui eût été investi du droit. Donc, le second, à condition de prendre les devants, eût été préféré au premier (1). Dans sa dernière édition des *Pandectes*, Windscheid revient sur cette idée et croit au contraire que le cessionnaire acquiert par la cession, indépendamment de toute dénonciation, un droit propre, mais sans que le créancier ait déjà perdu son droit de poursuivre : ce serait un exemple de corréalité active. Et Windscheid en conclut que le cédant n'a gardé que le droit de poursuivre pour son compte, mais qu'il n'a plus celui de transmettre son droit, même avant toute dénonciation, à un second cessionnaire ; car il n'a donné qu'au premier le droit de faire signification valable au débiteur, et le second ne pourrait plus signifier utilement : le cédant s'est dépouillé, sauf l'exercice de son droit qui, à l'égard du débiteur, lui reste jusqu'à la signification, et il ne peut plus transmettre un droit qu'il n'a plus (2). La dénonciation devient nécessaire, non plus pour réaliser la cession, mais pour la rendre parfaite à l'égard du débiteur. Windscheid ne dit même plus pour la rendre parfaite à l'égard des tiers, puisque la cession est opposable avant même toute dénonciation aux acquéreurs en second ordre et ayants cause du cédant : elle n'est plus exigée, par conséquent, que pour rendre la cession parfaite à l'égard du débiteur.

89. *De la signification en droit féodal.* — Il faut reconnaître aussi que l'influence des idées féodales, en matière de saisie et d'ensaisinement des droits, n'avait pas été étrangère à l'importance attribuée un peu partout à la signification en matière de transport de droits incorporels. Au moyen âge, tout droit était susceptible de possession, sans que l'on distinguât, comme à Rome, une *possessio* au sens exact du mot et une quasi-*possessio* (3). Or, tout droit susceptible de possession était soumis à la formalité de l'ensaisinement. S'il s'agissait de droit ayant un caractère féodal, cet ensaisinement devait se faire par acte solennel émanant du seigneur ou de son représentant ; c'est le procédé de l'ancienne investiture, devenue la cession judiciaire du droit germanique. Nous avons déjà laissé entendre qu'elle était exigée en matière de propriété,

---

(1) Windscheid, § 331, note 10.
(2) Windscheid, § 331, notes 8 et 10 *in fine*.
(3) Cf. Heusler, *Die Gewere*, § 21, p. 274.

non pour faire acquérir la pleine possession de la chose, c'est-à-dire le droit d'en opposer les effets aux tiers, mais pour faire acquérir le droit lui-même ; et nous l'avons comparée à l'ancienne *traditio* romaine. Il en fut de même en matière de droits incorporels ; l'acquisition dut résulter d'un ensaisinement solennel ou privé, ce dernier résultant de la simple signification pour les droits qui n'avaient pas le caractère de droits féodaux. Ce fut la théorie dominante en Allemagne comme en France, et nous avons déjà cité pour la France l'article 108 de la Coutume de Paris, qui la met si vivement en lumière, assimilant la signification en matière de transport à la tradition en matière de transmission de propriété (1). C'était aller plus loin encore que certains romanistes, comme aujourd'hui Windscheid, par exemple, puisque la signification devenait nécessaire pour réaliser la cession, et non plus seulement pour la rendre opposable aux tiers. Quoi qu'il en soit, l'interprétation dominante en matière de droit romain se trouvait d'accord avec la pratique féodale ; elle se trouvait d'ailleurs en harmonie parfaite avec le système d'acquisition en matière de propriété. L'acquisition du droit ne résulte pas du titre qui la rend obligatoire, mais d'un acte matériel de transport, qui est la tradition ou l'investiture solennelle pour les objets corporels, la signification pour les droits incorporels.

90. *Droit comparé.* — Mais, avec l'abandon des pratiques féodales, le champ redevenait libre et ouvert à toutes les conceptions nouvelles. En France, le Code civil venait de proclamer que l'aliénation d'un droit résultait de la simple convention (C. civ., art. 1138) ; il allait de soi qu'on devait appliquer le principe à la cession de créance et considérer le cessionnaire comme déjà investi de la créance par le fait seul de l'acte qui sert de titre à la cession elle-même, vente, legs, donation (2). Restait à concilier cette idée avec l'obligation absolue de respecter les droits du débiteur cédé ; pour lui, tant que la cession lui reste étrangère, le cédant reste le seul créancier. La conciliation devenait aisée, grâce au procédé de la signification, qu'il était facile de conserver dans le droit nouveau, en lui attribuant un effet plus restreint que dans le droit ancien. La signification devint comme une sorte de mesure de publicité, as-

---

(1) Cf. Heusler, *Die Gewere*, p. 355. — Cf. Pothier, *Vente*, n° 554.
(2) Voir Colmet de Santerre, *Cours analytique de Code civil*, t. VII, n° 136 *bis*.

surément très imparfaite, destinée à rendre la cession parfaite à
l'égard des tiers, tant à l'égard du débiteur qu'à l'égard des autres
cessionnaires de la même créance, ayants cause du cédant. C'est
le système de notre article 1690 ; c'est également au fond celui du
Code fédéral ; seulement, ce dernier, au lieu d'attacher la perfection du transport à la signification, la fait dépendre d'une solennité
de forme, la rédaction d'un écrit (art. 184).

91. *État de la doctrine allemande.* — En Allemagne, où l'on
n'était pas dominé par un texte précis, chacun raisonnait un peu à
sa guise. Nous avons vu la théorie de Windscheid, qui, tout en s'appuyant sur le droit romain, veut admettre un double droit de poursuite en la personne du cédant et en la personne du cessionnaire,
sans que cependant le cédant puisse procéder à une seconde cession susceptible de devenir efficace ; de sorte que la signification
devient nécessaire pour paralyser le droit de poursuite du cédant,
donc pour rendre la cession opposable au débiteur, et non pour la
rendre opposable aux tiers en général.

92. *La cession parfaite sans* denuntiatio. — C'est alors que, trans-
portant la question sur le terrain du droit romain de la dernière
époque, on eut l'idée que la cession pouvait résulter, d'ores et déjà,
du titre même qui lui servait de cause juridique, du *negotium juris*
lui-même et non de la *denuntiatio* : assimiler celle-ci à la tradition
en matière d'objets corporels, faire de la signification une prise de
possession, c'est raisonner d'après les idées féodales et non d'après
les idées romaines. Les Romains ne connaissaient pas de possession, et, par suite, pas de tradition en matière de choses incorpo-
relles ; si, d'ailleurs, celles-ci se transmettent par voie de cession
d'action, rien de plus naturel que l'action nouvelle résulte du simple
contrat. C'est la règle à Rome ; aussi le cédant, dès la vente, est-il
désinvesti de son droit (1) ; si l'on parle encore de l'action directe
qui subsiste, c'est pour la forme : elle sera paralysée par une exception, absolument comme le serait le droit d'un *dominus ex jure
Quiritium*, alors que la chose serait déjà aux mains d'un autre propriétaire, en vertu du droit prétorien, ayant la chose *in bonis* (2).
Enfin, si l'on parle de mandat donné après cession de l'action

---

(1) Première idée dans Bähr (*Jahrb. f. dogm.*, I, p. 369 et suiv.), suivi
par Salpius (*Novation und Delegation*, p. 419, 420), par Brinz, *Pand.*, § 284,
note 11.
(2) V. textes reproduits par Salpius (*Novation und Delegation*, p. 419-420).

utile, cela ne veut pas dire que le cessionnaire n'ait aucun droit propre avant la *denuntiatio*, et qu'il ait besoin d'un mandat émanant de celui qui a conservé l'action directe pour pouvoir poursuivre. Cette façon de s'exprimer n'a d'autre but que de décharger le cessionnaire de la preuve de la cession, pour lui permettre de poursuivre en ne s'appuyant que sur la procuration qu'on lui donne (1). Quant à la signification, elle n'aura dès lors d'autre but que d'empêcher le débiteur de se prévaloir de l'ignorance de la cession. Tant qu'il n'est pas officiellement averti, il peut prétendre ignorer le changement de créancier et payer à l'ancien, ou se laisser poursuivre par lui. Sans doute, s'il est de mauvaise foi, bien qu'il n'y ait pas eu signification, tous les actes qu'il consent avec l'ancien créancier seront inefficaces ; mais encore faut-il prouver la mauvaise foi. La signification dispense de cette preuve ; elle empêche le débiteur de se prévaloir de son ignorance. Elle n'a pas pour but de réaliser la cession, ni même de la rendre parfaite à l'égard des tiers ou du débiteur lui-même ; elle n'a d'autre effet que d'enlever à celui-ci les moyens de justification tirés de la bonne foi et la possibilité de rendre opposables au cessionnaire certains actes passés avec le cédant.

Cette idée avait déjà passé dans certaines législations allemandes, telles que le droit autrichien, le projet pour le royaume de Bavière et le projet pour Dresde. C'est également celle qu'accepte le projet et qui forme le fond de son système.

93. *Formes de la cession. Du contrat de cession de créances.* — La signification étant écartée comme condition de la validité de la cession, ou même comme élément nécessaire à sa perfection à l'égard des tiers, il semblerait que la cession va se confondre avec l'acte qui lui sert de titre ; ce serait la théorie du droit français, moins les formalités de l'article 1690 : l'idée d'une aliénation résultant de la simple convention. C'était également la théorie des romanistes, qui n'admettaient pas que la *denuntiatio* fût nécessaire à la réalisation du transport ; la cession résultait de l'acte même qui lui sert de fondement, de la vente, de la donation, du legs, de la *datio in solutum*. Ce n'est pas la théorie du projet, lequel applique fort justement à cette matière son système général en fait d'actes de transfert ; il n'est pas besoin de formalités spéciales, *denuntiatio* ou autres, pour opérer la cession, et nous parlons ici bien entendu

(1) Brinz, *Pand.*, § 284, note 11.

de cession conventionnelle. Mais la cession, en tant qu'acte d'aliénation, est un contrat ou un acte spécial qui se distingue du titre en vertu duquel s'opère l'aliénation. Si la théorie romaine sur la séparation entre l'acte générateur d'obligation et l'acte de transfert est vraie en ce qui touche l'aliénation des objets corporels, elle doit l'être également pour ce qui est du transfert des droits incorporels. La cession s'effectuera par un contrat d'aliénation spécial, distinct de la vente en vertu de laquelle la cession s'opère ; il y aura un contrat de cession comme il y a un contrat d'aliénation en matière de propriété. Et ce contrat aura le caractère abstrait de tout contrat de mutation ; il sera valable par le seul fait que les parties seront d'accord pour aliéner, donc indépendamment de sa cause (C. civ. al., art. 398). Il est vrai que, le plus souvent, les deux actes matériellement seront confondus ; ce qui n'arrive pas par exemple en matière de propriété immobilière, puisqu'ici le plus souvent le contrat d'aliénation se passe après la vente, par-devant le juge conservateur des registres fonciers. En matière de cession, l'acte n'a pas besoin de se dédoubler ; les parties feront un acte de vente et le même acte contiendra acte de cession. Cela veut-il dire que l'acte de cession suivra le sort de l'acte de vente ? Oui, en tant qu'il s'agirait de vices entachant l'acte tout entier, comme ceux qui seraient relatifs au consentement ou à la capacité ; non, en tant qu'il s'agirait de nullités spéciales à la vente. Et ce que nous disons de la vente serait vrai de tout autre titre juridique.

94. *Effets de la cession.* — Les effets de la cession seront de transporter la créance sur la tête du cessionnaire, ou plutôt de faire entrer le cessionnaire dans les droits du créancier originaire, d'où cette conséquence que la créance sera exactement la même aux mains de son nouveau titulaire que dans celles de l'ancien ; ce qui veut dire qu'elle aura conservé les privilèges et accessoires qui pouvaient la garantir, et se trouvera soumise aux mêmes exceptions que celles qui la pouvaient paralyser. Si le projet le dit expressément des privilèges de la créance, en prenant le mot dans le sens romain, c'est afin d'écarter un doute qu'on avait émis sur la nature même des causes de préférence, prétendant, pour certaines d'entre elles tout au moins, qu'étant attachées à la personne, étant une qualité de la personne, elles ne devenaient un droit distinct et indépendant que le jour où le privilège frappait en quelque sorte de saisie l'actif du débiteur et par suite prenait une véritable réalité. On en avait tiré cette conséquence que les causes de préférences, certaines tout au

moins, n'auraient pu passer au cessionnaire que si, au jour de la cession, il y avait déjà ouverture du concours entre créanciers. Mais
cette conception, déjà repoussée par la loi des faillites, ne pouvait
manquer de l'être par le projet. Il va de soi que pareille hésitation ne
pouvait exister pour les droits accessoires qui entourent la créance,
garanties réelles ou personnelles (art. 297 ; cf. C. civ. al., art.
401 et 412), hypothèque ou caution. A l'inverse, la créance reste
soumise aux mêmes exceptions que celles invocables contre le
créancier primitif (cf. C. civ. al., art. 404). Le projet fait cependant une réserve admise par toutes les législations, sauf le droit
prussien (1), c'est en ce qui touche les exceptions nées de considérations exclusivement relatives à la personne même du créancier.
Le droit prussien était d'avis de les maintenir à l'encontre du cessionnaire ; car celui-ci, disait-on, n'a pas acquis un droit propre, il
a succédé au créancier primitif, il représente la personne même du
cédant. On pensait aussi que la cession ne devait en rien modifier
la situation du débiteur (2). Le projet a rejeté cette manière de
voir et s'est rallié à l'opinion courante (3). Pour ce qui est de la
compensation, nous avons déjà dit dans quelle mesure le débiteur
peut l'opposer au cessionnaire (art. 303) ; il n'y a pas à revenir sur
ce sujet (4).

95. *Effets de la cession à l'égard du débiteur.* — Nous savons
qu'en principe la cession est valable, à l'égard du débiteur, dès
que le contrat duquel elle résulte se trouve formé sans qu'il soit
besoin d'aucune autre condition. Le principe, par conséquent, est
que, dès ce moment, le débiteur cesse d'avoir le cédant pour
créancier et qu'il se trouve lié envers le cessionnaire ; la résultante devrait être que tout acte ou toute convention de libération
passés entre lui et le cédant seraient inopposables au cessionnaire.
Entre autres, le paiement fait par lui aux mains du cédant ne serait
pas valable au regard du cessionnaire Mais, si ces conséquences
devaient être admises dans toute leur rigueur, la cession pourrait avoir pour effet de nuire au débiteur, puisque les actes faits
par lui de bonne foi et dans l'ignorance de la cession pourraient se
trouver inefficaces, de telle sorte, par exemple, qu'il fût exposé à

(1) *A. L. R.*, I, 11, § 407, 408. — Cf. Förster-Eccius. *Preuss. Priv. R.*, I,
§ 99, note 182.
(2) Cf. Windscheid, *Pand.*, § 332, note 2.
(3) Cf. Aubry et Rau, § 359 *bis,* notes 47, 48 (t. IV, p. 438 et suiv.).
(4) V. *suprà*, n° 68.

payer deux fois. Le projet devait concilier cette double exigence, le principe théorique d'une cession parfaite à l'égard de tous sans autre condition et la protection due au débiteur ; il déclare alors que les actes faits de bonne foi par le débiteur avant qu'il ait connaissance de la cession sont opposables au cessionnaire. Comme on le voit, la pensée du projet est de protéger uniquement la bonne foi du débiteur, donc de s'attacher à l'ignorance réelle et non pas seulement à l'ignorance présumée, en ce qui touche la cession. Il s'ensuit que, à défaut même de notification, s'il est prouvé que le débiteur a connu la cession, les actes passés entre lui et le créancier primitif sont inopposables au cessionnaire ; et à l'inverse, mais ceci, nous le verrons, est moins absolu (art. 306 1°), eût-il connu la cession, s'il est prouvé qu'il en a connu les vices ou la nullité, il reste responsable envers le cédant du paiement fait au cessionnaire. Tout va dépendre d'une question de preuve. Notre Code civil a accepté, sous ce rapport, le système d'une présomption légale, irréfragable, fondée sur l'accomplissement d'un acte de publicité, la notification, ou signification au débiteur ; cette présomption est absolue, comme celle qui dérive de la transcription en matière de transfert de propriété immobilière. Le projet, on le sait déjà, a repoussé ce système. Cependant, il admet qu'on puisse prévenir l'effet des actes émanant du débiteur au moyen d'une notification officielle de la cession ; et celle-ci devant avoir pour but de lui faire connaître l'existence de la cession, aura pour effet de renverser la présomption, en ce qui touche sa bonne foi. Avant toute notification, c'était au cessionnaire à établir que le débiteur, lorsqu'il a payé au cédant, connaissait la cession ; après notification, c'est au cédant à prouver que, en dépit de toute notification, le débiteur ne devait pas payer au cessionnaire, parce qu'il connaissait la nullité de la cession (1).

96. *Des différents modes de signification et de leurs effets.* — Tel est l'effet général de la signification ; seulement on doit, sous ce rapport, distinguer trois hypothèses possibles. La signification

(1) Tout ceci vient en grande partie du droit purement allemand, du droit prussien en particulier. Voir Stobbe, *Priv. R.* (t. III, § 177, p. 180). C'est également ce système, ou quelque chose d'approchant, que Brinz, on l'a vu plus haut, voulait faire remonter au droit romain. — Toutefois, il faut noter que l'art. 409 C. civ. al., lequel correspond à l'art. 306 P¹, ne réserve plus le droit, que l'on accordait au créancier, de faire la preuve que, lors du paiement fait au cessionnaire, le débiteur connaissait la nullité de la cession.

peut, en effet, émaner de l'ancien créancier sous la forme d'un ordre de paiement, adressé par lui au débiteur avec indication du nouveau créancier ; au lieu d'être une déclaration directe du cédant au débiteur, ce peut être encore un acte émanant de l'ancien créancier, mais destiné uniquement à faire preuve de la cession, tel, par exemple, qu'une reconnaissance de la cession, et communiqué au débiteur cédé, et il peut lui être communiqué par le cessionnaire ; enfin, la notification peut être un acte émanant purement et simplement d'un tiers qui se dit cessionnaire, sous forme d'avertissement ou de sommation, adressé au débiteur et sans qu'il y ait de titre émanant du créancier primitif. Ainsi donc, dans les deux premiers cas, l'avertissement émane du cédant soit directement, soit indirectement, et dans le troisième, il émane uniquement du cessionnaire ou de celui qui se prétend tel (1).

97. Dans le premier cas, il y a avertissement direct du cédant au débiteur, ce qui implique ordre de paiement au cessionnaire ; d'où ces conséquences que non seulement le débiteur doit payer au cessionnaire, mais que, quoi qu'il arrive, il ne doit payer qu'au cessionnaire, et alors même qu'il saurait la cession nulle ou annulable. Dans tous les cas, sa responsabilité est à couvert, puisque l'ordre émane de l'ancien créancier ; il doit s'y conformer sans autre considération. Les effets de cet ordre de paiement ne peuvent être écartés que par la révocation ; le créancier est libre, en effet, de révoquer l'avertissement qu'il a donné, et cette révocation aura le même caractère qu'avait l'avertissement lui-même, celui d'une manifestation unilatérale de volonté (art. 306-1°).

98. Dans le second cas (art. 306-2°), il y a bien encore reconnaissance directe de la cession émanant du créancier primitif, et il en résulte que le débiteur qui paie au cessionnaire après notification d'un titre de ce genre est à couvert ; à son égard, la preuve de la cession est faite. Seulement, il n'y a plus ordre de paiement adressé par le créancier au débiteur, et par conséquent celui-ci ne doit plus payer au cessionnaire s'il apprend que la cession est nulle ; si donc, il paie au cessionnaire après cette découverte, il ne sera plus couvert par la signification qui lui a été faite du titre de cession et le paiement serait alors inopposable au créancier : ce serait à

---

(1) Cf. Stobbe, *Priv. R.*, t. III, § 177, note 13.

ce dernier à détruire la présomption résultant de la signification et à prouver que le débiteur a payé sachant la cession nulle.

99. — Enfin, dans le troisième cas, on suppose avertissement ou sommation émanant d'un tiers qui se prétend cessionnaire, mais qui ne présente à l'appui aucun titre signé du créancier. L'idée du projet est que le débiteur a le droit de repousser et de méconnaître une sommation de ce genre, ce qui ne veut pas dire qu'il pourrait se prévaloir de l'irrégularité de l'avertissement pour payer encore au cédant, alors même qu'il connaîtrait, d'autre part, la cession et serait assuré de sa validité ; ce serait contraire au principe du projet que la cession est valable *ab initio*, même à l'égard du débiteur. Tout ce que l'on veut dire, c'est que cet avertissement, en ce qui concerne le débiteur, ne vaut pas preuve de la cession, et si le créancier le poursuit et qu'il paie, ce serait au cessionnaire à établir qu'à ce moment le débiteur connaissait pertinemment, et par une autre voie que la sommation qu'il lui en avait faite, la cession consentie en sa faveur. Une autre conséquence de cette idée est que, si le débiteur, au reçu de cette sommation, refuse de payer et se laisse poursuivre ou qu'il appelle son créancier en garantie, tous les frais, en pareil cas, seront pour le cessionnaire. Mais, pour que ces effets puissent se produire, il faut que le débiteur ait retourné, sans plus attendre, la sommation qui lui a été adressée ; s'il n'avait pas protesté, il serait censé avoir reconnu l'existence de la cession et tout au moins vis-à-vis du cessionnaire serait responsable des suites d'une protestation tardive.

100. *Effets à l'égard des tiers.* — Enfin le projet applique les mêmes principes au cas de conflit entre plusieurs cessionnaires de la même créance, soit qu'il s'agisse de cessions successives, soit qu'il s'agisse de cessions cumulatives, c'est-à-dire émanant du même créancier (1). Dans ce dernier cas, il y aurait deux points de vue à examiner, celui des rapports des cessionnaires entre eux

---

(1) Ici encore l'inspiration est venue du droit allemand, en particulier du droit prussien. Voir Stobbe, *Privat. R.*, t. III, p. 481. Il est vrai que, dans certaines législations locales, lorsqu'il y avait un titre de cession, le conflit se réglait par la remise du titre (cf. Stobbe, *loc. cit.*, notes 24 et 25 . Le Code fédéral se rapproche de cette solution : il exige pour que la cession soit opposable aux tiers, notamment à la masse au cas de faillite, que le transport soit constaté par écrit ; mais au cas de plusieurs cessions de la même créance, celle qui est constatée par le titre le plus ancien l'emporte sur les autres (C. féd., art. 184, 186).

et celui du débiteur vis-à-vis des cessionnaires. Le projet ne s'occupe pas de la première question et n'établit aucune mesure de publicité, destinée à régler le conflit entre cessionnaires tenant leurs droits du même créancier ; la notification n'est pas faite pour trancher entre eux la question de priorité. Il faut avouer, du reste, que notre Code civil, en acceptant un système de ce genre pour régler le conflit entre cessionnaires, s'est laissé guider, plutôt par des idées traditionnelles que par une vue très sûre du but qu'il voulait atteindre. Il est bien certain que, dans notre ancien droit, si la notification valait tradition, le transfert de la créance ne pouvait s'opérer qu'au profit de celui de plusieurs cessionnaires qui eût le premier notifié ; même solution dans le premier système adopté par Windscheid sur l'effet de la *denuntiatio*, celle-ci étant considérée comme la condition préalable du transport. Mais, dans un système comme le nôtre, et comme celui également du projet, d'après lequel le transfert se produit par l'acte même de cession, la notification ne peut valoir au plus que comme mesure de publicité pour la perfection du contrat à l'égard des tiers. Or, qu'il en soit ainsi à l'égard du débiteur, c'est tout à fait rationnel et l'article 1690, en ce qui touche le débiteur, a sur le système du projet le grand avantage de couper court à bien des incertitudes et à beaucoup de difficultés. Mais faire également de la notification une mesure de publicité entre cessionnaires, ce n'est plus qu'une demi-mesure, car l'efficacité de cette dernière dépend uniquement de la bonne foi du débiteur : on suppose que l'acheteur d'une créance se sera enquis auprès du débiteur, et que celui-ci, s'il y a eu notification antérieure, l'en aura averti. Mais si le débiteur ne l'avertit de rien, et que ce cessionnaire achète et notifie à son tour, se croyant le premier en date, il n'en sera pas moins primé par un premier cessionnaire qui aura notifié avec lui, sans qu'il y ait eu aucun moyen absolument certain pour personne de s'assurer de l'existence de cette notification. Il restera à ce second débiteur déçu la double responsabilité du cédant et du débiteur cédé, faible ressource si ce sont des insolvables, tandis que la cession, si elle se fût réalisée à son profit, lui eût peut-être fourni une créance fortement garantie dont le recouvrement eût été assuré. On dira, sans doute, que l'hypothèse est assez peu vraisemblable ; car, le débiteur n'ayant aucun intérêt à s'associer à cette fraude et sachant au contraire sa responsabilité engagée, il n'arrivera jamais, ou presque jamais, qu'il trompe les tiers. Mais pourquoi donc supposer la fraude ? Est-ce que ce ne pourrait pas être l'héritier du débiteur, alors que cet héritier ignorerait la signifi-

cation faite au défunt ? Et alors, quoi de plus vraisemblable que
d'admettre que cet héritier, en toute bonne foi, déclare n'avoir
connaissance d'aucune notification ? Le projet a donc repoussé le
système et laissé le conflit entre cessionnaires sous l'empire du
droit commun ; il se réglera par la question de date ; la seule
cession valable, même à l'égard des tiers, sera la première en date.

101. Reste le second point de vue, celui des rapports du débiteur vis-à-vis des différents cessionnaires. Il résulte de ce qui précède qu'à l'égard du débiteur la seule cession valable sera également
la première en date, c'est le principe. Mais le principe devra être
modifié par les règles admises par le projet en vue de protéger le
débiteur contre les surprises d'une cession faite à son insu ; si bien
qu'à son égard seront valables les actes passés avec celui de plusieurs cessionnaires qu'il devait légitimement considérer comme
le véritable titulaire du droit. Reste la question de preuve, et l'on
appliquera pour la résoudre les règles établies par le projet sur le
caractère et les effets de la notification, considérée dans les trois
formes différentes qu'elle peut affecter. Il en résultera entre autres
que, si la notification consiste dans un titre de cession émanant du
créancier et présenté par l'un des cessionnaires, c'est celui-ci qui,
au regard du débiteur, sera présumé le véritable titulaire du droit,
sauf à celui qui le primerait, et qui eût omis de faire notifier son
titre, de prouver que le débiteur, en payant à celui de qui émane
la notification, savait pertinemment que cette cession était nulle,
étant primée par une autre, première en date (art. 305) (1).

102. *Règles spéciales au cas de cession d'une créance hypothécaire.* — Le mécanisme que nous venons d'étudier fonctionnera
facilement s'il s'agit de cession d'un droit de créance proprement
dit ; mais si la cession comporte, comme accessoire, transfert d'un
droit réel, ce qui est le cas en matière de créance garantie par une
hypothèque (art. 1086), il y a lieu de se demander si les choses se
passeront encore avec la même simplicité. L'application d'un régime de publicité en matière hypothécaire ne conduit pas forcément
à l'admission d'une mesure de publicité en ce qui touche le trans-

(1) Cependant, dans le système qui a prévalu dans le Code civil allemand,
il peut être douteux, vu la modification admise dans l'art. 409, et dont il a
été question *suprà*, p. 86, note 1, que cette preuve soit possible (cf. cependant
dant C. civ. al., art. 408).

fert de l'hypothèque, témoin notre Code civil, et pour l'Allemagne
les lois hypothécaires de Bavière, de Wurtemberg, de Brunswig,
et autres encore : l'inscription en principe est exigée pour que
l'hypothèque puisse naître ; on ne l'exige plus pour qu'elle puisse
passer d'un créancier à un autre (Cod. civ , art. 1692, 2112). Mais
en Allemagne, plusieurs autres législations foncières déjà anciennes
exigeaient, en matière de cession d'une créance hypothécaire, l'inscription de la cession dans les registres fonciers, au moins pour
qu'elle pût être opposable aux tiers et entr'autres au débiteur.
Témoin par exemple la loi saxonne sur les registres fonciers du
6 novembre 1843. Les motifs du projet reproduisent à cet égard
l'article 84 de cette loi ; c'est cette même disposition qui a passé
dans les lois analogues d'Altenberg, de Reuss, et, sous une forme
un peu différente, dans celles de Hesse, Weimar, Nassau et autres.
De même, le projet ayant soumis à inscription dans les registres
fonciers toute acquisition de droit réel, par voie de transfert ou
autrement (art. 828), il était logique qu'il étendît cette obligation
au transfert de l'hypothèque (1). Il aurait pu d'ailleurs n'exiger
l'inscription, au cas de cession de créance, que pour permettre au
cessionnaire de faire valoir l'hypothèque, sans cependant faire dépendre de cette inscription la validité de la cession elle-même.
Mais il a reconnu que ce serait mal protéger le crédit hypothécaire,
puisque l'existence de l'hypothèque dépend de celle de la créance
et que l'une est l'accessoire de l'autre. Si, à l'égard du cessionnaire de l'hypothèque, on pouvait opposer une cession de créance
valable sans publicité, il pourrait arriver que la créance eût déjà
été cédée à un autre au moment où le créancier en propose à nouveau l'aliénation et que par suite le cessionnaire qui croit acquérir
une créance hypothécaire et qui fait inscrire la mutation d'hypothèque, se trouverait avoir traité avec qui n'est plus créancier,
donc se trouverait n'avoir rien acquis. Aussi l'article 1087 (C. civ.
al., art. 1154) soumet le transport d'une créance hypothécaire à
l'accomplissement des formalités de l'article 828 en matière de
transfert de droits réels. On devra inscrire sur les registres le
nom du créancier ; et par suite, l'acquisition de la créance dépendra
de l'inscription elle-même. On voit donc que pour cette catégorie
de créances on revient au principe de la publicité ; et, pour cette
hypothèse spéciale, le projet établit un système très simple, destiné

---

(1) Voir *Motifs sur l'art.* 1087 (t. III, p. 707). Cf. l'étude de M. Challamel
sur cette partie du projet, n° 66 (*Bulletin*, 1889, p. 455).

à régler le conflit entre cessionnaires de la créance. Si, de deux cessionnaires de la même créance, le second seulement se trouve inscrit aux registres fonciers, c'est ce dernier seul qui sera investi du droit, en tant qu'il s'agira d'exercer l'action hypothécaire, accessoire de la créance (1). Rien de plus juste et rien de plus simple : quiconque est sur le point d'acheter une créance hypothécaire aura un moyen très aisé de s'assurer de l'étendue et de la validité du droit dont on lui propose l'acquisition ; il lui suffira de voir aux registres si son vendeur est bien désigné comme le créancier actuel.

Mais, au contraire, on pourrait hésiter, lorsque la question se pose au regard du débiteur. On sait qu'il a droit de payer à celui qu'il croit de bonne foi le véritable titulaire du droit et que, par suite, s'il paie au créancier, ignorant la cession, le paiement est opposable au cessionnaire ; de même, si, de deux cessionnaires, il paie au second, ignorant la première cession, ce paiement est opposable au premier cessionnaire : admettra-t-on encore qu'il en soit de même au cas de cession de créance hypothécaire ? S'il paie de bonne foi au cédant, cette extinction de la créance sera-t-elle opposable au cessionnaire inscrit aux registres ? Certes, les auteurs du projet avaient lieu d'hésiter ; car il s'agit, avant tout, avant même de garantir la foi due aux registres et avant de protéger l'acquéreur d'une hypothèque, de protéger le débiteur que l'on cède à son insu : les circonstances dans lesquelles se pose la question impliquent que le créancier qui a requis l'inscription au registre n'a pas veillé à ce que notification fût faite au débiteur : n'est-il pas en faute ? Il est vrai qu'il n'y a pas que lui à protéger et qu'il faut songer à ses propres ayants cause, qui verront son nom figurer aux registres et qui, eux, n'auront rien à se reprocher quant au défaut de notification. On voit comment les arguments se répondent de part et d'autre : le principe de la publicité et de la garantie d'authenticité des registres fonciers l'a emporté sur la protection du débiteur (art. 1089 ; art. 1156 C. civ. al.) : on écarte l'application des articles 304 à 305 au cas de cession de créance hypothécaire (2). Le débiteur d'une obligation garantie par une

---

(1) C'était déjà le système du Code saxon, qui semble bien sur ce point avoir été reproduit par les auteurs du projet. Voir *Säch. G. B.*, art. 438, et *Verordn. das Verfahren in nicht streitigen Rechtssachen betreffend, vom 9 Jan.* 1863, art. 145 (Voir édition du Code saxon de Bernhardt Franke, Leipzig, 1888, p. 483).

(2) Cf. pour le droit allemand en général et le droit prussien en particulier,

hypothèque devra donc, avant de payer au créancier, s'assurer, par l'inspection des registres, que celui-ci est bien encore actuellement créancier. Mais les motifs se hâtent d'ajouter que ces dérogations au droit commun ne s'appliquent qu'en tant qu'il s'agit de l'exercice de l'action réelle dépendant de la créance ; il faudrait en conclure que, si le cessionnaire, pour une raison ou pour une autre, ne peut plus invoquer son hypothèque, il subira, pour ce qui est de l'exercice de son action personnelle, l'application de la règle du droit commun, protectrice du débiteur et par suite subira l'effet des actes faits par lui de bonne foi avec le cédant (1).

103. *De la garantie en matière de cession de créances* (C. civ. al., art. 437 et 438). — Un dernier point reste à régler, celui de la garantie du droit cédé. Le projet accepte sur ce point les décisions admises à peu près par toutes les législations, sauf par le droit prussien et le droit autrichien. Il pose en principe que le cédant, à moins de clause expresse, ne répond que de l'existence de la créance (art. 298) et que, lorsqu'il s'est engagé à garantir la solvabilité, il faut entendre cela de la solvabilité actuelle seulement (art. 299). L'*Allegemeine Landrecht* pour la Prusse et d'autre part le Code autrichien, en sous-entendant dans tous les cas la garantie de la solvabilité (2), se sont placés à un très faux point de vue ; ils ont vu là une assimilation, qu'ils ont crue exacte, avec le cas de garantie en matière de droits corporels, ce qui est certes fort mal raison-

---

Stobbe, *Priv. R.*, t. II, § 143-II, et Förster-Eccius, *Preuss. Priv. R*, t. I, § 99, notes 156 *b* et suiv. — Loi hypothécaire du 5 mai 1872, §§ 38-3° et 54. — Cf. Alex. Achilles, *Preuss. Gesetze vom* 1872, p. 244-245.

On trouvera surtout dans l'excellent ouvrage de Roth (*Deutsch. Priv R.*, III (*Sachenrecht*, § 315-III) un résumé très complet de la législation allemande sur ce point, partagée en trois groupes législatifs : les législations, comme le Code saxon, qui subordonnent la validité de la cession, tout au moins au regard des tiers, à l'inscription du cessionnaire dans les registres fonciers, celles qui ne font pas dépendre de cette inscription la validité de la cession, mais la considèrent comme nécessaire pour garantir au cessionnaire l'efficacité de son action hypothécaire, celles enfin, comme le droit prussien, qui déclarent la cession de la créance hypothécaire indépendante de l'inscription (*Ges. ueber Eigenthums-Erwerb*, etc., du 5 mai 1872, § 54), mais tout en réservant quelques avantages à l'inscription (Voir Roth, *loc. cit.*, p. 672, et Achilles, *loc. cit.*, p. 289). On voit que ce n'est pas le système prussien qui a prévalu dans le projet. — Il faudra cependant tenir compte, au point de vue de la solution qui a prévalu, des atténuations apportées par l'art. 1156 C. civ. al.

(1) *Motifs sur l'art.* 1089, t. III, p. 712-713.

(2) Cf. *A. L. R.*. I, 11, §§ 427 441 (Voir Förster-Eccius, *Preuss. Priv. R.*, t. I, § 99, note 141). — Cf. OEsterr. G. B., § 1397.

ner ; en tout cas il ne pourrait y avoir d'analogie qu'avec la garantie des vices, et précisément celle-ci n'existe pas pour les vices que l'acheteur a pu connaître (cf. art. 382 du projet et Cod. civ., art. 1642). N'est-ce pas le cas, en ce qui concerne la solvabilité du débiteur ? C'est à celui qui veut l'accepter pour débiteur à s'enquérir de ce qu'il vaut. Le principe sera donc qu'à moins de clause expresse, le cédant ne répond que de l'existence du droit ; et encore admet-on une exception, si la cession est faite en vue de réaliser une donation, puisque, dans ce cas, d'après les principes qui seront posés en matière de donation, le donateur ne répond pas de l'existence du droit qui forme l'objet de sa libéralité, sauf s'il a connu lui-même le défaut de droit et qu'il l'ait caché au donateur, auquel cas il répond du dommage qui aura pu en résulter pour ce dernier (art. 443 ; C. civ. al., art. 523 ; cf. Cod. féd , art. 192). Mais, d'autre part, dans les cas où il y a lieu à garantie, le cédant est responsable de tout l'ensemble des dommages et non seulement, comme le veulent le droit prussien et le Code fédéral (1), jusqu'à concurrence de la somme reçue en raison du transport (art. 298, cf. art. 377). Les restrictions de ces dernières législations, en ce qui touche la garantie en matière de cession de créances, paraissent être un dernier vestige de la *Lex Anastasiana*, aujourd'hui abandonnée ou rejetée à peu près partout. Le Landrecht prussien l'avait encore admise et le droit commun était aussi obligé de la subir (2) ; mais dans plusieurs Etats les législations spéciales l'avaient expressément repoussée (3). Il ne pouvait être question de l'introduire dans le projet de Code civil et on ne pouvait pas davantage accepter, en matière de garantie, ces restrictions, qui paraissent bien être inspirées de la même pensée que cette loi malencontreuse.

104. *Cession de la créance d'autrui.* — Le projet termine cette théorie de la cession de créances, en faisant application à la matière d'un principe général admis par lui en ce qui touche les actes de disposition du droit d'autrui. Il importe du reste de ne pas confondre ; il ne s'agit pas du contrat par lequel on s'oblige à transférer à un autre ce qui ne vous appartient pas, vente de la chose d'autrui, vente de la créance d'autrui : la validité de pareilles conventions

---

(1) *Preuss. A. L.*, I, 11, §§ 422-425. C. féd., art. 191.
(2) Cf. Windscheid, § 333, notes 1 et suiv.
(3) Pour le Brunswick, loi du 21 décembre 1848 ; — pour la Bavière, loi du 22 février 1855 ; — pour la Prusse, loi du 1er février 1764. — Cf. C. de comm. allem., art. 299. — Cf. Stobbe, *Priv. R.*, III, § 177-7°.

n'est pas mise en doute. Il s'agit toujours du contrat d'aliénation en lui-même, contrat réel, comme disent les Allemands : non
plus celui qui donne naissance à l'obligation, mais celui qui
consomme l'aliénation On comprend dans ce cas que la validité du
contrat soit discutable ; c'est bien en effet en vertu d'une conception
de ce genre, parce que notre Code civil confond en un même acte
le contrat générateur d'obligation et le contrat de transfert qui doit
en être la suite, que chez nous la vente de la chose d'autrui est
nulle (art. 1599). Rigoureusement le contrat de transfert du droit
allemand devrait aussi être nul ; il n'est cependant qu'inefficace
et il se trouvera vivifié rétroactivement par la confirmation ou
approbation du véritable titulaire du droit. On ne lui appliquera
donc pas les règles des articles 108 à 110 (C. civ. al., art. 141) sur
la nullité, mais celles de l'article 127 sur la confirmation des
actes faits par qui n'avait pas pouvoir de les faire (C. civ. al.,
art. 182 à 184). Le projet fera application de cette doctrine à
propos de l'aliénation du droit d'autrui (art. 830, 876, § 2) (1) ;
il l'applique également au cas de cession de la créance d'autrui.
La cession n'est pas nulle, elle n'est qu'inefficace et se trouvera
rétroactivement validée par l'approbation ou confirmation du
créancier, soit aussi au cas de confusion, par suite de décès, de la
qualité de cédant et de celle de créancier sur la même tête (*Konva-
leszenzprincip*).

105. *Transport de dette ou endossement de la dette* (*Schulduebernahme*) (2). — Nous n'avons pas à revenir sur l'historique de la
matière, mais à voir la réglementation qui en est donnée par le projet. La chose est intéressante ; car c'est la première fois que l'institution nouvelle se trouve soumise à un essai vraiment sérieux de
réglementation législative.

Le projet passe en revue les trois questions suivantes : Formes et
caractères du transport de dette, effets, applications particulières
(C. civ. al., art. 414 à 419).

106. *Formes et caractères de l'opération.* — Les caractères de

---

(1) V. Challamel, *Étude sur le projet, Droit des choses*, n° 38 (*Bulletin*,
p. 1889, p. 429).
(2) Sur cette matière, voir mon étude sur *La cession de dettes* dans les *Annales
de droit commercial*, ann. 1890 : cf. également ann. 1899): un article important de Coviello dans l'*Archivio Giurdico*, t. LVI et LVII, et surtout la thèse
magistrale de M. Eugène Gaudemet, du transport de dettes (Paris, Rousseau, 1898). Cf. Blume et Regelsberger dans *Jherings Jahrbücher*, t. XXXIX.

l'acte dérivent de cette idée que transporter une dette sur la tête d'un autre, c'est disposer d'un élément du patrimoine, d'un droit ; d'où il suit que le contrat qui aura pour but de réaliser cette opération sera, comme le contrat de cession, un acte de disposition, rentrant dans la catégorie des contrats réels, indépendants de leur cause juridique. Ceci dit, l'opération peut revêtir deux formes très distinctes ; elle peut se réaliser au moyen d'un contrat conclu entre le créancier et le nouveau débiteur, sans que l'ancien y prenne part : ou bien au moyen d'un contrat entre le débiteur et son futur successeur, auquel cas le transport ne peut devenir efficace que par l'adhésion du créancier.

La première forme (art. 314 ; C. civ. al., art. 414) correspond à l'ancienne expromission, et on comprend qu'elle n'exige pas la participation de l'ancien débiteur ; car, de même qu'un tiers peut payer pour le débiteur, de même un tiers peut, sans autre consentement, prendre la dette à sa charge par une convention faite avec le créancier. Seulement, d'après les théories anciennes, cette convention était une novation, opérant, par voie de création d'une nouvelle dette. Déjà, cependant, le caractère de succession à la dette avait passé dans l'*expromissio* du droit prussien (1). Dans le système du projet, il n'est plus question d'*expromissio* proprement dite, mais du contrat de transport de dette émanant du créancier. Cette première forme du contrat est assurément la moins pratique et la moins importante ; elle était cependant déjà signalée dans les auteurs (2).

La seconde forme (art. 315) est celle d'un contrat passé entre l'ancien débiteur et celui qui accepte de lui être substitué. Il va de soi que, si le créancier a participé au contrat, l'effet translatif se trouve déjà réalisé, la dette a passé sur la tête du nouveau débiteur ; mais il faut supposer, pour comprendre les questions qui peuvent s'élever, que le tout s'est passé en dehors du créancier. L'effet du

---

(1) Cf. Förster et Eccius, *Preuss. Priv R.*, I, § 101.

(2) Windscheid, § 338, note 3 *a*. — Bruns, dans *Holtzendorff's Encyclopädie*, I, p. 482 (*Das heutige Römische Recht*, § 65). — Regelsberger, dans le *Handbuch*, d'Endemann (II, p. 534). Dans le cas de l'ancienne *expromissio*, le créancier acquérait un droit propre contre le nouveau débiteur ; on pouvait supposer aussi que le débiteur eût contracté avec un tiers, ordinairement un acheteur, qui se fût engagé à prendre le paiement à sa charge (*Erfüllungsübernahme*), et que l'ancien débiteur eût cédé au créancier ses droits contre ce dernier. Dans ce cas, le créancier devait subir l'effet des exceptions tirées du contrat passé entre le nouveau débiteur et l'ancien (Cf. Bähr, *Beurtheilung des Entwurfs*, p. 47) Cf. Seuffert, dans *Bekker Beiträge*, 11, p. 43.

contrat, qui est de transporter la dette sur la tête du nouveau venu, ne pourra, à coup sûr, se produire que par l'adhésion du créancier ; mais, jusque-là, quel est le caractère de l'opération ? Forcément, la pratique et la jurisprudence, toute réglementation législative faisant défaut ou à peu près, avait dû chercher une explication juridique ; et la plus simple avait été d'y voir une promesse de la part du nouveau débiteur de prendre la dette à sa charge et par suite de garantir l'ancien de la poursuite du créancier, promesse accompagnée d'une stipulation pour autrui, le nouveau débiteur s'engageant accessoirement à payer au créancier (1). Mais cette conception était fort incertaine et tout à fait insuffisante ; très incertaine, car on ne voyait pas très bien, dans une convention de ce genre, si le créancier qui acquérait un nouveau débiteur était obligé de renoncer à l'ancien et comment on aurait pu l'y forcer. Eût-on subordonné l'acquisition du droit qui lui était offert en ce qui touche le nouveau venu à la libération du débiteur ? Tout ceci était fort obscur ; sans compter qu'une conception de ce genre n'était rien moins qu'un transport de dette, puisque le créancier acquérait contre le tiers une créance tout à fait nouvelle, née de la convention entre les parties, au lieu de faire passer sur la tête du tiers la dette préexistante, telle qu'elle existait à l'encontre du débiteur (2). Enfin, les effets d'un pacte de ce genre étaient loin de correspondre à ce que voulaient exactement les parties ; il faut se souvenir en effet que, d'après les théories modernes, en matière de stipulation pour autrui, le bénéficiaire acquiert par la stipulation même un droit né avant toute acceptation de sa part, et que cette dernière ne fait que confirmer ; d'où cette conséquence que ce droit ne peut plus lui être enlevé (3). Comment admettre ici que ce contrat fait en dehors de toute participation du créancier, auquel même les parties l'ont volontairement laissé étranger, confère à celui-ci un droit déjà irrévocable, et que le créancier puisse, sans même qu'on l'y invite, et encore que les parties voudraient revenir sur ce qui a été fait, poursuivre le nouveau venu et le considérer comme son débiteur aux lieu et place de l'ancien ? Le tiers ne s'est encore engagé qu'envers le débiteur et les parties ont entendu se réserver le droit de soumettre le contrat à l'adhésion du créancier ;

---

(1) Cf. Windscheid, § 328, note 6 et § 316, note 15.
(2) Cf. Bähr, *Beurtheilung des Entwurfs*, p. 48.
(3) Ce n'est pas, il est vrai, là solution de notre article 1121 ; c'est celle de l'article 413 du projet.

3ᵉ édition.　　　　　　　　　　　7

jusque-là, il est à l'égard de celui-ci *res inter alios acta* (1). Aussi, avait-on voulu voir dans cette convention une sorte de promesse mutuelle de proposer au créancier la mutation projetée ; de telle sorte que la notification qui lui en était faite eût constitué une offre collective. Il en résultait assurément que le créancier ne pouvait acquérir de droit avant qu'on lui eût fait la proposition dont il s'agit ; mais il fallait en conclure aussi que, jusqu'à l'acceptation du créancier, il n'y avait rien de fait, donc que, jusque-là, le contrat de transport ne pouvait produire aucun effet, pas même ceux qui ne se fussent produits qu'entre les parties sans toucher aux droits de créancier. On discutait enfin la question de savoir si cette offre liait déjà les parties qui l'avaient faite ou si celles-ci pouvaient la révoquer tant que le créancier ne l'avait pas acceptée. Mais sur ce point secondaire on admettait généralement, conformément aux théories modernes en matière d'offre et pollicitation, que l'offre devait être maintenue au moins pendant un certain délai (2). Le projet consacre enfin une troisième conception, qui avait été surtout défendue par Windscheid (3). Le débiteur, disait l'éminent jurisconsulte, qui convient de transférer sa dette sur la tête d'un autre, dispose en réalité d'un droit qui ne lui appartient pas. Il fait donc quelque chose d'analogue à ce que fait celui qui cède une créance dont il n'est pas créancier ; et nous avons vu que la cession d'une créance appartenant à autrui constitue un acte de disposition qui n'est pas

---

(1) Cf. *Motifs sur l'art.* 315 (t. II, p. 144).

(2) Voir sur ce point citations dans Stobbe, *Priv. R.*, t. III, § 181, note 17.

(3) Cf. Windscheid, § 338, note 6. C'est également la conception à laquelle s'est rallié Unger (*Schulduebernahme*, note 18). Elle est d'ailleurs très contestée : Beaucoup d'auteurs admettent qu'il n'y a de véritable cession de dette (*Schulduebernahme*) qu'au cas de convention conclue avec le créancier ; si bien que lorsque l'affaire se passe en deux actes, il y aurait deux contrats distincts : l'un conclu entre le débiteur et le tiers, contrat par lequel celui-ci s'engage à exécuter à sa place et à le libérer, donc à conclure avec le créancier une cession de dette ; l'autre qui intervient entre le tiers et le créancier et qui est la véritable cession de dette (Cf. Seuffert dans *Bekker-Beiträge*, 11, p. 45). Il faut d'ailleurs se garder de quelque confusion où pourrait jeter le vague des expressions ; ainsi par exemple Bähr, qui ne considère également la succession à la dette comme accomplie que lorsqu'il y a contrat avec le créancier et le nouveau débiteur, voudrait que l'on conservât à cette opération le nom d'*Expromissio*. Le contrat passé entre l'ancien et le futur débiteur, lequel est à proprement parler le contrat de prise de dette (*Schulduebernahme*), n'opérerait aucun transfert de dette et correspondrait à ce que le projet appelle *Erfüllungsuebernahme*.

Il est un peu plus douteux, après les objections présentées devant la seconde commission (*Pr.* I, p. 406-412, cf. Gaudemet, *loc. cit.*, p. 499 suiv.), que ce système doive encore s'imposer comme étant celui du Code civil (art. 415). Cf. Kipp sur *Windscheid* (*Windscheid*, 8e éd. II, § 338, p. 373).

radicalement nul, mais simplement inefficace et qui se trouvera rétroactivement validé par l'adhésion de celui à qui ce droit appartient ; n'est-ce pas ici la même chose ? L'adhésion du créancier
viendra vivifier l'acte de transfert et la dette sera considérée comme
ayant passé sur la tête du nouveau débiteur du jour même de la
convention intervenue entre celui-ci et l'ancien. Cet effet de rétroactivité constitue déjà une différence avec la conception précédente
d'une offre collective, ne pouvant se transformer en un acte susceptible de produire effet que par l'acceptation du créancier, et au
jour seulement où celle-ci intervient. Une autre différence est que
l'acte existant déjà entre les parties entre lesquelles le transfert a
été conclu, il est susceptible de produire effet à leur égard et la conséquence est que le tiers sera lié par cet acte envers le débiteur, lié
en ce sens, qu'il sera obligé, à son égard, de lui obtenir l'acceptation du créancier : il s'est obligé à le faire sortir en quelque sorte
du lien de l'obligation et à prendre sa place (art. 348). En con-
clura-t-on, comme c'est le cas pour les actes de disposition du
droit d'autrui, que l'intéressé, ici le créancier, pourra adhérer au
contrat sans qu'il soit besoin qu'on l'en requière (1) ? On connaît
déjà les objections pratiques. Théoriquement on peut s'appuyer,
pour soumettre l'adhésion du créancier à la condition préalable
d'une proposition émanant des parties, sur ce fait d'interprétation
que, bien qu'il s'agît d'un acte de disposition produisant déjà ses
effets entre les parties, celles-ci avaient pu se réserver le droit de
le soumettre quand elles le voudraient, et comme elles le voudraient, à l'acceptation du créancier, et que par suite cette dernière
pouvait être subordonnée à la condition d'une proposition faite
par les contractants. Rien dans la nature juridique du contrat ne
s'oppose à cette interprétation et tout, au point de vue des nécessités pratiques, devait conduire à la faire adopter ; c'est aussi la
décision du projet (art. 315).

107. *Acceptation du créancier.* — Reste à déterminer les conditions et les caractères de l'acceptation du créancier. On sait déjà
deux choses, que celle-ci n'est pas considérée comme l'acceptation
d'une offre, acceptation destinée à former le contrat, mais qu'elle a
le caractère d'une confirmation destinée à valider un acte de disposition du droit d'autrui (cf. art. 310) ; et, d'autre part, que le créancier n'acquiert ce droit de confirmation que par la proposition qui

---

(1) Cf. Loi pour la Bavière du 29 mai 1886, art. 2, § 2.

lui en est faite de la part des contractants. Le projet n'exige pas, d'ailleurs, que la proposition émane des deux contractants ; ce qui, en effet, était bien inutile, puisque, à l'égard de l'ancien débiteur, l'autre s'est engagé à lui procurer l'acceptation du créancier. On comprend que l'ancien débiteur puisse prendre les devants et la demander, sans avoir besoin pour cela du concours de l'autre partie. Il suffit que la proposition vienne de l'un ou de l'autre. Une fois la proposition à lui faite, le créancier acquiert un droit ferme à s'approprier le contrat (1). Mais, si un délai lui a été imparti pour confirmer et qu'il le laisse passer sans acceptation, le défaut de confirmation dans le délai donné vaudra refus de sa part ; les parties dans ce cas reprennent leur liberté et redeviennent maîtresses de révoquer à leur gré le contrat. Il en sera ainsi également au cas de refus exprès ; de sorte que le créancier ne pourra plus revenir sur son refus, il ne pourra accepter que si on lui fait de nouvelles propositions à ce sujet Toute cette réglementation a pour but de laisser aussi peu d'incertitude que possible sur les caractères et les effets de l'opération : on tient à ce qu'elle reste le moins possible en suspens. Une fois la confirmation donnée, le transport de dette se trouve rétroactivement validé (art. 127, C. civ. al , art. 182-184) et la succession à la dette va produire ses effets : voyons quels seront ces effets.

108. *Effets du transport de dette.* — Ils se résument en un mot : c'est l'ancienne dette qui survit à la charge d'un nouveau débiteur ; toute la différence avec la pratique de la novation consiste dans cette formule. Il en résultera que la dette aura passé sur la tête du nouveau débiteur avec ses exceptions, sauf, bien entendu, celles qui seraient exclusivement personnelles à l'ancien (art. 316, C. civ. al., art. 417) ; mais, parmi ces exceptions, on ne comprendra pas la compensation qui, dans le système du projet, n'est plus une exception, et qui, en pareil cas, serait inadmissible, on a vu pourquoi (2) ;

---

(1) Quand sera-t-il censé se l'être approprié ? Cela reste assez vague et soumis aux conditions d'application de l'article 112 en matière de contrats pour autrui, lesquelles sont elles-mêmes très peu précises (Cf *infrà*, nᵒˢ 263-264 et Bähr *Beurtheilung*, p. 51, 53). Voir l'exposé des difficultés pratiques dans Bähr (*loc. cit.*). Primus écrit à Secundus son créancier qu'il a vendu sa maison à Tertius, lequel s'est engagé à payer ses dettes ; Secundus répond qu'il accepte Tertius pour débiteur. Dans l'intervalle la maison brûle avant qu'il soit procédé à l'*Auflassung* au profit de Tertius : celui-ci sera-t-il encore condamné à payer la dette de Primus ?

(2) V. *suprà*, nᵒ 69.

on ne comprendra pas non plus celles qui seraient tirées du *negotium juris* servant de titre juridique au transfert de dette, celui-ci étant indépendant de sa cause : si le nouveau débiteur s'est engagé en vue d'éteindre une dette dont il était tenu envers l'ancien et qui se trouve inexistante, le transfert n'en est pas moins valable et le cessionnaire n'en reste pas moins débiteur du créancier à la place du cédant. Le transfert est un acte de disposition réelle indépendant de sa cause juridique ; on reconnaît là l'influence de l'ancienne *delegatio* du droit romain : le délégué, s'engageant par stipulation envers le délégataire, sa promesse restait indépendante des rapports juridiques qui pouvaient exister entre lui et le déléguant (1).

En second lieu, le créancier doit conserver, en principe, les accessoires et garanties de l'ancienne dette. Ceci ne souffrira aucun doute pour ce qui est de l'hypothèque grevant les biens de l'ancien débiteur. Mais il ne pourrait plus en être de même, dans tous les cas tout au moins, de l'hypothèque fournie par un tiers, ce que nous appelons la caution réelle ; il est, en effet, à présumer que le tiers n'a hypothéqué ses biens que pour rendre service au débiteur ; on peut en dire autant de la caution personnelle. Il faudra en conclure que le changement de débiteur aura pour effet de dégager les cautions. Mais ceci n'est pas absolu, car il peut se faire que celles-ci se soient engagées, non par considération de la personne du débiteur, mais en vue de garantir la dette indépendamment de toute considération de personne, peut-être même pour rendre service au créancier. Dans ce cas, les cautions se trouveraient maintenues, mais ce sera au créancier à prouver qu'il doit en être ainsi ; il fera donc prudemment, avant de donner son acceptation, d'obtenir une reconnaissance des cautions. Il va de soi aussi, étant donné le caractère des privilèges dans le droit allemand, que ceux ci ne pourront être invoqués contre le nouveau débiteur (art. 317 (2).

109. *Applications particulières.* — Le projet a cru devoir traiter de certains cas particuliers et de certaines conventions très proches voisines de celle qui vient de nous occuper et qu'il impor-

---

(1) Cf. L. 13 et 19, D. *De novat.* (46, 2). — Cf. Accarias, t. II, n° 699 *a*-1° ; Girard, p. 693 suiv., p. 695, note 4.

(2) En dépit d'une rédaction qui semble très différente de celle de l'art. 317 P¹, le résultat pratique de l'art. 418 C. civ. al. sera, à peu près, le même que celui admis par le premier projet.

tait d'en distinguer, pour lesquelles tout au moins une règle d'interprétation, pour le cas de doute, n'était pas inutile. On peut, en effet, concevoir qu'un tiers, au lieu de se charger de la dette à proprement parler, se charge simplement de l'exécution : ce n'est plus un endossement de la dette (*Schulduebernahme*), mais une promesse d'exécution (*Erfüllungsuebernahme*). Assurément le tiers n'aura plus à devenir débiteur aux lieu et place de l'ancien ; il n'aura plus, par suite, à procurer l'acceptation du créancier, mais on peut encore interpréter le contrat de deux façons : soit qu'il se soit engagé à faire obtenir la libération immédiate du débiteur, ou qu'il se soit engagé simplement à garantir le débiteur contre toute poursuite et, par conséquent, sans obtenir libération immédiate de ce dernier, à offrir satisfaction au créancier au moment où celui-ci voudrait poursuivre. C'est cette seconde interprétation qu'accepte le projet, considérant qu'elle est la moins onéreuse pour le tiers qui s'engage et que, d'autre part, si on considérait ce dernier comme ayant entendu s'obliger à dégager le débiteur du lien de l'obligation, cela supposerait, ou bien que lui-même paie le créancier, ce qui constituerait un paiement anticipé, ou bien qu'il se fait accepter comme débiteur aux lieu et place de l'ancien, ce qui reviendrait presque à confondre cette convention avec celle du transport de dette (art. 318-1º) (1). Mais, cette fois, nous sommes bien, et sans contestation possible, dans le domaine des stipulations pour autrui : le créancier aura-t-il donc acquis une action contre le tiers, de telle sorte qu'au lieu de poursuivre le débiteur il puisse agir contre le tiers qui s'est engagé à payer à sa place ? Il faudrait répondre oui, en principe, puisque tel est l'effet de la pro·messe en faveur d'un tiers (art. 412). Mais il faut faire observer que cette acquisition immédiate du droit au profit du bénéficiaire dépend d'une question d'intention et qu'entre autres elle peut être retardée ou, tout au moins, subordonnée à une condition préalable admise par les parties. Il y aura donc lieu de se demander, dans notre hypothèse, ce que les parties ont voulu, et tout ceci sera, en somme, une question d'interprétation de volonté (2). En tous cas,

(1) Unger (*Schulduebernahme*, note 57) fait observer cependant que le projet perd quelque peu de vue la différence essentielle entre la promesse d'exécution et la cession de dettes ; dans la première, le promettant s'est engagé à procurer au débiteur sa libération uniquement par voie de paiement, et dans la seconde il s'est engagé à la lui procurer en prenant la dette à sa charge : ces deux actes ont donc un objet bien différent.

(2) De là les incertitudes et difficultés pratiques que Bähr a signalées (*Beurtheilung*, p. 51-53), et *suprà*, nº 107 (p. 100 et la note).

s'il y a doute en présence d'une convention susceptible d'être interprétée soit comme promesse d'exécution, soit comme transport de dette, c'est la première interprétation qui sera présumée (art. 318-1°) (1).

110. *De l'acquéreur d'un immeuble hypothéqué qui s'engage à payer sur son prix les créanciers hypothécaires.* — Ces distinctions faites, le projet s'occupe d'une hypothèse extrêmement pratique, celle qui avait donné lieu à de fréquentes applications de la théorie du transport de dettes et qu'avait prévue l'article 41 de la loi hypothécaire prussienne du 5 mai 1872. Nous avons déjà fait allusion à la question et à son importance. Il s'agit de savoir si l'acquéreur d'un immeuble grevé d'hypothèque, qui prend à sa charge de payer sur son prix la créance à laquelle l'hypothèque est affectée, se trouve soumis, non seulement à l'action hypothécaire du créancier, mais aussi à l'action personnelle dérivant de la créance (2) ; et alors, dans cette seconde hypothèse, si le créancier a désormais pour débiteur le nouveau possesseur de l'immeuble, il y a lieu de se demander si l'ancien va se trouver libéré et à quelle condition il le sera. Dans les législations précédentes, on faisait application à cette hypothèse de la théorie du transport de dette considéré comme stipulation pour autrui : l'acquéreur était censé avoir pris la dette à sa charge et le créancier acquérait ainsi un droit

---

(1) C'est, en somme, cette convention de promesse d'exécution que certaines législations, telles que le Code saxon, par exemple (*Sachs. G. B.*, art. 1402 et suiv.), avaient acceptée et réglementée sous le nom d'endossement de dette (*Schulduebernahme*). D'après le Code saxon, l'endossataire, si on peut s'exprimer ainsi, s'obligeait à soustraire l'ancien débiteur à toutes poursuites, mais celui-ci n'était pas libéré (*Sachs. G. B.*, art. 1403). De plus, le créancier acquérait action contre cet endossataire dans les conditions où cette action est acquise au bénéficiaire en matière de stipulation pour autrui (*Sachs. G. B.*, art. 1405, faisant application à la matière de l'article 854). C'est, en somme, le système du projet pour la convention dont il est traité à l'article 318-1°.

Le Code civil al. a cru plus logique, conformément aux indications données au texte, de traiter de cette hypothèse spéciale à propos des stipulations pour autrui (art. 329). Il ne présume plus forcément, du reste, qu'une convention de ce genre doive s'interpréter comme une simple promesse d'exécution. Mais, lorsque cette interprétation résulte des termes de l'acte, il admet, comme le faisait également l'art. 416 P¹, que, dans le doute, le créancier n'acquiert pas d'action contre le promettant.

(2) Inutile d'indiquer le gros intérêt pratique de la question : l'acquéreur répondra de la dette non seulement sur l'immeuble, mais sur l'ensemble de son patrimoine ; c'est l'intérêt le plus tangible, il y en a d'autres, par exemple dans notre droit français en matière de purge et de délaissement.

personnel contre lui dans les conditions où ce droit était acquis
d'une manière générale au bénéficiaire d'une stipulation pour autrui. La controverse ne s'était guère élevée que sur l'effet de
la stipulation pour autrui en général et par suite sur l'effet
qu'elle devait avoir au cas particulier qui se trouvait en question.
Bien que le droit prussien eût admis en cette matière l'ancienne
idée romaine que le tiers étranger au contrat ne pouvait avoir acquis aucun droit contre le promettant, la pratique tendait cependant à donner ici au créancier un droit d'ores et déjà irrévocable
contre l'acquéreur qui s'était engagé à payer sur son prix la dette
pour laquelle l'immeuble devait répondre. C'est alors qu'intervint,
pour la Prusse, une déclaration du 21 mars 1835 (1), dont nous
avons déjà parlé, qui tranchait la question contre le créancier, décidant qu'en principe celui-ci n'acquérait pas d'action contre le
tiers, mais que cependant, si ce dernier s'était expressément obligé
à procurer la libération du débiteur, celui-ci était autorisé à céder
au créancier l'action qu'il avait acquise de ce chef contre le nouveau possesseur de l'immeuble, ce qui permettait au créancier de
se procurer ainsi une action personnelle contre lui ; mais ce n'était
encore qu'à titre d'exception et par une voie tout à fait détournée.
Cependant, le législateur de 1872 prit position du côté absolument opposé, et les motifs de la loi de 1872 en donnent trois raisons : les nouvelles conceptions en matière de stipulation pour
autrui, lesquelles sont en faveur de l'acquisition immédiate d'un
droit au profit du bénéficiaire, l'inutilité du détour accepté par la
déclaration de 1835 pour le cas de promesse de libération, le débiteur étant autorisé alors à céder son action au créancier (2), enfin
l'intention présumée de l'acquéreur qui, s'étant engagé à payer aux
lieu et place du débiteur, doit être considéré comme ayant entendu
devenir débiteur à sa place. Il en résulte que l'article 41 de la loi
de 1872, se fondant sur l'idée d'une stipulation pour autrui, fait
acquérir un droit personnel au créancier, en vertu du contrat lui-
même passé entre le tiers et le débiteur : c'est l'application de la
théorie moderne en cette matière, celle qui sera développée sur

---

(1) Déclaration du 21 mars 1835, art. 3 : on en trouvera le texte dans le
Commentaire, d'Alex. Achilles, des lois prussiennes du 5 mai 1872 (édit. 1881,
p. 253). — Cf. Förster-Eccius, *Preuss. Priv. R.*, § 102, t. I (éd. 1887), p. 689.
— Voir Werner, *Die Preuss. Gundbuch- und Hypotheken Gesetze von 5 mai*
1872 : *nebst Materialien*, II. p. 25-26.
.(2) Voir sur ce procédé Bähr (*Beurtheilung*, p. 46 47) et *suprà*, p. 96,
note 2 *in fine*.

l'article 412 du projet. Il n'est donc pas question d'exiger, pour faire acquérir l'action au créancier, qu'on lui en fasse la proposition : les parties ne sont plus maîtresses du contrat. Mais l'article 41 de la loi de 1872 va plus loin ; au fond, le but véritable que l'on voulait atteindre, c'était de dégager l'ancien débiteur. C'est là ce que les parties ont voulu ; celui qui vend un immeuble hypothéqué entend n'être plus responsable de la dette ; de là, par suite, la convention dont nous nous occupons, passée avec l'acquéreur ; pour lui donner tout son effet, il fallait arriver à libérer l'ancien débiteur. On n'osait guère le faire sans l'assentiment du créancier ; mais alors l'article 41 de la loi de 1872 arrivait, par une sorte de contrainte imposée à ce dernier, à l'obliger soit à libérer le débiteur, soit à précipiter ses poursuites. D'une façon ou de l'autre, on voulait que le vendeur sût très vite à quoi s'en tenir et que sa situation devînt très nette le plus vite possible. On déclarait donc que l'acquéreur devait notifier le contrat au créancier ; et celui-ci, dans un délai d'un an, devait dénoncer l'hypothèque à l'acquéreur, c'est-à-dire annoncer l'intention de le poursuivre de ce chef, et le poursuivre effectivement avant les six mois ; ce délai passé sans dénonciation de poursuite, le créancier était censé avoir renoncé à ses droits contre l'ancien débiteur et celui-ci était libéré (1).

<hr />

(1) Alex. Achilles, *Die preuss. Gesetze von* 1872, p. 258. Du reste, c'est encore dans Roth (*Syst. des deutsch. Priv. R.*, III, § 309-III) qu'il faut chercher le résumé le meilleur et le plus complet de la législation allemande sur ce point ; il distingue, là aussi, trois groupes de systèmes : celui du droit bavarois, qui donne un droit personnel au créancier contre le nouveau possesseur par l'effet même de la clause insérée à la vente et qui le maintient à son profit, même après que l'acquéreur aurait sous-aliéné l'immeuble, mais sans toutefois forcer le créancier à la libération de l'ancien débiteur (*Bay. hyp. Ges.*, § 56) ; — celui du droit saxon (*Sach., G. B.*, § 432), qui ne donne de droit personnel au créancier que par son adhésion au contrat et ne le lui assure que tant que le nouvel acquéreur reste détenteur de l'immeuble : la dette personnelle de celui-ci est liée à la possession de l'immeuble ; — enfin celui du droit prussien, le dernier entré dans cette voie, puisque la déclaration de 1835 avait refusé de consacrer ces tendances et que celles-ci n'ont été admises qu'en 1872. Nous renvoyons au texte pour ce qui est de l'exposé de ce dernier. Mais il n'est pas hors de propos de rapprocher ces théories législatives de celles de notre ancien droit en matière de rentes foncières : le débit rentier était censé s'obliger personnellement à fournir la rente tant que durait sa détention : les acquéreurs successifs de l'immeuble, qui avaient acheté connaissant l'existence de la rente, étaient censés s'être soumis à la même obligation personnelle et le crédit rentier avait contre eux non seulement l'action réelle (hypothécaire spéciale), mais une action personnelle qui lui était surtout utile en vue des arrérages échus pendant que le tiers-acquéreur se trouvait détenteur de l'immeuble et non payés avant qu'il en eût abandonné ou perdu la possession. Cf. Pothier, *Bail à rente*, n° 84. Cf. Chénon, *Les Démembrements de la propriété foncière* (Thèse, Paris, 1881, p. 65). Dans le droit allemand, le

Or il paraît que cette innovation dont on s'était promis les meilleurs résultats a donné lieu au contraire à de nombreux procès et à de très grandes difficultés. Aussi les motifs du projet sur l'article 318 nous annoncent l'intention de s'écarter du système de 1872 ; il ne peut plus être question d'obliger le créancier même par voie détournée à libérer son ancien débiteur. Sans doute il peut être très désavantageux pour ce dernier de se voir exposé plusieurs années après la vente, et peut-être après que l'immeuble a déjà passé en plusieurs mains successivement, à être poursuivi pour une dette que l'acquéreur s'était chargé d'éteindre. Mais il serait encore plus désavantageux pour le créancier de se voir conduit à perdre un débiteur pour un nouveau qu'on lui impose ; et du reste le vendeur de l'immeuble, s'il est prudent, n'aura qu'à s'entendre avec le créancier, de façon à lui faire agréer le nouveau possesseur. En tout cas l'expérience de 1872 avait suffi, paraît-il, à condamner le système.

L'article 318-2⁰ accepte donc, pour notre hypothèse, une combinaison des deux conventions que le projet venait de réglementer ; le principe est que la clause acceptée par l'acquéreur de payer les dettes hypothécaires sur son prix vaut transport de dette, donc ne produira son effet à l'égard du créancier que par l'acceptation de celui-ci : c'est là le point que l'on voulait atteindre ; on voit la différence avec l'article 41 de la loi de 1872. Le créancier, il est vrai, n'a pas encore de droit acquis contre le nouveau possesseur avant la notification qui lui est faite du transport et l'adhésion qu'il y donnera ; mais, d'autre part, il ne perdra son ancien débiteur que par une acceptation formelle, donnée en dehors de toute contrainte directe ou indirecte. Seulement, d'après les principes admis sur le transport de dette, l'acquéreur eût été obligé vis-à-vis du vendeur de procurer à ce dernier sa libération, donc l'acceptation du créancier. On a pensé que ce serait ici dépasser l'intention des parties ; car le plus souvent l'acquéreur ne pourrait obtenir cette confirmation que moyennant de lourds sacrifices, en offrant plus que son prix, et certes ce n'est pas là ce que les parties ont voulu. Le projet supprime donc cet effet rigoureux du transport de dette, et décide que, jusqu'à l'acceptation du créancier, le contrat vaut comme promesse d'exécution, ce qui voudra dire que, tant que le

créancier avait aussi contre le débiteur de la rente, en dehors de son action réelle, une action personnelle, mais à condition qu'elle eût été expressément formulée. Cf. Roth (*Deuts. Priv. R. III*, § 288, note 33, et note 58 ; cf. Sächs. G. B., § 515 et suiv.).

créancier ne l'a pas accepté comme débiteur, l'acquéreur n'est tenu qu'à prévenir les poursuites qu'il pourrait intenter contre le vendeur, et par conséquent qu'il n'est tenu, au cas de poursuite, qu'à lui offrir son prix ; ou sans attendre la poursuite à payer entre ses mains, de façon à libérer le débiteur dans la mesure convenue (1).

111. Enfin, le projet s'occupe en dernier lieu des contrats d'aliénation à titre universel, contrats par lesquels on aliène entre vifs tout ou partie du patrimoine ; on sait que c'était là aussi un domaine très riche au point de vue de l'application par la pratique de la théorie du transport de la dette : contrats d'aliénation à fonds perdu, donation à titre universel, etc. Il s'agissait de savoir comment l'acquéreur deviendrait débiteur des créanciers de celui dont le patrimoine était cédé. Or, sur ce point, c'est l'ancien système qui, au point de vue pratique, se trouvait avoir raison : on ne peut obliger l'acquéreur à obtenir acceptation distincte de chacun des créanciers ; ceux qui voulaient voir dans le transport de dette une promesse en faveur d'un tiers et qui donnaient à ce tiers un droit déjà irrévocable résultant pour lui du contrat lui-même, indépendamment même de toute acceptation de sa part, se trouvaient avoir donné la solution la meilleure au point de vue des nécessités pratiques. C'est quelque chose d'approchant qu'accepte l'article 319 du projet (art. 419 C. civ. al.), déclarant que l'acquéreur se trouve obligé envers les créanciers du jour même de la conclusion du contrat. Mais, bien entendu, les créanciers n'auront pas perdu leur ancien débiteur ; ils auront ainsi deux répondants pour la même dette : ce sera un cas de solidarité née après coup Enfin, il est dit que l'acquéreur ne répond des dettes que dans la proportion de l'actif : il ne saurait être question de responsabilité *ultra vires*. En somme, le projet consacre une succession à titre universel, au point de vue du passif, bien que l'acquisition, en ce qui touche l'actif, rentre dans les cas d'acquisition à titre particulier (2). Ce qui même

_____

(1) Sur ce point, l'art. 416 C. civ. al. a sensiblement modifié le système de l'art. 318-2° P¹, sans toutefois revenir aux dispositions de la loi de 1872. Le Code civil donne au créancier un délai qui court à partir de la notification et, passé lequel, si le créancier n'a pas déclaré son refus, on présume son acceptation. Seulement on ne l'oblige plus, lorsqu'il veut refuser, à exercer son action hypothécaire Ce système mixte a été en partie emprunté à la loi hypothécaire bavaroise du 29 mai 1886 (cf. *suprà*, p. 105, note 1).

(2) Cette idée de succession à titre universel au point de vue passif sera plus accentuée encore lorsqu'il s'agira de la vente d'hérédité : ici les créanciers

est fort remarquable, c'est que l'article 319-2 annule toute convention par laquelle les parties déclareraient l'acquéreur déchargé de cette responsabilité : ceci est la conséquence de cette idée qu'il y a, au point de vue passif, succession à titre universel ; l'acquéreur est donc, vis-à-vis des créanciers. dans la situation d'un héritier tenu *intra vires* (1).

§ 5. — DE LA PLURALITÉ DES SUJETS SOIT ACTIFS, SOIT PASSIFS EN MATIÈRE D'OBLIGATION

112. Le projet termine la section relative à la partie générale de l'obligation par l'étude d'une modalité fort importante en cette matière, et qui se présente au cas où plusieurs personnes peuvent se dire soit créancières, soir débitrices de la même obligation.

113. *La divisibilité posée en principe.* — Le principe est que, dans le cas de doute, lorsque plusieurs personnes sont indiquées comme sujets, soit passifs, soit actifs, de l'obligation, celle-ci se divise proportionnellement à la part d'intérêt de chacun : c'est la règle, sauf exception bien entendu si l'obligation par son objet est indivisible. Il faut cependant citer, comme se détachant de cette unanimité législative, le Code prussien, lequel présume, au cas où il y a plusieurs débiteurs, la solidarité passive ; et, au cas où il y a plusieurs créanciers, les oblige tout au moins à poursuivre collectivement : cette anomalie s'explique, comme le dit fort bien M. Gérardin, dans son *Etude sur la Solidarité*, par cette idée

auront action pour le tout contre l'acquéreur, et celui-ci sera tenu *ultra vires,* bien que cependant le projet ne le considère pas comme étant devenu héritier à la place du vendeur (art. 497 et *Motifs sur l'art.* 497).

(1) Chez nous, l'opinion dominante est que la donation dite universelle ne constitue pas un mode d'acquisition à titre universel et n'emporte pas de plein droit transfert des dettes ; le donataire n'en est tenu que s'il s'en est chargé vis-à-vis du donateur par une clause expresse, et vis-à-vis des créanciers il n'en répond alors qu'en vertu et sous les conditions de l'article 1121 : on admet chez nous, comme on l'admettait en Allemagne, qu'il s'agit d'un cas de stipulation pour autrui. Enfin, on s'accorde généralement dans ce cas à soutenir que le donataire qui s'est ainsi chargé des dettes, en répond pour le tout et non seulement *intra vires.* On voit les différences qui séparent la doctrine française des solutions du projet. Cf. Demol., XX, nᵒˢ 452-460, Aubry et Rau, t. VII, § 706 (notes 2-12). Cf. la note précédente en ce qui touche la vente d'hérédité (art. 497 du projet).

qu'il y a là une garantie très favorable aux créanciers, et que la clause étant souvent devenue de style, on conçoit qu'on la présume ; le cas se présente d'ailleurs très couramment en matière commerciale (1). Il n'y avait cependant aucune raison pour suivre de tels exemples en matière civile : le principe de la présomption favorable au débiteur devait rester intact (art. 320, C. civ. al., art. 420) (2).

114. *Indivisibilité. Solidarité.* — Le principe de la divisibilité rappelé, le projet devait passer à l'exception ; à l'hypothèse par conséquent où l'obligation, restant une par son objet, devenait multiple au point de vue des liens qui peuvent la rattacher, soit à un ensemble de créanciers, soit à un ensemble de débiteurs (3). Cette situation est décrite en législation sous des noms divers ; c'était l'ancienne corréalité du droit romain, c'est la solidarité du droit moderne ; mais la doctrine et la pratique ont attribué à ces noms divers des sens souvent différents. On a parlé encore d'une obligation *in solidum* qui ne serait pas l'obligation solidaire au sens strict du mot, de responsabilité collective, de responsabilité au tout ; on connaît une solidarité parfaite et une solidarité imparfaite : et chacun de ces termes cache pour les initiés une institution spéciale. Le projet a voulu échapper à ces distinctions ; aussi évite-t-il toutes les expressions traditionnelles, craignant qu'on le soupçonnât d'avoir pris parti pour tel système plutôt que pour tel autre. Ceci fait, il pose le principe d'une seule et unique solidarité dont les règles seront applicables partout où il y aura pluralité de sujets pour une seule obligation (art. 321 ; art. 421 C. civ. al.). On sait combien on avait émis de systèmes à ce sujet : ces systèmes, du reste, n'avaient guère passé dans la législation ; pour les législations d'avant ce siècle, comme le Code prussien, cela tenait à ce que la théorie des deux solidarités était encore à

---

(1) Cf. *A. L. R.*, 1, V, §§ 424, 425. — Förster-Eccius, *Preuss., Priv. R.*, t. I, § 63-2°, p. 357. C. comm. all., art. 280. — Voir Gérardin, *Étude sur la solidarité*, dans *Nouv. Rev. hist.*, 1884, p. 242-243. — Lyon-Caen et Renault, *Précis*, nᵒˢ 333, 597. — Cf. Endemann, *Handelsrecht*, § 120, II-C, et dans *Handbuch des Handelsrechts*, Regelsberger, § 253.

(2) Gierke reproche au projet d'être revenu ainsi aux principes individualistes du droit romain et d'avoir abandonné la tradition germanique d'une communauté présumée entre débiteurs d'une même dette (V. Gierke, dans *Revue de Schmoller*, t. XIII, p. 204-205).

(3) Cf. Gérardin, *loc. cit.*, *Nouv. Rev. hist.*, 1884, p. 244. — Justin., *Instit.*, III, 16, § 1. — Ulpien, L. 16, D. (46, 4).

peine soupçonnée de leur temps ; pour les autres, plus récentes, comme le Code saxon, par exemple, cela tenait à des préoccupations de simplification pratique auxquelles le Code fédéral semble s'être rallié et qui ont également inspiré l'unité du système du projet. C'est la doctrine qui avait surtout émis l'idée d'une double solidarité ; cette dualité formait déjà le fond de la théorie connue sous le double nom de Keller et de Ribbentrop (1). Chez nous, elle fut vivement défendue par M. Demangeat (2) sur le terrain du droit romain classique et en vue de restreindre les rigueurs de la corréalité aux seules actions de droit strict. Les auteurs plus récents présentent la distinction sous une autre forme ; on ne dit plus que la corréalité ne fût résultée que d'un contrat de droit strict, mais on croit qu'en dehors des contrats de droit strict, les parties pouvaient stipuler soit la corréalité, soit la simple solidarité, et en tous cas que celle-ci résultait de plein droit de toute communauté de délit, ou de toute responsabilité collective en matière de contrats : cette dernière donnait lieu à l'application d'une corréalité proprement dite, comme s'exprime Savigny (3). Cette idée d'une solidarité simple pouvant s'élever à la corréalité par voie de convention a été acceptée par M. Accarias pour le droit classique (4). Enfin, M. Gérardin (5) prétend, avec beaucoup de raison, ce semble, qu'il ne doit y avoir qu'une seule sorte de solidarité, mais qu'il existe, en matière de délit commun, une responsabilité collective, qui est le résultat d'un fait indéniable, l'impossibilité de faire la part de responsabilité de chacun des agents impliqués dans le délit, et qu'on a tort de présenter comme une véritable solidarité.

Non seulement on ne s'entend pas sur la question d'une double solidarité et des cas d'admission de chacune d'elles, si l'on en accepte deux ; mais on est loin d'être d'accord sur les caractères juridiques qui les distinguent. La formule courante est de dire qu'en matière de corréalité proprement dite il y a unité d'obligation et pluralité de sujets, tandis qu'en matière de solidarité imparfaite il y a bien au fond pluralité d'obligations, mais unité d'exécution : la charge

---

(1) V. Ribbentrop, *Zur Lehre von den Correalobligationen* (1831). — Keller, *Ueber Litiscontestation und Urtheil*, p. 446 et suiv.
(2) Demangeat, *Traité des obligations solidaires*, p. 184 et suiv.
(3) Savigny, *Obligat.*, § 16, note *c*, §§ 17, 20.
(4) Accarias, *Précis*, t. II, n° 554 *a*. — *Contrà*, Girard, p. 739, note 3.
(5) Gérardin, *loc. cit.*, *Nouv. Rev. hist.*, 1885, p. 149, 385 et suiv. — Cf. Labbé, *Appendice aux Institutes d'Ortolan*, t. III, p. 819 821. — Cf. Dernburg, *Pand.*, t. II, § 71, et Brinz, *Pand.*, § 233-3°.

ne devant être fournie qu'intégralement, à un seul ou par un seul.
Mais ces définitions ne sont pas admises par tout le monde, et l'on
pourra voir dans Windscheid (1) l'énumération d'une dizaine de
systèmes épiloguant sur cette question de l'unité et de la pluralité ;
les uns cherchant à les combiner, d'autres repoussant l'idée d'unité
même en matière de corréalité (2), d'autres l'acceptant, comme
Brinz (3), même pour la simple solidarité ; certains enfin, comme
Fitting (4), construisant toute la théorie sur l'idée, assurément
très ingénieuse, de l'alternative portant sur le sujet au lieu de
s'appliquer à l'objet. Ce n'est pas en somme cette énumération
qui importe au point de vue de l'histoire du projet ; mais ce qu'il
nous faudrait découvrir, et ceci n'est plus indifférent, ce serait celui de ces divers systèmes que le projet a accepté comme base de
sa théorie de la solidarité ; et ceci, disions-nous, n'est pas indifférent, puisque le projet n'admet qu'une seule solidarité. Nous avons
déjà dit que, pour échapper à tout malentendu et toute fausse interprétation, le projet avait évité de se servir d'aucune expression
technique susceptible d'impliquer adoption d'un système particulier ; mais la périphrase par laquelle il remplace l'emploi d'une
expression technique semble bien avoir la valeur d'une déclaration
de principe : obligations avec pluralité de créanciers ou de débiteur (*Schuldverhältnisse mit einer Mehrheit von Gläubigern oder
Schuldnern*). On croit y voir l'idée d'une obligation unique pouvant être demandée, ou fournie, à plusieurs, de façon à ce qu'une
seule prestation faite à l'un ou à l'autre, ou par l'un ou l'autre, dût
éteindre la dette. Cependant l'article 320, par lequel débute la section, montre bien qu'on a voulu comprendre aussi sous cette périphrase les obligations qui, sous le couvert d'une pluralité de sujets
actifs ou passifs, initiale ou survenue postérieurement, se divisent
entre chacun ; de telle sorte que le titre de notre section ne nous
révèle rien sur la pensée du projet : c'est donc par l'examen des

---

(1) Windscheid, § 293, note 1, avec énumération des systèmes, § 292,
note 3. — Cf. Ihering, *Geist. des Röm. R.*, t. II (2e part. 1883), § 41,
p. 367.
(2) Cf. Dernburg, *Pand.*, t. II, § 72.
(3) Brinz, *Pand.*, §§ 235, 253, t. II (2e édit.), p. 79.
(4) Fitting, *Die Natur der Correalobligationen* (1859).
On peut voir aussi la conception de Baron, qui combine à la fois l'idée
d'unité et celle de pluralité, *Die Gesammtrechtsverhältnisse im Römischen
Recht*, § 19, et *Pand.* (1887), § 247, II-3. — Ad. Bruns, *Das heutige Römische
Recht*, dans *Holtzendorff's Encyclopädie*, I, p. 462-463.

solutions admises que nous chercherons à découvrir la ligne di-
rectrice qui a dû le guider.

115. *De la diversité des liens obligatoires en matière de
solidarité.* — En tout cas, ce n'est pas la première disposition,
par laquelle s'ouvre la théorie du projet, qui peut nous renseigner
à cet égard (322) : elle pose le principe de l'indépendance respective des différents liens obligatoires, l'un pouvant être à terme,
l'autre conditionnel, les autres purs et simples, et même l'un pouvant disparaître, par suite d'annulation, ou même n'avoir jamais
existé, par suite de nullité initiale, sans que cela influe sur le
reste ; ceci est le droit courant, mais peut se concilier avec tous
les systèmess (1).

116. *Du principe de prévention.* — Peut-être en apprendrons-
nous davantage avec le principe, qui suit, du libre choix, laissé à
l'intéressé, jusqu'à définitive extinction de la dette, de celui à qui
il veut payer, ou de qui il veut obtenir le paiement, suivant
qu'il s'agit de solidarité active ou passive, choix qui subsiste
même après introduction de la poursuite. Ce principe était,
d'ailleurs, admis par toutes les législations modernes en matière de solidarité passive, et il signifiait que le créancier, après
avoir poursuivi l'un sans succès, pouvait encore poursuivre l'autre (2). C'est l'abandon, déjà consommé du reste par Justinien (3), de l'ancien effet libératoire attaché à la *litis contestatio*
en matière de corréalité et invocable à l'égard de tous (4). On sait
d'ailleurs que sous le rapport pratique l'ancien système romain
était insoutenable : on a pu l'expliquer sans doute au point de vue
des idées primitives et surtout à celui des mœurs romaines et des
haines qu'entretenaient, dans une petite cité étroite, la continuation
et la multiplicité des procès, par le désir de supprimer les occasions
de poursuites judiciaires, et le parti pris de semer des pièges sur

---

(1) Cf. Baron, *Pand.*, § 247. — Dernburg, *Pand.*, t. II, § 72. — La chose
allait tellement de soi que le Code civil a supprimé la disposition de cet art.
322 p¹ comme inutile.

(2) C. civ , art. 1204. — Cf. Demol., XXVI, n° 320.

(3) L. 28, §§ 2 et 3, C. de fidej. (8, 40).

(4) Cf. Gérardin, *Étude sur la solidarité*, dans *Nouv. Rev. hist.*, 1884,
p. 254-263. — Brinz, *Pand.*, § 235, note 21, et § 253, note 32-35. — Cf. Ma-
chelard, *Dissertations de droit romain*, p. 175 et suiv. — Labbé, *Appendice
aux Instit. d'Ortol.*, t. III, p. 913. — Hauriou, *Étude sur l'origine de la
corréalité*, dans *Nouv. Rev. hist.*, 1882, p. 238.

leur route (1). Mais, il ne faut pas, sous prétexte d'apaisement
social, supprimer le crédit et pour cela enlever aux créanciers les
garanties qu'ils ont entendu s'assurer. Or, la garantie de la solidarité consiste à pouvoir choisir entre plusieurs débiteurs le plus sol-
vable ; et le meilleur moyen de connaître leur solvabilité est de les
poursuivre ; si l'on oblige le créancier à faire son choix avant toute
poursuite, c'est lui préparer de dangereuses surprises et l'exposer
à tomber dans le piège d'une apparence de solvabilité, peut-être
combinée de concert avec les autres, en vue d'une libération par
trop facile de toute la bande : tous libérés, sans que personne eût
rien déboursé.

117. Mais l'application du même principe n'avait pas été aussi
complètement admise, même en droit moderne, en matière de
solidarité active. Pour ce qui est du droit romain de Justinien,
Brinz explique cette différence au moyen de sa théorie générale
sur la représentation en matière de corréalité (2). On ne peut, en
effet, dit-il, comprendre que la *litis contestatio* éteigne le droit à
l'égard de tous que si l'on admet qu'ils se représentent mutuellement. On a voulu expliquer la chose par l'unité d'objet : celui-ci
supprimé, il l'est vis-à-vis de tout le monde. Mais, répond Brinz,
cette suppression de l'objet provient d'un acte judiciaire essentiellement relatif, la *litis contestatio* ; et pour que celle-ci soit invocable dans une nouvelle poursuite, cela implique qu'il y ait identité de personnes, ce qui n'aura lieu ici que si l'on introduit
l'idée de représentation. Il ajoute qu'en matière de simple solidarité, où ces liens de représentation entre codébiteurs n'étaient
guère admissibles, on avait rejeté cet effet absolu de la *litis contestatio,* ce qui confirme la thèse. Or, on comprend, s'il en est ainsi,
qu'on eût supprimé cette représentation entre débiteurs, car elle
avait des effets souvent fort regrettables, et qu'on l'eût conservée
entre créanciers : la corréalité active n'a souvent pas d'autre but
que de couvrir un mandat de poursuite réciproque.

(1) Gérardin, *Étude sur la solidarité, Nouv. Rev. hist.,* 1884. p. 255 et
suiv.
(2) Brinz, *Pand.,* § 253, notes 34 et suiv. — Cf. Gérardin, *loc. cit., Nouv.
Rev. hist.,* 1884, p. 263.
Voy. aussi Dernburg, *Pand.,* § 72, t. II, p. 187.
Dernburg expliquait l'effet absolu en pareil cas de la *litis contestatio* par la
crainte de rendre possibles plusieurs jugements de condamnation au tout, ce
qui eût pu conduire à faire toucher au créancier plusieurs fois le paiement.
— Cf. Dernburg, *loc. cit.,* § 72, note 4.

Cette explication cependant n'avait pas trouvé grand crédit en Allemagne ; on était assez peu tenté d'expliquer par l'idée d'une représentation réciproque l'effet absolu à l'égard de tous de la *litis contestatio*. Il est certain, en effet, que cette explication aurait dû avoir pour résultat, et résultat très heureux assurément, de donner au créancier qui eût poursuivi l'un l'action *judicati* contre tous, ce que malheureusement rien ne nous permet d'accepter (1). Cette conception est donc inadmissible pour le droit romain classique ; et Windscheid objecte d'ailleurs, contre Brinz, que l'unité d'obligation vient suppléer au défaut d'identité de personnes. Le créancier qui poursuit en second lieu demande, non seulement le même objet que celui qui a déjà été déduit en justice, mais fait valoir la même obligation que celle déjà poursuivie, en ce sens que l'unité d'obligation fait que l'obligation de l'un est celle de l'autre, et réciproquement. On ne peut donc plus objecter le défaut d'identité de personnes : et il n'y a. pas, par suite, à faire intervenir l'idée nouvelle de représentation ; il faut s'en tenir, pour cette époque, à l'idée d'unité d'objet, suffisante par elle-même, comme le croit M. Gérardin, à faire considérer l'obligation comme éteinte à l'égard de tous par une seule poursuite (2).

La théorie de la représentation en matière de solidarité ne paraît pas avoir eu cours à Rome ; on ne peut donc plus dire que Justinien l'eût conservée en matière de corréalité active, et alors on est bien obligé de chercher, en dehors de toute idée de représentation, le motif qui a conduit Justinien, et à son exemple la plupart des romanistes modernes, à déclarer, en matière de corréalité active, le droit irrévocablement fixé au profit de l'un des créanciers par le seul fait de la priorité de sa poursuite (3). La raison qu'on en donne se cache sous une formule connue sous le nom de principe de prévention ; il y est fait allusion par notre article 1198, lorsqu'il déclare que le débiteur ne peut plus payer aux autres créanciers dès qu'il a été prévenu par les poursuites de l'un d'eux. Il faut ajouter que les autres créanciers ne pourraient pas non plus efficacement le poursuivre ; quelle est donc la raison juridique qui se cache sous ce nom et sous cette formule ? Winds-

---

(1) Cf. Gérardin, *loc. cit.*, *Nouv. Rev. hist.*, 1884, p. 263.
(2) Cf. Gérardin, *loc. cit.*, *Nouv. Rev. hist.*, 1884, p. 263. — V. Windscheid, § 298, note 3.
(3) Cf. C. féd., art. 170. — Sächs, G. B. § 1023.

cheid et la plupart des auteurs (1) y voient la fixation désormais
irrévocable d'un choix jusqu'alors incertain. Il faut avouer qu'on
a quelque peine à comprendre ; car, ici, le choix appartient
au débiteur et on ne voit pas comment la prévention de l'un des
créanciers a pu le lui enlever. La raison eût été recevable, au contraire, en matière de solidarité passive : le choix appartient au
créancier, et on aurait pu dire qu'en poursuivant l'un des débiteurs il fixe son choix ; or précisément on ne l'a pas dit. C'est en
matière de corréalité active que cette idée est mise en avant ; alors
que veut-on dire par là ? Problablement que la désignation du créancier reste indéterminée et que la priorité des poursuites la fixe
par droit d'occupation ; alors cela deviendra une course au clo-
cher (2). Quoi qu'il en soit, ce principe de prévention avait été
admis par la plupart des législations. Le projet le supprime et
déclare que, dans les deux cas, en matière de solidarité active
comme en matière de solidarité passive, la poursuite de l'un, ou
contre l'un, ne change rien au droit qui appartient aux autres de
poursuivre, ou qui appartient au créancier, s'il s'agit de solidarité
passive, de poursuivre les autres. Il n'y a donc que le paiement,
ou un acte équivalent, qui, en matière de solidarité, puisse éteindre le droit, et par suite l'action, à l'égard des divers intéressés,
soit au point de vue actif, soit au point de vue passif (art. 323 ;
C. civ. al., art. 428).

118. *De l'effet de la chose jugée*. — Mais ceci admis, se pose
une autre question au sujet de laquelle l'idée de mandat va cette
fois être appelée à jouer son rôle, c'est celle de l'effet de la chose
jugée. Il s'agit de savoir si le créancier, en poursuivant un second débiteur, peut se prévaloir du jugement qui a condamné
le premier ou se voir opposer celui qui l'a libéré ; et de même si
l'un des créanciers solidaires, poursuivant en second, peut invoquer le jugement rendu au profit d'un autre ou subir l'application de celui rendu contre un autre créancier. Cette fois, l'idée
de mandat réciproque est forcément en jeu : on sait que les auteurs du Code civil ont dû certainement se placer à ce point de
vue pour admettre le contre-coup, à l'égard de tous les débiteurs,
de certains actes imputables à un seul. Comme ils ont admis
pour certains actes cette présomption de mandat, on est en droit

---

(1) Windscheid, § 256, note 2. — Cf. Demol., t. XXVI, n° 15.
(2) Cf. Kuntze, *Excurse über Röm.*, R. (éd. 1880), p. 532.

de se demander s'ils n'en ont pas fait la base de leur conception
de la solidarité, ou tout au moins dans quelle mesure ils ont pu
ou dû l'admettre à propos des divers actes de disposition accomplis
par un débiteur, ou un créancier solidaire. La question se pose en
ce qui touche le jugement, et l'embarras est grand ; on sait qu'on
avait proposé chez nous une formule bien bizarre, consistant à
dire que les débiteurs ou créanciers solidaires étaient censés s'être
donné mandat pour ce qui pût leur être avantageux, et non pour ce
qui pût leur nuire, de sorte qu'on appliquerait ou non l'effet de la
chose jugée suivant l'issue du jugement, comme si la portée d'un
mandat pouvait se caractériser, non par la nature et l'importance
de l'acte à entreprendre, mais par ses résultats. Singuliers mandataires, qui auraient pouvoir pour gagner, et non pour perdre et qui
ne pourraient savoir qu'après coup si, en prenant part à l'action, ils
restaient ou non dans les limites de leur mandat (1). Notre jurisprudence, tout au moins celle de la Cour de casssation, plus logique, étend à cette hypothèse, et sans restriction, l'idée de mandat,
disant que, si chacun a mandat de payer pour tous, chacun a également mandat de défendre les droits de tous ; quelle que soit l'issue
du jugement, celui-ci sera opposable à tous : c'est au moins logique (2). La question se posait également pour le projet ; il la résout
par la négative et repousse, dans toute hypothèse, l'effet de la
chose jugée par rapport à d'autres que ceux impliqués dans le
jugement ; celui-ci n'a d'effet qu'entre les parties, et les codébiteurs ou cocréanciers, qui sont restés étrangers à l'instance, n'auront pas été représentés par celui qui a poursuivi ou qui a subi la
poursuite. Il n'y a pour personne mandat réciproque de défendre
le droit des autres : chacun ne représente que lui (art. 327). Cette
fois la théorie du projet s'éclaire par voie d'élimination ; voilà tout
au moins un système qu'il semble bien n'avoir pas admis (3) :
celui d'un mandat réciproque, en ce qui touche les actes par lesquels on peut disposer du droit ou le compromettre (4).

(1) Cf. Demol., t. XXVI, nᵒˢ 189 et suiv. et 366 et suiv.
(2) Cf. Cass., 28 déc. 1881 (S. 83. 1. 465) ; Cass., 1ᵉʳ déc. 1885 (S. 86.
1. 55) — Dans le même sens, Alger, 7 déc. 1885 (S. 86. 2. 80). — Et dans
le sens opposé, Alger, 2 janv. 1883 (S. 84. 2. 17).
(3) L'opinion dominante était en faveur du droit, pour le débiteur même
étranger au procès, de se prévaloir du jugement obtenu par un autre codébiteur solidaire et admettant l'inexistence de la dette. — Cf. Windscheid,
§ 295, notes 7 et 8. — Contra, Dernburg, Pand., § 73, note 10. — Également Kuntze, Oblig , § 50, p. 214.
(4) Cette idée est mise encore beaucoup plus nettement en relief dans

119. *De la faute et de la demeure.* — Continuons cet examen : les effets de la faute de l'un réagiront-ils à l'égard des autres, et par faute il faut comprendre la demeure du débiteur aussi bien que la perte qui lui serait imputable ? Le projet répond non (art. 325 et 326). Si donc la chose périt par la faute de l'un ou pendant sa demeure, ce sera un cas fortuit à l'égard des autres ; et de même, si l'un des créanciers, en supposant que la demeure ne résulte pas de l'échéance du terme (cf. *suprà*, n° 28), auquel cas elle se produirait à l'égard de tous, a fait seul sommation et acquis par là droit aux intérêts moratoires ou à indemnité pour perte arrivée pendant la demeure, les autres ne pourront rien réclamer de ce chef (1). On repousse donc ici encore l'idée de mandat réciproque, même celui du mandat restreint admis, comme une sorte de cote mal taillée, par notre Code civil, sur la foi d'une interprétation de deux lois romaines proposée par Dumoulin, interprétation trop connue pour qu'il y ait à la rappeler ici. Cette idée que les débiteurs se représenteraient mutuellement à l'effet de perpétuer l'obligation dans son étendue primitive, mais non à l'effet de l'aggraver et d'en augmenter le contenu, se heurte aux mêmes objections théoriques que la théorie proposée en matière de jugement, opposable à tous s'il prononce la libération et non s'il contient condamnation ; comme si le droit romain, qui est tout imprégné de logique, avait pu concevoir un mandat dont la portée fût déterminée par les résultats et non par la nature juridique et économique de l'acte qui en fait l'objet. Du reste, cette idée de représentation, fort recevable en matière de poursuites, est tellement bizarre en ce qui touche la faute, que nous ne voyons plus les partisans les plus accentués de l'idée de représentation réciproque, comme Brinz par exemple, y faire allusion en matière de demeure ou de faute du débiteur.

Il fallait donc, si l'on rejetait l'idée de mandat, se placer à un autre point de vue et examiner si d'autres conceptions théoriques ne devaient pas conduire, soit au même résultat, peut-être, que l'idée de mandat que l'on rejetait, soit à celui d'une distinction,

---

l'art. 425 C. civ. al. Seulement, l'art. 425 réserve la possibilité de toute clause contraire, expresse ou tacite, de la part des parties.

(1) Le Code civil al. n'a plus admis ce principe de relativité en ce qui concerne la demeure du créancier. S'il s'agit de solidarité passive, la mise en demeure du créancier par le fait de l'un des débiteurs profite aux autres codébiteurs solidaires (art. 424) ; et, s'il s'agit de solidarité active, la demeure de l'un des créanciers a effet à l'égard des autres (art. 429).

analogue à celle des jurisconsultes romains, entre la faute résultant du fait et celle résultant de la demeure. Il n'était peut-être pas impossible de justifier encore cette distinction, en se fondant sur l'idée d'unité de l'obligation, combinée avec celle d'une pluralité de sujets responsables ; au cas de faute proprement dite, la dette continue à exister sous forme de dommages-intérêts et elle ne peut pas, en raison de son unité, n'avoir pas à l'égard de tous la même étendue : donc le créancier pourra demander à tous indemnité complète. Mais. s'il y a demeure et ensuite perte fortuite, le cas fortuit ne peut pas ne pas être un cas fortuit pour les autres ; et, s'il y a cependant *perpetuatio obligationis*, c'est un effet de responsabilité tout personnel à celui qui est en demeure. Quant aux autres effets de la *mora*, tels que les dommages-intérêts, ils ne constituent pas à proprement parler des accroissements de la dette, auquel cas tous les subiraient, mais ne sont que des accidents de l'instance, se référant aux pouvoirs du juge en matière de condamnation : ils restent personnels aux parties impliquées dans la poursuite (1). Ainsi se justifierait théoriquement la distinction du Digeste entre le fait et la demeure ; sans compter que pratiquement on a pu dire, bien que la justesse du raisonnement fût contestable (2), que le créancier qui fait sommation fait choix de son débiteur et qu'il doit subir, si celui-ci retarde le paiement, les conséquences de son choix : les autres n'en sont pas responsables ; tandis que la faute proprement dite, étant indépendante du fait du créancier, réagit contre tous, toujours par suite de l'unité d'obligation (3). Il semblerait en tous cas, pour ce qui est de ces explications, que la solution difficile à justifier ne serait pas celle relative à la faute, mais celle concernant la demeure ; et que, par suite, l'idée d'unité, combinée avec celle de la *perpetuatio obligationis*, devrait faire réagir à l'égard de tous, et, dans tous les cas, toutes les conséquences, même personnelles à l'un, qui influent sur le maintien et l'accroissement de l'obligation.

Le projet ne l'admet pas : aurait-il pris parti sur la question théorique d'unité d'obligation et aurait-il rejeté cette dernière ? Kuntze disait (4) : l'obligation corréale n'est pas une obligation une, née à

(1) Cf. Brinz, *Pand.*, § 253, notes 69-74.
(2) Cf. Gérardin, *loc. cit.*, *Nouv. Rev. hist.*, 1884, p. 252.
(3) Cf. Accarias, *Précis*, n°ˢ 549-550 (t. II, p. 321, note 3.
(4) Kuntze, *Obligation*, § 37. — Cf. Dernburg, *Pand.*, §§ 72 et 73. — Aussi Kuntze bien entendu est un de ceux qui, même pour l'époque romaine, veulent rendre la faute, aussi bien que la demeure, uniquement personnelles au

l'égard de plusieurs, mais une obligation distincte née à côté de
plusieurs autres semblables et ayant toutes même contenu, absolument comme la novation engendre une obligation nouvelle ayant
même contenu que l'ancienne. Voici sa formule : la corréalité implique unité de contenu, disons unité d'objet, dans une pluralité
simultanéé d'obligations et la novation implique unité d'objet dans
une pluralité successive d'obligations ; donc, dans les deux cas, il y
a plusieurs obligations ayant objet identique. Seulement, en matière
de novation, la seconde naît après la première, tandis qu'en matière
de corréalité, elles naissent toutes ensemble. Mais l'indépendance de chaque obligation n'en existe pas moins. Est-ce cette
idée d'une pluralité d'obligations avec objet identique que le projet
aurait eue en vue ? Ne nous hâtons pas de conclure ; car nous
voyons des représentants très formels de l'unité d'obligation,
comme Windscheid, admettre aussi la même solution que celle du
projet, en ce qui touche l'effet tout relatif du fait ou de la demeure (1). En somme, un seul point, jusqu'ici, se dégage très net ;
c'est que l'idée d'un mandat réciproque a été repoussée. Quant à la
pensée intime du projet sur la nature de l'obligation solidaire, elle
ne nous apparaît pas encore (2).

120. *Interruption et suspension de prescription.* — On ne sera
pas très étonné, après ce qui précède, de voir le projet, en ce qui
concerne la prescription, consacrer l'effet essentiellement relatif de
l'interruption ou suspension de prescription ; on sait qu'une loi de
Justinien (3) en faisait rejaillir les conséquences à l'égard de tous,

---

débiteur à qui elles sont imputables, sans qu'elles puissent rejaillir contre les
autres. Il faut pour cela admettre qu'il y a eu interpolation ou erreur dans la
L. 18, D. (45. 2) : ou encore croire, comme l'ont fait certains interprètes
(Fritz, *Beitrag zur Lehre von den Correalobligationen*, dans *Zeitsch. f. civ.u.
Priv. R.*, t. XVII, p. 145 et suiv. et de même Baron, *Die Gesammtrechtsverhältnisse in Röm. R.*, p. 288 et suiv.: peut-être aussi Windscheid, *Pand.*,
§ 295, note 13. Cf. Gérardin, *Nouv. Rev. hist.*, 1884, p. 215), que le *factum*
dont il est parlé à la L. 18 devrait s'entendre de certains faits autres que
la faute du débiteur. — Cf Kuntze, *Obligat.*, § 38, note 9.

(1) Windscheid, § 295, note 13. – Cf. Baron, *Pand.*, § 245-IV-2°. — Cf.
A. L. R., I, 5, § 438. — C. féd., art. 165. — Gérardin. *loc. cit.*, *Nouv. Rev.
hist.*, 1884, p 252.

(2) Peut être apparaîtra-t-elle moins encore dans le système plus flexible, et
plus flottant par conséquent, du Code civil al. (cf. p. 117, note 1). Mais quel
besoin a-t-on de réaliser en matière d'institutions juridiques l'unité de système, du moment que l'on accepte des solutions dont chacune, individuellement, répond aux besoins de la pratique ?

(3) L. 4 (5), Code (8. 10).

ce qu'on expliquait par l'idée d'unité de la dette (1), ou, comme dans notre Code civil, par celle d'un mandat réciproque. Celle-ci est repoussée par le projet ; et, quant à l'idée d'unité d'obligation, elle n'implique pas forcément, à notre avis, l'effet absolu de l'interruption ou suspension de prescription ; car, si la dette est une, il en résulte une pluralité d'actions, puisque plusieurs sont obligés ou, au cas de solidarité active, puisque plusieurs peuvent poursuivre distinctement, chacun pour son compte ; et le sort de chacune de ces actions reste distinct et indépendant de ce qui concerne les autres. Disons d'ailleurs que (2) cet effet absolu n'avait pas été admis en matière de simple solidarité, et que la loi sur le change (3) l'avait également rejeté, ce qu'on expliquait par l'admission en cette matière d'une simple solidarité au lieu de corréalité. Le projet qui n'accepte qu'une seule espèce de solidarité semble donc, sans cependant que les motifs le disent positivement, se rattacher à la théorie de l'ancienne solidarité simple, ou corréalité imparfaite. Les motifs, du reste, se contentent de dire ici que le créancier n'a entendu faire que sa propre affaire et qu'il ne représente pas les autres, de même pour le débiteur (Cf. C. civ. al., art. 425 et 429).

121. Jusqu'ici, nous venons de voir les faits ou événements personnels à l'un des intéressés qui n'auront pas d'effet à l'égard des autres : c'est le jugement, ce sont aussi les actes d'interruption ou de suspension de prescription, la perte de la chose, ce qui correspond à la faute, et enfin la demeure. Dans tous ces cas, satisfaction complète n'a pas été fournie. Il est au contraire de l'essence de l'obligation solidaire que, son objet étant un, dès qu'il est fourni en réalité ou par équivalent, l'obligation est éteinte, et forcément cette fois éteinte à l'égard de tous ; le créancier ne peut recevoir deux fois le paiement ou le débiteur payer deux fois. Reste à voir quels seront les faits qui, équivalant à la prestation de l'obligation, supprimeront la dette.

122. *Paiement. Dation en paiement.* — Pour le paiement, cela va de soi ; rien de plus naturel aussi en ce qui concerne la consi-

---

(1) Windscheid, § 295, note 11. Add. Kuntze, *loc. cit.*, p. 193. — La plupart des législations avaient accepté le principe de la loi de Justinien. — Cf. *A. L. R.*, I, 5, § 440. — C. civ., art. 1199, 1206, 2249. — C. féd., art. 155. — *Hess. Verjährungs Ges.* du 19 mars 1853, art. 28. — *Bayw. Entw.*, art. 248.

(2) Windscheid, § 298. — Cf. Dernburg, *Pand.*, § 75, notes 4, 5.

(3) *Wechs. Ordn.*, art. 80.

gnation. Déjà, pour la dation en paiement, la question pourrait devenir plus délicate, pour ce qui est tout au moins de la solidarité active :
la dation en paiement modifie l'objet de la dette ; admettra-t-on
l'un des créanciers à recevoir autre chose que ce qui est dû ? A
quoi on peut répondre : qu'importe, si, au point de vue du recours
des autres, ceux-ci peuvent lui demander leur part de l'objet primitif, tel qu'il devait être fourni, et non se contenter d'une part
dans celui qui a été donné à sa place ? Il est vrai qu'ils courent
peut-être une chance de moins de toucher ce qu'ils devaient avoir,
si le créancier qui a consenti la dation en paiement n'a en mains
que ce qu'on lui a donné et aucun objet semblable à ce qui avait
été promis. Ils auraient avantage dans ce cas à considérer la dation
en paiement comme non avenue à leur égard, et à demander à
nouveau au débiteur l'objet même de la dette. Mais le projet ne
s'arrête pas à cette objection ; car la règle est que le débiteur ne
doit fournir qu'une seule prestation, et l'on arriverait ainsi à lui en
imposer deux. Dira-t-on qu'il devait se refuser à la dation en
paiement ? Ce serait alors le mettre dans une situation plus désa-
vantageuse que celle qui est faite, de droit commun, aux autres
débiteurs, en ce qui touche les modes de libération qui leur sont
offerts et par suite la chance qu'ils ont de se libérer. Or, la solidarité qui augmente déjà les chances de poursuite ne pouvait pas
avoir pour effet d'en aggraver les rigueurs. Après tout, la solidarité active soumet les cocréanciers aux risques des faits personnels
de chacun d'eux ; par conséquent c'est à eux de subir cette situation
et non au débiteur d'en supporter les inconvénients (C. civ. al., art.
422 et 429) (1).

123. *Compensation.* — La plupart des législations se trouvent
également quelque peu embarrassées en ce qui touche la compensation. Pour celles qui en font une exception, on se demande si
elle est de ces exceptions qui, étant purement personnelles, ne peuvent être invoquées par d'autres ou contre d'autres que ceux entre
qui la compensation s'est opérée (2). Dans le système d'une compensation légale, on devrait, semble-t-il, assimiler la compensa-

---

(1) Cf. *Motifs sur l'art.* 399 (t. II, p 162).
(2) Conformément au droit romain, on admettait généralement que la
compensation pouvait être opposée dans le cas où celui qui en a le bénéfice
pourrait se trouver, sans cela, exposé à un recours en raison de la poursuite
intégrale de la dette (L. 10, D. 45. 2). — Accarias, *Précis,* t. II, n° 552-a-3°. —
Windscheid, § 295, note 2, § 350, notes 19 et 20.

tion au paiement réalisé ; et cependant on en revient à se demander encore si elle rentre au nombre des exceptions simplement ou purement personnelles, comme s'il pouvait être question d'exception là où il y a paiement opérant libération *ipso jure*. La vérité est que l'on comprend mal que la compensation, qui est un fait souvent de hasard, vienne rompre l'égalité de situation des cointéressés ; et, pour prendre l'exemple de la solidarité passive, que le fait d'une créance acquise au profit de l'un des débiteurs lui impose contre son gré, la charge d'un paiement intégral et délivre les autres de la menace de faire l'avance. Aussi l'article 1294 du Code civil déclare, malgré l'article 1290, que le codébiteur ne peut opposer en compensation au créancier ce que celui-ci doit à l'un des autres débiteurs solidaires. Il est vrai que l'on se demande s'il ne pourrait pas au moins l'opposer pour la part que celui-ci doit supporter dans la dette : Domat et Pothier (1) le lui permettaient, en vue cette fois d'empêcher que le créancier ne s'adressât de préférence à ceux qui ne peuvent opposer la compensation, donc toujours pour un motif d'égalité. C'était, il faut le reconnaître, menacer le créancier d'un paiement partiel, ce qui est juste l'antipode de la solidarité. La doctrine moderne paraît peu favorable à l'idée de Pothier (2). En tous cas, dans le système du projet, il ne pouvait y avoir d'hésitation. La compensation déjà opposée est un paiement réalisé, donc opposable à tous et par tous ; mais, tant qu'elle ne l'est pas, elle reste un mode de paiement offert aux parties, et dont les parties seules peuvent se servir. Permettre au débiteur de l'opposer à un autre créancier que celui dont il est créancier, c'eût été le renvoyer toucher son paiement sur les espèces qui sont censées aux mains de son cocréancier, alors que celui-ci ne les tient pas encore à titre de paiement de la part du débiteur, donc alors que ce dernier n'a encore rien fourni. Et permettre à l'un des débiteurs de l'opposer du chef de l'autre, c'eût été lui donner le droit de s'exonérer du paiement pour l'imposer à celui qui peut invoquer une cause de compensation, alors que le compensation, dans le système du projet, doit rester à la libre disposition des parties et qu'elle ne leur est jamais imposée. Donc, elle ne pourra jamais, ni pour le tout, ni pour partie, être invoquée par d'autres que ceux entre lesquels elle existe (art. 330-331) (3).

(1) Pothier, *Obligat.*, n° 274.
(2) Colmet de Santerre, V, n° 142 *bis*, III. — Demol., XXVI, n°ˢ 400, 401.
(3) Conclusion semblable du Code saxon, § 1027. — Même solution dans le

124. *Remise de dette.* — Pour ce qui est de la remise de dette, le projet laisse le champ libre à toutes les conventions des parties et n'établit aucune présomption, relativement aux effets qu'il convient d'accorder à un pacte de ce genre : c'est une question de fait et par suite une question de preuve à faire. On sait qu'il n'en est pas de même dans la plupart des législations. Il se pose, en effet, sur ce point plusieurs séries de questions. La remise de dette peut avoir un caractère absolu ou relatif, étant accordée, soit pour toute la dette, soit pour la part seulement dont le créancier est censé pouvoir disposer s'il s'agit de solidarité active, ou que doit supporter le débiteur à qui elle est accordée s'il s'agit de solidarité passive. Les Allemands distinguent aussi une remise objective et une remise subjective. Or, la première question est de savoir si dans tous les cas la remise objective ou absolue est permise ; et l'on sent que la question ne vise que la solidarité active. Car, lorsqu'il n'y a qu'un seul créancier, celui-ci est toujours libre de libérer s'il le veut tous ses débiteurs, au lieu de n'en libérer qu'un. Au contraire, on décide généralement que l'un de plusieurs créanciers solidaires ne peut disposer que de sa part ; il pourrait poursuivre pour le tout et recevoir le paiement intégral, et la dette serait éteinte à l'égard des autres. Mais, s'il fait remise au débiteur, celui-ci ne pourra se prétendre libéré à l'égard des autres créanciers, si ce n'est pour la part qui devait revenir au créancier qui a accordé la remise (1). Une seconde question s'élève sur le terrain des présomptions, pour le cas où la remise peut avoir l'un ou l'autre caractère ; généralement, dans la plupart des législations, pour le cas seulement, on vient de le voir, de solidarité passive. Il s'agit de savoir, lorsque le créancier a conclu une remise de dette avec l'un des débiteurs, si l'on doit présumer une remise totale, invocable pour le tout par

---

Code civil al. (art. 422 et 429). La compensation, lorsqu'elle est invoquée par l'une des deux parties entre lesquelles existe la réciprocité des dettes, a les effets absolus d'un paiement. Mais elle ne peut être invoquée que par les parties entre lesquelles existent les dettes réciproques.

(1) C. civ., art. 1198. — Il est vrai qu'en droit romain, s'il s'agissait d'*acceptilatio*, il n'y avait plus de distinction à faire entre les deux espèces de solidarité. La question ne se posait que pour le pacte de remise : et on était assez disposé à le déclarer inopposable, en matière de solidarité active, aux créanciers qui ne l'avaient pas consenti ; Windscheid est un des rares romanistes qui admettaient qu'il pût être opposé à tous, et cela non seulement sur le terrain de l'ancien droit romain, mais même en droit moderne, à raison de l'analogie entre la quittance actuelle et l'*acceptilatio* et en s'appuyant surtout sur l'idée d'unité de l'obligation. V Windscheid, § 295, note 4. — Cf. Accarias, *Précis*, n° 552-a-2°. — Add. Vangerow, *Pand.*, III, § 373, p. 95.

les autres codébiteurs ou seulement une remise personnelle au débiteur avec qui elle a été conclue. En raison, si tant est que l'on puisse présumer quelque chose, ce devrait être la remise personnelle, car jusqu'à preuve contraire on ne doit admettre de la part d'un créancier que l'abandon le plus faible possible de ses droits. Notre Code civil présume la remise totale, probablement parce qu'il s'est laissé égarer par les souvenirs du droit romain, où l'*acceptilatio*, considérée comme un paiement fictif ayant même étendue que l'obligation elle-même, avait forcément un effet absolu (1). Enfin, pour le cas où il y a remise avec effet relatif, il s'agit de savoir si, pour la part pour laquelle elle a été accordée, elle pourra être invoquée par d'autres ou contre d'autres que ceux entre qui elle est intervenue ; ou, pour parler la langue de notre Code civil, si elle a engendré une exception personnelle ou purement personnelle. Notre Code civil décide, en matière de solidarité active, que la remise sera invocable à l'encontre des autres, pour la part du créancier qui l'a faite, et que, dans les cas où il y a remise avec effet relatif en matière de solidarité passive, les autres débiteurs peuvent l'invoquer pour la part du débiteur à qui elle a été accordée ; ce qui revient à dire que, dans la mesure dans laquelle elle produit effet, elle a le caractère de remise objective. C'est une remise partielle, mais ayant, dans les limites dans lesquelles elle intervient, effet absolu, ou autrement dit produisant, pour la part qu'elle vise, exception commune (2).

125. Or, le projet ne soulève aucune de ces questions, mais pose un principe qui les résout toutes : en cette matière, les parties peuvent toujours faire tout ce qu'elles veulent et l'on n'a aucune présomption à établir ; ce sera aux intéressés à faire leur preuve dans les termes du droit commun (art. 332 ; art. 423 C. civ. al.). Cela revient à dire que, même en matière de solidarité active, l'un des créanciers peut faire remise du tout, et que la remise comme le paiement sera pour le tout opposable aux autres, à condition de prouver, bien entendu, qu'on a entendu faire une remise objective. Les rédacteurs du projet ne se sont pas laissé émouvoir par cette objection que le créancier va disposer de la part des autres, puisque c'est là un des effets de la solidarité et qu'on lui permet bien de

(1) Cf C. civ., art. 1285. — Demol., XXVI, n° 396.
(2) C. civ., art. 1285. — Cf Demol., XXVI, n°s 179 et suiv., n°s 396 et suiv.

poursuivre pour le tout et de recevoir un paiement intégral. Les motifs remarquent, en outre, que la dation en paiement est permise au créancier solidaire, bien qu'il s'agisse là d'une modification aux effets prévus de l'obligation (1). Dira-t-on que le projet revient à l'idée de mandat, après l'avoir rejetée, et qu'il permet ainsi à l'un des créanciers de disposer valablement de la part des autres ? Tel n'est pas absolument le point de vue auquel il se place. L'idée qui le domine est que la dette ne doit être payée qu'une fois et que tout mode d'extinction qui équivaut au paiement supprime la dette. Le projet a dû l'admettre pour la dation en paiement ; dès lors il fallait bien convenir que, si l'un des créanciers pouvait changer l'objet de la dette, et qu'il pût être considéré vis-à-vis des autres comme ayant reçu l'objet promis, il pourrait de même être censé avoir été payé sans avoir rien reçu du débiteur : vis-à-vis de ses cocréanciers il substitue sa responsabilité à celle du débiteur ; mais c'est ce qui se passe chaque fois qu'il reçoit le paiement. Il est vrai que, dans ce dernier cas, les autres ont une chance de plus de toucher leur part ; si cependant celui qui l'a reçue l'emploie aussitôt à ses besoins personnels, la chance des autres disparaît et le débiteur n'en est pas moins libéré. Or, qu'est-ce que la remise, sinon un paiement qui est censé avoir été touché et tout aussitôt restitué ? Il va de soi que, si la remise peut dans tous les cas avoir le caractère de remise objective, il n'y a jamais aucun doute sur l'admissibilité de la remise subjective ; et quant à la question de savoir si dans le doute on doit présumer l'une plutôt que l'autre, le projet ne pose aucune règle à cet égard. Notre Code civil, nous avons dit pourquoi, présumait la remise totale en matière de solidarité active ; les législations allemandes, qui prévoyaient la question, présumaient plus volontiers la remise simplement personnelle au débiteur (2). Le projet n'établit aucune règle à cet égard et laisse la question de preuve sous l'empire du droit commun ; et quant à la remise personnelle, il croit qu'elle peut également avoir, suivant l'intention des parties, un double effet. Elle peut être absolue en ce qui touche la part pour laquelle elle est faite et dans cette mesure être invocable par d'autres ou contre d'autres, c'est l'hypothèse ordinaire, celle prévue par notre Code civil. Elle peut aussi être purement personnelle, le créancier s'engageant à ne pas poursui-

(1) V. *Motifs sur l'art.* 332 (II, p. 165).
(2) Cf. Säch. *G. B.*, § 1030. — Cf. Gérardin, *Nouv. Rev. hist.*, 1885, p. 402-403.

vre, sans répondre pour les autres ou à l'égard des autres. Et enfin
on pourrait supposer que, même dans cette hypothèse, le créancier,
tout en ayant consenti une remise purement personnelle, même
pour la part qu'elle a en vue, a entendu se porter garant d'une
poursuite intégrale susceptible d'enlever au débiteur le bénéfice de
la remise. Dans ce cas, le débiteur aurait donc recours contre lui
dans la mesure de la part pour laquelle la remise a été faite, soit
qu'en matière de solidarité active un autre créancier le poursuive
pour le tout, soit qu'en matière de solidarité passive, le créancier
ayant poursuivi un autre débiteur pour le tout, ce dernier exerce
un recours contre le bénéficiaire de la remise (1). C'est là une hypothèse bien peu pratique ; le projet, sans la prévoir expressément,
suppose qu'elle peut se rencontrer et qu'il n'y aura qu'à donner
effet aux conventions des parties. Pour aucun cas, du reste, il n'y
a de présomption établie : les questions de preuve restent sous l'empire du droit commun.

126. *Confusion*. — Enfin, le projet admet (art. 333, art. 425
C. civ. al.), comme c'était la règle courante (2), que la confusion,
tenant uniquement à une impossibilité de fait d'être à la fois créancier et débiteur de la même obligation, ne produit aucun effet à
l'égard des autres intéressés. Elle supprime un créancier ou l'un
des débiteurs, elle ne supprime pas l'objet de la dette ; et du moment qu'il reste d'autres créanciers pour le poursuivre ou d'autres
débiteurs à qui le demander, rien n'est changé quant à ces derniers.
Le projet n'admet pas que le débiteur poursuivi puisse se prévaloir
de la confusion pour la part que devait toucher le créancier dont il
a endossé la qualité, ou que devait supporter le débiteur que représente le créancier (3). La confusion reste pour les autres, et pour
le tout, chose sans influence. Fitting (4), discutant cette solution
acceptée partout par le droit commun, y voyait un argument contre l'idée d'unité d'obligation ; mais les partisans de l'unité ont démontré que les deux choses n'étaient pas inconciliables (5). Ici,
encore, cette solution ne suffit pas à nous révéler la conception
théorique du projet.

(1) V. *Motifs sur l'art.* 332 (II, p. 165).
(2) Cf. *A. L. R.*, I, 16 §§ 492, 493. — Windscheid, § 295, note 9.
(3) Cf. C. civ., art. 1209, 1301.
(4) Fitting, *Correalobligat.*, p. 103.
(5) Voir citations dans Windscheid, § 295, note 9.

127. *Des recours après paiement.* — Reste la question des recours. Lorsque l'un des créanciers a touché le tout ou que l'un des débiteurs a payé le tout, il y a lieu, en général, à une répartition du profit entre les autres créanciers, ou de la charge entre les autres débiteurs. Sans doute, il peut résulter des rapports existant entre les intéressés que cette répartition ne doive pas avoir lieu, mais l'hypothèse contraire est la seule pratique. Cependant le droit romain, en matière de corréalité, ne présumait aucun rapport préexistant entre cointéressés, et le droit commun allemand exige encore que celui qui exerce un recours prouve le rapport préexistant sur lequel il se fonde (1). De même, en prouvant son droit au recours, il établira la proportion pour laquelle il peut l'exercer. Mais, depuis longtemps, la tradition germanique avait fait justice de ces singularités (2). Le droit prussien avait présumé le droit au recours et l'avait accepté, sauf preuve contraire, pour parts égales (3). Le Code saxon était revenu au droit romain, la corréalité par elle seule ne fondant aucun droit au recours (4). Le projet suit les traditions allemandes : il ne pouvait guère y avoir à cela aucune hésitation. Cette présomption d'un droit au recours était déjà admise, même sur le terrain du droit romain, en matière de simple solidarité (5); c'est aussi la solution de notre Code civ. (6). L'article 337 ajoute que le codébiteur qui aura un recours à exercer pourra, dans la proportion de son recours, exercer les droits du créancier, ce qui équivaut à une cession d'actions pour la part dont le débiteur aura à poursuivre le remboursement, cession légale, opérée de plein droit. Seulement ce bénéfice de cession d'actions qui résulte du paiement, indépendamment de la volonté du créancier,

---

(1) Accarias, *Précis*, n° 551. — Windscheid, § 294. — Cf. Labbé, *Appendice aux Instit. d'Ortolan*, III, p. 900. — Gérardin, *Nouv. Revue hist.*, 1885, p. 150 et suiv.

(2) Stobbe, *Zur Geschichte des deutschen Vertragsrechts*, p. 171.

(3) *A. L. R.*, 1, 5, §§ 443-449. — Cf. Förster-Eccius, *Preuss. Priv. R.*, I, § 63, notes 68 et suiv. — Cf. *Österr. G. B.*, §§ 895-896. C. féd., art. 168. — V. Gierke dans la *Revue de Schmoller*, t. XIII, p. 204-206.

(4) *Dresd. Entw.*, art. 16. — Sächs. G. B., § 1036.

(5) Il est vrai que cela tenait peut-être à l'extension en cette matière du bénéfice de division, lequel devait entraîner le bénéfice de cession d'actions. — Cf. Windscheid, § 298, note 12-13. — Accarias, *Précis*, t. II, n° 556-*a in fine*. — Gérardin, *Nouv. Rev. hist.*, 1885, p. 403 404.

(6) Ce recours est accordé même au débiteur qui n'aurait pas payé plus que la part qu'il doit supporter dans la dette ; par exemple, au cas de paiement partiel, lorsque ce paiement partiel correspond exactement à la part définitive que le débiteur qui a fait le paiement devrait supporter dans la totalité de la dette (Cf. C. civ. al., art. 426 et *Pl.* I, § 426, p. 217).

ne pourra jamais nuire à ce dernier ; c'est l'application de la règle : *Nemo contra se subrogasse censetur* (1).

Enfin, ce même article consacre la règle, acceptée par toutes les législations, de la répartition entre tous de l'insolvabilité de l'un des débiteurs solidaires (Cf. C. civ., art. 1214).

128. La question du recours peut aussi s'élever au cas de responsabilité collective (2), hypothèse donnant lieu à la simple solidarité du droit romain, selon l'expression courante, et rangée par le projet dans le domaine de la solidarité unique qui forme la base de son système. On avait été quelquefois tenté, ici, de dénier le droit au recours d'une façon générale et même lorsqu'il s'agissait de délit civil n'impliquant aucun dol. Mais l'opinion générale avait été, pour le cas où plusieurs individus devraient répondre du même fait, de refuser le recours uniquement à celui qui serait coupable de dol ou de mauvaise foi, et sur lequel, en définitive, devait retomber la charge du délit. C'est la solution du droit romain et celle du Code saxon (3). C'est également celle du projet : l'article 338 ne refuse le droit au recours qu'à celui à qui le fait est imputable et qui, ayant été de mauvaise foi, doit en supporter toutes les conséquences. Il s'éloigne ainsi du Code fédéral, qui laisse la question à l'appréciation du juge (Code féd., art. 60).

129. *Résumé.* — Si maintenant nous cherchons, en examinant d'ensemble le système du projet, à découvrir le principe sur lequel il a entendu construire sa théorie de la solidarité, ce qui nous apparaîtra de plus certain c'est qu'on a admis en général les solutions acceptées par la doctrine, pour ce qu'on appelait alors la simple solidarité par opposition à la corréalité : droit pour le créancier de poursuivre chaque débiteur tant qu'il n'y a pas eu paiement, ou pour chaque créancier de poursuivre le débiteur tant que la dette n'est pas éteinte, et cela sans qu'il y ait d'appropriation définitive au profit du créancier qui a entamé les poursuites ; effet absolument relatif, et tout personnel à ceux entre qui ils interviennent, des faits qui, sans constituer un paiement ou acte équivalent, peuvent influer sur le sort de la dette par suite de circonstances qui ne concernent que l'un des intéressés, telles que la chose jugée, l'inter-

(1) Cf. C. civ., art. 1251-1252.
(2) Cf. Gérardin, *Nouv. Rev. hist.*, 1885, p. 385 et suiv.
(3) *A. L. R.*, I, 6, §§ 33-34. — Sächs, *G. B.*, § 1495. — Cf. *Dresd. Entw.*, art. 219.

ruption ou suspension de prescription, la confusion, la perte arrivée par la faute ou après la demeure de l'un des débiteurs, la
compensation non encore opposée, et enfin la remise consentie à
l'un des débiteurs pour sa part ou par l'un des créanciers pour la
part qui lui revient. Au contraire, effet extinctif absolu du paiement
ou de tout acte équivalent à paiement et impliquant satisfaction
fournie, telle que la dation en paiement, la compensation opposée
par qui a le droit de le faire, la remise accordée pour le tout ; enfin,
présomption, jusqu'à preuve contraire, d'un droit au recours
pour parts égales. Nous en avons déjà conclu que l'idée d'un mandat réciproque avait été rejetée par le projet (1) ; ajouterons-nous
aussi que l'idée d'unité d'obligation aurait été repoussée, puisque
généralement on ne l'admettait pas en matière de simple solidarité ?
Nous nous trouverions ainsi en présence de plusieurs obligations
devant s'éteindre par le fait d'une exécution unique. Nous serions
d'autant plus en droit d'accepter cette conclusion que nous allons
voir rangées sous le même titre les obligations indivisibles ; et là il
est bien certain que l'obligation est multiple, mais ne peut s'exécuter que par une seule prestation. Il en résulterait que le caractère
de la solidarité du projet serait celui de l'indivisibilité conventionnelle de notre Code civil, que nous appelons l'indivisibilité *solutione
tantum*, celle du n° 5 de l'article 1221. Seulement, il reste une solution du projet qui se trouverait très difficilement conciliable avec
cette dernière idée, c'est l'admission, en matière de solidarité active tout au moins, de la remise objective. Qu'elle soit possible si
l'on accepte l'unité d'obligation, rien de mieux ; il n'y a qu'une
seule obligation, le créancier en faisant remise pour le tout ne dépasse pas ses droits et l'on revient ainsi à l'idée romaine d'un
paiement fictif, comme pour l'ancienne *acceptilatio*. Mais comment concilier cette solution avec la pluralité d'obligations ? Le
créancier peut bien faire remise de l'obligation dont il est créancier, mais comment supposer qu'il puisse disposer de l'obligation
des autres ? Dira-t-on que tous se représentent réciproquement ?
Nous avons vu que cette idée de représentation réciproque a été

---

(1) L'idée de mandat eût impliqué certains rapports de société ou de communauté entre débiteurs ou créanciers solidaires ; l'ancien droit allemand
eût reconnu dans un fait de ce genre une conception qui lui était familière,
celle de la *Gesammte Hand* ; il est bien certain que le projet est parti
d'une idée tout opposée, celle de l'indépendance réciproque des divers intéressés en matière d'obligation ; il a cherché ses inspirations dans les idées
individualistes du droit romain, et les germanisants comme Gierke le lui
reprochent (V. *Revue de Schmoller*, t. XIII, p. 204-206).

3ᵉ édition.   9

rejetée par le projet. Répondra-t-on que chacun pouvant poursuivre le tout peut également se tenir comme ayant reçu le tout et
supprimer la dette ? Tout cela est fort bien, si l'on admet l'unité
d'obligation ; s'il n'y a qu'une obligation, chaque créancier peut en
effet se comporter comme s'il était seul créancier (1). Mais s'il y en
a plusieurs, le créancier ne poursuit que son obligation, et s'il se
trouve qu'en même temps il demande le tout, c'est que le paiement
a été déclaré indivisible ; par conséquent, du moment qu'il ne
s'agit plus de paiement, donc d'indivisibilité, il ne peut faire remise
que de sa propre créance et non de celles des autres, l'idée de représentation ayant été rejetée. Nous pensons donc, malgré les vrai-
semblances qui sembleraient favorables à l'opinion contraire, que
le projet a conservé l'ancienne conception d'une seule obligation
avec pluralité de sujets soit actifs, soit passifs : et s'il range l'indivisibilité dans la matière de la solidarité, il veut dire par là que toutes les règles de la solidarité compatibles avec l'idée d'une pluralité
d'obligations seront applicables à l'indivisibilité. Mais il ne préjuge
pas les solutions qui pourraient se rattacher à l'idée qu'en pareil
cas les obligations sont multiples, et laisse à la doctrine et à la
jurisprudence le soin de les découvrir et de les appliquer. Ce qui
nous confirme dans cette idée, c'est que l'article 340, en ce qui touche
l'indivisibilité par rapport aux débiteurs, fait expressément à cette
matière l'application des règles sur la solidarité passive. N'est-ce
pas la preuve que, dans l'intention des auteurs du projet, il ne suffisait pas d'avoir rangé les deux matières sous la même rubrique
pour y voir deux situations absolument identiques ? Cette remarque
va trouver son application en matière d'indivisibilité par rapport
aux créanciers, ce qui est le point auquel nous arrivons.

130. *De l'indivisibilité*. — L'indivisibilité suppose que l'objet
de l'obligation ne puisse être fourni en plusieurs prestations ayant
chacune une valeur égale et comportant pour le créancier une
part d'utilité qui soit une fraction exacte du profit total (2). Si
donc, en pareil cas, on n'accomplit qu'une partie du fait promis,
il devient impossible de calculer le rapport exact du fait procuré
au créancier avec l'utilité complète de l'ensemble ; il peut même

---

(1) Cf. Windscheid, § 295, note 4.
(2) Cf. Windscheid, § 253. — Savigny, *Obligat.*, § 31. — Brinz, §§ 229 et
suiv. — Cf. une bonne thèse belge sur la matière, Camille Kleyer : *Des
obligations divisibles et indivisibles* (Bruxelles, 1873, p. 7 et suiv.). — Cf.
art. 769-1° du projet.

se faire que la partie offerte n'ait aucune utilité pour le créancier : en pareil cas la prestation est indivisible. Si donc l'obligation se divise entre plusieurs créanciers, il y aura bien pluralité d'obligations, mais le créancier de chacune d'elles aura droit de demander le tout, puisque c'est le seul moyen qu'il y ait de lui faire avoir sa part : l'obligation est divisée, mais l'exécution est indivisible. C'est donc par suite d'une impossibilité matérielle que chaque créancier peut recevoir plus que sa part ; et les motifs ont bien soin de distinguer ce cas de celui de la solidarité de l'article 321 (1), dans lequel le droit du créancier consiste précisément à demander le tout, tandis qu'en matière d'indivisibilité son droit ne devrait lui permettre que de poursuivre sa part et que la nature de l'objet rend seule cette poursuite divisée irréalisable. Cette observation des motifs confirme la remarque que nous avons déjà faite que le rapprochement sous une même rubrique de la solidarité et de l'indivisibilité n'implique pas identité de matière et de situation. Il importait en pareil cas de rendre l'exécution possible sans compromettre les droits des créanciers et sans aggraver la situation du débiteur.

131. *Indivisibilité par rapport aux créanciers.* — L'article 339 distingue : si l'exécution totale du fait promis, même fourni à un seul, profite à tous, chaque créancier peut demander le tout et le débiteur peut fournir le tout à qui veut, et cette exécution au profit d'un seul libérera le débiteur. Windscheid cite comme exemple le cas de plusieurs copropriétaires qui ont droit à l'exécution d'un fait d'aménagement du domaine commun ; l'exécution au profit et sur la demande d'un seul fournira à tous la satisfaction à laquelle ils ont droit (2). Mais ce n'est pas le cas ordinaire ; le plus souvent la prestation fournie à l'un des créanciers ne profitera pas aux autres. Ici donc la question se posait de savoir si le débiteur pouvait en fournissant le tout à l'un se libérer à l'égard des autres, et si par conséquent chacun pourrait poursuivre le tout sans le concours de ses cocréanciers. On peut imaginer deux solutions extrêmes, ou bien que tous les créanciers soient obligés de se réunir pour poursuivre, c'est la solution du droit romain, ou bien que chacun puisse poursuivre le tout, comme en matière de solidarité ; c'est la solution de notre Code civil, celle du droit

(1) *Motifs sur l'art.* 339 (II, p. 171).
(2) Windscheid § 299, note 4.

saxon et du Code fédéral (1). Il est vrai que la première solution conduit à une véritable impossibilité si tous ne peuvent s'entendre. Aussi Windscheild admettait, sur l'autorité de quelques lois romaines, la possibilité, pour l'un des créanciers, de demander le tout à condition de fournir une sûreté au débiteur, de façon à le garantir contre les poursuites des autres. Le débiteur, bien que non libéré envers les autres, était obligé de s'exécuter si la garantie était jugée suffisante ; le projet de Code civil pour la Bavière avait accepté ce tempérament (2). Mais les motifs reconnaissent avec raison que cette solution est inacceptable : elle aggrave la situation du débiteur en l'exposant à payer plusieurs fois Reste le droit pour chacun de poursuivre le tout, de telle sorte que l'exécution au profit d'un seul libère le débiteur ; elle est contraire à l'idée de pluralité d'obligations, et supposerait une représentation réciproque, laquelle n'existe pas. Le projet revient donc au principe que le débiteur n'est pas autorisé à ne payer qu'à un seul et doit payer à tous collectivement (art. 339). Il en résulte que l'un seulement des créanciers ne devrait pas pouvoir demander le tout sans le concours des autres ; mais le projet a prévu l'inconvénient de cette solution et il a voulu l'atténuer en permettant à chacun de poursuivre seul l'exécution collective. Il intente seul l'action, mais il demande le paiement à tous collectivement, en ce sens que le débiteur doit offrir à tous l'exécution et mettre en demeure ceux qui se refusent à la recevoir (3). Reste, il est vrai, un cas où ce tempérament est inefficace, c'est celui de l'exécution forcée, lorsque de la poursuite on passe à la saisie. Puisqu'on ne doit fournir l'objet qu'à l'ensemble des créanciers, le concours de tous est nécessaire pour l'exécution forcée ; il est vrai que la plupart du temps il y aura en pareil cas insolvabilité ou pour mieux dire impossibilité d'exécution, et par suite transformation de la dette en dommages-intérêts, auquel cas l'obligation devient divisible (art. 341) (4). Il n'en est pas moins vrai que l'expédient imaginé ne donne pas satisfaction à toutes les exigences. Mais les motifs croient qu'aucun des systèmes proposés n'est exempt d'inconvénients pratiques et

(1) C. civ., art. 1220, 1224 ; C. féd., art. 79. — Sächs, *G. B.*, § 1037.
(2) Windscheid, § 299, note 5. — *Bayr. Entw.*, art. 242. Voir pour l'époque romaine, l'énoncé des espèces et la discussion des textes dans la thèse précédemment citée de Cam. Kleyer (p. 71 et suiv , notes 79 et suiv).
(3) L'art. 432 C. civ. al. facilite la solution, en permettant, dans le cas où l'un des créanciers refuserait de recevoir la prestation, d'exiger que le débiteur consigne la chose due ou qu'il la remette à un séquestre judiciaire.
(4) Cf. Windscheid, § 299, note 6.

que la combinaison qu'adopte le projet est encore celle qui en présente le moins.

132. Enfin l'article 339 ajoute qu'un fait qui ne se produit que relativement à la personne d'un des créanciers n'a pas d'effet à l'égard des autres. Ceci s'applique sans difficulté à la faute, à la sommation ayant en vue la mise en demeure et enfin aux actes interruptifs de prescription : pour toutes ces hypothèses, c'est déjà la solution admise en matière de solidarité. Mais il n'y a pas de doute que le projet ait entendu comprendre dans cette formule la remise de dette. On sait pourquoi le créancier solidaire peut accorder une remise objective. Le créancier d'une dette indivisible ne peut disposer que de sa créance, donc ne peut supprimer la dette des autres : cela est d'autant plus certain que le projet en principe n'admet même pas le paiement à un seul.

133. *Indivisibilité par rapport aux débiteurs.* — Lorsque l'indivisibilité existe entre débiteurs, il semblerait, pour rester en harmonie avec le cas qui précède, que le créancier dût les mettre tous en cause et qu'aucun ne pût être forcé à faire seul l'avance du tout : c'est la décision du droit prussien. Mais la plupart des législations ont vu là un inconvénient considérable pour le créancier, surtout, comme c'est le cas ordinaire, lorsque la pluralité de débiteurs est survenue après coup, par suite de succession. Savigny avait très fortement insisté sur la raison d'établir une règle différente suivant que l'indivisibilité existait entre créanciers ou entre débiteurs. Il importe peu, dit-il, au débiteur unique de payer à un seul ou à plusieurs, sa situation n'en est pas aggravée ; mais il importe grandement au créancier qui n'a originairement qu'un seul débiteur de n'avoir pas à diviser et multiplier ses poursuites. L'objection, il est vrai, n'est peut-être pas présentée d'une façon suffisamment précise ; car, sous cette forme, elle viserait toute division des dettes entre cohéritiers (1). Ce que Savigny a voulu dire, c'est que, si l'objet est indivisible, aucun des débiteurs ne peut en fournir une part proportionnelle à sa dette : il faut donc, ou qu'il fournisse le tout à lui seul, ou qu'il obtienne le concours des autres. Or faire dépendre de cette dernière circonstance le succès des poursuites du créancier, c'est en effet compromettre le droit

(1) Cf. Savigny, *Oblig.*, § 33 *in fine* (trad. Gérardin et P. Jozon, t. I, p. 393).

de celui-ci, et cette considération suffit à justifier la différence admise suivant que l'indivisibilité existe au point de vue passif ou au point de vue actif. Le projet admet donc, comme la plupart des législations qui l'ont précédé, que le créancier peut demander le tout à un seul débiteur ; et il ajoute qu'il y aura lieu de faire à cette matière application des règles de la solidarité. Cela veut-il dire qu'il fait de l'obligation indivisible entre débiteurs une obligation solidaire ? Nous avons déjà montré que théoriquement cela nous semblait bien impossible ; dans la pensée des auteurs du projet, les règles admises en matière d'obligations solidaires étant les solutions généralement acceptées par les jurisconsultes et romanistes allemands pour la simple solidarité, elles n'ont pas paru inconciliables avec l'hypothèse d'une pluralité d'obligations existant sous le couvert de l'unité d'exécution. Mais, s'il y a parmi les règles de la solidarité quelques solutions pour lesquelles le projet ait entendu s'en remettre à l'intention des parties, comme par exemple en matière de remise de dette, il y aura encore à voir, et ceci sera l'affaire de la doctrine, si, à propos d'indivisibilité, on devra suivre les mêmes règles d'interprétation et si toutes les conventions seront aussi pleinement admises qu'en matière de solidarité. Par exemple, acceptera-t on aussi pleinement ici la règle de l'article 332, la possibilité d'une remise objective conclue avec l'un seulement des débiteurs ? En matière de solidarité, nous avons accepté l'idée d'unité d'obligation ; la remise faite pour le tout avec l'un des débiteurs supprime l'objet et les autres ont droit de se prévaloir de cette extinction de l'obligation, laquelle était unique et la même pour tous. Ici, il y a pluralité d'obligations, et la remise de dette est un contrat (art. 290 *in fine*) : le projet n'admet pas que la simple renonciation unilatérale lie le créancier : donc en tant qu'il conclut une remise avec l'un des débiteurs, il ne peut la lui accorder que pour ce qui est de son obligation. Pour qu'elle pût valoir à l'égard des autres, il faudrait que chaque débiteur représentât les autres, ce qui n'est pas admis par le projet. Sans doute, on peut dire qu'il y a une offre à l'égard des autres et que ceux-ci en se prévalant de la remise l'acceptent et forment la convention : fort bien, si la remise n'a pas été révoquée ; mais l'intérêt de la question est de savoir si le créancier n'étant pas lié peut révoquer la remise en ce qui touche la part de ceux avec qui elle n'a pas été conclue, et il nous semble difficile que le projet ait entendu en décider autrement, à moins qu'il ait voulu traiter la remise objective comme un pacte en faveur d'autrui, auquel cas l'effet poursuivi par la convention devrait se réaliser immédiatement en la personne du tiers sans attendre son consentement. Mais encore est-ce là, d'après l'article 412, une question d'interprétation de volonté ; et en tous cas cette façon indirecte de faire produire effet à la remise objective n'aboutirait-elle pas absolument aux mêmes conséquences que l'effet immédiat de la remise de l'article 332 en matière de solidarité ?

Pour ce qui est de la remise subjective, il nous semble difficile de ne pas autoriser les autres débiteurs dans tous les cas à l'invo- quer pour la part de celui au profit duquel elle est intervenue. En matière de solidarité, on peut supprimer un des sujets sans tou- cher à l'objet de l'obligation : en matière d'indivisibilité, le créancier qui supprime l'un des débiteurs supprime du même coup l'une des obligations. Si donc il poursuit les autres pour le tout, il demande, non seulement plus que celui qu'il actionne ne devrait lui fournir, mais plus qu'il ne lui est dû par la totalité des débiteurs ; il est dans la situation d'un copartageant qui reçoit plus que sa part, il doit une soulte. Il semble bien difficile alors qu'il puisse demander le tout sans tenir compte de la valeur de la part dont il avait fait remise ; tout au moins, s'il s'agit sur ce point d'une question d'in- tention et par suite de présomption, il ne nous semblerait pas que la décision dût être la même, soit qu'il s'agît de solidarité, soit qu'il s'agît d'indivisibilité. Ces points de différence ne sont pas les seuls sur lesquels l'attention de la doctrine dût être attirée, malgré l'iden- tité de situation que le projet semble faire aux deux institutions. Le point important à mettre en relief est qu'en cette matière, le créancier pourra, comme cela est également admis chez nous, demander le tout à chaque débiteur. Seulement notre Code civil apporte une atténuation au principe, il permet au débiteur d'appe- ler les autres en cause (1), de façon à faire prononcer contre tous une condamnation conjointe (Cod. civ., art. 1225). Il est vrai que ce bénéfice n'a guère d'intérêt pratique qu'au point de vue de la division des dommages-intérêts, au cas où l'obligation étant ren- due impossible elle se transforme en indemnité C'est la question qu'il nous reste à examiner.

134. *Condamnation aux dommages-intérêts.* — Pour qu'il puisse être question d'indemnité divisée, il faut supposer que l'obli- gation reste possible ; si elle était devenue matériellement impos-

(1) Cf. pour l'époque romaine la thèse précédemment citée de Kleyer, p. 75 et suiv.

sible, comme au cas de perte de la chose, et que cette impossibilité
fût imputable à l'un des débiteurs, celui-là seul devrait en répondre et il en répondrait pour le tout. La faute étant un fait personnel
à celui de qui elle émane ne saurait réagir à l'encontre des autres ;
et d'autre part, celui qui l'a commise devrait indemnité totale,
bien qu'il ne fût débiteur que d'une part, puisque c'est par sa faute
que l'exécution totale est empêchée et qu'il doit réparer toutes les
conséquences de sa faute. Mais on peut supposer que l'exécution
objectivement reste possible ; seulement, le débiteur poursuivi ne
peut la fournir. Il peut se faire, par exemple, qu'il ait besoin du
concours des autres et que ceux-ci, ou l'un d'eux, le refusent. Si
donc, le créancier actionne l'un seulement des débiteurs, que
pourra-t-il lui demander? On comprend trois solutions possibles :
il pourra lui demander le tout, puisque l'indemnité représente l'objet visé par la poursuite et doit avoir la même étendue que lui,
et le débiteur n'aura aucun moyen de se soustraire à cette poursuite intégrale . ou bien, il pourra encore demander le tout, mais
le débiteur pourra exiger la division de la condamnation, il a la
ressource de l'*exceptio plurium litis consortium ;* s'il ne l'invoque
pas, il est censé accepter de répondre pour le tout, s'il l'invoque,
le juge devra diviser la condamnation entre tous (1) ; enfin, le
créancier ne pourrait jamais poursuivre qu'une condamnation divisée, du moment que l'obligation indivisible s'est transformée en
une dette d'argent dont l'objet est par suite divisible : l'obstacle à
la divisibilité des poursuites ayant disparu, on revient à la règle
d'une condamnation divisée. Tout au moins, devrait-on, dans tous
les cas, faire une distinction entre deux hypothèses, celle où les
débiteurs ont contracté la dette sous sa forme actuelle ou encore
ont succédé à la dette, l'objet existant encore et étant indivisible ;
et celle où la transformation en indemnité se fût opérée du vivant
du débiteur initial, l'obligation ayant passé à ses héritiers sous la
forme de dette d'argent. Dans ce dernier cas, on ne voit plus bien
sur quoi on s'appuierait pour permettre encore la poursuite indivisible, en dehors de toute hypothèse de solidarité proprement
dite (2). De sorte que l'hésitation n'existe guère que pour l'hypothèse
où la dette indivisible a été contractée comme telle par les débiteurs ou bien encore a passé comme telle aux héritiers du débiteur

(1) Cf. Demol., XXVI, n° 604.
(2) Cf. Brinz, *Pand.*, § 233, note 20 (II, p. 74).

unique ; dans ces conditions, le créancier peut-il obtenir une con-.
damnation divisée ?

135. En Allemagne l'opinion dominante était d'accord pour
l'admettre, soit qu'on se plaçât sur le terrain du droit romain, soit
qu'on se plaçât sur celui du droit moderne. Au point de vue romain (1) on faisait remarquer que toute condamnation à Rome
était formulée en argent, donc qu'elle ne pouvait porter que sur la
part du débiteur dans la dette ; l'obligation n'eût été indivisible
qu'en ce sens que le débiteur qui eût voulu par l'exécution en nature
échapper à la condamnation pécuniaire aurait dû fournir le tout.
Sur le terrain du droit moderne, on faisait valoir que l'exécution
intégrale ne dérivait pour le débiteur que d'une impossibilité matérielle, l'indivisibilité de l'objet ; et que celui-ci s'étant transformé en objet divisible, il fallait en revenir à la règle du droit
commun : chacun condamné pour sa part. Savigny s'éleva très
vivement contre cette manière de voir ; il discute surtout la
question au point de vue de l'interprétation des textes romains.
La difficulté, en ce qui touche l'analyse des textes, provenait
d'une sorte de contradiction que présente un fragment très connu
d'Ulpien , celui-ci, après avoir parlé de l'indivisibilité absolue de
l'obligation de construire un ouvrage, cite, en ayant l'air de se
l'approprier, une opinion de Tubero, d'après lequel cette obligation
s'étant transformée en dette d'indemnité par suite d'inexécution,
elle devrait être considérée sous ce rapport comme divisible. Savigny croit qu'Ulpien cite l'opinion de Tubero comme une curiosité
juridique et une singularité qui n'avait pas prévalu (2). Windscheid
et Brinz se sont rattachés à ce système, bien qu'ils expliquent autrement le fragment d'Ulpien, supposant que Tubero se place dans

(1) Dernburg cependant croit qu'à Rome le principe primitif avait été
en faveur de la condamnation au tout représentant l'objet intégral de la
poursuite, et qu'après avoir essayé de divers procédés pour garantir le
débiteur, on en vint à la pratique d'une condamnation divisée (Dernburg,
Pand., § 25, note 6).
Le moyen intermédiaire indiqué par Dernburg, comme expédient et système de transition, est celui des cautions mutuelles imposées par le juge de
l'action en partage : de façon que chaque héritier garantissait aux autres
le remboursement des avances qu'il pourrait être appelé à faire : ou encore
si le paiement intégral a été fourni par l'un des héritiers avant le partage,
le juge le rembourse par voie de prélèvements ou d'accroissement de part.
— Voir sur ce point quelques citations d'espèces dans la thèse de Kleyer,
Des obligations divisibles et indivisibles, § 21.
(2) Savigny, *Oblig.*, § 34. — Cf. Cujas, § *Comment. ad Leg.*, 72 D. (45, 1).

l'hypothèse où la transformation en dette d'argent s'est produite du vivant du débiteur initial (1). L'argument principal est que l'obligation ne peut changer d'étendue parce qu'au lieu de l'objet en nature on fournit de l'argent ; l'indemnité doit représenter exactement l'équivalent de la poursuite en nature et celle-ci pouvait être intentée pour le tout. Mais tout autre chose est pour l'un des héritiers du débiteur, par exemple, de fournir en nature un objet indivisible qu'il est en situation de procurer ou d'en payer la valeur intégrale. Qu'il soit condamné à cette pleine indemnité lorsque c'est par sa faute qu'il ne peut fournir la chose, c'est de toute justice ; mais l'obliger encore à faire l'avance entière lorsqu'il n'est pas en faute et que par suite le créancier ne peut lui demander sous forme d'indemnité que la représentation de ce qu'il lui doit, c'est-à-dire l'équivalent de sa part, c'est une contradiction juridique. Aussi certains romanistes, Dernburg entre autres, sont d'avis que l'opinion de Tubero rapportée par Ulpien, loin d'être, comme le voulait Savigny, la reproduction d'une conception isolée et surannée, représenterait au contraire l'idée nouvelle, celle qui finit par prévaloir et qu'a entendu consacrer Justinien (2). C'est en tous cas la solution des législations modernes (3) ; le projet l'accepte également ; le débiteur poursuivi n'est même pas obligé, comme chez nous (art. 1225, Cod. civ.), d'appeler les autres en cause pour obtenir une condamnation divisée. Le bénéfice de l'art. 1225, tel que l'entendaient Pothier et nos anciens auteurs (4), implique l'ancien principe d'une condamnation intégrale même en matière d'indemnité. A ce principe on apporte une atténuation : le débiteur peut échapper à cette rigueur en faisant prononcer la condamnation contre tous (5). Le projet, conformément au Code saxon et à la théorie dominante du droit commun, n'exige pas cette mise en cause de l'ensemble des débiteurs. Du moment que le débiteur poursuivi n'est pas en faute de l'inexécution et que cependant il ne peut se prévaloir d'une impossibilité matérielle résultant du cas fortuit, on revient au principe de l'indemnité ; mais cette indem-

---

(1) Windscheid, § 299, note 7. — Brinz, 233, note 20. — Cf. Vangerow, III, § 567, note 2.

(2) Dernburg, *Pand.*, t. II, p. 70, § 24, note 6. — Baron, *Pand.*, § 244, notes 20-22.

(3) Pour le droit prussien, voir Förster-Eccius, *Preuss. Priv. R.*, t. I. § 67, *in fine*, p. 392. — Sächs. *G. B.*, § 1038, C. féd., art. 80.

(4) Pothier, *Obligat.*, nᵒˢ 331-335.

(5) Cf. Demol., XXVI, nᵒ 604. — Colmet de Santerre, V, nᵒˢ 160 *bis*-11ᵉ *in fine*.

nité a pour mesure, non l'objet compris dans la poursuite, lequel
n'avait cette étendue qu'accidentellement, mais l'étendue de sa
propre obligation : donc la condamnation aux dommages-intérêts
ne sera prononcée que pour sa part dans la dette (1).

(1) Il faut remarquer cependant que la seconde commission a, sinon
rejeté, tout au moins fait disparaître du texte du Code civil, la disposition
correspondant à l'ancien art. 341 P¹. Et il est difficile de pénétrer très exactement le motif qui, en cela, a guidé la majorité. On a paru croire que cette
transformation de l'obligation se produirait en général par le fait d'un seul
des débiteurs, auquel cas celui-ci répondrait forcément pour le tout. Or, on
a pensé que, si, exceptionnellement, cette transformation était le fait de
tous, chacun serait tenu encore pour le tout, bien que la prestation fût devenue divisible. On a paru craindre que la formule de l'art. 341 P¹ pût fournir
une interprétation contraire à cette dernière solution. Mais est-ce une raison de croire que, cette hypothèse à part, on ait voulu mettre de côté le
principe fondamental de l'art. 341 P¹ ? Cette conclusion serait elle-même
très douteuse, et risquerait de dépasser de beaucoup la pensée de ceux qui
ont écarté du texte du Code civil la disposition de l'art. 341 P¹. Sur tous ces
points, cependant, bien des difficultés pourront s'élever (cf. PL. sur § 431,
p. 223, et Kipp sur Windscheid, dans *Windsch.*, 8ᵉ éd., II, § 300, p. 213 suiv.,
et Scholl. sur § 431, p. 441-442).

DEUXIÈME SECTION

SOURCES DE L'OBLIGATION

136. Le projet a admis, conformément à toutes les traditions juridiques, que l'obligation peut provenir de trois sources : l'acte entre vifs, le délit, et diverses causes correspondant à ce que nous appelons le quasi-contrat. Il adopte le terme d'acte juridique entre vifs, parce que la simple promesse unilatérale pourra, dans certains cas exceptionnels, et sans qu'il soit besoin d'acceptation, produire une obligation. L'expression de contrat, impliquant forcément le concours de deux volontés, eût été par suite trop étroite et n'aurait pu comprendre ces cas, assez rares il est vrai, où il suffit d'une seule volonté pour faire naître l'obligation. Ces trois sources possibles d'obligation formeront les trois grandes divisions de cette partie de notre travail ; nous aurons ainsi à traiter :

1° Des actes juridiques entre vifs considérés comme source d'obligation ;

2° Des délits considérés comme source d'obligation ;

3° Des quasi-contrats considérés comme source d'obligation.

I

Des actes juridiques considérés comme source d'obligation.

137. Cette matière se trouvera forcément quelque peu tronquée par suite du plan adopté par le projet, puisqu'il a inséré dans la Partie générale tout ce qui a trait aux actes et conventions juridiques, considérés indépendamment de l'objet qu'ils peuvent avoir en vue. C'est ainsi que nous n'aurons pas à nous occuper de la question si importante de la formation des contrats, ni de celle des vices du consentement. Le projet a pensé qu'il y avait là matière à une théorie générale applicable à toutes les manifestations de volonté susceptibles d'effets juridiques, et il l'a placée dans l'introduction ; nous ne pourrons y faire, par conséquent, que quelques allusions par voie de références (1). Il est vrai de dire, par conséquent, que la section dont nous entreprenons l'étude se réfère à peu près exclusivement aux effets des actes juridiques, considérés au point de vue de la formation de l'obligation. Cependant une question préalable se présente : quels sont les actes juridiques susceptibles de donner naissance à l'obligation ? Nous savons déjà que le projet admet, à côté du contrat, et tout à fait par exception, la simple promesse ou pollicitation. Le projet passe ensuite aux particularités relatives à l'objet des contrats ; après quoi, il en aborde les effets ou le contenu : ceux-ci comprennent des effets directs et des effets accessoires, tels que la clause pénale et le droit de retrait. Parmi les effets normaux ou directs, il faut distinguer ceux qui sont généraux de ceux qui ne résultent que de certains contrats particuliers, tels, par exemple, que la garantie pour les contrats par lesquels on s'oblige à aliéner un droit, ou encore les droits que le contrat peut produire en faveur d'un tiers s'il s'agit de stipulation pour autrui. Enfin nous croyons devoir ranger dans cette partie générale les effets de la promesse de dette, considérée comme promesse sans cause (*Schuldversprechen*), et que le projet classe parmi les contrats particuliers (art. 683-684), ainsi que la promesse faite au porteur, qui n'en est qu'une application (art. 685-703). Il nous a semblé, bien qu'en réalité il s'agît de contrats particuliers, comme c'était le cas pour la *stipulatio*, qu'il y avait là plutôt une forme générale destinée à couvrir des opérations très diverses, et que, par suite, en raison de leurs fonctions multiples, des conventions de ce genre devaient rentrer dans la partie générale de cette étude (2). Elles serviront à en compléter l'ensemble et à mieux faire comprendre le mécanisme des sources de l'obligation. Il nous faudra pour cela modifier quelque peu le plan adopté par le projet, et voici celui que nous proposons.

(1) Du reste, les points les plus importants, compris dans cette partie générale, ont été signalés et très nettement indiqués dans le résumé que M. Bufnoir a présenté de cette partie du projet et qui se trouve reproduit dans le *Bulletin de la Société de législation comparée*, n° de février 1889. Les indications relatives à la formation des contrats, aux vices du consentement, au terme et à la condition (*Bulletin*, 1889, p. 152-161), suffiront amplement pour l'intelligence des théories que nous aurons à exposer : il nous suffit d'y renvoyer. — Cf. mon livre sur *La Déclaration de volonté* (Paris, 1901).

(2) C'est également l'avis de Gierke qui reproche au projet de les avoir classées parmi les contrats particuliers (Gierke, dans *Revue de Schmoller*, t. XIII, p. 220).

1° Des actes juridiques susceptibles de produire une obligation :
simple promesse et convention ;

2° Objet des contrats ;

3° Effets généraux des contrats : exécution des contrats ; risques ;

4° Effets particuliers à certains contrats . garantie ; stipulation pour autrui ; promesse sans cause ; promesse souscrite au porteur ;

5° Effets accessoires : des arrhes ; clause pénale ; clause de résiliation.

§ 1. — DES ACTES JURIDIQUES SUSCEPTIBLES DE PRODUIRE UNE OBLIGATION

138. *Contrat et simple promesse.* — La volonté est l'agent principal destiné à former l'engagement juridique. Mais, en règle générale, il n'y a engagement véritable, susceptible de produire un lien de droit et par suite de donner action à autrui, que s'il y a eu accord de volontés. Pour s'engager, il faut être deux, l'un qui promet, l'autre qui accepte la promesse ; en d'autres termes, le contrat est la source normale de l'obligation. Or, il importe de rappeler, pour l'intelligence de ce qui va suivre, que le projet a cependant considéré comme ayant une valeur distincte et une existence juridique indépendante, avant même qu'elles se rencontrent, chacune des deux manifestations de volonté destinées à former le contrat (1). L'offre, dès qu'elle est émise, vaut comme expression de la volonté du pollicitant ; il y a plus, c'est une volonté qui s'est déjà liée elle-même (2) (art. 80), en ce sens que l'offre ne peut être révoquée pendant un certain délai, soit exprès, soit tacite (art. 82-84). Le pollicitant s'est donc engagé, vis-à-vis de lui-même, à maintenir son offre pendant le délai normal ; une fois celui-ci expiré, l'offre tombe (art. 82). On aurait pu se contenter de lui enlever son caractère obligatoire à l'égard de celui qui l'a faite et la maintenir jusqu'à révo-

---

(1) Voir sur tous ces points le *Bulletin* du 9 février : exposé de M. Bufnoir (*Bulletin*, 1889, p. 155-156) : — et, pour ce qui est du Code civil, al. art. 130 (cf. SAL, *Décl.*, p. 118 suiv.).

(2) V. All. L. R., I, 5, § 103 : OEsterr. G. B., § 862 ; C. comm. all., art. 319 ; C. féd., art. 3. — Siegel, *Das Versprechen als Versflichtungsgrund im heutig. R.*, p. 53 et suiv. — Dernburg, *Preuss. Privat. R.*, I, p. 199. — Dernburg, *Pand.*, § 9, note 10 et § 11, note 12. — Cf. Stobbe, *D. Privat. R.*, III, § 168, note 17. — *Contra*, Windscheid, § 307, note 7 a.

cation ; mais le projet, conforme en cela à la pratique moderne,
interprète la volonté du pollicitant comme n'étant exprimée que
pour un certain délai, après lequel elle doit être considérée comme
expirée (1). Il faut remarquer du reste que cette force obligatoire
de l'offre ne lui est acquise qu'à partir du moment où elle parvient
à celui auquel elle est adressée, car c'est la règle pour toutes les
déclarations de volonté émises à l'adresse d'un tiers (2), qu'elles ne
produisent effet juridique à son endroit qu'à partir du moment où
elles lui parviennent (art. 74) Jusque-là elles valent bien comme
manifestations de volonté ayant une existence indépendante, mais
ces déclarations de volonté appartiennent encore à celui qui les a
émises (3). De là il suit que, si ce dernier meurt avant que l'expression de sa volonté parvienne à destination, l'offre subsiste, puisqu'elle vaut déjà comme manifestation de volonté dont son auteur
s'est dessaisi et existant en dehors de lui (4). Mais, tant qu'elle n'est
pas parvenue à destination, il peut la reprendre, puisque, bien
qu'ayant une existence juridique indépendante, elle lui appartient
encore. L'effet obligatoire de l'offre commence avec sa réception (3) ;
d'où il suit enfin que la révocation antérieure ne sera efficace que
si elle parvient avant l'offre elle-même ou en même temps (5).

---

(1) Cf. Windscheid, § 307, note 7. C. civ. al., art. 145 et suiv.

(2) Sur ce caractère particulier des déclarations de volonté adressées à
autrui, qui ne sont pas de pures manifestations de volonté, mais dont l'élément essentiel est d'être adressées à un intéressé (*gegenüber einem Bethei-
ligten abgegeben*, art. 74), on peut voir Zitelmann, *Die Rechtsgeschäfte im
Entwurfe* dans les *Bekker-Beiträge*, fasc. 7 et 8, p. 98-99. — Cf. SAL, *Décl.*,
loc. cit.

(3) Cf. Windscheid, § 306, notes 5 et 6.

(4) Cf. Projet, art. 74. — Cf. C. de comm. all., art. 297. — *Contra*,
Windscheid, § 307, note 9.

(5) Les auteurs, comme Windscheid, qui n'admettent pas que le pollicitant soit lié par son offre et qui par suite lui permettent de révoquer tant
qu'il n'y a pas eu acceptation, donnent alors contre le pollicitant une action
en indemnité, fondée sur le tort qu'il a pu causer à l'autre partie en lui donnant l'assurance d'un contrat qui ne s'est pas réalisé ; ces dommages-intérêts comprendront non seulement la restitution des frais et dépenses que
l'autre partie a pu faire en vue du contrat projeté (ce système trop restrictif
était fondé sur une idée de mandat, c'était celui de Mommsen (*Erörterungen*, II, p 134 et suiv.), ils représenteront la réparation exacte du dommage
que l'offre a causé à celui à qui elle était faite et qui a pu compter sur elle,
comme par exemple si cette circonstance lui a fait manquer une vente
avantageuse. C'était un des cas d'application du *Negative Vertragsinteresse* (Windscheid, *Pand.*, § 307, note 5), dont il sera parlé plus loin (nos 153
et suiv.). Dans le système du projet, la question ne se pose plus dans le cas
d'offre révoquée, puisque la révocation est inefficace tant qu'il y a obligation de maintenir l'offre (V. *Motifs sur l'art.* 97, t. I, p. 195).

139. L'acceptation, dès qu'elle est émise, vaut également comme expression de la volonté de l'acceptant et indépendante aussi de son existence à lui (1). Mais elle ne peut produire, à l'égard de celui à qui elle est adressée, l'effet qu'elle a en vue, que du moment où elle arrive à destination ; l'article 87 du projet n'a pas eu besoin de le dire expressément, puisque c'est la règle formelle posée par l'article 74 pour toutes les déclations de volonté adressées à un tiers à l'égard duquel elles doivent produire effet juridique, mais les motifs sur l'article 87 rappellent très nettement le principe de l'article 74, déclarant que, par acceptation de l'offre, il faut entendre, au point de vue de l'effet qu'elle doit réaliser, l'acceptation arrivée à destination (2). Il en résulte que, non seulement l'acceptant peut révoquer son offre de façon à ce que la révocation parvienne avant ou en même temps que l'acceptation, mais que le contrat n'est formé qu'au moment où l'acceptation parvient au sollicitant. Le projet, en décidant ainsi, a pris carrément parti sur une des questions les plus délicates et les plus discutées du droit moderne (3). Il semblerait, à première vue, que le système

(1) Cf. Windscheid, § 306, note 5, § 307, note 11.

(2) On n'en a pas moins pu dire avec raison que l'article 87 était rédigé à la façon d'une véritable énigme. Il déclare que la conclusion du contrat se place au moment de l'acceptation de l'offre (*Mit dem Zeitpunkte der Annahme des Vertragsantrages ist der Vertrag geschlossen*). Tout le monde comprend que c'est au moment où l'acceptation est donnée. Or les motifs nous disent qu'il faut traduire *acceptation* par *acceptation arrivée a destination*, et que cette définition provient de l'article 74. Les rédacteurs du projet ont poussé jusqu'à l'excès la crainte d'un mot inutile. — Cf. Meischeider dans *Bekker-Beiträge*, fasc. 3, p. 17. — Cf. également *Bulletin*, 1889, p. 156. — Pour les cas exceptionnels où le contrat se forme sans qu'il soit nécessaire que l'acceptation soit adressée à l'auteur de l'offre, voir C. civ. al., art. 151.

(3) Les *Motifs sur l'article* 74 rappellent les quatre théories possibles qui, toutes quatre, avaient cours en Allemagne : 1° théorie du jour de la manifestation de volonté (*Aeusserungstheorie-Declarationstheorie*) ; 2° théorie du jour de l'émission (*Absendungstheorie*) ; 3° théorie du jour de la réception (*Empfangstheorie*) ; 4° théorie du jour de la prise de connaissance par le pollicitant (*Agnitionstheorie-Vernehmungstheorie*). Le projet accepte la troisième en principe et la quatrième par exception au cas de déclaration de volonté tacite (art. 74-1°).

Les partisans de l'*Empfangstheorie* et ceux de l'*Agnitionstheorie* surtout reproduisaient la démonstration par voie d'exemple donnée par Merlin (*Répertoire*, v° *Vente*, t. XIV, éd. 1815, p. 308). — Cf. Regelsperger, *Civilrechtliche Erörterungen*, I Heft (1868), p. 23 et suiv. — Id. dans l'*Handbuch* d'Endemann, II, § 248 (voir également Regelsberger, *Pand.*, 1, § 150, notes 21 et 22, p. 553). — Cf. Windscheid, § 306, note 8. — Lyon-Caen et Renault, *Précis*, n°s 630-632. — On trouvera dans Zitelmann, *Die Rechtsgeschäfte* (*Bekker-Beiträge*, fasc. 7 et 8, p. 102-110) d'intéressants développements sur la théorie du projet. Zitelmann lui reproche d'avoir distingué entre les déclarations expresses et les déclarations tacites et voudrait voir consacrer dans du Code de commerce allemand fût contraire à cette solution ; car, si, d'une part, l'article 320 permet la révocation de l'acceptation tant que celle-ci n'est pas parvenue au pollicitant, l'article 321, d'autre part, déclare que, lorsqu'un contrat passé entre absents s'est formé, on doit considérer comme l'époque à laquelle il a été conclu, celle de l'émission de l'acceptation ; d'où il paraîtrait légitime d'induire que le contrat se forme au moment où l'acceptation est émise, bien qu'elle puisse encore être révoquée si la révocation parvient à temps. Mais plusieurs, parmi les interprètes du Code de commerce, l'avaient entendu autrement. Si l'acceptation peut encore être reprise après son émission, c'est donc, disaient-ils, que le contrat n'est pas encore formé ; de plus, l'article 321 distingue deux choses : la première, la formation du contrat (*Ist ein unter Abwesenden verhandelter Vertrag zu Stande gekommen*) ; puis la seconde, qui est le moment auquel on reporte les effets du contrat (1) (*So gilt der Zeitpunkt, in welchem die Erklärung der Annahme behufs der Absendung abgegeben ist, als der Zeitpunkt des Abschlusses des Vertrags*). Le contrat s'est donc formé à la réception de l'acceptation, mais, par une fiction de rétroactivité, on en reporte les effets au jour de l'émission (2). Ce système mixte était considéré comme une sorte de concession faite aux partisans de la théorie qui plaçait la formation du contrat au jour où les deux volontés avaient coexisté, donc au jour de l'émission. Quoi qu'il en soit, le projet, en déclarant le contrat formé au moment de la réception de l'acceptation, est d'accord avec l'interprétation donnée à l'article 321

tous les cas la théorie qui exige la connaissance effective de la part de celui à qui la déclaration est adressée (*Vernehmungstheorie*). — Cf. Sal., *Décl. sur art*. 130.

(1) Intérêts pratiques aux points de vue suivants : 1° quand le contrat doit transférer les risques d'une partie à une autre ; 2° lorsqu'on s'est référé pour la fixation du prix au cours du marché, etc., etc.

(2) La nuance n'est pas suffisamment marquée dans la traduction française du Code de commerce : « *Un contrat débattu entre absents est censé conclu*, etc. ». On a voulu abréger et supprimer le « *Ist ein*, etc., *zu Stande gekommen* », et l'excès de concision a supprimé une nuance que le texte rend parfaitement : « *Lorsqu'un contrat débattu entre absents est venu à existence, alors il faut considérer comme époque de sa conclusion,* etc. ». — Cf. Endemann, *Handelsrecht*, § 117, notes 30, 31.

Endemann s'exprime comme l'article 87 du projet : « *Le contrat se forme par l'acceptation* » ; et il ajoute aussitôt : « *Ce qui veut dire par l'acceptation parvenue à l'auteur de l'offre* ». Cela montre bien que, dans le langage de la pratique, l'*Annahme* était entendue, comme l'explique l'article 74 du projet, d'une *acceptation reçue par le pollicitant*. — Add. Regelsberger, dans l'*Handbuch* d'Endemann, II, § 248, note 2. — Cf. Thöl, *Handelsrecht*, I, 2ᵉ part. (éd. 1876), § 239-III, p. 157.

3ᵉ édition. 10

du Code de commerce ; seulement il rejette la fiction de rétroactivité qui avait fait reporter à l'émission les effets du contrat et c'est en cela qu'il corrige le système du Code de commerce (1).

140. Mais ce qu'il importe de remarquer, c'est que l'acceptant, en émettant son acceptation, se lie également lui-même dans une certaine mesure, au même titre que l'auteur de l'offre ; puisque, même s'il révoque à temps son acceptation, c'est à-dire avant qu'elle soit parvenue à destination, sa révocation sera non avenue si elle ne parvient au pollicitant qu'après l'acceptation reçue. Celle-ci, au moment où elle arrive, n'exprime plus en fait qu'une volonté révoquée, et cependant le contrat se forme. C'est donc que, pour l'acceptant, son acceptation le lie d'avance, en ce sens qu'elle produira son effet dès sa réception et indépendamment de toute révocation déjà émise ; c'est le système admis pour l'offre elle-même, sauf que pour celle-ci l'effet obligatoire unilatéral dure pendant un délai déterminé, tandis que pour l'acceptant il n'y a obligation unilatérale à son encontre que jusqu'à la réception de l'acceptation puisqu'à ce moment le contrat se forme et que les obligations naissant du contrat se lient de part et d'autre. Tout ce que nous voulions faire remarquer, c'est qu'il y a également, en ce qui regarde l'acceptant, une sorte d'obligation unilatérale de se considérer comme tenu par son acceptation, alors même qu'il l'aurait révoquée, si sa révocation arrive tardivement.

Ce qu'il y a à retenir de ce qui précède, c'est que le droit allemand moderne admet qu'en certains cas la volonté peut se lier elle-même. On peut se demander quel est le caractère de cette obligation, qui résulte pour le pollicitant de l'offre qu'il a faite ; tout ce qu'on peut dire d'à peu près certain, c'est que son offre ne l'a pas encore obligé, au sens strict du mot, n'a fondé à sa charge aucune obligation ; on ne peut exiger de lui aucune prestation. Cet engagement est tout passif ; il doit rester à la disposition de celui à qui il a fait l'offre et ne peut plus retirer sa proposition ; il n'est plus maître de sa volonté et doit subir le contrat si l'autre l'accepte. Siegel, dans sa théorie sur la promesse unilatérale, le déclare lié à sa parole, engagé à faire honneur à sa déclaration *(Ver-*

---

(1) Et ajoutons celui du Code fédéral, art. 8. Cf. *Motifs sur l'article* 87 du projet. — Il faut indiquer, d'ailleurs, que toute cette réglementation a disparu du nouveau Code de commerce allemand. On appliquera désormais aux contrats commerciaux les dispositions du Code civil al. (art. 145 et suiv. ; cf. STAUB, *Kommentar zum Handelsgesetzbuch*, II, p. 1135 suiv.).

pflichtung im Wort zu bleiben). Siegel distinguait en effet l'obligation de tenir sa parole de l'obligation d'exécuter sa promesse.
Stobbe, qui a combattu cette distinction en se plaçant surtout sur
le terrain historique (il y avait d'ailleurs été conduit par Siegel
qui opposait en cela les traditions germaniques aux traditions romaines), déclare l'auteur de l'offre obligé au contenu du contrat
sous condition suspensive, sous la condition de l'acceptation donnée
dans le délai (1). Quoi qu'il en soit, il n'est pas encore question
d'un simple engagement pris d'un seul côté, sans acceptation à
intervenir, et susceptible de produire une obligation au sens complet du mot, c'est-à-dire d'imposer une prestation à celui qui l'a pris.

141. *De la simple promesse.* — Mais la question a été posée
par Siegel sur ce nouveau terrain. Quiconque s'engage par devers
lui, et au moyen d'une déclaration verbale et publique, entend se
considérer comme tenu par son engagement. Sans doute, son engagement ne s'impose à personne et, s'il s'adresse à quelqu'un en
particulier, celui-ci a droit de le rejeter ; mais, si ce dernier l'accepte, celui qui a pris l'initiative n'a plus le droit de prétendre
avoir révoqué son engagement, il ne peut renier sa parole. Il doit
s'en tenir à la parole donnée ; il n'est pas nécessaire qu'il y ait
parole donnée et acceptée tout à la fois. Siegel a prétendu démontrer que cette théorie était conforme aux traditions germaniques ;
il a essayé de mettre en regard la possibilité de revenir sur un
contrat déjà formé et celle de se trouver lié sans qu'il y ait contrat.
Il lui a semblé que le droit allemand avait accepté toutes les
manifestations les plus élastiques de la volonté, et il a voulu le
démontrer sur le terrain du droit de retrait ou de résiliation. Il a
cru pouvoir établir que, dans beaucoup de cas, il y avait contrat
déjà formé et que cependant la révocation était possible ; parallèlement et à l'inverse, il a pensé que dans d'autres il n'y avait pas
encore contrat et que la révocation ne l'était plus. C'est surtout à
ce parallélisme que Stobbe s'est attaqué, montrant que, dans la
plupart des hypothèses où Siegel avait vu un cas de révocation
d'un contrat déjà conclu, il n'y avait pas encore contrat ; témoin
l'hypothèse de l'article 319 du Code de commerce (il s'agit de

(1) Siegel, *Das Versprechen als Verpflichtungsgrund im heutig. R.* (Vienne,
1874), p. 20 et suiv., p. 42 et suiv. — Stobbe, *Reurecht und Vertragsschluss
nach ält. deutsch. R.*, dans *Zeitsch. f. Rechts Geschichte* (XIII, p. 257 et
suiv.), et *Deut. Priv. R.*, III, § 168, note 17. — Cf. Brinz, *Pand.*, § 248,
notes 38 et suiv. Windscheid, § 304, note 12, et § 307, note 7 *a.*

l'ancien Code de commerce) : pour l'hypothèse où l'acceptation émise à temps n'arrive qu'après le délai fixé pour le maintien de l'offre, auquel cas le contrat ne sera pas considéré comme étant venu à existence, mais à condition toutefois que le pollicitant eût envoyé sans retard avis de sa révocation. Siegel disait : voici un exemple de contrat déjà formé, et qui peut être révoqué. A quoi Stobbe a répondu que le contrat ne s'était pas formé, car l'offre est censée tombée avec l'expiration du délai ; elle ne serait considérée comme maintenue que si l'auteur de l'offre, au reçu de l'acceptation tardive, ne donnait pas avis immédiatement de sa révocation. Dans tous les cas, il n'y a pas là révocation d'un contrat, d'ores et déjà conclu (1). Passant ensuite à la preuve directe, Siegel avait cru reconnaître dans l'ancien droit allemand certains exemples d'engagements par simple déclaration unilatérale. Déjà, du reste, en droit romain, quoique le principe de la convention soit absolument la règle, on peut présenter quelques hypothèses exceptionnelles d'obligations naissant d'une seule manifestation de volonté (2). On l'a dit du vœu, qui engage la personne sous la condition d'un événement dont on demande à la divinité la réalisation (3). Mais l'exemple le plus sûr est celui de certaines *pollicitationes* faites au profit des cités. Non qu'il faille l'admettre pour toutes sans distinction, ni pour toutes les époques du droit romain (4) ; mais il est certain que, sous l'empire, il est question de gens qui promettent d'accomplir une prestation au profit de leur cité et qui se trouvent liés sans qu'il y ait trace d'acceptation de la part de la cité ou de ses représentants. Cela tient sans doute à certaines considérations relatives, soit au droit public, soit au droit sacré ; mais il n'en est pas moins vrai que l'on n'a pas considéré comme radicalement impossible que la volonté, en certains cas, pût se lier elle-même, sans qu'il y eût accord de deux volontés (5).

---

(1) Stobbe, *Zeitsch. f. R. Gesch.*, XIII, p. 255-256.

(2) Cf. Dernburg, *Pand.*, § 9 notes 6-8.

(3) Cf. Pernice, *Labeo*, t. I, p. 405. — Sur la *Sponsio ad aram Herculis*, cf. Krüger, *Geschichte der Capitis deminutio*, I, p. 351 et suiv. Pernice a du reste combattu ailleurs cette conception du vœu et de la pollicitation considérés comme engagements non contractuels : Compte rendu du livre de Siegel, dans la *Revue* de Goldschmidt (*Zeitsch. f. Handelsr.*, t. XX, p. 290). [Cf. P.-F. Girard, *Manuel élémentaire de droit romain* (édit. 1901), p. 454-455.]

(4) V. *Mommsen, Staats Recht*, t. I (édit. 1876), p. 231, note 1. — Cf. Karlowa, *Das Rechtsgeschäft und seine Wirkung*, 1887, p. 273. — Brinz, *Pand.*, § 248, notes 35-37.

(5) L. 3, D. (50, 12) : « Pollicitatio vero (est) *offerentis solius promissum* ;

142. *Rejet en principe de la déclaration unilatérale comme mode d'engagement*. — Le projet avait à prendre parti sur la question ; il pouvait ou ne jamais admettre la possibilité d'un engagement volontaire mais non contractuel, ou l'admettre toujours, suivant l'intention de celui qui s'engage, ou enfin ne l'admettre qu'exceptionnellement, dans les cas fixés par la loi. C'est cette solution mixte qu'il adopte ; et c'est précisément, parce qu'il a accepté l'idée comme fondement de certaines théories juridiques, qu'il a pu craindre une fausse interprétation de sa pensée. On aurait pu en induire qu'il acceptait pour chacun, d'une façon générale, la possibilité de s'engager sans manifestation de volonté de la part du futur créancier ; de là, l'article 342 (art. 305 C. civ. al.), qui prohibe la simple promesse en dehors des cas où elle est admise par la loi ; nous n'osons pas dire promesse unilatérale, car l'expression est généralement employée pour qualifier la promesse qui ne produit d'obligation que d'un seul côté, et surtout la promesse dégagée de sa cause juridique, analogue à l'ancienne *stipulatio*, laquelle est bien une promesse acceptée, donc un contrat : il importe d'éviter la confusion. Il est probable que le projet s'est laissé guider moins par des raisons théoriques, que par des considérations pratiques. D'objection théorique il ne saurait y en avoir, puisqu'il admet dans certains cas la simple promesse, sous forme d'engagement émanant d'une seule volonté ; il faut donc bien qu'il accepte la possibilité métaphysique de ce résultat. S'il le repousse en principe, c'est sans doute pour les raisons qu'expose Brinz, les dangers qu'offrirait une pareille liberté, en raison précisément des difficultés qu'il y aurait à distinguer, sous cette apparence de pollicitation, l'engagement ferme et sincère de l'offre ou même de la promesse en l'air (1).

143. *Exceptions aux dispositions de l'article 342*. — Il reste à parler des exceptions ; elles se réduisent à trois formelles, et peut-être une quatrième moins accentuée. Nous rencontrerons cette dernière à propos des stipulations pour autrui (art. 412 ; C. civ. al., art. 328 suiv. . Parmi les autres, il en est une sur laquelle nous nous arrêterons plus loin avec quelque détail, c'est en ce qui touche

et ideo illud est constitutum ut..., etc. Et même loi, § 1 : « Si quis quam ex pollicitatione tradiderat rem municipibus vindicare velit, repellendus est a petitione ; æquissimum est enim *hujusmodi voluntates in civitates collatas pœnitentia non revocari*. »
(1) Brinz, *Pand*., § 248, notes 40-42.

les titres au porteur ; signalons les deux autres, qui sont la fondation et la promesse de récompense. Il est question de la promesse
de récompense (*Auslobung*) (1) à propos des contrats particuliers
(art. 581 et suiv. ; art. 657 et suiv., C. civ. al.). Le projet avait à
choisir entre deux théories, celle qui voyait dans une promesse de
ce genre une offre de contrat adressée à tout le monde, et celle qui
la traitait comme une pollicitation obligatoire par elle-même ; l'intérêt existait surtout au point de vue des facilités de révocation. Le
projet y voit une pollicitation par elle-même obligatoire ; mais sur
la question de révocation il admet une sorte de système mixte. Il
part de cette idée que le promettant n'est obligé que dans la mesure
où il a voulu l'être, et qu'il est censé n'avoir voulu l'être qu'autant
que cela est nécessaire pour donner crédit à sa promesse. Or il n'y
a nécessité à cette irrévocabilité de la promesse, d'après le projet
tout au moins, que pour le cas où il y a réalisation du fait en vue
duquel récompense a été promise ; le projet exclut la révocation
dans cette hypothèse et en dehors de cela l'accepte d'une façon
générale (art. 582 ; C. civ. al., art. 658). Le promettant pourra
donc révoquer tant que le fait n'aura pas été réalisé, et alors
même que quelqu'un se serait déjà mis à l'œuvre pour l'effectuer.
Seulement, dès que l'exécution est acquise, la révocation n'est plus
recevable, et peu importe que l'auteur du fait ait ou non connu la
promesse : c'est même pour le cas où il l'a ignorée qu'il y a intérêt
à dire que l'engagement du pollicitant résulte d'une déclaration
unilatérale de volonté (2).

144. *Exception relative à la fondation* (3). — La fondation
(*Stiftung*) est une matière très actuelle et de beaucoup plus intéressante ; ce n'est malheureusement pas le cas d'en traiter ici. Il
serait bon que l'attention des jurisconsultes, et peut-être aussi celle
du législateur, pût être sérieusement attirée sur ce sujet. C'est le
vœu implicite qui se trouve très certainement formulé dans le

---

(1) Cf. Orelli, *Inscript.*, n° 4319 : « *Fugi, tene me, quum revocaveris me
domino Zozimo. accipis solidum* (inscription d'un collier de chien). » — Cf.
Dernburg, *Pand.*, § 9, note 8 (Sur la promesse de récompense, voir Sal. *Décl.
passim*, à la table analytique, v° *Promesse de récompense*).

(2) Voir sur tous ces points mon étude sur les contrats particuliers dans
le projet, n° 42.

(3) Sur la théorie de la fondation en général, voir la thèse importante de
M. Geouffre de Lapradelle, *Des fondations* (Paris, 1894) ; et pour ce qui
est des dispositions du Code civil allemand sur cette matière, voir mon commentaire des art. 80 et suiv, C. civ. al. dans la *Revue du droit public* 1901. —
Cf. aussi Lambert, *Du contrat en faveur de tiers* (Paris, 1893, p. 358 et suiv.).

résumé inséré au *Bulletin de la Société de Législation comparée*
sur cette partie du projet (1). L'histoire des fondations serait
digne de tenter la plume d'un érudit ; elle se rattache aux *piæ
causæ* dont les exemples remontent au Bas-Empire et se multi-
plient à l'époque du Moyen âge. On commence par donner une
somme à une église avec affectation désignée, c'est une donation
sub modo ; nous en sommes restés là en France (2) ; au lieu de
donner à une église ou à une abbaye, on donne à une commune.
Seulement, quand les héritiers du donateur ne sont plus là pour
faire exécuter le *modus*, comment assurer le respect des intentions
du fondateur, et même, quand ils sont encore là, est-on toujours
sûr que ses intentions seront respectées et que le donataire ne
gardera pas la somme sans l'employer à sa destination ? La doctrine allemande, sous l'influence de traditions qui ont leur source
dans le droit canonique, est arrivée peu à peu à la notion d'un
patrimoine indépendant, constitué sans qu'il soit nécessaire qu'il
aille se confondre dans le patrimoine d'une personne morale déjà
existante ; c'est le patrimoine lui-même qui devient une personne
morale, ou plutôt, comme dit Brinz, c'est sa propre destination, son
but qui lui sert de fondement juridique et qui lui donne l'indépendance et la vie juridiques (3). La fondation devient un patrimoine
existant en vue d'un but à remplir ; on lui donne des administrateurs, on lui constitue des organes, et il fonctionne comme l'a
voulu l'auteur de la fondation. Ce n'est plus une donation au profit d'une personne morale quelconque ; ce n'est plus même à proprement parler une donation (4). Restait la question de savoir par
quel acte se ferait la fondation. On comprend que le développement
des idées qui précèdent ait dû conduire à ce résultat qu'une fondation se constitue par voie d'engagement, de la part du fondateur,
lequel existe dès que ce dernier s'est obligé par acte public à consacrer à l'œuvre qu'il désigne une partie de son patrimoine ; on

(1) *Bulletin*, 1889, p. 152. — Il est vraiment regrettable, pour le dire en
passant, que le Projet de loi sur les Associations, actuellement en cours de
discussion devant le Sénat (juin 1901), ne contienne aucune disposition sur
les fondations et sur l'acquisition de la personnalité au profit des fondations ;
alors qu'il a cru devoir, à l'encontre de toutes les conceptions scientifiques
modernes, donner une définition théorique de la personnalité.

(2) Voir ma note dans Sirey sur Dijon 30 juin 1893 (*Sir.* 1894, 2, 185) ; cf.
la thèse de M. Ch. Stora, *De la subrogation réelle* (Paris, 1901), p. 472 et suiv.

(3) Voir le résumé si remarquable de Brinz dans le fascicule qui a paru
après sa mort, et qui se trouve être le dernier de ses Pandectes. — Brinz,
Pand., § 432 et suiv. (éd. 1888).

(4) Bekker, *Pand.*, 1886, § 69, Beilage 1.

n'a pas voulu l'obliger à contracter cet engagement avec l'État ni
envers toute autre personne publique, car il s'agit d'affaire privée.
Il peut se faire, suivant la législation locale, que l'État soit appelé
à autoriser la fondation. Ce système d'autorisation administrative
est même devenu la règle dans le Code civil allemand (art. 80).
Mais c'est là une tout autre question. Il ne s'agit plus de traiter
l'État comme partie contractante dans l'acte de fondation ; car la
véritable partie en vue de laquelle l'engagement est pris, et avec
qui il devrait être pris, ce sont ceux dans l'intérêt de qui la fondation est faite ; et ils n'ont pas de représentant avec qui on puisse
traiter ; d'où cette conséquence que la déclaration unilatérale de
volonté faite par le fondateur dans les formes voulues suffira à
constituer la fondation (1), à donner l'être juridique à ce but,

(1) On a objecté que l'engagement était pris ici envers une personne juridique déterminée, la fondation, et que, par suite, il pouvait avoir tout au plus
le caractère d'une offre faite envers cet être de raison supposé existant en tant
que sujet de droit. Le fondateur, en s'engageant à affecter une partie de ses
biens à une œuvre déterminée, fait une offre à l'œuvre considérée comme
ayant une existence juridique ; en décider autrement, c'est confondre la personnalité qui constitue la fondation, et qui doit avoir une réalité intellectuelle,
et la constitution du patrimoine qui doit lui appartenir. Le fondateur offre un
patrimoine à la fondation ; or, celle-ci, en tant que personne juridique, ne
peut pas exister par le fait d'une déclaration de volonté, tant qu'elle n'est pas
incarnée dans un organisme destiné à lui prêter la vie juridique. Si donc la
fondation, en tant que sujet de droits patrimoniaux n'existe pas encore, comment l'offre qui lui est faite peut elle lier celui qui l'a faite ? On comprend que
l'on soit lié à son offre, lorsque celle ci s'adresse à un sujet juridique qui puisse
immédiatement se l'approprier, sinon cela devient inintelligible. En d'autres
termes, l'engagement pris par le fondateur n'est autre chose qu'une offre en
faveur d'un tiers non existant, ce tiers est la fondation, laquelle ne sera constituée que par l'établissement d'un organisme destiné à la faire fonctionner.
Or, un droit stipulé pour autrui peut être révoqué tant que le bénéficiaire
n'existe pas encore en tant que sujet de droit : il lui est acquis dès qu'il vient
à naître (V. art. 412-414 du projet. V. Gierke, *Der Entwurf*, dans la *Revue
de Schmoller*, t. XII, p. 1243, et *Genossenschafstheorie*, p. 122-124, et p. 123,
note 1). Toutes ces objections partent d'un point de vue qui n'est pas celui
du projet. Le projet accepte l'idée que la fondation, en tant que personne et
sujet juridique, existe par le seul fait de la constitution d'un patrimoine :
toute la question était de savoir si un patrimoine exigeait pour être constitué un acte d'aliénation ou s'il suffisait d'une déclaration de volonté : or, la
jurisprudence allemande se contentait d'une déclaration de volonté. Gierke
cite lui-même à ce sujet des décisions très caractéristiques, par exemple cet
arrêt de la haute cour de Berlin, déclarant qu'une somme léguée en vue d'une
œuvre est devenue par le fait même un sujet de droits et de même une décision de Wiesbaden, admettant que pour l'existence d'une fondation il suffit
d'un acte de dernière volonté et d'un fonds érigé par cette seule déclaration en
patrimoine indépendant (V. Gierke, *Genossenschafstheorie*, p. 122, note 1). Or,
la notion de patrimoine se caractérise par l'existence d'un ensemble de droits
susceptible de constituer un tout juridique ; peu importe que ces droits s'in-
carnent dans des objets appartenant en propre au patrimoine et dont ils soient

comme dit Brinz, qui doit être le centre de tous les droits patrimoniaux qui lui seront attribués (1). Nous renvoyons pour les
détails aux articles 58 et 59 ; C. civ. al. art. 80 et suiv.), et, pour
les théories émises à cet égard, à tous les ouvrages si nombreux
sur la matière, et principalement aux livres de Pandectes ; il faut
avant tout consulter Brinz, l'auteur de la théorie de *Zweckvermögen* ; on lira également avec fruit ce qui en est dit dans
Bekker (2). Nous n'avons pas à traiter ici la question *ex professo*, et nous revenons au principe du projet : le contrat est
parmi les actes juridiques la source normale de l'obligation ; c'est
de lui exclusivement que nous allons maintenant nous occuper.

§ 2. — DE L'OBJET DES CONTRATS

145. Le projet, comme notre Code civil (art. 1126 et suiv.), étudie
à propos des contrats les conséquences résultant, pour ce qui est
de la formation de l'obligation, des particularités relatives à l'objet
de l'obligation elle-même. On ne peut nier en effet que, sous le titre
d'objet des contrats, il ne s'agisse ici de l'objet des obligations que
le contrat a pour but de créer (3) ; de sorte que le projet se trouve
avoir en réalité deux sections sur l'objet de l'obligation, l'une à
propos de la théorie de l'obligation et l'autre à propos de la théorie
du contrat. Cependant ce sectionnement s'explique : dans la première, le projet suppose l'obligation valablement formée et il étudie
son objet au point de vue de l'influence qu'il peut avoir sur le contenu de l'obligation, sur la façon dont la prestation doit être
opérée ; dans la seconde, le projet s'occupe des sources de l'obligation et par suite de la formation de l'obligation elle-même ; logi-

---

la propriété, un droit de créance suffit à lui seul pour manifester l'existence du
patrimoine. Donc le fondateur en manifestant sa volonté et en s'engageant à
doter la fondation fait deux choses : il donne naissance à l'être juridique qui sera
la fondation et il s'engage envers cet être juridique à lui verser un capital.

(1) D'autres ont dit que la fondation devrait résulter du titre d'aliénation des
biens destinés à en constituer le patrimoine et non de la promesse faite par le
fondateur d'affecter un certain capital à la fondation ; dans ce système, il ne
serait pas nécessaire pour cette hypothèse d'apporter exception à la règle que
la simple promesse non encore acceptée ne produit pas d'obligation (cf.
Gierke, *Rev. de Schmoller*, t. XII, p. 1243 ; t. XIII, p. 207. — Schlossmann.
Zur Lehre von den Stiftungen (*Jahrb. f. dogm* , t. XXVII, p. 1-69).

(2) Brinz, *Pand.*, t. I (édit. 1884), §§ 59-60 et t. III (éd. 1888), § 446. —
Bekker, *Pand.*, t. I (éd. 1886), §§ 59-60. Cf. GIERKE, *Deutsches Privatrecht*,
§§ 77 et 78 et G. RÜMELIN, *Zweckvermögen und Genossenschaft* (Freiburg.
J. B. 1892).

(3) Cf. Demol., XXIV, n° 300.

quement il devait en étudier l'objet au point de vue des conséquences qu'il peut avoir, non plus sur les effets de l'obligation,
mais sur sa formation elle-même, et par suite au point de vue
de la validité de l'acte d'où elle procède : ainsi s'explique que
le projet ait été autorisé à intituler ce chapitre : *Objet des contrats* (1).

146. *Objet impossible ou illicite.* — La première règle à poser
était celle de la nullité du contrat dont l'objet est impossible (2),
illicite ou contraire aux mœurs (art. 344 ; C. civ. al., art. 306).
Mais le projet se défie des appellations qui pourraient présenter un
caractère de généralité quelque peu dangereux ; il imite en cela la
réserve prudente du Code fédéral (art 17) et évite de parler,
comme l'avaient fait le Code saxon et certaines autres législations,
de choses qui n'existent plus, ou qui n'ont jamais existé, ou de
choses hors du commerce (Cf. *Säch. G. B.*, § 793 et suiv.). Les
motifs reconnaissent d'ailleurs qu'il y a une distinction à faire entre
l'impossibilité naturelle et l'impossibilité juridique et que cette
dernière n'entraîne pas toujours forcément la nullité du contrat ;
et entre autres, si la prescription légale d'où dérive l'impossibilité ne
repose pas sur un motif d'ordre public et qu'il soit parfaitement
licite, par conséquent, de prévoir la disparition de cet obstacle purement légal, l'obligation pourrait être interprétée comme subordonnée à une condition tacite, consistant dans l'éventualité d'une
transformation juridique (3). Ceci pourrait s'appliquer aux choses
mises hors du commerce en raison de leur soumission à l'usage
public ; les parties pourraient avoir prévu l'hypothèse d'une désaf-
fectation, et en tous cas la doctrine aurait à décider si la convention qui aurait de telles choses pour objet ne pourrait pas être
considérée, tantôt comme ayant pour objet une chose future (4)
(art. 346 ; art. 308, C. civ., al.), tantôt comme l'analogue de celles
qui portent sur la chose d'autrui et que le projet ne déclare pas

(1) Tous ces titres et subdivisions ont disparu du Code civil al.
(2) L'art. 306 C. civ. al. ne parle que d'objet impossible. C'est que, lorsqu'il
s'agit d'objet illicite ou immoral, la nullité dérive forcément de l'application
des art. 134 et 138 C. civ. al. (cf. Sal. *Décl.*, p. 233 et 251). Voir d'ailleurs
l'art. 309, C. civ. al.
(3) On peut comparer cette formule à celle donnée par M. Bartin en vue de
distinguer le fait juridiquement impossible du fait illicite proprement dit :
cf. Bartin, *Théorie des conditions impossibles, illicites ou contraires aux
mœurs*, 1re part., ch. 1, § 2 et suiv.
(4) Cf. mon étude sur le *Domaine public à Rome* (*Nouv. Rev. hist.*, 1888,
p. 537-538). — Cf. Förster-Eccius, *Preuss. Priv., R.*, I, § 66, note 9.

nul'es (art. 348, disposition supprimée, d'ailleurs, comme inutile, dans le Code civil al.). Et en tous cas, ces moyens détournés de valider la convention ne seraient nécessaires que s'il s'agit de contrat ayant pour objet un acte de disposition tout à fait incompatible avec la destination des choses publiques : les motifs reconnaissent que, suivant la doctrine la plus généralement acceptée, il n'y aurait pas à mettre en doute la validité de conventions qui auraient pour but un fait ne portant aucune entrave à l'usage auquel ces choses sont soumises. Cela prouve deux choses : 1° que les auteurs du projet considèrent comme désormais abandonnée la conception d'Ihering que les choses consacrées à l'usage public seraient choses *nullius*, non susceptibles de propriété, même au profit de l'État (1) ; et 2° que tout en admettant qu'elles puissent être objets de propriété, tout au moins aux mains de l'État, on ne considère plus comme absolue, n.ais comme simplement partielle, la mise hors du commerce qui les frappe. Certains auteurs, Wappäus par exemple, voulaient faire remonter cette dernière solution aux Romains : c'était un anachronisme (2) ; mais il n'en est pas moins vrai que la mise hors du commerce absolue était inconciliable avec l'idée d'une propriété de l'État et qu'elle ne pouvait s'expliquer à Rome, c'est ce que nous avons essayé de démontrer ailleurs, que par la conception que l'on se faisait alors des personnes morales (3). Ces conceptions ont changé et par suite la mise hors du commerce ne doit atteindre les choses publiques aux mains de

(1) Ihering, *Geist. des Röm. R.*, III (éd. 1888), p. 348, p. 360-363. — Id. *Die Baseler Gutachten*, I, p. 36 et suiv., II, p. 6 et suiv. Ce que la conception d'Ihering a de véritablement particulier, ce n'est pas à proprement parler l'idée que les choses du domaine public seraient *res nullius*, soumises au droit de souveraineté de l'Etat, et non susceptibles de propriété : il y a longtemps que cette thèse avait été soutenue tant chez nous qu'en Allemagne. C'est ce point de vue très neuf que ces sortes de choses seraient bien susceptibles de droit : mais que ce droit serait un droit d'usage public tellement absorbant qu'il serait exclusif de toute idée de propriété au profit de qui que ce fût (voir spécialement Ihering, *Geist.*, III, § 6, notes 476 et 477 et p. 363 et la suite de mon étude sur le *Domaine public* dans *Nouv. Rev. histor.*, 1889) Ihering reconnaît l'existence d'un droit nouveau qu'il oppose au droit de propriété, le droit d'usage public (*Das Recht des Gemeingebrauchs*).

Du reste, la déduction indiquée au texte, et tirée de certains passages des *Motifs sur l'art.* 334 P¹ (M. II, p. 177), serait, peut-être, un peu moins justifiée pour ce qui est du Code civil al. (cf. *Pr.* 1, p. 455).

(2) Wappäus, *Zur Lehre von den dem Rechtsverkehr entzogenen Sachen*, p. 7, p. 40. — Cf. Eisele, *Rechtsverhältniss der res publicæ in publico usu*, p. 14, note 1, et l'étude précitée (*Nouv. Rev. histor.*, 1888, p 536, note 2, et p. 545, note 1).

(3) V. *Nouv. Rev. hist.*, 1888, p. 556, note 1.

l'État que dans la mesure où cela est indispensable pour la garantie de leur propre destination (1).

Tout ceci d'ailleurs correspond à un principe général posé par l'article 346, en vertu duquel l'impossibilité temporaire, bien qu'elle doive cesser, est une cause de nullité si les parties ne l'ont pas prévue, tandis qu'à l'inverse elle ne rend pas le contrat nul, mais conditionnel, si on l'a prise en considération, auquel cas le contrat est subordonné à la disparition de l'obstacle qui s'oppose à son exécution. Tout ceci, bien entendu, n'est dit que de l'objet impossible et non de l'objet illicite ou contraire aux mœurs.

147. *Cas particuliers.* — Le projet, cela va de soi, n'entre pas dans le détail des faits considérés comme impossibles ou illicites. La première catégorie échappe par définition à l'action de la loi, puisqu'il s'agit d'impossibilité naturelle. Quant à la seconde, elle reste sous l'application des lois spéciales : on en trouvera de nombreux exemples, entre autres dans les lois qui réglementent le travail et l'industrie (2). Le projet cependant a dû prendre parti sur certaines questions depuis longtemps débattues et qui appelaient une solution.

148. *Pactes successoraux.* — L'une des plus célèbres est celle des pactes sur succession future. On sait les motifs plus ou moins exacts qui avaient conduit les jurisconsultes romains à prohiber toute convention de ce genre (3) ; peut-être serait-il exagéré d'y voir un danger pour la vie de celui dont l'hérédité est en jeu, bien que les motifs du projet n'aient pas complètement écarté cette supposition (4). Mais il est certain que de tels contrats, à raison même de l'incertitude qui règne, jusqu'à la mort de celui de l'hérédité duquel on dispose, sur le contenu de cette dernière, et par

---

(1) Cf. *A. L. R.*, 1, 5, § 58.

(2) Cf. C. de comm all., art. 422 et suiv. (C. C^ce R., art. 453), *Reichs Gewerbe Ordnung*, art. 134 et suiv. (voir le texte revisé du 26 juillet 1900). — Loi du 7 juin 1871, art. 5 et suiv. — Cf. Stobbe, *D. Priv. R.*, t. III, § 166, note 18. — Regelsberger, dans l'*Handbuch* d'Endemann, t. II, § 250, note 8. — Pour ce qui est des contrats ayant pour but de restreindre la liberté de travail et d'industrie du promettant, la jurisprudence allemande est loin d'être fixée à cet égard. (V. une note à ce sujet dans Stobbe, t. III, § 166, note 19 ; cf. Sal , *Décl.*, p. 280-281).

(3) L. 30, *Cod. de pactis* 2-3). — Cf. Accarias, *Précis*, t. II. p. 235, note 2 ; cf. Girard, *Manuel*, p. 440, note 1.

(4) *Motifs sur l'art.* 349, t. II, p. 185, *in fine.* — V. Accarias, *Précis*, t. II, p. 235, note 2.

suite sur la valeur de la convention qui s'y rapporte, ne peuvent que donner lieu aux spéculations les plus immorales, et cela sans aucun profit économique appréciable. Il ne faut pas permettre à ceux qui se croient appelés à hériter d'un autre de se donner sur le fondement de cette espérance un crédit qui sera le plus souvent imaginaire et du moins qui sera toujours très fragile Aussi la pratique allemande avait en principe accepté la prohibition du Droit romain (1).

Seulement, il est bon d'observer qu'il peut y avoir deux catégories très distinctes de pactes successoraux. Il y a ceux qu'un futur successible contracte avec un tiers par rapport à l'hérédité à laquelle il croit devoir être appelé ; puis il y a ceux qu'un individu contracte par rapport à sa propre succession, et par laquelle il dispose de son vivant de son hérédité future. La règle romaine s'appliquait à la première, parce qu'il était immoral et dangereux de trafiquer de l'hérédité d'autrui et à la seconde parce qu'il n'était pas permis, en disposant de son hérédité, d'aliéner sa propre liberté de tester. Mais le droit romain permettait les pactes successoraux de la première classe, ceux relatifs à l'hérédité d'autrui, si l'intéressé, et il faut entendre par là celui dont l'hérédité fait l'objet du contrat, avait consenti ; bien entendu en autorisant le contrat, il ne s'engageait pas lui-même à faire parvenir l'hérédité à celui à qui son futur successible l'avait promise, il ne se liait pas les mains et pouvait encore par un testament rendre le contrat dépourvu d'effet : sa liberté restait sauve. On considérait de plus qu'en approuvant le contrat il avait indiqué par là qu'il n'y voyait pour son compte, et pour ce qui est de sa personne, aucun danger ; et dès lors les motifs de la double interdiction prononcée par la doctrine romaine ne se retrouvant plus, il y avait lieu de valider la convention.

Ces observations étaient nécessaires, car la solution romaine ne fut jamais pleinement acceptée en Allemagne que par rapport aux pactes successoraux de la première catégorie, les pactes relatifs à l'hérédité d'autrui (*Erbschaftsverträge*), et non à ceux de la seconde, les contrats d'institution d'héritier (*Erbverträge*) (2).

(1) Voir en note sous les motifs de l'art. 349 (t. II, p. 184, note 2) l'indication de décisions législatives datant du xive siècle et consacrant la prohibition romaine. — Cf. Burnoir, *Propriété et contrat* (Paris, Rousseau, 1900), p. 518 et suiv.

(2) Cf. Gierke, *Der Entwurf...*, dans la *Revue de Schmoller*, t. XIII, 1889, n. 208.

L'institution d'héritier a ses racines dans le plus ancien droit germanique, et il ne pouvait être question d'opposer à sa validité les mêmes scrupules qu'en droit romain, puisque le testament, si fort en honneur à Rome, fut très longtemps inconnu des Germains. Sans doute il se manifesta après la réception du droit romain un courant hostile à l'institution d'héritier : on voulait étendre à cette matière la prohibition relative aux pactes successoraux : disposer de son hérédité, c'est bien en effet faire une convention relative à une succession future. Mais les mœurs furent plus fortes que les tendances romanistes de l'époque (1) ; on tenait surtout à sauver de la prohibition les renonciations, si fort en honneur dans le monde féodal, et qui ne sont qu'une autre face de l'institution d'héritier, *negative Erbverträge*, comme disent certains Allemands (2). On emprunta au droit canonique son procédé fort élastique du serment : la promesse sanctionnée par serment devenait affaire de conscience et échappait aux théories des juristes. Enfin on parla de restreindre l'admission des renonciations et de l'institution d'héritier à la matière des conventions entre époux (*Pacta dotalia*) ; mais en somme la distinction subsista et l'on continua à valider les pactes relatifs à sa propre hérédité, alors qu'on interdisait ceux relatifs à l'hérédité d'autrui (3).

Le droit prussien avait été bien plus loin encore : non seulement il accepte l'institution contractuelle et la renonciation sous forme de contrat entre l'un des futurs héritiers et celui dont l'hérédité est en jeu, mais il va jusqu'à valider les arrangements entre héritiers, en dehors même de toute participation de l'intéressé (4) :

(1) C. Zœpfl, *Deutsche Rechtsgeschichte*, t. III, p. 233-237, p. 268 et suiv.

Il est bon de signaler ces sociétés d'héritiers, communautés de mainmortables, sociétés taisibles et autres de ce genre, si nombreuses au moyen âge, auxquelles s'appliquait en Allemagne le principe de la *Gesammte Hand*, formant par conséquent des sociétés tenant le milieu entre la communauté d'indivision et la personne morale, et dont l'acte de fondation pour chacun des associés constituait un véritable contrat relatif à l'hérédité de celui qui entrait dans l'association. En dehors des communautés formées sur le modèle de la *Gesammte Hand*, laquelle supposait une administration en commun, il est bon de rappeler la conception de l'association germanique proprement dite, qui, sans être personne en droit, constituait cependant un corps organisé au point de vue de l'administration (Cf. Sohm, *Deuts. Genossenschaft*, p. 10 et suiv.). — V. Heussler, *Institut. des Deutsch.-Privatrechs*, dans l'*Handbuch de Binding*, I. §§ 50 et 51, et spécialement p. 234 et suiv.

(2) Cf. *Holtzendorff's Rechtslexicon*, v° Erbvertrag, I, c. 2, in VIto, I, 18.

(3) Stobbe, § 310 et § 312, note 17.

(4) Cf. *Motifs sur l'art.* 349. A. L. R., I, 11, § 446 et I, 12, §§ 649 et suiv.

renonciation de l'un des héritiers au profit des autres, arrangements relatifs au partage et autres combinaison de ce genre ; l'intervention du principal intéressé n'était requise que lorsqu'il s'a-
gissait de pactes successoraux passés avec un étranger. Dans ce
cas, le propriétaire dont on dispose des biens à venir n'a pas seulement une autorisation à donner, il intervient directement au contrat, et alors il se passe entre lui et le futur héritier un contrat de
renonciation, et entre lui et le tiers auquel le renonçant a vendu
sa part un contrat d'institution d'héritier. Étant partie au contrat,
celui-ci produit ses effets contre lui.

149. Le projet a pris évidemment cette conception du droit
prussien pour base du système qu'il admet. Seulement il supprime
les exceptions que celui-ci avait acceptées pour les pactes entre
futurs successibles : il pose en thèse la règle romaine de la prohibition des pactes successoraux (art. 349 ; art. 312, C. civ. al.) et
n'admet à ce principe aucune dérogation, pas même celle du droit
prussien, pour les arrangements de famille entre futurs héritiers :
les germanisants comme Gierke (1) le lui ont reproché. De plus il
supprime la réserve du droit romain en faveur des pactes approuvés
par celui dont l'hérédité est l'objet du contrat. Seulement le projet permet d'autre part les contrats d'institution d'héritier ou de
renonciation à succession (art. 1940 et suiv., art. 2019 et suiv. ;
art. 1941 et 2278, C. civ. al., art. 2346, C. civ. al.). Il admet en d'autres termes qu'on puisse disposer d'avance de sa propre succession : ce
sont cependant bien là, quoi qu'on puisse dire, de véritables exceptions à la règle qui prohibe les pactes sur succession future. Notre
Code civil ayant supprimé la réserve du droit romain en a conclu
que les renonciations à succession étaient prohibées, et quant à
l'institution contractuelle il ne l'admet que dans une hypothèse
spéciale (art. 1082) ; elle se heurte en effet à plusieurs principes de
notre droit, l'idée romaine qu'on ne peut aliéner sa liberté de tester, la prohibition coutumière des donations de biens à venir
et enfin la prohibition des pactes successoraux (2).

(1) Otto Gierke, *Der Entwurf* dans la *Revue de Schmoller*, t. XIII, 1889,
p. 208. — Cf. Bähr, *Beurtheilung des Entwurfs* dans *Krit. Vierteljahr-
schrift*, t. XXX, p. 374 (tirage à part, p. 54).
La seconde commission a tenu compte de ces reproches. Et elle a admis
une atténuation analogue à celle du droit prussien ; il est vrai que, dans ce
dernier cas, pour que le contrat passé entre futurs héritiers soit valable, il
faudra la forme judiciaire ou notariée (art. 312, § 2, C. civ. al.).
(2) Cf. Aubry et Rau, t. VIII, § 739, note 1.

Quoi qu'il en soit, les motifs du projet, d'accord en cela avec la plupart des législations allemandes, déclarent qu'il y a une différence absolue de caractère entre les contrats passés avec celui dont l'hérédité est en jeu et ceux passés entre un tiers et un futur héritier (1). Les premiers sont permis sous leur double forme d'institutions d'héritier et de renonciations à succession et les seconds sont toujours nuls, même s'ils ont reçu l'approbation de celui dont l'hérédité a fait l'objet du contrat. Pour les rendre valables, il ne suffit pas que celui-ci les ratifie, il faut qu'il traite directement avec le tiers comme partie au contrat, et le contrat se décompose alors en une renonciation conclue avec le futur héritier qui dispose de sa part à venir et en une institution d'héritier passée directement avec celui au profit de qui on en dispose : bien entendu on devrait alors se soumettre aux formes exigées pour ces actes spéciaux.

150. *Actes de disposition des biens à venir.* — A côté des actes par lesquels on dispose d'une succession non encore ouverte, il faut placer ceux par lesquels on aliène ses biens à venir. Si l'on entend par là disposer de sa fortune telle qu'elle se trouvera au jour de son décès, cela rentre dans les contrats de disposition à cause de mort, soit sous forme d'institution d'héritier, soit sous forme de legs contractuel ou donation à cause de mort, toutes conventions permises par le projet. Il faut donc supposer, pour que la question s'élève, que l'on ait entendu aliéner d'avance ses biens à venir au fur et à mesure de leur acquisition, ce qui reviendrait à dire qu'on n'aurait plus le droit de rien acquérir pour soi et qu'on ne serait plus qu'un instrument d'acquisition pour autrui : successions, donations futures, tout cela irait grossir le patrimoine de celui au profit de qui on en aurait disposé par avance Cela suppose pratiquement

(1) Cf. *Motifs*, t. II, p. 183, et t. V, p. 310 et suiv. (art. 1940) et p. 470 et suiv. (art. 2019). — Cf. Gierke, *loc. cit.*, p. 208.
Cela prouve bien que le motif traditionnel des dangers que de pareils contrats peuvent faire courir à celui dont l'hérédité est l'objet de la convention, a été laissé de côté, puisque ces périls menacent tout aussi bien le possesseur de l'hérédité future, lorsqu'il en dispose lui-même, par exemple par voie d'institution d'héritier, que lorsqu'un des futurs successibles dispose de la part qui doit lui revenir ; la différence fondamentale est donc que lorsqu'on trafique de l'hérédité d'autrui on fait d'ordinaire une spéculation malhonnête, tandis que lorsqu'on dispose de sa propre succession on ne fait rien de malhonnête ; toute la question est de savoir si on peut se donner un héritier par contrat, c'est-à-dire par un acte irrévocable entre vifs : et il faut reconnaître qu'il y a à cela bien des dangers. Chez nous nous n'admettons comme à Rome que le testament ; les Allemands en ont jugé autrement.

qu'on a aliéné son patrimoine présent et futur moyennant une
pension ou une rente viagère ; sans cela, on ne verrait guère comment on pourrait imaginer que de pareilles conventions fussent
possibles. Grâce à la combinaison que nous indiquons, elles restent
vraisemblables : mais devait-on les admettre ? Le projet s'est décidé
pour la négative. Il aurait pu s'appuyer sur un motif analogue à
celui qui lui a fait repousser les pactes successoraux, l'incertitude
qui règne sur la valeur exacte d'un tel contrat ; ce motif, il ne le met
pas en avant et assurément il a raison, car il est peu vraisemblable
qu'une convention de ce genre se prête aux spéculations qu'on a
voulu prévenir en prohibant les pactes successoraux, d'autant plus
que le rapprochement ne pourrait s'établir qu'avec les pactes successoraux passés avec le possesseur de l'hérédité future et on sait
que le projet les permet. Il se place donc au point de vue de celui
qui disposerait de ses biens à venir et il considère qu'en les déclarant acquis à autrui, au fur et à mesure qu'ils lui adviendraient, il
se trouverait avoir aliéné d'une façon absolue sa capacité d'acquérir,
c'est-à-dire en somme un élément essentiel de sa propre liberté, et
l'un de ceux qui sont indispensables à l'homme pour jouer son
rôle dans la vie. C'est sur ce fondement que le projet s'oppose avec
raison à de pareils actes de disposition (art. 350 ; C. civ. al., art. 310).
Cela suppose bien entendu que l'aliénation porte sur l'ensemble du
patrimoine à venir. Il faut reconnaître que la solution admise par le
projet ne pouvait guère être douteuse, tant qu'il s'agit d'aliénations
proprement dites, et surtout réalisées sous forme de donations. La
tendance des législations allemandes était absolument contraire à
l'admissibilité de la donation de biens à venir. Mais la question pouvait être moins sûre lorsqu'il s'agissait d'une aliénation particulière,
la mise en commun de deux patrimoines, la société de tous biens,
présents et à venir. Plusieurs législations, qui repoussaient ou n'admettaient que sous certaines réserves la donation de biens à venir,
n'avaient fait aucune difficulté d'accepter la société universelle comprenant même les acquisitions futures, et ceci indépendamment
bien entendu de la communauté entre époux : on en trouvera l'indication dans les motifs du projet sur l'article 350 (t. II, p. 187,
note 1). Citons, à titre d'exemple, le Code saxon (art. 1053, art. 1389
et 1390) et tous les récents projets législatifs allemands. Rappelons que le Code civil ne permet la société universelle de gains en
ce qui touche les acquisitions à titre gratuit, telles que successions
et donations, que pour ce qui est de la jouissance. Les associés peuvent bien mettre d'avance dans la société la jouissance des successions

3ᵉ édition.   11

qui pourront leur échoir, ils en garderont la propriété (art. 1837).
Quoi qu'il en soit, sur le terrain du droit allemand. il semble bien
que le projet se trouvait tout naturellement conduit à admettre la
société universelle de tous gains, même comprenant les successions
et donations à échoir aux associés. Il la repousse, de même qu'il
écarte les aliénations à fonds perdu portant sur les acquisitions
futures (Cf. art. 660 et suiv.) (1). Sur ce point encore, Gierke regrette
cette atteinte à la liberté d'association ; il ne croit pas que la pratique antérieure, qui d'ailleurs a ses racines en Allemagne dans un
passé très lointain, ait jamais donné lieu à de grands abus ni à
aucune réclamation. Aussi s'explique-t-on mal, dit-il, la condamnation portée par le projet contre les sociétés universelles de tous
biens présents et à venir (2). Il va de soi, en tous cas, que, par cette
prohibition, le projet n'entend rien préjuger en ce qui regarde la
société de gains ou d'acquêts entre époux (Cf. art. 1341 et suiv. et
art. 1410, C. civ. al., art. 1437 suiv. et art. 1519) (3).

151. *Actes de disposition des biens présents.* — Enfin, il n'y
avait plus les mêmes raisons d'interdire les contrats par lesquels
on s'engage à aliéner l'ensemble de ses biens présents. Sans doute,
dans le système du projet, un pareil contrat ne suffira pas à effectuer le transfert du patrimoine ; ce n'est pas une hypothèse
d'acquisition à titre universel. Il faudra, pour chacun des droits
particuliers compris dans le patrimoine, procéder aux actes spéciaux d'aliénation qui leur sont propres, tradition, cession judiciaire
avec inscription aux registres fonciers, cession de créances, etc.
Tout ce que signifie l'art. 350-2 (C. civ. al., art. 311), c'est que
le contrat par lequel on s'engage à disposer de son patrimoine
actuel est valable, en tant que productif d'obligations. Seulement,
le projet soumet la validité de ce contrat à l'emploi de la forme
judiciaire ou notariée, ce qui, dans le système du projet, n'implique pas que le contrat doive être forcément conclu devant justice
ou devant notaire (4) ; il suffit que les parties fassent individuellement et séparément leurs déclarations devant justice ou devant
notaire. Le point important à mettre en relief est donc l'exigence

---

(1) Cf. *Motifs*, t. II, p. 187, et p. 595.
(2) Gierke, *loc. cit.* (*Revue de Schmoller*, t. XIII, p 208-209). Cf. Scholl,
loc. cit., p. 101.
(3) Cf. Sohm, *Deutsche Genossenchaft*, p. 42 (tirage à part).
(4) Cf. art. 92 (*Motifs*, t. I, p. 186). — C. civ. al., art. 128 et voir Sal.
Décl., sur l'art. 128.

d'une formalité spéciale, en vue de garantir la sincérité des déclarations des parties et d'obtenir d'elles un consentement absolument
éclairé sur les conséquences de l'acte qu'elles acceptent. Ces règles de forme sont imposées pour tous les cas, qu'il s'agisse de donations proprement dites ou de contrats à titre onéreux.

152. *Contrats relatifs à la chose ou au fait d'autrui.* — Le
projet s'occupe en dernier lieu, toujours dans cet ordre d'idées, du
contrat par lequel on promet la chose ou le fait d'autrui. Ici encore
il s'agit du contrat purement obligatoire et non de celui par lequel
on aliène. Nous avons déjà eu l'occasion de dire qu'un pareil contrat, en tant qu'il porte sur la chose d'autrui, était valable, et que,
si le droit français en décide autrement en matière de vente (article 1599), c'est qu'il confond dans le même acte la convention
obligatoire et l'aliénation. Même l'aliénation de la chose d'autrui
ne sera pas nulle, dans la théorie du projet, bien que dépourvue
d'effet tant que le propriétaire ne l'aura pas encore approuvée (1).
A plus forte raison, devait-on déclarer valable la convention par
laquelle on s'engage à faire acquérir la chose d'autrui (2). S'il
s'agit du fait d'autrui, il ne pouvait être question de déclarer le
contrat nul ; il est bien certain que le promettant a entendu s'engager lui-même à quelque chose, et tout le monde sait que notre
article 1119, en tant qu'il traite de l'engagement pour autrui, est
dépourvu de toute portée juridique, Reste à préciser à quoi le promettant a entendu s'engager. On peut supposer deux choses : ou
bien qu'il ait promis de faire tous ses efforts pour obtenir l'engagement du tiers, sans avoir entendu répondre de son refus, ou
bien qu'il se soit porté garant, ce que notre article 1120 appelle
se porter fort, de l'accomplissement du fait promis, auquel cas il
devrait indemnité pour inexécution de l'obligation, qu'il y ait ou
non de sa faute ; c'est une obligation de garantie. Le droit prussien, partant de ce principe que dans le doute les conventions
doivent s'interpréter dans le sens favorable au débiteur, présumait
l'engagement le moins onéreux (3) ; le projet a reconnu, comme
notre Code civil et comme le Code fédéral, que c'eût été là, le plus
souvent, aller contre l'intention véritable des parties ; il présume

---

1) Cf. sur la question W. Endemann, *Studien in der romanisch-kano-
nistischen Wirthschafts-und Rechtslehre*, II, 1883, p. 25 et suiv.

(2) Cf. Sächs. G. B., § 798.

(3) A. L. R., 1, 5, § 40 et suiv.

donc l'obligation de porte-fort (1). Mais il reste entendu que ce n'est qu'une présomption pour le cas où cette intention est douteuse, et que le débiteur a toujours le droit d'établir qu'il ne s'était engagé qu'à faire en sorte d'obtenir le consentement du tiers, et qu'il avait été accepté qu'il ne répondrait pas du refus de celui-ci, si l'on n'avait rien à lui reprocher pour ce qui est de lui (2).

153. *Dommages-intérêts pour nullité de contrat* (3). — Nous avons indiqué, d'après le projet, dans quels cas le contrat est nul faute d'objet possible ou licite. Mais il y avait à se poser, comme conclusion de cette théorie, une question générale de la plus haute importance : quelles vont être les conséquences de la nullité pour impossibilité ? On comprend, en effet, que la nullité du contrat puisse causer aux parties un dommage fort appréciable ; ce dommage ne sera pas, sans doute, exactement le même que celui qu'eût éprouvé le créancier, au cas de contrat valable, si son débiteur n'eût pas exécuté le fait promis (4) ; dans ce dernier cas l'intérêt du créancier correspond en général à la valeur qu'aurait dû mettre dans son patrimoine l'objet qu'on devait lui fournir (*Erfullungs interesse*, v^r *supr.* n°s 13 et 25). Lorsque le contrat se trouve nul, aucune des parties ne peut se dire créancière, aucune ne peut demander indemnité correspondant à la valeur de la chose promise ; et en effet, dans la plupart des cas, c'est-à-dire en matière de contrats synallagmatiques, si chacune des parties se trouve privée de l'objet qu'elle s'était fait promettre, elle se trouve dispensée, en revanche, de fournir celui qu'elle aurait dû prester en retour. Il serait donc absolument inexact de mesurer le dommage qu'elle éprouve, à raison de la nullité du contrat, d'après la valeur de

(1) C. civ.; art. 1120 : C. féd., art. 127.
(2) Cf. Sächs. G. B., § 799.
(3) Sur toute cette importante question, voir Sal. *Décl.* (*passim*) table analytique, v° *dommages-intérêts pour nullité d'acte juridique* ; et la thèse de M. Legros, *Essai d'une théorie générale de la responsabilité en cas de nullité des contrats* (Dijon, 1900). Cf. Barde, *Des obligations* (dans la collection *Baudry-Lacantinerie*), t. I, n° 362.
(4) Il pourra arriver quelquefois qu'il se confonde avec lui, par exemple au cas de contrat unilatéral, s'il y a promesse unilatérale d'une chose que le stipulant n'a plus de chance d'obtenir d'autre personne. Seulement le projet déclare que dans aucun cas le *Negative Vertrags interesse* ne devra dépasser l'*Erfullungs interesse*. Les dommages-intérêts pour contrat manqué pourront bien égaler les dommages pour inexécution, mais non leur être inférieurs (art. 97-3°, art. 345 ; C. civ. al., art. 122 et art. 307). Cf. *Motifs sur l'art.* 97-3°, t. I, p. 195.

l'objet qu'elle aurait dû acquérir en échange de sa propre prestation, puisqu'elle est dispensée de toute prestation et qu'elle garde
ce qu'elle aurait dû livrer. Mais son dommage pourra consister
dans la privation du bénéfice que le contrat lui eût procuré, celui-
ci entendu au sens économique, en tenant compte de la comparaison des prestations réciproques, bénéfice qui peut lui être définitivement enlevé, si l'occasion qui lui avait été offerte ne se retrouve
plus. Ce sera, par exemple, un individu à qui on avait proposé un
échange et qui sur ce fondement aura manqué une vente avantageuse. Or l'objet qu'on lui promettait en contre-échange rentrait
au nombre des prestations impossibles, l'échange est nul, et la partie trompée risque de ne plus retrouver les mêmes conditions de
vente qui lui étaient offertes. La nullité de l'échange l'a privée du
bénéfice d'une vente avantageuse ; ce dommage constitue l'intérêt
qu'elle aurait eu à ne pas s'engager dans un contrat qui se trouve
nul (1), c'est ce que Ihering a appelé le *Negative vertrags interesse* (2). Il va de soi que la partie qui a connu ou qui aurait dû
connaître l'impossibilité est censée avoir accepté les chances auxquelles elle se soumet ; et c'est pour cette raison que notre question
ne s'élève pas au cas d'objet contraire aux mœurs, personne
n'étant excusable ici d'avoir ignoré ce caractère de l'objet. Elle
s'élève, au contraire, si le contrat est simplement impossible ou défendu par la loi, sans que cette défense se réfère à une question
de bonnes mœurs ou d'ordre public (art. 347). Si donc l'objet est
impossible, et que l'une des parties l'ignore et que, sur la foi de
l'autre, elle s'engage dans un contrat qu'elle croit valable, la question est de savoir si elle ne peut pas réclamer contre l'autre indemnité pour nullité de contrat, lui demander le *Negative vertrags interesse*, autrement dit l'équivalent de l'intérêt qu'elle aurait eu à
ne pas contracter. Si l'autre partie a connu elle-même l'impossibilité, l'affirmative s'impose : il y a, sinon dol, tout au moins faute
suffisante à fonder dans tous les cas un délit civil ; et même dans
notre droit français nous trouvons sur ce point des ressources très
complètes dans l'article 1382. Il faut donc supposer, pour que la difficulté s'élève, que les deux parties aient ignoré l'impossibilité, et que
l'une d'elles ait pris l'initiative du contrat : il s'agit de savoir alors

---

(1) Cf. Instit., III, 23, § 5. « *Habebit actionem ex empto... ut consequatur,
quod sua interest deceptum eum non esse.* » Cf. L. 62, D. (18-1).
(2) Ihering. *Jahrb. f. dogm.*, IV, p. 16 et suiv. L'étude capitale de Ihering
sur cette matière a été traduite par M. de Meulenaere dans ses *Œuvres choisies*
d'Ihering, t. II, p. 1 suiv. — Cf. Windscheid, § 307, note 5, § 315, note 7.

si l'autre peut la rendre responsable du préjudice que la nullité lui cause et à quelles conditions cette responsabilité se trouvera exister. — La question est fort délicate, car par hypothèse la convention que les parties voulaient conclure est nulle et par suite elle entraîne dans sa chute les obligations réciproques qu'elle devait avoir pour but d'engendrer à la charge des intéressés. Sur quoi donc fonder l'obligation de responsabilité de celui des contractants qui a pris l'initiative de l'affaire ?

154. *Fondement de la théorie.* — On songe immédiatement à un premier moyen, la théorie du dol ou plutôt de la faute lourde qui lui est assimilée ; si l'ignorance de la partie qui a proposé le contrat est le fruit d'une négligence suffisante pour constituer un délit civil, elle en devra réparation en vertu des principes généraux sur la matière. C'est, dit-on, la seule ressource que nous ayons chez nous en pareil cas : l'article 1382 est seul à nous la fournir (1). Mais le procédé est insuffisant et peut présenter un double inconvénient ; la responsabilité délictuelle n'est attachée en général qu'à la négligence proprement dite, et non à la simple imprudence ; de plus, c'est à celui qui invoque le délit à en établir les éléments constitutifs, et ces deux conditions vont de beaucoup limiter les chances que peut avoir la partie qui est victime de la nullité d'obtenir réparation.

155. *Historique* (2). — Or les Allemands, qui avaient à poser la question sur le terrain du droit romain, trouvaient dans les textes relatifs à la vente des précédents susceptibles d'élargir le débat et de fournir des idées nouvelles et passablement hardies. Les juris consultes romains nous disent que la vente d'un objet hors du commerce subsiste, bien que la livraison soit impossible en soi, si l'acheteur a ignoré la condition de l'objet ; et ils en concluent que ce dernier aura l'action dérivant du contrat, l'action *ex empto*, pour réclamer indemnité (3). On pourrait croire au premier abord qu'il n'en sera ainsi que s'il y a eu dol de la part du vendeur, et le

---

(1) Est il vrai que nous en soyons réduits à l'unique ressource de l'article 1382 ? C'est ce que nous examinerons plus loin.

(2) Sur tous ces points, V. GIRARD, *Manuel*, p. 440 note 4 et p. 441 notes 1, 2 et 3.

(3) LL. 4 6 : L. 62, § 1 : L. 70 (*De contr. empt.*, 18, 1. « *Et liberi hominis et loci sacri et religiosi, qui haberi non potest, emptio intellegitur, si ab ignorante emitur* (L. 4). »

passage des Institutes, parlant de l'acheteur trompé et demandant pour cela réparation (1), tendrait à le faire croire. L'action *ex empto* ne serait qu'un moyen de procédure mis en œuvre pour demander réparation en raison d'un dol. Mais les textes du Digeste ne font plus allusion à aucune fraude de la part du vendeur. L'un d'eux suppose même que les deux parties ont ignoré la condition de l'objet (2) ; et ici il ne peut être question de dol de la part du vendeur. Du reste, en disant que la vente subsiste, cela semble bien dire qu'elle subsiste avec les obligations qu'elle engendre, donc avec la responsabilité qu'elle met à la charge du vendeur ; d'où l'on est en droit de conclure que l'acheteur, par l'action *ex empto*, pourra lui demander compte de toute faute, dont il aurait eu à répondre en vertu de la responsabilité propre à la vente. Par conséquent, il serait responsable de son ignorance, toutes les fois que celle-ci eût été le résultat d'une négligence rentrant dans la catégorie des fautes dont le vendeur doit réparation en raison de son contrat : c'est tout au moins un minimum de responsabilité. D'autres interprètes iront plus loin encore et déclareront le vendeur tenu sans distinction, parce que toute ignorance de sa part est, dit-on, une faute dont il doit compte, sans qu'il lui reste aucun droit de justification. Mais laissons pour le moment cette interprétation de côté ; il reste acquis tout au moins ceci, que, par l'action *ex empto*, on doit pouvoir lui demander compte de toute ignorance impliquant faute légère, ou pour mieux dire impliquant une faute dont il aurait à répondre si la vente était réellement valable. Il va de soi que ce maintien supposé de la vente alors que celle-ci n'a plus d'objet ne pouvait être qu'une fiction ; et un jurisconsulte plus sincère le reconnaît franchement en disant : bien que la vente n'existe plus, l'acheteur n'en aura pas moins l'action *ex empto* (3). Si l'on donnait à celui-ci une simple action *in factum*, cela s'expliquerait encore à la rigueur (4) ; mais lui donner l'action du

(1) Instit., III, 23, § 5. « *Loca sacra vel religiosa, item publica... frustra quis sciens emerit, quœ tamen si pro privatis vel profanis deceptus a venditore emerit, habebit actionem ex empto*, etc., etc. »

(2) L. 70. D. (18, 1).

(3) Modestin : L. 62, D. « *Licet emptio non teneat, ex empto tamen adversus venditorem experietur, ut consequatur quod interfuit ejus, ne deciperetur.* »

(4) Il semble bien d'ailleurs que c'est par le moyen de l'action *in factum* que la théorie avait débuté. Le préteur donnait une action *in factum* voulant échapper aux conditions et rigueurs de l'action de dol, puis cette action *in factum* fut remplacée par l'action même du contrat : cette marche nous est indiquée par la loi 8, § 1. D. (11, 7).

contrat lorsqu'on reconnaît qu'il n'y a plus de contrat, c'est tout à fait inexplicable. En tous cas, nous sommes loin du domaine étroit du dol et de la faute lourde.

156. Ce n'est pas ici le lieu de chercher l'explication du problème juridique, et plus encore historique que juridique, dont nous venons d'indiquer le point délicat. En raison les Romains ont senti que, dans un contrat de bonne foi, lorsque deux parties s'abouchent pour entrer en relations d'affaires, il y a tout au moins une première convention qui se forme en dehors de toute autre obligation spéciale, c'est l'engagement de part et d'autre de faire en sorte de ne pas se nuire réciproquement. Alors même que la vente, en tant que vente, vient à tomber, cette convention spéciale qui en est indépendante doit subsister. Seulement, les principes généraux à Rome ne fournissent pas d'action spéciale pour la consacrer, car cette convention ne serait qu'un pacte qui comme tel serait dépourvu d'action. Comme il faut, pour avoir une action, conserver le moule d'un des contrats consacrés par le droit civil, on suppose fictivement que la vente subsiste et l'on donne à l'acheteur l'action *ex empto* (1). Mais comment construire la théorie dans le droit moderne, où nous ne sommes plus arrêtés par ces subtilités ?

157. *Théories proposées.* — Ihering (2) a proposé un système, qui n'est guère que la reproduction de l'interprétation que nous venons de présenter des textes romains et qui peut se résumer ainsi. Quiconque entre en relation d'affaires avec un autre et lui fait une offre de contracter, s'engage, par le fait même, à répondre envers lui de toute faute dont il devrait réparation en vertu du contrat lui-même ; et, une fois cette offre acceptée, alors même que le contrat est nul ou révoqué, l'engagement pris par le pollicitant subsiste et suffit par conséquent à le rendre responsable de toute faute commise par lui à raison de sa proposition elle-même, ce que Ihering appelle la *Culpa in contrahendo*, faute appréciée suivant la mesure de responsabilité propre au contrat que l'acheteur avait entendu conclure. En d'autres termes, la responsabilité spéciale, qui devait dériver du contrat, s'attache déjà à la proposition de contrat. A s'en tenir là, l'explication serait admissible ; car cette responsa-

---

(1) Cf. *Nouv. Rev. hist.*, 1888, p. 536, note 2. — Accarias, *Précis*, t. II, n° 602 *in fine*.

(2) Ihering, *Jahrb., f. dogm.*, IV, p. 1 et suiv. (*Œuvres choisies*, traduction de *Meulenaere*, t. II).

bilité conserverait une origine contractuelle, puisque l'on peut en effet décomposer et comme dédoubler la convention conclue entre les parties ; celle-ci contient un contrat nul faute d'objet et en outre un pacte qui en est indépendant et qui subsiste, lequel consiste dans l'engagement réciproque de répondre de toute faute commise par les parties dans les rapports d'affaires qu'elles ont eus entre elles (1). Mais on alla plus loin (2) ; les auteurs qui n'admettaient pas que le pollicitant fût lié à son offre pendant un certain délai, et qui par suite lui permettaient de la révoquer, appliquaient à cette hypothèse la théorie du *Negative vertrags interesse*, lui imposant réparation, non seulement pour son dol, mais pour toute imprudence impliquée dans sa révocation (3). Comment donc parler ici d'un contrat spécial qui serait déclaré nul, tandis que la convention de responsabilité subsiste ? Tout tombe, puisque la révocation fait disparaître la volonté de l'une des parties avant que la volonté de l'autre l'ait rencontrée. De sorte qu'en réalité la responsabilité du pollicitant, bien qu'ayant un caractère contractuel au point de vue de son étendue, était attachée, au point de vue de son origine, à une pure déclaration unilatérale de volonté de sa part (4) ; et ce qu'il y a de plus bizarre, c'est que cette théorie est acceptée par les auteurs qui refusent à l'offre seule tout caractère obligatoire, sous prétexte que la volonté à elle seule ne peut pas se lier elle-même. C'est sur ce fondement qu'ils admettent la révocation ; et cependant ils mettent à la charge du pollicitant une responsabilité qui n'est pas fondée sur le délit civil, mais sur un véritable engagement de sa part. Pour sortir de cette impasse, certains auteurs avaient invoqué l'idée de mandat. Le pollicitant invite l'autre partie à accepter et à exécuter le contrat qu'il lui propose ; si donc

(1) Cf. *Nouv. Rev. hist.*, 1888, p. 536, note 2.

(2) Et Ihering ira jusque-là.

(3) Cf. Windscheid, *Pand.*, § 307, note 7. — Cf. Goldschmidt, dans *Zeitschr. f. Handelsr.*, t. XIII, p. 335.

(4) Il y a bien d'autres cas où le caractère contractuel du fondement de la responsabilité en matière de *Negative vertrags interesse* eût été insuffisant pour la faire admettre là où il était équitable d'en reconnaître l'application, par exemple dans l'hypothèse visée par l'article 97-3° : il s'agit d'une promesse qui n'est pas faite sérieusement et que l'autre partie a prise au sérieux ; il y a lieu de la part de celui qui a ainsi induit l'autre en erreur au *Negative vertrags interesse*. On ne peut plus dire que celui-ci repose sur une convention de responsabilité maintenue alors même que le contrat principal se trouve nul, puisque le promettant n'a pas eu l'intention de conclure un acte juridique d'aucune sorte et qu'il n'y a même pas offre de contracter, mais badinage de sa part. — Cf. C. civ. al. art. 118 et art. 122 (Sal. *Décl.*, sur art. 122).

il le révoque, il lui doit compte des frais qu'elle a déjà faits en vue
de l'exécution, autrement dit des dépenses que l'exécution du mandat lui avait occasionnées (1). Cette théorie a le grave inconvénient de limiter outre mesure le montant de l'indemnité : c'est la
négation même du *Negative vertrags interesse* (2), et de plus elle
ne répond pas à l'objection formulée, le mandat révoqué donne
lieu à indemnité pour le préjudice que cause la révocation lorsqu'il
y a déjà mandat formé, c'est-à-dire accepté, puisque le mandat est
un contrat qui suppose concours de volontés. Mais, lorsque le pollicitant reprend son offre, il ne révoque pas le mandat, il l'empêche
de se former. Il faut en dire autant de la théorie que Windscheid
avait primitivement présentée d'une obligation de garantie à la
charge du pollicitant (3). Il avait voulu, en mettant cette idée en
avant, échapper à l'idée de faute et rendre le pollicitant responsable dans tous les cas, par conséquent, pour reprendre l'exemple du
vendeur, au cas où l'objet est impossible, le rendre responsable de
toute ignorance de sa part sans réserve de justification d'aucune
sorte à son profit (4). La base de la théorie faisait défaut puisque
la garantie suppose convention, donc concours de volontés. Aussi
a-t-il dû en venir à ce moyen extrême de déclarer que l'obligation
qui pèse sur le pollicitant ne repose pas sur un fait de volonté de
sa part ; Windscheid n'admet pas en effet que la volonté puisse se
lier elle-même, mais que c'est le droit qui la lui impose (5). Pour
parler net, disons que c'est une obligation légale. Le droit veut que,
lorsqu'on propose un contrat à quelqu'un, celui-ci puisse compter
que ce contrat pourra naître ; et par suite celui qui le lui a proposé
est tenu de toutes les suites préjudiciables que sa proposition pourra
causer à l'autre partie. Windscheid ne parle même plus de proposition imprudente : l'idée de faute a disparu, cela se comprend,
puisqu'il s'agit d'une obligation légale, attachée au seul fait de se
mettre en rapport d'affaires avec quelqu'un.

158. *Législation.* — En législation la question du *Negative vertrags interesse* n'avait pas encore été explicitement abordée. On

(1) V. citations dans Windscheid, *Pand.*, § 307, note 5.
(2) C'était la théorie de Mommsen, *Erörterungen*, II, p. 134.
(3) Cf. Windscheid, dans les précédentes éditions de ses Pandectes, et
Regelsberger dans l'*Handbuch* d'Endemann, II, p. 414, note 8.
(4) Cf. Windscheid, § 307, note 5. — Cf. Ihering, *Das Schuldmoment im
Röm. Privat R.*, p. 38, note 73.
(5) Windscheid, *Pand.* (éd. 1887), § 307, note 5.

prétend cependant à peu près généralement, et les motifs du projet l'affirment aussi (1), que la théorie d'Ihering sur la *Culpa in contrahendo* avait été déjà reconnue par avance par le Code prussien. Les commentateurs les plus autorisés de celui-ci le nient (2) ; la question est tout au moins douteuse. Ce qui peut le faire croire, c'est d'abord que l'*Allgemeines Landrecht* signale différents cas où, le contrat étant nul ou révoqué, il y a lieu à indemnité contre celui qui a induit l'autre partie en erreur (3). C'est ensuite, et surtout, parce que le Code prussien contient un article qui semble bien formuler un principe général (4), dont les cas auxquels nous faisons allusion ne seraient alors que des applications ; il y est dit que les dispositions qui ont pour but de régler la responsabilité des parties en matière d'exécution s'appliquent également à la responsabilité qui peut incomber aux parties du chef même de la formation du contrat. On en conclut qu'il y a une responsabilité qui pèse sur quiconque entre en rapport de convention avec autrui, et cette responsabilité est la même que celle dont il aura à répondre en matière d'exécution du contrat : c'est la théorie même d'Ihering sur la *Culpa in contrahendo*. A quoi on a répondu que cet article supposait le contrat formé et valable et qu'il signifiait alors que le contrat engageait la responsabilité des parties, non seulement en ce qui concerne son exécution, mais également en ce qui concerne sa formation (5). Dans ce système, les exemples d'indemnité admis au cas de contrats nuls ou révoqués impliqueraient qu'il y a dol ou faute lourde et ne seraient dans le Code prussien que des applications de la théorie générale sur le délit civil. Nous n'avons pas à prendre parti sur la question d'interprétation de l'article dont il s'agit ; mais il faut bien reconnaître que, même à supposer le contrat valable, les parties ne répondent pas forcément, sauf le cas de dol, des faits concomitants à la formation du contrat, et entre autres des faits de négligence ou d'imprudence qui ont pu rendre le contrat désavantageux pour l'une des parties (6) ; elles ne s'enga-

---

(1) Cf. *Motifs*, t. II, p. 178, note 3.

(2) Förster-Eccius, *Preuss. Priv. R.*, I, § 78, notes 27 et suiv.

(3) Voir citations dans Förster-Eccius, *loc. cit.*, notes 32 et suiv., et dans *Motifs*, t. II, p. 178, note 3.

(4) A. L. R., 1, 5, § 284.

(5) Voici le texte : « *Was wegen des bei Erfüllung des Vertrages zu vertretenden Grades des Schuld Rechtens ist, gilt auch auf den Fall wenn einer der Kontrahenten bei Abschliessung des Vertrages die ihm obliegenden Pflichten vernachlässigt hat.* » — V. Förster-Eccius, *loc. cit.*, note 29.

(6) Förster-Eccius citent (*loc. cit.*, note 29) le cas où le vendeur aurait

gent en somme que pour l'avenir et n'ont pas à répondre du passé, toute question de dol à part. En leur imposant une sorte de responsabilité, même pour le passé, c'est-à-dire pour ce qui est de la formation même du contrat, le Code prussien reconnaît implicitement qu'en s'abouchant pour contracter elles ont déjà dû observer à l'égard l'une de l'autre la même diligence, le même respect des intérêts de chacune d'elles que lorsque le contrat aura été conclu et qu'il s'agira de l'exécution (1).

159. *Système du projet.* — Le projet avait donc à se prononcer : limiterait-il la responsabilité à la faute lourde ; admettrait-il la théorie d'Ihering, qui la mesure à la faute même dont le contrat impliquerait réparation, ou enfin celle de Windscheid, qui, laissant de côté l'idée de faute, la déclare engagée pour tout fait d'ignorance de celui qui a proposé le contrat et qui par suite a induit l'autre partie en erreur ? On peut dire qu'il n'accepte au juste aucune de ces trois théories. Assurément il s'en tient à l'idée de faute, puisqu'il exige que l'ignorance soit imputable à négligence (art. 345). Mais d'autre part il admet une responsabilité unique et non, comme le voulait Ihering, graduée au degré de faute dont le contrat spécial impliquerait réparation ; et cependant cette responsabilité unique n'est pas celle de la faute lourde, mais de la faute légère appréciée suivant le type abstrait du bon administrateur, les motifs le disent

caché à l'acheteur certaines propriétés de l'objet susceptibles de constituer pour lui un désavantage.

(1) Ceci semble bien tout à fait confirmé par un autre article (A. L. R., I, 5, § 53), qui paraît être la reproduction exacte des textes du Digeste cités plus haut : il s'agit d'une impossibilité simplement relative, c'est le cas par exemple, de l'impossibilité juridique, chose publique, chose sacrée, comme dans les textes romains, et il est dit que, si celui qui l'a promise connaissait la condition de la chose (c'est le cas du vendeur romain qui promet sciemment une chose sacrée), il est obligé vis-à-vis de l'autre à complète réparation. Certains commentateurs ont prétendu qu'en pareil cas le contrat n'était pas nul et que le promettant devait intérêt pour inexécution (l'*Erfullungs interesse*). Ce n'est pas ce que dit le texte, il parle d'indemnité complète, c'est-à-dire adéquate au dommage causé : or le dommage causé consiste dans le fait d'avoir accepté un contrat qui se trouve nul et par suite d'avoir manqué une occasion d'acquisition qui ne peut plus se retrouver, ou qui ne se retrouvera que dans des conditions moins avantageuses : l'intérêt variera suivant les cas. C'est l'hypothèse du *Negative vertrags interesse*. Voici le texte : *War die bedingte Unmöglichkeit nur demjenigen bekannt, der zu der unmöglichen Handlung oder Leistung sich verpflichtete, so muss er den andern Theil vollständig entschädigen* (V. discussion dans Förster-Eccius, *Preuss. Priv. R.*, I, § 66, note 16. — Cf. *Sächs. G. B.*, § 844).

expressément (**1**). On pourrait croire que cela tient à ce que le projet n'admet en principe qu'un seul type de faute et que pour lui tout contrat entraîne responsabilité pour faute légère (art. 224, cf. *suprà*, n° 15). La responsabilité relative à la formation du contrat serait la même en fait que celle relative à son exécution. En apparence, l'idée serait à peu près celle d'Ihering dégagée de la théorie sur la diversité des fautes, laquelle en principe est supprimée. Il semble donc que l'intérêt de la question se trouve écarté. Tant s'en faut cependant ; il convient en effet de se souvenir que la mesure de la responsabilité contractuelle est affaire de convention. Si donc la convention des parties l'a rendue plus ou moins étroite, devra-t-on admettre la même mesure de responsabilité en ce qui touche la faute commise à propos des offres de contrat et de la formation même du contrat ? Ce serait la théorie d'Ihering et celle du Code prussien. On voit qu'il importe encore de poser la question de principe. A lire les motifs du projet, tout au moins sur l'article 345, on croirait volontiers que le point n'a pas été tranché ; les motifs déclarent qu'on n'a pas voulu décider si la responsabilité en matière de proposition de contrat devait être considérée comme ayant pour fondement le délit ou la volonté (**2**) ; et il semble bien au premier abord que la solution du problème que nous posons dépende de cette question préalable. Si en effet la responsabilité a sa source uniquement dans le délit commis par celui qui par sa faute a induit l'autre en erreur sur la formation du contrat, elle aura toujours forcément la même mesure ; sans doute cette mesure sera plus étroite que celle du délit ordinaire, cela tient aux circonstances dans lesquelles la faute est commise : on sait qu'en principe dans le système du projet toute faute est délictuelle (V. *suprà*, n°s 13 à 16). Si l'on distingue encore une responsabilité délictuelle et une responsabilité contractuelle, cela ne touche pas au caractère de la faute elle-même, mais aux conditions dans lesquelles elle se produit, aux éléments nécessaires à son admissibilité : la

---

(1) Cf. Meischeider, dans *Bekker Beiträge*, fasc. III, p. 40.

Comme exemples d'application de la théorie du *Negative vertrags interesse*, en dehors du cas des articles 345 et 347, il faut citer l'hypothèse d'une proposition de contrat faite sans intention de contracter et prise au sérieux par l'autre partie (art. 97-3°), le cas également de nullité pour erreur (art. 99-2°). Si celui qui a proposé le contrat et induit l'autre en erreur est coupable d'imprudence, constituant faute légère, il doit le *Negative vertrags interesse*. — Le Code civil al a ramené toutes ces applications particulières aux deux seules hypothèses déjà indiquées, celle de l'art. 122 et celle de l'art. 307.

(2) *Motifs*, t. II, p. 179.

faute contractuelle est un délit dont les éléments ont été prévus et réglés par la convention. Le délit proprement dit est une violation du respect général que l'on doit à autrui en dehors de tout lien de convention ; or, ce respect peut être plus ou moins étroit, suivant les circonstances, et l'on comprend que l'on soit plus rigoureux pour celui qui prend l'initiative d'un contrat destiné d'avance à tomber et qui, sans le vouloir, peut attirer l'autre contractant dans un piège. On peut le rendre responsable même de toute faute légère, sans que sa responsabilité cesse de reposer sur le délit civil, non seulement au sens large, toute faute étant délictuelle, mais au sens étroit, en ce sens que la responsabilité ici n'aurait d'autre origine que la violation d'un devoir général de respect indépendant de tout engagement à l'égard d'autrui. Seulement, ce qui est certain, c'est que ce devoir de respect étant toujours le même, puisqu'il ne repose pas sur un engagement volontaire, la mesure de la responsabilité serait forcément la même. Le projet l'ayant mesurée à la faute légère, il n'y aurait pas à la faire varier dans aucun cas. Si au contraire la responsabilité repose sur un engagement de la volonté, rien de plus naturel qu'elle puisse varier suivant la rigueur de l'engagement qu'on a entendu accepter. Assurément, ce serait un engagement d'un seul côté, puisque nous avons repoussé l'idée d'une responsabilité reposant sur la convention et qu'il s'agit d'une responsabilité attachée à la seule déclaration de volonté et subsistant alors que toute convention disparaît. Mais cette construction juridique n'aurait rien d'étrange dans le système du projet qui admet en certains cas exceptionnels l'effet obligatoire résultant d'une seule déclaration de volonté, la volonté se liant elle-même. Ce serait une exception de plus à ajouter à celles que mentionne le projet à propos de l'article 342. Mais alors la volonté pourrait se donner sa mesure à elle-même et l'on comprendrait qu'elle engageât sa responsabilité dans la mesure exacte où elle entend l'engager à propos de l'exécution du contrat. Ce serait la formule d'Ihering : la responsabilité relative à l'exécution existe déjà dans la même mesure par rapport à la proposition de contrat elle-même.

160. On pourrait croire, à ne lire que les motifs sur l'article 345, que le projet a entendu rattacher la question qui nous occupe à celle qu'il a laissée en suspens sur le caractère délictuel ou volontaire de la responsabilité relative à la formation du contrat ; et cependant il n'en est rien. Il est dit ailleurs et de la façon la plus formelle, sur l'article 97-3°, que la responsabilité qui nous occupe ne se mesure pas à celle du contrat lui-même, dans les cas où les clauses particulières du contrat l'auraient rendue plus ou moins étroite (1). Cette solution peut-elle donc s'accorder avec l'hypothèse d'une responsabilité volontaire ? Il faut bien que dans la pensée du projet il en soit ainsi, puisque, si le projet ne se prononce pas pour la responsabilité volontaire, il n'entend pas non plus la repousser. C'est l'explication qu'il faut trouver. Rien ne sera plus facile, on l'a déjà vu, si l'on doit admettre le délit civil ; la difficulté n'existe que si on donne pour fondement à la responsabilité un engagement de la volonté. La volonté s'est liée elle-même ; mais elle n'est pas libre de se lier plus ou moins : comment le comprendre et pourquoi n'en pas revenir purement et simplement à l'idée de Windscheid, qui supprime la faute et déclare qu'il y a obligation légale ? Comment donc le comprendre ? La pensée du projet est, peut-être, que la responsabilité d'un débiteur peut varier en ce qui touche l'exécution de son obligation et que rien n'est plus juste, puisque dans ce cas cette atténuation de responsabilité a été acceptée par le créancier. Mais, lorsqu'il s'agit d'une proposition de contrat, c'est-à-dire d'un acte auquel l'autre partie est restée étrangère, le pollicitant ne peut plus restreindre à son gré sa responsabilité et déclarer qu'il n'entend répondre que de telle ou telle faute. L'autre partie n'est pas mise en garde et par suite ne peut pas se voir opposer une atténuation de responsabilité qu'elle n'a pas été à même d'accepter ou de refuser. La pensée du projet serait alors celle-ci : quiconque entre en rapport d'affaires avec quelqu'un est censé s'engager, avant même toute acceptation de l'autre partie, à ne commettre aucune faute légère à son endroit ; et par conséquent il s'oblige à répondre des suites de toute offre imprudente susceptible de causer dommage à l'autre partie. Cet engagement est censé lié à toute proposition de contrat, et la loi n'admet pas qu'on s'en délie, car ce serait se placer soi-même en dehors de la justice : la loi n'accepte pas que la volonté individuelle puisse se mettre en dehors de la justice et de l'équité. Telle est l'explication proposée pour le cas où l'on devrait considérer la responsabilité qui nous occupe comme ayant pour fondement un engagement voloñtaire de la part de quiconque prend l'initiative d'un contrat. Reste à se demander s'il subsiste un intérêt pratique à la question de savoir si l'on doit accepter cette idée

(1) *Motifs*, t. I, p. 195.

d'un engagement volontaire ou celle du délit civil. Or, les motifs ont répondu par avance en signalant la différence de prescription de l'action (art. 719) : peut-être y en aurait-il d'autres. Peu importe : c'est le point théorique qu'il était indispensable d'élucider (1).

161. *Droit français.* — Comment, d'ailleurs, résister ici à la tentation d'établir sur ce point important un rapprochement avec les principes de notre droit en ce qui touche cette matière ? On reconnaît généralement que la question doit être tranchée d'après les principes de l'article 1382 ; mais on sait déjà combien cette ressource est insuffisante ; et du reste est-il donc absolument certain que nous en soyons réduits là ? Tel n'est pas notre avis : non que nous voulions introduire chez nous un principe emprunté au droit allemand. Nous avons en vue une disposition même de notre Code civil, qui, à elle seule, suppose admis le principe de la responsabilité pour contrat nul. Comment, en effet, expliquer l'article 1599 qui laisse subsister une obligation d'indemnité, bien qu'il y ait nullité du contrat, autrement que comme une reproduction des textes romains sur la vente nulle pour objet hors du commerce et donnant droit cependant à l'action *ex empto* pour indemnité ? Sans doute, il y a un système qui veut voir dans l'article 1599 un cas de condition résolutoire et qui explique alors très facilement, par voie d'application de l'article 1184, le maintien d'une action en dommages-intérêts (2). Mais comment le justifier pour ceux qui y voient une nullité proprement dite ? De deux choses l'une ; ou bien il s'agit d'une indemnité pour délit et alors il faudra distinguer si le vendeur était ou non de bonne foi, ou il s'agit d'indemnité pour violation d'un engagement volontaire, et alors on pourra en effet ne plus distinguer suivant la bonne ou la mauvaise foi du vendeur. Il y a, sous ce rapport, quelque contradiction chez les auteurs, MM. Aubry et Rau, par exemple, ont admis en même temps les deux opinions. Au chapitre où ils traitent de la théorie des nullités, ils déclarent que la nullité peut donner lieu à réparation pour cause de délit civil, fondé sur l'article 1382, et ils citent comme

---

(1) Le Code civil allemand a profondément modifié toute cette théorie. Car, s'il accepte encore une responsabilité fondée sur l'idée de faute, lorsque la nullité provient de l'impossibilité de l'objet (art. 307), il a introduit une responsabilité purement objective lorsque la nullité dérive de l'erreur (art.122). — Voir Sal., *Décl., loc. cit.*

(2) Colmet de Santerre, t. VII, n° 28 *bis*-xvi.

exemple le cas de l'article 1599 (1) ; et, sur l'article 1599, ils admettent que l'indemnité sera due, que le vendeur soit ou non de bonne foi, parce que la responsabilité n'est pas fondée sur le délit et qu'il n'y a pas à se référer à l'article 1382 : il s'agit de faute contractuelle et non délictuelle (2). Alors comment l'expliquer puisqu'il n'y a plus de contrat ? Veut-on dire que, en dehors de la vente qui est nulle, il y a eu, par le seul fait du concours de volontés, une convention tacite de garantie qui subsiste ? C'est l'explication que nous proposions comme interprétation des textes du Digeste. Veut-on dire que le vendeur est lié par son offre, ou, pour parler comme M. Demolombe, que, par cela seul que l'offre a touché l'autre partie, on présume qu'il y a déjà convention formée (3), tout au moins convention de garantie réciproque au sens que nous venons d'indiquer ? Ce n'est pas ici le lieu de résoudre ce problème délicat (4). Tout ce que nous voulions montrer, c'est que le principe du *Negative vertrags interesse* était une idée française autant qu'allemande ; et nous ne voyons pas pourquoi on nous réduirait sur ce point à l'article 1382, alors que pour un cas particulier, celui de l'article 1599, nous avons l'application d'une idée bien plus générale et bien plus féconde, et qu'il n'y a plus qu'à extraire et formuler le principe juridique qui s'en dégage et à lui donner toute l'extension qu'il comporte (5).

162. *Indétermination de l'objet* (C. civ. al., art. 315, 316, 317). — Nous venons de parler de l'objet impossible ou illicite ; il faut rapprocher de cette matière celle de l'objet indéterminé. Si l'indétermination est absolue, cela équivaut à l'absence d'objet et le contrat est nul faute d'objet (art. 352 ; supprimé dans le Code civil al., comme inutile, *Pr.* I, p. 464). Il peut arriver aussi que la détermination de l'objet soit remise à l'appréciation, soit de l'un des contractants, soit d'un tiers. Dans le premier cas, il va de soi que la partie qui en est chargée ne peut pas déterminer l'objet arbitrairement, mais doit le faire d'une façon conforme à l'équité.

(1) Aubry et Rau, t. I, § 37, p. 123.
(2) Aubry et Rau, t. IV, § 351, note 45.
(3) Demol., t. XXIV, nos 64-65.
(4) Voir sur tous ces points l'excellent *Traité élémentaire de droit civil* de M. PLANIOL, t. II, no 1473 et suiv.
(5) Il est vrai que le rattachement à l'article 1382 pourrait avoir pour effet de supprimer la condition de faute, si l'on en arrivait à admettre, sur l'article 1382, l'idée d'une responsabilité objective, telle que je l'ai soutenue dans mon étude sur *Les accidents du travail et la responsabilité civile* (Paris, Rousseau, 1897).

Il peut se faire aussi que la convention n'ait pas indiqué laquelle des deux parties aurait le droit de procéder à cette détermination, ce qui se présente, par exemple, au cas de contrat synallagmatique, lorsque l'une des prestations ayant été fixée on n'a pas précisé quelle serait l'étendue de l'autre, par exemple le montant du prix au cas de vente. Le projet présume que ce sera à la partie à qui cette prestation est due d'en fixer l'étendue, toujours bien entendu conformément à l'équité (art. 353-354).

Si la détermination de l'objet est remise à un tiers désigné, l'intervention du tiers, et ceci doit être remarqué, est considérée comme un élément essentiel à la formation du contrat. Les parties ont entendu le prendre pour arbitre et par suite cette désignation a un caractère essentiellement personnel ; si bien que, s'il s'y refuse, elles ne peuvent s'adresser à justice pour obtenir la détermination de l'objet et le contrat tombe, soit que l'intervention du tiers ait été considérée comme condition suspensive, soit comme condition résolutoire (art. 355).

163. *Formalités relatives à certains contrats.* — Enfin le projet traite de particularités relatives à l'objet spécial de certains contrats. Il pouvait être question tout d'abord de se demander si, pour quelques contrats spéciaux, il n'y aurait pas lieu d'exiger des règles de forme destinées à en garantir la sincérité. Le droit prussien, par exemple, avait soumis à la forme écrite tous les contrats dont l'objet dépassait 50 thalers. La rédaction d'un écrit était donc exigée, non seulement en vue de la preuve, comme chez nous, mais pour l'existence même du contrat ; et de plus il était dit que, si les parties étaient convenues de rédiger un écrit, on présumait dans tous les cas qu'elles avaient entendu, non pas l'exiger pour la preuve, mais subordonner à cette solennité l'efficacité du contrat lui-même (1). Ces prescriptions avaient déjà été abolies en matière commerciale (2) ; et le dixième congrès des jurisconsultes allemands s'était prononcé pour l'abolition de toute solennité de ce genre (3). Le projet entre dans cette voie (4) : il n'y a plus en

(1) All L. R , I, 5, §§ 117 et 131.
(2) C. de comm. all., art. 317, supprimé comme inutile désormais.
(3) On trouvera dans la consultation du Dr von Feistmantel, de Vienne, l'indication, et aussi la réfutation, des arguments que l'on faisait valoir en faveur du maintien d'une solennité de forme et, entre autres, de la forme littérale (*Verhandl. des Zehnt. Deutsch. Juristentages* (1872), I, p. 117 et suiv. — V. *Motifs sur l'art.* 91).
(4) Voir Sal., *Décl.* sur l'art. 125, C. civ. al.

principe de contrats solennels (art. 91) ; restait à se demander s'il n'y avait pas, par exception, à maintenir l'ancienne exigence pour certains contrats d'importance capitale, et entre autres pour celui par lequel on s'engage à aliéner un immeuble. Le Code prussien exigeait ici la forme écrite, quelle que fût la valeur de l'immeuble ; et la plupart des législations d'États en faisaient autant, même celles, comme le Code saxon (§ 821), qui n'imposent en principe aucune forme spéciale pour la validité des contrats (1). Il semble bien cependant que l'exigence de la forme écrite en matière de ventes immobilières, ou autres contrats de disposition ayant pour objet un immeuble, ait rencontré une certaine hostilité ; car les motifs mettent quelque insistance à justifier le maintien des anciennes prescriptions à cet égard. On faisait, sans doute, valoir contre cette exigence que l'importance économique des fonds de terre avait sensiblement diminué. A quoi on a répondu que leur importance sociale subsistait, que la terre était le siège des populations et donnait par suite à celui qui en est le maître une très réelle influence sur ceux qui l'habitent. La terre, en tant qu'objet d'échange, a donc une valeur sociale que la féodalité avait sans doute exagérée, mais qui tient à la nature des choses et qu'on ne peut pas nier. On en a conclu que les actes qui étaient destinés, ne disons pas encore à en opérer, mais à en préparer l'aliénation, devaient être entourés de garanties sérieuses ; et la nécessité de rédiger un écrit a paru indispensable, même pour le contrat qui n'engendre cependant que l'obligation de transfert, sans réaliser le transfert lui-même. Le projet va plus loin ; il a pensé que toute aliénation d'immeuble pourrait avoir des conséquences juridiques sur lesquelles l'attention des parties devait être appelée d'une façon particulière, et que, du momènt qu'on exigeait un écrit, il fallait être logique et imposer la garantie de la forme judiciaire ou notariée (art. 351 ; C. civ. al., art. 313). La sanction sera la nullité (art. 91) ; par conséquent, le contrat étant nul, aucune des parties ne peut plus exiger de l'autre qu'il soit procédé à la cession de l'immeuble (l'*Auflassung*). On a pensé toutefois que cette dernière, lorsqu'il y est procédé d'accord avec les deux parties et qu'elle est complète, c'est-à-dire suivie de l'inscription aux registres fonciers (*Auffassung und Eintragung*), devait couvrir le vice de forme : c'est

---

(1) Nous reproduisons ici les renvois cités en note par les *Motifs* (t. II, p. 189, note 1). — *Säch. G. B.*, §§ 822-824. — *Würtemb. Ges. v 23 jun.* 1853. — *Bay. Notariats Ges. v.* 10 *nov.* 1861. — *Hess. Ges.* v. 4 *aug.* 1871. — *Œst G. B.*, § 434. — Cf. féd., art. 10.

que la cession elle-même donne au contrat les garanties qui lui ont manqué, puisque les deux parties renouvellent leur convention devant un fonctionnaire de l'ordre judiciaire. Il n'y avait pas lieu non plus de ne tenir compte que de ce nouveau contrat, sans faire produire à l'autre ses effets à la date où il a été conclu ; car les formalités de la cession font disparaître le doute qui avait empêché le contrat antérieur de produire ses effets. Elles prouvent que les parties, qui viennent ainsi solennellement renouveler leur consentement, avaient fait un contrat sérieux dont elles avaient compris et accepté toutes les conséquences ; la suspicion qui tenait son existence en suspend disparaît et le contrat se trouve validé. Du reste, la solution contraire eût apporté quelque entrave aux facilités qui doivent entourer la cession judiciaire : le juge conservateur des registres eût refusé de procéder à l'inscription, tant qu'on ne lui eût pas représenté un contrat en forme. Et, en admettant qu'il y eût procédé, les parties auraient eu une action en répétition analogue à la *condictio sine causa*, pour obtenir la restitution de l'immeuble, action prescriptible par 30 ans, et qui laisserait planer ainsi une longue incertitude sur le régime de la propriété. Tout ceci, d'ailleurs, n'est que la reproduction de ce qui avait été admis par l'article 10 de la loi du 5 mai 1872, lequel avait eu à prévoir le cas où la cession aurait lieu sans que le contrat eût été passé dans la forme requise (1).

164. *Intérêts conventionnels.* — Le projet termine cette section, relative à l'objet des contrats, par une disposition importante sur la stipulation d'intérêts (art. 358) : on pouvait, en effet, se demander dans quelle mesure elle serait permise. Or, le projet consacre à nouveau la liberté complète du taux de l'intérêt. Celle-ci, d'ailleurs, avait été reconnue dès l'année 1866, en Prusse (2), étendue l'année suivante à toute la Confédération germanique du Nord par la loi du 14 novembre 1867 (3) ; et cette loi est devenue, en 1870, loi d'Empire (4). Seulement, elle consacrait une réserve que le projet

---

(1) Förster-Eccius, *Preuss. Priv. R.*, I, § 79, note 67. — Sur tous ces points, pour ce qui est du Code civil allemand, voir Sal., *Décl.*, p. 103 et suiv.

(2) Cf. *Preuss. Wucher Ord.*, v. 12 mai 1866 et loi du 2 janv. 1867. Un vœu avait également été émis en ce sens au sixième Congrès des juristes allemands (V. *Verhandl. des 6ten deutsch. Juristentages*, 1865, p. 225-271).

(3) Sur la loi du 14 novembre 1867, voir P. Hinschius, dans *Zeitschr. f. Gesetzgebung und Rechtspflege in Preussen*, II (1868), p. 14 et suiv., p. 336 et suiv.

(4) V. *Bund. G. Bl.*, v. 1870, p. 647-656.

a, paraît-il, l'intention d'abroger, par cela seul qu'il ne la reproduit pas (1). Lorsque l'intérêt dépassait 6 pour 100, le débiteur avait droit, à partir du sixième mois après la conclusion du contrat, de donner avis de révocation de ce dernier au créancier (2), lequel avis devait être à six mois ; ce qui voulait dire tout simplement que le débiteur avertissait son créancier que dans un délai de six mois il le rembourserait. En somme, c'était le droit au remboursement anticipé ; c'était un congé. La loi réservait, il est vrai, la faculté pour les législations d'États de rendre plus facile ou plus onéreux ce droit de résiliation du contrat, et aussi la faculté de le supprimer ; généralement, la tendance s'était montrée peu favorable à cette atteinte indirecte à la liberté du taux de l'intérêt (3). Le projet l'abroge (4). Mais il laisse intactes les prescriptions de la loi du 24 mai 1880 sur l'usure (5 . Or, il faut savoir, pour comprendre comment les deux choses peuvent se combiner, que le délit d'usure n'est pas constitué par le fait de s'être fait promettre un intérêt excessif, puisque le taux de l'intérêt est libre, mais par le fait d'avoir abusé de la situation du débiteur pour obtenir un intérêt trop élevé (6) : il faut donc établir le fait de manœuvres dolosives, autrement dit l'élément délictuel ; en ce cas, la loi de 1880, en dehors des sanctions pénales, contient des sanctions civiles et entre autres la nullité du contrat usuraire (7). Le projet ne touche pas à cette disposition (8).

Un mot maintenant de la question de l'anatocisme : le projet

(1) V. *Motifs sur l'art.* 358, t. II, p. 196.

(2) *Halbjährige Kündigung des Vertrages* (loi du 14 novembre 1867, § 2). — V. *Motifs sur l'art.* 358, et Stobbe, *D. Priv. R.*, t. III, § 190, p. 301 et suiv.

(3) V. *Motifs sur l'art.* 358, et Stobbe, *loc. cit.*, § 190, note 43.

(4) Cette disposition de la loi de 1867 a été rétablie par l'art. 247 C. civ. al.

(5) V. traduction de M. Paul Jozon, dans *Annuaire* 1881, p. 77 et suiv. Cette loi a été intercalée dans le Code pénal allemand, comme addition à l'article 302 du Code pénal. — Elle a été complétée par une loi du 19 juin 1893.

(6) L'élément frauduleux en matière d'usure consiste dans l'un des trois faits suivants : avoir abusé des besoins, de la faiblesse d'esprit ou de l'inexpérience d'un autre (V. Traduction Jozon, *loc. cit* , p. 80) *Ausbeutung der Nothlage, des Leichtsinns, der Unerfahrenheit*). — V. sur l'interprétation de ce texte d'intéressants développements dans *Holtzendorffs Lexicon,* vᵒ *Wucher,* t. III-2, p. 1354 et suiv., p. 1358 et suiv. — Cf. lois autrichiennes de 1877, *Annuaire* 1878, p. 216-238. — Cf. Cauwès, *Précis d'économie politique,* t. II, nᵒˢ 902-903. — Cf. Ch. Gide, *Principes d'économie politique,* liv. IV, part. 2, ch. ii, § 4. — Cf. Henry George, *Progress and poverty,* liv. III, § 3 *in fine,* et § 5.

(7) V. *Holtzendorffs Lexicon, loc. cit.,* p. 1363-1364. — Cf. Förster-Eccius, *Preuss. Priv. R.,* t. II, 1887, § 137, note 139.

(8) Cette disposition a été, du reste, formellement consacrée, et même de beaucoup généralisée, sur le terrain du droit civil, par l'art. 138 C. civ. al. (cf. Sal.. *Décl.,* p. 291 et suiv.)

laisse toute liberté en ce qui concerne la convention relative aux
intérêts déjà échus ; quant à celle qui a en vue les intérêts à échoir,
elle est nulle sans autre distinction. On ne peut donc convenir
d'avance que les intérêts échus et non payés porteront d'eux-mêmes
intérêts. C'est le système du Code fédéral. Le projet ne reconnaît
à cela d'autre exception que celle du Code de commerce (art. 291 ;
art. 355 actuel) pour le compte courant entre commerçants ; on
avait proposé de l'étendre d'une façon générale à la matière des
comptes courants, sans distinction de personnes, mais on a voulu
réserver la question pour l'époque de la revision du Code de
commerce (1).

§ 3. — DES EFFETS GÉNÉRAUX DES CONTRATS

165. Le titre que nous donnons à cette section est une abréviation plutôt qu'une traduction littérale de celui admis par le projet
et qui est celui-ci : *Du contenu des obligations nées de contrats* ;
ce ne serait donc là qu'un complément du chapitre sur l'effet de
l'obligation (art. 224 et suiv., *suprà*, n°s 14 et s.). C'est qu'en réalité, le seul effet normal et direct du contrat est de produire des
obligations ; et, si l'on veut examiner en quoi consistent ces
obligations, il est bien certain que c'est l'effet des obligations elles-
mêmes que l'on décrit. Cependant, il peut se faire, et c'est généralement le cas s'il s'agit de contrats synallagmatiques, que ces obligations réagissent les unes sur les autres et que, par suite, il y ait
lieu, non plus de les étudier isolément, mais dans leurs rapports
réciproques, auquel cas il paraît logique de parler des effets du contrat lui-même. Quoi qu'il en soit de cette question de mots, il
suffisait de s'entendre ; reste à dire ce que le projet a compris
sous ce titre et à ranger nos matières dans un ordre méthodique,
lequel ne sera pas toujours, d'ailleurs, celui du projet.

166. Nous aurons à parler d'abord de l'exécution des contrats,
puis de l'inexécution totale ou partielle, ce qui nous conduira à
traiter de la résolution et des risques : ce sont là, en effet, les quatre
sujets dont s'occupe le projet sous la rubrique que nous avons
adoptée.

_____

(1) Voir sur tous ces points une disposition importante insérée comme
paragraphe final de l'art. 248 C. civ. al.

167. *Exécution.* — L'exécution du contrat doit se faire conformément aux conventions adoptées ; le principe du projet est celui qui est admis par toutes les législations, que la convention forme la loi des parties, et d'autre part que les conventions doivent s'interpréter conformément à l'équité et aux usages reçus (art. 359 ; C. civ. al., art. 157 et 242). Il ne reste plus qu'à remplir les obligations qui en ressortent, et ceci se rattache à l'exécution de l'obligation elle-même (V. *suprà*, nos 14 et suiv., nos 18 et suiv.). Nous avons déjà dit que la question spéciale à examiner ici est surtout celle de l'effet réciproque que les obligations diverses nées du contrat peuvent avoir l'une par rapport à l'autre ; ce qui nous conduit à parler du contrat synallagmatique (1).

168. *Contrats synallagmatiques.* — Il y a, sur la nature du contrat synallagmatique, et au point de vue doctrinal, des théories assez délicates entre lesquelles, nous disent les motifs, le projet n'a pas entendu prendre parti (2). Nous verrons, cependant, que, sur un point, le projet adopte une solution qui suppose, sinon qu'il ait pris carrément parti pour l'une des théories proposées, tout au moins que certaine d'entre elles a été positivement exclue par lui ; il n'est donc pas sans intérêt de rappeler les principales. On les trouvera très nettement résumées dans une note de Windscheid (3). Il est tout d'abord une première conception qu'il faut rejeter sans autre examen, c'est celle qui considérerait les deux obligations nées du contrat comme absolument indépendantes (4) ; il est bien certain que chacune des deux parties a entendu, dans une mesure qu'il reste à préciser, c'est là le point délicat, subordonner le propre sacrifice auquel elle s'est obligée à l'obtention des avantages qu'elle a stipulés en retour. Sans doute, le droit romain ne considérait pas chacune des prestations promises comme affectée d'une condition résolutoire dont l'inexécution par l'autre partie eût constitué la réalisation, mais il n'en mettait pas moins chacune d'elles sous la dépendance l'une de l'autre, puisqu'il refusait l'action à celui qui poursuivait sans exécuter de son côté (*exceptio non adimpleti contractus*) ; soit qu'il s'agit là d'une condition

---

(1) En ce qui touche l'interprétation des actes privés, voir art. 133 C. civ. al. et Sal., *Décl.*, p. 194 suiv.
(2) *Motifs sur l'art.* 362, II. p. 200, note 1.
(3) Cf. Windscheid, *Pand.*, § 321, note 2.
(4) Bruns, dans *Holtzendorffs Encycl.*, I, p. 485. — Cf. Windscheid, *Pand.*, § 321, note 16.

préalable, exigée pour que l'action pût être accordée, soit qu'il
s'agît d'une exception de procédure, au sens propre du mot, que le
défendeur eût à faire insérer dans la formule, question qui est ici
réservée. Comment donc caractériser cet état de dépendance réciproque des deux obligations ? Keller et, après lui, Karlowa (1) ont
considéré que chacune des deux parties n'avait promis la prestation
à laquelle elle s'était engagée que déduction faite de la contre-
prestation qui lui était due ; cette dernière affectait le contenu même
de l'obligation réciproque, en ce sens qu'elle en diminuait l'étendue. Cette conception peut être exacte au point de vue économique, lorsqu'on s'en tient à la notion de valeur réciproque ; on voulait
la transporter sur le terrain juridique en disant : chacun doit ce
qu'il a promis, moins ce qui lui est dû, donc n'est obligé à payer
que lorsqu'il a reçu son paiement. Dans cette théorie, l'*exceptio
non adimpleti contractus* n'était pas une véritable exception dont
il fallût demander l'insertion dans la formule, c'était une véritable
dénégation du droit du demandeur, opposable en tout état de
cause ; car le demandeur ne peut demander que ce qui lui est dû.
Or, en poursuivant, sans avoir payé lui-même, il demande ce qu'on
ne lui doit pas (2). On a répondu à cela que les deux obligations
ne sont pas, comme on voulait le dire, affectées l'une par l'autre
au point de vue de leur contenu. Elles restent entières au point
de vue juridique ; seulement elles se tiennent l'une en face de
l'autre à titre d'équivalents (3). Il est entendu que chacune doit
être l'équivalent de l'autre ; donc celle des parties qui poursuit,
sans avoir exécuté de son côté, poursuit encore ce qui lui est dû ;
seulement elle dénature le caractère de l'obligation dont elle réclame le paiement, puisqu'elle la traite comme si elle était isolée
et ne tient pas compte de la question d'équivalent. Elle va donc
frauduleusement à l'encontre des intentions exprimées ou tacites ;
voilà pourquoi le droit romain donnait au défendeur une nouvelle
variante de l'exception de dol, l'*exceptio non adimpleti contractus*. Nous verrons, à propos de cette dernière exception, quelle

(1) Keller, *Jahrb. d. gem. R.*, IV, 1860, p. 337 et suiv., et Karlowa, *De
natura atque indole* συναλλαγματος, etc., etc , 1862.
(2) Cette conception difficilement acceptable en droit commun, puisque
les textes romains paraissent bien présenter comme une véritable exception l'*exceptio non adimpleti contractus*, est, au contraire, considérée en
général comme étant le point de vue certain du droit allemand ; pour le
droit prussien en particulier, voir Förster-Eccius, *Preuss. Priv. R.*, I, § 83,
notes 9-11.
(3) Théorie de Windscheid, § 321, note 2,

solution le projet a entendu adopter. Mais, quel que soit le parti que l'on accepte sur cette explication doctrinale, tout le monde s'accorde à reconnaître que l'exécution, en matière de contrat synallagmatique, doit être simultanée, donnant donnant (1), *Zug um Zug*, comme disent les Allemands art. 362 ; C. civ. al., art. 320) ; et que, par conséquent, si l'un poursuit sans avoir payé, l'autre a droit de se refuser à payer lui-même. Comment donc sortir de cette impasse, car il est bien certain que personne ne voudra prendre les devants et s'exposer à payer sans être sûr de recevoir ce qui lui est dû ? L'article 365 y pourvoit pratiquement. On aurait pu croire, tout d'abord, qu'il eût suffi à celle des parties qui veut se libérer de mettre l'autre en demeure d'accepter. Rigoureusement, l'autre aurait encore pu répondre qu'il n'y avait pas paiement ; et la partie qui poursuit aurait dû alors, si elle craint de se dessaisir la première, se résoudre à la consignation : c'étaient là des complications inacceptables. Or, la pratique avait admis déjà, depuis longtemps (2), qu'en pareil cas celui qui prend l'initiative pût demander non pas, à proprement parler, le paiement de ce qui lui est dû, mais l'exécution simultanée, et par conséquent faire condamner l'autre partie à payer sur l'offre qui lui est faite de la prestation à laquelle elle a droit ; si bien que celui qui est nanti de ce jugement pourra, si l'autre est en demeure et refuse d'accepter, procéder à la saisie, sans être obligé de recourir à la consignation et sans avoir non plus à se dessaisir au préalable de ce qu'il doit lui-même. Cette ressource est également admise au cas où les deux prestations ne doivent pas être simultanées, mais que l'une doive précéder l'autre. Bien entendu, dans ce cas, celui qui doit payer en second n'a pas besoin de ce détour, puisqu'il n'a pas à craindre l'*exceptio non adimpleti contractus* ; mais l'autre partie, celle qui doit prendre les devants, peut être désireuse d'y recourir pour vaincre la résistance injustifiée de son créancier. Sans avoir à recourir à la consignation, dès que son créancier se trouvera constitué en demeure, elle n'aura qu'à intenter l'action pour exécution simultanée (*Klage auf Erfüllung Zug um Zug*), dans les conditions et avec les résultats que nous avons indiqués (art. 365 ; C. civ. al., art. 322).

169. *De l'exécution au cas de division de l'une des obliga-*

---

(1) Cf. Förster-Eccius, *loc. cit.*, t. I, § 83, notes 7 et 8,
(2) Cf. Förster-Eccius, *loc. cit.*, note 10.

tions. — Restait à prévoir une hypothèse, celle où, s'agissant de contrat synallagmatique, il y aurait, d'un côté ou de l'autre, pluralité
d'intéressés, initiale ou survenue après coup. Le cas ordinaire est
celui où l'une des parties laisse plusieurs héritiers ; à leur égard
les obligations nées du contrat se sont divisées. Il faudrait donc en
conclure que l'autre partie ne devrait pouvoir obtenir de chacun
d'eux que sa part individuelle dans la dette, de même que chacun
d'eux ne pourra le poursuivre que pour ce qui lui revient. Il en sera
en effet ainsi si la partie dont nous parlons prend l'initiative des
poursuites ; elle ne peut demander à chacun des héritiers de son
débiteur que sa part individuelle, et à supposer qu'elle lui ait livré
de son côté la part qui lui revient dans la créance réciproque. Mais,
si c'est au contraire l'un des héritiers qui entame les poursuites,
bien qu'il ne puisse demander que sa part dans la créance, il ne
peut la demander qu'en livrant le tout, donc en payant toute la
dette que devait son auteur. Pourquoi cette différence ? Les motifs
font observer que, si la partie qui se trouve exposée à recevoir un
paiement partiel prend l'initiative en payant à l'un des représen
tants de l'autre contractant la part qui lui est due, elle reconnaît la
divisibilité, et que, par suite, elle ne peut demander à celui qu'elle
poursuit que sa part dans la dette. Lorsqu'au contraire c'est elle qu'on
poursuit, elle a le droit d'exiger, avant qu'on lui demande de s'exécuter
même pour partie, qu'on lui assure un paiement intégral, donc qu'on
lui fournisse le tout : en d'autres termes la divisibilité ne lui est opposable que lorsque c'est elle qui attaque. Les motifs fondent cette
décision sur l'intention présumée des parties ; ils supposent que,
lorsqu'un des contractants doit recevoir un paiement intégral, bien
qu'il ait plusieurs débiteurs, il est entendu qu'on ne peut l'obliger
à se dépouiller de quelque chose qu'en lui fournissant intégralement ce qui lui est dû. L'origine de cette solution se trouve d'ailleurs dans une loi romaine que rappellent les motifs, et qui donnait
une décision analogue au cas de vente, pour l'hypothèse où l'un
des héritiers de l'acheteur demande sa part dans l'objet vendu : il
ne peut le faire, dit le texte, qu'en fournissant le prix intégral (1).
C'est cette décision qui se trouve ici généralisée (art. 363) : elle
vient compléter la solution de l'article 320 sur la divisibilité de
l'obligation.

(1) L. 34, § 8, D. (21, 1). — Cf. Säch. G. B., § 1099.
(2) Cette disposition a été reliée au principe de l'art. 420. C. civ. al., et
par suite supprimée comme inutile (*Pr.*, p. 627-628).

170. *Inexécution* — Nous venons de voir comment doit s'opérer l'exécution du contrat synallagmatique. Il nous faut supposer maintenant que l'une des parties se refuse à exécuter. On doit alors distinguer deux hypothèses : ou bien c'est celle qui poursuit qui n'a pas exécuté, ou c'est uniquement celle qui est poursuivie. Dans le premier cas, l'une des parties demande ce qui lui est dû, sans fournir ce qu'elle doit, et nous supposons bien entendu que le défendeur n'ait pas à fournir le premier, donc que l'exécution doit être simultanée. Dans le second cas, l'une des parties s'est exécutée et c'est l'autre seule qui ne paie pas.

171. *De l'exceptio non adimpleti contractus* (1). — La première hypothèse donne ouverture à l'*exceptio non adimpleti contractus*, ce qui veut dire que, le demandeur n'ayant pas exécuté de son côté, le défendeur a droit de refuser le paiement de ce qu'il doit ; il ne l'a plus dès que le demandeur propose d'exécuter et offre le paiement de ce qu'il doit lui-même. Tout ceci est inhérent à la nature même du contrat synallagmatique et toutes les législa · tions l'ont admis ; nos auteurs français voient dans cette solution (Cod. civ., art. 1612) un cas d'application du droit de rétention (2). Le projet a grand soin de s'abstenir de ce langage (3) : le droit de rétention est une garantie accordée au cas de dettes réciproques et connexes, mais qui suppose nécessairement l'indépendance respective des deux obligations. Dans le contrat synallagmatique les deux obligations ne sont pas seulement des dettes connexes, ce sont des dettes dont chacune est la cause juridique de l'autre ; si bien que ce n'est pas seulement par voie de faveur, et sous forme de mesure d'équité, que l'on permet au débiteur de l'une de ne pas s'exécuter si le paiement de l'autre ne lui est pas offert, mais c'est en vertu d'un droit qu'il tient du contrat lui-même. Celui qui invoque un droit de rétention se prétend nanti d'une garantie de paiement que le droit lui assure par voie d'équité, parce que sa créance se rattache à sa propre dette, tandis que le débiteur d'un contrat

---

(1) V. Pernice, *Labeo*, I, p. 457 et suiv. — Sur toute cette matière, voir le livre magistral de M. Fr. André, *Die Einrede des nicht erfüllen Vertrages* (Leipzig, 1890) : et mon étude des Annales de droit commercial (1892, p. 287, et 1893, pp. 24, 97 et 175). *Les Théories allemandes sur les droits qui, au cas de contrat synallagmatique, appartiennent à la partie poursuivie en paiement, lorsque son adversaire, de son côté, n'exécute pas ses engagements.*

(2) Cf. Aubry et Rau, t. III, § 256 *bis*, note 2. Voir cependant Planiol, *Traité élémentaire de droit civil*, II, nos 988 et 1365.

(3) V. *Motifs sur l'art.* 233, II, p. 42-43.

synallagmatique qui exige l'exécution simultanée se prévaut d'un des effets mêmes de la convention qu'il a consentie. Sa dette n'est pas à proprement parler une garantie de paiement de ce qui lui est dû en retour, c'est l'équivalent de sa créance et cela suppose par suite celle-ci assurée. Il y a, comme on va le voir, à cette distinction quelques intérêts pratiques ; par exemple, au cas de faillite, si le contrat synallagmatique n'a pas été encore exécuté ni de part ni d'autre, le syndic a le choix ou de l'exécuter ou de le résilier ; mais s'il se décide pour la première solution, il doit l'exécuter intégralement de son côté (1). Lorsqu'il s'agit de droit de rétention, il ne peut être question de résiliation. On sait aussi qu'en certain cas, en matière commerciale, la rétention se transforme en un droit de gage, au cas de faillite, sur les valeurs détenues par celui qui peut l'invoquer (2). Rien de semblable, bien entendu, s'il s'agit de contrat synallagmatique ; l'une des parties qui doit fournir des valeurs à l'autre en échange d'un prix fixé ne saurait en aucun cas vendre à d'autres les mêmes valeurs pour s'en procurer le prix. Ce serait une résiliation du contrat et la résiliation n'appartient, nous venons de le voir, qu'au syndic (3). Les motifs signalent enfin, comme intérêt de la distinction, la faculté admise par le projet, au cas de rétention, d'en écarter l'effet en fournissant une sûreté à celui qui l'invoque pour pas payer ce qu'il doit (art. 234 ; C. civ. al., art. 273 et 274). Assurément celui qui demande l'exécution d'un contrat synallagmatique, sans l'exécuter lui-même, ne saurait se dispenser de cette condition préalable de sa poursuite en fournissant à l'autre une sûreté suffisante ; car il ne s'agit pas de deux obligations indépendantes dont l'une sert à l'autre de garantie, mais de deux obligations dont chacune forme l'équivalent de l'autre, et le créancier de chacune d'elles a le droit d'exiger que l'équivalent lui soit fourni, non pas sous forme de gage, mais en nature, avant de payer lui-même. Il est bien vrai de dire que l'*exceptio non adimpleti contractus* n'est pas une application pure et simple du droit de rétention.

---

(1) Konk. Ordn., art. 15 (art. 17 actuel).

(2) Konk. Ordn., art. 41, § 8 (art. 49-4 actuel).

(3) On trouvera cependant quelque chose d'analogue en matière commerciale, pour ce qui est des ventes de marchandises, pour le cas où l'acheteur est en retard pour le paiement : le vendeur peut faire vendre les marchandises pour le compte de l'acheteur et se payer sur le prix (C. de comm. all., art. 354 et 357 ; cf. art. 376 C. C^{ce} actuel). Mais c'est là quelque chose de tout à fait spécial, et qui se rattache non pas à proprement parler à l'idée de rétention, mais aux clauses tacites usitées entre commerçants.

172. Nous venons d'exposer ce que l'*exceptio non adimpleti contractus* n'est pas ; demandons-nous ce qu'elle est. Bien que, sur l'article 362 (art. 320, C. civ. al.), les motifs aient déclaré ne pas vouloir prendre parti sur la nature du contrat synallagmatique, nous voyons l'article 366 faire positivement de l'*exceptio non adimpleti contractus* une véritable exception au sens romain du mot, ce qui est bien dans une certaine mesure prendre position dans la controverse relative à la nature même du contrat : les deux choses se tiennent (V. *supra*, n° 168). Cette décision du projet reproduit exactement une solution romaine, la chose n'est guère douteuse (1). Mais le droit prussien avait très certainement fait de la livraison préalable la condition même de la poursuite et il en résultait que le défendeur, en tout état de cause, pouvait toujours invoquer l'inexécution du côté du demandeur pour faire repousser l'action, et que même ce moyen pouvait être suppléé d'office. C'était une contradiction directe au droit du demandeur et non un moyen de défense fourni par l'équité et que le défendeur dût opposer d'une façon expresse et en temps opportun (2). Le projet pouvait hésiter entre les deux systèmes ; il adopte le point de vue romain (3). On pourrait croire au premier abord qu'en dehors de l'intérêt relatif à la procédure et que nous venons d'indiquer, il y en aurait un autre relatif à la preuve : c'est à celui qui invoque une exception à en prouver le contenu. Le défendeur, semble-t-il, devrait établir que le demandeur n'a pas exécuté de son côté. Cependant le projet met la preuve à la charge du demandeur, absolument comme dans la théorie du Code prussien. Cette solution était déjà admise par les romanistes (4) ; et voici l'explication qu'ils en donnent. Ce que le défendeur invoque est, moins un fait d'inexécution que l'existence

(1) Gaius, IV, § 126 *a* : L. 25, D. (19. 1) ; L. 5, § 4, D. (44. 4) ; L. 5, Cod. 8, 44 (45). Pour ce qui est du droit romain, voir GIRARD, *Manuel* (1901), p. 529, note 4 et p. 534, note 2.

(2) A. L. R., I, 5, § 271. — Cf. C. féd., art. 95. — Förster-Eccius, I, § 83, notes 7 et suiv.

(3) Add. Sächs. G. B., art. 860.

(4) Windscheid, *Pand.*, § 321, note 3. — Dernburg, *Pand.*, t. II (éd. 1886), § 21, notes 3-4 (Voir édition 1897, p. 60 suiv.).

Au point de vue historique, cela s'explique par le caractère originel de la vente, qui a commencé par être une opération au comptant et dont le but a toujours été considéré comme étant de réaliser un échange de prestations, plutôt que de créer simplement des obligations : c'est en ce sens qu'on appelle la vente le contrat d'aliénation par excellence. Nous y reviendrons tout à l'heure avec plus de détail. On trouvera ces idées très nettement exposées, au point de vue historique, dans Pernice, *Labeo*, I, p. 460, notes 18-21.

d'une obligation née du contrat à la charge du demandeur ; il prétend que, tant qu'il existe à la charge de celui-ci une obligation qui soit l'équivalent de sa propre dette, à lui défendeur, l'autre n'a pas le droit de prendre les devants. Or cette preuve résulte de ce qu'il y a contrat synallagmatique et voilà pourquoi le défendeur, par cela seul qu'il oppose l'*exceptio non adimpleti contractus*, a déjà fait sa preuve. C'est alors à son adversaire à établir qu'il n'existe plus d'obligation à sa charge, donc à prouver sa libération et par conséquent l'exécution. Le projet s'approprie sans doute ce raisonnement (1), puisqu'il accepte la solution à laquelle il conduit (art. 366).

173. *De l'exceptio non rite adimpleti contractus.* — Logiquement on devrait conclure que, si le demandeur a exécuté, mais que l'exécution fût incomplète, le défendeur pourrait encore repousser la poursuite en invoquant l'*exceptio non adimpleti contractus*, car en droit le paiement partiel est assimilé au défaut de paiement. Aussi les Allemands ont-ils inventé une *exceptio non rite adimpleti contractus* à cet usage. Assurément il faut supposer, pour cela, que le défendeur en acceptant n'a pas entendu renoncer à se plaindre des défectuosités de l'exécution : ceci est une question de fait qu'il faut admettre comme résolue. Dans le système du droit prussien qui exige la preuve de l'exécution préalable pour donner droit à la poursuite, on était conduit à donner la même solution au cas d'exécution incomplète ; les commentateurs du droit prussien font remarquer à juste titre qu'il n'en est ainsi que si le défendeur, en s'appuyant sur les vices de l'exécution, nie qu'il y ait eu exécution valable ; il contredit en effet directement le droit du demandeur, puisque celui-ci n'est ouvert que par l'exécution préalable. Si au contraire il se contentait de réclamer satisfaction pour les vices de l'exécution qu'il a acceptée, par exemple une diminution correspondante de sa propre dette, on reconnaît qu'il y a là une véritable exception au sens romain, laquelle n'est qu'un cas d'application de l'exception de dol (2). Dans le système des romanistes, pour qui l'*exceptio non adimpleti contractus* n'est elle-même qu'une exception ordinaire, à plus forte raison ce caractère sera-t-il reconnu sans distinction à l'*exceptio non rite adimpleti contractus*, qui n'est qu'une autre face de la pre-

---

(1) Le Code civil al. (art. 320) accepte les conceptions du projet, avec une légère atténuation au principe, pour le cas où il y a eu prestation partielle.
(2) Förster-Eccius, *Preuss. Priv. R.*, I, § 83, notes 12-14.

mière (1). Restait à se demander si l'on admettrait pour la seconde
les mêmes décisions que relativement à la première, en ce qui touche la distribution des rôles en matière de preuve. S'il suffit au défendeur de prétendre que l'exécution est incomplète, pour que le
demandeur soit obligé de prouver qu'il a rempli intégralement son
obligation, on voit à quels abus un pareil système pourra conduire :
un débiteur qui, après avoir reçu ce qui lui revenait, voudra gagner
du temps pour acquitter sa propre obligation, pourra toujours très
facilement contester la valeur du paiement qu'il aura reçu, et la
preuve pouvant être délicate pour celui qui a fait le paiement,
l'autre aura trouvé un excellent moyen d'entraver la poursuite.
Cependant les logiciens à outrance acceptaient encore que la preuve
de la régularité du paiement dût être à la charge de celui qui
l'avait fait, donc du demandeur ; car, disait-on, pour échapper à
l'exception qu'on lui oppose, il doit prouver sa libération (2). Il
semble cependant qu'on aurait pu échapper à cette logique à
outrance en reconnaissant que l'acceptation du paiement devait
faire présumer la régularité du paiement, tout au moins quand
celui qui l'a reçu était à même de se rendre compte de ce qu'il
pouvait avoir d'incomplet et qu'il n'a fait aucune réserve à ce sujet.
C'est cette sorte de transaction qu'avait acceptée le Code saxon ; le
défendeur, qui a reçu le paiement sans faire ses réserves et qui, plus
tard, à la poursuite dont il est l'objet répond par l'*exceptio non rite
adimpleti contractus*, devra prouver que le paiement qu'il a reçu a
été incomplet et que son acceptation d'une prestation incomplète n'a
pu impliquer de sa part aucune adhésion (*Sächs*, *G. B.*, art. 863).
Les auteurs du projet, qui se sont parfaitement rendu compte des dangers de l'*exceptio non rite adimpleti contractus*, dangers signalés
plus haut, auraient pu accepter cette combinaison. Elle leur a
semblé insuffisante et il leur a paru, en présence des difficultés pratiques et des abus auxquels avait donné lieu la matière, qu'il était
opportun de supprimer entièrement l'*exceptio non rite adimpleti
contractus* (3) ; ce qui ne veut pas dire que celui qui a reçu l'exécution

(1) Windscheid, *Pand.*, § 321, note 5.
(2) Windscheid, § 321, note 3a-5. — Dernburg, *Pand.*, II, § 21, notes 8
et suiv.
(3) Le Code civil (art. 363) est loin d'être aussi radical. Il admet que,
même après réception, si celui qui a reçu le paiement déclare que ce paiement
est incomplet, il pourra encore refuser ce qu'il devait fournir en échange ;
seulement, c'est à lui de faire la preuve que le paiement reçu par lui n'a pas
été libératoire, faute de satisfaire aux conditions dérivant de l'obligation qu'il

incomplète soit censé l'avoir acceptée comme telle et qu'il soit déchu de ses droits. Il pourra encore, s'il est établi qu'il a entendu se les réserver, agir pour obtenir le complément d'exécution qui lui revient ; mais il faudra, pour cela, qu'il intente une action spéciale contre le demandeur, et il ne pourra faire de sa prétention une exception opposable à la poursuite dont il est l'objet et susceptible de l'exempter lui-même du paiement de ce qu'il doit (art. 367).

174. *Omission de l'exceptio non adimpleti contractus. Répétition du paiement.* — Nous venons d'étudier une première hypothèse, celle où la partie qui demande à l'autre de s'exécuter ne s'exécute pas elle-même. On peut supposer l'hypothèse inverse ; l'une des parties a exécuté et elle réclame alors ce qui lui revient, mais l'autre s'y refuse ou se trouve dans l'impossibilité de fournir ce qu'elle doit. La partie qui a rempli de son côté sa propre obligation a une première ressource, que nous avons étudiée à propos des effets de l'obligation, elle peut demander indemnité pour inexécution ; mais cela suppose l'exécution devenue matériellement impossible. Si cette dernière est encore possible, elle peut sans doute se la faire procurer par les tribunaux ; mais il n'est pas toujours très pratique d'obtenir la réalisation d'un fait par voie d'exécution forcée, surtout s'il s'agit d'un fait dont l'exécution ne puisse être procurée que par celui qui le doit. L'autre partie aurait un moyen de contrainte indirecte très efficace si elle n'eût pas livré ce qu'elle devait, car elle pourrait en refuser la livraison tant que l'autre ne se fût pas exécutée. Pourra-t-elle ressaisir cette garantie d'exécution, en répétant ce qu'elle a livré, non pas pour résilier le contrat, mais pour garder l'objet jusqu'à entier paiement de ce qui lui est dû et ne le livrer à nouveau qu'à ce moment ? La question revient à savoir si l'on peut poursuivre la répétition de ce qu'on a payé en dépit d'une exception qui eût permis d'en retarder la livraison ? La question est très discutée sur le terrain du droit romain. Peut-être n'est-elle pas toujours très exactement posée ; on la rattache en effet à la question de la *condictio indebiti* et à celle du droit de rétention ? On se demande si celui qui peut invoquer la rétention et qui néglige de le faire, à supposer qu'il y ait erreur bien entendu, peut exercer la *condictio indebiti*. C'est là à notre avis un terrain voisin de celui dans lequel se meut notre controverse, ce n'est pas abso-

---

s'agissait d'exécuter. Le Code civil admet donc bien encore l'exception *non rite adimpleti contractus,* mais avec renversement des rôles quant à la preuve.

lument son domaine ; car, à côté de la *condictio indebiti*, il y a la *condictio ob rem datam* d'une application beaucoup plus large et que l'on pourrait très bien déclarer applicable à notre matière, alors même qu'on eût adopté la négative sur le terrain spécial de la *condictio indebiti*. D'autre part, nous avons vu qu'il n'était pas très exact d'assimiler au droit de rétention la faculté, pour l'une des parties, dans un contrat synallagmatique, de retarder son paiement, jusqu'à réception de ce qui lui est dû.

175. Quoi qu'il en soit, il n'est pas inutile de savoir ce qu'on décide, du moins en général, en ce qui touche l'exercice de la *condictio indebiti* pour abandon par erreur du droit de rétention. Les auteurs qui en rejettent l'application déclarent que celui qui a payé, a payé ce qu'il devait, donc qu'il n'y a pas indû (1). Mais cette réponse pourrait être faite, toutes les fois qu'on a payé une dette paralysée par une exception ; ce qui n'a pas empêché les Romains d'étendre la notion de l'*indebitum* à une dette de ce genre, tout au moins si l'exception est perpétuelle (2). Or, une dette dont on peut retarder le paiement en invoquant le droit de rétention est une dette couverte par l'exception de dol et l'on ne voit pas bien pourquoi, si le débiteur omet par erreur son exception, il ne jouirait pas du droit de répétition. Il est vrai que la question s'est posée sur un texte d'une explication difficile. Pomponius déclare que, si on a la rétention, sans avoir l'action pour obtenir ce qui vous est dû et que l'on paie ce qu'on doit, on ne pourra répéter en se fondant sur l'omission du droit de rétention : *Ex quibus causis retentionem quidem habemus, petitionem autem non habemus, ea si solverimus, repetere non possumus* (3). L'on songe immédiatement aux cas, bien connus en droit romain, où le possesseur d'un immeuble n'a pour recouvrer ses impenses que le droit de rétention et pas d'action ; s'il restitue l'immeuble, oubliant d'invoquer l'*exceptio doli*, il ne pourra répéter (4). Mais on a traduit le texte de Pomponius de bien d'autres façons. Les uns ont pensé qu'il faisait allusion à l'obligation naturelle (5) ; on peut dire en effet des obligations de ce genre que le créancier a pour se faire payer la rétention et pas

---

(1) Dernburg, *Pand.* (éd. 1897), II, § 21, note 7. — Add. Romer, dans la *Revue de Goldschmidt*, t. XIX, n° 4.
(2) Cf. Accarias, *Précis*, t. II, n° 659-1°.
(3) L. 51, D. (12, 6).
(4) Cf. Accarias, *Précis*, t. I (éd. 1886), n° 257, p. 648, note 4.
(5) Cf. Accarias, *Précis*, II, n° 659-1°.

l'action. Mais il faut alors supposer que la première partie du texte se rapporte au créancier, tandis que la suite se rapporterait au débiteur. Il y aurait interversion des sujets dans les deux membres de phrases, alors cependant que tous les verbes semblent bien se référer à la même personne. Il faudrait traduire : Lorsque nous avons la rétention et pas l'action (*nous*, c'est-à-dire le *créancier*), si nous payons (c'est-à-dire *nous* le *débiteur*), nous ne pourrons répéter. C'est à peu de choses près l'interprétation de Brinz, qui traduit le texte de Pomponius en ce sens qu'il s'agirait d'un paiement fait à celui qui pouvait invoquer la rétention, et non d'un paiement fait par ce dernier. Ce serait toujours l'hypothèse de celui qui est tenu d'une obligation naturelle, pour laquelle on ne peut lui opposer que la rétention, sans qu'on ait action contre lui, et qui la paie. Cette solution est exacte (1) ; mais, pour y arriver, quelle torture on impose au texte ! Le premier membre de phrase a pour sujet celui à qui appartient la rétention ; le second membre de phrase ajoute que s'il paie il ne pourra répéter, et on voudrait que le jurisconsulte eût entendu parler ici de celui à qui la rétention peut être opposée et d'un paiement fait, non pas par celui qui en jouit, mais fait à ce dernier : quelle construction bizarre ! Il faut donc bien reconnaître que le texte parle de celui qui, ayant le droit de rétention sans avoir d'action, paie sans invoquer son droit et veut ensuite reprendre ce qu'il a payé : il ne le pourra pas.

176. Nous n'avons pas à chercher l'explication de cette décision, ni à nous demander, comme le laisse entendre Windscheid (2), s'il n'y a là qu'une opinion isolée. Constatons seulement que, lorsqu'il s'agit de contrat synallagmatique, nous sommes dans des conditions d'espèce tout à fait différentes, et que même, à s'en tenir sur le terrain du droit romain, nous ne sommes plus liés par le texte de Pomponius. Il n'y a plus à parler du droit de rétention au sens propre du mot ; et, à supposer qu'on veuille encore y voir une application de la rétention, celui qui s'en prévaut, l'invoque pour une créance pour laquelle il avait un droit de poursuite et qui, par suite, doit être plus rigoureusement garantie que celles auxquelles Pomponius faisait allusion (3). D'autre part, s'il a payé, ignorant qu'il eût la rétention, si par exemple c'est un héritier qui a cru par

(1) Brinz, *Pand.*, II, § 304, note 13, p. 543. — Cf. Windscheid, *Pand.*, § 426, note 12 *in fine*.
(2) Windscheid, § 426, note 12.
(3) Cf. Windscheid, *Pand.*, § 321, note 10-*a in fine*.

erreur que son auteur avait reçu paiement de la contre-prestation, on peut dire avec raison qu'il paie en vue d'une cause qui n'existe pas, puisque la raison d'être du paiement qu'il effectue n'est pas, à proprement parler, l'obligation dont il est tenu, mais la croyance où il est que la prestation réciproque a été fournie. Or, comme la loi elle-même fait de l'exécution simultanée la condition préalable du droit au paiement, il y a lieu de dire que celui qui paie croyant cette condition accomplie, alors qu'elle ne l'est pas, fait un acte dépourvu de cause juridique et qu'il doit avoir par suite, sinon la ressource de la *condictio indebiti* dont le cercle d'application est peut-être trop étroit, du moins la *condictio ob rem datam*. C'est l'opinion de Windscheid, lequel donne aussi la même solution au cas où le paiement est fait sous la condition expresse de l'exécution simultanée ; le défaut d'exécution rend le paiement sans cause, pour les raisons indiquées plus haut (1).

177. Le projet évite de se prononcer expressément sur la question, soit à propos de la théorie des contrats, soit à propos de l'enrichissement sans cause ; mais, comme les motifs admettent la possibilité d'une *condictio* en matière de contrats synallagmatiques, bien qu'il ne puisse être question de résolution, laquelle, nous allons le voir, est supprimée, et que, pour les cas d'application, ils renvoient à Windscheid, il est donc légitime d'en conclure qu'ils ont entendu s'approprier les opinions de l'éminent jurisconsulte en cette matière (2) De sorte que nous trouvons en matière de contrats synallagmatiques une sorte de revendication à l'effet de ressaisir le droit de rétention, analogue à celle que, suivant l'opinion la plus généralement adoptée, notre article 2102-4° admet, sous certaines conditions, au profit du vendeur d'effets mobiliers : ce point de rapprochement est à coup sûr assez curieux (3).

178. *Résolution.* — Nous avons étudié jusqu'alors les effets normaux de l'inexécution en matière de contrats synallagmatiques ;

---

(1) Windscheid, § 321, note 10ᵃ.

(2) *Motifs sur l'art.* 742, t. II, p. 842, note 3. — Cette opinion ne paraît pas acceptée sous l'empire du Code civil al. : elle est contestée même par Kipp, le continuateur de Windscheid (cf. éd. 1900, II, p. 303). C'est que, si l'art. 813 C. civ. al. admet la répétition, lorsque la dette qui a été payée était paralysée par une exception perpétuelle, il est difficile de dire que l'exception *non adimpleti contractus* soit une exception de ce genre (DERNBURG, *Pand.*, II, § 21, note 8).

(3) Colmet de Santerre, t. IX, n° 33 *bis*-II.

ils se résument dans le droit de rétention, que nous appelons ainsi par abréviation, sous le bénéfice toutefois des réserves que nous avons faites sur cette dénomination, et le droit de répétition, qui en est la conséquence, au cas de paiement exécuté sur la foi d'une contre-prestation que l'on croyait fournie ou dont on avait stipulé l'exécution immédiate. Jusqu'alors ces effets n'ont pas touché à l'existence même du contrat. Le contrat reste debout : seulement l'une des parties se tient sur la défensive, attendant que l'autre se soit exécutée pour exécuter elle-même. Mais, on peut aller plus loin et l'on a le droit de se demander si cet état d'expectative peut ainsi se prolonger indéfiniment. Sans doute, la partie qui reste dans l'attente peut poursuivre, comme nous l'avons vu, l'exécution simultanée et obtenir un jugement qui ordonne l'échange concomitant des prestations, et lui donne droit, à défaut de cette exécution réciproque, de saisir et de se payer : nous avons vu tout cela. Mais on comprendrait que, devant cette résistance de l'autre contractant, la partie qui est prête à remplir ses obligations pût considérer le contrat comme rompu et qu'au lieu de passer par ces complications, et peut-être aussi ces dangers, d'une demande d'exécution simultanée, elle poursuivît la résiliation et reprît sa liberté. Le pourra-t-elle ? Assurément, elle aurait pu se ménager ce droit de résolution ; le projet lui permet même de le stipuler sous deux formes, à la façon d'une condition résolutoire, auquel cas l'événement indiqué comme tenant la condition en suspens s'étant réalisé, tout sera résolu, même le transfert de propriété : c'est la résolution réelle ; ou bien elle a pu se le réserver sous la forme d'un simple droit de retrait, auquel cas il n'y aura de résolu que les obligations nées du contrat, résolution simplement personnelle que nous étudierons sur l'article 426. Les parties auraient pu se réserver réciproquement un droit de ce genre ; mais nous supposons qu'elles n'ont admis aucune clause semblable, la question est de savoir si, en l'absence de convention, elles pourront invoquer la résolution : la résolution pour inexécution des conventions est-elle de l'essence du contrat synallagmatique ?

179. Le projet, suivant en cela le droit romain, accepte et consacre la négative en principe (art. 360) (1). Il faut dire en principe ;

(1) Le Code civil al. n'a plus de disposition qui corresponde expressément à celle de l'art 360 P¹. On a supprimé cette dernière comme allant de soi (*Pr.*, I, p. 625).

car nous allons voir admises de telles exceptions qu'il est bon de ne pas donner à la règle, dès le début, une formule trop affirmative. Rappelons sur ce point deux théories extrêmes dont il faut quelque peu se défier : l'une qui présente chacune des obligations du contrat synallagmatique comme subordonnée à la condition de l'exécution préalable de l'autre ; la seconde, tout à l'opposé, qui les considère, une fois nées, comme absolument indépendantes l'une de l'autre. La première théorie serait tentée de considérer la résolution comme étant de l'essence du contrat synallagmatique et prête à l'admettre toujours ; la seconde serait tentée de ne l'admettre jamais, même au cas où l'une des obligations est devenue impossible et ne peut plus s'exécuter par la faute du débiteur. Nous avons présenté comme étant la conception exacte, et celle du projet, l'idée que les deux obligations ne sont pas réciproquement dans un état d'indépendance absolue, mais qu'elles sont considérées comme devant être l'équivalent l une de l'autre. Partant de cette théorie, le projet, comme le droit romain, reconnaît que, tant que l'une des obligations a l'autre pour équivalent, elle n'est pas dénuée de cause juridique et que, par conséquent, il n'y a pas de raison pour ne pas exécuter le contrat, tel que les parties ont voulu qu'il fût exécuté. Le créancier n'a qu'à exiger de son débiteur l'exécution par les moyens de droit qui sont à sa disposition ; et, tant qu'il lui reste une espérance d'obtenir le paiement, il n'y a aucune raison pour qu'il revienne sur ce qui a été fait et se délie lui-même de sa propre obligation en résiliant le contrat. Contrairement au droit français (art. 1184), mais conformément au droit autrichien (art. 919), au droit saxon (art. 864) et à la plupart des législations allemandes, le projet pose en règle que la résolution n'est pas admise par le seul fait que l'une des parties ne remplit pas ses obligations (art. 360). C'est ce que disait aussi le Code prussien ; mais ce dernier, aussitôt après, avait apporté un très grand nombre d'exceptions à la règle, si bien que, malgré l'affirmation donnée par l'*Allgemeines Landrecht* dans ses articles 393 et 394, il ne serait pas incorrect d'assimiler dans l'ensemble le système prussien à celui de notre Code civil. Nous allons voir qu'il n'en est plus de même du projet.

180. Prenons le système du Code prussien pour point de départ. Il range sous le titre de dissolution du contrat divers cas qui ne rentrent plus dans la résolution proprement dite ; mais à cette dernière appartiennent incontestablement, suivant lui, les deux hypo-

thèses suivantes : celle de l'impossibilité survenue par cas fortuit (I, 5, § 364), ce qui correspond à la question des risques, et celle du refus d'exécution injustifié (I, 5, § 396 et suiv.) : dans ce dernier cas, le créancier doit faire constater le refus en justice et, si en effet celui-ci est déclaré irrégulier, il a le choix entre les dommages-intérêts et la résolution. On voit que c'est à peu près sur ce dernier point le système de notre article 1184, si ce n'est que celui-ci permet au juge d'accorder la résolution pour inexécution, sans supposer qu'il y ait eu refus proprement dit, et que de plus notre article 1184 admet à la fois et cumulativement la résolution et les dommages-intérêts. Le projet est loin d'ouvrir la brèche aussi large ; du reste, il est reconnu que la pratique s'était montrée fort rebelle à cette institution (1). En tous cas, il ne suffit pas, dans le système du projet, qu'il y ait refus ni même que ce refus soit injustifié : tant qu'il reste quelque chance d'obtenir le paiement; il n'y a pas en principe de résolution ; nous sommes loin cette fois de notre article 1184.

Reste l'hypothèse où l'exécution est devenue matériellement impossible, et nous supposons l'impossibilité objective bien entendu. Cette fois, le doute pouvait être permis : car, si les deux obligations doivent être considérées comme formant chacune l'équivalent de l'autre, il y en a une qui ne peut plus jouer ce rôle d'équivalent, du moins tel que l'avaient entendu les parties, puisque son objet ne peut plus être fourni. On pouvait donc se demander alors si le contrat ne s'en trouvait pas modifié et si la résolution, en prenant ce mot au sens large, ne devait pas être admise. Examinons la question au point de vue de l'impossibilité due au cas fortuit et à celui de l'impossibilité imputable au débiteur.

181. *Risques* (2). — Si l'un des débiteurs, sans qu'il y ait de sa faute, ne peut plus exécuter, son obligation s'éteint ; c'est la règle, c'est le principe que nous avons étudié sur l'article 237 du projet (C. civ. al., art. 275 et 279 ; cf, *suprà*, nos 23-24) ; c'est celui que pose, sous une forme un peu trop étroite, il est vrai, l'article 1302 de notre Code civil. Mais tout n'est pas dit par là : l'article 237 du projet, comme l'article 1302 du Code civil, ne se place qu'au point

---

(1) Cf. Förster-Eccius, I, § 87, note 32.
(2) Sur toute cette question, il faut se reporter à l'exposé magistral et décisif de M. Planiol, dans son *Traité de droit civil*, II, nos 1391 à 1409. Cf. Barde, *Des obligations* (dans la collection Baudry-Lacantinerie), t. Ier, nos 419 suiv,

de vue de l'obligation prise individuellement ; celle-ci est éteinte par l'impossibilité d'exécuter non imputable au débiteur. Mais il s'agit de savoir maintenant, en nous plaçant au point de vue du contrat synallagmatique et des rapports de deux obligations réciproques, ce qu'il adviendra de l'autre obligation : sera-t-elle éteinte par cela seul que l'obligation qui lui servait d'équivalent n'existe plus ou, au contraire, continue-t-elle à subsister ? Si elle est éteinte, il est vrai de dire que l'impossibilité fortuite d'exécution a résilié le contrat, puisque toutes les obligations qui en étaient issues se trouvent anéanties ; si elle subsiste, il faut en conclure que le contrat subsiste, bien que l'une des deux obligations qu'il avait engendrées ait disparu.

Or, il faut observer que, formuler le problème de cette façon, ce n'est pas autre chose que soulever une question de risques. Car le risque est une perte fortuite, et la perte, en matière de contrat synallagmatique, consiste, non pas, à proprement parler, à perdre ce qu'on devait, puisque de toutes façons on s'en fût dépouillé, mais à ne pas toucher ce qui était dû, tout en perdant ce qu'on devait fournir. Aussi les auteurs qui, chez nous, veulent résoudre la question des risques en s'appuyant sur l'article 1302 commettent-ils une confusion manifeste (1). L'article 1302 déclare le débiteur libéré ; mais la libération du débiteur ne suffit pas à trancher la question du risque. Pour savoir qui doit supporter le risque, il y a lieu de se demander si cette libération du débiteur entraîne libération réciproque du créancier, et c'est un point que l'article 1302 n'a nullement pour but d'élucider. C'est précisément la question que nous posons à notre tour : la libération du débiteur par suite du cas fortuit entraîne-t-elle libération réciproque du créancier, ou autrement dit entraîne-t-elle dissolution du contrat ? Si l'on doit répondre affirmativement, cela équivaudra à laisser le risque à la charge du débiteur, puisqu'il aura perdu l'objet ou se trouvera dans l'impossibilité de se le procurer et que, d'autre part, il ne recevra rien en échange de cette perte. Si l'on répond négativement, le risque sera pour le créancier, qui paiera, sans avoir rien à recevoir.

Si donc la question de résiliation du contrat, nous n'osons pas employer le mot de résolution, lequel a chez nous, grâce à l'article

(1) Cf. Laurent, chez lequel cette confusion est très frappante : *Principes de droit civil*, t. XVI, nos 206-207, p. 266 et suiv. On peut voir la question nettement posée par Pothier, *Vente*, n° 307,

1184, un sens tout à fait spécial, répond ici à la question des risques (1), il ne suffit pas, pour la trancher, de s'en tenir aux procédés mathématiques du raisonnement juridique : cela devient affaire d'interprétation de volonté. L'une des deux parties doit subir la perte fortuite ; laquelle doit la subir ? celle à la charge de qui les parties ont entendu la mettre. Telle est la réponse ; restait, pour le cas de doute, à poser une présomption.

182. *Solution rationnelle.* — Si l'on s'en tient aux probabilités que suggère un premier examen, on trouvera étrange que celui qui ne doit plus rien recevoir puisse encore être obligé à payer. Il y a un cas où cette solution n'est guère discutable, c'est en matière d'obligations de faire : le créancier a stipulé l'exécution d'un ouvrage, il est bien entendu qu'il a subordonné le paiement à la livraison. S'il s'agit de l'obligation de donner un corps certain, on ne voit pas bien au premier abord pourquoi il n'en serait plus de même. En pareil cas, le fait promis est un transfert de propriété, il semble donc bien que la contre-prestation du créancier reste subordonnée à l'exécution de ce transfert. Si l'aliénation résulte de la seule convention, comme chez nous (art. 1138), on comprend en raison que le risque ne soit plus pour le débiteur, puisque son obligation principale se trouve déjà exécutée ; mais lorsque la convention n'a pas consommé le transfert et que le créancier n'a reçu encore aucun équivalent, comment l'obliger à payer, lorsque cet équivalent devient impossible, d'une impossibi-

---

(1) Sur la corrélation entre les deux questions, voir l'*All. L. R.*, et principalement les textes suivants : 1° au titre de la dissolution en matière de contrats (*Aufhebung der Verträge,* l'article 364 (I, 5, § 364) : « *Entsteht die Unmöglichkeit, den geschlossenen Vertrag zu erfüllen, durch einen Zufall,* etc., etc., — *So wird der Vertrag für aufgehoben angesehen* » : et 2° au titre des risques en matière de vente, les articles 95 et 100 (I, 11, §§ 95 et 100. — Art. 95 : « *So lange der Verkäufer dem Käufer die Sache noch nicht übergeben hat, bleibt... Gefahr an Schade dem Verkäufer zur Last* », et article 100 : « *Wird die verkaufte Sache, noch vor der Übergabe, durch einen Zufall gänzlich zerstört... so wird der Kontrakt für aufgehoben geachtet.* » Cf. Förster-Eccius, I, § 87, notes 14 et suiv. On peut voir aussi, sur la corrélation entre les deux matières, l'article de M. Labbé dans la *Nouvelle Revue historique de droit* (*Ann.* 1888, p. 377 et suiv.). Malheureusement, on a posé la question chez nous, non plus au regard de la dissolution du contrat, mais de la résolution de l'article 1184 : et sur ce terrain la corrélation entre cette dernière question et la matière des risques ne nous paraît plus aussi sûre : car la résolution de l'article 1184 suppose encore existante l'action du créancier dont elle est la sanction et la garantie, tandis que la question des risques ne se pose que s'il y a libération du débiteur. Cf. PLANIOL, *loc. cit.,* II, n° 1369,

lité matérielle, et que la *datio* promise ne peut plus s'exécuter ? On a invoqué chez nous l'article 1302 ; nous savons déjà que l'article 1302 n'a rien à voir dans la question. On a parlé de la compensation des chances (1) ; on oublie que les chances de plus-value, si elles accroissent le bénéfice du créancier qui en profite sans augmentation de prix, ne constituent jamais pour le débiteur qu'un gain manqué et non une perte véritable, puisque ce surcroît de valeur n'a jamais été destiné à entrer dans son patrimoine, tandis que les chances de détérioration ou de complète inexécution, se produisant sans rien changer à l'obligation du créancier, constitueront toujours pour celui-ci une perte sèche. En effet, il aurait dans ce cas à s'exécuter lui-même sans rien recevoir en retour. Il n'y a pas corrélation. La vérité est que, si l'on oblige le créancier à payer, une fois l'objet disparu ou l'exécution devenue impossible, cela revient à exiger de lui, non plus un équivalent, mais une indemnité. Il n'y a d'équivalent qu'autant qu'une contre prestation reste possible ; et il ne doit y avoir indemnité que s'il y a faute. De toutes façons, l'on va à l'encontre, et de l'intention des parties, et de la nature du contrat synallagmatique.

183. *Droit romain.* — Aussi le droit romain avait-il posé en principe que, une fois l'exécution devenue impossible par cas fortuit, le créancier n'était plus obligé à rien (2). C'était dire qu'en matière de contrats synallagmatiques le risque restait au débiteur : qui ne doit rien recevoir ne doit rien débourser. Cette proposition étonnera, sans doute, car on attribue généralement au droit romain la paternité de la règle qui met les risques à la charge du créancier. Or, on n'a pas assez remarqué que le droit romain a procédé en cette matière par voie de solutions particulières, pour chacun des différents contrats. On a eu le tort de généraliser la solution qu'il donne en matière de vente, et on n'a pas vu que cette solution constitue une exception, bien loin d'être la règle générale des contrats synallagmatiques. Tenons-nous-en au principe que nous révèle le texte précédemment cité : qui ne doit rien recevoir n'a pas à se dessaisir de sa chose ; c'est dire que les risques sont pour le débiteur. Le droit romain appliquait très certainement la

---

(1) Laurent, *Principes*, t. XVI, n° 209.
(2) L. 50, D. (19, 1). « *Bona fides non patitur, ut, cum emptor alicujus legis beneficio pecuniam rei venditæ debere desisset antequam res ei tradatur, venditor tradere compelletur et re sua careret.* » — C. Windscheid, § 321, note 16.

règle en matière d'obligations de faire ; il l'appliquait même en matière de vente, lorsqu'il s'agissait d'impossibilité relative à l'obligation de l'acheteur : c'est l'hypothèse même du texte que nous avons cité.

Mais, à ce principe général, le droit romain apportait une très large exception, lorsqu'il s'agissait de contrats impliquant l'obligation de faire avoir un corps certain ; ce que l'on pourrait appeler les contrats d'aliénation, non en ce sens qu'ils dussent réaliser un transfert de propriété, mais en ce sens qu'ils devaient conduire au transfert et qu'ils avaient pour but final de consommer une aliénation. La vente en est le type par excellence ; on peut citer aussi l'échange, et également la mise en commun de certains biens, autrement dit le contrat de société, en tant qu'il oblige les associés à procéder à des aliénations réciproques, sous forme d'apports sociaux. Dans tous ces contrats, le droit romain met les risques à la charge du créancier, en ce sens que la perte est pour lui, avant même tout transfert de propriété : l'acheteur paie son prix, bien que l'objet ait péri aux mains du vendeur. Cela revient à dire que l'acheteur a considéré comme étant l'équivalent de son obligation l'action qui lui est acquise en retour (1), et non le profit définitif que cette action est destinée à lui procurer. On a expliqué cette dérogation par le but économique de la vente, qui est de substituer à une valeur susceptible de variations, et même sujette à périr, une valeur ferme et sûre, de l'argent ; on concluait de là que cette volonté des parties devait trouver sa réalisation du jour même de la vente, que de ce jour le vendeur devait être assuré de toucher la somme d'argent qu'il a voulu obtenir, tandis que de ce jour l'acheteur serait exposé aux risques qu'il a entendu accepter en se faisant promettre un corps certain. Cette explication, qui d'ailleurs ne s'appliquerait qu'à la vente, et non à l'échange, suppose la question résolue, plutôt qu'elle ne la résout, puisqu'il s'agit toujours de savoir à partir de quel moment les parties ont entendu que s'opérât cette substitution d'une valeur sûre à une valeur périssable ; et rien ne prouve que le moment qu'elles aient eu en vue ne soit pas celui de la livraison. Rien, en effet, n'est plus bizarre que de supposer que l'acheteur se soit contenté comme équivalent de son prix, de l'action que lui a fait acquérir le contrat : une action n'est rien par elle-même ; elle n'est que le moyen d'obtenir l'objet qu'elle a en vue et c'est bien cet objet que l'acheteur a voulu avoir en pro-

---

(1) Cf. Pothier, *Vente*, n° 307.

mettant son prix. On a dit enfin (1) que ces contrats étaient des
contrats d'aliénation, au sens indiqué plus haut, ayant pour but
final de faire entrer la chose dans le patrimoine du créancier, et
que, par suite, le créancier, ayant eu en vue cette aliénation à
laquelle le contrat devait conduire, a entendu que les choses dussent
se passer comme si le transfert était déjà consommé, tandis que le
débiteur, ayant de son côté moralement fait abandon de l'objet pro-
is, était censé s'en être désintéressé, pour n'avoir en vue que la
contre-prestation qui dût lui revenir. Les choses doivent se passer,
au point de vue de la perte, comme si cette aliénation à laquelle le
contrat doit aboutir était déjà réalisée. Cette explication est certainement la bonne, mais à condition de la présenter sous une forme
historique, en rappelant les origines de la vente et l'époque où
cette dernière avait lieu par voie d'aliénation, à la façon d'une
vente au comptant. Il est certain qu'en même temps que le contrat se concluait, les risques passaient à l'acheteur, et le vendeur
était toujours sûr de toucher son prix ; lorsqu'on admit la vente à
crédit, on la considéra comme devant aboutir finalement aux
mêmes résultats que la vente primitive, et le vendeur voulut être
sûr de toucher son prix, quoi qu'il pût arriver (2).

184. *Droit moderne. Système du projet.* — Il semble bien
que le droit moderne, n'étant plus lié par ces traditions historiques,
devait, en matière de vente, comme lorsqu'il s'agit des contrats
synallagmatiques en général, revenir au principe unique des
risques laissés à la charge du débiteur. C'est ce qu'avaient fait la
plupart des législations allemandes, qui, sauf de très rares exceptions, comme celle du Code saxon par exemple (3), avait accepté
en matière de vente une solution opposée à celle du droit romain,
les risques restant au débiteur. Les Codes prussien et autrichien
étaient dans ce sens, et les plus récents projets législatifs consa-
craient également le principe, dit principe germanique, par oppo-

(1) Cf. Windscheid, § 321, note 18, note 19, note 19 *a*, § 389, note 2. —
Brinz, *Pand.* (2e éd.), II. p. 640 et suiv. — V. Voigt, *Jus naturale*, IV, p. 519
et suiv., et *Zwölf Tafeln*, II, § 84, p. 128, p. 139 et suiv. — Bechmann,
Kauf, p. 18 et suiv.
(2) V. sur toute cette question, Pernice, *Labeo*, I, p. 462 — Cf. Förster-
Eccius. *Preuss. Priv. R.*, I, § 108, p. 738, note 12. Mais, surtout, Girard
(éd. 1901), p 542-544. Voir également André, *Die Einrede des nicht erfüllten
Vertrages*, p. 146-149.
(3) Cf. Sächs. G. B., §§ 866, 867, 1013, 1091. — Dans le même sens, le
Code fédéral, art. 145,

sition au principe romain. Les motifs du projet ajoutent enfin que, dans les rares pays où s'était conservée la règle romaine, la pratique lui était hostile et s'en trouvait fort mal. Le projet ne devait donc éprouver aucune hésitation à consacrer une solution que tout concourait à lui recommander, sans compter la satisfaction, assez rare dans cette partie des obligations, de s'éloigner du droit des *Pandectes* pour faire un peu de droit allemand. Aussi l'article 368 (C. civ. al., art. 323) déclare-t-il qu'en matière de contrats synal--. lagmatiques, si l'un des débiteurs se trouve libéré par suite de l'impossibilité fortuite d'exécuter, il n'a plus aucun droit à la contre-prestation, ce qui revient à dire que le créancier est libéré de son côté. Le contrat est dissous ; non pas que nous assimilions cette résolution à celle qui provient du retrait conventionnel que les parties auraient stipulé pour le cas d'inexécution, ou encore à la résolution de notre article 1184. Il s'agit dans ces derniers cas d'une résolution servant de garantie à l'action qui appartient encore au débiteur ; il s'agit d'une résolution qui sert de contrainte à l'encontre du débiteur pour l'obliger à s'exécuter et de sanction au créancier. Si le débiteur est libéré, si le contrat est dissous, c'est en ce sens que les obligations qu'il avait engendrées se sont éteintes, l'une par la perte fortuite, et l'autre comme conséquence forcée de l'extinction de la première.

185. *Perte partielle.* — Pour être logique, le projet devait admettre, au cas de perte partielle arrivée par cas fortuit, qu'il y aurait libération correspondante du créancier : l'obligation de ce dernier se maintient dans la mesure où il lui reste un équivalent, et se dissout dans la mesure où cet équivalent a disparu (1). On pouvait toutefois se demander, si, au cas de perte partielle, le créancier, à condition de prouver l'inutilité qu'aurait pour lui la livraison de ce qui reste, aurait eu droit à la résiliation du contrat. Nous verrons que, si cette perte même partielle lui fût imputable à faute, il serait fondé, à charge par lui de faire la preuve nécessaire, à exiger la résiliation. Mais les motifs font remarquer que, dans ce dernier cas, la faute du débiteur a créé au profit du créancier une action en indemnité, laquelle, s'il prouve l'inutilité absolue pour lui de l'exécution partielle, sera égale à celle qu'il aurait pu

---

(1) Pour ce qui est du mode de calcul en ce qui touche la réduction de l'obligation du créancier, on appliquera les règles qui seront données à propos de l'action en réduction du prix en matière de garantie des vices (cf. *infrà*, n° 230).

demander au cas de perte totale. Or, l'action en indemnité pour cause d'inexécution a pour corrélatif, nous le verrons, le droit à la résiliation, et ce droit à la résiliation doit avoir une étendue correspondante à la créance d'indemnité. Le créancier pourra donc demander, au cas de faute, la résiliation totale, là où il pourrait exiger indemnité correspondant à l'inexécution totale. Mais, lorsque la perte partielle n'est pas imputable à faute, il n'y a plus d'indemnité ; le débiteur est libéré dans la mesure où son obligation est impossible, et, là où il y a libération du débiteur, il ne peut être question de résiliation prononcée contre lui, car la résiliation au sens du droit de retrait du projet (art. 426), et au sens de notre article 1184, n'est que l'accessoire et que la sanction de l'action qui appartient au créancier pour inexécution. Seulement, s'il ne peut être question de résiliation du contrat, il y a, conformément au système du projet sur les risques, libération proportionnelle du créancier, dans la mesure où sa propre obligation se trouve manquer d'équivalent. Cette libération proportionnelle n'aboutirait à la libération totale que s'il résultait de la convention que l'exécution avait été considérée comme indivisible et que, dans l'intention des parties, la perte partielle dût équivaloir à l'inexécution totale ; mais il faudrait alors que le créancier fît la preuve préalable de cette clause tacite du contrat.

186. *Des risques au cas d'exécution tardive.* — Enfin ce que nous venons de dire de la perte partielle, nous le dirons également du retard non imputable au débiteur, nous n'osons parler de demeure, car la demeure au sens technique du mot implique la faute (cf. *suprà*, n° 29). L'exécution tardive est une exécution partielle ; il faudra lui appliquer la solution, que nous venons d'exposer, d'une libération corrélative du créancier, dans la mesure dans laquelle le retard dans l'exécution a modifié la valeur de la prestation promise ; et il n'y aurait droit à résiliation, étant donné que nous supposons un retard fortuit, que si l'exécution tardive avait été assimilée par les parties à l'inexécution totale, comme par exemple dans les affaires qui doivent s'exécuter à jour fixe, les *Fixgeschäfte* dont nous dirons un mot plus loin.

187. Il n'est peut-être pas inutile de montrer le jeu de ces principes appliqués à une espèce pratique. Prenons, par exemple, une obligation de faire, celle d'exécuter un ouvrage, ou l'obligation assumée par un entrepreneur de construire une maison, et voyons où nous conduirait l'application stricte des principes. Une grève se déclare parmi les ouvriers en bâtiment, l'entrepreneur ne peut commencer ses travaux ; il y a donc impossibilité d'exécution. Constitue-t-elle un cas fortuit ? Cela dépend. Oui, s'il s'agit de travaux qui ne pouvaient être faits que dans l'usine dont la grève a entraîné le chômage ou la clôture ; ou encore de travaux qui ne pouvaient être exécutés que par les ouvriers actuellement en grève. Non, si l'ouvrage pouvait être fait ailleurs ou par d'autres. Dans ce dernier cas, l'entrepreneur reste tenu, et le créancier pourra donc faire fixer un délai d'exécution, passé lequel, si l'ouvrage n'est pas livré, il pourra faire condamner son débiteur à indemnité (art. 243). Même dans le premier cas, qui est celui de l'impossibilité objective ou matérielle, deux hypothèses peuvent se présenter. Ou bien cette impossibilité est définitive, par exemple, l'usine a cessé d'exister et le travail ne pouvait être exécuté que là : il y aura alors libération du débiteur, et, comme le risque est pour lui, il y aura libération correspondante du créancier ; ou bien l'impossibilité, bien qu'il s'agisse d'impossibilité objective, n'est que provisoire, et il n'y a encore que retard dans l'exécution : l'usine est fermée, mais prête à ouvrir à nouveau après la cessation de la grève. Le débiteur n'est pas libéré, et le créancier ne peut de ce chef prétendre l'être lui-même. Il n'en serait autrement qu'à la condition, pour le créancier, de prouver que l'exécution tardive équivaut quant à lui à l'inexécution. En dehors de cela, il y a simplement retard dans l'exécution. Le retard est dû au cas fortuit, puisque l'obstacle qui l'a produit constituait une impossibilité objective. Il n'y aura pas demeure proprement dite, laquelle implique une faute ; le débiteur n'aura pas à fournir des dommages-intérêts à proprement parler. Mais, comme d'autre part, le risque est pour lui, si le retard dans l'exécution a diminué la valeur objective de sa prestation, il y aura libération correspondante du créancier, en ce sens que l'obligation de ce dernier en sera diminuée d'autant. Cette diminution n'est pas le résultat d'une compensation résultant d'une créance en dommages-intérêts ; car les dommages-intérêts supposeraient qu'il a droit d'exiger indemnité pour l'entier préjudice que ce retard a pu lui causer, ce qui n'est pas, puisqu'il n'y a pas faute. Cette diminution n'est autre chose qu'une libération partielle du créancier, correspondant à la libération partielle du débiteur ; et cette libération partielle du débiteur consiste en ce que celui-ci n'a pas à répondre de n'avoir pas exécuté à l'échéance. Le prix sera réduit à ce qu'il aurait été, ou plutôt à ce qu'on peut supposer qu'il eût été, si le créancier avait consenti à reculer l'époque de la livraison, et il est bien certain que pour fixer cette réduction il y aura lieu de tenir compte des convenances du créancier. On en tiendra compte, en se plaçant aux divers points de vue que le créancier était susceptible de prendre en considération au jour du contrat, et sans qu'il y ait à apprécier le préjudice exact que le retard lui a fait subir : c'est en cela que ce calcul diffère de celui de l'action en dommages-intérêts (1).

(1) Telle est l'application stricte des principes. Cela revient à dire que le simple retard d'exécution, tant que celle-ci reste possible, et à supposer que le retard soit dû au cas fortuit et ne soit pas équivalent à demeure, ne donne pas ouverture, au profit du créancier, à la résiliation : celui-ci n'a que le droit de faire réduire son prix (art. 368). Il est cependant une hypothèse où cette solution a paru insuffisante ; c'est lorsqu'il s'agit du contrat d'entreprise d'ouvrage (*Werkvertrag*). Très souvent il résultera de la fixation d'un terme que l'exécution au jour dit aura été considérée comme la condition même de l'exécution, ce qui reviendrait à faire du contrat une convention à jour fixe (*Fixgeschäft*), résoluble par le seul fait de l'inexécution au jour dit (art. 361 ; C. civ. al., art. 327, art. 361). Mais il est vrai que cette transformation du contrat devrait être prouvée et que le projet n'accepte pas cette présomption comme résultant de la seule apposition d'un terme fixé. Lorsqu'il n'en sera pas ainsi, on se trouverait réduit à la simple réduction du prix. Le projet a pensé que ce serait insuffisant et contraire à l'intention des parties ; il présume que l'entrepreneur a entendu garantir l'exécution au jour dit, comme il garantit l'absence des vices ; d'où cette conclusion que le retard fortuit sera traité comme un cas d'exécution vicieuse. Or, au cas d'exécution entachée d'un vice, indépendamment même de toute question de faute ou de dol, le créancier, d'après l'article 569, a le droit de fixer lui-même, sans s'adresser à justice un délai pendant lequel l'entrepreneur aura à faire disparaître le vice, après quoi, ce délai passé sans que le créancier ait obtenu réparation, il aura à son choix l'action en réduction de prix, ou la résiliation, cette dernière toutefois à condition que le dommage subi ait une certaine importance. Or l'article 569, paragraphe 4 (C. civ. al., art. 636) déclare cette solution applicable au cas de livraison tardive. Au premier abord, il semble bien qu'il n'y ait plus lieu pour le créancier de fixer un délai en vue de permettre au débiteur de faire disparaître le vice qui affecte l'ouvrage, puisque le vice ici consiste dans le retard et qu'on ne peut pas faire que le retard n'ait pas existé. On ne peut effacer le retard déjà acquis, de sorte qu'en vertu de l'article 569 lui-même il n'est plus besoin de délai et le droit à résiliation est déjà acquis ; et alors on ne voit plus bien en quoi cette solution diffère de celle de l'article 361 en matière de contrat à échéance fixe (*Fixgeschäfte*). La vérité est que l'article 569 suppose l'existence d'un vice et que le retard est assimilé à un vice de la chose ; or un vice est par définition un défaut qui enlève à la chose de sa valeur ; le retard ne sera donc considéré comme tel que s'il est préjudiciable au créancier ; d'où cette conclusion que celui-ci ne pourra exercer la résiliation que lui accorde l'article 569 qu'autant que la livraison tardive est susceptible de lui nuire : et si le retard déjà acquis n'est pas encore dommageable, c'est alors qu'il peut indiquer un délai qu'il considère comme la limite au delà de laquelle l'exécution lui deviendrait sans intérêt, et passé lequel il aura droit à résiliation ; c'est en cela que le cas diffère de celui des contrats

188. *De l'impossibilité imputable à faute. Résiliation du contrat.* — Nous venons d'étudier l'hypothèse où l'impossibilité est due au cas fortuit, prenons celle où elle est imputable à faute au débiteur Le débiteur, dans ce cas, n'est plus libéré, le créancier garde son action, seulement celle-ci s'est transformée en action d'indemnité. Le débiteur n'étant pas libéré, il ne peut être question de dissolution de plein droit du contrat; l'on peut toutefois se demander, si le créancier, au lieu de poursuivre les dommages-intérêts, ne serait pas admis à exiger la résiliation. Il s'agirait alors d'une résiliation laissée au choix du créancier, l'analogue de la résolution de notre article 1184. Devait-on l'admettre? et, si on l'admettait, dans quelles limites serait-elle acceptée? Il pouvait tout d'abord y avoir doute sur le principe; car cette fois l'obligation du créancier n'est plus sans équivalent, puisqu'il garde action contre le débiteur; il est vrai que sa créance s'est transformée, elle ne lui donne plus droit qu'à des dommages-intérêts. D'autre part, l'objet n'existant plus, il reste beaucoup de chances pour que le créancier ne touche rien, et que, ne pouvant se saisir de la chose, il ne puisse avoir, ni la chose, ni l'argent. Si l'on se place ainsi au point de vue du créancier, l'on peut se demander si l'indemnité en argent reste un équivalent suffisant au maintien de son obligation; en tous cas, ne convient-il pas de le faire juge de la question et de lui laisser le choix entre la poursuite de l'indemnité et la résiliation?

189. On peut ajouter d'autres considérations, qui avaient touché même les romanistes, défavorables cependant en principe à la résolution. Si l'on suppose, par exemple, que le débiteur soit en demeure et que le créancier ait dû, pour pourvoir à ses besoins, se procurer ailleurs la chose qu'il avait stipulée, obliger le créancier à maintenir le contrat, c'est-à-dire à accepter ce dont il n'a plus besoin, c'est le contraindre à créer lui-même le préjudice dont il va avoir à demander compte au débiteur. La résolution ne serait pas seulement pour lui un mode de réparation, ce cerait le moyen d'éviter le préjudice lui-même; et il vaut mieux éviter un préju-

---

à jour fixe de l'article 361. Voilà donc une très large exception apportée, dans le cas d'entreprise d'ouvrage, aux principes généraux, exception dans laquelle la résiliation est accordée parallèlement à la réduction, bien qu'il n'y ait pas faute du débiteur. Il va de soi que cette dérogation doit être restreinte aux contrats d'entreprise d'ouvrage, et que, en matière d'obligation de faire ne rentrant plus dans cette catégorie, il faudrait revenir à l'application des principes.

dice qu'offrir après coup le moyen de le réparer. Aussi, beaucoup de romanistes étaient d'avis d'admettre la résolution comme conséquence forcée de la demeure, d'autres en limitaient la faculté au cas où l'exécution tardive se trouvait constituer un préjudice grave pour le créancier (1); c'était en somme un premier pas dans le sens du système tempéré de notre article 1184. Mais on pouvait faire le même raisonnement pour la perte partielle, tout au moins pour le cas où ce qui reste fût de peu d'utilité au créancier; l'obliger à l'accepter, c'était l'obliger à subir un préjudice pour qu'il eût ensuite le droit d'en exiger réparation. Pour tous ces cas, tout au moins dans une mesure qu'il y eût à préciser, la résolution s'imposait. Comment donc la refuser au cas de perte totale (2)?

190. *Résiliation pour impossibilité d'exécution.* — Le projet ne pouvait, on vient de le pressentir, se refuser à accepter certaines exceptions à la règle de l'article 360, qui rejette en principe la résolution pour simple inexécution de la convention. Il restait à fixer les conditions d'admissibilité de cette résiliation exceptionnelle; elles résultent des considérations qui précèdent. S'il s'agit de perte ou diminution totale, l'admission du droit de résolution au profit du créancier suppose d'abord l'impossibilité objective, c'est-à-dire la perte de toute chance pour le créancier d'obtenir l'exécution en nature; il est vrai qu'on lui assimilera l'impossibilité fictive de l'article 243 (V. *infrà*, n° 191). Elle implique, en outre, la faute du débiteur, puisque la résolution devient un droit corrélatif à l'action en indemnité pour inexécution et qu'elle suppose le débiteur non libéré. Si maintenant il s'agit simplement d'une perte partielle ou de la demeure du débiteur, toujours en supposant faute chez ce dernier, on exigera, en outre, non pas que le créancier démontre que l'exécution intégrale ou procurée au jour dit avait été considérée comme la condition *sine-qua non* de l'existence du contrat, mais qu'il prouve que l'exécution partielle ou tardive lui deviendrait sans utilité; cette solution provient de ce que la résiliation est ici le corrélatif de l'action en dommages-intérêts, et que, sous la condition préalable de cette dernière preuve, l'action en dommages-intérêts se mesurerait à l'indemnité due pour inexécution totale : de là le droit à résiliation. On voit par là que le projet circonscrit dans des limites assez étroites et en tous cas très pré-

---

(1) Windscheid, § 280, note 1.
(2) Cf. *Motifs sur l'art.* 369, II, p. 210.

cises, le champ d'application de la résolution légale pour inexécution des conventions ; et, en cela, il se trouve d'accord avec les
tendances romaines et germaniques tout à la fois (1).

191. *Résumé.* — Voici maintenant le résumé du système. S'il
y a inexécution fortuite de l'une des obligations, le créancier est
de plein droit libéré de la sienne, ce qui revient à dire qu'il y a résolution de plein droit du contrat ; celle-ci, du reste, n'entraîne
pas résolution réelle, et, si le créancier avait déjà payé, il n'aurait
qu'une action en répétition. Si l'exécution est partielle ou tardive,
il y a libération partielle du créancier dans la mesure de l'amoindrissement de valeur que la perte partielle ou le retard ont pu produire par rapport au bénéfice qu'il attend de la prestation. Toute
cette réglementation se résume dans l'idée que les risques restent
au débiteur (art. 308 ; C. civ. al , art. 323, 324).

Si, au contraire, l'inexécution est imputable à ce dernier, il n'y
a plus résolution de plein droit, mais faculté de résolution au choix
du créancier. Celle-ci lui est accordée de droit, si l'exécution est
devenue matériellement impossible ; si elle n'est que partielle ou
tardive, elle ne lui est accordée que dans la mesure où cette exécution tardive ou partielle ne lui est plus d'aucune utilité. Il est
vrai que, dans le système du projet, il y aurait, à tout ceci, une
réserve importante, qu'il faut indiquer. Lorsque l'obligation consiste dans un fait ou dans la livraison d'un corps certain, peu
importe, tant que le débiteur n'exécute pas, soit qu'il y ait refus
d'exécution ou impossibilité personnelle qui lui reste imputable,
il résulterait des principes, si on les appliquait à la lettre, que,
l'exécution étant possible, le créancier n'a d'autre droit que d'en
poursuivre la réalisation forcée ; il ne pourrait même y avoir
transformation de sa créance en créance d'indemnité qu'après insuc-
cès de l'exécution forcée. Toutes ces conséquences rigoureuses
étaient contraires aux besoins de la pratique. C'est pourquoi l'article 243 (C. civ. al., art. 283) a établi une fiction d'impossibilité,
qui sera acquise aux conditions suivantes (2) : le créancier poursuivra l'exécution en nature et fera fixer un délai, passé lequel il
sera censé, sans autre preuve, avoir renoncé à l'exécution réelle
pour lui substituer l'exécution en argent. Le délai passé sans exé-

(1) Voir ce que nous avons dit plus haut du droit prussien et du peu de
faveur que son système extensif avait rencontré (*supra*, n° 180). — Cf.
Stobbe, *Das Reurecht,* dans *Zeitsch. f. Rechtsgeschichte,* t. XIII.

(2) Cf. *Bul.*, 1895, p. 775.

cution, il y a impossibilité fictive, laquelle est assimilée à l'impossibilité matérielle et objective, et par le fait même le droit à indemnité est acquis, mais en même temps le droit à résiliation est offert au créancier (1) : de sorte qu'à côté de l'impossibilité matérielle, il faudra placer l'impossibilité fictive, laquelle consistera, pour les obligations autres que celles de choses fongibles, dans la fixation d'un délai d'exécution, passé lequel l'impossibilité sera censée acquise (art. 369).

192. *Effets de la résolution.* — Le projet ne décrit pas les effets de la résolution légale ; ce seront ceux du retrait conventionnel, tant au point de vue de l'exercice du droit de résolution et de la façon dont il doit se manifester qu'à celui des obligations qu'entraîne la résolution prononcée. Nous reportons cette étude à la partie qui sera consacrée au retrait conventionnel, et nous étudierons là les effets de cette règle importante, que le retrait ne résout que les obligations et non les transmissions de propriété. Disons seulement, pour terminer, que le projet, en ce qui touche la résolution légale, et dans les cas où elle est admise, n'admet pas que le créancier, s'il opte pour le retrait du contrat, puisse demander, en outre, des dommages-intérêts. La résolution est considérée comme un mode de réparation que la loi lui offre, et qu'elle met sur la même ligne que le droit à indemnité ; à lui de choisir. S'il en profite, c'est qu'il juge par là sa réparation pleinement assurée et il ne peut rien demander de plus. Ajoutons que, conformément aux règles du retrait conventionnel, la résolution n'aura effet que par rapport aux obligations nées du contrat, et non en ce qui touche la propriété : la résolution est personnelle et non réelle. Enfin, il ne sera pas nécessaire de la faire prononcer par justice, et il suffira d'une déclaration du créancier : ce sont là tout autant de différences avec la résolution de notre article 1184.

193. *Affaires à jour fixe.* — On peut ajouter enfin, et à titre d'accessoire, un troisième cas d'admissibilité de la résolution. Toutefois, il ne serait pas très exact, pour l'hypothèse dont il va être question, de parler d'exception au principe de la prohibition générale de la résolution : car ce principe d'interdiction ne s'applique pas à la résolution conventionnelle, et le

---

(1) Tout ce système a été quelque peu remanié, d'ailleurs, dans le **Code civil al.** (art. **325** à **327**).

cas auquel nous faisons allusion doit être considéré comme renfermant une clause de retrait sous-entendue. Il s'agit des affaires à jour fixe, les *Fixgeschäfte* ; il va de soi que l'exécution au jour dit constitue en cette matière une condition essentielle de la prestation, si bien que l'inexécution au terme fixé doit être assimilée à l'impossibilité d'exécution. Or, nous savons déjà que l'impossibilité d'exécution, si elle résulte du cas fortuit, entraîne libération du créancier, et, si elle résulte de la faute, donne ouverture au droit de résolution. Comme les deux résultats ne sont pas les mêmes, il eût fallu, si l'on eût appliqué le droit commun, distinguer suivant qu'il y avait faute ou cas fortuit. Il était bien plus simple de considérer la fixation du terme comme impliquant une clause de résolution tacite pour le cas d'inexécution. De sorte que le créancier pourra demander la résiliation sans avoir rien à prouver. Bien entendu, cette clause de résolution tacite n'opérera pas autrement que la clause expresse ; et nous verrons, sur les articles 426 et suiv., que la clause de retrait n'opère pas de plein droit. Du reste, le projet ne fait que reproduire en cela une solution conforme à celle admise en matière commerciale. On avait jusqu'alors traité les *Fixgeschäfte* comme une matière purement commerciale ; le projet a raison d'en prévoir aussi l'éventualité en matière civile, où les affaires de ce genre peuvent, en effet, être assez fréquentes : constructions à faire pour une représentation, fournitures pour une fête, et autres contrats de ce genre (1).

194. *Comparaison avec le droit français.* — Il n'est pas inutile, en terminant, de comparer toute cette vaste théorie au système correspondant du droit français, en nous plaçant, pour ce qui est de ce dernier, aux deux points de vue que nous avons adoptés, l'impossibilité d'exécution due au cas fortuit et celle due à la faute du débiteur. Dans le premier cas, le débiteur est libéré : le créancier le sera-t-il également? Non, dit le projet. Le Code civil ne donne pas de réponse générale, et ne formule pas d'axiome. Suivant en cela, d'ailleurs, la méthode romaine, il tranche la question pour une hypothèse particulière, celle où l'obligation consiste à livrer un corps certain ; et, dans ce cas, il déclare le créancier tenu de son obligation, bien que celle du débiteur soit éteinte, ce

(1) D'après l'art. 361 C. civ. al. l'admission de ce droit de résolution résulte seulement d'une présomption posée par la loi pour le cas où il y a doute (cf. PL. sur § 326-5) : C. C^{ce} R., art. 376.

qu'il exprime en disant que les risques sont pour le créancier (art. 1138). Il est vrai qu'on a expliqué cette solution par l'innovation admise par le Code civil en matière de transfert de la propriété. Celui-ci résultant de la seule convention, il s'ensuit qu'en matière d'obligation ayant pour objet une *datio*, cette dernière se trouve déjà réalisée par le seul fait du contrat ; et le créancier ayant cessé d'être créancier d'une *datio* pour devenir propriétaire doit supporter les risques. L'intérêt pratique de la controverse se restreint au cas où les parties auraient retardé la réalisation du transfert ; dans cette hypothèse, ceux qui expliquent l'article 1138 par la règle *res perit creditori* laissent les risques au créancier, bien qu'il ne soit pas devenu propriétaire ; ceux qui l'expliquent par la règle *res perit domino* mettent alors les risques à la charge du débiteur. Quoi qu'il en soit de cette controverse, on doit admettre qu'elle se restreint au domaine des obligations ayant pour objet la livraison d'un corps certain, les seules qu'ait visées l'article 1138. En toute autre matière, il importe de se décider par référence aux principes généraux et sans qu'il y ait lieu d'étendre au delà de sa sphère spéciale l'article 1138. Or, les principes généraux sont d'accord, chez nous comme à Rome, surtout s'il s'agit d'obligations de faire (1) pour laisser les risques à la charge du débiteur (cf. *suprà*, n° 183), et cela sans que la solution admise sur le fondement théorique de l'article 1138 puisse avoir aucune influence sur la question ; il est vrai que ce n'est peut-être pas l'avis de tout le monde (2). Il est des cas, même en droit français, où les risques sont encore pour le débiteur, et d'autres où ils passent au créancier ; le projet, au contraire, ne connaît qu'une règle unique, sauf quelques rares exceptions : le risque est pour le débiteur. Là où le risque est pour le créancier, le contrat subsiste et il ne peut être question de faire application de la résolution de l'article 1184 pour inexécution des conventions ; celle-ci est chez nous, comme dans le projet, le corrélatif de l'action qui appartient au créancier, et ici le créancier n'a plus d'action, le débiteur étant libéré. D'autre part, permettre au créancier de s'en servir, ce serait tourner la règle qui met les risques à sa charge (3). Enfin, lorsque le risque est pour le débiteur, le contrat est résilié, ou dissous, puisque le créancier se trouve libéré ; mais il ne faut pas dire que cette résiliation soit

---

(1) Cf. Laurent, *Principes de droit civil*, t. XVI, n° 270, p. 832-833.
(2) Cf. Labbé, *Nouv. Revue hist.*, 1888, p. 382.
(3) Cf. Labbé, *Nouv. Revue hist.*, 1888, p. 384.

une application de la condition résolutoire de l'article 1184 (1),
car celle-ci est une résolution judiciaire offerte au créancier
comme sanction du droit qui lui appartient contre le débiteur, et,
dans l'espèce, le créancier n'a plus de droit contre le débiteur.
Il ne s'agit plus d'une résolution qui lui soit offerte à son choix,
mais d'une libération de plein droit qui lui est acquise, d'une dissolution de plein droit du contrat. Le Code civil ne dit rien de la
perte partielle, cela tient à ce qu'il n'envisage que l'hypothèse où
le risque est pour le créancier, et il va de soi que, dans ce cas, la
perte partielle ne change rien à l'obligation du créancier. Si l'on
se place, au contraire, dans l'hypothèse où le risque reste au débiteur, il faudra bien admettre, comme dans le projet, que l'obligation du créancier sera diminuée dans une proportion correspondant à la part pour laquelle le débiteur se trouve libéré. S'il y a
retard fortuit, ne disons pas demeure, celle-ci impliquant faute,
le créancier doit le subir s'il supporte les risques, et si au contraire
le risque est pour le débiteur, il aura droit de faire réduire son
obligation dans la mesure correspondant à l'amoindrissement de
valeur qu'aura pour lui l'exécution tardive du débiteur. Cela suppose, bien entendu, dans le système du Code civil, que le premier
ait fait sommation ou acte équivalent ; mais, comme il n'y a pas
faute du débiteur et que, par suite, il n'y a pas, malgré la sommation, demeure proprement dite, nous avons parlé d'amoindrissement de valeur de la prestation qui lui était due, et non de dommages-intérêts au sens propre du mot (cf. *suprà*, n° 187).

195. *De la résolution de l'article* 1184 *comparée à la résiliation
du projet*. — Plaçons-nous maintenant au point de vue de l'inexécution due à la faute du débiteur : c'est le cas d'application normale
de la résolution pour inexécution. Le créancier reste créancier, le
débiteur n'est pas libéré et alors le créancier garde, comme sanction et garantie de son droit de créance qui subsiste, la résolution,
résolution judiciaire et non plus cette fois résolution de plein droit.
L'article 1184 ne la soumet à aucune condition préalable, sauf celle
des délais judiciaires que le juge a pu imposer au créancier, en
vue de permettre au débiteur de s'exécuter. Il suffit de ce tempérament de l'article 1184 pour nous faire apercevoir une première
différence entre le système français et celui du projet, au point de
vue des conditions d'admissibilité de la résolution. Le projet sup-

(1) Cf. Laurent, *Principes*, t. XVI, p. 832.

pose l'exécution en nature devenue impossible, l'article 1184 suppose simplement l'obligation du débiteur non exécutée ; cela revient à dire qu'au cas de retard dans l'exécution imputable à faute, c'est-à-dire au cas de demeure, la résolution chez nous est de droit, tandis que, d'après le projet, elle ne sera admise que si l'exécution tardive doit correspondre à l'inexécution totale (1). Une autre différence capitale est le cumul permis par l'article 1184 entre la résolution et les dommages-intérêts, tandis que, d'après le projet, le créancier doit choisir entre la résiliation ou l'indemnité en argent (2).

196. *De la résolution au cas d'inexécution partielle.* — L'article 1184 ne parle pas de l'inexécution partielle ; exigera-t-on pour admettre la résolution que l'exécution de ce qui reste possible ne soit plus d'aucune utilité pour le créancier ? C'est le système du projet.

Certains auteurs veulent également que ce soit celui du Code civil : et ils s'appuient sur une décision analogue de l'article 1636 donnée en matière de garantie à propos d'éviction partielle. Les deux questions sont très différentes : la garantie correspond au point de savoir ce que le débiteur a promis et traite de la mesure de son engagement ; aussi n'y a-t-il pas à distinguer suivant que l'inexécution en pareil cas est due à la faute ou au cas fortuit. Le débiteur s'est engagé, quoi qu'il arrive, à faire avoir au créancier un droit ferme sur tel objet ; s'il ne remplit pas son obligation, il doit réparation ; c'est en cela que consiste son engagement. Dès lors, il y a lieu de donner à son obligation la mesure exacte que les parties ont entendu lui accorder, et la question se pose en dehors du domaine de l'art. 1184, qui traite des moyens de contrainte accordés au créancier pour obtenir ce qui lui est dû, et non de l'étendue de l'obligation du débiteur. On comprend, en matière de garantie, que le débiteur ait entendu répondre du défaut de droit portant sur une partie seulement de l'objet dû, sans vouloir pour cela attribuer au créancier, pour ce seul fait et sans autre preuve, le droit de faire résilier le contrat. Lors, au contraire, qu'il s'agit de l'article 1184, on suppose que, par sa faute, le débiteur n'est pas à même d'exécuter intégralement. Il ne s'agit plus, pour le créancier, de poursuivre

---

(1) Cf. Aubry et Rau, IV, p. 363, § 354, note 14. Cf. Planiol. *loc. cit.*, II, n° 1369

(2) V. autres différences, quant aux effets et au mode d'exercice de la résolution, signalées plus haut, n° 192 *in fine.*

une obligation de garantie à laquelle le débiteur se serait engagé d'avance pour le cas d'inexécution, mais bien d'intenter une action en responsabilité pour inexécution fautive. Cette action en responsabilité est une action en dommages-intérêts venant s'ajouter en quelque sorte au droit qui appartient au créancier d'exiger l'exécution de ce qui reste possible. Or, toutes les fois que le créancier possède une action en indemnité pour inexécution, il a le choix, comme moyen de contrainte, et comme sanction de la créance d'indemnité, de demander la résiliation. Nous avons vu qu'il en est ainsi au cas de demeure ; le créancier peut, sans autre preuve, au lieu de poursuivre l'exécution après l'échéance, demander la résiliation. La demeure correspond à l'inexécution partielle, c'est donc qu'au cas de perte partielle, il pourra aussi, au lieu d'exiger ce qui reste, demander, sans autre preuve, la résolution. On doit admettre, toutefois, que, la résolution de l'article 1184 étant une mesure d'équité établie en vue d'éviter une perte probable au créancier, le juge reste souverain appréciateur des circonstances et est libre de la rejeter, s'il résulte des faits que la perte partielle ne constitue qu'une perte insignifiante pour le créancier (1). Tout ce que nous voulons dire, c'est qu'il pourrait l'admettre, d'autre part, sans qu'on eût fait au préalable la preuve de l'équivalence, au point de vue du créancier, entre la perte partielle et la perte totale : on voit la grosse différence avec le système du projet.

197. *De la résolution au cas de retard d'exécution.* — Jusqu'alors, nous n'avons appliqué la résolution de l'article 1184 que s'il y a inexécution, totale ou partielle, due à la faute du débiteur. On a proposé cependant de l'étendre même à l'inexécution fortuite ; bien entendu ceci ne vise pas le cas d'inexécution totale, car dans cette hypothèse il y a libération du débiteur et nous savons déjà que, du moment où il y a libération du débiteur, il ne saurait y avoir lieu à la résolution de l'article 1184. Ou les risques, en effet, sont pour le créancier et celui-ci ne peut faire résoudre le contrat, ou ils sont pour le débiteur, et le contrat se trouve dissous de plein droit, sans qu'il y ait à faire intervenir l'article 1184 (cf. *suprà*, n° 184). Il faut supposer, pour que la question se pose, que le débiteur ne soit pas libéré. Cela se présentera toutes les fois que l'exécution sera encore possible, le fût-elle par d'autres que le

(1) Laurent, *Principes*, t. XVII, n. 127 (spécialement p. 144-145). — Cf. Planiol, *loc. cit.*, II, n°s 1373 et 1378 et les arrêts cités également n° 1409.

débiteur (cf. *supra*, n° 24). Seulement, bien que l'exécution en soi reste possible, il y a retard apporté à l'exécution, or ce retard peut être la conséquence d'un cas fortuit. Assurément, les conditions constitutives du cas fortuit en matière de retard, destiné à soustraire le débiteur à la *mora*, sont les mêmes que celles constitutives du cas fortuit en matière de perte de la chose ou d'impossibilité d'exécution ; elles impliquent que d'autres que le débiteur n'auraient pas pu à sa place exécuter au jour dit. Nous avons déjà laissé entendre, à propos d'une hypothèse que nous avons citée (*supra*, n° 187) et que nous pouvons reprendre ici à titre d'exemple, que le retard fortuit sera constitué par l'impossibilité objective provisoire, tandis que la libération résulte de l'impossibilité objective définitive. Cette observation suffit à écarter toute application du cas fortuit en matière de dettes d'argent, du moins en principe ; en pareil cas, le débiteur s'est porté garant de l'exécution à l'échéance.

Mais, on peut supposer un exemple analogue à celui que nous avons cité : un événement de force majeure a entraîné la clôture temporaire de la seule usine où pouvait être exécuté l'ouvrage promis. Le créancier pourra-t-il demander la résolution, conformément à l'article 1184 (1) ? On a prétendu que cette question était dominée par la théorie admise en matière de risques (2), que l'affirmative s'imposait dans les cas où le risque est pour le débiteur, et que la négative était de droit, si le risque passe au créancier. En est-on bien sûr ? Si le risque est pour le débiteur, la seule conséquence qui en résulte, c'est que le créancier, poursuivant l'exécution, pourra obtenir libération partielle dans la mesure où l'exécution tardive constitue elle-même pour le débiteur une libération partielle. Il n'en résulte pas forcément que le créancier pourrait, au lieu de cette libération proportionnelle dont il va bénéficier lors de l'exécution du contrat, demander la résiliation, tout au moins sans avoir à prouver que l'exécution après terme équivaut pour lui à l'inexécution totale. Si les risques sont, au contraire, pour le créancier, cela veut dire qu'il subira l'exécution tardive, sans que son obligation en soit diminuée. S'ensuit-il qu'il ne pourrait jamais, de ce chef, demander la résiliation ? Non, car la résiliation ne constituerait pas à proprement parler un déplacement des risques : du moment, en effet, qu'il n'y a pas perte de la chose et que le contrat est dissous, chacun garde ce qu'il devait fournir et le débi-

---

(1) Cf. Laurent, t. XVII, n° 124, p. 140.
(2) Cf. Labbé, *Nouv. Revue hist.*, 1888, p. 378 et suiv.

teur, s'il ne reçoit rien, ne perd rien. Le créancier n'en souffre pas moins du risque provenant du retard, puisqu'au jour dit il n'a pas obtenu la chose et qu'il ne peut demander indemnité de ce chef. La question que nous posons doit se résoudre ainsi d'après les conditions propres d'admissibilité de la résolution de l'article 1184, et n'est nullement dominée par la théorie des risques, tout au moins dans l'espèce que nous venons d'indiquer.

Elle revient à savoir si la condition résolutoire doit être mise à la disposition du créancier, toutes les fois qu'il peut y avoir danger pour lui de ne pas toucher ce à quoi il a droit ; et ce danger peut se présenter, même si le retard est dû au cas fortuit, puisque, si l'inexécution persiste, l'obligation du débiteur se transformera forcément en indemnité (art. 1142), et que le paiement de cette dernière dépend de la solvabilité du débiteur. C'est une manière de voir fort acceptable ; ne doit-on pas dire, au contraire, que la résolution de l'article 1184 soit le corrélatif des dommages-intérêts résultant de la faute du débiteur ? Et nous inclinerions vers cette solution. L'article 1184, malgré la généralité de ses termes, nous y invite, puisqu'il permet le cumul de la résolution et des dommages-intérêts et qu'il suppose même qu'il y a toujours lieu à ces derniers, ce qui par conséquent vise le cas de faute. Ajoutons que la résolution est une rupture du contrat et une rupture qui ne résulte pas d'une convention précise des parties ; celles-ci sont censées avoir laissé au juge le droit de prononcer la résolution, suivant son appréciation ; cela prouve bien que la résolution a été envisagée comme la peine de la violation de l'obligation et que, par conséquent, la première circonstance que le juge ait à envisager est de savoir si l'inexécution a été empêchée ou non par un cas fortuit. Lorsque celui-ci sera démontré et établi au sens que nous avons indiqué, on ne peut plus dire qu'il y ait violation d'aucun engagement ; il n'y a que libération partielle du débiteur et l'article 1184, à notre avis, n'est pas fait pour l'hypothèse où il y a libération du débiteur, soit totale, soit partielle (1).

Sur ce point, nous établissons, par conséquent, pleine assimilation entre le projet et le droit français ; mais il faut reconnaître que l'hypothèse, où il y aura retard non susceptible d'équivaloir à demeure, malgré la sommation préalable, sera très exceptionnelle ; et par suite nous rappelons que le gros point de différence, entre la théorie du projet et celle de l'article 1184, se rencontre au cas de

(1) Cf. Aubry et Rau, IV, p. 363, § 354, note 15.

demeure, laquelle, chez nous, peut toujours donner lieu à la résolution, tandis que, d'après le projet, elle ne rend la résiliation admissible que sous la condition préalable d'une preuve assez difficile, celle de l'assimilation pour le créancier de l'exécution tardive
et de l'inexécution totale.

Cette solution, il faut en convenir, constituera une différence
énorme pour le cas de dettes d'argent ; c'est l'hypothèse vraiment pratique. Prenons la vente ; l'acheteur ne paie pas son
prix. Le droit français donne au vendeur la résolution sans autre
condition que celle de subir le délai que le tribunal aura pu
lui imposer. Dans le système du projet, il ne saurait y avoir
en pareil cas impossibilité d'exécution, il y a refus ou retard
d'exécution et l'on sait qu'au cas de demeure la résiliation n'est
accordée que sous une condition qui ne saurait guère trouver
ici son application. Cela revient à refuser au vendeur la résolution pour défaut de paiement du prix, sauf clause expresse. Il
est vrai que, lorsqu'il s'agit de livraison d'un corps certain ou de
l'exécution d'un fait, la portée de cette différence est singulièrement atténuée ; nous avons déjà vu que le projet permet au créancier de faire fixer un délai, passé lequel son obligation se sera
transformée en dommages-intérêts (art. 243), et que l'article 369
admet la résiliation pour le cas d'impossibilité fictive, comme pour
celui d'impossibilité réelle. De sorte qu'en matière d'obligations de
faire la différence entre le système du projet et le nôtre est très
mince ; l'inexécution au jour dit sera assimilée à l'impossibilité
d'exécution, absolument comme chez nous l'inexécution dans le
délai fixé par le tribunal réalisera la résiliation de l'article 1184. Il
est vrai que celle-ci pourra être accompagnée de dommages-
intérêts tandis que, d'après le projet, le créancier devra choisir :
mais, comme d'ordinaire il optera pour ces derniers, le résultat final
sera, pour le cas où lui-même devait de l'argent, une sorte de compensation entre ce qu'il devait perdre et le montant de l'indemnité,
de sorte qu'en fin de compte il touchera l'excédant de cette dernière, résultat qui est à peu près celui de notre article 1184. A tout
prendre, la différence essentielle entre les deux systèmes ne porte
guère en réalité que sur les obligations de sommes d'argent, comme
nous l'avons montré plus haut.

§ 4. — Effets spéciaux a certains contrats

198. Nous réunissons sous ce titre certains effets des contrats, qui rentrent encore dans la catégorie des effets directs, puisqu'ils existent sans clause spéciale, mais qui ne se rencontrent toutefois que dans certaines catégories particulières de contrats ; ce qui justifie le groupement spécial dans lequel nous les rangeons. C'est la garantie, en matière de contrats ayant pour objet l'acquisition d'un droit : ce sont également les effets spéciaux à l'égard des tiers étrangers au contrat, lorsqu'il s'agit de contrats en faveur d'autrui ; ce sont enfin les effets restreints et très particuliers des contrats dans lesquels on a entendu isoler la promesse des circonstances qui la justifient, ce qui comprend la promesse sans cause et la promesse souscrite au porteur. Nous allons parler d'abord de la garantie.

199. *Garantie.* — La garantie est une institution qui est née à propos de la vente et dont il est traité d'ordinaire au sujet de cette dernière ; mais en réalité elle reçoit son application toutes les fois qu'il s'agit d'un contrat dont l'objet propre soit de procurer un droit à autrui. Le projet a grand'raison, à l'imitation d'ailleurs du Code prussien (1), de généraliser l'institution et de lui consacrer une section indépendante (art. 370 : C. civ. al., art. 433 suiv.). Il va de soi que ces règles générales comporteront exception pour certains contrats particuliers, comme par exemple en matière de donations. Laissons ces exceptions de côté et étudions le principe.

La garantie comprend deux chefs : elle peut avoir pour objet le défaut de droit ou les vices de la chose. Historiquement, il

---

(1) A. L. R.; I, 5, art. 317, 318. — La seconde commission s'est aperçue cependant des difficultés,et même, à un certain point de vue, du danger, que présentait cette généralisation, étant donné que, pour la plupart des contrats particuliers, ayant pour objet une aliénation, il y a lieu à des règles spéciales. Aussi, est-on revenu aux habitudes traditionnelles. On a renvoyé toute cette partie du projet à la section relative à la vente ; on a pensé que, pour les autres contrats d'aliénation, il suffirait de l'étendre par voie d'analogie : ce qui permet toujours d'apporter à la théorie que l'on transporte en dehors de son cadre toutes les modifications que comportent les extensions particulières auxquelles on la soumet (*Pr.*, I, p. 653-654). — Cf. l'étude de M. Raoul de la Grasserie sur *La seconde lecture du Projet de Code civil allemand* dans *Bul.* 1895 et en particulier p. 615.

y a là deux institutions distinctes, issues de deux points de vue
différents, nées par conséquent à deux époques spéciales de l'évolution du droit romain et qui, pour cette raison, ont donné lieu à
deux systèmes très divergents. Rationnellement, on pourrait concevoir au contraire qu'on les rattachât à un point de vue unique :
c'est ce qu'avait fait le Code prussien (1). Le projet en fait encore
deux institutions séparées. Il suit par là l'usage traditionnel,
plutôt que la stricte logique ; nous verrons comment ce procédé
peut se justifier.

Enfin, la garantie elle-même est souvent rangée parmi les effets
accessoires des contrats (2). On en parle comme d'une protection
spéciale accordée à celui à qui l'on a promis de faire acquérir un
droit ; et il semble qu'elle soit distincte de l'obligation même par
laquelle on s'est engagé à le lui faire acquérir. Ce point de vue
peut surprendre. Tout le monde sait qu'il s'explique historiquement ; mais, ce qui étonnera peut-être encore ce sera de retrouver
trace, dans une certaine mesure, de l'ancienne conception romaine,
en matière de garantie, dans le système du projet. Cette analyse
nécessite quelque retour en arrière.

200. *Historique.* — Il est, aujourd'hui, à peu près admis par tout
le monde que, dans la vente primitive, réalisée sous forme de *mancipatio*, la garantie pour cause d'éviction n'était pas un élément de
l'obligation même du vendeur et ne dérivait pas d'un engagement
personnel de celui-ci, mais était liée à la *mancipatio* elle-même et
considérée comme une conséquence des solennités de l'acte d'aliénation. Il est très probable, comme l'a si bien montré M. Girard,
qu'on s'était primitivement placé à un point de vue délictuel (3).
L'acheteur évincé, que son auteur n'avait pas su défendre au procès
en revendication dans lequel il avait succombé, se retournait contre
le vendeur et, l'accusant de l'avoir trompé, lui demandait réparation de l'injure, plus encore que de l'injustice. Peu importe la
bonne foi du vendeur ; il y a délit dans le fait d'avoir fait servir à
l'attestation d'un mensonge les solennités de la mancipation, indé-

---

(1) Cf. Förster-Eccius, *Preuss. Priv. R.*, I, § 84-III.
(2) Cf. Aubry et Rau, IV, ch. III-II, § 340. — Cf. Pothier, *Du contrat de
vente*, nº 102. — « L'action de garantie est une *branche* de l'action personnelle *ex empto*, etc , etc. »
(3) Girard, *L'action Auctoritatis* (*Nouv. Rev. hist. du droit*, année 1882,
p. 212 et suiv.). Voir tout l'exposé de la question dans GIRARD, *Manuel de
droit romain*, éd. 1901, p. 549 et suiv.

pendamment de toute intention frauduleuse chez le mancipant.
Un tel système est absolument dans les données primitives. Et plus
tard, alors même que le caractère délictuel de la responsabilité pour
éviction eut disparu, cette dernière resta encore attachée au fait
de la *datio* elle-même, sans être considérée comme étant comprise à proprement parler dans l'obligation résultant du contrat.
Elle dérive, dit Brinz (1), non du fait qu'on a promis une chose,
mais du fait qu'on la *donne*, en prenant le mot au sens juridique
du *dare* des Romains. Et Brinz continue en disant que, lorsque
la vente se dégagea du contrat réel d'aliénation pour devenir
un contrat consensuel, elle garda, à côté de l'obligation propre
de livrer la chose, l'obligation accessoire et distincte d'en garantir
l'acquéreur contre toute éviction ; et il ne fut pas question d'obliger
le vendeur à livrer la propriété. Une obligation de ce genre, historiquement, ne pouvait pas ressortir de la vente primitive, qui
n'était autre qu'un contrat réel de transfert de la propriété et qui
avait pour but de réaliser le transfert, et non de le promettre, qui,
par suite, ne comportait d'autre obligation, pour l'avenir, que celle
de garantir des troubles futurs. La vente, devenue simple contrat
productif d'obligations, se distingua de cette vente primitive, en ce
qu'elle eut pour objectif l'accomplissement matériel de ce contrat
réel dont elle était jadis la réalisation ; et c'est là, par conséquent,
tout ce que le vendeur promettait : faire tradition ou faire mancipation. Quant au résultat juridique qui devait s'ensuivre, il n'en
était responsable, comme jadis, qu'en vertu de l'obligation accessoire de garantie. Ainsi s'explique que la vente n'ait pas eu pour
objet un transfert de propriété, mais un transfert de paisible possession (2) ; ainsi s'explique également le caractère accessoire de
la garantie, qui, tout en étant poursuivie par l'action du contrat,
resta une obligation distincte et spéciale, ou, comme disait encore
Pothier, une branche de l'action *ex empto*. On comprend que, dans
cette conception historique, la garantie se restreigne au cas d'éviction proprement dite et que l'acheteur, sauf le cas de dol du vendeur (3), ne puisse recourir contre lui avant d'être troublé dans sa
possession, même s'il apprend qu'il n'a pas été rendu propriétaire.

201. Le droit romain s'est-il dégagé de ce point de vue histo-

(1) Brinz, *Pand.*, § 280, t. II-I (éd. 1879), p. 335.
(2) Cf. Brinz, *Pand.*, § 280, note 15.
(3) Cf. Accarias, *Précis*, t. II, n° 610.

rique, pour n'envisager que le point de vue rationnel, qui est celui-ci : la garantie n'est qu'un des côtés de l'obligation du vendeur ? Celui-ci, étant tenu de procurer la chose, est responsable de ne l'avoir pas procurée. La conséquence logique de cette idée eût été de rendre le vendeur responsable de tout défaut de droit de l'acheteur avant toute éviction. Assurément, personne ne prétend qu'on en fût arrivé à formuler le principe sous cette forme absolue ; mais, tout au moins, on pense que la tendance de la jurisprudence romaine avait été de s'en rapprocher le plus possible et que le vendeur était responsable du non-transfert de la propriété, non seulement au cas de dol, mais toutes les fois que ce défaut de droit, avant même toute éviction, dût empêcher l'acheteur de jouir de la chose, comme il avait pu compter pouvoir le faire (1). On cite l'exemple de l'acheteur d'un esclave qui veut l'affranchir et acquérir par suite la qualité de patron et les droits qui en dérivent : si, après l'affranchissement, il s'aperçoit qu'il n'a rien acquis, parce que l'esclave se réclame d'un autre maître et qu'il aura ce dernier pour patron, cet acheteur agira par l'action *ex empto* (2). Mais les auteurs qui invoquent ce texte n'ont pas remarqué que l'esclave, en se prévalant du patronat d'un autre, réalise précisément la condition d'éviction nécessaire pour qu'il y ait lieu à garantie.

202. *Point de départ du projet.* — Quoi qu'il en soit du droit romain, cet exposé sommaire suffit à mettre en relief les deux points de vue différents qui peuvent servir de point de départ à la théorie de la garantie. Il n'est pas douteux que le projet ait adopté le point de vue rationnel que les motifs désignent, d'ailleurs, sous le nom de *Verschaffungsprincip*, ce qui signifie obligation, au cas d'aliénation, de procurer le droit lui-même, et non seulement la possession de la chose (art. 370-371). C'est l'opposé du principe romain en matière de vente ; c'est l'admission de la théorie moderne : quiconque promet d'aliéner s'engage à procurer le droit qu'il a promis (3) : d'où cette conséquence que, s'il n'y a pas transfert et acquisition du droit lui-même, il y a inexécution du contrat :

(1) Eck suivi par Windscheid. — Cf. Eck, *Die Verpflichtung des Verkäufers zur Gewährung des Eigenthums* (Halle, 1874). — Windscheid, *Pand.*, § 389, note 8 *a*.

(2) L. 43, L. 45, § 2, D. (19. 1). — Cf. Windscheid, *Pand.*, § 389, note 8 *a*, e. 8 *c*.

(3) Cf. C. civ. all., art. 433 et *Pr*. I, p. 654 et suiv.

et l'acquéreur, qui n'a rien acquis, en principe, devrait avoir les droits qui appartiennent à tout créancier contre un débiteur qui n'a pas rempli ses obligations. La garantie n'est autre chose que l'une des faces de l'obligation même de quiconque s'engage à aliéner. Rien n'est plus faux que d'en faire une obligation accessoire ou distincte, et il semblerait que nous n'eussions plus qu'à renvoyer aux effets généraux en matière de contrat. Nous verrons cependant que, malgré cette affirmation très nette de l'obligation au transfert (*Verschaffungsprincip*), le projet, sur un point spécial, semble bien ne s'être pas dégagé du point de vue traditionnel qui était celui des Romains.

203. Il semblerait aussi, en partant de ce point de vue, que l'on dût forcément attribuer ce même caractère à la garantie des vices : quiconque aliène s'engage, non seulement à procurer le droit sur la chose, mais à fournir une chose susceptible de remplir l'usage qu'on est en droit d'en attendre. Si donc elle possède certains vices qui la rendent impropre à son usage normal, il y a inexécution de l'obligation et il doit y avoir application pure et simple des règles sur l'inexécution des contrats. Le projet a rejeté cette logique à outrance et cet excès de simplification ; et l'on aperçoit en effet immédiatement certaines raisons juridiques qui doivent nous faire hésiter à accepter sans autre examen l'assimilation. La garantie pour défaut de droit se réfère forcément au fait promis, puisqu'elle vise le fait même d'aliéner, le *præstare* ; elle se rattache ainsi à l'exécution de l'obligation. La garantie des vices se réfère aux qualités de l'objet ; donc on pourrait concevoir qu'indépendamment de toute promesse expresse ou tacite relativement aux qualités que la chose peut avoir, il y eut lieu à réparation au profit de l'acheteur, soit à raison de l'erreur, soit parfois à raison du dol. La garantie pour défaut de droit donnera forcément ouverture à l'action même du contrat ; la garantie des vices, touchant à la question de l'objet lui-même, pourra donner lieu aux actions qui se réfèrent à la formation du contrat, comme par exemple à la nullité ou à la rescision. On voit *a priori*, et sans autre examen, que les deux institutions ne sont pas forcément deux faces d'un point de vue unique.

Plaçons-nous maintenant, comme le projet, aux deux points de vue suivants : conditions et effets de la garantie.

204. *Conditions de la garantie.* — Les conditions d'exercice de l'action en garantie dépendent de l'étendue de l'obligation de celui qui doit garantie, puisque c'est la violation de son obligation qui donnera ouverture au recours en garantie. Or, nous savons déjà que son obligation consiste à procurer le droit dont l'aliénation forme l'objet du contrat ; mais nous devons ajouter, avec l'article 371 (C. civ. al., art. 434), que ce droit doit être complet et qu'il ne peut être restreint par aucune charge qui vienne en diminuer l'efficacité. Nous faisons allusion surtout aux droits de servitude, pour lesquels, par conséquent, garantie sera due. On a voulu ainsi couper court aux controverses qui existaient à cet égard sur le terrain du droit romain (1), et le projet a entendu admettre garantie pour toutes les servitudes dont l'existence aurait été inconnue de l'acquéreur, sans même faire exception pour les servitudes apparentes. Il reconnaît qu'il n'y a plus lieu, comme à Rome, de présumer l'existence de servitudes grevant les propriétés (2). Celui qui achète un fonds, ignorant les droits qui puissent le grever, alors même qu'il n'a pas stipulé le recevoir libre de toutes charges, ne doit pas s'attendre à voir se révéler de servitude ; l'état économique de la propriété en Allemagne n'est pas favorable, dit-on, à cette réciprocité des charges foncières. Aussi les usages ne seraient-ils pas de nature à justifier aucune surprise de ce genre. Il est donc juste que l'acheteur ait droit à garantie pour toute servitude qui serait réclamée après coup. Gierke (3) reproche aux auteurs du projet de s'être mépris sur le régime économique du sol en Allemagne. Nous avouons n'être pas à même de vérifier la justesse de cette critique, les éléments d'observation nous faisant défaut. Mais ce que l'on peut dire, c'est que le projet s'est placé, non pas au point de vue de certains rapports habituels de voisinage, mais à celui de la sécurité absolue des droits et de la publicité nécessaire de toute charge qui vienne diminuer la valeur de la propriété. Nous ne sommes pas absolument certain que ce point de vue poussé à ces extrêmes conséquences soit forcément le meilleur.

Tout ceci s'applique, bien entendu, aux droits d'hypothèque comme aux servitudes. Le projet accepte même que la garantie subsiste au cas où l'acquéreur en aurait eu connaissance ; bien qu'il ait connu les charges hypothécaires pesant sur l'immeuble, il

---

(1) Cf. Windscheid, *Pand.*, § 391, note 28. — Accarias, t. II, n° 608 *a*, p. 451, note 1.

(2) Cf. Labbé, *De la garantie*, n° 20, *Rev. prat.*, t. XIX, 1865, p. 265.

(3) Gierke, dans *Revue de Schmoller*, t. XIII, p. 210. — Cf. les excellentes observations de M. Labbé au passage indiqué à la note précédente.

n'est pas censé avoir pour cela renoncé à son action en garantie, le cas échéant. Cela tient à ce que le dommage pouvant résulter de l'hypothèque est subordonné à une éventualité douteuse, et que l'acquéreur, courant la chance de n'être pas inquiété, doit être présumé avoir réservé son recours pour le cas où il le serait : on ne doit admettre qu'à la dernière extrémité l'abandon d'un droit.

Il n'en est plus de même au cas de servitudes : si l'acquéreur les a connues, il sera censé avoir renoncé à la garantie. Sinon, autant vaudrait dire que celle-ci lui est acquise du jour du contrat, puisque de ce jour il connaît les restrictions mises à l'exercice de son droit et que celles-ci ne dépendent d'aucune éventualité douteuse, mais qu'elles existent d'ores et déjà.

Enfin, le projet rejette toute garantie pour les charges fiscales et autres, qui ne sont pas soumises au régime de la publicité par voie d'inscription aux registres fonciers : ce sont de celles auxquelles l'acquéreur devait s'attendre

205. *Effets de la garantie.* — La solution, en ce qui touche les effets de la garantie, devrait être des plus simples, tout au moins pour les législations modernes qui ont répudié le point de vue romain. La garantie supposant violation de l'obligation, les conséquences qui en résultent seront celles qui dérivent de l'inexécution en matière de contrat. Cela revient à dire qu'elle offrira deux ressources au créancier qui se plaint d'un défaut de droit, celle du refus d'exécution, autrement dit l'*exceptio non adimpleti contractus*, ou bien, s'il a exécuté, par voie de paiement ou de consignation, ou encore s'il poursuit l'exécution simultanée en offrant d'exécuter conformément à l'article 365 (C. civ. al., art. 322), l'action en dommages-intérêts pour inexécution. Nous ne parlons pas de la résolution, qui n'est admise qu'exceptionnellement et ne constitue pas un recours de droit commun (art. 360 et 369). Or sur ce point le système du projet n'est pas aussi simple qu'on aurait pu le croire ; et c'est ici que nous allons retrouver l'influence de l'ancien principe romain sur la nécessité d'un trouble préalable. Le projet distingue suivant que les formalités du contrat de transfert ont été ou non accomplies.

206. *Distinction suivant qu'il y a eu ou non contrat de transfert* (art. 374). — Tant qu'il n'y a pas eu tradition ou cession judiciaire, disons contrat réel d'aliénation, l'acquéreur reste sous l'empire du droit commun ; il pourra donc, sans qu'il puisse être question d'éviction préalable, refuser d'exécuter, donc opposer l'*exceptio non adimpleti contractus*, et cela même si on lui offre de procéder au contrat réel d'aliénation, puisqu'il sait que ce contrat ne peut pas recevoir son efficacité, son auteur n'étant pas propriétaire. Il pourra aussi, conformément à l'article 243 (C. civ. al., art. 283), faire fixer un délai pour l'exécution efficace de l'obligation de son débiteur ; après quoi, il recourra contre lui en indemnité pour inexécution (1). Il peut donc user des deux armes que la loi met à son service, l'arme défensive et l'arme offensive. Mais une fois le contrat réel accompli, il n'a plus, à moins d'éviction, que l'arme défensive ; l'éviction devient, comme à Rome, la condition préalable nécessaire de l'action en garantie. Sans attendre qu'on trouble sa possession, il peut, après le contrat réel, s'il n'a pas exécuté, invoquer encore l'*exceptio non adimpleti contractus*. C'est l'application des principes, puisque l'autre partie, bien qu'elle eût procédé à l'acte de transfert, n'a pas procuré le droit qu'elle s'était engagée de faire acquérir, et par suite n'a pas rempli son obligation. Mais l'acquéreur ne peut plus agir en indemnité, en se fondant sur ce seul fait qu'il n'a pas été rendu propriétaire, il n'a qualité pour agir en garantie qu'après éviction préalable. Voilà, cette fois, le point de vue romain qui reparaît. On comprendrait au besoin qu'il en fût ainsi, lorsque le défaut de droit consiste dans une menace qui peut ne pas se réaliser, comme au cas d'hypothèque ; mais, lorsqu'il consiste dans l'absence absolue du droit lui-même, comme au cas de vente de la chose d'autrui, comment expliquer, par cela seul qu'il y a eu cession et inscription aux registres, que l'acquéreur doive, pour agir en garantie, attendre l'éviction ? Les motifs (2) invoquent à cet égard l'exemple des législations modernes, le droit prussien, le droit saxon, notre Code civil et le Code fédéral des obligations. Peut-être notre Code civil n'a-t-il guère prévu que la menace résultant de privilèges ou hypothèques, puisque, chez nous, la vente de la chose d'autrui est nulle, et alors on comprend, nous l'avons dit plus haut, qu'on exige la condition formelle d'un trouble préalable. Cependant, même chez nous, on peut, en dépit de notre article 1599, supposer que la vente soit valable et que, cependant, l'acheteur soit censé n'avoir

---

(1) Cf. *Bul.* 1895, p. 775.
(2) *Motifs sur l'art.* 374, t. II, p. 218. — A. L. R., I, § 317, 1, §§ 135, 136, 143. — *Œsterr. G. B.*, § 922. — Säch., *G. B.*, §§ 930 et suiv. — Code féd., art. 235 et suiv. — Code civ., art. 1626.

rien acquis. Sans parler des cas de résolution, nous citerons l'hypothèse d'une seconde vente transcrite avant la première ; or, le
premier acquéreur, qui se voit ainsi devancé par le second et exposé
à la revendication de ce dernier, pourrait-il, sans attendre l'éviction, agir en garantie ? L'affirmative aurait pour elle le nouveau
principe que la vente oblige au transfert même de la propriété, et
la négative invoquerait les textes du Code en matière de garantie,
lesquels semblent bien reproduire la théorie romaine d'une éviction
préalable. Il paraît bien à peu près certain que cette dernière solution soit la vraie ; et cela ressort surtout de la nécessité de se reporter, pour l'estimation de la chose, à une époque fixe que l'acheteur ne puisse faire varier suivant son intérêt ; cette époque ne
peut être, comme l'indiquent nos articles 1631 et 1633, que
celle de l'éviction. C'est également ce motif tout de pratique qui
explique la solution du projet (1), et c'est pourquoi nous avons
tenu à faire ce rapprochement. Donc, après accomplissement du
contrat d'aliénation, l'éviction devient, quand il s'agit de prendre
l'offensive, et non en ce qui touche l'*exceptio non adimpleti contractus*, la condition préalable de l'action en garantie. Voyons alors
ce qu'il faut entendre par éviction.

207. *De l'éviction.* — Laissons de côté les détails. Nous pouvons poser en principe la règle suivante : il y a éviction toutes les
fois que l'acquéreur, par l'effet d'un acte auquel il ne pouvait pas
s'opposer, perd le bénéfice du droit qu'il avait entendu acquérir
(art. 375) ; ce qui comprendra, tout d'abord, toute sentence judiciaire
en vertu de laquelle l'acquéreur sera condamné à restituer la
chose ; mais également le compromis ou même l'acquiescement, et
il faut ajouter le cas où l'acquéreur conserverait la chose en vertu
d'un titre nouveau, comme s'il devenait héritier du propriétaire
(art. 376). Toutes ces solutions viennent des traditions romaines.
Une seule remarque est importante, c'est que l'acquéreur poursuivi
en restitution n'est pas obligé d'appeler son auteur en garantie ; il le
peut, mais il n'y est pas forcé. Seulement, s'il a omis de dénoncer
le procès à son garant, le jugement n'est pas opposable à ce der-

---

(1) Le Code civil al. (art. 440) n'accepte plus l'application du principe romain
d'une éviction préalable que lorsqu'il s'agit de la vente d'une chose mobilière. En matière d'immeubles, l'acheteur peut agir, dès qu'il a fait la preuve
du défaut de droit, et sans attendre l'éviction (*Pr.* I, p. 661-662) ; Cf. Planck
sur § 440, t. II, p. 233 ; Schollmeyer, *Das Recht der einzelnen Schuldverhältnisse*, p. 9-10 ; et Raoul de la Grasserie, *loc. cit.*, dans *Bul.* 1895, p. 645.

nier. L'acquéreur est bien admis à intenter l'action en garantie, puisque la condition nécessaire à son exercice se trouve réalisée ; mais le jugement conserve son effet relatif et n'est pas opposable à l'aliénateur, celui ci peut donc encore contester le bien fondé de l'éviction (1).

208. *Du contenu de l'action en garantie* (art. 377). — L'action en garantie n'est qu'une action en indemnité pour inexécution ; elle aura pour objet l'intérêt que l'acquéreur aurait eu à ne pas subir l'éviction. Il n'y a pas à distinguer si l'aliénateur, en s'engageant à aliéner une chose dont la possession ne peut pas être assurée à qui l'acquiert, est ou non en faute ; car, en admettant qu'il ne parvienne pas à garantir l'acquéreur de l'éviction, ce n'est jamais pour lui qu'une impossibilité subjective, et, d'après le droit commun, tout débiteur est garant sans distinction de l'impossibilité qui lui est purement personnelle (V. *suprà*, n° 24). D'autre part, c'est au jour de l'éviction qu'il faut se placer pour calculer l'intérêt dont l'acquéreur demande compte et par suite la valeur de la chose, bien qu'en principe, au cas d'inexécution, on tienne compte de la valeur qu'aurait eue l'objet dû au jour fixé pour la livraison (2). Cela tient à ce que, lorsqu'il est question de perte survenue avant livraison, on ne peut savoir si le créancier eût conservé la chose et profité des accroissements de valeur, tandis qu'au cas d'éviction, la preuve du maintien de la chose dans le patrimoine du créancier résulte du fait lui-même et que par suite il y a lieu de faire obtenir réparation de la perte exacte que subit l'évincé. On reconnaît à cette formule la règle romaine, bien différente de celle du droit français acceptée par le Code fédéral, en vertu de laquelle le premier élément de la garantie est la restitution du prix. Il faut y voir une conséquence de notre système sur l'admission du droit de résolution en matière de contrats synallagmatiques, système repoussé, dans sa généralité tout au moins, par le projet. Pour ce dernier, il ne pourrait être question de résolution que dans les conditions exceptionnelles de l'article 369. Tant que l'on parle de garantie, il n'est question que d'indemnité et l'indemnité se mesure au dommage exact qui a été éprouvé ; peu importe qu'il dépasse ou

(1) Cf. *Motifs sur l'art.* 375, t. II, p. 219. — Toute cette partie relative à l'éviction a complètement perdu de son importance dans le Code civil, en vertu de la modification indiquée dans la note qui précède

(2) Tout ceci a disparu du texte définitif du Code civil al. Cela tient à la modification de l'art. 440, dont il est question dans la note de la page 228.

n'atteigne pas la valeur de la contre-prestation fournie par celui qui se plaint de l'éviction. Si maintenant il y a éviction partielle, on appliquera purement et simplement les principes du droit commun de l'article 242 ; l'acquéreur évincé pourra demander indemnité proportionnelle au dommage que lui cause la perte résultant de l'éviction, et de plus, s'il prouve que la partie dont il n'est pas évincé ne lui offre plus d'utilité, il pourra demander la résolution conformément à l'article 369 (1).

209. L'article 380 (art. 443, C. civ. al.) conclut, sous forme d'épilogue à cette théorie sur la garantie, en déclarant que les dispositions qui précèdent ne sont pas impératives et que les parties peuvent accepter toutes clauses qui en atténuent ou aggravent la rigueur. La chose allait de soi ; puisqu'il s'agit de mesurer sur un point spécial, et pour une catégorie spéciale de contrats, la portée exacte de l'obligation. Il est tout à fait conforme aux principes que la volonté des parties soit souveraine et qu'il n'y ait qu'à se conformer à leur intention expresse ou tacite. Seulement, la preuve d'une clause de ce genre incombera très certainement à qui l'invoquera.

210. *Garantie des vices* (2). — Nous abordons avec cette matière une des parties que le projet a le plus minutieusement traitées. Elle ne contient pas moins de trente-un articles (art. 381-411 ; C. civ. al., art. 459-493), auxquels correspondent plus de quarante pages des Motifs. Cette richesse de réglementation tient à des difficultés pratiques très délicates au cas de ventes d'animaux domestiques. Aussi cette hypothèse particulière avait-elle donné lieu à de nombreux systèmes divergents : il importait de la traiter avec détails. De sorte que le projet contient, sur cette matière des vices rédhibitoires, deux parties très distinctes, l'une dans laquelle il formule la théorie générale et l'autre dans laquelle il envisage les espèces particulières, dont la plus importante est celle des ventes d'animaux domestiques. Posons d'abord les principes généraux.

211. *Théorie générale.* — Nous savons déjà que le projet ne considère pas la garantie des vices comme une garantie pour éviction partielle. Car, s'il en était ainsi, la conséquence serait que

(1) Cf. C. civ., art. 1636, et C. féd., art. 242.
(2) Cf. RAOUL DE LA GRASSERIE, *loc. cit.*, *Bull.* 1895, p. 646.

quiconque eût livré une chose viciée se trouverait n'avoir pas rempli son obligation et serait soumis par suite à une action en dommages-intérêts pour inexécution. Or, le projet n'accorde qu'exceptionnellement le droit à indemnité pour inexécution, absolument comme le droit romain n'accordait qu'exceptionnellement, en vertu du contrat de vente, le droit d'agir *ex empto* pour se faire indemniser des vices de la chose vendue. A l'inverse, le projet admettra comme recours de droit commun et comme ressource ordinaire, sur les traces d'ailleurs de la législation établie à Rome par les Édiles, la résiliation du contrat ; et l'on sait que, lorsqu'il s'agit de garantie et d'inexécution du contrat, pas plus dans le projet qu'à Rome, il n'y a en principe, et réserve faite des exceptions, aucune résolution possible.

212. *Caractère et fondement juridique de la garantie des vices.* — Comment donc le projet a-t-il envisagé la garantie des vices et comment expliquer les résultats juridiques auxquels elle donne ouverture ? Le projet nous paraît avoir accepté toute faite une théorie traditionnelle, celle des actions édiliciennes, qui, depuis la réception du droit romain, avait généralement été reçue en Allemagne, aussi bien que chez nous, comme base fondamentale du système de la garantie en matière de défauts cachés, et cela sans qu'on se soit fort préoccupé de la mettre d'accord avec la stricte logique du droit. Il est fort probable que, si on avait aujourd'hui à construire de toutes pièces, et sans avoir à suivre aucun précédent historique, une théorie de la matière, on ne se rencontrerait pas de tous points avec la théorie romaine des actions édiliciennes. L'une d'elles surtout a droit de surprendre, l'action en réduction du prix, laquelle n'est pas une action en indemnité, mais une faculté laissée à l'une des deux parties seulement de refaire le contrat à elle seule, en ramenant le prix à ce qu'il aurai dû être si on avait tenu compte du vice caché. Qu'on résolve le contrat, rien de mieux, mais qu'on le modifie au gré de l'une seulement des deux parties, voilà qui est contraire à toutes les idées juridiques et il y a beaucoup de jurisconsultes allemands qui espéraient que le projet eût modifié sur ce point les traditions romaines (1). De sorte que l'explication logique manque aussi bien

(1) V. la consultation du Dr von Volderndorff, de Munich, présentée à la réunion du XIXe Congrès des jurisconsultes allemands (*Verhandl. des XIXten deutschen Juristentages*, I, p. 67-68).

en ce qui touche la théorie des Édiles qu'en ce qui regarde celle
du projet (1).

On a bien cherché, sans doute, à rattacher le système à quelqu'un
des principes fondamentaux du droit. On a invoqué la théorie de
l'erreur ; lorsqu'en effet il s'agit de défauts inconnus du vendeur,
il est difficile de parler de garantie, tant que celui-ci n'a pas promis expressément de répondre de tous les vices connus et inconnus. Si donc l'acheteur découvre un vice caché, il se trouve avoir
été trompé sur une des qualités essentielles de l'objet, puisqu'il
s'agit d'un objet qui devait être susceptible de possession utile à
son profit et que celle-ci est devenue impossible ; seulement lui
seul peut être juge du caractère de l'erreur et de la question de
savoir si, à son défaut, il eût renoncé au contrat. On comprend
que, sur ce fondement, on mette à son service une action en
résiliation. Il est vrai que cette théorie n'explique guère l'action en
réduction du prix (2,. De plus, elle est incompatible avec certaines
solutions du projet, entre autres avec celle qui s'attache, lorsqu'il
s'agit de savoir de quels vices le vendeur répondra, au moment du
transfert des risques et non à celui de la formation du contrat : il
sera donc responsable de vices qui auront pu ne se produire
qu'après la vente. Comment parler alors d'un défaut de consentement relativement à l'objet du contrat ? L'objet acheté était bien
exactement celui que l'acheteur avait en vue et il était tel qu'il le
croyait ; il n'y a pas eu erreur.

213. Brinz (3) propose, pour ce qui est du droit romain, une
explication qui, si elle n'est pas absolument exacte pour l'époque
ancienne, est très certainement celle qui serait le plus capable de
rendre compte des solutions du projet. La responsabilité pour vices
cachés ne dérive pas de l'obligation stricte du vendeur : il ne s'agit
pas de responsabilité pour inexécution des obligations dérivant de

---

(1) J'ai laissé subsister, là et ailleurs, dans cette seconde édition, tous ces
reproches, fondés sur un défaut de logique de certaines réglementations législatives. Cette façon de raisonner tenait à l'éducation juridique que j'avais
reçue, comme tout le monde d'ailleurs, et dont je n'étais pas encore arrivé à me
défaire en 1889, lorsque j'écrivais cet ouvrage. Il va de soi que je me garderais
bien de parler le même langage aujourd'hui : ceci dit une fois pour toutes.

(2) V. la consultation citée à la page précédente et le passage indiqué. —
Cf. Demante, *Cours analytique de droit civil*, continué par Colmet de Santerre, t. VII, n° 81.

(3) Brinz, *Pand.*, § 327. — Pour ce qui est de la réalité historique, en
dehors de tout dogmatisme *a posteriori*, il faut, là comme ailleurs, se reporter à GIRARD, *loc. cit.*, p. 558 suiv.

la vente. Il s'agit d'une question de risques (1). Pour cette hypothèse spéciale, et pour des raisons purement pratiques, les Édiles
ont mis à la charge du débiteur, ici le vendeur, le risque des défauts de la chose, objet du contrat. Or, la charge des risques ne
consiste pas à payer indemnité, mais à prendre une perte à son
compte ; d'où cette conséquence que l'acheteur, en résiliant le contrat, mettra au compte du vendeur la perte résultant du vice, puisque celui ci rendra le prix et gardera la chose viciée. Quant à l'action en réduction du prix, elle s'explique comme étant équivalent
de la première. Si l'acheteur estime que la chose, même viciée, peut
encore lui servir, il la gardera ; mais on doit assimiler le cas à
celui de perte partielle, c'est-à-dire que la prestation fournie au
vendeur doit être diminuée dans la mesure correspondant à la
perte de valeur que la chose a subie. Cette idée se trouverait en
harmonie, en ce qui touche le projet, avec le moment choisi pour
celui où il y a lieu de constater l'existence des vices, ce sera le
moment où les risques passent au créancier, en général par conséquent celui de la tradition. N'est-ce pas la preuve que le vendeur
doive supporter le risque des diminutions de valeur provenant de
vices survenus entre le contrat et la livraison ? La même idée
expliquerait également que le vendeur n'eût pas, sauf le cas de
fraude, à supporter la perte concrète que le vice fait subir à l'acheteur, mais la perte que subit la chose, c'est-à-dire l'amoindrissement de valeur calculé à un point de vue abstrait et sans tenir
compte des conséquences qu'il peut avoir pour l'acheteur : il s'agit,
non pas d'une indemnité à fournir, mais d'un risque à subir. Si l'on
ne se place pas à ce point de vue, tout reste inexplicable.

Cette sorte de construction juridique est fort séduisante pour
une législation comme celle du projet qui laisse les risques à la
charge du vendeur. Seulement, il est bon de ne pas se payer de
mots. Qui parle de risques en matière de contrat suppose qu'il y
a inexécution du contrat ; le problème relatif aux risques contractuels est de savoir qui subira la perte résultant de l'inexécution
fortuite de l'obligation. Parler de risques à propos des vices cachés,
c'est encore revenir à l'idée que l'obligation du vendeur consiste à
ivrer une chose qui n'ait aucun vice, donc à le déclarer responsable
des vices même qu'il n'a pas connus ; autrement dit, c'est revenir à
l'idée de garantie Ce serait, il est vrai, une garantie exceptionnelle
que l'on présumerait en raison des besoins de la pratique et qui ne fût

(1) Cf. L. 3, Code (4, 58).

pas forcément de l'essence de la vente ; exceptionnelle, aussi, par conséquent, au point de vue de ses résultats, puisque la garantie ordinaire a pour effet de soumettre le garant aux dommages-intérêts pour inexécution, même s'il n'y a pas faute de sa part, tandis qu'ici le garant s'est engagé à supporter le risque et non à payer indemnité, et on a vu plus haut la différence. La formule exacte serait alors celle-ci : la garantie des vices est une garantie de nature spéciale, par laquelle le garant répond, non pas des conséquences des vices qu'il aurait ignorés, mais s'engage uniquement à prendre à sa charge la dépréciation qui en résulte par rapport à la chose, donc par laquelle il s'engage à supporter les risques des défauts qu'il ignore, et non à payer indemnité de ce chef. Et, quant à cette garantie des risques, elle se traduira par la voie des actions édiliciennes, et non purement et simplement par voie d'application des principes du droit commun sur les risques en général.

214. Telle est l'explication, très acceptable, qui paraît rendre compte des solutions du projet pour le cas, tout au moins, où il s'agit des vices ignorés du vendeur, et dont il ne s'était pas engagé expressément à répondre. Pour les vices connus du vendeur et dissimulés, ou encore s'il s'agit de qualités garanties formellement par lui, la responsabilité du vendeur dérive de l'obligation même qu'il a assumée par le contrat de vente ; elle sera régie, par suite, d'après les principes ordinaires sur la garantie de droit commun, et donnera lieu à l'action en dommages-intérêts pour inexécution. C'était déjà la théorie romaine ; la seule difficulté, en pareil cas, pouvait être d'admettre, au profit de l'acheteur, le choix entre les trois moyens que la loi avait établis et de lui proposer, de la sorte, la ressource des actions édiliciennes à côté de l'action en dommages-intérêts. On pouvait dire que les premières eussent été un moyen exceptionnel pour le cas où le créancier ne pouvait obtenir l'exécution intégrale du contrat en nature ou en équivalent. Mais on comprend qu'il était impossible de refuser à l'acheteur contre un vendeur de mauvaise foi, ou spécialement engagé à garantie, les moyens que la loi mettait à sa disposition contre le vendeur de bonne foi. La pensée du projet, comme celle du droit romain, a donc été, en pareil cas, de laisser l'acheteur libre de choisir le moyen qu'il considère comme le plus efficace à l'effet de l'indemniser du dommage que le contrat lui a fait subir. S'il choisit la voie des actions édiliciennes, comme il renonce par là à tout supplément d'indemnité, le vendeur n'a pas à se plaindre. On le traite comme un vendeur de bonne foi, ou comme un vendeur qui ne se serait pas engagé par clause expresse à la garantie des vices ; on lui applique la garantie édilicienne, c'est-à-dire la moins rigoureuse, au lieu de la garantie de droit commun.

Tel est l'ensemble de la théorie, voyons les détails.

215. *Des défauts dont il est dû garantie* (C. civ. al., art. 459 à 461). — Le projet, pas plus que le droit romain, ne donne une énumération des vices dont l'aliénateur est censé garant. Il repousse, d'ailleurs, pour ce qui est de la théorie générale sur la garantie des vices, toute idée d'énumération limitative : la garantie est aussi étendue que possible, elle sera due pour tout vice de quelque importance. Le projet pose d'ailleurs les deux principes suivants : 1° il y aura garantie pour tout vice qui enlèverait à la chose tout ou partie de l'utilité que, d'après les usages du commerce, elle est censée devoir procurer, et à la condition, bien entendu, qu'il s'agisse d'une dépréciation sérieuse ; 2° il y aura garantie pour tout défaut de qualités dont l'aliénateur se serait déclaré responsable (art. 381).

Il va de soi qu'il est indifférent, au point de vue du principe de la garantie, que l'aliénateur ait ou non connu les défauts de la chose. Mais il importe que l'acquéreur les ait ignorés, sinon il serait présumé avoir renoncé à la garantie (art. 382). Il n'y a lieu de se demander si l'aliénateur les a connus qu'au point de vue des effets de la garantie. C'est ce que nous verrons plus loin.

Du reste, la garantie est de nature différente, suivant qu'elle a pour objet les vices non déclarés ou le défaut de qualités promises. Dans le premier cas, il s'agit d'une garantie légale (1) ; et, il y a lieu, au point de vue de l'appréciation du vice, à un assez large pouvoir discrétionnaire laissé au juge. Dans le second, il s'agit d'une garantie conventionnelle qu'il faut appliquer à la lettre. On sait aussi qu'au point de vue des effets, la première, à moins qu'il s'agisse de vices que l'aliénateur aurait dissimulés, ne donne lieu qu'aux actions édiliciennes ; la seconde donne ouverture, en outre, à l'action en dommages-intérêts pour inexécution.

Enfin, tout au moins lorsqu'il s'agit de vices non déclarés (2), il y a lieu de prendre en considération, pour savoir si le défaut dont

---

(1) Cf. *Motifs sur l'art.* 381.
(2) Cf. *infrà*, n° 217.

on se plaint est à la charge de l'aliénateur, non pas le moment de la formation du contrat, mais celui du transfert des risques, donc en général, l'époque de la livraison. C'était déjà la décision du droit prussien, du droit autrichien et de plusieurs projets législatifs allemands (1), contrairement au droit romain et aux législations qui l'ont suivi sur ce point, tel que le droit saxon et notre Code civil (2). Nous avons déjà fait observer que cette décision concordait avec le système du projet sur les risques.

216. *Effet de la garantie des vices.* — L'effet de la garantie sera, dans ce cas, d'assurer à l'acquéreur, en général, deux ressources, et quelquefois trois, à l'effet d'obtenir réparation. Il a toujours à sa disposition les deux actions édiliciennes et peut choisir entre elles. Ce choix d'ailleurs sera irrévocable. C'est un point conforme aux idées du projet en matière d'option, mais contraire à certaines législations, comme, par exemple, le droit prussien et à la doctrine généralement acceptée en droit français. Du reste, ce choix lui est toujours assuré sans que le juge ait, dans aucun cas, le droit de lui imposer telle ou telle action, et d'interdire par conséquent l'exercice de l'autre, comme l'admet le Code fédéral (art. 250-251).

En outre, l'acquéreur a, dans certains cas spéciaux, une troisième ressource exceptionnelle, l'action en dommages-intérêts pour inexécution et à fin de réparation intégrale, c'est l'analogue de l'ancienne action *ex empto* ; c'est d'elle que nous parlerons tout d'abord, puisqu'elle constitue l'exception.

217. *Action en dommages-intérêts.* — L'attribution de dommages-intérêts pour dommage résultant d'un vice ou d'un défaut de qualité suppose que l'on invoque les effets ordinaires des contrats, donc que l'on se prévaut de l'inexécution de l'obligation. Or, du moment qu'on n'a pas assimilé dans tous les cas la garantie des vices à l'éviction partielle, cette application des principes généraux en matière d'inexécution ne pourra avoir lieu que dans deux hypothèses, au cas de dol et au cas de garantie expresse : au cas de dol, puisque le dol est une violation directe de l'obligation, et au cas de garantie expresse, puisqu'elle a pour effet de faire ren-

(1) Œsterr. G. B., art. 922, 924 ; *Preuss. All. L. R.*, I, 11, §§ 192 et suiv., I, 5, § 322 (cf. Förster-Eccius, I, p. 102, 504). — *Hess. Entw.*, art. 164. — *Bayr. Entw.*, art. 317. — *Dresd. Entw.* art. 172.
(2) Säch. G. B., art. 900 ; C. civ., art. 1641.

trer dans le contenu de l'obligation elle-même la responsabilité de certaines qualités déclarées. Sortons maintenant de ces abstractions et précisons : au cas de dol correspondra la dissimulation de vices connus de l'aliénateur, et au cas de garantie expresse correspondra l'indication de qualités expressément déclarées (art. 385 ; C. civ. al., art. 463).

Au cas de garantie expresse, il n'y a pas lieu de distinguer, pour que l'on puisse exiger indemnité, si l'aliénateur est ou non en faute. La garantie a précisément pour objet de répondre surtout du cas fortuit : il n'y a pas lieu non plus de s'en préoccuper au point de vue de la fixation et du montant des dommages-intérêts. Quiconque se porte garant promet réparation intégrale, indépendante de son fait ou de sa faute. Mais toutes les législations ne l'entendent pas ainsi (1).

D'autre part, cette garantie expresse pouvait être entendue de deux façons, en ce sens que l'on garantissait l'existence de telle qualité au jour de la vente, ou bien qu'on en garantissait encore le maintien au jour de la livraison. L'aliénateur aurait pu étendre à ce dernier cas la garantie, le projet accepte la première interprétation qui est en effet la moins rigoureuse. Quant à cette question d'époque, il y a ainsi une différence à signaler entre la garantie pour qualités promises et la garantie pour vices non déclarés. Si donc la qualité a disparu avant la livraison, l'aliénateur ne serait responsable qu'en vertu des principes relatifs aux vices non déclarés, c'est-à-dire en tant qu'il en résulterait pour la chose un défaut susceptible de la rendre impropre à son usage normal, et encore n'en répondrait-il qu'en vertu des actions édiliciennes.

Au cas de dol, c'est-à-dire si l'aliénateur a connu les vices et qu'il ne les ait pas déclarés, il répond du dommage positif, c'est-à-dire, comme dans le cas précédent, de la perte qu'il éprouve à conserver une chose viciée. Et, de plus, s'il est prouvé que, sans la dissimulation du vice, l'acquéreur n'eût pas contracté et que par suite le dol eût été la cause du contrat, il y a lieu de faire application de la nullité pour dol : l'acquéreur pourra demander l'intérêt négatif, c'est-à-dire celui qu'il aurait eu à ne pas contracter, par exemple, au cas où le contrat dont il se plaint lui a fait manquer

_____

(1) En sens contraire, l'Al. L. R., I, 5, §§ 285, 284, 320. Cf. _Œsterr._ _G. B._, § 932. Egalement le Code fédéral dont l'article 253 renvoie à l'article 241 et par conséquent l'article 241 _in fine_.

une occasion avantageuse (1) ; c'est l'application du *negative vertrags interesse*, auquel l'action rédhibitoire ne lui donnerait pas droit. Il a, comme on le voit, une assez grande variété de moyens à sa disposition pour obtenir réparation.

Telles sont les seules hypothèses où il puisse être question d'indemnité : ce sont des cas exceptionnels. Arrivons aux actions édiliciennes, qui sont les ressources normales en matière de garantie des vices.

218. *Action rédhibitoire* (*Wandelung*). — Nous n'avons à indiquer ici que les solutions principales, sans y insister autrement ; car le projet assimile la rédhibition au retrait conventionnel. C'est à propos de cette dernière institution que nous étudierons la façon dont la résolution opère et quels en sont les effets. Contentons-nous de poser les deux principes suivants. Le premier consiste en ce que, par le seul fait de la déclaration de l'acquéreur, déclaration par laquelle s'exerce et se consomme son choix, le contrat est immédiatement résolu, au point de vue des obligations qu'il avait engendrées. La résolution résulte d'une déclaration unilatérale et n'a pas besoin d'être prononcée par justice, il ne s'agit pas de résolution judiciaire. Le second, déjà plusieurs fois signalé, est que la résolution ne touche qu'aux rapports contractuels et non aux effets réels du contrat. La propriété n'est donc pas résolue de plein droit ; seulement les parties sont obligées réciproquement à retransférer ce qu'elles ont reçu, et entre autres le vendeur a une action, une *condictio*, action personnelle par conséquent pour réclamer la chose. Toute cette réglementation est la reproduction des principes romains (art. 383 ; et C. civ. al., art. 462).

Sur un point particulier, on avait hésité à admettre les précédents romains ; c'est au cas de perte de la chose par cas fortuit, sans qu'il y ait faute de l'acquéreur ni que la chose ait péri par suite du vice, alors qu'il n'y a de faute de personne. On était généralement d'accord pour convenir que le droit romain donnait encore dans cette hypothèse *l'actio redhibitoria*, bien que l'acheteur ne pût rien restituer de son côté (2). Le principe de la résolution était acquis à l'acquéreur par le fait seul de l'exis-

---

(1) C'est ce que Demante appelait le dommage *propter rem ipsam non habitam* (cf. Demante, *Cours analytique*, continué par Colmet de Santerre, t. VII, n° 83, p. 110 et 111).

(2) Windscheid, § 394, note 12. — Cf. Pothier, *Du contrat de vente*, n° 220

tence du vice au jour du contrat ; ce droit ne pouvait lui être
enlevé par un cas fortuit, et la perte était pour le vendeur.
Le droit prussien (1) avait rompu ici avec les traditions romaines ; du moment que l'acheteur ne peut plus rien restituer,
il n'y a plus de résolution possible. Notre Code civil a raisonné de
même (art. 1647) ; il lui a semblé qu'après la perte de la chose, il
n'y avait plus de résolution possible, et que, pour que la résolution
pût s'accomplir, il fallait qu'il y eût un objet à l'égard duquel elle
pût s'opérer (2). C'est là un raisonnement bien artificiel (3), en ce
qui touche la condition résolutoire ordinaire s'opérant de plein
droit ; mais il faut convenir qu'il devient, au contraire, plus volontiers acceptable, lorsqu'il s'agit de résolution judiciaire, comme
l'est celle de l'article 1184, et la rédhibition n'est guère qu'une
résolution de ce genre (4). Enfin, on ajoutait qu'en cas de perte
fortuite, le dommage qu'éprouve l'acheteur ne provient pas du
vice de la chose et que, par suite, l'acheteur ne peut pas demander
réparation en raison d'un vice dont il n'a pas souffert (5). Or, c'est
précisément ce dernier motif qui semble avoir attiré l'attention des
auteurs du projet et leur avoir fait donner la préférence à la solution romaine. Comment en effet décider, après coup, si la chose
n'a pas péri par suite du vice dont elle était affectée ? Pour un cas
qui sera certain, combien d'hypothèses douteuses et susceptibles de
donner lieu aux plus grandes difficultés (6) ! D'ailleurs, le principe romain est le seul qui soit conforme au caractère de la rédhibition ; elle est fondée sur ce fait que le vendeur a promis garantie des vices existant au jour de la tradition ; du moment que ces
vices existent à ce jour, il doit la garantie spéciale à laquelle il
s'est engagé. De ce jour, le droit à rédhibition est acquis à l'acheteur et ce droit ne saurait dépendre des événements fortuits qui peu-

---

(1) A. L. R., §§ 327, 328.
(2) Demolombe, XXV, n° 461.
(3) Cf. Bufnoir, *Théorie de la condition*, p. 454, 456.
(4) Colmet de Santerre, t. VII, n° 84 *bis* i, et t. V, n° 102 *bis* iv. — Voir
cependant Aubry et Rau, t. IV, § 355 *bis*, note 22. Nous croyons cependant,
quant à nous, que cette exclusion de la rédhibition, au cas de perte fortuite
de la chose, n'entraîne pas forcément, par voie d'analogie, exclusion de la
résolution de l'article 1184, lorsque celui qui aurait le droit de l'exercer
n'est plus à même, par suite de cas fortuit, de restituer ce qu'il aurait reçu.
L'analogie n'est pas aussi complète qu'on le prétend et entre autres le
motif pratique qui a inspiré l'article 1647 du Code civil ne se présente plus
dans le cas de la résolution de l'article 1184 (cf. *infrà*, n° 310).
(5) Cf. Colmet de Santerre, t. VII, n° 84 *bis* i.
(6) *Motifs*, II, p. 231.

vent survenir. Il faut que l'acheteur, par cela seul que les vices existent, puisse être remis dans la situation où il serait, s'il n'avait pas contracté : il faut qu'il échappe désormais au risque des cas fortuits. Les législations qui en décident autrement admettent, en matière de vices rédhibitoires, une solution qui est l'équivalent de celle du droit romain en matière de garantie pour éviction ; on exige que l'acheteur ait souffert du vice, pour qu'il ait le droit de se plaindre, de même qu'il faut qu'il ait été dépouillé pour qu'il puisse agir en garantie pour éviction. Nous avons cherché à démontrer que cette exigence, en matière d'éviction, était peu rationnelle ; à plus forte raison devons-nous, cette fois, nous estimer heureux de n'avoir pas à subir une solution analogue en matière de garantie des vices. Cette différence n'a, d'ailleurs, rien qui doive surprendre, puisque le projet a traité d'une façon distincte les deux institutions (1).

219. Nous venons d'indiquer une réserve qui suffit à tracer la limite d'application de la rédhibition et à préciser par suite les cas où elle sera exclue. Elle le sera, non seulement au cas de perte par la faute de l'acquéreur, mais toutes les fois que, par un fait de disposition volontaire, l'acquéreur aura rendu impossible la restitution de l'état de choses antérieur. Il en sera ainsi dans les deux cas suivants : 1° lorsqu'il a sous-aliéné ; 2° lorsqu'il aura grevé l'objet de droits ou charges en faveur de tiers. La résolution n'opérant pas au point de vue du transfert ou de la constitution des droits réels, elle est sans effet à l'égard des tiers, et par suite l'acquéreur, dans les deux cas qui précèdent, est incapable de ramener les choses dans l'état où elles étaient au jour du contrat. Il en est incapable par suite, non d'un cas fortuit, mais d'un fait de disposition émanant de lui, et par lequel il doit être censé d'avance avoir renoncé à toute résolution volontaire. C'était aussi la solution romaine (2), protectrice des droits des tiers ; le projet en a fait une règle générale au cas de retrait conventionnel (art. 430), et c'est par voie de référence à l'article 430 qu'il l'applique à la rédhibition. Seulement, l'article 430 3° exclut également le retrait au cas de transformation de la chose provenant d'un fait volontaire de l'acquéreur, comme au cas de spécification. En matière de rédhibition, il

(1) Cf. infrà, n° 300.
(2) Cf. Accarias, *Précis*, t. II, n° 609 a-1°-2. — Windscheid, *Pand.*, § 394, note 12 a. — L. 43, § 8, D. (21, 1).

en sera de même, sauf exception pour le cas où le vice ne se révèlerait qu'au moment de la spécification elle-même (art. 387-2° ; C. civ. al., art. 467) : rien de plus équitable. On achète certaines substances en vue d'une préparation chimique, certaine matière en vue de la travailler, et c'est au moment où l'on veut l'employer à l'usage auquel on la destine qu'on s'aperçoit seulement qu'elle est impropre à cet usage ; il faut nécessairement que toutes les voies de réparation restent ouvertes à l'acheteur (cf. *infrà*, n° 301).

220. *Action en réduction du prix (Minderung)*. — Cete action est la moins facile à justifier ; elle serait inexplicable avec la théorie de l'erreur. Nous l'avons rattachée à celle des risques, et le projet lui-même nous y invite, puisque, dans l'article 368, sur les risques au cas de perte partielle, il renvoie à cet article 392, sur l'action en réduction du prix (C. civ. al., art. 472). L'acquéreur est juge de la question de savoir si la chose viciée lui offre encore quelque utilité. Si elle n'en a plus aucune, il résout le contrat ; s'il préfère la garder, il se fait restituer une partie du prix correspondant à la perte de valeur que le vice fait subir à la chose : c'est le vendeur qui doit supporter la perte provenant de la dépréciation de la chose. Restait à poser les bases du calcul en réduction. Notre Code civil n'indique à cet égard aucune règle ; il s'en remet à une expertise (art. 1644). Dans la pratique allemande, il s'était élevé une controverse assez délicate sur ce point. On peut, en effet, concevoir trois façons de calculer la réduction : ou bien faire restituer à l'acquéreur la diminution exacte de valeur que la chose a subie, ou bien la différence entre le prix payé et la valeur vraie que la chose devrait avoir en tenant compte du vice, ou enfin retrancher du prix une part proportionnelle à la diminution de valeur de la chose, calculée d'après la valeur vraie. Les deux premiers modes prennent pour base du calcul un chiffre absolu, le dernier est un calcul de proportion. Prenons un exemple et supposons qu'une chose, qui aurait valu 20 sans le vice dont elle est affectée, ait été achetée 15 et que le vice en réduise la valeur vraie à 10. Si l'on retranche la perte de valeur exacte que le vice fait subir à la chose, on fera restituer 10 à l'acheteur ; si on ramène le prix à la valeur vraie, on lui rendra 5 ; et enfin, si on diminue le prix dans le rapport dont la chose a baissé de valeur, on lui rendra la moitié de son prix, 7 1/2. Le premier mode est inacceptable, car il fait de l'action en réduction une action en indemnité, ce qui en dénature le caractère ; le second, connu sous le nom de principe absolu, con-

siste à refaire le contrat en fixant comme prix de la chose sa valeur vraie, ce qui ne tient aucun compte des avantages que le contrat, tel qu'il avait été accepté, avait pu procurer à l'une ou l'autre
des parties : on le défigure. Aussi la pratique s'était elle décidée
pour le principe relatif, qui seul conserve au contrat sa physionomie, en réduisant le prix dans la proportion où la valeur de la chose
a été réduite. Logiquement, ce mode de calcul était aussi le seul qui
fût acceptable, puisque la seule façon de faire subir le risque au
vendeur c'est de lui enlever la partie du prix qui représente la
perte partielle. Lui enlever la valeur exacte de la perte subie
serait lui faire payer une indemnité ; lui enlever la valeur correspondante, autrement dit une part proportionnelle, c'est mettre le
risque à sa charge, sans dénaturer le contrat et sans permettre à
l'acquéreur de le refaire à son gré. C'est ce mode de calcul qu'accepte l'article 392 ; on comprend qu'il s'applique aussi, dans l'article 368, au risque résultant de la perte partielle : le parallélisme
est parfaitement respecté (1).

221. Reste une question d'époque à fixer ; la porportion repose
sur une comparaison entre deux valeurs, celle de la chose sup-
posée non viciée, et celle de la chose prise avec le vice qui s'est
révélé ; à quel moment se placer ? Si l'on envisage celui où l'action
est intentée, il peut se faire que la dépréciation soit plus forte qu'on
ne s'y serait attendu au jour du contrat, si par exemple le vice s'est
développé dans des proportions excessives, ce qui peut arriver lorsqu'il s'agit d'un principe de détérioration susceptible de plus ou de
moins. L'inverse peut aussi se produire ; même sans tenir compte
du développement du vice, il peut arriver, tout en le prenant dans
l'état où il se présentait lors de la vente, que, si on l'appréciait au
moment de la poursuite, la dépréciation qui en résulte fût diffé-
remment calculée : tel vice peut avoir plus ou moins d'importance
suivant les époques, ce peut être une question de mode ou de sai-
son. Or, on ne pouvait songer d'aucune façon à apprécier le vice, soit
au point de vue de son développement actuel, soit en tenant compte
de l'époque de la poursuite ; c'eût été revenir à l'appréciation
concrète du dommage, ce qui est le fait de l'action en indemnité et
non de l'action en réduction. La comparaison de valeur doit se
faire en se plaçant au jour du contrat ; on doit comparer la valeur

(1) Voir sur la question Windscheid, § 394, note 1. Cf. pour le droit prussien Förster-Eccius, I, § 85, notes 41 à 45 a.

vraie que la chose paraissait avoir à ce jour-là avec celle qu'elle
aurait eue si on eût connu le vice qui dût plus tard se révéler.

222. *De la prescription des actions relatives à la garantie
des vices* (art. 397). — Nous connaissons les trois actions auxquelles peut donner lieu la garantie des vices. Dureront-elles ce
que durent les actions ordinaires ? Ce serait inacceptable. On ne
peut établir sûrement l'époque à laquelle le vice a pris naissance
qu'à la condition d'agir promptement ; sinon, comment prouver que
le vice soit né avant la tradition aux mains de l'acquéreur ? D'autre part, il importe que la situation soit réglée au plus vite ; et,
d'ailleurs, si l'acquéreur tarde à se plaindre, il y a toute raison de
croire que la chose lui a fourni un usage complet et normal ; autrement, en effet, comment s'expliquer son silence ? Ses réclamations
tardives laissent supposer qu'il voudrait faire retomber sur le vendeur
un risque qu'il doit subir, au contraire, en tant que propriétaire. Le
droit romain l'avait compris ; aussi avait-on soumis à une prescription très courte les actions créées par l'édit des Édiles ; seulement
la prescription était différente pour les deux actions. Cette différence
s'explique mal, étant données les raisons que nous venons d'exposer.
Aussi le projet, conformément aux législations modernes, établit la
même prescription pour toutes. Ce qui est plus remarquable, c'est
qu'il l'applique même à l'action en dommages-intérêts, sauf lorsqu'elle est donnée au cas où il y a eu dissimulation des vices. Dans
ce dernier cas, il y a dol et on ne peut restreindre au détriment de
l'acheteur les droits que le contrat lui donne de ce chef. Cette
assimilation, en ce qui touche la prescription, de l'action en dommages-intérêts aux actions édiliciennes est une innovation du projet,
déjà acceptée, du reste, par le Code saxon et le Code de commerce.
Jusque-là on avait hésité ; car cette action, dans les cas où elle existe,
est l'action directe née du contrat, action relative à l'inexécution des
obligations elles-mêmes. Cependant, comme il s'agit d'une clause
accessoire de garantie, où peut toujours supposer que les parties
ont réglé, à leur gré, les conditions de la garantie ; et, pour les
raisons indiquées plus haut, on présume qu'elles ont limité même
l'action en indemnité pour qualités promises à un délai très court.
Cette présomption est d'autant plus admissible qu'on leur laisse
toute liberté de modifier cette disposition et d'étendre le délai de
prescription.

Restait à fixer le point de départ du délai. Le droit romain, d'accord avec la logique, disait qu'il y avait là un délai utile comptant

à partir du jour où l'acheteur avait été à même d'exercer l'action ;
et c'est le jour où il a découvert le vice. Certaines législations, au
contraire, admettaient que le délai devait commencer du jour de
la vente ou de la livraison. Dans ce système, une fois le délai
expiré, l'action était éteinte, alors même que l'acheteur eût ignoré
le vice en raison duquel l'action lui était donnée. Il faut reconnaître que ce dernier procédé semble bien contraire aux principes
rationnels et même à l'équité ; et cependant c'est dans ce sens que
paraîtrait se dessiner le courant législatif ; le projet l'a suivi. C'est
que les motifs invoqués pour restreindre et abréger la prescription
exigeaient que le délai fût un délai fixe et invariable, indépendant
du moment où l'acheteur a pu découvrir le vice et par suite indépendant de sa négligence. Le projet en a conclu que, dans tous les
cas, le délai devait courir du jour de la remise de la chose (1).
Seulement, il établit un délai différent, non pas, comme à Rome,
suivant l'action qu'il s'agit d'intenter, mais suivant la nature de
la chose, six mois pour les meubles, un an pour les immeubles (2).
On a pensé que, si l'acheteur se sert de la chose six mois ou un an
sans se plaindre, c'est qu'elle est propre à l'usage auquel elle est
destinée ; et si, après ce délai, il prétend avoir découvert un vice
nouveau, il ne sera pas admis à prouver que ce vice date du jour
de la livraison, car on considère cette preuve comme suspecte, et
il sera forclos. Il faut bien remarquer, en effet, qu'il ne s'agit pas,
comme en matière de ventes d'animaux, de vice qu'on ne puisse
découvrir par aucune recherche, si minutieuse soit-elle, avant
qu'il éclate, comme le cas de maladie. Il s'agit de vices inhérents
à l'objet ; il est donc toujours possible avec un peu de diligence de
s'en apercevoir au jour de la livraison : aussi, présume-t-on, d'après
le projet, qu'on les a découverts ce jour même. Il est vrai que certaines législations avaient, à cette rigueur, un palliatif qui était de
laisser sous l'empire du droit commun l'action née du contrat,
l'action en dommages-intérêts. Le projet l'ayant soumise, sauf le
cas de dol, aux mêmes prescriptions que les actions édiliciennes, il
y a lieu de se demander s'il n'a pas poussé un peu loin le désir

---

(1) Cf. Aubry et Rau, t. IV, § 355 *bis*, note 28. — Le Code civil al. (art. 477)
a employé, conformément à l'art. 349 de l'ancien Code de commerce, l'expression de livraison (*Ablieferung*, au lieu de *Uebergabe*), laquelle implique un
transfert de possession, sans qu'il y ait forcément remise matérielle de la
chose, comme par exemple dans les hypothèses où l'on admettrait quelque
chose d'analogue à l'ancien constitut possessoire.

(2) Pour les immeubles, le point de départ, d'après l'art. 477, C. civ. al.,
sera la remise matérielle, cf. PLANCK, *loc. cit.*, p. 258.

d'assurer la sécurité du commerce et de couper court aux difficultés, au risque parfois de sacrifier les intérêts des parties.

Observons, d'ailleurs, qu'il s'agit là d'un délai de prescription et non d'un délai de garantie, ayant pour effet de dispenser l'acheteur de l'obligation de prouver que le vice existait au jour de la vente. Nous verrons, lorsqu'il s'agira des vices rédhibitoires relatifs aux animaux domestiques, qu'on admet un délai d'éclosion du vice, pendant lequel il y a présomption que le vice, s'il apparaît dans ce délai, existait déjà lors de la vente ; ce n'est plus ici un délai de prescription touchant à l'exercice de l'action, mais un délai de garantie touchant aux questions de preuve. De droit commun, le projet n'accepte aucun délai de ce genre ; il ne connaît qu'un délai de prescription, qui laisse intactes les règles relatives à la preuve ; l'acheteur aura encore à prouver que le vice existait au jour de la livraison. Il y a lieu de croire, au contraire, qu'il n'en est plus de même chez nous, puisque le Code civil semble bien, dans les cas où il y a délai légal pour intenter l'action, avoir fait de ce délai de prescription un véritable délai de garantie sans distinction (1).

223. *Espèces particulières.* — Après la théorie (2) générale que nous venons d'étudier, passons, avec le projet, à l'examen de certains cas spéciaux, pour lesquels il pouvait y avoir lieu à quelques dispositions particulières ou peut-être à certaines dérogations que le projet devait indiquer.

224. *Garantie de contenance* (art. 388 ; C. civ. al., art. 468). — Le projet examine le cas où l'on a garanti une contenance déterminée en matière de vente d'immeubles. Il est vrai que la question aurait pu être considérablement élargie et qu'on aurait pu envisager tous les cas où l'on eût indiqué une mesure déterminée en matière de vente d'objets quelconques. Le Code prussien l'avait fait. On conçoit que, sur ce point, trois questions puissent se poser ; la première est de savoir si l'indication de la mesure implique promesse de la garantir ; la seconde est relative au caractère de la garantie : y a-t-il garantie pour inexécution, comme au cas de défaut de droit ? y a-t-il garantie relative aux qualités de l'objet, comme au cas de garantie des vices ? La troisième enfin est de savoir, à supposer que l'on admette la garantie des vices,

(1) Cf. Aubry et Rau, t. IV, § 355 *bis*, note 10.
(2) Comme contribution à l'histoire de toute cette théorie, voir Golds-chmidt, *Universalgeschichte des Handelsrechts*, p. 317, note 75 et suiv.

s'il n'y a pas lieu ici de ne l'accepter que sous réserve de certaines dérogations. Le projet n'aborde pas ces questions, lorsqu'il s'agit du défaut de mesure en matière de choses quelconques, les laissant sous l'empire du droit commun, ce qui signifie qu'on s'en remet à l'intention des parties. Le droit prussien, qui avait construit sur ce point toute une théorie générale, était parti de cette idée, que, lorsqu'on indique le poids ou la mesure, c'est qu'on assure que la mesure y sera, donc que cela implique garantie. Mais, en principe, il n'y a pas là garantie pour défaut de qualité, car il s'agit d'une question de quantité. On n'a pas livré tout ce qu'on a promis ; mais ce qui a été livré l'a été tel qu'il avait été promis. Il ne s'agit pas de vice, mais d'inexécution partielle, et il y aura lieu d'appliquer les dispositions du droit commun en matière d'inexécution partielle (1). Par exception, on a pu considérer la question de quantité comme une qualité de l'objet, si, par exemple, la quantité désignée a une influence décisive sur l'usage à laquelle la chose est destinée, si elle influe sur sa qualité, lorsqu'il s'agit par exemple, c'est un cas entre cent autres, d'une pièce de bois de charpente : les dimensions indiquées sont les conditions même de l'usage qu'on en prétend faire. Dans tous ces cas, il peut y avoir lieu à l'application des règles sur la garantie des vices. Il est très vraisemblable que le projet, en s'en remettant à l'intention des parties, a entendu, sauf preuve d'intention contraire, consacrer des règles analogues (2).

225. Le projet a cru indispensable, au contraire, de poser certaines règles, relatives à la garantie de contenance en matière de ventes d'immeubles. Il laisse cependant la première question de côté, celle qui a trait à la présomption résultant de l'indication de contenance : cette dernière vaut-elle promesse de garantie, est-elle une simple approximation, n'impliquant aucune promesse à cet égard, et le vendeur a-t-il entendu vendre l'immeuble tel qu'il est, sans en garantir l'étendue exacte ? Ce sont là des questions dont le projet laisse la décision aux usages locaux d'abord, et, à défaut de ceux-ci, à l'appréciation des tribunaux. Il a pensé qu'en présence de la variété de certaines clauses de style, il serait imprudent d'établir une présomption légale qui pourrait être souvent le contrepied de l'intention exacte des parties. On a pensé, entre autres,

(1) Cf. Aubry et Rau, IV, § 355 *bis*, note 6.
(2) *Motifs*, II, p. 233.

qu'il y avait inconséquence à faire dépendre la question de savoir si l'indication de contenance vaut garantie de l'importance même de l'écart existant entre la mesure vraie et celle indiquée (cf. C. civ., art. 1619). Il est peu probable que cette question de plus ou de moins soit une indication sûre de l'intention des parties. Notre Code civil a admis une présomption de ce genre ; ce n'est certainement pas en se fondant sur une promesse tacite de garantie, mais uniquement par application d'une idée qui lui est chère, celle de l'équivalence des prestations en matière de contrat synallagmatique, chacune étant la cause l'une de l'autre, non seulement en ce sens que les deux obligations se servent de cause réciproque, mais en ce sens qu'il doit y avoir également réciprocité d'exécution. C'est cette idée qui a inspiré notre article 1184 sur la résolution pour inexécution des conditions ; elle explique l'action en diminution du prix au cas d'écart dans la contenance indiquée, toutes les fois que l'écart est suffisant pour justifier un défaut d'équivalence dans la réciprocité des prestations. On a dit aussi qu'en pareil cas il y avait erreur présumée et que cette erreur avait influé sur la formation du contrat ; il serait plus exact de dire qu'il y a lésion. Du reste, la sanction de l'erreur ou de la lésion est forcément la nullité ou la rescision : l'action en réduction du prix ne peut s'expliquer que par l'idée d'un défaut d'équivalence. Il y a une partie du prix qui correspond à une cause qui n'existe pas (1). On a vu, à propos de la résolution, que ces conceptions ne sont pas celles du projet. Il n'y avait donc pas lieu, à aucun point de vue, d'attribuer quelque influence, en ce qui touche le sort du contrat, à l'importance de l'écart existant entre la contenance indiquée et la contenance vraie de l'immeuble.

226. Le projet se plaçant dans l'hypothèse où il y a garantie, quel sera le caractère de la garantie ? Le projet se rallie sur ce point au système du Code saxon, qui avait admis en cette matière, s'agissant d'immeubles, qu'il y a garantie pour défaut de qualités déclarées. La contenance est considérée comme une qualité de l'immeuble ; mais cela suppose, bien entendu, qu'il s'agit d'un immeuble déterminé, considéré comme corps certain. Ce procédé serait inapplicable si on avait vendu une contenance déterminée à prendre sur un terrain, comme ce peut être le cas dans des pays de défrichement ou dans certaines villes pour les terrains à bâtir.

---

(1) Cf. Demante (continué par Colmet de Santerre), t. VII, n° 52.

Supposant que l'immeuble a été considéré comme corps certain, le projet, comme le droit saxon, voit dans la garantie de contenance une garantie pour qualité promise, et cela sans distinguer si le prix, après avoir été fixé en bloc, a été également fixé à tant la mesure, comme fait notre article 1617. On appliquera en principe les règles sur la garantie des vices : l'acheteur aura les actions édiliciennes et de plus, comme on se trouve dans l'une des hypothèses où l'action en dommages-intérêts est admise (art. 385 ; C. civ. al., art. 463), il aura, en outre, la ressource de demander indemnité pour inexécution. Mais ce principe posé, le projet restreint, pour cette hypothèse, l'application de la rédhibition, laquelle n'est accordée à l'acquéreur, et en cela le projet est d'accord avec la plupart des législations, que si la contenance livrée ne peut être pour lui, et pour l'usage qu'il comptait faire de l'immeuble, d'aucune utilité. En réalité, c'est l'action en réduction du prix qui est ici la ressource de droit commun, combinée avec l'action en dommages-intérêts pour inexécution. C'est en somme à peu près le système admis par notre article 1617 pour une hypothèse spéciale, et que le projet généralise. Il y a cependant cette différence que, dans l'hypothèse de l'article 1617, notre Code civil donne l'action préalable en supplément de contenance, probablement parce qu'il considère la contenance promise comme un fait rentrant dans l'exécution de l'obligation, tandis que le projet, se plaçant nettement sur le terrain de la garantie des vices, ne peut obliger le vendeur, qui a entendu vendre un corps certain et pas autre chose, à fournir un supplément de contenance. On déclare qu'il y a inexécution déjà acquise, en ce qui touche les qualités promises, et action en dommages-intérêts d'ores et déjà fondée.

227. *De la garantie des vices en matière d'obligations de genre.* — L'article 398 prévoit une hypothèse extrêmement délicate, qui a donné lieu en Allemagne à de nombreuses difficultés, celle où il s'agit de l'aliénation d'une chose déterminée seulement quant à son genre. Si la chose fournie se trouve affectée d'un vice caché, admettra-t-on les actions édiliciennes ? La controverse est des plus célèbres. Il semble bien que tout dépende de la question de savoir si, au cas de livraison d'une chose viciée et lorsqu'il s'agit de dettes de genre, il y a ou non paiement. Nous supposons, bien entendu, que l'acquéreur n'ait pas connu le vice, sinon il aurait accepté en paiement une chose viciée, au lieu de la chose qu'il avait eue en vue. Il y aurait tout au moins dation en paiement parfaitement valable (1). Mais cette hypothèse mise hors de cause, comment traiter le cas ?

Voici comment raisonne une opinion qui compte encore dans la doctrine d'éminents représentants, entre autres Thöl et Windscheid (2), mais qui n'a pu l'emporter en jurisprudence (3). Lorsqu'il s'agit d'obligations de corps certain, il est évident que la livraison de l'objet désigné, bien que celui-ci ait des vices cachés, constitue un paiement valable, puisque le débiteur a fourni l'objet exact qu'il avait promis. Il peut y avoir lieu à garantie spéciale relativement à l'objet ; mais on ne peut exiger du débiteur une autre chose que celle qu'il avait promise et qu'il a livrée. Mais, lorsqu'il s'agit d'une dette de genre, le débiteur a promis, non une chose individuellement désignée, mais une chose à choisir parmi tout un genre. Il va de soi qu'il l'a promise avec les qualités qu'elle doit avoir (4). Si donc il fournit une chose qui manque des qualités nécessaires, il se trouve n'avoir pas livré l'objet dû (5) : il n'y a pas paiement. D'où cette conséquence que le créancier peut exiger livraison d'une autre chose ayant les qualités stipulées (6) et le débiteur devrait également avoir le droit de reprendre ce qu'il a donné pour procéder à un paiement régulier (7). Si, à côté du droit de poursuivre livraison d'une autre chose de bonne qualité, le créancier a une action en dommages-intérêts, celle-ci n'a pour objet que les dommages-intérêts pour retard, et non pour inexécution, puisque l'exécution régulière reste encore possible (8). Enfin, il n'aurait la résolution que s'il prouvait l'inutilité pour lui d'une livraison ultérieure, considérée comme livraison tardive. Dans aucun cas, il ne devrait avoir une action en réduction du prix. Cependant, Windscheid la lui donne, par exception, lorsqu'il n'a conservé la chose que dans l'intérêt du vendeur, comme, par exemple,

---

(1) *Motifs sur l'art.* 398, t. II, p 241. *Windscheid, Pand.*, § 394, note 21.

(2) Thöl, *Handelsrecht*, I, § 83 (6. Aufl., § 275). — *Windscheid, Pand.*, § 394, notes 18 et 31.

(3) Pour l'exposé de la jurisprudence, voir le remarquable article de Goldschmidt (*Ueber die statthaftigkeit des œdilitischen Rechtsmittel beim Gattungskauf*) dans *Zeitsch..für Handelsr.*, t. XIX, p. 98 et suiv. (et spécialement note 2). — Add Windscheid, § 394, notes 18 et 19

(4) Windscheids, § 394, note 20. — Cf. Brinz, *Pand.*, t. II, § 327, *b*, note 81.

(5) Windscheid, § 394, note 21.

(6) Windscheid, § 394, note 22.

(7) Cf. Windscheid, § 394, t. II (éd. 1887), p. 521. — Cf. Goldschmidt, *loc. cit.*, p. 116-117.

(8) Windscheid, § 394, note 23.

s'il s'agit de denrées qu'il est urgent de consommer sur l'heure (1).
D'ailleurs, le principe sur lequel on insiste est que, du moment
qu'il n'y a pas paiement, le seul droit du créancier est de poursuivre un paiement régulier. Il ne peut invoquer les actions édiliciennes, lesquelles supposent qu'il y a livraison de l'objet promis (2).
Or, en matière de dettes de genre, si on fournit une chose viciée,
il n'y a pas livraison de l'objet tel qu'il était dû. Il y a dation
d'une chose pour une autre et cela sans le consentement du créancier ; il n'y a même pas inexécution partielle, mais inexécution
totale : il ne peut être question de garantie (3).

228. Cette opinion pose en principe qu'en matière de dettes de
genre, tout vice qui affecte la chose fournie fait de cette dernière
un objet autre que celui qui avait été promis ; ce qui revient à dire
qu'on sous-entend la clause qu'il n'y aura prestation régulière que
si l'objet n'a aucun vice.

A quoi on a répondu : 1° qu'il fallait distinguer les vices que les
parties ont pu avoir en vue, et qui entachent la prestation d'irrégularité contractuelle, autrement dit qui en font une prestation différente de celle qui avait été promise, des vices qui l'affectent sans
en faire, au point de vue du contrat, un objet autre que celui qui
avait été stipulé ; 2° que même, au cas de prestation irrégulière,
l'acceptation que le créancier en a faite, serait-ce dans l'ignorance
du vice, en fait un paiement régulier, au même titre que le paiement d'une chose viciée, en matière de corps certain, ne cesse pas
d'être un paiement.

La première assertion se tire de la façon traditionnelle dont a été
conçue la garantie des vices rédhibitoires, conception qui est également celle du projet. S'il s'agit de qualités promises et qu'elles
manquent, il y a bien inexécution du contrat ; mais, s'il s'agit de
vices cachés mais dont on n'avait pas garanti l'absence, il n'y a
plus inexécution de l'obligation. On voit, par là, que le défaut de
qualités n'entache pas le paiement d'irrégularité en soi et n'a d'autre
effet que de donner ouverture à une obligation accessoire du vendeur. Or, ce qui est vrai des obligations de corps certain, le sera
des obligations de genre : les vices qui ne sont pas censés avoir
attiré l'attention des parties ne feront pas considérer la prestation

_____

(1) Windscheid, § 394, notes 26 et 27.
(2) Cf. Goldschmidt, _loc. cit._ (_Zeitsch. f. Hand. R_, XIX, p. 107).
(3) Cf. également sur toute cette question, et dans un sens opposé à celui
de Windscheid, DERNBURG, _Pand._ (éd. 1897), t. II, p. 282, § 101, note 24.

fournie comme constituant une inexécution de l'obligation, mais mettront en mouvement l'obligation accessoire de garantie qui incombe au vendeur (1).

229. On va plus loin. Même, s'il s'agit de vices prévues et par conséquent de prestation irrégulière, il y a encore paiement. La prestation est irrégulière, en tant que contraire aux prévisions des parties ; mais elle n'est pas irrégulière en tant que paiement, parce qu'elle a été acceptée comme telle par le créancier : d'où cette conséquence que ce dernier ne pourrait pas exiger livraison d'une autre chose, mais n'aurait que les droits accordés au créancier, en matière d'obligations de corps certain, pour inexécution résultant du défaut de qualités promises. Cette opinion s'appuie sur le caractère juridique de la dette de genre : celle-ci doit, en effet, se résoudre nécessairement en une obligation de corps certain ; et c'est le choix qui opère cette transformation. Quel que soit l'acte par lequel se consomme l'option, envoi ou livraison des marchandises (Vo *suprà*, no 11), le choix exécuté fait de la dette une obligation pure et simple qui doit être traitée comme ayant toujours eu pour objet celui qui a été choisi (2). Il faut, à son égard, traiter la question de garantie des vices comme s'il s'agissait d'une obligation de corps certain (3). On ajoute que le créancier, en acceptant l'objet, consent à le recevoir à titre de paiement et qu'il se forme comme un nouveau contrat ayant trait à la spécialisation de la dette, excluant par conséquent toute demande en livraison d'un autre objet (4). Si donc il y a paiement, le créancier, au cas de vices même considérés comme expressément garantis, n'aura que le choix entre les actions édiliciennes et l'action en dommages-intérêts pour inexécution (art. 385 et C. civ. al., art. 463). Seulement, il va de soi que, pour cette opinion, il n'y a renonciation tacite de la part du créancier à toute demande en livraison d'un autre objet que par le fait de l'acceptation ; et si, avant d'avoir accepté, il s'aperçoit du défaut de qualité, il pourra exiger qu'on lui fournisse une autre chose de meilleure qualité (5).

---

(1) Sur tous ces points, Goldschmidt, *loc. cit.*, p. 107, 108 et suiv. et Dernburg, *loc. cit.*
(2) Goldschmidt, *loc. cit.*, p. 111 et 112.
(3) Cf. Goldschmidt, *loc. cit.*, p. 116.
(4) Cf. Windscheid, § 394, note 22 *b*.
(5) Goldschmidt, *loc. cit.*, p. 114-3o.

230. Les conclusions que l'on pose sont celles-ci. Toutes les fois qu'il y a acceptation, il y a paiement, et cela sans distinguer s'il s'agit ou non de prestation non conforme aux prévisions du contrat. Et, du moment qu'il y a paiement, il n'y a plus lieu qu'aux ressources de la garantie des vices ; il n'y a plus à exiger un autre objet : cette exigence n'est possible qu'avant l'acceptation. Ce qui résulte de cet exposé, c'est que la doctrine, sauf quelques opinions mixtes qu'on trouvera exposées dans l'article très remarquable de Goldschmidt, que nous avons cité, établissait une sorte d'antagonisme entre l'admissibilité des actions édiliciennes et la demande en livraison d'un autre objet. Ou cette dernière est admise, et cela suppose qu'il n'y a pas paiement, et alors il n'y a plus lieu aux actions édiliciennes ; ou bien, il y a place pour celles-ci, ce qui implique paiement, et on ne peut permettre qu'on exige livraison d'un autre objet.

231. *Système du projet* (art. 398 ; C. civ. al., art. 480). — Le projet, en présence de ces difficultés et en face de ces deux partis bien tranchés, devait aborder de front la question. Il accepte la théorie qui admettait, en matière de dettes de genre, l'application des actions édiliciennes ; à cela, rien d'étonnant ; c'est celle qui avait triomphé devant les tribunaux et en législation (1). Mais, en même temps, il admet l'action en livraison d'un autre objet (2). Cela semble bien, cette fois, contraire à toutes les théories reçues. Le créancier aura donc la rédhibition, l'action en réduction du prix, ou encore, dans les hypothèses de l'article 385, l'action en dommages-intérêts pour inexécution ; et il aura, en outre, à son choix, le droit, tout en maintenant le contrat, d'exiger autre chose en paiement (3). Cela revient à dire qu'il peut, à son gré, accepter ou non comme paiement la prestation fournie. S'il la tient pour paiement, il exerce les actions édiliciennes, sinon il exige livraison d'un autre objet ; et, comme ce choix dépend de lui, le vendeur, de son côté, ne pourra pas prendre les devants et l'obliger à recevoir un nouvel objet non vicié (4) : ce serait enlever à l'acheteur

---

(1) V. *Motifs sur l'art.* 398, II, p. 241, notes 1 et 2. — Säch. G. B., §§ 900, 909. — C féd., art. 252.

(2) Cf. *Motifs*, t. II, p. 242.

(3) Ce cumul de l'action édilicienne et de l'action en délivrance d'un autre objet existera également en matière de ventes d'animaux domestiques, lorsqu'on a vendu un animal d'un genre particulier, sans qu'on l'eût désigné individuellement (art. 408 du projet).

(4) En sens contraire, le Code fédéral, art. 252.

l'exercice de son action en rédhibition (1). Il nous semble, cette fois, qu'il ne pourrait intenter l'action en dommages-intérêts pour inexécution, même dans les cas de l'article 385, qu'après avoir prouvé que la livraison, désormais tardive, d'un autre objet, lui serait devenue sans utilité ; car l'action en dommages-intérêts pour inexécution, même dans les cas de l'article 385, n'est autre que l'action du contrat. Or, il est de principe qu'on ne peut demander indemnité qu'après avoir, au préalable, poursuivi l'exécution. Cette poursuite préalable n'est pas exigée lorsque le vice apparaît en matière d'obligations de corps certain, puisque, l'objet promis ayant été livré, on ne peut en exiger d'autre ; mais en matière de dettes de genre, l'exécution régulière reste possible du moment que le débiteur peut fournir un autre objet conforme aux conditions du contrat. Il en sera donc ainsi (2), à moins que la livraison tardive doive équivaloir à l'inexécution. Pour en décider autrement, il faudrait admettre l'hypothèse, quelquefois mise en avant, d'une sorte de contrat de spécialisation de l'objet, résultant de l'acceptation et liant les deux parties, impliquant pour elles obligation stricte de s'en tenir à l'objet choisi, sans qu'on pût en demander d'autre. Mais le projet n'a certainement pas accepté cette conception, puisqu'il donne encore à l'acquéreur, même après livraison reçue, le droit de restituer l'objet fourni et d'en exiger un autre (3). Il va de soi que, dans les deux cas de l'article 385, l'acquéreur, en exigeant une nouvelle prestation, pourra demander indemnité pour les dommages que le vice aura pu causer à son propre patrimoine, comme par exemple au cas de contagion (4). Tout ceci n'est que l'application du droit commun en matière d'exécution et d'indemnité. Nous ne voyons que cette façon de concevoir sous une forme logique la théorie du projet en cette matière (5).

---

(1) *Motifs*, II, p. 252.

(2) Toutes réserves faites, bien entendu, pour le cas où il y aurait, non seulement dol, ce qui est le second cas prévu par l'article 385, mais dol ayant été la cause déterminante du contrat : car ici on pourrait invoquer la nullité du contrat fondé sur le dol, et poursuivre de ce chef l'intérêt pour défaut de contrat (*Negative Vertragsinteresse*).

(3) Cf. Windscheid, § 394, note 22 *b*.

(4) Cf. Windscheid, § 394, note 23. — Cf. Goldschmidt, *loc. cit.*, p. 114-3°.

(5) Sur ce point encore, je m'accuse, une fois de plus, de ce que von Ihering appelait l'abus des constructions logiques. Voir surtout, à ce sujet, l'admirable livre de M. Fr. Gény, *Méthode d'interprétation et sources en droit privé positif* (Paris, 1899), dans toute sa première partie. — Cf. aussi *Briefe eines Unbekannter über die Rechtswissenschaft* (Leipzig, 1904) 5e lettre, p. 123.

232. Les motifs ajoutent qu'il y aura à voir, lors de la revision du Code de commerce, s'il y a lieu d'admettre en matière commerciale le cumul, au cas de dette de genre, des actions édiliciennes et de l'action en livraison d'un autre objet (1). Le Code de commerce n'a pas traité la matière *ex professo*, il s'est contenté de donner, en matière de ventes d'objets à expédier, *Distanz Käufe* (2), quelques règles relatives à la recevabilité des actions en garantie : obligation de vérifier la chose à l'arrivée, et, au cas de découverte d'un vice qui la fasse considérer comme marchandise non marchande, obligation d'en donner avertissement immédiat au vendeur ; réserve faite pour les défauts qui ne peuvent se révéler immédiatement, et même obligation lorsqu'ils se révèlent après coup d'en avertir le vendeur ; enfin, délai de prescription fort abrégé pour les actions en garantie. Toutes ces dispositions ne touchent pas à la question de fond, relative à la nature des actions admises en pareil cas (3) : c'est à cela que les motifs font allusion en reportant à la revision du Code de commerce la question du cumul, en matière de ventes de ce genre, de l'action en exécution du contrat et des actions en garantie des vices (4).

233. *Garantie des vices en matière de ventes et échanges d'animaux domestiques* (art. 399 suiv). — Nous arrivons ainsi à la grosse question du sujet, le cas d'aliénation d'animaux domestiques. Le droit romain n'avait établi pour cette hypothèse aucune règle spéciale. On peut même faire observer que c'est pour les ventes d'animaux domestiques, et spécialement pour les ventes d'esclaves, que l'édit des Édiles avait introduit les premières dispositions relatives à la garantie des vices (5) : la jurisprudence les généralisa. C'est en vue surtout des ventes de ce genre que se forma la théorie romaine sur les vices rédhibitoires. Or, le système romain se caractérisait par les trois principes suivants, qui en forment comme les points saillants : 1° le vendeur répond de tout vice grave, sans qu'on ait songé à énumérer limitativement les vices donnant lieu à garantie ; 2° pour qu'il soit tenu à garantie,

---

(1) *Motifs*, t. II. p. 242.
(2) C. de comm. allem , art. 347, 350.
(3) Cf. Goldschmidt, *loc. cit.*, p. 118-120.
(4) Le nouveau Code de commerce s'en est remis au droit commun du Code civil (Cf. art. 377 à 382, et STAUB, *Kommentar zum Handelsgesetzbuch*, II, p. 1366 (sur § 377, Anm. 82 et suiv.).
(5) L. 1, § 1, D. (18. 1) ; L. 38, h. tit.

l'acheteur doit prouver que le vice existait au moment de la vente ;
son action a beau être limitée à un délai assez court, il n'est pas
pour cela dispensé de sa preuve ; 3° la garantie consiste dans
l'exercice d'une double action, au choix de l'acheteur, la rédhibition et l'action en réduction du prix. Logiquement, ce système est
parfait ; on pourrait croire également qu'il est excellent en pratique,
puisque la majorité des congrès de vétérinaires en Allemagne s'est
prononcée pour son maintien (1).

Et cependant les intéressés directs, c'est-à-dire ceux qui fré-
quentent les foires et dont les besoins se sont traduits par les usages locaux, n'ont pas cessé de protester contre la rigueur des principes romains : principes de logiciens et non de praticiens. Ce n'est
pas seulement en Allemagne que les mœurs se sont écartées du système romain, mais partout où les usages et coutumes ont pu se
développer librement. Ainsi, dans la France coutumière. De l'autre
côté du Rhin, on qualifie de principe germanique la théorie contraire au droit romain en cette matière ; il serait plus vrai de lui
donner le nom de principe coutumier. C'est celui qui correspond au
libre développement de la vie juridique, partout où il a pu se faire
jour ; c'est sous ce nom que nous le désignerons (2).

234. La pratique avait découvert au système romain de très
gros inconvénients ; inconvénients résultant principalement de ceci,
que, lorsqu'il s'agit de ventes d'animaux domestiques, les vices
rédhibitoires consistent surtout en affections dont le germe peut
exister au moment de la vente, alors que la maladie n'éclate que
quelques jours après. En pareil cas, il devient très difficile, pour le
vendeur, d'être absolument sûr de sa marchandise et il a toujours
à craindre les surprises d'une action en garantie pour vices qu'il
n'avait même pas pu soupçonner. On comprend combien cette
incertitude doit encourager la fraude ; on prétend que la plupart
des maquignons qui achètent chez le cultivateur, pour revendre en

---

(1) Voir sur tout le Congrès d'avril 1875. — Cf. *Motifs*, II, p. 248. — Cf.
Gutachten du Dr von Völdendorf (*Verhandl. des XIXten deut. Juristentages*,
I, p. 59). On trouvera l'historique et l'exposé scientifique des différents systèmes sur la matière dans l'ouvrage de Max Hachenburg : *Das Recht der Gewähr-
leistung beim Thierhandel auf Grundlage des Gemeinsamen Gesetzes* (1888).

(2) Cf. sur toute cette matière la thèse de M. Charlin, *De la garantie à
raison des vices cachés en matière de vente* (Paris, 1895) ; Planiol, *loc. cit.*,
II, n° 1527 ; Raoul de la Grasserie, *loc. cit.*, dans *Bul.* 1895, p. 166. Voir,
dans la dernière édition de Windscheid (1900), l'important exposé de Kipp
sur la garantie des vices dans le Code civil al. (t. II, p. 653 à 665).

foire, savent toujours découvrir un vice rédhibitoire aux animaux
qu'ils n'ont pas vendus et obtiennent assez facilement, dit-on, un cer-
tificat de vétérinaire qui leur permette de faire rompre le marché.
L'éleveur, le cultivateur, était cependant sûr de la bête qu'il avait
livrée ; mais, devant cette menace, il transige. C'est, du moins, la
raison sur laquelle le rapporteur de notre loi du 5 août 1884 (1)
a insisté pour obtenir que l'on restreignît dans les plus strictes limites l'exercice de la garantie pour vices rédhibitoires en matière de
ventes d'animaux domestiques. C'est là le point de vue du vendeur :
il y a lieu de le protéger contre les surprises et la fraude. Mais il
faut se placer aussi au point de vue de l'acheteur. Si l'on restreint
l'exercice de la garantie pour vices à un certain nombre de vices
limitativement désignés, ne risque-t-on pas de nuire au crédit, en
créant le gros danger, pour l'acheteur, de n'avoir aucun recours
pour vices ultérieurement découverts et non compris dans la liste ?
Ceci est une question à résoudre par les hommes de l'art : c'est aux
vétérinaires à indiquer les vices considérés comme ayant une importance suffisante pour qu'on doive admettre la rupture du marché ; ils devront aussi se préoccuper d'écarter autant que possible
les vices dont la constatation pourrait être délicate. Ce sera le seul
moyen d'éviter la fraude dont nous parlions tout à l'heure. Ce second point de vue est celui auquel se sont surtout placés les vétérinaires français (2) ; aussi ont-ils restreint de beaucoup, on pourrait dire le plus possible, la liste des vices rédhibitoires. Les
vétérinaires allemands s'étaient placés, au contraire, à l'autre
point de vue, c'est-à-dire à celui de l'acheteur plutôt qu'à celui du
vendeur, et c'est pourquoi, désespérant de prévoir tous les vices
dont l'acheteur pourrait avoir à souffrir, ils s'étaient déclarés pour
le principe romain d'une garantie illimitée pour tout vice grave, à
l'appréciation des tribunaux.

235. Mais voici un autre danger du principe romain pour l'acheteur : c'est en ce qui touche la preuve. Nous avons déjà dit que, le
plus souvent, le vice ne se révèle qu'après une première période

(1) Cf. le rapport de M. Manoury à la Chambre des députés (déposé le
5 juillet 1883). Voir *Officiel, Doc. parl.*, p. 1372 (cf. Sir., *Lois annot.*, 1881-
1885, p. 669-670).
  Il faut noter ici que cette loi de 1884 a été modifiée, elle-même, par une
loi du 31 juillet 1895.
(2) Cf. le rapport cité plus haut (Sir., *Lois annot.*, 1881-1885, p. 670), et
voir également la loi du 31 juillet 1895.

d'existence latente; comment savoir si le vice existait ou non au jour de la vente? Il faudrait avoir déterminé, pour chaque vice, la période exacte d'incubation. Si cette période n'a pu commencer qu'après la vente, en calculant à rebours à partir du jour où le vice éclate, c'est que le vice a pris naissance depuis la vente; si, au contraire, par le même procédé de calcul, la vente se place pendant cette période, il doit y avoir lieu à garantie. Comment faire cette preuve? Exigera-t-on, pour chaque cas particulier, que l'acheteur demande une expertise spéciale? Ce serait la logique stricte, mais ce serait une source d'incertitudes très grave pour la sécurité du commerce. Admettra-t-on que, pour chaque vice, il puisse y avoir un délai de garantie fixé d'une façon invariable pour tous les cas de la même espèce, mais tout au moins variant suivant les localités? C'était le système de notre Code civil (art. 1648). C'était aussi la pratique de beaucoup d'États allemands (1); celui enfin de notre ancien droit (2). Toute cette diversité pouvait se défendre à une époque où les communications étaient rares; ce particularisme devenait inadmissible à une époque de communications rapides et fréquentes. Il y a partout un grand désir d'unification dans le domaine des usages commerciaux, et la matière des vices rédhibitoires est une de celles où cette tendance se fait le plus sentir. C'est elle qui a inspiré notre loi de 1838; elle aussi qui a suscité de nombreux vœux et pétitions en Allemagne en faveur d'une fixation uniforme des délais de garantie (3). Il faut qu'il y ait une période invariable, non pas seulement invariable pour tous les cas d'un même genre, mais invariable pour tout un pays. Certains souhaiteraient même une réglementation identique pour plusieurs États, formant union à cet égard, et réclameraient une convention internationale à cet effet. La période qui serait ainsi fixée serait celle pendant laquelle il serait établi, si le vice éclate, qu'il existait déjà au jour de la vente. Il en résulterait, au point de vue juridique, que, si l'acheteur se plaint immédiatement, il sera déchargé de la preuve, il y aura présomption que le vice existait au jour de la vente; d'autre part, et par voie de conséquence, il ne doit plus

---

(1) On pourra voir dans la consultation précitée de *Völderndorff* qu'il n'y avait pas moins de 80 systèmes locaux à cet égard en Bavière avant la loi de 1859, qui réglementa la matière (*Verhandl. des XIX*ten *deutsch. Juristentages*, I, p. 62 et suiv.).

(2) Cf. Pothier, *Vente*, n° 205.

(3) V. *Motifs sur l'art.* 399, t. II, p. 243, et *Verhandl. des XIX*ten *Juristentages*, I, p. 63.

être admis à se plaindre, une fois le délai passé. De sorte qu'on
est amené ainsi à fixer un délai de garantie, en vue, non pas forcément de la recevabilité de l'action, mais de la recevabilité du vice
sur lequel elle est fondée : il faudra que le vice ait apparu dans ce
délai, pour qu'il y ait garantie de ce chef. Et alors, si le vice s'est
révélé dans ce délai, l'acheteur n'a plus à prouver qu'il existait au
jour de la vente. Ce bénéfice s'imposait presque au profit de l'acheteur ; il en résultait que l'incertitude et les surprises risquaient d'en
être augmentées du côté du vendeur : la situation de celui-ci s'en
trouverait aggravée. La preuve était faite d'avance contre lui. Il y
avait là une raison de plus de restreindre le nombre des vices
et de ne soumettre le vendeur à garantie que pour des cas bien
sûrs et d'une évidente constatation. Les avantages faits à l'acheteur au point de vue de la preuve devaient écarter les scrupules
que l'on avait à renfermer dans des limites plus étroites son action
en garantie. D'ailleurs, la pratique allemande se montrait assez
rigoureuse à l'égard des acheteurs ; et ce sentiment se traduisait
par différents proverbes sur lesquels les auteurs juridiques aimaient
à s'appuyer. « C'est à lui d'ouvrir l'œil, » disait-on en parlant de
l'acheteur. « Qui n'ouvre pas l'œil, doit ouvrir la bourse » (*Wer die
Augen nicht aufthut, muss den Beutel aufthun*), et autres dic-
tons de ce genre (1).

236. Enfin, à un troisième point de vue, la pratique réclamait
une dérogation au principe romain ; c'est en ce qui touche l'action
en réduction du prix. Comment, en effet, calculer exactement la
dépréciation de l'animal? Nous avons dit que réduction ne signifiait pas indemnité et que, par conséquent, il fallait calculer, non
pas la dépréciation que la maladie donne actuellement à l'animal,
mais celle qu'il aurait subie au jour de la vente, si on avait connu
la maladie qui allait éclater, et en se reportant par conséquent à un
moment où il pouvait y avoir à cet égard des prévisions très différentes
de la réalité. Ce sont là des calculs extrêmement délicats ; et, d'autre part, la réduction offre un moyen trop facile aux acheteurs peu
consciencieux d'obtenir pour rien une marchandise qu'il leur est
encore avantageux de conserver, puisqu'ils la gardent. Pour que
la garantie soit sérieuse, il faut obliger l'acheteur à rompre le mar-

(1) Cf. *Verhandl. des XIXten deutsch. Juristentages*, I, p. 60, *et* GIERKE
dans la *Revue de Schmoller*, t. XIII, p. 212.

ché ; c'est la seule façon de s'assurer que le vice lui enlève tout le profit qu'il comptait retirer de la marchandise.

237. Il résulte de ces observations que la pratique tendait à poser en cette matière les trois règles suivantes, qui sont l'opposé du principe romain : 1° que la garantie en matière de vices ne doit pas être illimitée, mais restreinte à un certain nombre de vices spécialement désignés ; 2° qu'il y a lieu de fixer un délai de garantie, pendant lequel il faudra que le vice ait apparu pour que l'acheteur soit admis à se plaindre de ce chef, et qui, d'autre part, établira au profit de l'acheteur une présomption d'existence du vice au jour de la vente ; 3° qu'il importe de supprimer la réduction. Et c'est ainsi qu'on a été amené à poser, en regard du principe romain, un principe coutumier, que les Allemands appellent principe germanique, et qui se caractérise par une limitation stricte des vices rédhibitoires, un délai de garantie impliquant présomption au profit de l'acheteur et la suppression de l'action en réduction du prix.

238. Le pur principe romain est réduit en Allemagne à une sphère d'application extrêmement restreinte (1) ; et encore il est bien rare que, là où l'on applique le droit commun purement et simplement, on ne lui ait pas apporté dans la pratique quelque dérogation partielle. On peut citer spécialement les États suivants : Mecklembourg-Schwérin, Mecklembourg-Strelitz, Brunswig, Oldenbourg, Schleswig-Holstein. Il n'y a plus à citer dans ce groupe les pays d'application de notre Code civil, comme l'Alsace-Lorraine ; puisque, si le point de départ du Code civil est encore le principe romain, il faut reconnaître que la loi du 20 mai 1838 a admis, d'une façon à peu près générale, en matière de vente d'animaux domestiques les trois règles qui constituent le principe coutumier : limitation des vices, délai de garantie, avec présomption au profit de l'acheteur, et suppression de la réduction (2) ; or notre loi de 1838 est applicable en Alsace-Lorraine. Il est vrai que celle-ci est considérée comme loi exceptionnelle et que le principe romain, tel du moins qu'il a été accepté par notre Code civil, reste applicable pour les cas non prévus par la loi de 1838. Nous venons de laisser soupçonner quelques réserves sur la qualification du principe fonda-

---

(1) *Motifs*, t. II, p. 244.
(2) Voir pour la Belgique la loi du 28 janvier 1850 qui reproduit, à quelques différences près, notre loi de 1838.

mental du Code civil : principe romain, sans aucun doute ; mais est-on bien sûr que notre Code civil n'ait pas entendu accepter comme règle de droit commun, en même temps qu'un délai abrégé de prescription, une présomption au profit de l'acheteur de l'existence du vice au jour de la vente et quel que soit l'objet de la vente (1)? Ce serait une forte atteinte au principe romain et elle expliquerait que nos lois sur les vices rédhibitoires n'aient pas cru nécessaire de poser le principe de la présomption légale; il existerait de droit, dès qu'il y a délai légal de prescription (2), celui-ci équivalant à un délai de garantie.

Dans certains pays allemands, s'applique un système mixte, ayant pour base le principe romain d'une garantie illimitée et laissant la preuve de l'existence du vice au jour de la vente à la charge de l'acheteur, mais cependant admettant la présomption du droit coutumier pour certaines maladies, entre autres pour celles qui éclatent dans les vingt-quatre heures (*Nachtkrankheiten*) ; on présume, si elles se révèlent le lendemain de la vente, qu'elles datent de la veille. Les motifs rangent dans ce groupe le droit prussien et le droit autrichien (3).

Le principe coutumier, dit principe germanique, règne partout ailleurs, mais avec des variantes assez nombreuses, suivant les États. On pourra voir surtout à cet égard les dispositions du Code saxon (4).

Cependant, nous avons déjà dit que la majorité des congrès de vétérinaires en Allemagne s'était déclarée contre le principe coutumier d'une garantie limitée. Il leur avait paru impossible : 1° de déterminer tous les vices devant donner lieu à garantie, et 2° de fixer un délai de garantie suffisamment sûr pour chacune des maladies acceptées comme vices rédhibitoires. Enfin le dix-neuvième congrès des jurisconsultes allemands, en 1888, s'est également

---

(1) MM. Aubry et Rau l'admettent tout au moins toutes les fois qu'il y a délai fixé par la loi ou l'usage (t. IV, § 355 *bis*, note 10). Mais nous ne prétendons pas que cette opinion soit irréfutable (cf. *Bruxelles*, 29 *messidor* an XIII, Sir., 5. 2. 269). Nous la donnons simplement comme opinion dominante.

(2) Voir la note précédente.

(3) *Motifs*, II, p. 246. — A. L. R,, l, 11, 192-198 ; I, 5, §§ 319, 325-332. — Cf. cependant A. L. R.. I, 11, §§ 199-206, et *Anh.*, §§ 13-14, — *Œsterr.* G. B , §§ 922-927. — Cf. Förster-Eccius, *Preuss. Priv. R* , II, § 125 (éd. 1887, p. 65).

(4) V. *Sächs, G. B.*, spécialement art. 926 et 927. — Pour la Suisse, le Code fédéral des obligations n'a posé aucune règle nouvelle, renvoyant transitoirement à la législation existante dans l'attente d'une loi nouvelle sur la matière (art. 890).

prononcé dans ce sens, malgré une consultation très ferme du D[r] von Völderndorff en faveur du principe allemand. Il est probable, d'ailleurs, que les conclusions de la commission en cette matière étaient déjà formulées avant qu'elle eût connaissance des travaux du dernier congrès (1).

239. *Système du projet.* — Ces conclusions sont nettement favorables au principe allemand ; Gierke en félicite le projet, disant qu'en pareille matière c'est aux intéressés qu'il faut accorder crédit, et non aux juristes ni aux vétérinaires Les premiers veulent faire du raisonnement à outrance, et les seconds ne se placent qu'au point de vue des difficultés expérimentales de leur art ; tandis que ce qui est urgent, c'est de protéger les cultivateurs et d'introduire la sécurité dans les relations commerciales, surtout lorsqu'il s'agit d'affaires de ce genre, traitées en foires et sur place (2). C'est également le point de vue du législateur français. Notre nouvelle loi va même très loin dans cette voie, puisqu'elle supprime toute garantie pour les ventes au-dessous de 100 francs (3). On sait également que chez nous les vétérinaires n'ont pas eu les mêmes hésitations. Cela tient surtout à la façon dont la question avait été posée : on voulait empêcher les fraudes et simulations dont nous avons parlé ; et il s'agissait de n'accepter comme vices rédhibitoires que ceux dont la constatation devait être sûre. On se plaçait au point de vue de la sécurité du vendeur et non à celui de la garantie de l'acheteur (V. *suprà*, n° 234). Peut-être a-t-on été bien loin dans cette voie ; le projet ne va pas jusque-là.

Le système qu'il admet, constituant une exception au droit commun, ne doit être appliqué que dans les cas spéciaux qu'il vise. Or, il n'a en vue que les ventes de certains animaux domestiques, en général ceux des espèces chevaline, porcine, ovine et bovine. Notre nouvelle loi de 1884, contrairement aux précédents (4), a supprimé tout vice rédhibitoire relativement à ces deux dernières espèces (5). La loi de 1884 a entendu régir et soustraire à l'application du Code civil tout ce qui touche à la garantie des vices relatifs aux animaux

(1) Cf. Gierke (*Revue de Schmoller*, t. XIII, p. 211-212).
(2) V. Gierke, *loc. cit.*
(3) Loi du 2 août 1884, art. 4. — V. discussion à la Chambre des députés rapportée dans Sir., *Lois annot.*, 1881-1885, p. 672, note 4.
(4) Cf. Loi du 20 mai 1838, art. 3.
(5) V. rapport. de M. Labiche au Sénat (*Offic.* 1er août, p. 1422 et suiv. — Cf. Sirey, *Lois annotées*, 1881-1885, p. 670-671. — Cf. PLANIOL, *loc. cit.*, n°s 1527 et 1528.

domestiques en général ; si donc il est certaines espèces d'animaux domestiques dont elle ne parle pas, cela veut dire que, pour elles, il n'y a pas de garantie pour vices rédhibitoires. Dans le système du projet, s'il est des espèces omises dans l'énumération légale, cela voudra dire que, pour elles, on s'en tient au droit commun et à l'application des principes ordinaires sur la garantie des vices ; la conclusion est bien différente (art. 399 du projet).

240. Pour chacune des espèces citées à l'article 399, on devra établir une classification limitative des vices donnant lieu à garantie (1). Cette classification sera établie par voie d'Ordonnance impériale, approuvée par le Bundesrath, et sera susceptible d'être modifiée de la même façon (art. 400). Cette ordonnance indiquera pour chaque vice (2) le délai de garantie : l'apparition du vice devra être constatée dans ce délai ; et, sous cette condition préalable, on établit, au profit de l'acquéreur, une présomption d'existence du vice au jour de la vente. Mais, sur ce point, le projet émet deux idées qui étaient loin d'être admises par tous les partisans du principe allemand et qui nous semblent très logiques. La première est que le délai devra dépasser de quelque peu la période d'incubation forcée de la maladie ; sinon la présomption ne servirait à rien, puisque la preuve de l'existence de la maladie, au jour dit, résulterait du seul fait de son apparition dans le délai légal, étant admis, d'autre part, qu'il fût prouvé médicalement qu'une maladie éclose dans ce délai devait fatalement avoir commencé au jour de la vente : ce ne serait plus une présomption, mais une preuve. Cela revient à dire qu'on devra admettre comme délai de garantie le délai maximum d'incubation (3). Mais alors, comme il n'y a plus certitude, mais simple présomption au sens exact du mot, le projet réserve au vendeur le droit de faire la preuve contraire. Rien de plus juste ; la maladie a pu provenir d'un changement de régime, des fatigues du voyage, lorsqu'il y a eu transport de l'animal après la vente, ou encore se prendre par contagion. Bien que le délai dans lequel elle a apparu permette de croire que

(1) Le principe de la limitation des vices est aussi admis par le Code civil italien (art. 1505). C'est la seule dérogation qu'il apporte au principe romain en matière de vente d'animaux.

(2) On voit la différence avec notre loi de 1884 (art. 5), qui n'admet qu'un seul délai (neuf jours) pour toute espèce de vice, sauf exception pour la fluxion de poitrine, pour laquelle on a fixé le délai de garantie à trente jours.

(3) Cf. *Motifs*, II, p, 252-253.

l'animal s'en trouvait atteint chez le vendeur, il doit être permis à celui-ci d'établir qu'il a pu la prendre après coup ; et on doit laisser à la conscience et à la sagesse des magistrats le soin de décider en pareil cas.

S'il s'agit d'un vice apparu après le délai de garantie, il y a présomption inverse, en ce sens qu'il sera considéré comme ayant pris naissance depuis la vente. Cette fois, il s'agit d'une présomption *juris et de jure* (1), ne permettant pas à l'acheteur de faire la preuve contraire. Cette remarque a besoin, pour être comprise, d'une indication complémentaire. Il est bon, en effet, d'observer dès maintenant que, dans le système du projet, le délai de garantie ne se confond pas avec le délai de prescription. En d'autres termes, il n'est pas nécessaire que l'acheteur intente son action dans le délai de garantie ; il suffit qu'il l'intente pour vice apparu dans ce délai. Le délai de garantie n'a trait qu'à la question de preuve ; il signifie que, pour les vices apparus dans ce délai, il y a présomption, jusqu'à preuve contraire, de leur existence au jour de la vente et que. pour tout vice éclos après, il y a présomption *juris et de jure* de son inexistence au jour de la vente. Si donc il s'agit d'un vice apparu dans le délai, l'acheteur peut, même après le délai de garantie expiré, et pourvu qu'on soit encore dans le délai de prescription, intenter son action et il sera dispensé de toute autre preuve. Seulement, pour conserver le bénéfice de cette présomption, lorsqu'il intente son action après le délai de garantie, il faudra que, pendant ce délai ou dans les vingt-quatre heures qui le suivent (art. 402), il ait donné avertissement au vendeur du vice rédhibitoire. A défaut de cet avertissement au

---

(1) Ce système est relativement nouveau. Anciennement, il y avait deux systèmes connus : le premier qui faisait du délai de garantie un délai péremptoire, autrement dit, qui le confondait avec le délai de prescription. L'acheteur devait intenter son action dans le délai de garantie et une fois ce délai passé n'avait plus d'action, mais il jouissait alors d'une présomption irréfragable d'existence du vice au jour de la vente. Puis, il y a un second système plus moderne, en vertu duquel le délai de garantie n'influe que sur la preuve. Si le vice est constaté dans le délai, il y a, au profit de l'acheteur, simple présomption, susceptible d'être combattue par la preuve contraire : s'il n'apparaît qu'après, l'acheteur a encore action, pourvu qu'il soit encore dans le délai de prescription ; mais la présomption cette fois est pour le vendeur, et c'est à l'acheteur à prouver que le vice existait déjà lors de la vente (cf. *Verhandl. des XIX*[ten] *deuts. Juristentages*, I, p. 65, 66 et suiv.). Le projet accepte ce second système en principe ; seulement, si le vice n'apparaît qu'après le délai; il dénie l'action, sous prétexte qu'il y a présomption irréfragable de son inexistence au jour de la vente. Cela constitue ainsi un troisième système, déjà ébauché par quelques lois spéciales sur la garantie, et auxquelles le projet se rallie (cf. *Motifs*, II, p. 253).

cours du délai de garantie, il est déchu de sa présomption, bien
qu'il s'agisse encore d'un vice éclos dans le délai légal : c'est que
le vendeur, à qui la preuve contraire est réservée, n'a pu être mis
à même, lorsqu'il en était temps, de préparer ses moyens de
preuve. Si donc l'acheteur a laissé passer le délai sans agir, et sans
donner avertissement du vice, il n'est pas encore forclos de son
action, mais il doit prouver deux choses : 1° que le vice s'est mani-
festé dans le délai, puisque, s'il avait apparu après, il y aurait présomption irréfragable qu'il n'a pu exister au jour de la livraison ;
et, 2° que ce vice apparu dans le délai existait au jour de la livraison.
Il va de soi que, plus la date d'apparition du vice sera rapprochée
de celle de la livraison, plus la preuve sera facile ; elle sera même
toute faite, si cette date se place dans le délai minimum d'incubation de la maladie.

241. Nous venons de voir consacrées les deux premières règles
du principe coutumier : limitation des vices, fixation d'un délai de
garantie avec présomption correspondante. Restait à poser la troisième règle : exclusion de la réduction. C'est ce que fait l'art. 404,
et pour les motifs que nous avons indiqués. Dès lors, la rédhibition
existant seule, il fallait l'admettre même dans les cas où, de droit
commun, elle est exclue, comme par exemple au cas de revente ou
de mise en gage de la chose. Si l'acheteur qui intente la rédhibition ne peut plus restituer la chose, il devra fournir la valeur
qu'elle avait à l'époque où il en a été disposé, puisque cet acte de
disposition représente le profit qu'il en a retiré. Les motifs remarquent que le projet a cru inutile de prévoir, pour l'application de
la rédhibition, certaines espèces visées par quelques législations,
comme, par exemple, lorsqu'il y a vente d'un troupeau et que
l'une des bêtes meurt d'une maladie contagieuse (1). N'y avait-il
pas lieu de demander résiliation de tout le marché et de rendre tout
le troupeau ? L'acheteur est, en effet, menacé de voir périr toutes
les bêtes qui le composent ; il lui faudra alors intenter une action
spéciale pour chacune d'elles. Ne serait-il pas plus simple d'admettre la résiliation pour toutes, d'autant plus que, si l'on intente une série de résiliations individuelles, il sera difficile de déterminer le prix afférent à chaque bête, du moins s'il a été fixé en
bloc ? D'autre part, l'acheteur peut avoir à redouter la contagion

---

(1) Cf. loi bavaroise sur la garantie, du 26 mars 1859 (*Bayr. Währschafts-
gesetz*, art 8).

pour l'ensemble de son bétail ; et c'est un risque qui doit incomber au vendeur, puisque c'est de lui que vient l'animal contaminé. Les congrès d'économie agricole et les congrès de vétérinaires s'étaient prononcés dans ce sens (1). Le projet n'a pas accepté cette solution, la considérant comme absolument contraire aux principes. Il peut, en effet, arriver que la contagion se propage et que les autres bêtes périssent ; mais la contagion aura pu provenir de l'animal qui a péri le premier, et rien ne prouve que tous aient eu la maladie le jour de la vente. S'il est établi, par suite, que la maladie a été prise chez l'acheteur, il n'y a plus lieu à la garantie ; s'il est prouvé, d'autre part, que la contagion vient de l'animal qui a péri le premier et qui avait déjà la maladie lors de la vente, il pourra, suivant les conditions d'application du droit commun, y avoir lieu à dommages-intérêts : mais ce n'est plus une question de garantie. En présence de cette éventualité et de cette incertitude, on ne peut admettre résiliation pour tout le troupeau, puisqu'il n'est pas sûr que tous les animaux fussent infectés du vice chez le vendeur. Au moins, faut-il attendre l'expiration du délai de garantie : et encore même pour ceux qui viendraient à périr dans ce délai, bien que la résiliation soit possible pour chacun séparément, il reste encore au vendeur la ressource de la preuve contraire et le droit d'établir que la maladie s'est développée par voie de contagion ultérieure, postérieurement à la vente. Il suffit, sur tous ces points, de s'en remettre à la doctrine (2).

242. Les effets de la rédhibition seront ceux admis de droit commun. On aurait pu hésiter, cependant, à donner à l'acheteur droit au remboursement des frais de nourriture et de soins au cas de maladie. La preuve est ici délicate ; et, pour l'éviter, on aurait pu établir une sorte de compensation avec les profits que l'acquéreur eût retirés du travail de l'animal. Mais il aurait fallu alors donner à

---

(1) *Motifs sur l'art.* 404, II, p. 258.

(2) La seconde commission, à la suite d'une discussion très vive, et en dépit d'une opposition considérable à l'encontre du système du projet, maintint cependant, le principe germanique et toutes les grandes lignes de la réglementation du premier projet. Du côté des associations de vétérinaires, on avait mené cependant une campagne très ardente en faveur du principe romain. On considérait comme contraire à toutes les idées scientifiques de fixer une liste limitative des vices donnant lieu à garantie. Malgré cela, on considéra que la mission du droit était d'assurer avant tout le crédit et la sécurité en matière de transactions. Et le système coutumier du projet finit par triompher (*Pr.*, I, p. 721-727 ; et C. civ. al., art. 481 à 493).

l'acheteur le droit d'établir qu'il n'avait recueilli de son achat aucun profit, précisément à raison de la maladie ou du vice dont il se plaint, preuve tout aussi difficile à faire. Ne pouvant échapper à ces difficultés, mieux valait s'en tenir au droit commun. L'acheteur établira le montant de ses frais et le vendeur aura le droit de prouver que l'autre a retiré profit de l'animal, de façon à établir compensation (art. 405 ; C. civ. al., art. 488). Mais, comme l'affaire peut demander du temps et que l'animal risque, pendant que l'instance est en cours, d'être fort négligé par l'acheteur, chaque partie a le droit d'en exiger la vente aux enchères (art. 406 ; C. civ. al., art. 489). Si la résolution est admise et que cette vente ait eu lieu, le vendeur touchera le prix provenant de la vente et restituera à l'acheteur celui qu'il avait touché.

243. *Réduction du délai de prescription.* — Il y avait enfin à se demander si l'action en garantie, lorsqu'il s'agit de ventes d'animaux domestiques, ne devait pas être soumise à un délai de prescription plus court que la prescription de droit commun en matière de garantie des vices. La tendance actuelle est pour l'affirmative, parce qu'ici, plus encore qu'en matière ordinaire de garantie des vices, il y a urgence et nécessité que tout soit réglé au plus vite. Sans doute, le projet a atténué quelque peu les motifs d'urgence, en exigeant que le vice fût dénoncé dans le délai de garantie, et également en admettant pour chaque partie le droit de requérir la vente de l'animal litigieux ; mais ce dernier droit suppose l'action intentée et l'avertissement ne fait que prévenir le vendeur, sans le tirer d'incertitude. Il y avait donc lieu d'abréger la prescription. Mais dans quelle mesure la réduire et de quand la faire courir ? On peut compter sur ce point trois groupes législatifs différents : le premier, qui se contente de réduire le délai ordinaire de prescription, sans en modifier le point de départ ; la prescription commence à courir du jour de la vente ou de la livraison. Le délai commence en même temps que le délai de garantie et se prolonge au delà ; mais, quel que soit le délai de garantie, la durée d'exercice de l'action reste la même (1). Un second groupe fait partir la prescription de l'action de l'expiration du délai de garantie : la prescription de l'action restant la même, le temps d'exercice de l'action varie, puisque la prescription ne commence qu'après

(1) On peut citer comme exemple la loi du grand-duché de Hesse sur la garantie (voir *Motifs*, II, p. 261).

le délai de garantie, qui est différent pour chaque vice (1). Enfin le troisième groupe confond le délai de prescription avec le délai de garantie et dénie l'action après l'expiration de ce dernier : c'est le système de nos lois de 1838 et de 1884 (2). Or, comme forcément le délai de garantie est très court, puisqu'il doit correspondre approximativement à la période d'incubation, on arrive au résultat admis par notre loi de 1884 d'un délai unique de neuf jours pour la prescription des droits de l'acheteur, sauf une exception. C'est le chef-d'œuvre de la simplicité et de la sécurité. Mais n'est-ce pas un de ces cas où l'excès de simplicité conduit à sacrifier l'équité, comme il arrive si souvent? Il semble que notre loi de 1884 ait été inspirée par une sorte de réaction excessive contre les acheteurs : on a voulu que, neuf jours passés depuis la vente, le vendeur fût désormais à l'abri de toute réclamation. Le but est excellent; mais n'y a-t-il pas à craindre que l'usage s'introduise de multiplier les clauses de garantie, à l'effet de prolonger la durée de la responsabilité du vendeur ? Ou bien encore on verra se multiplier les ventes à l'essai. Le temps et l'expérience démontreront ce que vaut sur ce point notre législation actuelle. Le projet n'a pas été d'avis de cet excès, de simplicité. En tous cas, confondre le délai de prescription et le délai de garantie c'est un peu commettre un contresens juridique. De ce qu'on fixe un délai dans lequel on présume que le vice doive forcément apparaître s'il existe, on ne peut obliger l'acheteur à poursuivre dans ce délai ; car, si le vice apparaît à l'expiration du délai, c'est l'obliger à poursuivre avant qu'il ait pu connaître l'existence du vice. Entre les deux autres systèmes, il semble bien que le projet aurait dû, *a priori*, donner la préférence au premier, qui est conforme à son principe d'un point de départ unique en matière de prescription de l'action en garantie des vices. Il accepte le second (art. 407); la prescription courra du dernier jour du délai de garantie et la prescription sera ici de deux semaines (3). Le temps maximum d'exercice de l'action sera donc de deux semaines, auxquelles il faudra ajouter le délai de garantie. Cela provient de la présomption admise par le projet : lorsqu'il s'agit d'objets ordinaires, le projet présume qu'on a dû découvrir le vice du jour de la livraison : rien de plus logique,

---

(1) V. la loi bavaroise du 26 mars 1859. Également lois sur la garantie de Cobourg et de Francfort.

(2) En Allemagne, outre l'Alsace-Lorraine, citons Bade et le Wurtemberg, comme exemples d'application d'un système analogue (*Motifs*, II, p. 262).

(3) Six semaines, d'après l'art. 490, C. civ. al. (cf. *Pr.* p. 747).

puisqu'il n'y a pas de délai de garantie. Mais là où il y a une
période admise pour l'apparition du vice, on présume qu'il n'appa-
rait que le dernier jour du délai ; et c'est de ce jour que commence
la prescription de l'action.

244. *Garantie conventionnelle.* — Il va de soi, disons-le, en terminant, que le projet admet, dans sa plus large étendue, le droit
pour les parties de modifier les dispositions de droit commun, en
matière de garantie des vices. Certaines lois avaient cependant interdit toute clause abrégeant les délais de garantie : elles présumaient l'intention frauduleuse de tromper l'acheteur et voulaient
protéger celui-ci malgré lui. Le projet n'admet rien de semblable
(art. 409-411) (1).

245. *Contrats en faveur d'un tiers.* — Parmi les effets propres
à certains contrats particuliers, nous devons signaler celui qui consiste à faire acquérir un droit à un tiers étranger au contrat. On ne
saurait y voir un effet accessoire des contrats ; car il s'agit du résultat
immédiat et direct que le contrat a pour but de produire. D'autre
part, il n'y a pas là un des effets normaux des contrats, puisque
ceux-ci, d'ordinaire, n'ont pas d'effet à l'égard des tiers. Il faut y voir
un phénomène particulier, propre à certains contrats, et il convient
d'en préciser nettement le terrain et la sphère d'application (2).

246. *Position de la question.* — Il faut supposer qu'un individu
stipule d'un autre que celui-ci exécutera telle prestation au profit
d'un tiers dont le stipulant n'est pas le représentant, et qui, lui-
même, est absolument étranger au contrat : c'est l'hypothèse célèbre de la stipulation pour autrui. La question qu'elle soulève est
double. Il s'agit de savoir, avant tout, si le contrat est valable à
l'égard des parties entre lesquelles il a été conclu, autrement dit

---

(1) Il décidait, cependant, que, si l'on promettait garantie pour tous les
vices, il fallait entendre cette clause comme ne visant que les vices essentiels ;
ce qui était d'ailleurs une disposition purement interprétative, et non impérative (art. 409). Cette présomption légale a été supprimée au Reichstag, de sorte
qu'il y aurait, en pareil cas, à faire la preuve exacte de l'intention des parties,
sans qu'aucune présomption légale vînt dominer la question de preuve, ni
dans un sens ni dans l'autre (cf. *Planck*, sur l'art. 492 C. civ. al., p. 268).

(2) Sur cette importante matière, l'ouvrage capital est aujourd'hui celui de
M. Lambert, *Du contrat en faveur de tiers* (Paris, 1893). Cf. Konrad Hell-
wig, *Die Verträge auf Leistung an Dritte* (Leipzig, 1899). Voir également
la thèse de M. Champeau (Paris, 1893).

si le stipulant a une action pour obliger le promettant à s'exécuter vis-à-vis du tiers ; et, en second lieu, à supposer ce contrat valable, il reste à se demander si le tiers a lui même acquis un droit propre à l'exécution, et sous quelle condition ce droit lui est acquis. La première question est depuis longtemps résolue dans le sens de l'affirmative, même par les romanistes (1). Il y avait bien eu quelques tentatives, à notre époque, de s'en tenir à la rigueur des théo-

(1) Cf. *suprà*, n° 8 sur l'art. 206 et Windscheid, *Pand.*, § 316, note 1. — La théorie des contrats pour autrui peut trouver tout un vaste champ d'application en matière de *Contrats d'utilité publique*, ceux par exemple passés par une commune au profit des habitants et n'offrant aucun intérêt direct pour ce qui est de la gestion proprement dite du patrimoine communal. On en trouvera un exemple intéressant dans une espèce qui a donné lieu à un important arrêt de la Cour de cassation de Belgique (Sir., 89, IV, 9). Il s'agissait d'un traité passé avec un entrepreneur d'éclairage et contenant certaines stipulations au profit des habitants abonnés. On n'allait pas jusqu'à contester la validité de ces stipulations, celles-ci constituant l'accessoire d'une stipulation principale valable (art. 1121) ; mais on prétendait tout au moins que la commune n'avait pas d'action pour en poursuivre l'exécution, sous prétexte qu'elle n'avait aucun intérêt pécuniaire à l'exécution : elle n'aurait eu que le droit de résiliation pour inexécution des conventions (art. 1184). On a dit aussi que la commune en pareil cas agissait comme le gérant d'affaires ou le représentant de ses administrés Mais en admettant qu'elle eût mandat tacite pour traiter en leur nom, elle n'a pas mandat pour agir ; et l'action appartiendrait encore uniquement aux abonnés et non à la commune. D'autre part, cette idée de mandat est extrêmement dangereuse et pourrait conduire loin. M. Sainctelette contesta toute cette théorie en écartant d'une façon un peu absolue l'application des règles du droit privé, en matière de *Contrats d'utilité publique*. C'est peut-être trop tôt dit et trop tôt fait. M. Labbé, dans une note qui accompagne l'arrêt, a combattu cette idée. Mais, si l'on ne peut soustraire en bloc les contrats d'utilité publique à l'application des règles du droit privé, il nous semble possible de les soustraire à celle de l'article 1119. Ils sont par essence des contrats passés par une personne morale publique, en vue et au profit, non de ses intérêts patrimoniaux à elle, mais en vue et au profit des particuliers qui la composent. Or, bien que la personne morale soit un être juridique distinct, au point de vue de ses droits patrimoniaux, des êtres réels qui la constituent, on peut dire, à un point de vue élevé qui est celui du droit administratif, qu'elle n'est que la résultante, sous forme d'intérêt collectif, des intérêts particuliers qu'elle représente. C'est en ce sens, et au point de vue du droit administratif, que l'on peut prétendre que l'article 1119 n'est point fait pour elle, lorsqu'elle traite en vue des intérêts particuliers dont elle est l'organe. La règle qui est la base de l'article 1119 « Sans intérêt pas d'action », n'a en vue que des rapports purement patrimoniaux, elle n'est plus admissible lorsqu'il s'agit d'un être fictif reconnu par la loi comme l'organe des intérêts généraux d'un groupe de particuliers. Lorsque cette entité collective fait un contrat en vue des intérêts qu'elle représente administrativement, elle agit dans la sphère légale de sa capacité administrative et le contrat est valable comme rentrant dans la catégorie des actes qu'elle a mission de conclure en vertu de sa propre destination. Le contrat étant valable, il en résulte que les droits stipulés au profit des tiers dans leur intérêt leur sont acquis directement, comme c'est la règle généralement admise en matière de stipulation pour autrui, sauf refus de leur part ; et il en résulte aussi que le stipulant, ici la commune, a l'action, car on ne peut lui opposer

ries romaines à cet égard. C'était, par exemple, la tendance de Savigny (1), qui prétendait que la loi ne devait sanctionner l'obligation que dans la mesure où cela est nécessaire aux relations juridiques entre les hommes, et, par suite, là seulement où l'obligation offre au créancier un intérêt matériel et palpable. L'obligation constituant une entrave à l'état de liberté ne doit être acceptée qu'avec une certaine réserve ; et la loi ne consacre pas, en dehors des cas de représentation ou de gestion d'affaires, l'immixtion d'un tiers qui, par pur sentiment de bienveillance et sans intérêt personnel, se fait promettre un fait à accomplir au profit d'autrui. Nous avons déjà vu, sur l'article 206, à propos de la définition même de l'obligation, que ces idées ont été rejetées et qu'il ne pouvait être question d'y revenir dans le projet de Code civil (cf. *suprà*, n° 8) (2).

247. Mais, sur la seconde question, l'entente est loin d'être acquise entre les jurisconsultes. On conçoit deux théories principales et extrêmes auxquelles peuvent se ramener tous les systèmes. Ou bien le contrat n'a fait encore acquérir au tiers aucun droit avant toute adhésion de sa part, et cela par la bonne raison que, pour acquérir une créance par voie de convention, il faut avoir pris part au contrat. Ou bien le tiers, bien qu'il soit resté étranger au contrat, a déjà un droit acquis et indépendant, qui est né à son profit de la convention faite à son insu et sans sa participation. Cette dernière solution, vers laquelle tend de plus en plus le mouvement juridique moderne, semble bien être celle qui naît spontanément.

le défaut d'intérêt, puisqu'elle agit en vue des intérêts mêmes dont elle est l'organe. Ayant action, elle fera condamner le débiteur à l'exécution vis-à-vis des intéressés, et elle fera exécuter le jugement au profit de ceux des intéressés qui s'adresseront à elle pour en bénéficier. On voit que ce sont des droits et des actions distincts ; il faut bien se garder de dire que la commune agit comme un représentant du droit privé. Sinon, il y aurait chose jugée même à l'égard des particuliers, ce qui pourrait être dangereux. Voilà bien des détours et des difficultés théoriques : mais comme tout cela serait plus simple, si nous faisions justice une bonne fois de ce malheureux article 1119 ! (cf. Sainctelette, *Les Contrats d'utilité publique*, dans *Revue de droit international*, 1888, p. 425 et suiv.). — Labbé en note, dans Sir., 1889, IV, 9 (cf. *suprà*, n° 8 et les notes). — Sur toute cette question, voir Lambert, *loc. cit.*, n°s 302 à 325, et Planiol, *loc. cit*, II, n° 1272, p. 385, notes 1 et 2. — Il faut ajouter que toute l'explication qui précède s'adapte très bien aux conceptions de Gierke sur la personnalité, puisqu'il n'admet plus l'absorption complète dans l'unité de personne des individualités qui la composent.

(1) Cf. Savigny, *Obligations* (traduction, t. II, § 59, p. 222, note c). — Cf. p. 229-230.

(2) En ce qui touche l'état de la jurisprudence allemande et les phases de la question V. Windscheid, *Pand.*, § 316, note 13.

et naturellement, sous l'inspiration de la pratique, toutes les fois que celle-ci prévaut sur l'analyse, tandis que la solution contraire l'emporte presque forcément aux époques de critique raisonnée et d'analyse minutieuse. Cette dernière est la seule connue de la période du droit romain classique, et il faut arriver à la veille du Bas-Empire pour qu'il soit question de donner action au tiers, indépendamment de toute acceptation de sa part, tout au moins dans une hypothèse spéciale, celle de la donation avec charge (1) : mesure toute d'équité, qui semble commandée par les nécessités pratiques, et qu'on n'admet que par voie de faveur et contrairement, semble-t-il, à tous les principes (benigna juris interpretatione). Cette solution pratique est également celle du vieux droit germanique, avant la réception du droit romain. A ce moment, on ne va guère au fond des idées juridiques et on analyse encore moins ; or, du moment qu'un individu s'engage à payer au stipulant ou à un tiers, ce tiers aura action contre le promettant, sans autre condition. C'est du moins ce qui paraît ressortir de quelques formules citées par Brunner (2), bien que, pour quelques-unes, le tiers indiqué à côté du promettant puisse être considéré comme mandataire ou comme cessionnaire. Le système qui accorde un droit aux tiers, par l'effet même du contrat auquel il est resté étranger, est donc celui du droit romain à l'époque où ce dernier se plie plus facilement aux expédients de la pratique, celui du droit allemand, avant qu'il eût donné droit de cité aux jurisconsultes, du Digeste.

Mais, à mesure que l'on pénètre davantage, sous l'influence du droit romain classique, dans l'analyse des phénomènes juridiques et que l'on cherche à en décrire les lois, on en revient à cette idée rationnelle qu'un tiers étranger au contrat ne peut avoir acquis, par l'effet propre d'une convention faite à son insu, aucun droit indépendant avant toute participation de sa volonté. Sinon, il faudrait, à côté de la convention, du délit et du quasi-contrat, lequel suppose, soit le fait du futur créancier, soit un enrichissement réalisé à son détriment au profit du débiteur, reconnaître l'existence d'une quatrième source de l'obligation : la stipulation pour autrui. Les auteurs, qui admettent la possibilité, au moins exceptionnelle, de la promesse unilatérale, indépendante de tout concours de

---

(1) L. 3, C. 8, 54 (55). — V. Savigny (Syst., IV, p. 284-286). — Windscheid, Pand., § 316, note 5.

(2) V. Brunner, Fränkisch-Romanische Urkunden (Beiträge zur Geschichte der Werthpapiere), dans la Revue de Goldschmidt (Zeitsch f. Hand R.), t. XXII, p. 90-99 (voir spécialement la formule citée p. 96-97 et p. 97, note 2).

volontés, rangeront, peut-être, dans cette catégorie la promesse au profit d'un tiers (1) ; le promettant s'est engagé envers le bénéficiaire avant toute acceptation de celui-ci (cf. art. 343 et *suprà*, nº 143). Mais en réalité, à notre avis, il n'y a là qu'un trompe-l'œil, car la promesse unilatérale, au sens que nous avons ici en vue, suppose un individu qui s'engage, sans qu'il y ait concours de volontés, sans prendre cet engagement de concert avec qui que ce soit ; c'est un engagement pris envers quelqu'un, mais non avec quelqu'un. Or, dans la stipulation pour autrui, il y a engagement pris envers et avec quelqu'un : il y a convention. Seulement la prestation, au lieu d'être fournie au stipulant, sera exécutée envers un tiers. Peu importe au promettant ; sa promesse est bien contractuelle et absolument contractuelle (2). Le droit né au profit du

(1) Cf. la thèse de M. Champeau sur la *Stipulation pour autrui* nº 1265 et également la thèse de M. René Worms, sur la *Volonté unilatérale comme source d'obligation* (Paris, 1891) p. 114 suiv.

(2) On n'a pas été sans me reprocher cette distinction, qui se trouve d'ailleurs à peine esquissée au texte, entre la promesse purement unilatérale envers le bénéficiaire et la promesse à base contractuelle mais à engagement unilatéral de la part du promettant. On a pu dire, en effet, qu'il importait peu que le promettant prît cet engagement au moyen d'un contrat passé avec le stipulant, du moment que, dans ses relations avec le bénéficiaire, toute réciprocité de volonté faisait défaut : de là cette conclusion que, pour qui n'accepterait pas la théorie de l'offre, comme le fait la jurisprudence française, ou la théorie de la gestion d'affaires, comme le proposait M. Labbé, et comme le fait encore, après lui, M. Planiol (*loc. cit.*, nᵒˢ 1281 et suiv.), la seule explication intelligible et logique serait celle de l'engagement par voie unilatérale (cf. Planiol, *loc. cit.*, nº 1282 et la note¹. Cela revient un peu à la conception admise par certaines théories allemandes sur l'application à la stipulation pour autrui de la promesse unilatérale ; conception d'après laquelle l'opération devrait se dédoubler et se diviser en deux actes, un engagement contractuel envers le stipulant, engagement par lequel le promettant se trouverait astreint à s'obliger envers le tiers bénéficiaire, et en second lieu l'exécution par le promettant de cette dernière obligation, laquelle se réaliserait par un engagement, de caractère unilatéral cette fois, pris par lui envers le bénéficiaire.

Ce dédoublement m'a toujours paru en contradiction avec la réalité des faits, d'autant qu'avec le caractère abstrait que le droit allemand tend à donner de plus en plus aux promesses unilatérales, on en arriverait, peu à peu, à faire de l'engagement pris à l'égard du bénéficiaire une promesse abstraite, dégagée de sa cause initiale, et qui subsistât, par conséquent, alors même que le contrat entre les deux parties, promettant et stipulant, se trouverait annulé.

J'ai essayé de démontrer, il y a de cela quelques années déjà, dans un cours de droit civil approfondi, professé à Paris, en 1898-1899, que l'obligation, comme Brinz l'avait déjà si magistralement indiqué, se caractérisait surtout par son côté passif, en tant que responsabilité (*Haftung*), comme un engagement pris par soi-même, comme une responsabilité devenue de plus en plus indépendante, et détachée, soit de l'individualité qui l'a créée, c'est-à-dire du débiteur initial, soit du tiers au profit de qui elle puisse être invoquée, le créancier ; engagement sur quelqu'un, sur un tiers déterminé ou indéterminé bénéficiaire ne dériverait pas d'une simple promesse prise à son égard, il dériverait d'un contrat auquel il a été étranger ou, en d'autres termes, du fait d'autrui : la stipulation pour autrui constituerait bien une quatrième source de l'obligation ; or les principes rationnels du droit romain ne permettaient guère d'admettre une solution de cette nature. On en arrivait ainsi à cette conclusion forcée que le tiers ne pouvait acquérir de droit que par sa participation au contrat.

248. *Analyse du principe romain.* — Cette admission du tiers au contrat pouvait se concevoir de plusieurs façons. La plus simple avait été de décomposer la stipulation pour autrui en deux conventions, l'une ferme et déjà acquise, conclue avec le stipulant ; l'autre proposée au bénéficiaire et susceptible de se convertir par son acceptation en un second contrat passé avec ce dernier. Seulement, ce qui est au moins bizarre, c'est que cette offre faite au tiers n'est pas censée émaner de celui qui doit devenir son débiteur, de celui qui sera partie au nouveau contrat qu'on lui propose. Elle émane du stipulant, puisque c'est ce dernier qui, au lieu d'exiger que la prestation lui soit fournie, a désigné à sa place la personne du bénéficiaire ; le promettant n'y est pour rien. Il en résulte que l'offre est révocable, comme c'est la règle pour toute offre non encore acceptée, mais révocable ici au gré du stipulant et sans intervention de l'autre partie. Celle-ci, au contraire, n'a pas le droit de révocation. Tous ces résultats sont assurément bizarres (1).

Dans certains cas, cependant, on pourrait supposer que le promet-

peu importe, qui, dans ses éléments essentiels et constructifs, est tout aussi indépendant de la personne du créancier, que le droit de propriété, dans sa construction juridique, est indépendant des titulaires successifs qui aient le droit de l'invoquer. On peut donc très bien concevoir que l'on crée un engagement sur soi-même au profit, soit d'un créancier indéterminé, soit d'une personne future. En général, l'engagement par voie de volonté unilatérale est un engagement envers un créancier indéterminé, témoin la promesse de récompense. Or, cet engagement à créancier indéterminé, qui peut se créer par voie de promesse unilatérale, peut, a fortiori, se créer par voie de contrat passé avec une autre personne ; et la stipulation pour autrui est le procédé moderne de création contractuelle pour les engagements de ce genre.

Ce sont là de simples indications, qui demanderaient, pour être analysées à fond, de longues et minutieuses explications. J'ai voulu profiter uniquement de l'occasion qui s'offrait à moi, en attendant mieux, de jeter quelques idées, que je crois susceptibles de s'adapter à toutes les nécessités pratiques en matière d'assurances sur la vie. — Je reviendrai, d'ailleurs, sur tous ces points à propos des titres au porteur.

(1) V. Gareis, *Verträge zu Gunsten Dritter* (1873), p. 62 et suiv. — Vächter, *Pand.*, II, p. 390. — Cf. Windscheid, *Pand.*, § 316.

tant fût intéressé à la désignation du bénéficiaire et que, par suite, l'offre émanât de lui, tout autant que du stipulant ; il y aurait offre collective ; donc révocable du consentement seulement des deux parties. Certains auteurs voulaient généraliser cette présomption et l'admettre dans tous les cas ; c'est la théorie de l'offre collective (1).

En principe, la révocation est possible jusqu'à l'acceptation ; c'est la règle en matière de pollicitation. D'autre part, l'acceptation peut intervenir, dès que la pollicitation existe. Cependant, sur ces deux points, on peut concevoir quelques particularités spéciales à notre matière. Il peut se faire que les parties aient voulu subordonner le droit d'acceptation du tiers à une proposition expresse et directe à lui adressée ; jusque-là, elles se réservent le droit de changer la personne du titulaire. C'est là une question d'intention, laquelle se réfère au point de savoir quand il y a véritablement pollicitation ; celle-ci résulte-t-elle de la simple mention du tiers dans un contrat fait à son insu, résultera-t-elle d'un avertissement ultérieur émanant des parties ? C'est à la volonté de celles-ci qu'il faudra se reporter. En matière d'assurances sur la vie au profit d'un tiers, on sera très disposé à croire que la faculté d'accepter dépend d'une proposition directe émanant de l'assuré ; et même, la plupart du temps, cette proposition ne lui sera adressée, conformément aux volontés de l'assuré, qu'après décès de celui-ci, par la compagnie débitrice. Enfin, il va de soi, tant qu'on s'en tient à cette théorie d'une offre, soit unilatérale, soit collective, qu'on ne pourrait lui faire application des théories modernes du maintien obligatoire de l'offre pendant un certain délai que s'il y a eu proposition directe faite au tiers ; il faut, de toute nécessité, un acte formel adressé au tiers pour qu'à son égard les parties, ou même seulement l'une d'elles, puissent être liées dans une mesure quelconque (2).

D'ailleurs, même indépendamment de cette application de la théorie moderne sur le maintien obligatoire de la pollicitation, les Allemands n'éprouvaient aucun scrupule à maintenir la stipulation même après décès de l'une des parties ; l'offre était en quelque sorte incluse au contrat et subsistait, comme partie intégrante du contrat lui-même, tant qu'elle n'avait pas été révoquée. C'est au contraire le point qui chez nous a peut-être soulevé le plus de difficultés.

(1) Windscheid, § 316 a-1, note 5
(2) Stobbe, *Deuts.*, *Priv. R.*, III, § 172, note 32. — C'est ce qu'accepte le droit prussien *A. L. R.*, 1, 5, § 77.

Il a semblé toutefois que cette théorie d'une offre révocable,
bien qu'elle dût échapper, dans la majorité des systèmes, au danger
d'une révocation forcée par suite de décès, ne répondait pas toujours aux intentions des parties ; il peut se faire que celles-ci aient
entendu faire acquérir au tiers un droit ferme, indépendant de
toute acceptation de sa part : si elles l'ont voulu, l'ont-elles pu ?
Oui, disaient certains auteurs, à la condition de sous-entendre
une cession immédiate au profit du tiers (1) ; le stipulant acquiert
contre le promettant un droit qui passe directement sur la tête
du bénéficiaire. Le droit romain fournissait l'exemple de cessions
tacites ainsi réalisées, sans qu'il y eût, à proprement parler, concours de volonté. Mais la théorie se heurtait à de grosses objections pratiques ; car il est certain que le stipulant a entendu faire
acquérir au bénéficiaire un droit indépendant, né en sa personne et
distinct de celui qu'il a pu acquérir lui-même : imaginer une cession, c'est soumettre le cédant, ici le stipulant, à garantie, est-ce
possible (2) ?

249. *Principe moderne.* — Forcément la pratique devait en revenir à l'idée d'une acquisition du droit immédiate et directe au profit
du tiers (3). Non pas qu'il faille y voir, comme semble le dire le projet, un engagement sous forme unilatérale du promettant, celui-ci
ayant pris un engagement contractuel envers le stipulant et, comme
conséquence de celui-ci, un engagement unilatéral envers le bénéficiaire, engagement qui le lierait d'ores et déjà et qui rentrerait
dans les exceptions permises à l'article 342. Nous avons déjà dit en
quoi cette analyse de la convention nous semblait fausse. Ce qu'il
faut dire, c'est que la pratique et la science modernes se font de la
convention une idée différente de celle que s'en faisaient les Romains.
Les Romains s'en étaient tenus à l'idée d'un acte tout personnel, ne
pouvant produire effet qu'à l'égard des parties ; et cependant, si ces
dernières sont d'accord pour créer un effet juridique au profit
d'autrui, pourquoi le leur interdire, à condition, bien entendu, de
laisser le tiers libre de rejeter les effets du contrat, en ce qui le
touche personnellement ? En matière d'aliénation de la propriété,
le droit romain offrait l'exemple du legs *per vindicationem*, par

---

(1) Cf. Windscheid, *Pand.*, § 316 a-2.
(2) Sur l'évolution historique du droit romain en cette matière, voir
GIRARD, *loc. cit.*, p. 444-448.
(3) V. l'idée acceptée chez nous par Pothier par application de la loi 3,
Cod., de *Don. quæ sub. mod.* (Pothier, *Obligations*, n°* 71-72).

lequel la propriété, du moins d'après l'école sabinienne, est acquise à l'insu et sans la volonté du légataire (1), l'exemple du mandataire à qui l'on fait tradition à l'insu du mandant, et qui acquiert la possession, et par suite la propriété, au mandant, indépendamment de tout acte de volonté émanant de ce dernier et relatif à la prise de possession (2). Enfin, en matière d'acquisition de créances, on peut citer le legs *per damnationem,* en vertu duquel le légataire acquiert une action contre l'héritier du jour même de l'adition, et même à son insu (3). De même, un individu s'engage envers un autre ; il y a là une convention qui renferme tous les éléments nécessaires à la validité du contrat et le premier de tous, le concours des volontés. Or, le fait que promet le débiteur c'est de se considérer comme engagé envers un tiers ; on peut dire que l'objet du contrat c'est une obligation envers autrui. A moins de déclarer cet objet impossible ou illicite, il faut bien le déclarer efficace, puisque le contrat est valable en lui-même ; le déclarer efficace c'est dire que le débiteur est déjà engagé et il est engagé, non pas en vertu d'un acte unilatéral de sa volonté, mais en vertu d'un concours de volontés, donc l'obligation est déjà née sur sa tête. Si elle est née contre lui, il faut bien qu'elle soit née au profit de quelqu'un, au moins lorsque ce quelqu'un est déterminé. Ce quelqu'un ne peut pas être le stipulant, lequel n'a pas entendu devenir créancier personnel du fait promis, ce ne peut être que celui que les parties ont voulu constituer créancier de la prestation : l'obligation étant un engagement juridique de la part d'un individu envers un autre, on conçoit que cet engagement puisse être pris à l'insu de cet autre et que la loi consacre et sanctionne déjà cette promesse, lorsqu'elle n'est autre chose que l'objet d'une convention déjà formée et licite.

250. *Cas d'application de la stipulation pour autrui* (4). — Une

---

(1) L'analogie est très frappante pour l'époque où le testament, fictivement tout au moins, affectait la forme d'une véritable vente faite à l'héritier. Les legs étaient une charge de la *mancipatio* fictive, et cependant le légataire acquérait un droit immédiat du jour du décès. On peut faire le rapprochement avec le cas de donation avec charges. Cf. Gaius, II, 195. V. Accarias, *Précis* I, (éd. 1886), n° 379, p. 1025.

(2) Cf. Accarias, I (1886), n° 215, p. 543, n° 300, p. 781-782. Cf., p. 11, n° 587, et Labbé sur Ortolan, *Appendice* ix (éd. 1883, p. 873 et note 4).

(3) Accarias, I (1886), p. 1027.

(4) Cf. sur ce point Bufnoir, *Propriété et contrat*, p. 568-575. Cf. Planiol, n°ˢ 1283 suiv.

fois engagés dans celte voie, les auteurs en arrivèrent à déclarer qu'il n'y avait de contrats au profit d'un tiers, au sens propre du mot, que lorsque le tiers devait acquérir un droit immédiat du contrat lui-même. On distinguait donc la véritable stipulation pour autrui de la fausse (1) ; et la question était de savoir quels cas faire rentrer dans la première et quels cas dans la seconde, et surtout, dans le doute, laquelle présumer. Ce n'était pas assez, en effet, d'avoir proclamé la possibilité juridique d'une acquisition immédiate du droit au profit d'autrui, encore fallait-il indiquer dans quels cas il en serait ainsi. Il y eut certaines hypothèses sur lesquelles tout le monde fut d'accord, les législations, la jurisprudence et les auteurs. Nous avons déjà cité l'hypothèse de la cession de dette (*suprà*, n° 106) ; il en fut de même pour certaines dispositions relatives aux tenures de paysans (les *Bauerngüter*). Le père peut de son vivant les transmettre à ses descendants, en grevant la disposition qu'il fait à leur profit de certaines charges au profit d'autrui. Cette transmission entre vifs est traitée comme le serait une transmission par voie de testament et les bénéficiaires des charges imposées aux enfants acquièrent, à l'égard de ceux-ci, un droit immédiat, comme l'aurait un légataire à l'égard de l'héritier (2).

251. *Assurance sur la vie au profit d'un tiers* (3). — Mais le cas de beaucoup le plus pratique et le plus important fut celui de l'assurance, et en particulier l'assurance sur la vie. Lorsque celle-ci est faite au profit d'un tiers, on est généralement d'accord pour considérer le contrat comme rentrant dans la catégorie des contrats pour autrui au sens propre du mot (4), et pour le traiter comme

---

(1) Cf. Stobbe, *Preuss.*, *Priv. R.*, III, § 172. I *in fine* (p. 114). — Cf. Regelsberger, dans *l'Handbuch d'Endemann* II, § 250-III-B. (p. 473 suiv.). — Cf. Windscheid, § 316-2, et § 316-*a*-3. — Cf. la définition que donne Gareis du contrat en faveur d'un tiers : *Celui en vertu duquel le tiers, conformément à l'intention expresse des contractants, acquiert immédiatement un droit propre et indépendant* (Gareis : *Die Verträge zu Gunsten Dritter* 1873, p. 32). — Déjà, précédemment, Unger avait émis la même idée (V. Unger dans *Jahrb. f. dogm. X.*, p. 1 et suiv. 1869).

(2) Cf. Stobbe, *Deuts.*, *Priv. R,*, III, § 172, note 41 et V, § 323. V. citations d'arrêts dans Windscheid, § 316, note 15.

(3) Cf. BARDE ; *Obligations*, I, n°ᵉ 179 suiv. Voir PLANIOL, *loc. cit.*, II, n°ˢ 2169 suiv. et la Bibliographie au n° 2169.

(4) Cela même de la part de ceux qui, en matière de stipulation pour autrui, s'en tiennent au principe romain d'une offre exigeant acceptation ; de même le droit prussien, qui admet le principe romain en matière de stipulation pour autrui et qui cependant donne un droit immédiat au bénéficiaire du

tel ; non pas cependant que le tiers ait, du jour de la conclusion du contrat, un droit déjà irrévocable, car les parties sont libres de soumettre l'acquisition du droit au profit du bénéficiaire à tel délai ou à telle condition qu'il leur plaît, et il est d'usage en matière d'assurances de retarder jusqu'après le décès de l'assuré l'acquisition du droit au profit du bénéficiaire ; jusque-là, il est révocable, au gré de celui qui a stipulé l'assurance (1). Mais immédiatement, au décès de l'assuré, celui qui est indiqué comme dernier bénéficiaire, ou le porteur de la police, si celle-ci a été créée à ordre ou au porteur, acquiert un droit irrévocable et indépendant à la somme qui constitue le capital assuré. Le bénéficiaire n'a pas à donner son acceptation au contrat, car il ne s'agit pas d'une offre de contrat à lui adressée ; cette offre n'émane ni de l'assuré, ni de la compagnie débitrice, comme on l'a parfois proposé en France (2). Il s'agit d'un droit qui lui appartient par l'effet du contrat et dont l'acquisition était simplement soumise à une condition actuellement réalisée (3). Il suivra de là que la somme qui lui est garantie ne fait pas partie de la succession de l'assuré et que les créanciers de ce dernier n'y ont aucun droit (4). Il est vrai que, pour qu'il en soit

jour du décès en matière d'assurance sur la vie au profit d'un tiers. A. L, R., II, 8, § 2280.

(1) Cf. Stobbe, III, § 172, note 45.

(2) Cf. à cet égard une note remarquable de M. Thaller sur un arrêt de la cour de Besançon, du 8 mars 1887 (D. 88. 2. 1).

(3) C'est aussi la théorie qui se fait accepter en Italie : V. le remarquable traité de Vivante, *Le assicurazioni sulla vita* (n°º 191 et suiv.), (t. III de son traité du contrat d'assurance). La jurisprudence française se fixe également en ce sens : nos arrêts emploient, pour consacrer ce résultat, une formule un peu différente de celles qui sont usitées en Allemagne dans la doctrine. Ils parlent de rétroactivité de l'acceptation (V. le rapport de M. le conseiller Crépon, reproduit dans Sirey avec l'arrêt du 2 juillet 1884, qui a été le point de départ d'une évolution nouvelle de la jurisprudence de la Cour de cassation. *Sir.*, 85, 1, 5). Le meilleur résumé que l'on puisse lire de la théorie d'ensemble de la jurisprudence et de la doctrine française sur cette matière des assurances sur la vie, est la note magistrale insérée dans Sirey, à la suite d'une série d'arrêts rendus en 1888 (*Sir.*, 88. 1. 121). Sur la question qui nous occupe, V. spécialement à la note indiquée § III. Cette jurisprudence a été confirmée par un arrêt du 7 août 1888 (*Sir.*, 89. 1. 97). Cf. Bazenet, *de l'assurance sur la vie contractée par l'un des époux au profit de l'autre*, p. 13-41. Pour la jurisprudence belge, V. un arrêt important déjà cité plus haut en vue d'une autre question (*Cass. Belg.*, 21 juil. 1888. *Sir.*, 89. 4. 9). — Pour les arrêts plus récents voir les citations dans PLANIOL, *loc. cit.*, n°º 2193 suiv., principalement Cass. 22 juin 1891(Sir. 92, I, 181); et Cass. 9 mars 1896 (Sir. 97, I, 225).

(4) Il y eut, en faveur de cette opinion, une véritable campagne de Malss (V. *Zeitsch. f. Versicher, R.* II, p. 124 et suiv. et *Verhandl. des XVI*ten *deutsch-juristentages* (I, p. 142-144). Cf. un vœu conforme de la part du

ainsi, il faut qu'il s'agisse bien réellement d'un contrat en faveur
d'un tiers, c'est-à-dire de quelqu'un qui n'ait pas été représenté
au contrat par le stipulant lui-même (1). Aussi, est-on à peu près
d'accord pour reconnaître que, si l'assuré avait stipulé la somme au
profit de ses héritiers, il serait censé les avoir considérés comme
les continuateurs de sa personne; ceux-ci recueilleraient les sommes *jure hereditario*, donc le capital ferait partie de l'hérédité et
serait le gage des créanciers. Quelques auteurs proposent de traiter
dans tous les cas l'assurance sur la vie au profit d'un tiers comme
un contrat en faveur d'autrui au sens du droit allemand (2), ce qui
aurait pour effet de garantir, dans tous les cas, le capital aux héritiers, sans que les créanciers du défunt y eussent aucun droit.
Mais la jurisprudence allemande, comme la nôtre, se refuse à aller
jusque-là. Il faut citer à cet égard une importante décision du
4 juin 1886 qui a nettement formulé la distinction (3). Si l'assuré
a stipulé la somme au profit de ses enfants, ceux-ci sont des tiers
et il y a contrat pour autrui ; en dehors de cette désignation spéciale, il y aurait stipulation pour soi-même et en même temps pour
ses héritiers, ceux-ci considérés comme représentants de la per-

XVIᵉ congrès de juristes allemands (*XVIᵗᵉⁿ*, t. II, p. 101, p. 356): Cf. Stobbe,
Deuts. Priv. R. III, § 198, note 29. V. sur cette question, en ce qui touche la jurisprudence française, la note qui précède et l'arrêt du 7 août 1888
(*Sir.*, 89. 1. 97). M. Labbé, dans la note qui accompagne cet arrêt, accepte
la solution, mais conteste la théorie sur laquelle on l'appuie. Il n'admet
pas qu'il y ait un droit acquis en propre au bénéficiaire sans sa participation au contrat, et veut, pour que le bénéfice de l'assurance échappe aux
créanciers de l'assuré, que celui-ci ait agi comme gérant d'affaires du bénéficiaire. Nous répondrons, qu'en agissant de la sorte, l'assuré perdrait le droit
de révoquer sa vie durant, et que ceci est absolument contraire à l'intention
ordinaire des individus qui contractent une assurance sur la vie au profit d'un
tiers. — La réponse faite par M. Planiol, *loc. cit.* nᵒˢ 1281 et 1302, n'est
peut-être pas absolument concluante, lorsqu'il s'agit d'un droit acquis par un
gérant d'affaires à celui au profit de qui il a voulu le faire acquérir. Il sem-
blera difficile d'admettre qu'en pareil cas on puisse créer un droit révocable à
la volonté du gérant, celui-ci n'agissant que dans l'intérêt d'un autre et cet
autre ayant qualité pour se prévaloir du droit qui lui est acquis, dès qu'il se
trouve exister, et sans que personne puisse désormais lui en enlever le bénéfice.

(1) Cf. Predöhl, *Ueber Lebensversicherung*, dans *Zeits., f. Hand. R.*, t. 22,
p. 491-492. — König, *Versicherungsgeschäfte* dans l'*Handbuch d'Endemann*,
t. III, § 425, p. 826 et suiv.

(2) Cf. Rehfous. *Le contrat d'assurance en cas de décès* (*Genève*, 1887),
p. 24 et suiv., p. 94 et suiv.

(3) On la trouvera indiquée par Goldschmidt dans le compte rendu de l'ouvrage de Rehfous (*Zeits, f. Hand. R.*, t. XXXV, p. 288). — Distinction analogue est faite par la jurisprudence française ; on pourra établir à cet égard
une comparaison intéressante en se référant à l'importante note à laquelle
nous avons déjà renvoyé, dans *Sirey*, 88. 1. 121 (à la note, § III).

sonne. Du reste il est indifférent, ou à peu près, pour la solution de ces questions, de prendre parti sur la controverse relative à la nature du contrat d'assurance sur la vie. Qu'il s'agisse d'un contrat d'indemnité, d'une sorte de droit aléatoire, ou de l'achat d'un capital moyennant paiement d'un certain nombre de primes, les effets à l'égard du tiers bénéficiaire restent les mêmes (1).

252. En dehors de ces applications incontestées et de quelques autres analogues, on se demandait à quel signe reconnaître le véritable contrat pour autrui. Sans doute, tout le monde était bien d'accord pour admettre que les parties étaient libres de donner au contrat la physionomie et le caractère qui leur convenaient. Elles pouvaient faire de la stipulation au profit du tiers une offre proposée à son acceptation, autrement dit avoir fait une fausse stipulation pour autrui ; elles pouvaient avoir entendu conclure un véritable contrat en faveur d'un tiers et encore, dans ce cas, retarder à leur gré l'acquisition du droit au profit du bénéficiaire. Mais, dans le doute, y avait-il lieu d'établir une présomption et quelle présomption fallait-il faire prédominer ? La tendance était de se montrer favorable à l'extension du nouveau principe de l'acquisition du droit sans adhésion du tiers au contrat ; mais d'autres auteurs se refusaient à toute présomption de ce genre et considéraient que la solution dépendait des circonstances de chacun des cas en particulier (2).

253. *Système du projet.* — C'est dans cet état que la question se présentait aux auteurs du projet. Bien entendu, ils adoptent la possibilité d'une acquisition immédiate du droit au profit du tiers, sans que celui-ci eût pour cela à devenir partie au contrat. On peut donc par contrat conférer un droit immédiat à un tiers étranger à la convention ; il était difficile de contester, aujourd'hui, cette possibilité juridique. Mais le point délicat est de savoir quand les parties seront censées avoir voulu qu'il en fût ainsi et, au cas de doute, quelle sera la présomption admise. Sur ce point, le projet a reculé devant tout essai de réglementation ; il se refuse à toute présomption, et ce sera au tiers à prouver que le droit lui appartient par l'effet direct du contrat. Il semble donc

(1) Le Code civil al. a voulu prévoir le cas d'assurance sur la vie, et il en traite dans son art. 330.
(2) V. Stobbe, dans son compte rendu de l'ouvrage de Gareis (*Die Verträge zu Gunsten Dritter* dans la *Revue de Goldschmidt*, t. XIX, p. 302-304).

qu'un tel système laisse substituer toutes les difficultés antérieures ; les motifs essaient bien d'atténuer la critique, en disant que, dans la plupart des cas, la preuve sera faite, car pour les hypothèses les plus importantes, il y a un droit traditionnel à cet égard et des usages constants (1). Cela est incontestable, sans doute, pour les quelques cas particuliers dont nous avons parlé, mais pour beaucoup d'autres règne l'incertitude sur les caractères et les effets du contrat. Le système du projet n'est pas de nature à la faire disparaître (2), d'autant plus que, si le tiers ne réussit pas à faire cette preuve, on ne nous dit pas comment il y aura lieu de traiter le contrat. Il reste plusieurs théories possibles : laquelle admettre ? Celle de l'offre pure et simple n'exigeant plus que l'acceptation unilatérale du bénéficiaire, ou bien celle du droit prussien qui exige encore une nouvelle proposition des parties contractantes adressée au tiers, donc qui subordonne le droit de ce dernier à un nouveau consentement des contractants ? Toutes ces combinaisons sont permises, et ce sera par conséquent à celui qui invoquera l'une d'elles à faire sa preuve (art. 412 ; C. civ. al., art. 328).

254. Plaçons-nous maintenant en présence du véritable contrat en faveur d'autrui, celui dont l'effet propre doit être de créer un droit au profit d'autrui, sans qu'il soit besoin de l'adhésion ou de la participation de ce dernier. Quels vont en être les effets ? Cons-

---

(1) On trouvera dans l'article 512 du projet une application intéressante du contrat en faveur d'autrui. Voici de quoi il s'agit. Contrairement au droit prussien qui fait du droit du preneur un droit réel, contrairement aussi au droit français qui, sans en faire un droit réel, le déclare opposable aux successeurs à titre particulier du bailleur, mais conformément au droit romain, en vertu duquel l'acheteur n'était pas obligé de respecter le droit du locataire, le projet venait d'admettre, sauf une très légère modification (V. Motifs, II, p. 383), le principe du droit commun que « Vente rompt bail », *Kauf bricht Miethe*, article 509 (nous disons : vente passe bail) (Cf. Bernhöft dans *Bekker-Beiträge*, fasc. 12, p. 72).Dès lors on peut prévoir le cas où l'acheteur s'engagerait, au moment de la vente, à respecter le bail ; souvent même le vendeur ne consentira à l'aliénation que sous cette condition ; or, l'article 512 voit dans cette promesse de l'acheteur prise envers le bailleur, **m**ais au profit du locataire, un véritable contrat en faveur d'autrui auquel on devrait appliquer les articles 412 à 416. Cf. mon étude sur les contrats particuliers, n° 34 (*Bulletin*, 1889, p. 616). — Tout ceci a été complètement modifié dès le second projet, qui a rejeté le principe romain, pour adopter lé principe français du maintien du bail. Et cette disposition a passé dans le Code civil al. (art. 571). De là le nouveau texte de l'art. 578, qui correspond à l'art. 512 p¹.

(2) Cf. Gierke, dans la *Revue de Schmoller*, t. XIII, p. 213-214. — Cf. Bähr, *Beurtheilung des Entwurfs* (tirage à part¹, p. 60-61. — Seuffert, dans *Bekker-Beiträge*, fasc. 11, p. 69-70.

tatons tout d'abord que, lorsque le droit stipulé au profit du bénéficiaire doit lui être acquis directement par l'effet propre du contrat, on présume tout naturellement que cette acquisition doit être
immédiate. Mais cette présomption n'est pas forcée et les parties
peuvent en avoir décidé autrement ; elles sont libres, et entre autres
elles peuvent avoir subordonné cette acquisition directe à tel délai
ou à telle condition qu'il leur plait d'établir (art. 413 ; cf. C. civ. al.,
art. 328) ; nous avons déjà cité l'exemple de l'assurance sur la vie
au profit d'un tiers. Il faut en conclure que, si le droit a été stipulé
au profit d'un tiers non encore né, la stipulation est valable, puisque les parties peuvent toujours subordonner l'acquisition du droit
à un délai et à une condition, et ici elle se trouve subordonnée au
fait de la naissance ; c'est une condition sous entendue et forcée.
La question a son importance en matière d'assurances sur la vie, si
le capital doit être versé aux enfants nés et à naître.

255. *De la révocation.* — Il résulte du principe de l'acquisition
directe que, logiquement, le droit une fois né, il doit être irrévocable et que, inversement, tant qu'il n'est pas acquis, il peut être
révoqué. Cette dernière solution allait de soi : on peut toujours empêcher la naissance d'un droit qui n'existe encore au profit de personne. Mais le principe de l'irrévocabilité du droit, même une fois
acquis, pouvait donner lieu à quelque hésitation ; car, du moment
qu'il s'agit d'un droit acquis au bénéficiaire sans que celui eût
rien stipulé, le bénéficiaire ne peut l'acquérir que dans les conditions où l'on a entendu le lui faire avoir, et, par conséquent, à
l'état de droit révocable, si on a voulu lui donner ce caractère. Il
n'y a pas d'incompatibilité entre le fait d'une acquisition déjà
réalisée et la possibilité de révocation. Nous en avons la preuve
dans Pothier qui admettait l'acquisition directe et, cependant, paraît se ranger à l'opinion des auteurs qui accordent encore le droit
de révocation, tant que le tiers n'a pas accepté (1). Nous en avons
la preuve, également, dans la façon dont certains interprètes de l'article 1121 du Code civil concilient le droit de révocation. subsistant
jusqu'à l'acceptation du bénéficiaire, et le principe de l'acquisition
directe. Tout dépend d'une question d'intention, et par suite
d'une question de présomption. Certains auteurs allemands présumaient la révocabilité, le projet présume l'irrévocabilité ; et la base

---

(1) Très bonne discussion à ce sujet dans Pothier, *Obligat.*, n° 73. Cf. Bufnoir, *loc. cit.*, p. 579, p. 581 et suiv.

de la présomption est que, les parties ayant entendu faire acquérir un droit dont un tiers devint titulaire même à son insu, il est naturel que ce droit fût considéré comme un droit ferme, assimilé à tout autre droit entré dans le patrimoine ; car il est de principe que les droits, en général, ne sont pas révocables *ad nutum* (1). Cette présomption d'irrévocabilité existe par le seul fait que le droit est né, donc peu importe qu'il soit né subordonné à un terme ou à une condition : mais encore faut-il qu'il soit déjà né au profit de quelqu'un. D'où il faut conclure que le droit, stipulé au profit d'un individu non encore conçu, reste révocable, tant que le titulaire n'existe pas en tant que personne capable de droits (cf. art. 331, C. civ. al.).

256. Enfin, il suit de ce système que le projet n'avait pas à parler d'acceptation du tiers. L'acceptation n'est indispensable que pour ceux qui voient dans la stipulation pour autrui une offre faite au tiers, ou encore pour ceux qui laissent subsister la révocabilité même après acquisition du droit. Il faut bien mettre un terme à cette révocabilité ; et alors ce terme forcé sera l'acceptation du bénéficiaire. Il va de soi que les parties pourront donner à leur stipulation ce dernier caractère ; mais il ne suffirait pas, pour qu'il en fût ainsi, qu'elles se fussent contentées d'exiger acceptation formelle, car cette clause, outre le premier sens que nous venons d'indiquer, peut encore s'interpréter de deux autres façons : d'abord comme impliquant une offre, ce qui laisserait subsister le droit de révocation ; la naissance du droit serait alors subordonnée à l'adhésion du tiers au contrat, et ceci, outre la révocabilité, présente d'autres intérêts pratiques, comme par exemple, en matière d'assurance sur la vie, au point de vue du droit des créanciers sur le capital assuré. Comme celui-ci ne peut passer sur la tête du bénéficiaire

(1) Cf. Pothier résumant l'opinion de. Fachinæus *Controv.*, VIII, 89), dans son *Traité des obligat.*, n° 73 : « *Si liberalitati hæc adjici conditio potest ad alterius utilitatem, ita ut ei competat utilis actio, sicut docet L. 3 Cod. (De donat. quæ sub mod.), non video, quo pacto donator possit auferre jus actionemve illi, cui eam acquisivit. Quid enim aliud egit, nisi ut et in eum liberalitatem exerceret ? Quod ergo semel placuit, amplius displicere non debet. Quod donatum est, non debet sine justa causa revocari.* » (Fachin., *Controv.*, éd. Lyon, 1609, p. 1662). Voir bonne discussion sur ce sujet dans Ant. Perezius, lequel, d'ailleurs, se décide pour l'opinion opposée à celle de Fachinæus, donc en faveur du droit laissé au stipulant de révoquer jusqu'à ce qu'il y ait acceptation, *Perez, prælectiones in XII libros Codicis in lib. VIII, tit. LV*, § 7, éd. 1661, *II, p.* 124). — On trouvera tout cet historique fait de main de maître dans la thèse de M. Lambert.

que par son acceptation et que cette dernière n'est pas une condition mise à la fixation d'un droit déjà né, mais un élément du consentement nécessaire pour que ce droit ait une existence quelconque, l'acceptation ne peut être rétroactive. Puis, il y a une dernière façon de concevoir l'acceptation : elle peut avoir été considérée comme une véritable condition, affectant le droit déjà acquis, en tant que droit conditionnel, au bénéficiaire, et dans ce cas, d'après le système du projet que nous avons précédemment exposé, il n'y aurait même plus de révocation possible (1). Ce sera aux intéressés qu'il appartiendra de prouver ce que les parties ont entendu faire, lorsque l'on contestera la présomption d'irrévocabilité de l'article 414 (2).

257. *Refus du tiers* (art. 415 ; C. civ. al., art. 333). — Si le droit stipulé au profit du tiers n'a pas besoin pour naître de l'acceptation de ce dernier, il ne peut cependant lui être acquis malgré lui, et le tiers peut toujours le rejeter ; c'est un droit soumis à une sorte de condition résolutoire. Et, en tous cas, cette abdication du bénéficiaire aura effet rétroactif et le droit sera censé n'être jamais entré dans son patrimoine.

258. *Des exceptions opposables au tiers* (art. 416 ; C. civ. al., 334). — Il résulte du principe admis que le débiteur pourra opposer au bénéficiaire toutes les exceptions nées du contrat, c'est-à-dire concomitantes à sa formation ou relatives à son exécution.

---

(1) Cf. Windscheid, § 316-3°.

(2) Le Code civil al. a établi certaines règles un peu moins vagues, et qui visent surtout le cas de l'assurance sur la vie, dont il parle d'ailleurs expressément dans l'art. 330. Mais il ajoute, en outre (art. 331), que, lorsque la prestation ne doit être faite qu'au décès du stipulant, le droit ne naît au profit du bénéficiaire qu'au jour du décès. Au moins en est-il ainsi au cas de doute sur l'intention des parties. On a voulu, par voie de présomption légale, et à moins de preuve contraire, écarter l'idée d'une offre qui exigerait encore l'acceptation du tiers bénéficiaire et écarter, d'autre part, l'idée d'un droit direct qui naîtrait à l'état de droit irrévocable du vivant même du stipulant. On a voulu, lorsque la prestation est reculée au décès de ce dernier, que celui-ci gardât le droit de révocation : le droit ne se fixe sur la tête du bénéficiaire qu'au décès du stipulant.

Et enfin le même art. 331 prévoit le cas où la stipulation serait faite au profit d'une personne future : et il se place dans l'hypothèse où ce bénéficiaire ne serait pas encore né au décès du stipulant. On enlève le droit de révocation : le droit est enlevé, soit aux héritiers du stipulant, soit au promettant. Celui-ci reste lié, bien qu'il n'y ait encore aucun créancier qui puisse être le titulaire actuel de son engagement. C'est la consécration légale des idées exposées en note sous le n° 247.

Rien n'est plus logique, puisque le droit acquis au tiers dérive du contrat et qu'il doit suivre le sort du contrat ; de même l'obligation du débiteur, vis-à-vis du tiers, dérivant de la convention passée avec le stipulant, reste soumise aux conditions ordinaires des contrats synallagmatiques. Par exemple, elle a pour équivalent la contre-prestation promise par le stipulant ; si celui-ci n'exécute pas, le débiteur pourra opposer au tiers lui-même l'*exceptio non adimpleti contractus*. On appliquera cette solution en matière d'assurances sur la vie au cas de non-paiement des primes par l'assuré ; la compagnie débitrice pourra invoquer l'exception.

Cette solution ne s'appliquerait plus aux exceptions nées postérieurement à la formation du contrat et non relatives à son exécution ; le tiers a un droit acquis, indépendant du fait du stipulant, et, par conséquent, son droit ne serait pas atteint en principe par les exceptions nées après coup du chef du stipulant. Cette observation s'appliquera à la compensation, surtout dans le système du projet, où la compensation, pour être opposable, suppose absolument deux dettes existant entre les mêmes personnes ; le débiteur ne pourrait donc pas opposer en compensation au tiers ce que lui doit le stipulant. Pour d'autres exceptions, il pourrait parfois y avoir lieu à discussion ; le projet n'a pas cru devoir entrer dans les détails, il suffit du principe qu'il a posé pour faire face à toutes les difficultés (1).

259. *De la promesse dégagée de sa cause et de la reconnaissance de dette*. — Nous détachons de la série des contrats particuliers, pour en parler à propos de la théorie générale des sources de l'obligation, la promesse abstraite et la reconnaissance de dette. Ce sont là des formes de contracter que peuvent revêtir les conventions les plus diverses et qui n'établissent pas entre les parties des relations juridiques réciproques, caractérisées par le but spécial que celles-ci ont en vue d'atteindre. Par définition, et par cela seul qu'elles ne révèlent pas leur cause juridique, elles échappent à la qualification de contrat particulier, puisqu'elles ont précisément pour but de ne laisser apparaître qu'une partie des résultats qu'on a voulu obtenir et de rejeter tout caractère propre et distinct. Il s'agit donc bien ici encore d'étudier les effets spéciaux à toute une catégorie de conventions qui se ca-

(1) Cf. Regelsberger, dans l'*Handbuch* d'Endemann, t. II, p. 478 ; et surtout voir le commentaire de Planck sur l'art. 334 C. civ. al.

chent sous une forme abstraite ; et cette matière rentre forcément dans la partie relative aux effets des contrats. Nous en dirons autant des obligations souscrites sous la forme au porteur, lesquelles ne sont qu'une application de la promesse abstraite dont nous allons parler (1).

260. *Promesse abstraite* (2). — Nous touchons ici à la grave question de savoir si l'on devait admettre, en droit moderne, la validité du contrat unilatéral dégagé de sa cause juridique, conclu sous la forme d'une promesse donnée sans indication du pourquoi l'on s'engage, ni du but juridique immédiat en vue duquel on la prend. Cette promesse abstraite sera-t-elle valable en cette forme, ou bien sera-t-elle nulle ? Nulle, non pas en ce sens que l'absence de cause indiquée suffise à la faire annuler ; la mention de la cause, et par suite la désignation du contrat particulier que les parties ont voulu conclure, ne saurait être exigée comme formalité indispensable pour la validité de l'obligation ; mais nulle en ce sens que la promesse abstraite, à elle seule, ne suffirait pas à obliger celui qui l'a prise, si la cause, qui l'explique et la caractérise, au point de vue juridique, ne peut être préalablement prouvée. La déclarer valable comme telle, ce serait, au contraire, admettre que la volonté de s'obliger est suffisamment manifestée par l'engagement pur et simple du débiteur et que, sur ce seul fondement, le créancier peut le poursuivre, sans avoir à prouver la cause juridique de sa promesse.

Il s'agit, bien entendu, de promesse acceptée par le créancier, donnée, par conséquent, sous forme de contrat ; et il ne saurait être question de l'offre obligatoire par elle-même, dont nous avons parlé sur l'article 342 (V. *suprà*, n° 142).

Le débiteur a donc promis de payer, ou souscrit un billet par lequel il s'engageait pour une somme déterminée : cela suffit-il pour qu'on puisse le poursuivre ? C'est là, sous sa forme pratique, la promesse abstraite proprement dite. Il y avait, à cet égard, deux questions à résoudre : cette promesse en soi serait-elle valable ; et, en second lieu, quand y aurait-il promesse abstraite proprement dite, permettant ainsi au créancier de poursuivre, sans avoir à prouver la cause ?

---

(1) Cf. Brinz, *Pand.*, § 248. — Gierke, *Revue de Schmoller*, t. XIII, p. 220.

(2) Cf. Hachenburg, *Das bürgerliche Gesetzbuch für das deutsche Reich* (*Vorträge*), p. 319 suiv.

261. *Historique.* — Le droit romain fournissait, à coup sûr, l'exemple le plus saillant d'un contrat abstrait, valable indépendamment de la cause qui pût lui servir de fondement ; ce contrat était la *stipulatio* (1). Non pas que la stipulation fût toujours et forcément un contrat qui ne laissât apparaître aucun des rapports réciproques des parties entre elles (2) : le contraire est suffisamment prouvé par la *stipulatio debiti*, et par l'usage, qui se développa de plus en plus, de formules écrites dans lesquelles le débiteur indiquait à la fois ce qu'il promettait et pourquoi il le promettait, donc le *negotium juris*, ou autrement dit la cause juridique en exécution de laquelle intervenait la stipulation (3). Mais en réalité ces développements et ces explications n'étaient pas de l'essence de la stipulation, bien loin de là. Et même, là où ces détails apparaissaient dans la formule, ils avaient pour but de préciser le contenu de l'obligation et d'en caractériser l'objet, non

---

(1) Liebe, dans son ouvrage magistral sur la stipulation (Liebe, *Die Stipulation und das einfache Verprechen*, 1840), parle bien de la cause de la stipulation, en ce sens que, suivant lui, la stipulation constituant un acte créateur de droit au profit d'autrui, on lui appliqua la théorie de l'enrichissement sans cause. Ceci est parfaitement exact comme résultat pratique, mais mal présenté au point de vue théorique ; car, lorsqu'on pose la question de savoir si la cause est un élément essentiel de la promesse, cela revient à savoir si celle-ci, pour être efficace, exige la preuve préalable de la cause, auquel cas cette preuve incomberait au créancier. Or Liebe n'admet rien de semblable ; il se contente de constater l'application, soit de l'*exceptio doli*, soit de la *condictio sine causa* (*condictio indebiti, condictio sine causa promissi*) à la matière de la stipulation, ce qui est reconnu par tout le monde. Et, dans tous ces cas, la preuve du défaut de cause incombait au défendeur. — V. dans Savigny la réfutation des idées de Liebe sur la *causa stipulationis* (Savigny, *Obligat.* (trad. franç.), § 78, t. II, p. 415 et suiv.). — Liebe reconnaît donc, comme tout le monde, que la force obligatoire de la stipulation dépend de la forme qui l'accompagne ; seulement il voit plus juste que bien d'autres, en considérant cet effet attaché à la forme comme le résultat de l'intention présumée des parties, en ce sens que les solennités employées faisaient présumer l'absolue volonté du débiteur de s'engager, quoi qu'il arrive, indépendamment de toute autre circonstance (Cf. Liebe, *Stipulation*, §§ 6 et 7 ; cf. Bähr, *Anerkennung*, § 6). Si donc aujourd'hui, ajouterons-nous, les parties manifestent une volonté semblable, bien qu'elles n'aient plus à leur service aucune formule légale pour l'exprimer, il n'en faudra pas moins donner effet à leur intention. Cette façon d'interpréter le caractère de la stipulation romaine est certainement plus exacte que celle qui fait dépendre la valeur obligatoire de la pure formalité, indépendamment de toute interprétation de volonté, et qui, par conséquent, n'attache cet effet qu'aux contrats formels, c'est-à-dire ne permet plus aux parties, en droit moderne, de s'engager par voie de promesse abstraite en dehors des cas de contrats formels acceptés par la loi. C'est l'opinion de Brinz, par exemple (cf. Brinz, *Pand.*, II, § 248, notes 26-32).

(2) V. Salpius, *Novation und Delegation*, p. 214 et suiv.

(3) V. Salpius, *loc. cit.*, p. 219 et suiv.

d'en faire dépendre la validité de la cause elle-même ; la *causa* restait distincte de la *res*. Il est vrai que le caractère abstrait du contrat est considéré, en général, par les interprètes comme une conséquence de la forme solennelle par laquelle se manifestait la volonté des parties, expliquant par là que celle-ci fût considérée comme ayant une existence suffisamment sûre et caractérisée en dehors de toute analyse psychologique plus pénétrante. Les parties s'étaient servies d'une formule solennelle qui imprimait, à elle seule, à leur volonté un caractère de nécessité qui paraissait absolu et dispensait de chercher plus avant. Aussi, a-t-on prétendu, et c'était logique pour qui raisonnait comme nous venons de le faire, qu'avec la disparition des formes, il fallait en revenir à exiger la justification d'une cause légitime d'obligation, et que, d'ailleurs, les Romains en étaient arrivés là, le jour où le simple billet remplaça la formule orale de la stipulation. On cite à l appui quelques textes, célèbres par les discussions auxquelles ils ont donné lieu, et, en première ligne, le plus connu de tous, la loi 25, § 4, D. (*de Probat.*), 22. 3. Partant de là, on en vient à cette conséquence que le droit moderne, auquel les contrats formels étaient en principe étrangers, devait ignorer la promesse abstraite, sauf dans les cas spéciaux où elle serait admise par la loi, comme en matière de lettre de change. En dehors de ces hypothèses strictes, dans lesquelles certaines formes rigoureuses rappellent encore l'ancienne stipulation, ·les parties ne pourraient pas, à leur gré, déclarer qu'il y a dette, et l'une d'elles s'engager à payer·purement et simplement, abstraction faite de l'origine de la dette. C'était l'opinion dominante, considérée comme la solution du droit commun, autrement‿dit celle qui ressortait des principes du droit romain ; chose bizarre, c'est en partant d'une législation qui avait produit le contrat abstrait par excellence, qu'on arrivait à nier l'existence juridique de celui-ci en droit moderne (1).

262. Il suffisait, cependant, pour faire justice de cette prétendue corrélation entre la solennité des formes et le caractère abstrait de la dette, de rappeler le système romain en matière de tradition. Celle-ci est une convention de transfert (2), jointe à la remise de la possession et valable par cela seul que les parties sont d'accord

---

(1) V. surtout Brinz, *Pand.*, II, § 248, note 28.
(2) Non un contrat au sens romain du mot (cf. Pernice, *Parerga*, dans *Savigny Stiftung* (*Rom. Abt.*), t. IX, p. 202-203).

sur le but immédiat qu'elles veulent atteindre, sans qu'il y ait à se préoccuper de savoir si elles le sont sur l'acte juridique en vertu duquel elles procèdent au transfert (1). Et cependant la tradition n'est pas un acte solennel ; c'est un acte par lequel on dispose d'un droit, indépendamment de toutes formes de rigueur. Pourquoi ne pourrait-on pas aussi vouloir créer un droit de créance en vertu d'un acte juridique que l'on veuille laisser dans l'ombre, pour s'en tenir au but immédiat que l'on cherche, la création de l'obligation ? La stipulation fut le moule juridique mis à la disposition des parties pour y parvenir ; et rien ne prouve qu'à la dernière époque du droit romain, lorsqu'il s'agissait de billets relatant une stipulation, on eût exigé pour leur validité mention de la cause.

Le texte de Paul sur lequel on s'appuie a été tellement défiguré par les compilateurs de Justinien, qui l'ont corrigé au moyen de passages presque textuels d'une loi du Code (2), qu'il est difficile de savoir au juste quelle en est la valeur. Ce qui est tout au moins certain, c'est qu'il y est question d'une des variétés de la *condictio sine causa*, celle que l'on a appelée quelquefois la *condicio indebiti promissi* : il s'agit de celui qui a fait une promesse indue et qui intente une *condictio* pour obtenir sa libération. Le jurisconsulte traite de la question de preuve et nous annonce que la solution sera différente de celle qui est donnée pour le cas de *condictio indebiti* proprement dite (*condictio indebite promissi* opposée à la *condictio indebite soluti*). Lorsqu'il s'agit de paiement indu, celui qui intente la *condictio* doit prouver le défaut de cause, ici l'inexistence de la dette ; lorsqu'il s'agit de la *condictio sine causa promissi*, c'est le créancier qui devra prouver que la stipulation que l'on atta-

---

(1) Cf. Accarias, I, n° 226, et développements dans Ihering, *Geist des Röm. Rechts*, § 55, III, p. 210 et suiv., et note 267 (trad. Meulenaere, éd. 1888 ; IV, p. 203 et suiv., note 298). Girard, *loc. cit.*, p. 292, note 3.

(2) V. L. 13, Cod. (4. 30). « Generaliter sancimus, ut si quid scriptis cautum fuerit pro *quibuscumque pecuniis ex antecedente causa descendentibus*, *eamque causam specialiter promissor edixerit*, non jam ei licentia sit *causæ probationem stipulatorem exigere, quum suis confessionibus acquiescere debeat*, nisi certe e contrario per apertissima rerum argumenta scriptis inserta religionem judicis possit instruere, quod in alium quemquam modum, et non in eum, quem cautio perhibet, negotium subsecutum sit, etc. » — Cf. L. 25, § 4, D. (22, 3) : « Sed hæc, ubi de *solutione indebiti* quæstio est. Sin autem cautio indebite exposita esse dicatur *et indiscrete loquitur*, tunc eum, in quem cautio exposita est, compelli debitum esse ostendere, quod in cautionem deduxit ; *nisi ipse specialiter, qui cautionem exposuit, causas explanavit, pro quibus eamdem conscripsit. Tunc enim stare eum oportet suæ confessioni, nisi evidentissimis probationibus in scriptis habitis ostendere paratus sit, sese hæc indebite promisisse*. — Cf. Salpius, *Novation und Delegation*, p. 300 et suiv.

3ᵉ édition.   19

que avait une cause, que, par conséquent, la dette qu'on a voulu couvrir par ce procédé existait (1). Tout ceci a pu être compliqué par les dispositions spéciales à la théorie de l'*exceptio non numeratæ pecuniæ* et de la *condictio* qui s'y référait (2). En tous cas, on finit par décider que le créancier n'aurait plus cette preuve à faire, lorsque le billet signé du débiteur porterait mention de la cause en vertu de laquelle il sera procédé à la stipulation, et que le débiteur qui a promis et fait cet aveu dans le billet qui constate sa promesse serait lié par cette déclaration, sauf à lui à faire la preuve contraire. C'est cette distinction qui fut introduite, sous une forme et dans un latin très reconnaissables, dans le texte de Paul. Dans tout cela il est question de l'exercice de la *condictio sine causa*, par laquelle on veut faire annuler un billet que l'on prétend souscrit à faux (3) : on ne nous dit pas ce qui se passerait si c'était le créancier qui, en se prévalant du billet souscrit, voulût poursuivre celui qui l'a signé Serait-il encore, au cas de *cautio indiscreta*, obligé à faire la preuve de la cause que doit avoir la stipulation mentionnée au billet? Les textes cités ne le disent pas. Sans doute, il devrait faire cette preuve dans les cas d'application de l'*exceptio non numeratæ pecuniæ* ; mais, ces cas à part, y serait-il obligé ? Rien ne le prouve ; et même la théorie de l'*exceptio non numeratæ pecuniæ* démontre suffisamment que la stipulation, prou· vée au moyen même d'une *cautio indiscreta*, reste obligatoire par elle-même sans autre preuve, puisqu'il faut une *exceptio*, c'est-à-dire un moyen d'attaque indirect, pour obliger le créancier à prouver la dette antérieure. Donc, tout au moins lorsqu'il s'agit de billets probatoires, constatant l'existence d'une stipulation, sans relater la cause qui la justifie, les textes qu'on invoque sont insuffisants à établir l'obligation pour le créancier de prouver la cause de la dette antérieure à la stipulation elle-même. Peut-être est-il moins facile de les écarter, lorsqu'on pose la question, non plus sur la stipulation, mais sur la reconnaissance écrite (4) ; ce n'est pas le point dont nous nous occupons en ce moment.

Les romanistes se trouvaient donc battus sur leur propre terrain, celui des textes. Tout au moins, la valeur de ceux qu'ils invoquaient était-elle fort contestable. Dès lors, c'était au point de vue purement

---

(1) Cf. Salpius, *Novation und Delegation*, § 47, p. 291 et suiv

(2) Cf. Accarias, *Précis*, t. II, nos 582-583.

(3) Cf. Windscheid, § 318, note 4.

(4) Cf. Windscheid, § 412 *b*, note 2.

rationnel que la question devait se poser. Toute promesse, en soi, a
une cause ; si les parties veulent n'en pas tenir compte, ou tout au
moins décident qu'il n'en sera pas tenu compte au point de vue de
la validité du contrat, le peuvent-elles ? Cela revient à la question
de savoir si l'expression certaine du consentement, indépendante du
motif qui l'explique, constitue un consentement suffisant à former
le contrat : le pourquoi l'on s'oblige est-il partie intégrante de la
volonté de s'obliger, à ce point que celle-ci soit sans valeur si l'on
n'est à même d'en apprécier la cause, élément essentiel du consentement ? Telle est la question (1). Cela devient un problème d'analyse psychologique. Voici ce que l'on peut répondre au point de
vue juridique : celui qui promet ce qu'il croit déjà devoir, et qui
consent à ce que l'examen ne porte plus sur la réalité de cette
dette antérieure, consent à assurer la sécurité de son créancier, et
abandonne le droit de contester la dette primitive, il fait donc une
sorte de transaction. Or, on peut toujours transiger sur un droit
que l'on peut avoir quelque raison de croire incertain ; ainsi inter-
prété, le consentement en pareil cas est absolument valable, indépendamment de toute autre analyse psychologique plus profonde.
Cette manière de voir répond aussi à l'objection, émise cette fois
sur le terrain juridique, consistant à dire que cette nouvelle promesse, à moins d'être une donation, n'est que l'aveu, ou peut-être
la confirmation, d'une dette antérieure. Or, avouer ou confirmer une
dette n'équivaut pas à devenir débiteur : c'est violer la loi que
reporter la dette au second contrat ; elle date du premier (2).
Tout cela est inexact : nous venons de montrer que la seconde promesse constituait un second contrat, bien différent du premier, et
duquel naît une obligation absolument distincte et nouvelle. Restera le droit, pour le promettant, d'attaquer sa promesse sur le terrain de l'enrichissement sans cause, au moyen d'une *condictio*.
Tout en ayant renoncé à ce qu'on discutât la cause, il ne peut avoir
voulu rester débiteur au cas d'inexistence absolue de la dette. Il
en est ainsi de toute transaction ; il en sera de même également si
la seconde promesse couvre une dette illicite ; on ne transige pas
sur les matières qui touchent à la morale ou à l'ordre public.
Comme on le voit, la promesse abstraite restera susceptible d'être
attaquée et annulée par le procédé des *condictiones* ; jusque-là, et

(1) Cf. Windscheid, § 318, note 3.
(2) Cf. Timbal, *De la cause* (thèse), p. 304-311.

en soi, elle reste valable et donne au créancier, sans autre preuve, le droit d'agir contre celui qui l'a souscrite (1).

263. *Doctrine et jurisprudence.* — Le caractère transactionnel contenu dans la promesse abstraite, et qui, à notre avis, lui fournit sa base juridique, est surtout très apparent dans les règlements de compte ou arrêtés de compte ; les parties déclarent s'en tenir au solde, sans qu'on ait à revenir sur les éléments du compte et à les discuter. Aussi la jurisprudence allemande validait-elle sans hésitation la promesse abstraite donnée sous cette forme, et même était-elle tentée d'attribuer ce caractère de règlement de compte à d'autres hypothèses de promesses ou reconnaissances de dettes, qu'elle ne se serait pas crue autorisée à valider sans ce détour. Mais c'est surtout en matière commerciale que l'application des théories nouvelles sur la promesse abstraite gagnait du terrain et devenait incontestée (2). En matière de lettres de change, tout le monde était d'accord, et sur ce terrain, adversaires et partisans de la promesse abstraite se trouvaient unis, puisque, de l'aveu de tous, il y a là un contrat formel ; déjà, les romanistes les plus rigoureux acceptaient les effets de l'ancienne stipulation en matière de contrats solennels. On finit par l'admettre aussi au cas d'assignation commerciale (*Anweisung*) (3), laquelle n'est autre qu'une variété de la délégation ; nous avons eu déjà l'occasion d'en parler (cf. *suprà*, no 83). Mais la doctrine, sauf quelques savants d'avant-garde, était peu tentée d'accepter une absolue généralisation de ces principes (4). Cependant, la question fut discutée au neuvième congrès des jurisconsultes allemands en 1871 ; et, sous l'influence d'Ihering (5), on formula le vœu que la promesse abstraite devait être acceptée. On trouvera le compte rendu de la discussion publié par M. Bufnoir, dans le *Bulletin de la Société de législation comparée*, et par M. Rivier, dans la *Revue de droit international* (6).

---

(1) Dans le sens de l'opinion émise au texte, voir Windscheid aux notes précédemment citées, et également Regelsberger, dans l'*Handbuch* d'Endemann, II, p. 485 et suiv.

(2) Cf. Windscheid, *Pand.*, § 412 b, note 2. — V. Regelsberger, dans l'*Handbuch* d'Endemann, II, p. 491 et suiv.

(3) Regelsberger, *loc. cit.*, p. 484. — Cf. *Bulletin*, 1889, p. 633-637.

(4) Cf. Hesse (*Über das Wesen und die Arten der Verträge des heutigen römischen Rechts*, 1868), lequel était d'avis de n'admettre la promesse abstraite qu'en matière commerciale.

(5) Cf. Ihering, *Geist.*, III, p. 215 et suiv., et note 262 (trad. Meulenaere 1838, IV, p. 208 et suiv., et note 304).

(6) *Bulletin* (1871-1872), p. 178-179. — Cf. *Rev. de droit intern.*, 1872, p. 180.

Vint ensuite le Code de commerce, qui consacra formellement, en matière de change et d'assignation, les idées déjà acceptées sur ce point par la doctrine en ce qui touche la promesse abstraite (*Hand.*, *G. B.*, art. 300, 301 ; cf. art. 363, C. Cᶜᵉ R.). Restait à accepter la promesse abstraite en matière civile et à lui donner droit de cité d'une façon complète : c'est ce que vient de faire le projet (article 683 ; C. civ. al., art. 780). Mais, avant d'aborder les détails de la matière, il est bon de décrire à grands traits un autre acte juridique, nous n'osons pas encore prononcer le mot de contrat, qui se rapproche absolument de celui que nous venons d'étudier, la reconnaissance.

264. *De la reconnaissance de dette.* — Lorsqu'un individu se reconnaît débiteur d'un autre, sans plus ample indication, et que cette reconnaissance est acceptée par celui qu'il avoue son créancier, on peut interpréter cette déclaration de trois façons, comme simple aveu fournissant un moyen de preuve au créancier sans lui donner aucun droit nouveau, ou bien comme un contrat distinct par lequel le débiteur s'engage à ne pas contester l'aveu qu'il vient de signer, sans que toutefois cette convention substitue un nouveau titre à l'ancien ; enfin on peut y voir un titre auquel il entend rattacher sa dette. Dans le premier cas, la reconnaissance n'est qu'un moyen de preuve, un aveu, en réalité un acte unilatéral ; dans le second, elle constitue une véritable convention, sorte de contrat probatoire, ne touchant, il est vrai, qu'à la preuve, mais impliquant obligation de la part du débiteur de s'en tenir à sa parole (*Beweisvertrag*) ; enfin, dans le troisième, cela devient une véritable promesse de dette se substituant à l'ancienne, assimilable à la promesse abstraite (1) (*Anerkennungsvertrag*) (2). Ce contrat de reconnaissance est une conception de Bähr (3) ; elle a été très vite acceptée par les partisans de la promesse abstraite. Rien de plus naturel, en effet, que les parties aient entendu lui attacher ce caractère transactionnel qui fait la base de la simple promesse, dégagée de sa cause juridique. Windscheid, tout en acceptant cette reconnaissance contractuelle, a cherché cependant à lui trouver un sens distinct de la promesse abstraite ordinaire ; il est vrai que son

(1) Cf. Regelsberger, dans l'*Handbuch* d'Endemann, II, p. 488 et suiv., notes 21 *a* et suiv.

(2) V. résumé des systèmes dans Windscheid, *Pand.*, § 412 *a*, note 2, et § 412 *b*, note 1.

(3) Bähr, *Die Anerkennung als Verpflichtungsgrund* (2ᵉ éd., 1867).

analyse sur ce point est quelque peu subtile. Il part de cette observation, en soi par trop littérale, que celui qui se reconnaît débiteur n'entend pas dire qu'il le devient, mais qu'il l'est déjà. Sans
doute, cette dernière interprétation serait possible, mais encore
faudrait-il la prouver, et ce n'est pas elle qu'on doit présumer. Et
cependant Windscheid considère qu'en reconnaissant la dette le
débiteur a voulu s'obliger à quelque chose de nouveau, et s'obliger,
non pas seulement à fournir un moyen de preuve à son créancier,
mais s'obliger à ne pas contester le titre qu'il a souscrit, pour défaut de cause. Essayons de préciser la nuance. Si la reconnaissance
n'était qu'un ˆaveu contractuel, celui qui l'a souscrite se serait
bien interdit le droit d'en contester la sincérité, mais non celui
d'en contester la régularité comme titre de preuve ; or un titre de
créance, pour être valablement produit en justice, doit indiquer la
créance, il doit être *substantié,* comme disent les Allemands,
nous dirions qu'il doit être *causé.* Le débiteur pourrait donc encore
exiger du créancier qu'il établît la cause de la dette. Or, dit Windscheild, ce n'est pas assez, il a entendu s'interdire le droit d'en
contester même l'irrégularité comme titre de preuve ; et le créancier pourra s'en servir sans que l'autre pût objecter le défaut de
cause. Le débiteur, pour faire tomber le titre, devrait l'attaquer
par le moyen d'une *condictio*, comme il devrait le faire en présence
de la promesse abstraite. Seulement la reconnaissance diffère de
cette dernière en ce qu'elle ne constitue encore qu'une preuve, il
est vrai une preuve qui ne peut tomber que par la voie d'une poursuite en annulation de titre, et ne constitue pas l'acte de création
de la dette : celle-ci est encore censée se rattacher à un titre antérieur qu'on n'a pas à rechercher, mais dont on a reconnu la réalité et qui reste distinct de la reconnaissance elle-même. La conclusion de toute cette analyse est qu'il suffit d'un billet par lequel
on se reconnaît débiteur pour que le créancier soit dispensé de
faire la preuve de la cause (1).

(1) Windscheid : Exposé du système aux notes ci-dessus indiquées § 412 *a*,
note 2, et § 412 *b*, note 1. Nous n'avons pas voulu compliquer cet exposé en
faisant allusion à l'influence des théories relatives au constitut. On trouvera à
cet égard d'intéressants développements dans l'étude de Bruns sur le constitut ;
la théorie de Bähr enlevait toute sa valeur pratique au maintien du constitut.
Bruns a donc voulu établir que la simple reconnaissance en soi ne pouvait
jamais être qu'un aveu contractuel, un moyen de preuve dont le débiteur
avait d'avance reconnu la sincérité, mais qu'elle ne pouvait être un titre d'obligation à moins d'impliquer expressément ou tacitement pacte de constitut,
c'est-à-dire convention de payer la dette à jour dit ; et, dans ce cas, c'est le pacte

265. *Système du projet* (art. 683 ; C. civ. al , art. 781). — Le projet avait donc à se prononcer, non seulement en ce qui regarde la promesse abstraite, mais en ce qui touche la reconnaissance de dette (1). Nous savons déjà qu'il accepte la première ; or il lui assimile la reconnaissance toutes les fois que celle-ci est donnée sous forme abstraite, c'est-à-dire sans indiquer la cause spéciale d'où est née la dette ; dans cette mesure restreinte, il consacre la théorie de Bähr. Il est vrai que la forme abstraite peut être plus ou moins stricte. Le caractère abstrait sera absolu ou relatif ; absolu, si le billet n'indique aucune cause, même pas par la désignation juridique d'une des sources possibles d'obligation ; relatif, s'il fait mention de la cause par son genre, sans la spécialiser, comme par exemple s'il porte que la dette provient d'une vente sans dire laquelle. En pareil cas, la dette pourrait être soumise aux nullités susceptibles de s'appliquer d'une façon générale à la cause mentionnée, comme par exemple s'il s'agissait d'un contrat, vente, prêt ou autre, conclu par qui n'a pas qualité ou qui n'a pas capacité suffisante à cet effet. Mais la disposition importante du projet est qu'il soumet la promesse abstraite, et l'on sait qu'il lui assimile la reconnaissance souscrite sous cette forme, à la rédaction d'un écrit ; cette exigence lui a semblé nécessaire pour que l'on pût être sûr de la volonté formelle du débiteur de s'obliger et qu'on ne risquât pas de prendre pour une promesse ce qui ne serait qu'un projet en l'air ou un engagement pour la forme. Cette exigence d'une rédaction écrite est établie à peine de nul-

---

de constitut qui en fait un titre de dette se substituant à l'ancien et valable, comme le constitut romain, indépendamment de sa cause. A quoi on a répondu que, si l'on n'admettait pas en principe la promesse abstraite en droit moderne, il n'y avait pas de raison pour admettre le constitut en tant que titre nouveau, dégagé de sa cause juridique (V. Bruns, *Das Constitutum debiti*, paru dans la *Zeitsch. f. Rechts Gesch.*, I, p. 28 et suiv., et publié à nouveau dans les *Klein. Schriften*. Voir spécialement dans ces derniers, I, p. 279 et suiv., p. 301 et suiv. Windscheid avait accepté ces idées dans la première édition de ses *Pandectes* ; il les abandonna dans la seconde, leur substituant la théorie exposée au texte (Windscheid, § 412 *b*, note 1). Le motif est celui que nous avons indiqué après avoir reproduit la théorie de Bruns. V. à ce sujet Bähr (*Anerkennung*, 2e éd., p. 188), et Unger, dans *Jahrb. f. Dogm.*, VIII, p. 211. Cf. Ihering, *Geist.*, III, p. 218 et suiv., et note 270 (trad. Meulenaere (1888), IV, p. 211 et suiv. et note 308). — Voir également sur tous ces points Bulow, *Das Geständnissrecht* (1899).

(1) Voir, sur tous points, en dehors de l'ouvrage de Bülow, précédemment cité, les études suivantes : Oertmann, *Das abstrakte Geschäft im Bürgerlichen Gesetzbuch*, 1897, et Collwitz, *Zur Lehre vom Schuldversprechen, Schuldanerkenntniss und von der Quittung*, dans la Revue d'Ihering (*Ihering's Jahrbücher*, t. 40, p. 127 suiv.).

lité (1). Pour ce qui est de la reconnaissance énonçant la cause, la *cautio discreta* des romanistes, elle est valable même sous la forme verbale ; seulement le projet laisse à la doctrine le soin de la caractériser et à la jurisprudence celui de découvrir les effets que les parties ont entendu lui attribuer, simple aveu extrajudiciaire, ou aveu contractuel, ou même, au besoin, titre générateur d'obligation, ayant pour but de fonder une obligation nouvelle, remplaçant l'ancienne à la façon du constitut. Le projet ne se prononce pas ; et voici alors ce qui pourrait arriver : Un individu se disant débiteur reconnaît devant témoins, et sous la forme la plus sérieuse, être redevable de 100 envers tel autre, en vertu d'un prêt qu'il spécialise en lui donnant sa date exacte, sa reconnaissance est valable quoique verbale, sauf à en préciser les effets. Si, au contraire, intentionnellement ou par hasard, il avait omis la date, sa reconnaissance aurait le caractère abstrait, sous la forme relative, il est vrai, et se trouverait nulle pour n'être pas écrite. Si toutes deux sont écrites, il peut se faire qu'un hasard de rédaction, l'omission de la date, en change absolument le caractère ; la première constituera toujours une promesse nouvelle, dégagée de sa cause, la seconde ne sera plus qu'un titre sans caractère et dont les effets dépendent d'une preuve d'intention fort délicate. Ces objections ont été faites par Bähr (2), qui aurait préféré que l'on exigeât d'une façon générale la forme écrite pour la reconnaissance sans distinction, sauf à déclarer que la reconnaissance de dette, pourvu qu'elle soit écrite, est valable indépendamment de la mention de la cause, à la condition de l'entendre au sens de la théorie de Bähr, que la reconnaissance suffit à constituer un titre d'obligation, sans qu'il y ait lieu de se reporter à la cause originaire et de la prouver.

266. *Effet de la reconnaissance ou promesse abstraite* (art. 684). — La promesse, ou reconnaissance, souscrite dans la forme d'un billet non causé, lie par elle-même celui qui l'a souscrite et ne constitue pas seulement une interversion des rôles en matière de preuve. On veut dire par là que le débiteur, poursuivi sur le fondement du billet qu'il a signé, devra, pour en repousser l'effet, non pas, à proprement parler, démontrer qu'il n'a pas de cause, mais le faire tomber en s'appuyant sur la théorie de l'enrichissement sans cause.

---

(1) Cette condition a été maintenue par l'art. 780 C. civ. al. (Exception en matière commerciale, art. 350 et 351, C. C^ce R).

(2) Bähr, *Beurtheilung des Entwurfs.*, p. 89-90.

Il peut aussi, sans attendre qu'on le poursuive, intenter une *condictio sine causa*, l'ancienne *condictio indebite promissi*, pour la faire annuler (1) ; or faire la preuve de l'enrichissement sans cause revient à démontrer que le débiteur s'est engagé par erreur pour une dette qui n'existait pas ou qui n'existait plus, ou encore en vue d'une dette future qui ne s'est pas réalisée, ou en vue d'une prestation qui n'a pas été faite. Il ne faut pas dire que le souscripteur pourra opposer toutes les exceptions relatives à l'ancienne dette, encore faudra-t-il qu'il prouve les avoir ignorées, autrement dit qu'il soit dans les conditions d'admissibilité de la *condictio indebiti*. Par conséquent, si la reconnaissance, comme cela arrive le plus souvent, a été souscrite en vue de satisfaire à un devoir de conscience, celui qui l'a souscrite sachant très bien qu'il n'existait à sa charge aucune dette au sens strict de la loi, la *condictio* ne sera pas recevable et la reconnaissance constituera un titre obligatoire inattaquable ; il n'y a plus enrichissement sans cause (cf. art 737 ; C. civ. al., art. 812 à 814). On voit, par là, qu'il y a une réelle importance à dire que la promesse ou reconnaissance abstraite constitue un titre d'obligation et qu'elles ont un tout autre effet que celui de dispenser le créancier d'établir la cause de l'obligation du débiteur et de mettre la preuve à la charge de celui-ci (cf. Cod. civ., art. 1131). Il va de soi que le billet non causé peut être attaqué pour cause illicite, aussi bien que pour enrichissement sans cause, par conséquent s'il a été souscrit en vue d'obtenir un résultat immoral, ou encore en vue d'éluder une prescription légale, comme, par exemple, si l'on a voulu purement et simplement s'affranchir des règles et formes prescrites en matière de donation. On voit, par l'ensemble de ces dispositions, que le système adopté correspond assez exactement à la formule qu'avait acceptée le dix-neuvième congrès des jurisconsultes allemands (2).

267. *Obligations souscrites au porteur* (3). — Nous avons déjà indiqué le point de vue spécial qui avait conduit le projet à placer parmi les contrats particuliers la souscription d'une obligation au porteur ; c'est à peu près le même que celui qui lui a fait ranger

---

(1) Sur tous ces points, voir C. civ. al., art. 812, 817 et 821.
(2) V. *Bulletin*, 1872, p. 178-179.
(3) Sur ce point l'ouvrage capital est celui de M. Albert WAHL, *Traité héorique et pratique des titres au porteur* (Paris, Rousseau, 1891).

dans la même catégorie la promesse abstraite. Nous verrons, en effet, que le titre au porteur, tout au moins lorsqu'il contient une promesse, n'est plus une simple reconnaissance de dette ; c'est un titre obligatoire par lui-même. Dans le système du projet, l'émission, ou plutôt la création même du titre, constituera un engagement vis-à-vis du public et produira à elle seule tous les effets juridiques qui doivent être attachés au titre. Et cependant, en dépit de cette conception nouvelle et hardie, nous ne pouvons nous empêcher de voir dans cet acte juridique, si indépendant qu'il soit par lui-même, une convention plutôt accessoire que principale, ayant pour but de créer une forme d'adaptation du droit lui-même, plutôt que de donner naissance au rapport juridique entre les parties. Nous en avons la preuve dans ce fait que le titre au porteur peut recouvrir les droits les plus divers ; et l'on songe immédiatement aux titres d'actions, lesquels constituent une catégorie fort importante parmi les titres au porteur. Or, le point de vue, quelque peu étroit et artificiel, du projet l'a conduit à n'étudier les titres au porteur que comme titres d'obligations, laissant à la doctrine le soin d'appliquer aux autres titres constatant, soit un droit réel, soit une part d'associé, les dispositions empruntées aux titres d'obligations qui pourraient leur convenir (1). Pour toutes ces raisons, nous avons cru devoir détacher cette matière de la catégorie des actes juridiques ayant un caractère particulier, pour l'étudier ici à propos de la partie générale sur les sources de l'obligation.

268. *Conception théorique*. — Le titre au porteur répond à un besoin essentiel de la vie moderne, la facilité de négociation de tout élément du patrimoine, qu'il s'agisse d'obligation ou de droit réel ; et de ce besoin est née une conception nouvelle de l'obligation, ou plutôt la possibilité de créer une variété d'obligation qui soit comme une sorte de droit mixte entre l'ancienne obligation romaine, rapport essentiellement personnel entre deux individus nettement déterminés, et le droit de propriété, lequel implique une somme d'avantages juridiques existant indépendamment de toute idée de personne, susceptible de constituer un tout très défini, très distinct de la personne du titulaire du droit, et par conséquent transmissible à l'infini, sans que la série des successeurs

_____

(1) Gierke, *Der Entwurf* (*Rev. de Schmoller*, XIII, p. 220-221). Cf. Ryck, *Die Lehre von den Schuldverhältnissen*, § 95 (3e fasc., 1889, p. 471).

qui en profitent influe sur l'essence et la nature du droit lui-même. Un immeuble reste ce qu'il est, avec tous les avantages qu'il comporte, quels que soient ceux qui le possèdent; nous disons en droit que les différents propriétaires se le transmettent, se le passent de l'un à l'autre : ne serait-il pas tout aussi juste de dire que le droit réel subit la série des titulaires qui passent et se succèdent (1)? Savigny a fort bien indiqué la nécessité qu'il pouvait y avoir pour le commerce à faire de l'obligation quelque chose d'analogue, un droit existant par lui-même, autrement dit une valeur propre et indépendante, que l'on pût incorporer dans une forme sensible, et qui, sous cette forme, pût se transmettre comme la propriété (2). C'est un peu ce qu'on a réalisé en ce qui touche le papier-monnaie; mais le papier-monnaie suppose une valeur uniforme et égale attachée au papier; même le plus souvent sinon toujours, il implique cours forcé (3). On ne peut songer à rien de semblable lorsqu'il s'agit d'obligations créées par les particuliers ou les compagnies privées, lesquelles n'auront jamais d'autre valeur que celle que leur donne le crédit du souscripteur; aussi, lorsqu'on a quelquefois voulu assimiler le titre au porteur au papier-monnaie, et lorsqu'on l'appelle un papier-monnaie conventionnel, on ne peut avoir là d'autre prétention que celle de révéler une analogie, on ne saurait y voir une identité. Quoi que l'on fasse, les obligations créées par les particuliers, quelque forme qu'elles affectent, conserveront toujours, au point de vue passif tout au moins, un caractère plus ou moins personnel : l'obligation restera toujours forcément ce que les Romains l'avaient appelée, un *nomen*. Mais ce *nomen*, c'est le nom du débiteur : qu'importe au fond celui du créancier? Ce *nomen* devient objet de négociation et de circulation; le débiteur qu'il désigne paiera à qui lui présentera le titre. Quant aux rapports entre les possesseurs successifs du titre, c'est affaire indifférente au débiteur. Une obligation se crée sans créancier déterminé; un individu est engagé sans savoir envers qui il l'est; voilà qui est nouveau. L'obligation devient un droit à une prestation, droit existant sur quelqu'un, comme le droit

---

(1) Voir à ce sujet la thèse de M. Lévy, *Preuve par titre de la propriété immobilière*.

(2) Savigny, *Obligat.*, II, p. 62 (trad., II, p. 241 et suiv.).

(3) Savigny, *loc. cit.*, § 64 (trad., II, p. 266). — Cf. Schellwitz (*Diss. de cautionum public. inpr. perigrinar. vindicatione* (Lips, 1821), § 15-10). — Einert, *Das Wechselrecht nach dem Bedürfniss des Wechselgeschäfts im 19 Jahrh.* (Leipz., 1839). — Cf. Carlin, *Zur rechtlichen Natur der Werthpapiere*, § 1, note 9 (*Zeits. f. H. R.*, t. XXXVI, 1889, p. 9).

réel existe sur une chose (1) ; on voit combien nous sommes près de la conception de Delbruck, qui, séparant les deux faces de l'obligation, a voulu mobiliser le rapport passif, sous forme de cession de dette, comme on avait déjà mobilisé le rapport actif, sous forme de cession de créance (2). En tous cas, n'est-ce pas réaliser, sous une forme matérielle et sensible, l'idée de Brinz, d'après laquelle l'obligation, au lieu d'être symbolisée, comme on le voulait à Rome, par un lien entre deux personnes, se caractérisait uniquement par une charge assumée par le débiteur, comme une responsabilité prise par quelqu'un, comme une dette de quelqu'un, exactement comme la propriété est la dette d'une chose (*Haftung*)? Quoi qu'il en soit, nous concevons un titre constatant un engagement pris par un individu dont le nom est jeté sur le marché, c'est le *nomen* des Romains, et cet engagement est pris envers le public, offert à tous. Celui-là aura le droit de s'en prévaloir qui sera porteur du titre qui le constate. Remarquons que l'idée première qui vient à l'esprit n'est même pas celle d'une obligation cessible par la simple transmission du titre ; le porteur n'est pas un cessionnaire, c'est le créancier direct du souscripteur, celui envers qui le débiteur a entendu s'engager. La comparaison la plus juste qui nous vienne à l'esprit est celle que nous fournit l'obligation solidaire, contractée envers plusieurs personnes déterminées, sans que l'on sache qui poursuivra, toutes ayant le droit de demander le paiement et le débiteur ne devant le fournir qu'une fois. En matière d'obligations au porteur, le débiteur aussi ne doit payer qu'une fois, mais il ne sait à qui il doit ; lorsqu'il s'agit de solidarité, le cercle des créanciers est bien déterminé, l'indétermination porte sur celui qui touchera le paiement. Pour les titres au porteur, l'indétermination porte sur celui là même qui sera créancier ; le cercle des créanciers est indéterminé et voilà pourquoi il faut bien poser une condition qui serve à désigner le créancier : le créancier sera celui qui détiendra le titre et le présentera au débiteur. La détention du titre est le fait qui fixe la créance et spécialise le créancier, comme en matière de

---

(1) Sur ce rapprochement entre le droit réel et l'obligation, voir PLANIOL, *Traité de droit civil*, I, n° 763 et surtout F. GÉNY, *Méthode d'interprétation et sources en droit privé positif* (Paris, Chevalier-Marescq, 1899), p. 123 suiv.

(2) Cf. *suprà*, n°⁵ 81, 82. Voir le rapprochement fait par Heusler, *Institut. des Deutsch. Privatrechts* (dans l'*Handbuch* de Binding), § 75, I, p. 374-375. V. aussi Brunner, qui, au début de son étude historique sur les titres au porteur en droit français, a consacré un paragraphe à la transmissibilité des créances (*Nouv. Rev. histor. de droit*, 1886, p. 16 et suiv.).

solidarité active, étant donnée une pluralité de créanciers, la poursuite intentée par l'un d'eux détermine celui, entre tous, à qui le débiteur devra payer. Il n'y a de cession, ni dans un cas, ni dans l'autre : il y a indétermination. Dans un cas, l'indétermination porte sur l'exercice du droit, dans l'autre, elle porte sur le droit lui-même ; dans un cas, on ne sait, entre plusieurs ayants droit, qui aura le bénéfice du droit, dans l'autre on ne sait quel est l'ayant droit : sa détermination dépend d'une circonstance dont la réalisation n'implique aucune désignation de personne. L'obligation résultant du titre au porteur est une obligation à créancier indéterminé (1) ; nous avions donc raison de prétendre que les besoins de la pratique moderne avaient produit une·variété d'obligation, considérée comme une transformation du type romain de l'obligation.

269. *Historique.* — Il est intéressant de voir cette conception s'établir sous l'inspiration latente des usages coutumiers, en dehors de toute préoccupation scientifique. Brunner, dans ses admirables recherches historiques sur les titres au porteur (2), a montré com-

---

(1) « *Recht mit wandelbarem Subject* », dit Ryck (*Lehre von den Schuldverhältnissen*, § 31-3°, fasc. 2, 1889, p. 148). — Cf. Windscheid, *Pand.*, § 281, note 2, et Förster-Eccius, *loc. cit.*, I, § 64, p. 370-371. Cf. de Folleville, *Titres au porteur* (1875), n° 171. — On sent chez les auteurs français une certaine gêne dans l'expression. Cela tient à ce que chez nous la conception théorique du titre au porteur n'a jamais été nettement précisée. Ainsi M. de Folleville le déclare souscrit envers le porteur, considéré comme unique créancier du titre ; puis il le compare ensuite à la lettre de change, créée d'abord au profit d'une personne certaine et passant par voie d'endossement aux mains de porteurs inconnus du tireur et envers qui cependant il se trouvera directement engagé. Cependant l'idée qui ressort de la nature du titre à ordre est certainement celle d'une suite de cessions à personnes inconnues, acceptées d'avance par le tireur, avec engagement direct pris par lui et constituant comme une sorte de clause accessoire, à la façon d'une stipulation pour autrui, du contrat principal passé avec le bénéficiaire du titre. Il y a engagement pris envers un premier créancier, avec engagement accessoire envers les endossataires successifs. L'idée de cession domine, combinée avec l'idée de stipulation pour autrui. Lors au contraire qu'on parle en matière de titres au porteur d'engagement envers le porteur du titre, qu'on désigne celui-ci comme l'unique créancier envers lequel le débiteur soit censé avoir jamais été engagé, on rejette, par le fait même, toute idée de cession, toute idée d'un engagement initial envers un premier créancier : il y a contradiction dans les termes. Tout ceci s'éclairera par la suite de cette étude. — Voir cependant, sur tous ces points, THALLER, *Traité élémentaire de droit commercial* (1900), n°ˢ 889 suiv., 1331 suiv., 1451 suiv.

(2) Brunner, *Beiträge zur Geschichte und Dogmatik der Werthpapiere* (*Zeitsch. f. Hand. R.*, XXII, p. 41 et suiv. ; XXIII, p. 22 et suiv.), et *Das franzôs. Inhaberpapier im Mittelalter*, 1890 (traduct. et adaptation par P. Wolf, dans *Nouv. Rev. hist.*, 1886, p. 11 et suiv., p. 139 et suiv.). — Pour

ment les idées anciennes sur le défaut de représentation en justice (1) avaient donné naissance à diverses clauses que nous révèlent déjà nos plus vieilles formules, et portant obligation pour le débiteur de payer à un tel ou au porteur. C'est ce qu'on a appelé la clause au porteur alternative : la pure clause au porteur apparaît aussi au moyen âge, et Bouteillier, dans sa *Somme rurale*, lui attribue déjà presque tous les effets du titre moderne ; il faut lire tout le passage dans l'étude de Brunner, il n'y a rien de plus typique (2). L'idée première et l'utilité directe de la clause au porteur avaient été de constituer une présomption de légitimité, et, à une époque où fut admis, soit en faveur de certaines personnes, soit en certains cas particuliers, le droit de plaider par procureur, une présomption de mandat au profit du porteur du titre : c'est l'idée de Bouteillier. Seulement, aux yeux de Bouteillier, ce mandataire est un *procurator in rem suam*, qui, dès qu'il poursuit, devient, dit Bouteillier, *seigneur de la chose* ; vis-à-vis du débiteur, il est considéré comme le véritable créancier et son droit dérive de la pure détention du titre, sans que le débiteur soit admis à prouver qu'il ait acquis celui ci d'une manière déloyale. Bouteillier, d'accord avec la majorité des auteurs modernes, attache le droit de poursuite à la seule possession du titre, sans qu'il y ait à se préoccuper de savoir si le porteur en est réellement propriétaire. Le point capital est que le porteur a un droit propre, indépendant de celui du créancier primitif, et que l'idée même d'un créancier antérieur dont il fût le successeur n'est pas en cause : le créancier, c'est le porteur (3). Cette idée est celle que nous donnions tout à l'heure comme étant la conception qui se trouve le plus en rapport avec les besoins de la pratique moderne : la pra-

---

l'historique des titres au porteur, voir aussi Kuntze, *Die Lehre von der Inhaberpapieren*, I, §§ 15-2°, 24, et Stobbe, *Zeitsch. f. Hand. R.*, XI, p. 397 et suiv., et *Deutsch. Priv. R.*, III, § 179.

(1) Cf. Heusler, *Instit. des Deutsch. Priv. R.*, I, p. 212-214. — Brunner, dans *Nouv. Rev. hist.*, 1886, p. 31 et suiv., et dans *Zeits. f. Hand. R.*, XXII, p. 87 et suiv. ; XXIII, p. 225 et suiv. — Cf. l'étude de Salvioli sur les titres au porteur (Salvioli, *I titoli al portatore*, Bologna, 1883). Brunner a d'ailleurs résumé ses recherches historiques dans l'étude qu'il a publiée sur les valeurs mobilières dans l'*Handbuch* d'Endemann, II (*Die Werthpapiere*), § 199, et également Brunner dans l'*Encyclopédie* de Holtzendorff au mot *Inhaberpapiere*. — Voir Goldschmidt, *Universalgeschichte des Handelsrechts* (1891), p. 390 suiv., p. 310.

(2) V. *Nouv. Rev. histor.*, 1836, p. 38 et suiv., p. 148 et suiv.

(3) Cf. mon *Résumé sur les sources de l'obligation et les contrats particuliers dans le projet de Code civil allemand*, n° 57.

tique du moyen âge l'avait déjà, sinon formulée, du moins pressentie ; et ce n'est pas seulement en France qu'il en avait été ainsi. Brunner a rapporté des textes (1) de provenance flamande, italienne et germanique, qui acceptent, sauf quelques variantes, la même doctrine.

270. Les romanistes se demandèrent alors en vertu de quel droit le porteur se trouvait créancier (2). Le souscripteur ne s'est pas engagé envers lui ; il ne peut être autorisé à poursuivre que comme mandataire ou cessionnaire. Son droit, s'il est créancier, ne peut être qu'un droit cédé, il le tient des porteurs antérieurs, et ceux-ci du créancier primitif ; le débiteur a donc le droit de s'enquérir s'il l'a acquis en vertu d'une cession régulière, et, en admettant même que la cession pût se faire par le seul transfert du titre, si les conditions de cette cession privilégiée, par conséquent celles du transfert du titre, ont été remplies. Tout ce que l'on peut admettre, en s'attachant ainsi aux idées romaines, c'est d'attribuer au porteur le bénéfice d'une présomption de propriété. Mais sera-ce une présomption susceptible de preuve contraire et permettant au débiteur d'établir qu'il a acquis le titre d'une manière déloyale, comme disait Bouteillier, donc qu'il n'est pas le vrai cessionnaire du titre, qu'il n'est pas le véritable ayant droit ? La controverse ainsi soulevée n'est pas encore pleinement résolue en Allemagne (3) ; chez nous elle se trouve à peu près écartée par l'application de l'article 2279. Quoi qu'il en soit, on voit s'établir, à l'encontre de l'idée formulée au moyen âge et qui se résume dans cette formule « le titre de créancier dérivant de la seule possession du papier », une idée toute contraire conforme aux conceptions romaines : « le titre de créancier dérivant d'une cession primitive ». Le porteur, au lieu d'un droit direct qui soit censé naître en sa personne, a un droit dérivé.

271. *Conception française.* — Au fond, telle est bien encore l'idée que nous nous faisons, en général, en France, des titres au

---

(1) Voir les textes rapportés par Brunner dans ses études publiées dans la *Revue de Goldschmidt* (*Zeits. f. Hand. R.*, t. XXII et XXIII).

(2) Sur l'influence des conceptions romano-canoniques, voir Brunner, dans *Nouv. Rev. hist.*, 1886, p. 139 et suiv., et *Zeits. f. Hand. R.*, XXIII, p. 256. — Cf. *Handbuch* d'Endemann, II, p. 197.

(3) Voir à ce sujet la note de Wolff dans la traduction qu'il a donnée dans la *Nouv. Rev. histor.* de l'étude de Brunner sur les titres au porteur français (*Nouv. Rev. histor.* 1886, p. 43, note 1).

porteur (1). Notre droit ne connaissant pas la promesse abstraite dégagée de sa cause, le titre au porteur est une reconnaissance de dette, ordinairement une reconnaissance de prêt, souscrite sous une forme qui permette la cession du droit par la seule remise du titre, de telle sorte que le créancier puisse transmettre son droit sans avoir à avertir le débiteur, et que le cessionnaire soit sûr de toucher la somme portée au titre, sans avoir à craindre qu'on lui oppose l'effet des actes passés avec le débiteur.

Pour que ce résultat soit atteint, il faut non seulement que l'on supprime les formalités de l'article 1690, il faut encore que le débiteur se soit obligé à ne payer qu'au porteur et que, par conséquent, il ait renoncé, d'avance, à toutes les exceptions qu'il pourrait tirer de la personne des créanciers antérieurs. Il faut également qu'il ne puisse discuter la légitimité de la possession du porteur ; en somme, il devra au titre. Mais en dépit de cette formule, le porteur du titre n'en est pas moins censé tenir son droit des précédents porteurs et par eux du créancier primitif. L'idée de cession reste au fond de nos conceptions françaises en cette matière. Seulement, c'est une cession qui se confond avec la transmission de propriété du titre ; et le cessionnaire sera le propriétaire du titre, ou du moins celui qui sera présumé tel, sous les conditions d'application de l'article 2279 (2).

272. — Et cependant, si on va au fond de cette théorie, que de questions non résolues et restées incertaines ? Comment prétendre que le titre ne soit qu'une simple reconnaissance de dette sous une forme négociable ? L'engagement du souscripteur de payer au porteur sans pouvoir discuter le droit de ce dernier, et celui du créancier primitif de subir tout paiement régulièrement fait au porteur sans pouvoir exciper du défaut de droit de celui-ci, ne sont-ce pas

---

(1) Cf. de Folleville, *De la possession des meubles et des titres au porteur*, nᵒˢ 148 et 163 (cf. *suprà*, nᵒ 278). — Cf. sur tous ces points l'ouvrage de Wahl, cité *suprà*.

(2) La difficulté est donc, en somme, de concilier cette idée d'un droit qui se perpétue par voie de cession, avec la règle que le débiteur n'est obligé qu'envers le porteur quel qu'il soit. Cette sorte de contradiction a donné lieu aux plus graves difficultés en France avant la loi de 1872, au cas de titres perdus ou volés (V. de Folleville, *loc. cit.*, nᵒˢ 371 et suiv.). La conciliation, si l'on tient absolument à l'idée de cession, nous paraît se trouver dans une conception analogue à celle de Brunner, d'une transmission, par voie de transfert de la propriété, de la qualité de créancier, avec clause accessoire, résultant de la création même du titre au porteur, et portant droit et pouvoir au profit de tout porteur d'exercer le droit contenu au titre sans justification de sa qualité.

là tout au moins des conventions accessoires qui résultent de la forme adoptée et de la clause au porteur ? Il faut bien admettre aussi, en pareille matière, ce que notre jurisprudence accepte pour les titres à ordre, que la simulation ne sera pas opposable au porteur, et que le défaut de cause de la dette primitive n'aura effet qu'à l'égard du créancier primitif (1). Il pourra donc se faire que le souscripteur se trouve obligé envers le porteur, alors qu'en réalité il aurait pu, à l'égard du premier acquéreur, prouver la nullité de la dette. Sans doute, il pourrait opposer au porteur la nullité du titre, en tant que titre au porteur (2) ; il ne pourrait pas lui opposer la nullité de la dette, en tant que cette nullité dériverait de rapports existant entre lui et le premier créancier.

Il y a donc un engagement direct du souscripteur envers les différents porteurs, engagement qui résulte du titre, et qui se trouve en contradiction nette avec l'idée de cession (3). Telle est, en somme, la pierre d'achoppement de toute la théorie : comment en construire le rapport juridique ? En France, on peut bien dire que la théorie est à faire. Voyons les explications dogmatiques qu'on a tentées en Allemagne.

273. *Théories allemandes.* — *Droit né d'un contrat et transmissible aux porteurs successifs.* — L'idée première fut celle à laquelle nous venons de faire allusion, d'une convention accessoire passée

---

(1) Cf. Lyon-Caen et Renault, *Précis de droit commercial*, I, nᵒˢ 1056 et 1059, et les arrêts cités en note. — Cf. Thaller, *loc. cit.*, nᵒˢ 1469 suiv.

(2) Cf. Cass., 4 juin 1878 (Sir. 79. 1. 36). — V. Buchère, *Traité des valeurs mobilières*, nᵒ 912.

(3) Il résulte de là également que la question sera à peu près la même en matière de titres à ordre : l'endossement n'est pas une cession, disent la majorité des auteurs allemands (cf. Stobbe, *Priv. R.*, III, § 178, p. 193. — Thöl, *Hand. R.*, § 219 (éd. 1876, I-2, p. 60). — Cf. C. de comm. allem., art. 303, et *Wechs. Ordn.*, art. 82. Il est vrai qu'ici il y a engagement précis avec un premier créancier nettement déterminé, et que l'on peut faire intervenir, pour résoudre la difficulté, l'idée de stipulation pour autrui, laquelle, on le conçoit, n'est plus admissible en matière de titres au porteur, tout au moins dans la doctrine allemande qui n'admet pas en cette matière qu'il y ait un contrat principal avec un premier créancier et qui par suite rejette l'idée de stipulations accessoires au profit des porteurs successifs. Dans un autre ordre d'idées, on verra aussi l'idée de stipulation pour autrui intervenir pour expliquer, en matière de chèques, le droit direct du porteur contre le tiré, ou, comme nous dirions, ses droits sur la provision. En somme, tout ceci suffit à montrer que, si certaines questions paraissent se poser sous une forme identique en matière de titres au porteur et de titres de change ou, du moins, de titres à ordre, les éléments de solution ne sont pas les mêmes pour tous ces titres, et il importe de ne pas s'y tromper.

avec le premier acquéreur du titre. Le titre au porteur est une reconnaissance de dette avec cette clause accessoire, acceptée de part et d'autre, que le débiteur n'aura pas à discuter le droit du porteur, quel qu'il soit, et qu'il devra payer au titre (1).

Avec l'admission de la promesse abstraite et du contrat de reconnaissance, on a pu faire du titre la source même de l'obligation (2), celle-ci se trouvant rattachée à la promesse souscrite au porteur et non à sa cause première. Au fond, le titre n'est encore qu'une constatation d'une promesse abstraite ou d'un contrat de reconnaissance ; ce n'est pas le titre écrit qui a constitué le droit, il n'en est que la représentation, ou plutôt il n'a d'influence qu'au point de vue de la négociation et de ses effets. C'est encore l'idée de Brunner. Le titre n'est pas constitutif de droit (3), mais recognitif, avec effet au point de vue de la transmission. Quant à la convention accessoire résultant de la clause au porteur, elle a trait aux deux points suivants : la transmission du droit, laquelle se réalisera par le seul fait de l'acquisition du titre, et l'exercice du droit à l'égard du débiteur, lequel résultera de la seule détention. De cette façon, le droit se transmet avec la propriété du papier, mais l'action appartient à tout porteur, quel qu'il soit (4), et cela par la bonne raison que le titre au porteur a pour but, avant tout, de dispenser le débiteur de toute recherche sur la légitimité du droit de celui qui le présente ; le titre au porteur est un papier de légitimation (5). Il faut donc distinguer le droit qui résulte du papier de celui qui est contenu dans le papier : l'un est le droit de se faire payer du débiteur, il résulte de la seule possession ; l'autre est le droit de créance lui-même et constitue le titre de créancier : il résulte de la propriété. Pour bénéficier des effets du droit, en dehors du fait d'agir en paiement contre le débiteur, il faut être légitime propriétaire ; pour se

---

(1) Cf. Bülow (*Abhandl. uber einzelne Materien des röm. bürgerl. Rechts*, 2 Theile 1817, 19, Th. I, p. 342). V. aussi Renaud, *Beiträge zur Theorie der Oblig. auf den Inhaber* (*Zeits. f. deuts. R.*, XIV, 1853, p. 329-331).

(2) Cf. Brinz, *Pand.*, § 312.

(3) *Handbuch* d'Endemann, II, § 191.

(4) Tandis que l'exercice du droit ne suppose que la possession du papier, l'acquisition du droit exige la propriété du titre (*Während die Ausübung des Rechtes nur den Besitz des Papiers voraussetzt, fordert der Erwerb des Rechtes das Eigenthum am Papier* (*Handbuch* d'Endemann, II, § 199-v, p. 207). C'est la distinction connue entre le *Recht aus dem Papiere* et le *Recht am Papier*. — Cf. le compte rendu de Gierke de l'étude de Brunner dans l'*Handbuch*, lequel a paru dans la *Revue* de Goldschmidt (*Zeits. f. Hand. R.*, XXIX, p. 256 et suiv.), et Carlin, *loc. cit.* (*Zeits. f. R.*, XXXVI, p. 23 et suiv.).

(5) Sur les *Legitimationpapiere*, voir Brunner dans l'*Handbuch*, II, § 196.

faire payer, il suffit d'être porteur. A l'égard du débiteur, la clause vaut comme pouvoir absolu de toucher le paiement : c'est également l'idée de Thöl, celle de Brinz, celle de Gierke (1). Il en résulte que la possession du titre n'est pas constitutive de la qualité de créancier ; pour certains, comme Thöl, par exemple, elle ne fait même pas présumer cette qualité chez le porteur ; celui ci peut être tout aussi bien un mandataire qu'un cessionnaire, comme il pourrait être un porteur sans droit. A l'égard du débiteur, il a droit de toucher le paiement, voilà tout ce qui résulte de la clause ; rien n'est présumé quant à la qualité en vertu de laquelle il se présente. Ce qui fait le fond de toutes ces théories, c'est qu'elles supposent un contrat résultant de l'émission du titre, contrat passé avec un premier preneur, et d'où naît le droit auquel succèdent les porteurs successifs (2). D'après Brunner, ce contrat d'émission résulte de la première tradition du titre. La souscription du titre avait, en quelque sorte, matérialisé l'engagement du débiteur, mais il fallait, pour que cet engagement produisît ses effets, que le souscripteur mît le titre en circulation, non seulement en l'offrant au public, mais en le remettant aux mains d'un tiers qui l'accepte par voie de contrat ; une fois le titre ainsi émis, le droit appartient au premier preneur ; il y a tradition (3). Gierke a donné une forme plus juridique à cette théorie en disant que la souscription du titre équivaut à la déclaration d'une offre de contracter, qui, par l'émission, se trouve incarnée dans le papier et va ainsi au-devant de l'acceptation du créancier. L'acquisition du titre constitue l'échange des volontés et la formation du contrat ; et le droit, une fois né au profit d'un premier preneur, passe aux porteurs successifs par voie de transmission du papier (4).

274. *Contrat avec personne incertaine. Droit direct acquis au porteur.* — Mais, en somme, comme en pratique l'émission se fait toujours en masse, et qu'il n'est pas question de souscriptions individuelles au profit d'un premier preneur déterminé, on arrive, quoi qu'on fasse, à l'idée d'une offre à personne indéterminée. Les partisans de l'idée de succession à la dette ne peuvent échapper à cette contradiction : si le contrat se forme avec un

---

(1) Thöl, *Handels R.*, § 225. — Brinz. *Pand*, § 312. — Gierke, dans *Zeits. f. Hand.*, R., XXIX, p. 254.
(2) Brinz, § 312, note 9.
(3) Brunner, dans l'*Handbuch*, II, § 194, p. 167.
(4) Gierke, dans *Zeits. f. Hand. R.*, XXIX, p. 258,

premier preneur, pour se transmettre ensuite par voie de cession aux porteurs successifs, il n'y en a pas moins au début offre à personne incertaine et, par suite, dérogation formelle aux idées traditionnelles sur ce point. Serait-il donc alors beaucoup plus étrange de parler, tout de suite, de contrat formé avec une personne incertaine ? Le souscripteur ayant incorporé sa volonté dans le papier qui lui sert de signe matériel et par suite de véhicule, si l'on peut s'exprimer ainsi, et la désignation du créancier restant incertaine jusqu'à la présentation par le porteur du titre, le souscripteur aura pour créancier celui qui sera porteur au moment de l'échéance. Le titre matériel se transmet, sans doute, par voie de traditions successives, mais le droit ne se transmet pas par voie de cessions ; on ne peut pas même dire qu'il y ait novations successives, chaque porteur cessant d'être créancier pour se substituer le porteur nouveau, c'était l'idée de Kuntze (1). Il y a incertitude sur la personne du créancier ; le créancier sera le dernier porteur, celui qui, ayant accepté cet engagement incorporé au titre, le fera valoir à l'encontre du débiteur. Tel était le système de Savigny, caractérisé par ces deux idées (2), un contrat *cum incerta persona* et l'incorporation de la dette au papier. Dès lors, la dette résultant de la seule possession du papier, on ne peut plus distinguer, comme nous l'indiquions tout à l'heure, le droit lui-même, attaché à la propriété du titre, de son exercice résultant de la seule possession. Le point que nous voulons surtout mettre en relief, c'est que chaque porteur, tirant ses droits directement du souscripteur, et non des porteurs antérieurs, est le créancier direct du souscripteur du titre. Cette dernière idée a été adoptée par plusieurs auteurs, qui, cependant, n'ont pas accepté la conception de Savigny sur l'incorporation de la dette au papier. Ainsi, par exemple, Goldschmidt, qui s'en tient, comme Brunner, au parallélisme entre l'acquisition du droit et celle de la propriété du titre (3), considère cependant que le porteur tient ses droits directement du souscripteur. Non pas qu'il définisse l'émission un contrat avec personne incertaine ; mais il la regarde comme un contrat passé avec un premier preneur, en faveur de celui-ci et d'un nombre indéterminé de person-

---

(1) Kuntze, *Die Obligation und die Singular Succession*, § 63, et id., *Lehre von den Inhaberpapieren*, § 69.

(2) Savigny, *Obligat.*, II. §§ 61-64.

(3) Goldschmidt, dans *Zeits. f. Hand. R.*, XXVIII, p. 56 et suiv., p. 63 et suiv.

nes, de sorte que le preneur primitif, s'il cède son droit, sera censé
n'avoir été qu'un intermédiaire entre le souscripteur et celui à qui
il cède le titre (1) : on échappe ainsi à l'idée de cession, et à celle
de novation. L'intérêt pratique de cette construction n'est pas à
coup sûr, en ce qui touche le rejet des exceptions tirées des précédents porteurs, puisque tout le monde est d'accord pour les repousser ; mais on veut échapper aux dangers d'un contrat passé avec un
premier preneur qui fût incapable ou qui pût exciper du défaut
absolu de consentement, toutes circonstances qui rendraient nul
le contrat d'émission et permettraient difficilement de reconnaître
le droit des cessionnaires successifs (2).

275. *Rejet de l'idée de contrat. Le droit né de la seule souscription du titre.* — Nous voici donc, en somme, en présence de deux
théories très distinctes, celle du droit direct du porteur, et celle du
droit dérivé, acquis par voie de cession. Mais jusqu'alors, que le
contrat soit passé avec un premier preneur duquel tous les autres tiennent leurs droits, ou qu'il soit censé avoir été passé avec
le porteur quelconque du titre, on en reste encore à l'idée de
contrat. Le droit du preneur et l'obligation du souscripteur résultent d'un échange plus ou moins direct de volontés. Kuntze s'est
fait le promoteur d'une idée très différente. En réalité, de quelque
façon qu'on s'y prenne, l'idée de contrat est difficilement acceptable ; elle n'est conservée que parce que la tradition l'impose. La
compagnie qui émet en masse des titres au porteur contracte-
t-elle avec quelqu'un ; son engagement dépend-il du rapprochement d'une autre volonté ? Où a t-on vu cela ? Elle a voulu être
engagée à payer au titre, et elle veut vendre et négocier cet
engagement ; mais l'engagement en lui-même existe indépendamment de la vente qui le fait acquérir au premier preneur. Le souscripteur du titre, en le créant, a donc disposé de lui-même et d'un
élément de son patrimoine ; il en dispose comme le ferait un testateur qui, par son testament, dispose de sa fortune ; est-ce qu'un
testament n'est pas déjà un acte juridique par lui-même, ayant une
valeur propre, indépendante de tout accord de volontés ?
   Il est vrai que son efficacité est subordonnée à certaines condi-

(1) Goldschmidt, dans *Zeits f. Hand. R.* XXVIII, p. 110-113.
(2) Voir à ce sujet Carlin, *Zur rechtlichen Natur der Werthpapiere* (*Zeits.
f. H. R.*, XXXVI, 1889, p. 12 et la note de la rédaction).

tions dont l'acceptation du légataire est la plus importante ; mais
cette acceptation n'a pas pour but de transformer en contrat l'acte
juridique déjà existant par lui-même, par l'effet propre de la création du titre. Nous ne suivrons pas Kuntze dans les longs développements qu'il consacre à la distinction entre l'acte juridique,
expression d'une volonté unilatérale, et le contrat, expression de
deux volontés parallèles et conjointes, montrant l'application de
l'acte juridique ainsi entendu dans l'idée d'occupation, expression
unilatérale de volonté, conçue comme volonté d'acquisition ; passant à la période romaine du contrat, laquelle fut le triomphe du
parallélisme des volontés ; puis, retrouvant enfin la conception de
l'acte juridique en plein développement dans les usages germaniques, et s'y traduisant alors non plus comme volonté unilatérale
d'acquisition, mais comme acte de disposition (1). Pourquoi alors
ne pas voir un acte de disposition de ce genre dans la création du
titre au porteur ? Nous sommes loin cette fois de l'idée ancienne
d'un titre de reconnaissance, fût-ce même de reconnaissance abstraite, impliquant l'idée d'une cause juridique exprimée ou latente.
Le titre crée la dette. Cela veut-il dire que le souscripteur soit déjà
engagé par le fait d'une promesse unilatérale ? Ce n'est pas exactement ce que dit Kuntze ; on le dira plus tard, ce sera la théorie
de Siegel et celle du projet. Kuntze, plus subtil, considérait que le
titre, par le seul fait de sa création, avait une valeur juridique
analogue à celle du testament, mais encore inefficace et subordonnée pour son efficacité à la prise de possession par un premier porteur (2). Il suffira d'une prise de possession telle quelle, même irrégulière, de telle sorte que le titre, une fois créé, mais volé à la
compagnie avant qu'il fût livré par elle au public, constituât un
titre valable (3). On aurait compris, il est vrai, que l'on subordon-
nât l'efficacité du titre, non plus à une prise de possession telle
quelle, mais à l'émission volontaire du titre ; ce sera l'idée d'Eccius
et de Stobbe (4), qui, tout en partant de la théorie de Kuntze et de
Siegel, se refusent à admettre la conséquence extrême qu'on en
veut tirer en matière de titres volés ou perdus avant l'émission.

(1) Kuntze, *Lehre von den Inhaberpapieren*, § 79 et suiv.
(2) Kuntze, *loc. cit.*, § 82 (cf. p. 352 : *Die Emission ist perfekt durch Neh-
mung des Papieres*). — Cf. Jolly, *Münch. Krit. Vierteljahresschr.*, II, 1860,
p. 552 et suiv.
(3) Kuntze, *loc. cit.*, p. 373.
(4) Förster-Eccius, *Preuss. Priv. R.*, I, § 64, note 15. — Stobbe, *Deutsch.
Priv. R.*, III, § 171, note 21.

276. Enfin, il était inévitable que la logique dût aller jusqu'au bout. Siegel, qui avait été le promoteur de l'idée d'un engagement résultant d'une volonté unilatérale, et l'auteur de la formule qu'on dût être lié à sa parole (*Gebundenheit an's Wort*), allait faire application de sa théorie aux titres au porteur : celui qui crée et signe le titre s'engage, il est lié par sa signature (1).

Sans doute, il peut détruire le titre, il est maître d'anéantir le titre, tant que celui-ci n'est aux mains de personne. Mais que, d'une façon ou de l'autre, même contre la volonté du souscripteur, le titre tombe en la possession d'un tiers, ce tiers devient créancier de l'engagement souscrit, absolument comme en matière de promesse de récompense, suivant Siegel, le tiers qui accomplit le fait, pour lequel la récompense a été promise, devient créancier de ce qui a été promis, alors même que le promettant eût retiré son offre. La promesse unilatérale n'est pas une offre exigeant le maintien de la volonté du promettant lors de l'acceptation du créancier ; c'est un engagement déjà formé et, par suite, subsistant même après rétractation du promettant. De cette façon, on aboutissait forcément, et cette fois sans qu'il pût rester place à la discussion, à ce résultat que le titre volé à la compagnie avant l'émission, mais après la création du titre, est un titre qui engage la signature de celui qui l'a souscrit, et de même pour le titre perdu (2). Le titre est négocié et circule, les tiers ne peuvent être avertis de son origine irrégulière, il importe à la sûreté du commerce que la compagnie doive payer au titre. C'est le résultat extrême de la théorie qui fait dériver le droit de la pure création du titre (*Kreationtheorie*), par opposition à celle qui le rattache à l'idée d'un contrat passé avec le premier preneur, soit avec le porteur quelconque du titre (*Vertragstheorie*).

Cette conséquence de la théorie de Siegel, en ce qui touche les titres volés ou perdus avant toute émission, paraît bien avoir été acceptée par un arrêt de la haute-cour de commerce de l'année 1875 (3). Elle semble bien aussi avoir été admise par le Code saxon, dont l'article 1045 porte que le souscripteur n'est pas recevable à

---

(1) Siegel, *Das Versprechen als Verpflichtungsgrund*, § 12.

(2) Siegel, *loc. cit.*, p. 114. Si l'on objecte à Siegel qu'il y a quelque chose d'étrange à cette protection accordée au vol, il répond en renvoyant aux considérations bien connues par lesquelles Ihering expliquait l'admission des interdits possessoires au profit même du voleur et de l'usurpateur (*Jahrb. f. Dogm.*, XI, p. 55).

(3) Cité par Goldschmidt dans son compte rendu critique du *Manuel de droit prussien* de Dernburg (*Zeits. f. H. R.*, XXIII, p. 307). — Cf. Gold-

opposer au porteur les exceptions tirées du mode d'acquisition du titre, ce qui laisserait entendre que le titre volé même avant toute émission obligerait le souscripteur (1). Il est vrai qu'on a objecté que le texte cité supposait déjà un titre obligatoire et ne donnait droit de repousser les exceptions tirées d'une acquisition irrégulière qu'au débiteur déjà obligé par le titre, alors que précisément la question est de savoir si le titre volé avant toute émission est un titre obligatoire qui engage la signature du débiteur (2). Goldschmidt a répondu, en outre, qu'il ne voyait aucun intérêt à protéger les porteurs de bonne foi d'un titre soustrait avant l'émission, plutôt que les porteurs d'un titre à ordre, qui après la création aurait été soustrait au tireur et mis en circulation sans sa volonté ; et, cependant, dans cette hypothèse, un arrêt de la même juridiction et de la même année 1875 déclarait un pareil titre sans valeur et le souscripteur non obligé (3) Il est vrai qu'on aperçoit une différence. La clause à ordre suppose un premier bénéficiaire avec lequel on traite d'une façon directe, que le souscripteur a en vue et à l'égard duquel il est difficile de supprimer la notion d'un concours de volontés et, par suite, l'idée de contrat. Quoi qu'il en soit, en matière de titres au porteur, la conception nouvelle fut assez promptement acceptée ; par Dernburg, par exemple (4), qui

schmidt, même Revue, XXVIII, p. 100 et suiv., et XXXVI, p. 127-129, p. 129, note 1. On pourra voir là l'interprétation qu'en donne Goldschmidt. On trouvera également, citées dans le dernier article de Goldschmidt (*Die Kreationtheorie und der Entwurf*, dans *Zeits. f. H. R.*, XXXVI, p. 130), un assez grand nombre de décisions de jurisprudence nettement opposées à la théorie de l'engagement né du seul fait de la création du titre. Il est vrai que la plupart visent des titres à ordre et supposent un contrat de change. Cf. Brunner, *Handb.*, II, § 194, note 17, Förster-Eccius, *Preuss.*, *Priv. R.*, § 64, note 15. V. aussi *Motifs*, II, p. 695, note 2. Cf. Rich. Koch, *Geld und Werthpapiere im Entwurfe* (*Bekker-Beiträge*, fasc. 4, § 12, note 109).

(1) On se fondait aussi sur l'article 1039 du Code saxon qui donne la définition du titre au porteur et laisse entendre que le droit du porteur résulte du seul énoncé du titre, donc de l'engagement inclus au titre, sans autre condition (*Bei Urkunden, welche auf den Inhaber lauten, gilt jeder Inhaber der Urkunde, so lange er sie inne hat, als Berechtigter gegen den durch die Urkunde Verpflichteten*). Ce dernier mot, il est vrai, enlève à l'argument beaucoup de sa valeur : les droits du porteur existent contre l'*obligé* ; or il s'agit de savoir à quelle condition le titre oblige. Si le texte avait parlé du souscripteur (*Austeller*), on aurait plus facilement admis le sens qu'on veut lui attribuer.

(2) Cf. Brunner, *loc. cit.*, § 194, note 17.

(3) Goldschmidt, dans *Zeits. f. H. R.*, XXIII, p. 307.

(4) Dernburg, *Lehrb. des Preuss. Priv. R.*, II-1, 1877, p. 21 et suiv., p. 194 ; voir aussi Dernburg, *Das bürgerliche Recht des Deutschen Reichs und Preussens*, Berlin 1899 et *Pandek*, § 9, note 9. Cependant Förster et Eccius, pour ce qui est du droit prussien, rattachent l'effet obligatoire du titre

ne croit pas qu'on puisse expliquer avec la théorie du contrat qu'un
titre souscrit au profit d'un premier preneur incapable puisse
obliger les porteurs successifs, et qui préfère alors l'idée d'un engagement résultant de la création du titre à l'expédient, imaginé
par Goldschmidt, d'un contrat conclu avec un individu déterminé
en faveur de tous les porteurs successifs, si bien que chacun d'eux
fût après coup considéré rétroactivement comme le simple intermédiaire de celui à qui il passe le titre. Stobbe accepte en principe
la théorie de Kuntze sous la forme que lui a donnée Siegel ; toutefois, de même qu'Eccius, il se refuse à accepter la conséquence qu'on
en tire, relativement aux titres mis en circulation frauduleusement
et contre le gré du souscripteur (1). Windscheid enfin n'est pas
éloigné de souscrire aux idées de Siegel en cette matière. Windscheid
dit avec raison, semble-t il, que l'idée de contrat n'est admissible
que si les porteurs ultérieurs doivent être considérés comme successeurs du premier preneur, et que, si, au contraire, on leur attribue un droit propre et direct contre le souscripteur, il faut bien
accepter l'idée, non plus d'un concours de volontés, mais d'une
volonté unilatérale s'engageant envers le public comme en matière
de promesse de récompense. Sinon, on serait obligé d'admettre, si
l'on voit dans le titre une offre en circulation, la possibilité pour
le souscripteur de révoquer, tout au moins à l'encontre des porteurs futurs ; or on n'a jamais songé à émettre une pareille prétention. L'idée d'une offre en quête d'acceptation est donc inadmissible. Il faut solidariser les deux théories ; à l'idée de contrat
répondra la notion de cessions successives, et à la conception d'un
droit direct acquis au porteur le système d'un engagement résultant de la seule création du titre, indépendamment de tout concours
de volontés (2).

à la mise en circulation et non au fait de la création. Eccius n'exige pas, à proprement parler, une acceptation d'un premier preneur comme Brunner
(*Handb.*, II, p. 167) et les partisans de la théorie du contrat ; mais il veut
que le titre ait été mis en circulation du consentement de celui qui l'émet :
c'est la théorie de l'émission, un peu différente, on le voit, de la théorie de
la création, et aboutissant à une différence pratique importante en ce qui
touche les titres soustraits ou perdus avant l'émission (Förster-Eccius,
Preus. Priv. R., I, § 64, p. 372).

(1) Stobbe, *Deuts. Priv. R*, III, § 171, et surtout note 21.

(2) Cf. Windscheid, *Pand.*, § 304, notes 11 et 12. On peut aussi, sans trop
de hardiesse, ranger au nombre des partisans de l'idée principale, Carlin, bien
qu'il rejette la théorie de la création, aussi bien que celle de l'émission du
titre, pour s'attacher exclusivement au fait de l'acquisition de propriété (*Eigen-
thumserwerbstheorie*). En réalité, il admet que le papier au porteur incarne

277. *Résumé théorique.* — Nous avons à résumer maintenant la dernière expression de la théorie allemande en matière de titres au porteur. La création du titre fonde l'obligation ; celle-ci résulte d'un acte unilatéral, et non d'un contrat. Le droit qui est incorporé au titre ne passe pas aux porteurs successifs par voie de cession, de telle sorte que chacun soit censé tenir son droit d'un précédent porteur ; ni par voie de novation, chaque créancier se substituant l'un à l'autre, mais acquérant un droit propre et direct contre le souscripteur. Le droit qui résulte du titre consiste dans une obligation dont le créancier reste incertain, la volonté incarnée dans le titre constituant un engagement ferme, indépendamment de toute acceptation. Le droit se conserve alors même qu'il n'existe aucun titulaire du droit, comme par exemple au cas de perte du papier, ou

une valeur, et, en matière d'obligations, cette valeur résulte d'une promesse : or, cette promesse n'est pas un contrat. Carlin le dit expressément : si ce n'est pas un contrat, c'est donc une manifestation unilatérale de volonté. Seulement, celui qui s'engage, même par un acte unilatéral, peut toujours subordonner son engagement à telle condition qu'il lui plaît. Et, suivant Carlin, il l'a subordonné, dans notre hypothèse, au fait d'une acquisition régulière de propriété du papier. De cette façon, Carlin, tout en partant comme Eccius et Stobbe de l'idée de Siegel, échappe aux conséquences de la théorie de la création qui consacre le droit du voleur ; celui qui vole au souscripteur un titre déjà créé par lui n'en devient pas propriétaire, et par suite la condition mise à l'engagement du souscripteur n'est pas réalisée. Il est vrai qu'on peut objecter à cela que le souscripteur, une fois le titre régulièrement émis, n'en est pas moins obligé envers le voleur, non plus comme dans le cas précédent celui qui l'a volé au créateur du titre, mais qui l'a volé au porteur régulier : c'est donc que le souscripteur est engagé envers le porteur en tant que porteur et non en tant que propriétaire. Carlin répond par la distinction traditionnelle entre la possession et la propriété, la première suffisant à justifier l'exercice du droit tant qu'elle n'est pas démontrée illégitime ou irrégulière. Siegel s'était aussi, comme nous l'avons vu plus haut, emparé de l'assimilation. Cependant nous rejetons sur un point l'assimilation : car on peut toujours contester le droit du simple possesseur, tandis que le souscripteur du titre ne peut pas contester le droit du porteur. C'est donc qu'il s'est engagé à payer au porteur en tant que porteur : il a promis au porteur. La condition d'acquisition de la propriété, d'après cette théorie, ne sera prise en considération qu'au moment de la mise en circulation du titre. Il faut une première acquisition régulière pour que l'engagement existe ; après quoi, peu importe au regard du souscripteur la légitimité des droits des porteurs successifs. Telle est la formule qui nous paraît le mieux résumer cette doctrine. La différence la plus sensible, au point de vue pratique, entre cette théorie et la théorie du contrat, est que, d'après cette dernière, et bien que quelques uns de ses partisans comme Goldschmidt aient cherché à échapper à ces conséquences, si le premier contrat est nul pour incapacité du preneur initial, l'engagement ne peut plus exister envers personne ; tandis qu'autrement le premier porteur pourra bien n'être pas devenu propriétaire, ce qui n'empêchera pas les porteurs suivants de le devenir, s'ils sont de bonne foi ; et alors la condition mise, suivant Carlin, à l'efficacité de l'engagement du souscripteur, se trouvera réalisée (Carlin, *loc. cit.*, *Zeits. f. H. R*, XXXVI).

dans le cas où il revient aux mains du débiteur (1). Enfin, l'indétermination sur la personne de l'ayant droit cesse par la présentation du titre ; chaque porteur successif est le créancier éventuel :
celui-là seul est le créancier définitif qui présente le titre (2).

278. *Projet : création du titre ; ses effets.* — Le projet, acceptant
la théorie que nous venons d'exposer en dernier lieu, considère le
titre au porteur, non comme une reconnaissance de dette, mais
comme un titre constitutif d'obligation. Cette obligation consiste
dans une dette abstraite, séparée de sa cause. Elle résulte, non
d'un contrat, mais de la souscription même du titre (art. 685 ;
C. civ. al., art. 793) ; celle-ci, il est vrai, pouvant être remplacée
par une estampille. En d'autres termes, le projet adopte dans ce
qu'elle a de plus extrême la théorie qui fait résulter le droit de l'acte de
création du titre (*Kreationstheorie*) et, par suite, d'un engagement
existant d'ores et déjà par le fait d'une déclaration unilatérale de
volonté, et ce qui est le plus bizarre, mais c'est la théorie de
Siegel, d'une déclaration non encore adressée au public, et se
manifestant par la seule signature du titre (3). Gierke a prétendu
que ce sera une promesse résultant d'une sorte de monologue avec
soi-même (4). Il faut ajouter, cependant, que le monologue a été
contresigné par la griffe du souscripteur. Quoi qu'il en soit, on comprend que, tout en conservant l'idée d'une promesse résultant d'un
acte unilatéral du souscripteur, on puisse hésiter, en ce qui touche
le fait qui doive le consommer, entre la simple souscription du titre

---

(1) Cf. Windscheid, § 291, note 2. — Cf. Ryck, *Lehre von den Schuldverhältnissen*, p. 148-149.

(2) Pour la littérature du sujet, et en particulier celle relative à la réglementation de la matière dans le Code civ. al., voir, en dehors de PLANCK,
p. 545 suiv., le commentaire du Code civil de OERTMANN, *Komm.* sur le titre
22 de la section VII, liv. II, du Cod. civ. ; ENDEMANN, *Einführung in das Bürgerliche Gesetzbuch*, I, § 196, III·1 ; SCHOLLMEYER, *Recht der Schuldverhältnisse*, p. 192 suiv. ; JAKUBEZKY, *Bemerkungen zu dem Entwurf eines B. G.
B.* p. 77 ; DERNBURG, *Lehrbuch* II, § 147-II ; cf. CORDES, *Werthpapier* (Dis-
sertation 1898), p 60 suiv. : et d'une façon générale, *passim*, LEHMANN, *Die
Theorie der Werthpapiere* et GRÜNHUT, *Wechselrecht*.

(3) C'est encore cette théorie qu'accepte l'art. 793 C. civ. al., en dépit de
quelques changements de rédaction qui pourraient donner le change (PL.
p. 545-546, p. 548 suiv.). C'est encore le fait de la souscription, et non la
mise en circulation, qui forme l'obligation. C'est ce que prouve la disposition
de l'art. 794, absolument analogue à celle de l'art. 686 P¹ ; et c'est ce qu'é-
tablit surtout la discussion reproduite aux *Protokolle* II, p. 537-539 (cf. PL.
sur § 793-2. II, p. 549 ; ENDEMANN, I, § 196, note 17, p. 886. SCHOLLMEYER.
Das Recht der einzelnen Schuldverhältnisse, p. 92).

(4) Gierke, *Der Entwurf.* (*Rev. de Schmoller*, XIII, p. 222, et XII, p. 881)·

et son émission. En choisissant cette dernière solution, on se rapprocherait fort des partisans de la théorie contractuelle, car l'émission peut être considérée comme la manifestation d'une offre qui attend pour se transformer en contrat l'acceptation du premier preneur (1). Mais ce sont ces théories vagues que· le projet a voulu éviter ; il tenait aussi à consacrer l'importante solution de Kuntze et Siegel, relative aux titres tombés en circulation contre le gré ou à l'insu du souscripteur ; et l'article 686 (C. civ. al., art. 794) tire la conséquence la plus claire du principe admis d'un engagement par simple déclaration de volonté celle-ci manifestée par le fait de la souscription du titre. Le titre souscrit, mais non encore mis en circulation, qui vient à être volé ou perdu reste valable et oblige le souscripteur (2) ; et de même le titre reste valable, si, depuis qu'il a été souscrit, mais avant la mise en circulation, le souscripteur est mort ou devenu incapable (art. 686).

On a voulu augmenter le crédit du titre et rassurer les tiers qui ne peuvent s'enquérir du mode d'acquisition initial du titre ; à quoi on a objecté que l'article 689 réserve au débiteur la faculté d'opposer la nullité résultant du défaut de droit de celui qui a fait l'émission (3). Mais, dans le cas visé par cette disposition, les tiers connaissent toujours le souscripteur et peuvent se renseigner ; la situation n'est plus la même (4).

---

(1) Gierke, *loc. cit.*, XIII, p. 222 et *Rev. de Goldschmidt* (*Zeits. f. H. R.*), t. XXIX, p. 258.

(2) Sauf réserve de l'exception de dol opposable au voleur lui-même ou aux porteurs ultérieurs qui auraient acquis le titre en ayant connaissance de sa provenance (art. 689), cf. *infrà*, n° 280.

(3) Gierke, *Rev. de Schmoller*, XIII, p. 221-222.

(4) Je ne serais pas éloigné d'approuver théoriquement la conception et même la solution extrême du projet, s'il était toujours sûr que le souscripteur, par le seul fait de la création du titre et de l'apposition de l'estampille, eût voulu s'engager. L'idée d'un engagement émané d'une seule volonté n'est pas absolument ce qui m'effraie. Mais encore faut-il que cette volonté soit certaine. Nous la trouvons assurément au cas de promesse de récompense, par voie de publicité (cf. mon étude parue dans le *Bulletin de la Soc. de leg. comp* , n° de juin 1889, spécialement p. 630-632 ; et, sur la Promesse de récompense, voir mon livre sur *la Déclaration de volonté*, cf. à la table analytique, v° *Promesse de récompense*). Nous la trouverions également, en notre matière, dans le fait de l'émission au sens strict du mot, ou de la mise en circulation du titre (*théorie d'Eccius et de Stobbe*). Mais je ne suis plus aussi sûr de la reconnaître dans le fait seul de donner une signature, avant que l'on eût lancé le titre dans la circulation, et alors qu'on le garde encore en portefeuille. Ce qui fait l'essence du titre au porteur ne serait-ce pas l'offre au public ? Ce critérium, comme signe de l'engagement volontaire, me paraît certain L'autre me semble très douteux. Tout au moins, à supposer que cette volonté d'engagement existe en certains cas par le seul fait de la création, elle n'existe pas dans tous, tant s'en faut

279. *Droits du porteur.* — Le projet se contente, dans la partie des obligations, de décrire les rapports juridiques entre le porteur et le souscripteur du titre ; il ne nous dit pas comment s'acquiert le titre lui-même. Cela tient, comme disent les motifs, à ce que celui-ci est un objet corporel soumis, quant à sa transmission, aux règles relatives au transfert de la propriété des meubles. C'est aux articles 877 à 879 (C. civ. al., art. 932 et suiv.) qu'il faut se reporter pour la solution de cette question ; on y verra que la propriété des meubles est acquise à celui qui les reçoit de bonne foi, même d'un non propriétaire, sauf s'il s'agit de meubles volés ou perdus. Or, pour cette dernière hypothèse, l'article 879 (C. civ. al., art. 933-935), reproduisant la disposition de l'article 307 de l'ancien Code de commerce allemand, déclare cette exception inapplicable aux titres au porteur, si bien que, pour ceux-ci, tout possesseur qui les tient en vertu d'un juste titre, et qui est de bonne foi, en est propriétaire sans distinction (1). Dans la partie des obligations, le projet s'occupe uniquement des droits du porteur, en tant que porteur, et indépendamment de la question de savoir s'il est le légitime titulaire du titre. On pourrait croire, au premier abord, qu'il accepte la distinction de Brunner, Gierke et de tous les partisans de l'*Eigenthumstheorie*, entre l'exercice du droit, attaché à la pure possession du titre, et son attribution effective attachée à la pro-

---

(voir les exemples cités dans l'article de Goldschmidt, *Zeits. f. H. R.*, XXXVI, p. 138) ; et alors le projet se trouve généraliser une présomption qui risque souvent d'être à côté de la vérité. Il serait plus franc de dire, si l'on est de cet avis, qu'il y a intérêt d'ordre public à présumer l'engagement par le seul fait de la signature. Mais ceci est une tout autre question ; il ne s'agit plus de déclarer qu'il y a volonté, mais que, de par la loi, il doit y avoir volonté de s'engager. C'est la carte forcée par raison d'ordre public. Le mot n'est pas trop fort, puisque le souscripteur n'est pas admis à prouver qu'il n'a pas eu l'intention de s'engager avant l'émission. Il est possible que, pour des raisons de crédit public, la nouvelle question qui se trouve ainsi posée doive se résoudre dans le sens du projet ; mais je suis loin d'en être absolument convaincu, et en tous cas il me paraît tout au moins indispensable de ramener la question à sa véritable formule : obligation légale, plutôt qu'obligation volontaire (cf. Goldschmidt, *Zeit. f. H. R.*, XXXVI, p. 139).

Sur tous ces points, en ce qui touche les théories générales du droit allemand, voir, en dehors de l'ouvrage de M. WAHL, déjà cité, THALLER, *Traité élémentaire de droit commercial* (Paris, Rousseau, éd. 1900), n°ˢ 889 et suiv. VIVANTE, *Trattato teorico-pratico di Diritto commerciale*, t. II, §§ 48 et suiv. § 51 ; add. DEBRAY, *De la clause à ordre* et la thèse de M. MINARD, *Le titre nominatif, nature et fonctionnement* (Paris, 1897).

(1) Cf. Challamel (*Étude sur la partie des droits réels dans le projet de Cod. civ. all.*, n° 39-40) dans *Bullet. de la Soc. de Législ. comp.*, 1889, p. 430. — Cf. Cod. de comm. all., art. 306-307.

priété 'cf. *supra*, n° 273) (1). L'article 685 ne dit rien qui lui soit contraire ; il déclare que le souscripteur s'oblige à payer au por-

(1) D'ailleurs cette distinction semble bien ressortir aussi de l'ensemble de la théorie française en matière de titres au porteur. Notre jurisprudence, en effet, ne connaît qu'une base de décision en cette matière, l'art. 2279. Or, l'art. 2279 règle une question de propriété, acquise ou présumée, peu importe. On entend dire que, là où la possession du titre est protégée par l'art. 2279, là aussi se trouve la qualité de créancier : le créancier du droit porté au titre est donc le propriétaire, selon l'art. 2279, du papier qui constitue le titre. Mais, d'autre part, le droit de contester l'application de la présomption tirée de l'article 2279, n'appartient qu'à ceux qui se prévalent d'un droit de propriété et agissent en revendication : les articles 2279 et 2280 traitent des rapports entre personnes qui prétendent à la propriété d'un meuble et des cas d'admissibilité de la revendication. Or, dans les rapports entre souscripteur et porteur du titre, il ne s'agit plus d'une question de propriété et encore moins d'une question de revendication, il s'agit de l'exercice des droits portés au titre. A notre avis, le débiteur ne serait donc pas recevable à invoquer le défaut d'application de l'article 2279 pour refuser le paiement. Il doit payer au porteur, sans pouvoir exciper de l'acquisition irrégulière du titre. En particulier, le débiteur, s'il s'agit de titres perdus ou volés, ne pourrait pas, pendant le délai de trois ans pendant lequel le propriétaire a le droit de revendiquer, refuser le paiement au porteur qui se présenterait dans ce délai. Pour qu'il y soit autorisé, il faut une opposition régulière de la part du propriétaire victime du vol ou de la perte ; et encore on sait qu'avant la loi de 1872, les compagnies prétendaient n'avoir pas à tenir compte de l'opposition. En réalité, c'est l'opposition qui engage leur responsabilité envers le propriétaire dépossédé. Mais, indépendamment de toute opposition et de leur propre chef, les compagnies débitrices ne pourraient pas se prévaloir du cas de perte ou de vol pour refuser le paiement, même pendant le délai de trois ans de l'article 2279.

Il semble donc bien que, en prenant pour base de notre théorie française l'article 2279, on en arrive à la distinction des partisans de l'*Eigenthumstheorie* : De la possession du titre résulte la faculté de faire valoir le droit qu'il représente ; mais de la propriété seule résulte le droit lui même. Cela est surtout vrai dans une théorie comme la nôtre qui voit dans le titre au porteur une reconnaissance de dette avec facilité de cession : le droit ne peut être acquis qu'au cessionnaire régulier, donc au propriétaire du titre. Mais, d'autre part, l'exercice du droit appartient à tout porteur, car le titre équivaut, à lui seul, à une procuration de toucher le paiement (*Legitimationpapier*) ; et l'on ne peut discuter la légitimité de la possession du titre, en se fondant sur le défaut des conditions d'application de l'article 2279, que si on prétend soi-même à la propriété. Sinon, le possesseur quelconque est préféré à un tiers sans droit et qui n'en prétend aucun sur le titre ; or le débiteur du titre est sans droit sur le titre : il est obligé de payer au titre, ce qui est loin d'être la même chose.

On peut dire, d'ailleurs, que cette distinction a servi de base, avant la loi de 1872, au système de la jurisprudence en matière de titres perdus ou volés. D'une part, on considérait que le propriétaire du titre, bien que n'étant plus porteur, restait le légitime titulaire du droit porté au titre (*Cass.*, 15 nov. 1841. Sir. 41. 1. 829). D'autre part, le propriétaire, bien que créancier, n'était pas admis à demander un duplicata du titre, car le souscripteur était obligé de payer au porteur quel qu'il fût : c'est donc que le porteur puisait dans le titre qu'il avait en mains le pouvoir de faire valoir le droit contenu au titre (Cf. Buchère, *Valeurs mobilières*, n° 371). — Cf. de Folleville, *Titres au porteur*, n° 371.

teur et ne déclare pas, bien que Gierke ait semblé le lui faire
dire (1), que le porteur soit le créancier. Or Brunner et Gierke lui-
même ne disent pas autre chose ; le titre au porteur a pour fonction
première d'écarter toute recherche sur la qualité du porteur, et de
le dispenser de toute justification de son droit (*Legitimationspa-
piere*) : donc le souscripteur doit payer au porteur sans discussion.
Quant à la qualité de créancier, elle n'est attachée qu'à la propriété,
La nature juridique attribuée par le projet à la création du titre ne
s'opposerait pas à cette distinction ; le souscripteur, par déclaration
unilatérale de volonté, s'engage envers tout porteur légitime considéré comme créancier, et de plus il s'oblige à payer aux mains de
tout porteur quelconque, en tant que créancier présumé. Nous avions
donc été très tenté de croire cette théorie conciliable avec les dispositions du projet. Cependant certaines expressions des Motifs
laissent bien entendre que, pour le souscripteur, le véritable créancier, non pas présumé, mais réel, c'est le porteur quelconque ; c'est
envers lui qu'il s'engage (2). On peut aussi invoquer l'admission
de la compensation entre souscripteur et porteur, ce qui semble
impliquer chez ce dernier la qualité de créancier, puisque les auteurs,
comme Thöl, qui ne voient en lui qu'un fondé de pouvoir dont la
qualité reste incertaine, rejettent toute idée de compensation (3).
Mais il faut reconnaître que, même en admettant la distinction proposée, on pourrait déclarer possible la compensation ; il suffirait de
faire du porteur, au regard du débiteur, le créancier présumé (4).
Le motif juridique qui tranche tout se trouve, à notre avis, dans une
conception déjà présentée, celle d'une obligation à créancier indéterminé ; le souscripteur promet un paiement ; à qui le promet-il ?
A celui qui se présentera nanti du titre. Donc tout porteur est bien
pour lui comme un créancier éventuel, mais le porteur qui présente
le titre est le créancier définitif. En faudrait-il conclure que, dans
les rapports entre porteurs successifs ou entre porteurs et les tiers,

(1) Gierke, *Rev. de Schmoller*, XIII, p. 223.
(2) « *Durch das in der Schuldverschreibung enthaltene Versprechen verp-
flichtet sich der Aussteller dem jeweiligen Inhaber als solchem* », II, p. 696
(Cf. p. 697, sur l'art. 687). — Cf. Goldschmidt, *Die Creationtheorie und der
Entwurf* (*Zeits., f. H. R.*, p. 135).
(3) Cf., art. 689 du projet et *infrà*, n° 280. — Thöl, *Hand. R.*, § 229,
note 11.
(4) C'est ce que fait, par exemple, Brunner, bien qu'il admette que le titre
de créancier n'appartienne qu'au propriétaire du titre : seulement il convient
qu'à l'égard du débiteur, le porteur est le créancier présumé (*Handb. d'Endemann*, II, § 199, notes 10 et 12).

le détenteur du titre devrait être considéré forcément comme créancier ? Assurément non ; il sera pour tous le seul autorisé à faire valoir les droits qui résultent du titre, mais il peut se faire qu'il doive ensuite en reporter le bénéfice à d'autres, ou que d'autres aient le droit de lui demander compte du profit qu'il retirera du titre. Tout dépendra de son droit par rapport au titre lui-même, suivant qu'il est propriétaire, gagiste, usufruitier, etc. A l'égard du souscripteur, il est réellement créancier, tel que serait un créancier solidaire, ce qui n'empêche pas, comme cela peut se présenter en matière de solidarité, que le porteur puisse être considéré comme ne devant pas conserver le bénéfice du droit, et que, dans ses rapports avec d'autres, il puisse n'être pas traité comme le véritable titulaire du droit. Gierke objecte à cela (1) que, si le porteur a volé le titre sous les yeux du caissier, celui-ci devra lui en payer le montant, du moment qu'il n'existe pas d'opposition régulière au paiement et que tout porteur est le vrai et seul créancier. Il est probable qu'en pareil cas le caissier ferait d'abord arrêter le voleur ; au surplus, comme tout débiteur peut toujours se refuser au paiement, sous sa propre responsabilité, le caissier dont il s'agit fera bien de se refuser à payer et d'attendre qu'on le poursuive, auquel cas, s'il prouve le fait de vol, il sera déchargé de toute responsabilité. Autrement, il s'exposerait à payer une seconde fois à la victime du vol, puisqu'en payant et en détruisant le titre, il aurait agi en somme à la façon d'un recéleur (2). Nul ne saurait prétendre qu'en s'engageant par voie de souscription du titre, le débiteur ait entendu s'engager envers le voleur, donc il

---

(1) Gierke, *Rev. de Schnaker*, XIII, p. 224.

(2) On a mis également en avant le cas de gens qui se trouvent avoir en mains des titres au porteur, sans avoir l'intention le moins du monde de s'en attribuer le bénéfice, le domestique par exemple à qui on les confie momentanément : et cependant ils en seront les véritables porteurs au sens du projet, donc, d'après lui, et malgré eux, les seuls créanciers. Créanciers à l'égard du souscripteur, d'accord ; mais créanciers malgré eux, jamais. Le projet. et nous tenons à faire remarquer que nous exposons sa théorie sans prétendre la défendre, n'a pas voulu dire qu'il pût suffire qu'un individu eût le titre en mains, pour qu'il fût le titulaire du droit porté au titre. Le papier contient une promesse, mais cette promesse ne s'impose pas ; elle existe en dehors de toute acceptation, mais, pour savoir envers qui elle existe, il faut que quelqu'un l'ait acceptée, ou tout au moins qu'il en veuille. Le titre aux mains de quelqu'un qui ne peut ou ne veut être créancier est assimilé au titre délaissé, qui conserve encore la manifestation de l'engagement, sans qu'il y ait actuellement personne au profit de qui celui-ci existe (cf. Gierke, dans *Revue de Schmoller*, XIII, p. 223, et Goldschmidt, dans *Zeits. f. H. R.*, XXXVI, p. 136). Or c'est absolument le cas, lorsqu'il s'agit de gens qui détiennent le titre sans afficher la prétention d'en être bénéficiaires.

reste dans les termes de son engagement en refusant de payer au voleur manifeste (1).

(1) En ce qui touche les conditions d'acquisition du droit attaché au titre, et par suite la détermination de la qualité de créancier, le Code civil al. accepte une sorte de système mixte, très différent de celui du projet. D'après ce dernier, le droit de créance était attaché à la seule présentation du titre. On avait protesté de tous côtés contre ce système, qui paraissait sacrifier aux intérêts du crédit toutes les exigences de la justice. On était bien décidé, dans la seconde commission, à faire du titre de créancier la dépendance de la propriété du titre : celui-là seul serait créancier qui serait le propriétaire régulier du titre (*Eingenthumstheorie*). On voulait exclure le droit du voleur, du dépositaire, du mandataire et, d'une façon générale, de tous les détenteurs qui n'aient pas qualité pour disposer du titre. Mais alors, logiquement, il aurait fallu, dans cette conception nouvelle, obliger le porteur à faire la preuve de son droit : ou encore, en d'autres termes, le souscripteur eût été autorisé, sans autre preuve à sa charge, à refuser le paiement, dès que le porteur n'eût pas établi son droit ; et, s'il eût payé à un porteur non autorisé, sa responsabilité se fût trouvée engagée. C'était enlever tout crédit aux titres au porteur et supprimer, toute leur fonction historique et économique.

Aussi, a t on dû, tout en admettant le nouveau principe, lui donner une formule bien plus restreinte et lui apporter des atténuations considérables. Tout d'abord, on s'est refusé, en dépit des amendements qui avaient été présentés dans ce sens (*Pr.*, II, p. 527-528), à inscrire expressément dans la loi l'idée que le créancier fût propriétaire du titre (*Pr.*, p. 530-531). En second lieu, on a voulu qu'il fût parfaitement admis que le porteur n'avait aucune preuve à faire pour être autorisé à toucher le paiement ; ce qui revient à dire forcément que le souscripteur peut encore payer au porteur sans autre justification, et sans que sa responsabilité soit engagée à l'égard du propriétaire légitime du titre. Cela veut-il dire que l'on en soit revenu à l'idée d'une simple présomption de légitimité en faveur du porteur ? C'eût été encore un système un peu dangereux ; car il eût impliqué que la responsabilité du souscripteur qui paie au titre n'eût été à couvert que si lui-même eût été de bonne foi ; mais que, s'il eût connu le défaut de droit du porteur, même en dehors de la procédure d'avertissement des art. 799 et 800, C. civ. al. (cf. art. 1019, C. pr. civ. al., *R.*), il aurait dû encore se refuser à payer, puisque la présomption de légitimité en pareil cas n'aurait plus couvert sa responsabilité.

C'est pourquoi on a voulu faire résulter de la seule possession du titre autre chose qu'une simple présomption de légitimité : on a voulu en faire sortir un droit véritable pour le porteur. Seulement, ce droit n'est plus forcément le droit d'être le créancier en faveur duquel le titre est souscrit (le *Glaubigerrecht*), c'est le droit de toucher le paiement, sous cette condition toutefois que ce droit d'encaissement est soumis à certaines réserves admises à l'égard du souscripteur. Ces réserves consistent en ce que ce dernier peut se refuser à payer, s'il fait la preuve de l'irrégularité de la possession, ou, d'une façon générale, du défaut de droit du porteur, s'il établit, par conséquent, que ce dernier n'a pas qualité pour disposer du titre.

Toute la réforme du Code civil consiste donc en une modification de l'art. 687 P¹, lequel, en dehors du cas de perte ou de vol, ne permettait pas au souscripteur d'opposer aucune exception tirée de la mauvaise foi du porteur ou de l'irrégularité de sa prétention à toucher le paiement. Désormais, d'après l'art. 793 C. civ. al., le souscripteur peut encore payer valablement, même si le porteur n'a pas le droit de disposition ; c'est qu'il paie à celui qui a droit de toucher le paiement. Toutefois, il peut se refuser à payer, s'il fait la preuve

280. *Exceptions opposables au porteur*. — Sauf ce cas exceptionnel de vol manifeste, le souscripteur doit au porteur quelconque, sans avoir qualité pour exciper de l'acquisition irrégulière du litre, sans pouvoir, par conséquent, lui opposer aucune exception tirée de sa mauvaise foi (1), ou de la façon dont le titre se trouve entre ses mains (art. 687). C'est ce que disait déjà, à peu près dans les mêmes termes, l'article 1045 du Code saxon (2). Il ne peut pas davantage faire valoir les exceptions tirées des porteurs antérieurs (3) ; et peu importe que, parmi eux, il en ait été qui fussent incapables de devenir créanciers du droit incorporé au litre. Le porteur actuel n'est pas leur ayant cause ; il ne tient pas d'eux ses droits par voie de succession à litre particulier. Il tient ses droits directement du souscripteur ; il est le créancier direct du créateur du litre : de là, cette disposition de l'art. 689 (C. civ. al., art. 796) qu'on ne peut lui opposer que les exceptions tirées de l'irrégularité de la création du litre (4), ou du contenu de celui-ci, ou enfin celles qui sont tirées des

que le porteur n'a pas qualité pour disposer du titre (cf. *Pl.* II, p. 515 : Endemann, p. 884 ; Schollmeyer, *Das Recht der einzelnen Schuldverhältnisse*, p. 93-94).

Il paraîtra bien difficile, dans cette conception, que la responsabilité du souscripteur, lorsqu'il paie sciemment à un non ayant droit, ne soit pas engagée envers le légitime propriétaire du titre. Sans doute, elle ne sera pas engagée en vertu des règles sur les titres au porteur, on vient de le voir. Mais ne le serait-elle pas en vertu de la responsabilité délictuelle? La question reviendrait à savoir dans quel cas, et dans quelle mesure, le fait pour le souscripteur de ne pas invoquer l'exception que lui confère l'art. 793, pour la protection du propriétaire du titre, peut et doit constituer un délit, c'est-à-dire un acte illicite en soi, puisque cette première condition de matérialité du fait illicite est l'un des éléments constitutifs du délit civil. C'est là une question toute différente, qui se rattache au point de savoir si le fait d'user d'un droit, — et il s'agit ici du droit de payer sans avoir à vérifier la qualité du porteur, — ne peut pas parfois, et sous certaines conditions, lorsqu'il y a abus du droit et intention dommageable, constituer un délit. Il suffisait d'indiquer le problème, sans avoir la prétention de le résoudre.

Sous ce rapport, et sur ce point, de graves et difficiles controverses se sont déjà élevées parmi les commentateurs du Code civil, les uns voulant que la responsabilité du souscripteur ne soit jamais engagée lorsqu'il paie sciemment à un porteur sans droit, les autres prétendant qu'elle le serait toujours (sur le fondement des art. 226 et 826 C. civ. al.), d'autres enfin proposant certaines distinctions. On trouvera la question exposée dans Planck avec les citations et références à l'appui (II, p. 550).

(1) L'art. 687 P¹ a été supprimé dans le texte définitif pour les raisons données à la note qui précède (cf. art. 793 C. civ. al.).

(2) C'est également ce que nous croyons vrai en droit français, comme nous l'avons montré plus haut.

(3) Il eût donc fallu rejeter de ce chef l'exception de la *Lex Anastasiana*, si le projet avait cru devoir accorder droit de cité à cette institution romaine (Cf. Kuntze, *Lehre von den Inhaberpapieren*, §§ 139 et 140).

(4) Cf. Cass., 4 juin 1878 (Sir. 79. 1. 36).

rapports existants entre la personne du porteur et celle du souscripteur. La première catégorie d'exceptions comprend celles relatives au défaut de droit du souscripteur, ou aux vices de consentement qui ont pu entacher l'engagement qu'il a pris. Il va de soi qu'un titre au porteur ne peut être valable, quoi qu'il arrive, par cela seul que le papier est en règle. Il dérive d'une manifestation de volonté ; encore faut-il que celle-ci soit régulière. La seconde catégorie d'exceptions était au contraire sujette à contestation. Le Code fédéral n'en parle pas (1) ; il n'admet que les exceptions tirées de la nullité du titre ou de son contenu ; il n'admet pas celles tirées de la personne du créancier, c'est-à-dire de la personne du porteur actuel. C'est l'application, dans toute sa rigueur, de la formule qu'on ne doit qu'au titre et que la personne du créancier est indifférente. Le projet considère, au contraire, qu'il y a un créancier, que le souscripteur s'est engagé envers quelqu'un. Ce quelqu'un, il est vrai, reste indéterminé, mais, une fois le créancier déterminé, on lui applique les règles du droit commun dans ses rapports entre lui et le débiteur. C'était déjà la théorie du Code de commerce et de la loi sur le change (*C. de com. all.*, art. 303. — *Loi sur le change*, art. 82), celle également du Code saxon (*Säch. G. B.*, 1045-1046). La question importante est celle qui concerne la compensation. Il faut supposer, bien entendu, une cause de compensation existant dans la personne du porteur actuel. Nous avons déjà fait allusion à l'idée de Thöl que le titre ne fonde qu'une autorisation de poursuites, sans établir de présomption relativement à la qualité du porteur ; il peut être le créancier réel ou son mandataire, on ne présume rien ; et, par suite, le débiteur n'est pas autorisé à le traiter comme créancier, et c'est le traiter en créancier que de lui opposer la compensation de ce qu'il doit au débiteur. Nous avons dit aussi que, même les partisans de la distinction connue, entre l'exercice du droit dérivant de la possession et son acquisition dérivant de la propriété, traitaient en général le porteur comme créancier présumé et, par suite, admettaient la compensation (2). Pour la repousser, il faudrait prétendre que la personne du créancier, par cela seul qu'on s'est engagé envers un créancier inconnu et incertain, ne doit pas être prise en considération, et que le porteur doit être assuré de recevoir son paiement, quels que soient ses rapports avec le souscripteur ;

(1) Cf. Cod. féd., art. 847.
(2) Thöl, *Hand. R.*, § 229, note 11, Brunner, *Handb. d'Endemann*, § 190, note 12. — Cf. Kuntze, *Lehre von den Inhaberpapieren*, § 138. — Stobbe, *Deutsch. Priv. R.*, III, § 181, note 31.

c'est la théorie du Code fédéral. On comprendrait que le projet l'eût admise ; le débiteur eût renoncé d'avance à invoquer la compensation (1). Le projet s'est placé à un autre point de vue ; d'ailleurs la compensation pour lui n'est plus une exception, mais un véritable paiement (2). Il faut en conclure que le souscripteur, au

(1) On pourrait le soutenir aussi en droit français. On peut voir, en une matière analogue, un arrêt de la Cour de Dijon, du 6 mai 1887 (Sir. 88. 2. 5). Il s'agissait du porteur d'un chèque auquel le tiré opposait la compensation : or, on prétendait la repousser en invoquant, entre autres raisons, l'idée que le porteur n'était qu'un fondé de pouvoir à l'effet de toucher le paiement, sans être déclaré effectivement créancier. C'était à peu près la théorie de Thöl, à propos des titres au porteur. Le raisonnement était inadmissible ; car le porteur est, sans aucun doute, créancier du tiré. On fit valoir alors qu'en matière de titres de cette nature, le débiteur du titre devait être considéré comme ayant renoncé d'avance à la compensation ; car le tiré doit au titre et s'est engagé à n'en pas restreindre l'efficacité. (Cf. Mouchet, *De la compensation dans les chèques* dans *Annales de droit commercial*, 1889, II, p. 39 et suiv.). Cette présomption nous paraît fondée. Tout chèque, comme disent fort bien les Allemands, suppose un contrat préalable. Il a été entendu avec le tiré que celui-ci paierait sur présentation d'un mandat de paiement ; c'est là le sens exact de la provision dont parle l'article 2 de notre loi du 14 juin 1865 (Cf. Cohn, *Zahlungsgeschäfte*, dans l'*Handbuch d'Endemann*, III, § 454, p. 1149). Or, ce que promet le tiré, c'est d'effectuer ce paiement aux mains du porteur, de la même façon que celui-ci aurait à le recevoir du tireur lui-même. Très certainement, celui-ci n'aurait pu opposer la compensation du chef du tiré ; il n'est pas douteux, par conséquent, que la situation du porteur ne doit pas être aggravée, parce qu'au lieu de réclamer son paiement du tireur, il va le toucher auprès du tiré. Il est vrai que cette théorie est surtout admissible, si l'on se dégage de l'idée française que le droit du porteur contre le tiré provient d'une cession que le tireur lui aurait faite de ces droits (Lyon-Caen et Renault, *Précis*, n° 1352). Cette idée repose sur la conception inexacte que l'on se fait de la provision : elle devient au contraire très nette, si l'on accepte l'idée, qui se propage en Amérique et en Allemagne, d'une stipulation pour autrui (Cf. Daniel. *A treatise on the law of Negotiable Instruments* (Éd. 1879), II, p. 592, note 1, et Cohn, *loc. cit.*, p. 1155). Le tiré, lors du contrat de chèque, s'est engagé à payer au porteur, et celui-ci acquiert ainsi un droit propre contre lui. Mais dans cet engagement il a renoncé d'avance, pour les raisons que nous avons indiquées, à la compensation. Reste à savoir s'il faut déduire de là un *a fortiori*, tout au moins un motif d'analogie, pour la matière des titres au porteur. Oui, si l'on envisage le caractère économique du titre, et c'est ce qui nous semblerait ressortir des observations de M. Mouchet sur l'arrêt de la Cour de Dijon cité plus haut. Non, si l'on n'envisage que son caractère juridique ; car le porteur devient le créancier direct du souscripteur du titre sans aucune référence à une dette antérieure dont la création du titre dût procurer le paiement ; il n'y a donc plus les mêmes raisons de soustraire la dette du souscripteur aux règles du droit commun et de présumer de la part de ce dernier une renonciation aux droits et privilèges qui appartiennent à tout débiteur vis-à-vis de son créancier : c'est la conception du projet.

(2) Même théorie et même solution sous l'empire de l'art. 796 C. civ. al. Il faut ajouter, en outre, que, d'après le nouveau système de l'art. 793 C. civ. al., le souscripteur pourra opposer une exception nouvelle, celle tirée du défaut de droit du porteur ou de l'irrégularité de sa possession.

lieu de payer en espèces, aura droit de payer le porteur avec les espèces que celui-ci est censé avoir en mains et qu'il devrait lui fournir (cf. *suprà*, nos 55 et suiv.).

Enfin, parmi les exceptions tirées de la personne du porteur, les motifs font remarquer qu'il y aura lieu de comprendre l'exception de dol. Mais il faut s'entendre; on suppose un dol commis à l'égard du souscripteur. Sinon, s'il suffisait de s'appuyer sur un fait dolosif du porteur, ce serait le renversement du principe que le débiteur ne peut exciper de l'acquisition irrégulière du titre (1) : le dol doit être personnel. Voici une application que prévoient d'ailleurs les motifs : le cas d'un porteur, contre lequel le débiteur puisse invoquer une exception qui lui soit personnelle, et qui passerait le titre à un autre lequel s'entende avec lui pour enlever au débiteur le bénéfice de l'exception. Ajoutons en outre, ce que ne disent pas les motifs, que, pour qu'il y ait dol dans cette manœuvre, il faudra, en général, que l'exception ait été fondée sur le fait d'un enrichissement sans cause, ou sur un motif d'ordre public ; ce qui arriverait, par exemple, si le premier porteur eût volé lui-même le titre au débiteur et qu'il le passât à un autre qui en connût l'origine, Assurément, il n'y aurait plus dol, si l'acquéreur avait acheté le titre, ayant connu une cause de compensation existant à l'encontre de son vendeur. Nous ne voulons pas dire que, même dans ce cas, il ne puisse jamais y avoir les éléments d'une manœuvre dolosive ; mais la seule connaissance d'une cause de compensation ne suffirait pas. Enfin, on trouve là comme un correctif à l'article 686, qui admet la validité du titre volé au souscripteur avant l'émission ; s'il est présenté par le voleur ou un compère, ou tout autre porteur qui ait connu le vol, le débiteur sera en droit de refuser le paiement : l'efficacité de l'engagement n'est consacrée en somme qu'en vue des acquéreurs de bonne foi (2).

(1) La distinction faite au texte ne serait plus complètement exacte dans le système du Code civil al., qui admet le souscripteur à exciper de l'acquisition irrégulière du titre. Si donc il s'agissait d'un dol commis à l'égard du précédent porteur, dol qui eût pour effet de rendre irrégulière la possession du détenteur actuel, le débiteur aurait le droit de se refuser à payer, non plus en vertu de l'art. 796, mais en vertu de l'art. 793 C. civ. al.

(2) En ce qui touche l'étendue de l'exception de dol, reconnue au profit du débiteur contre le porteur actuel du titre, lorsqu'il s'agit d'un dol commis contre ce débiteur lui-même, des difficultés assez délicates se sont élevées parmi les commentateurs de l'art. 796 C. civ. al Elles viennent de l'analogie qui existe entre la disposition de l'art. 796 C. civ. al. et celle de l'art. 82 de la loi sur le change. En cette dernière matière, également, le débiteur ne peut alléguer à l'encontre du porteur que les exceptions tirées d'un rapport qui

281. *Coupons détachés du titre.* — Les coupons au porteur (1) sont de petites obligations au porteur, relatives au paiement des intérêts et dividendes ; le souscripteur est donc, dans la mesure des énonciations portées au titre, engagé envers le porteur quelconque du coupon. Or, il peut arriver que l'obligation principale vienne à disparaître depuis que le coupon a été détaché, et mis en circulation, ce qui arrive fréquemment, par exemple, pour le cas d'amortissement par voie de tirage au sort. Dans ce cas, bien que le souscripteur se soit engagé envers le porteur quelconque du coupon,

lui est personnel et ne pourrait pas se prévaloir d'une exception opposable aux précédents porteurs ; et enfin, parmi ces exceptions personnelles au débiteur du titre, le créateur de la lettre de change ou du billet à ordre, il faut comprendre celle qui serait tirée d'un dol commis contre lui et commis personnellement par le porteur actuel de la lettre ou du billet. Or, la jurisprudence allemande a été souvent tentée d'admettre qu'il y aurait dol à l'encontre du débiteur de l'effet, non seulement lorsque le porteur eût acquis la lettre ou le billet pour enlever au débiteur le bénéfice d'une exception qui lui appartenait contre le précédent porteur, celui qui a fait l'endossement, mais de même lorsqu'à la suite d'un endossement de bonne foi le porteur n'a connaissance qu'après coup de l'exception dont aurait pu se prévaloir le débiteur, exception dont celui-ci va se trouver déchu par le fait de l'endossement, et que, malgré la connaissance qu'il en a, ce porteur exerce encore les droits qu'il tient de son titre. Ce serait donc le dol, provenant, non d'un fait intentionnel, réalisé en vue de nuire à autrui, mais de l'exercice d'un droit dont on se prévaut, en dépit de la connaissance que l'on a acquise du dommage qui en proviendrait pour autrui : c'est le dommage non intentionnel, mais conscient. Or, beaucoup de commentateurs du Code civil ont voulu appliquer à l'art. 796 C. civ. al. cette jurisprudence qui s'est formée sur l'art. 82 de la loi sur le change. Planck s'y refuse absolument, et avec raison, semble-t-il, sous ce prétexte que, nulle part, le Code civil n'admet l'exception de dol sous forme générale et que, par suite, elle ne peut être opposée que là où il y a violation d'une disposition ou d'une prohibition positive de la loi. C'est le cas, en effet, lorsqu'il y a dol intentionnel, lorsqu'on se prête à un endossement ou à un transfert uniquement pour causer un dommage à autrui (art. 826 C. civ. al.). Mais lorsque le titre, s'agissant d'un titre au porteur, régi par les principes du Code civil et non par ceux de la jurisprudence en matière de change, a été acquis de bonne foi, le porteur a beau savoir que le souscripteur aurait pu opposer au précédent porteur une exception qui ne lui est plus personnelle, à lui porteur actuel, celui-ci ne commet aucun dol à se prévaloir de son titre de créancier et à se prévaloir des droits incorporés au titre. Il n'est pas le cessionnaire du porteur antérieur ; il est, dans la théorie moderne sur les titres au porteur, le créancier direct du souscripteur. Il n'a donc à subir que les exceptions nées de ses rapports personnels avec le souscripteur. Or, en usant de ses droits, même s'il a conscience du dommage que le débiteur en recueillera, il ne viole aucune disposition légale : il ne commet aucun dol au sens du Code civil. Il serait même difficile de soutenir qu'il y ait abus de droit, conformément à l'art. 226 C. civ. al. : il y a exercice du droit incorporé au titre (cf. PL., II, p. 555-551).

(1) L'art. 803 C. civ. al. parle de coupons d'intérêts émis pour une obligation au porteur ; il ne suppose pas forcément que ces coupons eux-mêmes soient au porteur. Mais ce dernier cas sera l'hypothèse ordinaire et normale.

il n'en a pas moins spécifié sa dette et, par là même, indiqué les conditions de son engagement, puisque le contenu du coupon porte qu'il s'agit d'une dette d'intérêts. C'est là une dette accessoire, impliquant que l'obligation principale subsiste. Il devrait en résulter que le débiteur serait, d'après la rigueur des principes, autorisé à refuser le paiement, lorsqu'il s'agirait d'intérêts échus après extinction de la dette. Ce serait l'application de l'article 689, qui admet les exceptions tirées du contenu de la dette. Mais, en pratique, cette conséquence serait nuisible au crédit du coupon ; aussi, l'article 690 déclare le coupon valable, quoi qu'il arrive, indépendamment même du maintien ou de l'extinction de l'obligation principale. La dette d'intérêts, une fois incorporée dans un titre distinct du titre principal, perd son caractère de dette accessoire, pour devenir dette indépendante, subsistant alors même que l'obligation principale vienne à disparaître (1). Seulement, comme le souscripteur, en réalité, ne doit plus rien après l'obligation éteinte, et que, s'il est obligé de payer, c'est le créancier de l'obligation qui doit lui tenir compte du paiement indu qu'on lui impose, le porteur du titre devra subir, lors du remboursement du capital, la réduction des coupons détachés et non représentés. Ceci n'a rien d'exorbitant, puisque le porteur du titre qui les a négociés est censé en avoir reçu la valeur.

282. *Délai de paiement après l'échéance.* — L'application de la prescription en notre matière est une question fort débattue, et, tout au moins, à laquelle il a été donné les réponses les plus diverses, soit dans la doctrine, soit en législation. On voit immédiatement d'où vient la difficulté ; si l'on s'en tient aux principes du droit commun, faudra-t-il admettre les causes d'interruption et de suspension de prescription, personnelles au porteur du titre ? Dans la théorie qui repose sur l'idée de cession, faudra-t-il tenir compte des causes d'interruption ou de suspension se référant aux porteurs intermédiaires (2) ? Dans celle du projet, qui repose sur l'idée d'un engagement direct au profit du porteur, faudra-t-il faire par-

---

(1) Le même art. 803 C. civ. al. admet la même solution que celle de l'art. 690 P¹, mais sous forme purement dispositive, c'est-à-dire pour le cas seulement où le titre ne contient aucune mention contraire (*Pr.*, II, 541):

(2) Cf. en droit français sur la possibilité d'admettre l'application aux titres au porteur des causes de suspension de la prescription. Paris, 13 mai 1865 (Sir. 65. 2. 153) et la note de M. Labbé sur cet arrêt. — Cf. aussi de Folleville, *Titres au porteur* (Éd. 1875), p. 551, note 1 et n° 396.

tir le délai de l'échéance, ou du jour de l'entrée en possession du
porteur actuel, puisqu'on pourrait soutenir que la prescription n'a
pu commencer contre son droit de créancier avant qu'il fût créancier? On conçoit que, de toutes ces solutions, aucune ne se trouvait concorder avec la nature du titre. Le projet, à l'exemple de
plusieurs législations allemandes, accepte, au lieu d'une véritable
prescription, un délai préfixe de présentation, partant du jour où le
droit, porté au titre, aurait pu être exercé, et pendant lequel le
titre devra être présenté au débiteur. Ce délai passé, le droit résultant du titre sera éteint (art. 691) (1).

Ce délai sera de trente années en général, sauf pour les coupons
d'intérêts ou d'arrérages, pour lesquels il sera de quatre ans. Ces
délais pourront, d'ailleurs, être modifiés par une mention portée
au titre. Ajoutons, enfin, que ces délais auraient à subir l'interruption résultant de la procédure en annulation telle qu'elle pourrait intervenir au cas de perte ou de vol, et dont nous allons
maintenant nous occuper (art. 694; C. civ. al., art. 802).

283. *Titres perdus ou volés.* — Le projet ne fait guère, en cette
matière, que reproduire les dispositions du Code de procédure, relatives à l'annulation des titres, dispositions généralement acceptées
par les lois particulières des Etats allemands, et dont, entre
autres, la loi prussienne du 10 mars 1877 (2) nous offre une assez
fidèle reproduction. L'opposition intéressante à relever est que l'ex-

---

(1) L'art. 691 P¹ établissait un délai préfixe de présentation, après lequel
les droits dérivant du titre se trouvaient éteints. Mais, il ne supprimait pas
forcément pour cela la prescription ; c'est ainsi que cette dernière continuait
à s'appliquer, en tant que prescription, et par suite avec toutes les causes
ordinaires de suspension et d'interruption, c'est-à-dire avec toutes les incertitudes de durée qui en étaient la conséquence, lorsque le titre avait été
présenté avant l'expiration du délai préfixe de trente ans de l'art. 691, ou
encore lorsqu'il y avait eu versement d'acomptes. La seconde commission a
voulu, même dans ces hypothèses, et en vue de ces hypothèses, aboutir à une
réglementation plus simple et plus sûre. Elle supprima toute prescription,
tant qu'il n'y a pas eu présentation du titre ; et, à partir de la présentation,
on devait permettre cette fois à la prescription de courir. Il est vrai qu'on
en a réduit le délai à deux années et fixé le point de départ à l'expiration
du délai de présentation (*Pr.*, 545-546, cf. *Pl.*, 559-560) C'est cette réglementation qu'accepte l'art. 801 C. civ. al., lequel correspond à la disposition de
l'art. 691 P¹. En outre, l'art. 801 assimile à la présentation du titre l'action
en justice, ayant pour objet de faire valoir les droits résultant du titre :
elle aussi autorise la prescription avec le même point de départ et le même
délai que s'il y avait eu présentation, proprement dite.

(2) *Annuaire de Lég. comp*, 1878, p. 168 (Traduction de M. Georges
Dreyfous).

pédient qui nous paraît le plus simple et le plus légitime, l'interdiction de payer, est précisément le point qui paraît avoir soulevé le plus de difficultés en Allemagne. Les propriétaires dépossédés pratiquaient, en France, l'opposition à paiement bien avant la loi du 15 juin 1872, et c'était même à peu près le seul droit que notre jurisprudence leur eût reconnu. Ce qui, au contraire, provoquait les scrupules, c'était de fournir un duplicata, c'était de permettre au propriétaire dépossédé de toucher le paiement. Que le débiteur refuse le paiement au porteur, qui en vertu de l'opposition devient un porteur suspect, qu'il avertisse l'opposant de façon que la justice décide entre eux, rien de plus simple et de moins compromettant. Mais, au contraire, permettre d'effectuer un paiement libératoire aux mains de qui n'est pas porteur du titre, cette solution paraît grave, puisque le porteur éventuel, s'il est dans les conditions d'application de l'article 2279, a incontestablement le droit d'exiger le paiement en vertu de son titre. Fournir un duplicata, c'est encore plus grave ; car, à moins de rendre la compagnie débitrice éventuelle des deux porteurs, cela équivaut à annuler le titre perdu ou volé, et cela au préjudice peut-être d'un possesseur de bonne foi. Si bien qu'on était encore assez volontiers disposé à permettre le paiement aux mains du propriétaire dépossédé sauf garantie, caution ou nantissement, ou après prescription présumée du droit porté au titre, mais on refusait énergiquement de lui délivrer un duplicata qui lui permît de négocier son titre. Même aujourd'hui encore, notre loi de 1872, qui admet sans hésitation l'opposition aux mains du débiteur, et aussi l'opposition à négociation du titre, n'accepte qu'à la dernière extrémité, et sous les plus minutieuses garanties, la possibilité de prononcer la déchéance du titre. Tout le système de la loi 1872 reposé sur une présomption de destruction du titre, laquelle va se fortifiant au fur et à mesure que les échéances se succèdent, sans que personne se présente ; et ce n'est que lorsque la présomption est devenue presque une certitude, c'est-à-dire après un délai minimum de onze ans, pendant lequel aura trouvé place la plus sérieuse publicité, que notre loi permet de fournir un duplicata qui annule l'ancien titre (loi du 15 juin 1872, art. 15, art. 9). Jusque-là, le propriétaire dépossédé peut obtenir paiement des intérêts, ou même paiement du capital, s'il vient à échéance, ce qui est rare, sous l'obligation de certaines garanties qu'on lui impose, et dont l'opposant sera libéré après un délai, sensiblement inférieur, il est vrai, à celui de la prescription présumée des actions relatives aux sommes perçues, délai de deux ans pour les intérêts (art. 4), de dix ans pour le capital (art. 5). C'est par là, et par la possibilité d'obtenir un duplicata du titre disparu, que la loi nouvelle est en progrès sur la jurisprudence antérieure. En résumé, la loi française ne se croit pas le droit, ou du moins ne le prend qu'à la dernière extrémité, d'annuler le titre et par suite d'éteindre les droits éventuels· d'un possesseur de bonne foi. Mais, tout en conservant au titre sa valeur, elle en restreint les effets, puisqu'elle permet au débiteur de refuser tout paiement au porteur, l'autorisant, au contraire, à payer l'opposant, sous certaines garanties, il est vrai ; de telle sorte que, si un porteur se présente, il ait à débattre ses droits avec l'oppposant, sans que le débiteur y soit intéressé.

En Allemagne, au contraire, on pratique depuis longtemps la procédure de publication et d'annulation, tandis que la plupart des lois qui l'admettent sont muettes en ce qui touche l'interdiction de paiement (*Zahlungssperre*) aux mains du débiteur. On conçoit qu'on puisse arriver assez promptement à annuler le titre, pourvu que la publicité ait été suffisante. Mais, tant qu'il reste valable, on n'admet pas qu'on en puisse diminuer la valeur et l'énergie, et le débiteur reste obligé envers le porteur : s'il refuse le paiement, c'est à ses risques et périls (1). C'est ainsi que le Code de procédure et la plupart des lois anciennes sur la matière organisent la procédure de publication (*Aufgebotsverfahren*) et d'annulation par jugement aux termes du délai de publication (*Kraftloserklarung, Amortisation*), mais ne parlent pas d'interdiction de paiement et encore moins d'atteinte à la négociabilité du titre. Celui-ci se transmet d'après les règles du droit commun, et les nouveaux acquéreurs n'ont rien à craindre à cet égard. Cependant, certaines lois plus récentes admettent le droit, pour la justice saisie d'une procédure en publication et annulation de titres, de faire défense au débiteur de payer au porteur (2).

284. Le projet suit ce dernier système ; il admet la procédure de publication et d'annulation et, comme conséquence de l'introduction de la poursuite, l'opposition par voie de justice au paiement (art. 692 (3) et 693 ; ce dernier renvoyé au Code de

(1) Cf. Brunner, dans l'*Handbuch d'Endemann*, II, § 199, p. 225.
(2) Cf. Brunner, *loc. cit.*, p. 226, par exemple Lois de Saxe, de Wurtemberg, d'Anhalt, de 1879, *Säch., Ges, vom,* 6 *März* 1879, § 9, *Anh., Ges., vom,* 10 *Mai* 1879, § 3. *Wurtemb., Ges., vom* 18 *August,* 1879.
(3) L'article correspondant du Code civil allemand (art. 799) donne au por-

procédure, où il forme l'article 1019 du nouveau texte). Pour ce qui est de la procédure de publication et du jugement d'annulation des titres, l'article 692 se contente de renvoyer aux articles du Code de procédure sur la matière (C. proc. allem., art. 837, art. 849 et suiv.). La procédure qui s'y trouve indiquée comprend trois séries d'actes : la requête au tribunal à fin de publication, les mesures et le délai de publication avec sommation au porteur d'avoir à présenter le titre à la justice (C. proc. allem., art. 841 ; art. 1008 actuel) et, enfin, le jugement d'annulation. Les délais de publication sont relativement courts ; ce sont ceux empruntés à la loi prussienne du 10 mars 1877 (art. 7 et 8) (1), d'après la distinction suivante : si le titre comporte des feuilles de coupons émis par séries plus ou moins variables (art. 843 ; art. 1010 et art. 1011, Cod. Proc. civ. R.), il faut que, depuis la perte, une nouvelle série ait commencé, que le premier coupon de cette série soit échu, et que six mois se soient écoulés depuis cette échéance sans que personne ait présenté le titre à l'effet d'obtenir une nouvelle feuille de coupons. Mais, si le titre est muni d'une série de coupons pour plus de quatre années, il suffira que quatre années soient écoulées et l'on comptera le délai de six mois à partir de l'échéance du dernier coupon de ces quatre années, à condition toutefois que, pendant tout ce temps, personne n'ait présenté les coupons pour en toucher le paiement (cf. cependant art. 1012 C. proc. civ. R.). On voit, en somme, qu'une période moyenne de quatre à cinq ans sera ici suffisante. Une fois le jugement d'annulation intervenu, le titre disparu est frappé de déchéance et le débiteur obligé de fournir un nouveau titre (art. 695 ; art. 800, C. civ. allem.) (2). Seulement,

---

tour le droit d'exiger du souscripteur certains renseignements qui lui sont indispensables pour mettre en mouvement, au moins d'une façon efficace, la procédure mise à sa disposition par la loi, et réglée aux art. 1003 et suiv. du nouveau Code de procédure allemand (cf. *Pr.*, VI, p. 385-386).

(1) *Annuaire* 1878, p. 169.

(2) C'est à peu près, pour le fond, le système que proposait M. de Folleville, avant la loi de 1872 (*Titres au porteur,* Éd. 1875, n° 394). Seulement, comme la loi française n'admettait pas l'annulation du titre, il fallait s'appuyer sur les principes généraux et chercher le moyen de rendre opposable au porteur le paiement fait à l'opposant. Pour y arriver, M. de Folleville s'appuyait sur l'article 1240, qui déclare libératoire le paiement fait de bonne foi à celui qui est en possession de la créance. C'était un procédé doublement inexact ; du moins pouvait-on le qualifier ainsi dans un système d'exégèse rigoureux. Tout d'abord l'article 1240 suppose un possesseur de créance, tandis que, dans l'hypothèse, il s'agissait précisément de celui qui n'avait plus la possession et se prévalait de son droit pour en recouvrer la possession et l'exercice ; et, d'autre part, l'article 1240 exige la bonne foi, ce qui implique que le débiteur n'a

l'article 692 ne rend pas cette procédure applicable aux coupons volés ou perdus.

285. En dehors de l'annulation, et dès l'introduction de la procédure, le projet admet l'opposition par ordre de justice aux mains du débiteur. Celui-ci est donc tenu de ne plus délivrer aucune feuille de coupons au porteur du titre s'il se présente ; quant aux coupons délivrés avant l'opposition reçue, et venus à échéance depuis, il est certain qu'ils ne tombent pas sous l'interdiction de paiement adressée au débiteur. Ce peuvent être des coupons détachés du titre avant sa disparition, et restés aux mains du propriétaire ou négociés par lui. Si, au contraire, ils ont disparu avec le titre principal, il n'y a pas lieu davantage de leur appliquer les effets de l'interdiction de paiement, car celle-ci est la conséquence de la procédure de publication, laquelle n'est pas applicable aux coupons perdus (art. 692 et 697). On sait, de plus, que les coupons d'intérêts conservent leur valeur en dépit de l'annulation du titre principal (art. 690, v. *suprà*, n° 281). Nous avons déjà laissé entendre que le droit d'opposition n'avait été admis qu'à grand'peine. Les auteurs du projet surtout ont dû se montrer hésitants, puisqu'ils avaient rejeté l'idée d'une série de cessions successives pour déclarer le débiteur engagé uniquement envers le porteur ; le propriétaire dépossédé est à l'égard du débiteur un tiers sans droit, et par conséquent il paraissait difficile qu'une opposition au paiement pût être faite en son nom, même par justice. Le projet a dû céder ici aux nécessités de bon sens et d'équité et faire échec à la logique de ses principes un peu doctrinaires. Au surplus, si le propriétaire dépossédé n'est pas créancier du souscripteur et que celui-ci n'ait d'autre créancier que le porteur, l'opposant a lui même quelque chance d'être créancier du porteur, si celui-ci est un possesseur sans droit ; et, par suite, on comprend qu'il puisse être autorisé par justice à pratiquer une sorte de saisie-arrêt aux mains du débiteur de ce dernier.

---

aucun doute sur le droit de celui à qui il paie, alors que dans l'espèce il sait qu'il peut exister un porteur de bonne foi qui seul, en ce cas, ait droit au paiement de la somme portée au titre. Tant que le titre existe, il était donc difficile, en s'appuyant sur les principes généraux, de déclarer libératoire le paiement fait au propriétaire dépossédé. Pour arriver à ce résultat, il a fallu une loi, la loi de 1872. Le système de M. de Folleville pouvait être excellent comme solution désirable, on a pu prétendre qu'il était difficilement conciliable avec les textes du Code civil et le caractère juridique du titre au porteur.

286. On a vu qu'il n'était pas question de paiement aux mains de l'opposant; cela tient à ce que le paiement ne peut être fait qu'au porteur, tant que le titre conserve sa valeur. S'il s'agit d'intérêts, ceux-ci seront représentés par des coupons, à l'égard desquels il n'y a ni annulation ni opposition possibles; nous allons y revenir. Si même la feuille de coupons est épuisée, l'opposant n'est pas admis sur-le-champ à toucher les nouvelles échéances; car c'est précisément à ce moment qu'il y a chance de voir se présenter le porteur du titre à l'effet de réclamer une nouvelle feuille. Du reste, lorsqu'il en est ainsi, l'opposant n'a plus qu'un délai très court à subir, avant d'obtenir le jugement en annulation de titre; c'est l'hypothèse de l'article 843 du Code de procédure, et, une fois celui-ci annulé, il recevra les échéances en retard. S'il s'agit du capital devenu exigible, il lui faudra de toutes façons attendre que les droits du porteur soient annulés.

287. *Perte ou vol de coupons* (C. civ. allem., art. 804). — On sait déjà, lorsqu'il s'agit de coupons disparus, que l'annulation n'est pas possible (art. 692, *suprà*, n° 284 *in fine*). Il y avait à cela des difficultés pratiques insurmontables; il y avait également une question de délai qui rendait la chose fort compliquée. Il importe, en effet, de prescrire en matière d'arrérages un délai de paiement assez court; et la procédure d'annulation exige au contraire forcément, pour être sérieuse, un délai de publication assez long. Si ce dernier doit se confondre avec le délai de prescription, l'annulation devient inutile; c'est ce que la plupart des législations ont pensé. Seulement, plusieurs, tout en n'admettant plus ici l'annulation du titre, ont permis l'opposition au paiement, ou, ce qui est la conséquence de l'interdiction de paiement, la sommation au débiteur d'avoir à consigner la somme jusqu'à l'expiration du délai de prescription : c'est le système du Code fédéral (C. féd., art. 857). Le projet y voit une contradiction; il n'a admis l'opposition qu'en prévision de l'annulation éventuelle. Si donc celle-ci n'est pas recevable, l'interdiction de paiement, qui n'est autre qu'une annulation partielle, doit être rejetée, et il y aura lieu de conserver au titre sa pleine efficacité. Malgré tout avertissement ou opposition officieuse, le débiteur peut encore payer au porteur et se libérer. C'est sur ce point que l'on donne satisfaction aux nécessités de pratique sur lesquelles, avant la loi de 1872, s'appuyaient chez nous les compagnies pour soutenir qu'elles n'avaient pas à tenir compte de l'opposition. Seulement, si après le délai de présentation, prescrit en matière de coupons, lequel est de quatre ans (cf. *suprà*, nᵒ 282 *in fine*), personne ne s'est présenté, le débiteur étant assuré de n'avoir plus rien à payer au titre, il lui est enjoint de verser la somme aux mains de l'ancien propriétaire dépossédé, pourvu que celui-ci ait dénoncé la perte avant le délai de présentation (1). Cet avertissement vaut interruption à son profit; et, sous la condition pour lui de prouver qu'il était propriétaire du coupon et qu'il l'a perdu (2), il en touchera le montant à l'expiration des quatre années, si le débiteur ne l'a pas payé dans ce délai au porteur du coupon (art. 697). Le droit qui lui est ainsi donné de poursuivre le paiement contre le souscripteur, à partir de l'expiration du délai de présentation, se prescrit lui-même par quatre ans.

288. Enfin il arrive très souvent que les titres au porteur soient accompagnés d'un talon, que lui-même soit souscrit au porteur; ce talon donne droit à la réception de nouvelles feuilles de coupons: il est lui-même un titre au porteur. Mais c'est là un titre accessoire, considéré comme devant rester attaché à la possession du titre principal et ne devant pas être aliéné sans celui-ci (3). Si donc le possesseur du titre perd le talon, il lui suffira d'avertir le débiteur, pour que celui-ci doive refuser toute nouvelle feuille de coupons au porteur du talon (art. 698) (4).

289. *Conversion.* — La conversion a pour but de garantir les propriétaires de titres au porteur contre les dangers de disparition et d'assurer aussi l'application des prescriptions légales en matière d'incapacité ou d'inaliénabilité. C'est le cas lorsqu'il s'agit, par exemple, de titres appartenant à des mineurs ou compris dans un

---

(1) Cf. *Loi Prussienne du 10 mars* 1877, art 18 (*Annuaire* 1878, p. 171).

(2) D'après l'art. 697 P¹, le porteur dépossédé devait prouver la perte du coupon, en même temps qu'il en avertissait le souscripteur; ce dernier n'aurait pas eu à tenir compte d'un simple avertissement qui ne fût pas accompagné de la preuve de la perte subie. La seconde commission a voulu modifier cette réglementation; mais le sens de l'art. 804 C. civ. al. est loin d'être absolument clair à cet égard. Il semble bien que l'avertissement pur et simple doive suffire désormais et que c'est seulement, lorsqu'à l'expiration du délai de présentation le porteur dépossédé se présente pour toucher le coupon, qu'il doive faire ses preuves, d'abord la preuve de l'avertissement donné dans le délai, et ensuite la preuve de la perte. Mais tous ces points ne sont pas sans présenter certaines difficultés (cf. *Pl.*, p. 563).

(3) Cf. Brunner, dans l'*Handb. d'Endemann*, II, § 199 (p. 204 et 205).

(4) D'après l'art. 805 C civ. al, le porteur de l'obligation peut toujours s'opposer à ce que de nouveaux coupons soient émis, en dehors même du cas de perte du talon.

patrimoine formant l'objet d'une substitution. Mais, d'autre part, elle aggrave la situation du débiteur, puisqu'au lieu de pouvoir payer au porteur quelconque, il devra, pour que le paiement soit libératoire, s'assurer de l'identité ou des droits de celui qui lui présente le titre ; il perd le bénéfice de la sécurité. Aussi les lois d'États particuliers n'avaient guère conçu la possibilité d'une conversion au gré du porteur et sans la participation et le gré du souscripteur du titre : la conversion n'étant jamais obligatoire pour le débiteur. Cependant certains États avaient admis une mise hors cours du titre, susceptible d'être pratiquée à la volonté du porteur, et sans la participation du débiteur, mais n'était jamais que provisoire, et n'ayant pas pour but de changer absolument la nature du titre, mais d'en modifier les effets. Le type des législations de ce genre nous est offert par la législation prussienne (1). Ici la mise hors cours doit être pratiquée par l'autorité publique, tout au moins s'il s'agit d'effets publics ; elle consiste dans une mention inscrite au titre, et indiquant le nom et le droit du propriétaire ; elle a pour effet d'enlever au titre son caractère de papier de légitimation. Si elle est faite par le propriétaire seul, sans participation d'un officier public, elle serait inopposable au débiteur, le titre conservant alors son caractère de papier de légitimation ; mais elle aurait effet au point de vue de la transmission du titre, en ce sens que la propriété n'en pourrait être acquise que par voie de tradition émanant du véritable propriétaire. La mention inscrite au titre suffirait donc à écarter l'application des articles 306 et 307 du Code de commerce (voir *suprà*, n° 279) (2). Dans d'autres États, la Saxe-Weimar par exemple, on se contente d'une mention privée sans participation d'un officier public ; il suffit que le propriétaire inscrive la mention « *mis hors concours* » (*Ausserkurs gesetz*), suivie de ses nom et domicile et de la date (loi du 9 avril 1879) (3). Certains États admettent une mention impersonnelle (4). Enfin, en Autriche et en Bavière, il y a une institution

(1) V. citations dans Brunner (*Handbuch*, II, § 119, p. 216, note 5). — Cf. sur la mise hors cours du droit prussien, une note de M. Flurer, accompagnant la traduction qu'il a donnée dans l'*Annuaire* de la loi prussienne du 5 juillet 1875 sur la tutelle (*Annuaire* 1876, p. 452, note 5).

(2) Brunner, *Handb.*, II, p. 217.

(3) Brunner, *loc. cit.* On peut voir un modèle officiel de la mention de mise hors cours dans la *Revue de Goldschmidt* (*Zeitsch.*, F. H. R., XXIX, p. 561). Il se trouve dans une déclaration ministérielle du 22 mai 1884, du grand-duché d'Oldenbourg, relative aux titres des tuteurs et curateurs, déposés sous forme de cautionnement comme garantie de leur gestion.

(4) Motifs sur l'art. 700 (II, p. 714).

spéciale (*Vinkulirung*), qui consiste en une sorte de conversion en titre nominatif avec mention d'indisponibilité pour les titres destinés à servir de cautionnement (1).

Toutes ces entraves à la négociabilité et au fonctionnement des titres au porteur sont aujourd'hui universellement condamnées (2), bien que Gierke prétende qu'en Prusse on regretterait la mise hors cours, qui actuellement est tout à fait passée dans les usages du commerce (3). Il est certain, en tous cas, que cet usage prussien acquiert une grande importance par suite de ce fait qu'en cette matière on applique forcément, au cas de conflit, la loi du lieu originaire du titre, laquelle n'est autre que celle du domicile du débiteur qui l'a émis ; d'où il suit qu'en Allemagne les titres d'Empire émis au porteur reçoivent l'application des règles prussiennes sur la mise hors cours (4).

290. Quoi qu'il en soit, le projet ne pouvait rien admettre de semblable ; il ne pouvait pas davantage permettre la conversion contre le gré du débiteur. Toutes ces mesures avaient été repoussées au VIIe Congrès des jurisconsultes allemands et condamnées par la pratique. A plus forte raison, ne pouvait-il y souscrire, étant donné son système d'un engagement direct à l'égard du porteur quelconque du titre sans détermination individuelle. On pourra, d'ailleurs, obvier aux dangers que présente le caractère du titre par les dépôts en banque. C'est, par exemple, ce qui est ordonné pour les titres des mineurs ; l'article 1670 (cf. C. civ. al., art. 1814 et art. 1815), prescrit, sans doute, la conversion là où elle est possible. Comme elle ne l'est pas toujours, il donne le choix au tuteur, ou de faire inscrire les titres au nom du pupille, ou d'en opérer le dépôt à la Banque impériale ; et, dans ce cas, le retrait ne pourra en être réalisé que sous autorisation du tribunal de tutelle (art. 1670) (5). Aussi, l'article 700 se contente de déclarer que la

---

(1) Kerstorf, dans *Verhandl, des VII^ten deutsch. Juristentages*, p. 143, p. 150.

(2) V. spécialement Koch, *Geld und Werthpapiere* (dans *Bekker-Beiträge*, fasc. 4, p. 41 et 42).

(3) Gierke, *Der Entwurf* (*Rev. de Schmoller*, XIII, p. 225).

(4) Brunner, *Handb.*, II, p. 219, Förster et Eccius, *Preuss. Priv. R:*, I, § 65, note 38.

(5) Cf. Koch, *loc. cit.* (*Bekker-Beiträge*, fas. 4, p. 52 et 53). — Cet article 1670 ne fait en somme que reproduire l'article 3 de la loi du 16 juin 1887, sur la tutelle pour l'Alsace-Lorraine ; avec cette différence toutefois que, dans cette dernière, c'est au conseil de famille qu'il appartient de décider quelles mesures doivent être prises en ce qui touche les titres au porteur, tan-

conversion au nom d'une personne déterminée ne pourra avoir lieu que du consentement du débiteur, et que celui-ci ne pourra jamais y être forcé (art. 806 C. civ. al.).

291. *Principe de la libre émission : Atténuations* (C. civ. al., art. 795). — L'article 701 proclame le droit pour tout particulier de souscrire des titres au porteur, mais avec cette grave exception que, s'il s'agit d'une série d'obligations ayant pour objet une somme d'argent déterminée, il faudra l'autorisation administrative (1). Cette dernière sera donc requise pour les titres émis par les communes et pour ceux des sociétés de banque, de commerce ou d'industrie. Cette autorisation devra émaner du pouvoir central. Seulement, on aurait pu comprendre qu'il n'y eût qu'une autorité compétente, celle de l'État du lieu d'émission. On paraît avoir craint une sorte de conflit entre les divers États de l'Empire et on admet qu'il suffira de l'autorisation d'un État quelconque, si bien, a-t-on fait remarquer, qu'une maison de banque de Berlin, qui aurait lieu de se défier des autorités prussiennes, pourra obtenir d'une petite principauté allemande quelconque le droit d'émettre des obligations au porteur : cela peut paraître bizarre (2). L'autorisation devra être publiée. Enfin, la sanction du défaut d'autorisation sera la nullité du titre et l'obligation, pour celui qui a souscrit l'émission irrégulière, d'indemniser les porteurs (3) du préjudice qui peut en résulter pour eux. En dehors de cette hypothèse, les particuliers peuvent librement souscrire une obligation individuelle au porteur, quel qu'en soit l'objet, ou, s'il s'agit d'émission en masse, mettre en circulation des titres au porteur (4)

---

dis que l'article 1670 du projet impose au tuteur, à moins que le tribunal de tutelle l'en dispense, de prendre l'une des deux mesures indiquées (*Annuaire* 1888, p. 384). On pourra comparer avec l'article 60 de loi prussienne 5 juillet 1875, inspiré par la théorie prussienne sur la mise hors cours (*Annuaire* 1876, p. 452).

(1) Il faut qu'il s'agisse, il est vrai, d'obligations émises dans l'intérieur de l'Empire (art. 795 C. civ. al.).

(2) Gierke (*Rev. de Schmoller*, XIII, p. 226). — Koch (*Bekker-Beiträge*, fasc. 4, p. 44). — Pour obvier à cet inconvénient, la seconde commission avait exigé que l'autorisation fût donnée par le Bundesrath, s'agissant de titres destinés à circuler dans tout l'Empire (cf. art. 723 p² et *Pr*, p. 557). Mais devant le Bundesrath, on revint au système du projet, avec cette différence, toutefois, que l'on donne compétence exclusive à l'État dans lequel le souscripteur a son domicile ou son établissement, soit industriel, soit commercial (art. 795 C. civ. al.).

(3) D'après l'art. 795 C. civ. al. réparation n'est due qu'au dernier porteur.

(4) Cf. pour le droit français, de Folleville, *Titres au porteur* (1875,

3ᵉ édition.   **22**

ayant pour objet toute prestation autre qu'une somme d'argent fixée à un chiffre déterminé (1). L'article 701 en indique de très intéressantes applications : seront traités comme titres au porteur les billets, marques et contremarques, tickets d'abonnement de toutes sortes, dès qu'il ressortira de la nature des choses que celui qui les a émis a entendu s'engager envers le porteur quelconque ; ce qui rend assez difficile, il faut bien l'avouer, l'application de l'article 686 sur la validité du titre soustrait avant l'émission. Un directeur de théâtre timbre une série de billets qui lui sont volés avant d'être distribués au guichet ; pour éviter qu'on puisse s'en servir, il met en circulation d'autres tickets portant une marque différente, de telle sorte qu'on puisse reconnaître et refuser à l'entrée tous les billets volés. Dira-t-on que ceux-ci n'en seront pas moins valables et que les porteurs auront droit aux places indiquées sur le billet, ou tout au moins au remboursement du prix ? Cela peut paraître étrange. Il est vrai que les dispositions de notre section ne seraient pas de nature à s'imposer aux particuliers et que, pour les titres dont il s'agit, ceux qui les émettent pourraient éviter l'application de l'article 686, en indiquant sur le billet que celui-ci n'est valable qu'après avoir été distribué au bureau ou par les mains des employés autorisés de l'administration On pourra faire même remarque pour les billets de chemins de fer.

292. *Simples titres de légitimation* (art. 808 C. civ. al.). — Il

nos 171 et 172). — Savigny, au contraire, en partant de la théorie d'un contrat avec personne incertaine, admis exceptionnellement par la loi en dehors des règles du droit commun, exigeait dans tous les cas l'autorisation administrative (Savigny, *Oblig.*, § 65). — Cf. mon étude sur les sources de l'obligation (*Bulletin* 1889, p. 656, note 5).

(1) Cette distinction n'apparaît pas très clairement dans le texte de l'article 701, si ce n'est que celui-ci parle au pluriel de l'émission d'*obligations de sommes d'argent* ; mais il est bien certain qu'il n'entend pas obliger à demander l'autorisation le particulier qui souscrit un billet au porteur, fût-il d'une somme d'argent déterminée ; il ne vise que l'*émission d'obligations*, donc la mise en circulation et l'offre au public d'une série d'obligations. Du reste, il faut bien reconnaître, quoique cette délimitation ne ressorte guère des textes, que tout l'ensemble des dispositions du projet sur la matière ne paraît guère avoir en vue que l'*émission* proprement dite de séries d'obligations et non la simple *souscription* d'un billet au porteur. L'idée d'un engagement unilatéral envers un créancier indéterminé n'est guère acceptable que dans le premier cas, tandis que l'idée de contrat domine forcément dans le second. Cela veut-il dire que le projet ait entendu distinguer entre les deux cas ? Nous ne le croyons pas ; seulement ce qui est certain c'est que son système paraîtra bien anormal au cas de simple souscription individuelle ; et pour cette hypothèse on pourra parfois être tenté de faire du titre plutôt un papier de légitimation (art. 703) qu'un titre au porteur au sens du projet.

ne faut pas confondre avec les titres au porteur, lesquels, dans toutes les théories, donnent à celui qui les présente le droit de'n exiger le paiement sans autre justification, et sans que le débiteur puisse soulever la question de défaut de qualité, les papiers qui, tout en indiquant le nom d'un créancier déterminé, sont cependant payables au porteur sans autre condition ; soit qu'ils contiennent une clause analogue à l'ancienne formule alternative des titres du Moyen âge : *Vous paierez à un tel ou au porteur* (1), soit que ce caractère résulte de la loi, des usages ou de la nature des choses. Les titres de ce genre n'ont pas pour effet de donner au porteur, en tant que porteur, le droit d'exiger le paiement ; le porteur ne peut l'exiger qu'à titre de créancier, donc comme cessionnaire ou mandataire : c'est en cela qu'ils diffèrent des véritables titres au porteur. Mais ils produiront ce résultat de dispenser le débiteur de la vérification des titre et qualité du porteur ; ils lui permettront de payer entre ses mains sans autre justification. Le paiement ainsi fait sera libératoire. D'autre part, le débiteur peut encore exiger du porteur une preuve de légitimité, puisque celui-ci, en tant que porteur, n'acquiert aucun droit contre le débiteur et ne peut agir contre lui que comme cessionnaire ou représentant du créancier. Il s'ensuit également qu'au cas de perte le propriétaire du titre aura, sans autre condition, qualité pour faire opposition au paiement. Toute cette théorie des papiers de légitimation a été fort bien présentée par Brunner ; l'article 703 du projet ne fait que la reproduire, en l'appliquant aux titres portant mention d'un nom déterminé, avec indication de faculté de paiement au porteur du titre. Des papiers de ce genre sont de simples titres de légitimation, sans engagement direct envers le porteur ; on revient ainsi à l'idée de cession. Seulement le débiteur a le droit de payer à qui présente le titre, sans autre justification. Les titres de ce genre ou titres analogues sont assez nombreux ; par exemple les reconnaissances de dépôt délivrées par la banque d'Empire (2), les reçus postaux, lesquels sont rédigés au nom du destinataire et qui donnent droit néanmoins à l'administration des postes de délivrer le colis sur la seule présentation du titre, sans autre information. Il en est de même des mandats sur la poste (3), des livrets de caisse d'épargne, des reconnais-

---

(1) V. *suprà*, n° 269.
(2) Cf. Koch, *Die Drucksachen der Reichsbank*, dans *Zeits. f. Hand. R.*, XXIII (*Beilageheft*), p. 237 et suiv., pp. 271, 274, 279.
(3) Postgesetz, vom 20 Oktob. 1871, § 49 et Postordnung, vom 18 Décemb.

sances de prêts sur gage, celles-ci constituant un titre très particulier, au moins dans le système prussien de la loi du 17 mars 1881 sur la profession de prêteur sur gages (1). Le titre est écrit au nom de l'emprunteur avec faculté pour le porteur de retirer le gage, sous condition de remboursement bien entendu, mais sur la seule présentation du titre, et sans avoir à justifier d'aucun mandat ni cession (*art.* 17 *de la loi du* 17 *mars* 1881). En pareil cas, la dispense de justification de qualité constitue bien un droit pour le porteur, tout autant qu'une faculté pour le débiteur. Il s'agit bien là d'une sorte de titre mixte, impliquant droit au profit du porteur, considéré, sans admission de la preuve contraire, comme légitime cessionnaire ou comme mandataire de l'emprunteur. Seulement, ce titre n'a qu'une valeur temporaire ; car, si trois semaines se sont écoulées depuis l'échéance et que la vente du gage n'ait pas encore eu lieu, conformément au droit qui appartient au gagiste à cet égard, l'emprunteur peut retirer le gage sans même avoir à présenter le titre, pourvu qu'il opère le remboursement ; cela revient à dire que les droits du porteur sont éteints (*art.* 8 *de la loi du* 17 *mars* 1881) (2). C'est donc à ces sortes de titres et autres analogues que l'article 703 du projet a voulu faire allusion, pour les distinguer des titres au porteur proprement dits et leur garder le caractère de simples papiers de légitimation (3).

§ 5. — EFFETS ACCESSOIRES DES CONTRATS

293. Nous avons étudié les effets directs résultant du contrat, les uns applicables à tous les contrats, les autres propres à certains d'entre eux seulement. Il nous reste à parler de quelques effets provenant de clauses accessoires, et supposant une convention expresse adjointe au contrat. Dans cet ordre d'idées, le projet traite des arrhes, de la clause pénale et de la résolution conventionnelle.

1874, § 37. — Pour les mandats sur la poste, V. Schott (*Transport Geschäft*, dans *Handb. d'Endemann*, III, § 369, note 13.

(1) *Annuaire* 1882, p. 189 (Traduct. de M. Louis Thevenet).

(2) Brunner (*Handb.*, II, § 199 *Anhang*, p. 235). — Cf. Dernburg, *Preuss. Priv. R.*, I (3ᵉ édit), p. 888, note 11, add. Cohn, *Kreditgeschäfte* (*Handb.*, III, § 443, note 64).

(3) Cf. Cod. sax., art. 1048 : « *Si, dans le titre, le créancier est désigné, mais que le paiement soit promis au porteur, le premier est le légitime titulaire du droit, mais le débiteur est autorisé à se libérer en payant au porteur quelconque du titre.* »

294. *Arrhes.* — Le projet considère les arrhes, conformément aux précédents historiques (1), comme signe de la conclusion du contrat et non comme faculté de dédit. sauf convention expresse à ce sujet bien entendu (art. 417). De plus; l'article 418 présume, comme le font la plupart des législations (2), que les arrhes sont données en acompte sur la prestation à fournir par la partie qui les offre (3).

Rien de plus facile, s'il s'agit d'une prestation en argent. Dans le cas contraire, les arrhes seraient restituées une fois l'obligation de celui qui les a remises accomplie ; ce qui se produira, en somme, toutes les fois qu'il n'y aura pas entre les arrhes et l'objet de la dette rapport de fongibilité. Il y aura aussi droit à restitution, si le contrat est annulé ou résolu (art. 419 ; C. civ. al., art. 338).

Nous n'avons à noter à cet égard que le système dissident du Code fédéral, qui considère les arrhes comme supplément de prix et non comme un acompte sur le prix. Toutefois, si celui qui les a données est responsable de la nullité ou de la résolution du contrat, celui qui les a reçues les garde, comme acompte sur les dommages-intérêts qui peuvent lui être dus, et tout au moins comme minimum d'indemnité (art. 419).

295. *Clause pénale.* — Le projet envisage la clause pénale sous un double point de vue, comme moyen de contrainte et comme estimation à forfait des dommages-intérêts pour inexécution. Le moyen de contrainte consiste dans la crainte d'avoir à fournir la peine, si l'exécution n'est pas fournie. Il est vrai qu'en pareil cas le créancier a toujours à son service la menace des dommages-intérêts ; mais encore faut-il, avant de les obtenir, poursuivre le fait principal. Ce n'est qu'à la dernière extrémité, et s'il y a impossibilité d'avoir la chose, que l'obligation se transforme en dette d'indemnité (art. 243, *suprà*, n° 25). Or, la clause pénale constitue, au contraire, une sorte d'alternative, portant sur la peine et sur l'objet de la dette, de sorte que le créancier, lorsque les conditions mises à l'ouverture de son droit sont acquises, a le choix entre les deux fa-

---

(1) V. Stobbe, *Zur Geschichte des deutschen Vertragsrechts* (Leipz., 1855, p. 50-56). Cf. Ducange, v° *Denarius Dei*.

(2) Pour le droit commun, voir Windscheid, *Pand.*, § 325. — Cf. C. de comm. all., art. 285 ; C. civ., art. 1590, et 1715. — *Contra*, C. féd., art. 178.

(3) Ces deux dispositions ont passé dans le Code civil (art. 336 et 337), mais avec cette légère différence que les présomptions légales qu'elles contiennent ne s'appliquent que s'il y a doute : règles interprétatives et non dispositives (cf. Sal. *Décl.* p. 197 et suiv.).

cultés qui lui sont offertes. Par conséquent, il peut d'emblée exiger la peine ; et l'on comprend que cette mesure puisse agir à l'égard du débiteur comme moyen de contrainte à l'effet de l'obliger à payer ce qu'il doit (1).

Si le créancier choisit la peine, son choix est irrévocable ; c'est le droit commun en matière d'alternative (*suprà*, nᵒ 9). Il ne pourra plus exiger à nouveau la chose ni même les dommages-intérêts proprement dits, puisque ceux-ci supposent qu'il y a eu demande d'exécution en nature. Mais, si le créancier se décide pour l'exécution en nature, son choix n'est plus absolument irrévocable en ce qui touche la peine. C'est alors qu'apparaît la seconde fonction de la clause pénale ; elle est une évaluation à forfait des dommages-intérêts, ou, comme dit Pothier (2), elle est compensatoire des dommages-intérêts. Si donc l'exécution en nature n'est pas acquise ou devient impossible, d'impossibilité matérielle ou fictive, peu importe, le créancier peut revenir à la clause pénale et exiger la peine, non plus comme objet de l'alternative qu'il s'était ménagée, mais comme taux de l'indemnité qui lui est due. Il est vrai qu'il y faut cette fois une condition nouvelle, l'impossibilité matérielle ou fictive d'exécution. La plupart des législations s'en tiennent là. La clause pénale constitue un forfait ; par suite, le créancier ne peut, en outre, demander de plus amples dommages-intérêts, il doit s'en tenir à ceux qu'il a prévus et fixés lui-même. Cette conception d'ailleurs a un fondement historique. Dans les coutumes du moyen âge, et jusqu'à une époque assez avancée, on ne connaissait pas l'action subsidiaire en dommages-intérêts, de sorte qu'on stipulait une peine destinée à en tenir lieu ; il va de soi qu'au cas d'inexécution on n'avait droit qu'à la peine convenue (3). Cela pouvait avoir, il est vrai, le gros inconvénient de pousser les contractants à imposer un taux énorme. Il y a de nos jours une tendance très accentuée à considérer la peine fixée comme un forfait qui ait pour but de dispenser le créancier de la preuve du préjudice souffert, mais qui ne

---

(1) Cette idée d'alternative pouvait avoir ses dangers, par exemple au point de vue de l'application de l'art. 210 § 2 (art. 264 § 2, C. civ. al.). — De même, on aurait pu être tenté d'admettre l'irrévocabilité, même lorsque le créancier opte pour l'exécution en nature. Aussi, cette idée d'alternative n'est plus celle de l'art. 340 C. civ. al.

(2) Pothier, *Oblig.*, nᵒ 342.

(3) Stobbe, *Zur Geschichte des deutschen Vertragsrechts*, p. 32 et suiv. L'ancien droit allemand ne donnait action qu'à l'effet de poursuivre l'objet dû ou sa valeur représentative, sans qu'il y eût action pour l'ensemble du préjudice souffert.

lui enlève pas le bénéfice de plus amples dommages, s'il croit pouvoir établir que la peine reste au-dessous du préjudice.

Le Code de commerce, le Code saxon et le Code fédéral ont admis ce système (1). Ce qu'il y a de nouveau dans ce dernier, c'est qu'il redoute encore les peines conventionnelles excessives et permet au juge de les réduire (C. féd., art. 182). Cela vise, sans doute, certains contrats usuraires, dissimulés sous l'apparence d'une clause pénale (2). Or, ce remède arbitraire a pu paraître assez peu satisfaisant. Si la clause pénale dissimule un contrat illicite, on l'annulera ; mais il peut y avoir inconvénient à permettre au juge, sans autre condition et sans autre preuve, de substituer son appréciation même équitable, à la volonté des parties (cf. C. civ., art. 1152). Le projet respecte ici encore la liberté des conventions (3) ; seulement, il permet au créancier (4), s'il juge que la peine est inférieure au

(1) H. G. B., art. 284. § 3. — Sächs., G. B., § 1248 ; C. féd., art. 180-2. — *Contra*, Preuss. A. L. R., I, 5, § 293. — OEsterr. G. B, § 1336. — C. civ., art. 1229 et art. 1152. Le système du projet était déjà, du reste, celui du droit romain (Windscheid, *Pand.*, § 285, note 15. V. aussi Pothier, *Oblig.*, n° 342).

(2) Cf. Gierke, *Der Entwurf* (*Revue de Schmoller*, XIII, p. 215).

(3) Lorsque le créancier réclame ainsi des dommages-intérêts, en outre de la peine stipulée, celle-ci s'impute forcément sur le montant de l'indemnité. Il aurait donc fallu, lorsque la clause pénale a pour objet autre chose que de l'argent, estimer la valeur de cette dernière, afin de calculer si elle est inférieure ou supérieure à l'indemnité correspondant au dommage subi, de telle sorte que, dans ce dernier cas, le créancier aurait pu encore demander l'excédant de valeur de la clause pénale, puisque celle-ci constitue toujours pour lui un minimum d'indemnité. Tous ces calculs ont paru à la seconde commission devoir être une source de chicanes et de difficultés. Il a semblé que cette réglementation ne correspondait plus à l'intention présumée des parties, pour le cas où la clause pénale aurait pour objet autre chose que de l'argent. Aussi, pour cette hypothèse d'une clause pénale fixée en prestation autre que de l'argent, l'art. 342 C. civ. al. supprime le cumul de la clause pénale et d'un supplément de dommages-intérêts. Le créancier doit choisir : et, s'il opte pour la clause pénale, il ne peut plus réclamer de dommages-intérêts.

(4) Ce respect de la liberté des conventions, que j'approuvais sans hésitation en 1889, n'a pas paru devoir s'imposer à ce point aux derniers rédacteurs du Code civil allemand. Et je crois bien aujourd'hui que c'est le Code civil allemand qui a eu raison, de préférence au premier projet.

En effet, l'art. 343 C. civ. al. déclare que, si la peine encourue est de beaucoup trop élevée, elle pourra être réduite par jugement, sur la demande du débiteur, et ramenée à la proportion exigée par les convenances. Le texte ajoute que, pour apprécier ces convenances, il y aurait lieu de tenir compte de tous les intérêts légitimes du créancier, et non seulement de l'intérêt pécuniaire. Toutefois, si le débiteur acquitte la peine sans réclamer, la réduction ne sera plus admise.

Il faut bien convenir que cette disposition est, sans contredit, l'une des plus importantes du nouveau Code civil, par les tendances qu'elle manifeste, soit au point de vue social, soit à celui des conceptions juridiques. Il n'arrive

dommage, de demander plus ample indemnité, à la charge par lui
d'en établir les éléments. D'autre part, il résulte de ce que nous
venons de dire que, s'il demande la peine, le débiteur n'aurait pas le

que trop souvent, en effet, dans la pratique, que des clauses pénales sont
imposées comme clauses de style dans les contrats de travail, et autres de ce
genre, passés avec des gens qui acceptent, plutôt qu'ils n'en discutent, les termes ; et, bien souvent aussi, celui qui est le maître du contrat en profite,
pour fixer éventuellement des peines excessives. L'ancienne école libérale
ne voyait rien à y reprendre : c'était l'exercice d'une liberté légitime. Il n'y
aurait eu d'autre ressource que celle de la nullité pour atteinte aux bonnes
mœurs, conformément à l'art. 138 C civ. al. (cf. SAL., Décl., sur l'art 138).
Mais, pour cette dernière preuve, c'est au moment de la conclusion du contrat qu'il eût fallu se placer ; c'est à ce moment qu'il y aurait eu à apprécier
si le défaut de proportion entre la peine et le dommage prévu eût constitué
vraiment une sorte de scandale. Il importerait peu, dans ce cas et dans cette
opinion, que, par la suite, ce rapport d'équivalence, à le supposer équitable
au début, se fût modifié, de façon à présenter, pour le créancier, au moment
où la peine est encourue, un bénéfice scandaleux. Et, d'ailleurs, pour arriver
jusqu'au scandale, ce qui serait nécessaire pour l'application de l'art. 138
(SAL. loc. cit), on voit quel excès véritablement il faudrait supposer ! En
dehors de cette ressource exceptionnelle, c'eût été l'application intégrale et
implacable du contrat.

Devant la seconde commission, on demanda pour le juge le droit de réduc
tion. On avait surtout en vue la protection des faibles. Ce fut là, il faut le
dire à son honneur, l'une des préoccupations constantes de la seconde commission. On ne manqua pas d'objecter, sans doute, le principe de liberté des
conventions, l'autonomie de la volonté, le danger de ce droit de tutelle judiciaire : on déclarait qu'on allait faire sortir le juge de son rôle. Sa fonction
consiste à reconnaître et à déclarer les droits des parties, et non à les constituer ou à les fixer. Cet arbitraire du juge, conforme, d'ailleurs, à celui de
nos anciens Parlements, tant au civil qu'au criminel, ce droit d'individualisation de la loi civile, comme il conviendrait de l'appeler, n'était il pas l'une
des traditions de l'ancien droit les plus condamnées par les prétentions
doctrinaires du droit nouveau ? Ce dogme est un de ceux, — et il y en a
beaucoup d'autres, provenant tous de ce rationalisme juridique qui a failli
tarir la vie à sa source, dans le domaine du droit comme ailleurs, — sur
lesquels on revient heureusement aujourd'hui. Le Code civil en a hardiment
donné l'exemple, à l'initiative, du reste, du Code fédéral des obligations (art.
182 C. f. ob. ; cf. Pr. p. 782 à 786).

On remarquera, également, dans cette modification de l'art. 343 C. civ. al.,
une tendance analogue à celle qui a fait supprimer le droit à la peine, au
moins celle fixée pour retard d'exécution, dès qu'il y a eu, de la part du
créancier, acceptation sans réserve de l'exécution (art. 341 § 3 C. civ. al.).
Le créancier n'a plus le droit d'invoquer l'ignorance et l'erreur ; il ne peut
plus prétendre, comme l'avait prévu l'art. 421 p¹ in fine, qu'il ignorait, lors
de l'exécution, avoir pu exiger la peine.

Bien entendu, le principe de réduction admis, il fallait empêcher que le
droit d'individualisation du juge devînt une cause d'arbitraire, au sens moderne
du mot : de là les limites rigoureuses et précises dans lesquelles ce droit est
enfermé par l'art. 343 C. civ. al. Ce n'est pas ici le lieu d'en expliquer les
détails. L'interprétation exégétique de l'art. 343 sera donnée dans notre traduction commentée du Code civil allemand. (Cf. dans l'*Handwörterbuch der
Staatswissenschaften*, de Conrad, Elster, Lexis et Lœning (2ᵉ Ed.), vᵒ *Schuldverhältnisse*, l'article de STAMMLER, III-4, p. 619).

droit d'en poursuivre la réduction en prouvant qu'elle dépasse le préjudice réel (art. 420). Si la peine a été stipulée en vue d'une exécution incomplète ou irrégulière, les solutions données par le projet
sont conformes aux principes qui viennent d'être posés : la peine
pourra se cumuler avec l'obtention de la chose principale (cf.
C. civ., art. 1229), si ce n'est que le créancier, en acceptant cette
dernière, doit faire ses réserves sur ses droits à la peine. Ce lui
sera facile au cas de retard ; ce le serait moins au cas d'exécution
irrégulière, s'il ignore l'irrégularité et que celle-ci ne soit pas apparente. Aussi l'article 421 lui conserve le droit d'exiger la peine, s'il
a ignoré, lors de l'exécution, le droit qu'il pouvait avoir d'invoquer la clause pénale (art. 421) (1). Enfin, conformément aux principes posés. le créancier pourra, au lieu de la peine, s'il trouve
celle-ci insuffisante, demander ici encore plus amples dommages-
intérêts, sous la condition d'en établir la cause et les éléments (2).

296. Les conditions d'ouverture de la clause pénale se résument en une seule, la demeure du débiteur. C'est le droit commun
(C. civ., art. 1230). Mais il faut se souvenir que le projet a admis
la règle : *Dies interpellat pro homine (suprà,* n° 28, art. 245).
D'autre part, si l'obligation consiste à subir un fait ou à laisser
faire, la peine sera encourue, dès qu'il y aura un fait d'opposition
régulièrement constaté (art. 422 ; C. civ. al., art. 339). Le créancier sera d'ailleurs déchu du droit d'exiger la peine, si c'est par sa
faute que l'obligation principale ne peut être exécutée, ou, d'une
façon générale, si cette dernière vient à s'éteindre avant que la
peine soit encourue (art. 423). Cette dernière disposition n'est que
la conséquence du caractère accessoire de la clause pénale ; de
même, celle-ci sera-t-elle nulle toutes les fois que l'obligation principale le sera, et alors même que les parties eussent connu (3) les
causes de nullité de l'obligation (art. 424 ; C civ. al., art. 344).
On ne pouvait leur donner le moyen de valider par voie d'une
peine accessoire un contrat immoral ou illicite (4). Enfin, comme

(1) Cette dernière disposition, que l'on a considérée comme pouvant donner lieu à de grandes difficultés pratiques, a disparu de l'art. 341 C. civ. al.
(2) Cf. C. féd., art. 179-2°.
(3) L'art. 344 C. civ. al. dit bien encore qu'il en est ainsi, lorsque les parties ont connu la nullité de l'obligation principale. Mais, l'art. 424 P¹ ajoutait
qu'il en était de même, lorsqu'elles en avaient connu l'annulabilité : ce que
l'art. 344 C. civ. al. supprime, à la fois comme inutile et dangereux. Pour
l'explication de ce dernier point, voir *Pr.,* p. 787 et Pl. sur § 344.
(4) Cf. C. civ., art. 1227 ; C. féd., art. 181.

la peine implique l'inexécution, ou autrement dit le maintien de l'obligation principale, ce n'est pas au créancier, lorsqu'il poursuit la peine, à prouver que le débiteur n'a pas exécuté, mais à celui-ci d'établir l'exécution régulière, puisque de droit commun c'est au débiteur à prouver sa libération (art. 425 ; C. civ., article 345) (1).

297. *Clause de résiliation.* — Ce que nous avons à dire, en ce qui touche le retrait conventionnel, se trouvera singulièrement abrégé par les développements historiques et dogmatiques que nous avons donnés à propos de la résolution légale. Nous nous contenterons de fournir ici un exposé méthodique des dispositions du projet sur la résolution conventionnelle, que nous appellerons résiliation, pour éviter toute confusion. Il faut se souvenir que les règles que nous allons exposer seront applicables à la résolution légale dans les cas exceptionnels où elle est admise : de là leur importance ; applicables aussi dans toutes les hypothèses traditionnelles de clause résolutoire : *Lex commissoria, pactum displicentiæ, in diem addictio*, etc.

298. *Déclaration de résiliation* (art. 426 ; C. civ. al., art. 346). — Le principe du projet est qu'il n'y a pas de résiliation judiciaire. Lorsqu'une partie s'est réservé le droit de résoudre le contrat, sous une condition acceptée par les contractants, dès que la condition prévue se trouve réalisée, il suffit d'une déclaration de volonté émanant de celui à qui appartient le droit de résiliation, et adressée directement à l'autre, pour que la résolution soit acquise. Ce système diffère à la fois de celui de la résolution de plein droit, opérant à la façon d'une condition résolutoire, et de la résolution judiciaire, qui suppose l'intervention du juge, et d'ordinaire, le droit pour celui-ci d'accorder des délais avant de la prononcer (cf. C. civ., art. 1184). C'est d'ailleurs un des traits caractéristiques du projet d'avoir supprimé, partout où il l'a pu, l'intervention de la justice pour les actes qui constituent un droit pour les particuliers et qui ne dépendent que de la volonté de celui qui est autorisé à les exercer. On comprend que la justice n'ait pas à intervenir, l'intéressé n'a qu'à manifester sa volonté par un acte précis adressé à celui à l'égard duquel cet acte doit produire ses effets.

(1) Cf. Windscheid, § 285-5°. Il ne faut donc pas dire, comme on l'a quelquefois laissé entendre, qu'il y ait là une dérogation aux principes. — Cf. C. saxon, art. 1435 (éd. Francke, Leip., 1888, p. 255, note 2).

Le projet en traite d'une façon générale à l'article 74 (1) ; et nous avons vu l'une des applications les plus intéressantes du système en matière de compensation (art. 282, *suprà*, n° 56) ; nous en trouvons une autre ici, en ce qui touche la résiliation (2). Toutes ces déclarations de volonté sont des actes unilatéraux, indépendants de l'acceptation de celui à l'égard duquel ils doivent produire leurs effets (art. 426).

299. *Effets de la résiliation* (3). — C'est ici l'un des points véri-

(1) *Motifs*, I, p. 156. Cf. SAL. *Décl.*, sur art. 130 C. civ. al.

(2) Autre exemple en matière de réméré (art. 477. (V, mon étude sur les *Sources de l'obligation*, n° 28 (*Bull.*, 1889, p. 611). — Mais l'application la plus remarquable du nouveau procédé est peut-être celle qui a été admise en matière d'annulation : celle-ci se réalisant, non plus par voie d'action en nullité, mais par acte juridique, par voie de déclaration de volonté (SAL. *Décl.* sur art. 143, C. civ. al.).

(3) Il y a eu, à cet égard, dans les travaux préparatoires, certaines confusions d'idées, qui sont très transparentes dans les motifs comme dans les comptes rendus de la seconde commission. On a paru croire, qu'admettre la résolution c'était porter atteinte à tous les droits constitués au profit des tiers, et c'est ce qu'on ne voulait à aucun prix. Aussi, était-ce pour cela que, dans le premier projet (art. 427), on avait considéré, en dépit de la résiliation exercée, que l'ancien contrat subsistait encore, mais que les parties étaient armées d'exceptions, pour en refuser l'exécution, ou d'actions en répétition, pour reprendre ce qu'elles avaient pu fournir. Comme on aurait pu le dire en droit romain, la résiliation n'opérait qu'*exceptionis ope*. C'est pourquoi le mot « résolution » paraissait assez mal s'y adapter. Devant la seconde commission, on a fait remarquer qu'on pouvait très bien admettre une résolution qui ne porterait que sur les rapports obligatoires, sans toucher aux droits réels, mais qui opérerait de plein droit. Il est vrai qu'on n'en voyait plus bien l'intérêt pratique. Ne pouvait-on pas dire, cependant, que la conception du projet avait pour avantage de permettre aux parties, même après la résiliation déclarée, de revenir sur cette décision et de faire revivre l'ancien contrat, uniquement en renonçant à leurs exceptions, sans autre formalité ? Si le contrat eût été résolu de plein droit, et considéré comme inexistant, il eût fallu en refaire un autre ; et cela pourrait être important s'il eût été soumis à certaines formalités. Aussi n'avait-on pas cru devoir revenir sur la construction juridique du projet (*Pr.* p. 788-789) : et l'art. 298 P², comme l'art. 427 P¹, déclarait les parties obligées, l'une à l'égard de l'autre, comme si le contrat n'eût pas été conclu. Il en tirait cette conséquence que chacun pouvait refuser la prestation due, ce qui faisait allusion à un jeu combiné d'actions et d'exceptions réciproques. Mais, dans le projet soumis au Reichstag (art. 340 P¹), toute allusion de ce genre avait disparu. Il n'était plus question que de l'obligation de restituer les prestations reçues, ce qui se concilie tout aussi bien avec une résolution de plein droit qu'avec une résiliation opérant par voie d'exceptions. Aussi, certains auteurs, Planck, par exemple, ont-ils cru, la controverse étant libre, pouvoir adopter l'idée de résolution : ce qui d'ailleurs n'a jamais qu'un intérêt assez restreint, puisqu'il est désormais absolument entendu, de part et d'autre, que, quelle que soit la construction adoptée, la résiliation ne porte que sur les rapports obligatoires entre les parties, sans toucher aux droits réels. (Planck, p. 127).

Enfin, la seconde commission a voulu viser l'hypothèse où la prestation à tablement nouveaux du projet et qui sera l'un des mieux venus des économistes : le projet établit une résiliation personnelle et non réelle, ne devant résoudre que les obligations et non la propriété. La condition résolutoire de droit commun opère *ipso jure*, résolvant la propriété et les droits réels et, bien que n'ayant pas effet rétroactif, opposable aux tiers (art. 129 et 871 ; C. civ. al., art. 158 à 161). Le projet aurait pu traiter de même la résolution conventionnelle, en ce qui touche ses effets tout au moins ; c'est ce que fait notre article 1184 et ce que font aussi le droit autrichien, le Code saxon et la plupart des projets législatifs allemands, de même enfin le droit prussien (1). Mais, on a reconnu qu'un pareil système était préjudiciable au crédit ; et le projet n'attribue à la résiliation conventionnelle les effets absolus de la condition résolutoire que si les parties se sont formellement exprimées à cet égard. Non seulement, la résiliation n'est pas opposable aux tiers ; mais l'acquéreur, eût-il même connu la clause de retrait, n'est pas responsable envers la partie qui peut s'en prévaloir. La clause de retrait n'a fondé d'obligation qu'entre les parties, et celle qui a droit de l'invoquer n'acquiert pour cela aucune action contre les tiers (2). Cette obligation de restitution dérive d'une clause du contrat et non pas simplement de l'enrichissement sans cause, comme en matière de *condictiones*. Il s'ensuit que, du jour où la résiliation est acquise, chacune des parties est personnellement obligée, non seulement à restituer ce qu'elle a reçu, mais à remettre les choses dans l'état où elles seraient, si le contrat n'était pas intervenu (*obligatio ad restituendum in integrum*). Il en résulte que, si l'une des parties a reçu, en exécution du contrat, une somme d'argent productive d'intérêts, ou toute autre chose productive de revenus, fruits et intérêts devront être restitués avec la chose qui les a produits (3). Et, comme cette obligation éventuelle peut se réaliser à

restituer eût été telle qu'il fût impossible de la restituer en nature : il faudra donc en rembourser la valeur. Et, si elle comportait une contre-prestation fixée en argent, on pourrait considérer la somme ainsi fixée comme représentant la valeur de la prestation fournie et se contenter de l'exécution initiale du contrat, comme étant le seul moyen de remettre les choses en l'état, au moins à un point de vue purement économique. Mais il semble bien que ce ne soit pas là un procédé qui s'impose au juge, et que la rédaction du texte lui offre un choix, plutôt qu'il ne lui impose une solution.

(1) OEsterr., G B., §§ 919, 1083, 1084. — Säch., G. B., §§ 1107 et suiv. — A. L. R., 11, §§ 331, 332, 272.

(2) Cf. *Motifs*, II, p 281.

(3) Chez nous, la question de restitution des fruits, en ce qui touche l'application de l'article 1184, se présente comme l'une des faces de la question

tout moment et que les parties doivent s'y attendre, il y a pour
elles, avant même toute déclaration de résiliation, devoir d'administration et de surveillance, mesuré sur le type du bon administrateur ; si bien que celle des parties qui aura reçu une chose fru-
gifère, dont elle devrait restitution une fois le retrait prononcé,
sera responsable des fruits non perçus et qu'elle aurait dû toucher.
Pour ce qui est de la restitution des impenses, on applique les dispositions admises au regard du possesseur de bonne foi (art. 936
et suiv. ; cf. C. civ. al., art. 258, 994, 996, 997). Tout ceci revient à
dire que, si le contrat a déjà été exécuté, partiellement tout au
moins, de part et d'autre, les parties sont tenues chacune d'une
obligation réciproque ; et ces obligations réciproques seront analogues à celles qui dérivent d'un contrat synallagmatique. C'est,
fictivement du moins, un contrat synallagmatique inverse ; et il
s'ensuit que ces obligations réciproques devront s'exécuter comme
celles qui résultent du contrat synallagmatique, c'est-à-dire simul-
tanément, ou trait pour trait, comme disent les Allemands (*Zug
um Zug*) (art. 428, cf. art. 364 et 365 ; C civ al., art. 348, art. 320
et 322).

300. Mais qu'arrivera-t-il si la restitution n'est plus possible par
suite de perte par cas fortuit ? Si nous étions véritablement en
présence d'obligations réciproques, résultant d'un contrat synallagmatique, nous appliquerions la règle qui met les risques à la charge
du débiteur ; d'où cette conséquence que celui qui doit restitution
et ne peut plus la fournir, ne pourrait plus prétendre à recouvrer
ce qui lui est dû, donc ne pourrait plus prononcer la résiliation
(art. 368).

Le projet n'admet pas ce point de vue, et son raisonnement est
très correct. Il y a bien, dit-il, obligations réciproques et par suite
analogie avec l'hypothèse du contrat synallagmatique ; mais il n'y
a qu'analogie et il serait faux de considérer les parties, obligées à
restitution de ce qu'elles ont reçu, comme tenues en vertu d'un
véritable contrat synallagmatique, d'autant plus que très souvent

de rétroactivité en matière de condition résolutoire. Il s'agit de savoir si la
rétroactivité s'applique aux fruits et la question est très controversée (V.
Aubry et Rau, IV, § 302, note 76). Le projet, en matière de résiliation conventionnelle, rejette l'idée de condition résolutoire et arrive, par l'idée d'une
obligation réciproque de restitution de l'état antérieur, à imposer restitution
des fruits et intérêts. — C'est d'ailleurs la solution qui a fini par prévaloir
même en matière de *Condictio*, lorsqu'il s'agit d'action en répétition pour
enrichissement sans cause (*infrà*, n° 345 et les notes).

il n'y aura obligation qu'à la charge de l'une d'elles et qu'il sera assez rare que celle qui se plaint de l'inexécution et impose de ce chef la résiliation ait elle-même reçu quelque chose. La vérité est qu'il y a obligation réciproque de remettre les choses dans l'état primitif, et cette obligation existe au profit de celui qui a droit à la résiliation. Ce dernier, dès que la condition mise à l'ouverture de son droit existe, peut demander restitution ; il peut exiger qu'on le remette dans la situation où il aurait été sans le contrat intervenu, et cela alors même que, de son côté, il fût dans l'impossibilité, par suite de cas fortuit bien entendu, de replacer l'autre partie dans la situation où elle se trouverait si le contrat n'avait pas eu lieu, autrement dit alors même qu'il fût dans l'impossibilité, par suite de cas fortuit, de restituer ce qu'il a reçu (art. 429 ; C. civ. al., art. 350). Cette solution est empruntée au système de la rédhibition, en matière de garantie des vices, laquelle est admise, dès qu'il est prouvé que le vice existait, et alors même que la chose eût péri par cas fortuit aux mains de l'acheteur (1) (*suprà*, n° 218).

Notre droit français exige, au contraire, pour la rédhibition, que la restitution de la part de l'acheteur soit encore possible (art. 1647) ou, du moins, si elle ne l'est plus, que celui-ci prouve que la perte est due au vice de la chose (loi du 2 août 1884, art. 10). La simple preuve de l'existence du vice ne suffirait pas à faire admettre la résolution, s'il est établi ou présumé que l'animal a péri par l'effet d'une autre cause que la maladie dont il est affecté. Il est vrai que, dans notre droit, il n'y a pas absolument, comme dans le projet, corrélation forcée entre l'action en rédhibition et la résolution de l'article 1184 ; et nous ne croyons pas, pour notre part, que le système admis pour l'une doive nécessairement s'étendre à l'autre. Si donc une des parties avait reçu exécution partielle et qu'elle eût livré de son côté, sans que l'autre se mît en mesure de fournir ce qui reste encore à sa charge, nous ne considérons pas comme impossible, quant à nous, d'admettre que celle des deux à qui appartient la résolution puisse l'exercer, alors même que la chose qu'elle avait reçue eût péri sans sa faute et qu'elle fût dans l'impossibilité de la restituer. Les auteurs examinent la question pour le coéchangiste, créancier d'une soulte, et le déclarent déchu de la résolution s'il a aliéné la chose, parce que par là il est censé avoir renoncé d'avance à la résolution ; ce qui semble signifier, par *a con-*

---

(1) Cf. C. féd., art. 254, et Sächs., G. B., § 918.

trario, que, s'il n'eût pas aliéné, mais que la chose eût péri entre ses mains par cas fortuit, il aurait encore la résolution pour défaut de paiement de la soulte (1) ; ce serait ainsi exactement la même solution que celle du projet. La résolution de l'article 1184 est une arme aux mains du créancier, pour obtenir ce qui lui est dû ; cette garantie ne doit pas lui être enlevée sans sa faute et le risque du cas fortuit doit être ici à la charge du débiteur qui n'exécute pas, puisqu'il est en faute de ne pas exécuter (cf. *suprà*, n° 218).

A l'inverse, il va de soi que, si la partie contre laquelle existe la résolution n'est plus à même, par suite de cas fortuit, de restituer la chose dans son intégrité, celui à qui la résolution appartient n'est pas autorisé pour cela à demander indemnité ou à retenir sur ce qu'elle a reçu le montant de la moins-value. C'est qu'en effet la partie contre qui la résiliation est exercée est libérée partiellement de son obligation par suite de la perte partielle arrivée par cas fortuit, ce qui supprime toute cause d'indemnité ; tandis que l'autre partie n'est pas libérée des obligations que le retrait met à sa charge, du moment qu'elle était libre de ne pas exercer le retrait, et qu'en optant pour la résiliation elle a accepté de remplir de son côté toutes les obligations qui lui incombent de ce chef. Ceci est une autre preuve de cette idée qu'il importe de ne pas traiter cette réciprocité d'obligations comme celle qui résulte du contrat synallagmatique, et qu'il n'y a pas à poser la question de risques sur le terrain où elle s'élève en matière de contrats de cette espèce (2).

On peut rapprocher de cette solution, obtenue par voie de déduction seulement, celle que le projet donne expressément en matière de réméré (3) (art. 478 ; C. civ. al., art. 498 et 499). Le vendeur à réméré n'est pas autorisé, si la chose s'est détériorée par cas fortuit, à défalquer de son prix le montant de la moins-value ; c'est exactement la solution que nous proposons pour le cas de résiliation. Et cependant le projet ne traite pas le réméré comme une résolution de la première vente, mais comme une revente au gré du premier vendeur ; c'est un pacte de rachat au sens strict du

(1) Cf. Aubry et Rau, IV, § 360, note 11.
(2) Cf. mon études sur les *Sources de l'obligation,* n° 24 (*Bulletin,* 1889, p. 604, 605). Voir d'ailleurs, sur ce point, l'art. 354 C. civ. al., qui, en ce qui touche la demeure, assimile les obligations réciproques, nées de l'exercice du droit de retrait, à celles qui résulteraient d'un contrat synallagmatique.
(3) Cf. mon étude sur les *Sources de l'obligation,* n° 28 (*Bulletin,* 1889, p. 611).

mot. L'ancien vendeur joue le rôle d'acheteur dans le rachat, et, d'après les principes admis sur les risques, il ne devrait pas subir la perte, même partielle, puisque les risques sont pour le débiteur (art. 368). Les motifs échappent à cette logique extrême, en se prévalant de l'intention des parties (II, p. 343). Ils pourraient ajouter que, si le réméré n'entraîne pas résolution réelle de la première vente, il implique bien quelque chose d'analogue à la résolution personnelle qui résulte de la clause de retrait (art. 426), puisque les deux parties sont réciproquement obligées à rétablir l'état antérieur et que les obligations réciproques mises à leur charge, sauf en ce qui touche la restitution des fruits (art. 478-1°), sont bien à peu près celles qui existent en matière de retrait. Il y a donc, par suite, libération des obligations de l'une des parties, par l'effet du cas fortuit, et au contraire maintien intégral des obligations de l'autre, en vertu de l'acceptation implicite que cette dernière en a faite en se prévalant du pacte de rachat.

301. *Extinction ou déchéance du droit de résiliation.* — La partie à laquelle appartient la résiliation peut y renoncer expressément ou tacitement; et l'on présume la renonciation tacite toutes les fois que cette partie, par son fait, s'est mise dans l'impossibilité de rétablir les choses dans l'état antérieur : ce qui comprendra les trois cas suivants, déjà admis comme cas de renonciation à la rédhibition en matière de vices rédhibitoires (*suprà*, n° 219) : 1° s'il y a impossibilité absolue de restitution, par suite de perte imputable à faute ou par suite d'aliénation au profit d'un tiers, celle-ci équivalant à perte au regard des parties, puisque la résiliation n'a pas d'effet à l'égard des tiers (1) ; 2° s'il y a eu constitution de droits réels, ou de charges quelconques au profit d'un tiers, celles-ci constituant une impossibilité partielle de rétablir l'état antérieur ; 3° s'il y a eu transformation matérielle de la chose. Le droit commun admettait déjà ces solutions, sauf, peut-être, en ce qui touche la constitution de droits réels, sous le prétexte que la restitution n'est plus impossible et que, si la valeur de la chose s'en trouve diminuée, il suffit d'imposer une soulte à celui qui exerce la résolution et ne peut restituer la chose qu'amoindrie de valeur (2). Le projet s'est placé à un autre point de vue, qui est le vrai, celui de la re-

(1) Cf. Aubry et Rau, IV, 360, note 11.
(2) Cf. Windscheid, *Pand.*, § 394, note 5. C'était aussi le système du Code saxon (Säch., G. B., § 914).

nonciation tacite ; il a pensé que celui qui pouvait se trouver un jour à même de déclarer le contrat résolu, et qui disposerait par avance de ce qu'il a reçu, de façon à en rendre, le cas échéant, la restitution impossible, ou tout au moins incomplète, aurait, par le fait même, renoncé à exercer son droit (art. 430) (1). Il y a également renonciation tacite, si celui à qui appartient la résiliation, son droit étant ouvert, consent, en connaissance de cause, à l'exécution du contrat, soit qu'il exécute de son côté, soit qu'il poursuive l'exécution contre l'autre partie (art. 431).

Il va de soi qu'un droit de ce genre, consistant dans une faculté de déclaration, ne pouvait être soumis à une prescription proprement dite ; mais, d'autre part, il importait de l'enfermer dans un délai assez court et de ne pas laisser la situation en suspens. L'article 432 pose le principe d'un délai préfixe, après lequel la partie à qui appartient la résiliation sera déchue de son droit. Ce délai est laissé à la réglementation des parties ; et, à défaut par elles de conventions à ce sujet, il sera de quatre semaines, lesquelles commenceront du jour de la conclusion du contrat, si le droit de retrait peut être exercé ce jour même et n'est soumis à aucune condition préalable, et qui, au contraire, si l'ouverture du retrait est subordonnée à une condition, n'auront leur point de départ, une fois cette condition réalisée, qu'après injonction de la part de celui que menace la résiliation, adressée à l'autre, d'avoir à opter et à se déclarer pour le retrait ou l'exécution du contrat (2).

---

(1) L'art. 351 C. civ. al. assimile à la perte complète la perte d'une part importante de l'objet. Pour le cas où il y aurait eu aliénation de l'objet, totale ou partielle, voir l'art. 353 C. civ. al., qui diffère par quelques points de détail de l'art. 430-2° p¹.

(2) Tous ces points, surtout, comme on l'a vu déjà, la partie concernant la renonciation tacite, ont été assez profondément modifiés dans le Code civil allemand.

Pour ce qui est de la renonciation, le projet (art. 431) avait prévu certains cas de renonciation tacite, ou, tout au moins, dans lesquels il voyait une présomption de renonciation tacite, par exemple, lorsque l'ayant droit exécute le contrat et qu'il remplit, pour ce qui est de lui, les obligations qui lui incombent. On n'exigeait même pas, ou l'on ne paraissait pas exiger, bien que le contraire eût pu s'induire du § 2 de l'art. 431, pour que la présomption s'appliquât, que cette exécution n'intervînt qu'après ouverture du droit à la résiliation. Toute cette réglementation eût été inacceptable : par exemple, pour le cas le plus pratique de résiliation conventionnelle, celui de notre art. 1184 C. civ., le cas de résolution stipulée pour inexécution ; ce qui implique, presque toujours, que l'une des parties ait déjà exécuté sans que l'autre en fît autant. Dans ce cas, on ne pourrait certes pas dire que cette exécution, par le futur ayant droit, ait dû emporter renonciation éventuelle à la résiliation. Aussi, devant la seconde commission, avait-on proposé d'indiquer clairement dans le texte qu'il fallait,

II

Du délit considéré comme source d'obligation (1).

302. *Notion du délit.* — L'histoire de l'obligation délictuelle n'est plus à faire ; il est cependant bon de rappeler que l'idée d'indemnité en matière de délit ne fut qu'une conception assez tardive dans la législation antique. L'état primitif fut celui de la vengeance privée, à laquelle correspondit, à une époque plus avancée, le droit de s'emparer directement de l'auteur du délit par voie de *manus injectio*, ou, s'il était en puissance d'autrui, celui d'obliger le maître à le livrer à la victime, ou sinon à répondre pour lui ; de là les actions noxales (2).

pour l'admissibilité de la présomption, que l'exécution eût lieu, une fois le droit à la résiliation déjà ouvert, et l'ayant droit en ayant connaissance (*Pr.*, p. 796). Mais, somme toute, on trouva plus simple de supprimer toutes les présomptions de ce genre, lesquelles pourraient, très souvent encore, se trouver injustifiées et contraires à la réalité, puisque tout dépendait des circonstances et que ce devait être une question d'interprétation de volonté, laissée à l'appréciation du juge : d'autant, ajoute Planck sur l'art. 355 (p. 134), que, tout au moins dans le cas d'exécution par l'ayant droit, la renonciation résulterait de sa seule volonté, donc d'une volonté unilatérale, et que toute renonciation à un droit, en principe, doit être conventionnelle. Mais cette dernière raison, à ne parler que de l'application qui en serait faite à notre hypothèse, peut paraître plus douteuse, quoiqu'il semble bien que l'on puisse en trouver trace au Protocole de la seconde commission (p. 796). En tous cas, ce qui ressort avec certitude du Protocole, c'est qu'on a rejeté l'ancien art. 431, pour des raisons analogues à celles qui avaient fait effacer le § 2 de l'ancien art. 208 P¹. Ce dernier texte (cf. *Suprà*, n° 8) traitait du choix du débiteur, en matière d'alternative, et, à côté de la déclaration d'option, il admettait certaines présomptions tacites qui ne se retrouvent plus dans l'art. 263 C. civ. al.

Pour ce qui est du délai d'extinction du droit de retrait, le Code civil allemand (art. 355) a introduit un système un peu différent de celui de l'art. 432 P¹. Il n'établit plus de délai préfixe, tel que le délai de quatre semaines, admis par le projet pour le cas où il n'y aurait pas de délai conventionnel. Mais, lorsque ce dernier fait défaut, il appartient toujours à celui qui doit subir le retrait de fixer à l'autre intéressé, celui qui a droit de l'exercer, un délai convenable, dit le texte, de telle sorte que, si le retrait n'est pas déclaré avant cette échéance, le droit soit perdu.

(1) Sur toute cette partie, voir surtout Von Liszt, *Die Deliktsobligationen im System des Bürgerlichen Gesetzbuchs*, Berlin, 1898). Cf. également Linckelmann, *Die Schadensersatzpflicht und unerlaubte Handlungen nach dem B. G. B.* (1898), et Jung, *Delikt und Schadensverursachung* (1897).

(2) Voir, sur ces deux points, les pages, si intéressantes, de Girard et de Krueger, Girard, *Les actions noxales*, II (*Nouv. Rev. hist.*, 1888, p. 36 et suiv.). Krueger, *Geschichte der Capitis deminutio*, I, § 16.

La première origine d'une peine pécuniaire se trouve dans les pactes et transactions privées qui intervenaient entre le coupable et la victime du délit ; ce procédé supposait que le premier s'engageait par voie de *nexum*, comme s'il se fût agi d'une somme qu'on lui eût prêtée, et les droits et actions de l'autre partie étaient les mêmes que ceux qu'elle aurait eus au cas de prêt (1). La somme qui lui était due de ce chef avait le caractère d'une peine privée qu'elle s'était fait promettre comme satisfaction du délit commis, et pour abandon de son droit de vengeance ; ce n'était pas une indemnité pour réparation du dommage causé. Aussi, pouvait-elle dépasser de beaucoup la valeur du dommage ; c'était une peine privée, convenue entre les parties. Plus tard, lorsque ce système d'une action pécuniaire se fut généralisé, le caractère de la somme à laquelle l'action devait aboutir resta le même : amende privée et nullement indemnité. On comprend, en partant de ces idées, que le droit romain ne soit jamais arrivé à une théorie générale du délit civil. Il ne pouvait y avoir d'amende au profit des parties, à défaut de convention privée sur ce point, que là où la loi avait formellement prévu le cas, présumé un pacte sous-entendu et fixé la somme à fournir. De là, le principe romain que le nombre des délits civils, donnant naissance à obligation, resta toujours limité aux cas prévus par la loi (2). Il va de soi, aussi, que la loi romaine, dans les applications qu'elle adopta, se plaça exclusivement en présence d'un dommage patrimonial susceptible d'estimation pécuniaire ; elle suppose toujours perte ou détérioration d'un objet constituant une valeur patrimoniale, il n'y a pas de délit né de la violation d'un droit incorporel. On peut dire que cette dernière conception fait encore le fond des théories adoptées par les législations modernes, sauf, peut-être, pour ce qui est du droit français. La première, au contraire, n'a plus cours ; et le droit moderne part de cette idée rationnelle que la conséquence normale de tout délit est une dette d'indemnité et que, par suite, il doit y avoir indemnité partout où il y a dommage causé par un fait considéré comme illicite. Le caractère délictuel du fait devra résulter, non d'une disposition légale, mais de certaines conditions générales, considérées comme constitutives du délit civil ; de là cette formule extrêmement large de notre article 1382 : *Tout fait quelconque de l'homme qui*

(1) Cf. Krueger, *loc. cit.*, I, p. 397, 399.
(2) Cf. Ihering, dans *Jahrb. Dogm.*, IV, p. 12, 24. Voir, également Girard, *Manuel de droit romain*, p. 390 et suiv.

cause à autrui un dommage, oblige celui par la faute duquel il est arrivé à le réparer. Cette généralité de la conception du délit civil constitue la différence la plus sensible entre lui et le délit pénal (1). Ce dernier étant caractérisé par une violation de l'ordre public, et devant aboutir à une peine, la loi a seule qualité pour déterminer quand il y aura atteinte portée à l'ordre public et pour prononcer la peine. L'autre, au contraire, supposant violation d'un intérêt privé et obligation d'indemnité, il suffit, pour que le caractère délictuel existe, que le fait matériel de violation soit démontré et qu'il résulte d'une faute, c'est-à-dire d'une initiative d'ordre moral impliquant responsabilité de l'agent. La seule question à poser désormais sera de déterminer à quelles conditions cet élément d'imputabilité sera considéré comme existant ; mais les éléments matériels du délit civil n'ont pas besoin d'être fixés législativement : ils résultent de toute violation d'un intérêt privé, tombant sous la protection du droit (2).

. **303.** *Quasi-délit.* — L'unité de délit forme le fond de la théorie moderne en matière de délit civil (3) ; et ce qui constitue le double élément du délit civil, c'est d'une part le dommage et de l'autre la faute. Mais la plupart des législations modernes ont admis, à côté du délit proprement dit, des cas de responsabilité qui n'impliquent aucune idée de faute intentionnelle, ni réelle, ni présumée, à la charge de celui à qui incombe cette responsabilité. Lorsqu'elle a pour fondement la faute d'imprudence, on dit généralement, au moins dans la terminologie du droit français, qu'il y a quasi-délit. On fait également rentrer dans cette dernière catégorie les hypothèses de responsabilité dont la condition initiale est, non plus la faute personnelle de celui qui est mis en cause, mais la faute d'autrui. Il s'agit alors de responsabilité pour autrui. On présume, suivant la conception traditionnelle et classique, que, dans tous ces cas, il y a, tout au moins, une négligence à reprocher à celui à qui l'on impute ainsi la responsabilité du fait d'autrui (C. civ., art. 1384). L'idée de quasi-délit s'identifie par là avec la conception de responsabilité présumée ; et, c'est à peu près le sens technique que

(1) Cf. la belle étude de M. PLANIOL, *Dol civil et Dol criminel*, dans *Revue critique de législation* (1893), p. 545 et suiv., p. 649 et suiv.

(2) Cf. *Motifs*, II, p. 724-725.

(3 Cf. *A. L. R.*, 1, 6, §§ 1, 7, 9, 10 et suiv. — Œsterr. G. B., §§ 1295, 1305, 1323, 1331 et suiv. — Sächs., G. B., §§ 116, 117, 773, 774, 776. — Cf. art. 50 et suiv. — C. civ. ital., art. 1151.

l'expression a pris hors de France. Enfin, on peut signaler, au moins pour ce qui est de l'Allemagne, une tendance plus exclusive encore, qui aurait pour objet de restreindre cette notion du quasi-délit aux hypothèses où il y a responsabilité sans faute d'aucune sorte, ni démontrée, ni présumée, pas plus de faute d'imprudence que d'intention. Les cas d'application de responsabilité présumée, ou même de responsabilité purement objective, ne sont pas étrangers au droit allemand. Sans parler de la responsabilité pour les dégâts commis par les animaux domestiques, certaines lois particulières ont admis, pour quelques cas spéciaux, une disposition analogue à celle de notre article 1384 en matière de responsabilité pour autrui. Par exemple, la loi, bien connue, du 7 juin 1871, sur la responsabilité au cas d'accidents en matière d'entreprises de chemins de fer et autres industries déterminées, rend le chef d'entreprise responsable en principe de la faute de ses subordonnés, sans autre preuve (loi du 7 juin 1871, § 2) (1).

À côté du quasi-délit, au sens traditionnel du mot, il y a aussi des cas de simple responsabilité légale, dans lesquels on rejette toute idée de faute, soit à la charge de celui sur qui pèse la responsabilité, soit à la charge de celui de qui le fait émane, et qui constituent de véritables cas d'assurance légale pour risques éventuels. Il n'est pas rare, suivant la remarque déjà faite, que l'on réserve, en Allemagne, à ces hypothèses de responsabilité purement objective, l'expression même de quasi-délit. La loi que nous venons de citer (art. 1er) nous fournit une hypothèse de ce genre, en ce qui touche la responsabilité des compagnies de chemins de fer, pour le cas d'accidents de travail ou, d'une façon générale, d'accidents arrivés par le fait de l'exploitation. La compagnie en est responsable, indépendamment de toute hypothèse de contrat passé entre elle et la victime, comme ce pourrait être le cas, s'il s'agit des voyageurs qu'elle s'est engagée à transporter sains et saufs ; elle en est responsable de plein droit, à moins qu'elle ne prouve la force majeure ou la faute de la victime. On sait les théories que l'on a émises en cette matière, et qui ont si rapidement gagné du terrain. Il s'agit, a-t-on dit, de responsabilité contractuelle reposant sur une clause de garantie tacite. Cette explication, en ce qui touche la loi allemande de 1871, est manifestement impossible, puisque le texte dans sa généralité s'applique au cas d'accidents

(1) V. traduction de M. Lyon-Caen dans *Annuaire de Législ. étrang.*, 1872, p. 264.

dont serait victime même l'individu étranger à la compagnie et qui ne pourrait invoquer contre elle aucun rapport de contrat. D'autres disaient qu'il y avait faute présumée ; dans le cas de la loi de 1871, cette conception pouvait paraître assez exacte, puisqu'on réserve le droit d'écarter la responsabilité de la compagnie en prouvant le cas fortuit. On a répondu avec raison, cependant, que le cas fortuit, admis comme décharge de la compagnie, était uniquement la force majeure, indépendante de tout fait émanant de la compagnie ou de ses agents, et qu'en dehors de cette hypothèse, il y avait place pour le fait personnel au chef de l'entreprise ou à ses subordonnés, non constitutif de faute à la charge de personne ; or, même dans ce cas, la responsabilité établie par la loi de 1871 resterait acquise. Il s'agit bien d'une véritable responsabilité légale, indépendante de la faute (1), et qu'on ne peut restreindre par voie de conventions privées, conformément à l'article 423 du Code de commerce (art. 471 C. comm. R). En réalité, nous sommes en présence d'un risque, dont la responsabilité a été mise par la loi à la charge du chef d'industrie ; aussi, comprend-on que cette responsabilité légale ne puisse exister, en dehors de toute faute démontrée, que dans les cas et sous les conditions expressément prévues par la loi. Ces cas de responsabilité légale doivent *a fortiori* être mis à part, et il faut bien se garder, au moins dans la théorie traditionnelle, de les confondre avec la catégorie des obligations nées de délits ou même de quasi-délits (2), si l'on entend ce dernier terme au sens de la terminologie classique, qui l'applique, soit à la faute d'imprudence, soit à la faute présumée. Quoi qu'il en soit, on voit, pour le cas où il y a responsabilité pour autrui, qu'il peut être question, et nous faisons allusion ici, non pas au quasi-délit de l'art. 1383 C. civ. fr., mais à celui que l'on s'obstine encore à voir dans l'art. 1384, d'une responsabilité qui atteigne celui à qui la faute n'est pas imputable. Cet état de choses devait attirer l'attention des rédacteurs du projet et il y avait lieu de se prononcer sur le maintien de ces distinctions et de ces différents systèmes.

304. *Projet.* — Le projet devait, d'une part, fixer les conditions et le criterium du délit civil et, d'autre part, se prononcer sur l'admissibilité du quasi-délit, en tant, tout au moins, qu'il peut

---

(1) Cf. Westerkamp, *Haftpflicht*, dans l'*Handb. d'Endemann*, III, § 379, p. 640-641.

(2) Westerkamp, *loc. cit.* (*Einleitung*), p. 616.

couvrir de véritables responsabilités objectives, indépendantes de toute faute personnelle. L'idée fondamentale qui lui sert de point de départ, idée très satisfaisante au point de vue de la raison purement abstraite, c'est que, en dehors de la convention ou plutôt de l'acte juridique, il ne peut y avoir lieu à obligation à la charge de quelqu'un que s'il y a faute de sa part; toute hypothèse d'enrichissement sans cause étant mise de côté. L'obligation née du fait d'un individu ne peut résulter que d'un acte qui, par ses caractères subjectifs, engage sa responsabilité. C'est la faute seule qui crée la dette (1). En principe, le projet n'admet plus de quasi-délits, ceux-ci, entendus, non plus du délit d'imprudence, mais d'une pure responsabilité fondée sur le fait matériel et étrangère à toute idée de faute. Assurément, il ne supprime pas les cas de responsabilité légale, dérivant de lois antérieures, mais il rejette le quasi-délit objectif comme source normale d'obligation. De même, il exige la faute personnelle, puisque la responsabilité de l'agent peut seule fonder une obligation à sa charge; de là cette disposition qu'en matière de responsabilité pour autrui, en dehors des cas où il s'agit de l'exécution d'une obligation contractuelle, le maître ou le patron n'est responsable que de son défaut de surveillance ou de son choix (art. 710-712). C'est l'antipode de notre article 1384. Autre conséquence : il n'y aura plus de faute, donc plus de délit, dans tous les cas d'irresponsabilité pour défaut d'âge ou absence de raison (art. 708-709). Enfin, dans aucun cas, il ne doit y avoir présomption de faute : c'est à la victime du délit à faire, dans toutes les hypothèses, la double preuve du fait matériel constitutif du dommage et du fait moral constitutif de la responsabilité (*Mot.*, II, p. 729). Tel est le système, dans ses grandes lignes, et dans ses conséquences les plus saillantes. Peut-être est-il susceptible de quelques critiques ; nous les exposerons au cours de cette étude, car elles ne peuvent être comprises qu'une fois la théorie connue dans ses détails.

Etudions donc, d'après le projet, le délit civil dans ses éléments constitutifs, ses caractères, son domaine d'application (2).

305. *Conditions du délit civil.* — La détermination des élé-

---

(1) *Motifs*, II, p. 727, 734, 736, 744.
(2) Pour tout ce qui va suivre, et surtout pour rectifier certaines idées du texte, émises lors de la première édition de cet ouvrage, et auxquelles j'ai voulu garder la forme que je leur avais donnée alors, voir mon étude sur *Les accidents du travail et la responsabilité civile* (Paris, Rousseau, 1897), et ma note dans Dalloz, sous Cass., 16 juin 1896 (D. 97. 1. 433).

ments constitutifs du délit civil forme, à coup sûr, la pierre d'achoppement de toute législation sur la matière. Notre article 1382 n'en signale que deux : un élément matériel qui est le fait dommageable, et un élément subjectif, la faute. La faute consiste, par définition, dans l'intention de commettre un acte illicite, ou la connaissance des caractères délictuels du fait accompli, ou enfin la négligence que l'on a mise à ne pas en découvrir les conséquences ou les caractères (1). De toutes façons, peut-on croire, l'élément délictuel de la volonté vient du caractère délictuel de l'acte ; si l'acte en lui-même était innocent, l'intention qu'on a de l'accomplir serait en elle-même innocente (2). Or, l'article 1382 ne désigne l'acte matériel que comme un fait dommageable, d'où il faudrait conclure que tout fait susceptible de causer dommage à autrui est en lui-même un fait contraire au droit, et que la faute consiste à savoir qu'il peut résulter dommage de l'acte qu'on entreprend. On aboutirait ainsi à cette formule que quiconque sait ou doit savoir que l'acte entrepris, et cela qu'il s'agisse d'un fait quelconque, est susceptible d'avoir des suites dommageables pour autrui, est coupable de délit civil et tenu à réparation (3). Est-ce donc là ce qu'a voulu dire l'article 1382 ?

Le propriétaire qui, sans profit pour lui, mais dans la seule intention de nuire, prive son voisin, par une construction élevée à la distance réglementaire, de la vue dont il jouissait, commet un acte qu'il sait susceptible de nuire ; a-t-il donc commis un délit civil ? Assurément non ; il use, affirme-t-on, d'un des avantages compris dans son droit de propriété. Mais, ne peut-on pas dire aussi de

---

(1) Dans ce dernier cas, c'est le quasi-délit au sens plus particulièrement français du mot, au sens de l'art. 1383 C. civ. fr. ; c'est le délit d'imprudence. Ce sens traditionnel, et cette distinction classique, sont encore généralement admis. Ce qui commence à être contesté, c'est l'identification que l'on avait voulu établir entre le domaine de l'art. 1383 C. civ. fr. et le quasi-délit, entendu de tout délit d'imprudence quelconque, même résultant d'un fait positif (cf. mon étude précitée, p. 43 et suiv., et PLANIOL, *Traité de droit civil*, II, n° 856 et suiv. et n° 904). En réalité, on peut admettre encore, si l'on tient à cette terminologie, que le délit ne comprend que la faute intentionnelle et que le quasi-délit vise la faute d'imprudence ; ce qui est certain, c'est que l'art. 1383, en mettant à part toute référence à la question de faute, qu'il y ait intention, simple imprudence ou même absence complète de faute, a en vue, par opposition au dommage résultant d'un fait positif, celui qui provient d'une abstention.

(2) Le mot *Faute*, dans la terminologie traditionnellement acceptée, ne désigne pas, en effet, un simple rapport de causalité, mais un rapport de culpabilité.

(3) Stobbe donne cette formule comme l'expression de l'ancien droit allemand (*loc. cit.*, III, § 200-3).

la plupart des faits susceptibles de causer dommage à autrui, qu'ils
rentrent dans la sphère des avantages que comporte la liberté? La
liberté est, comme la propriété, un droit absolu. Mais tout droit absolu de sa nature trouve sa limite dans le droit des autres ; et celui qui, sans intention de nuire, profite de sa liberté de façon à
violer l'intérêt d'autrui, peut être, suivant les circonstances, déclaré coupable de délit civil. On voit qu'il y a des faits dommageables, même intentionnels, qui ne constitueront aucun délit ;
et peut-être ne suffit-il pas, pour en fixer la limite, de dire que ce
sont ceux qui rentrent dans l'exercice d'un droit, car il s'agit de
savoir jusqu'où peut aller l'exercice du droit individuel. Nous arrivons ainsi à ces deux conséquences : le seul fait qu'un acte peut
être dommageable ne suffit pas à l'ériger en délit, et le seul fait
qu'il rentre dans l'exercice d'un droit ne suffit peut-être pas, à l'inverse, pour l'exclure de la catégorie des délits civils ; de sorte que
la définition de l'article 1382 ne nous fournit, jusqu'alors, aucun
criterium bien sûr du fait délictuel.

Laissons de côté pour le moment l'élément subjectif la faute,
puisqu'elle consiste dans un fait d'intention, ou dans la connaissance que l'on a d'un acte mauvais en soi, ou même, au sens purement civil, dans la simple imprudence Il nous faut rechercher,
avant tout, à quelles conditions un fait sera mauvais en soi ; et
nous venons de voir qu'il ne suffit pas de dire, avec l'article 1382,
que le fait soit un acte dommageable. Partant de là, le projet a tenté
de caractériser le fait délictuel ; il a entrepris d'en déterminer les
éléments matériels. Il le définit : le fait illicite susceptible de causer
dommage à autrui (1). Il ajoute un élément nouveau à la formule
de l'article 1382 ; le fait matériel n'est pas désigné seulement comme
fait dommageable, mais comme fait illicite. Il n'est pas illicite
uniquement en tant que fait dommageable, ce que semble dire l'article 1382 ; il est illicite en soi et indépendamment de toute conséquence nuisible pour autrui. L'article 50 du Code fédéral avait déjà

(1) Cette définition lui est fournie par celle de la *Lex Aquilia* « *Damnum
injuria datum.* » — Cf. Windscheid, *Pand.*, § 455, note 10. Le principe romain *du fait illicite* semble l'avoir emporté sur le principe germanique du
simple *fait dommageable* (cf. Stobbe, III. § 200-3). Sur le *damnum injuria
datum*, voir Gaius, III, § 219 et LL 3, 5, § 1, 17, 55. 151, 155, § 1, D. (ad.
leg. aq), 9, 2. Voir surtout Grueber. *The Roman law of damage to pro-
perty* (Oxford, 1886). Nous renvoyons aussi à la thèse excellente de M. Tarbouriech, *De la responsabilité contractuelle et délictuelle en droit romain*,
Paris, 1889. (Voir spécialement n° 26) ; cf. également la thèse de M. Bosc,
Essais sur les éléments constitutifs du délit civil (Rousseau, 1901).

parlé de l'acte dommageable accompli sans droit (1); le projet exige quelque chose de plus, il ne suffit pas que l'acte dommageable soit un acte accompli sans droit, il faut qu'il soit un acte contre le droit (*Widerrechtliche Handlung*, art. 704) (2).

(1) « *Quiconque cause sans droit un dommage à autrui, soit à dessein, soit par négligence ou par imprudence, est tenu de le réparer* ».

(2) Il importe dès maintenant, après avoir indiqué très en gros quel avait été le système général du projet, de montrer par quels tâtonnements passèrent les différentes commissions, avant d'en arriver à la formule actuelle de l'art. 823 C. civ. al. Rien ne saurait mieux établir la fausseté du point de vue allemand, qui, au lieu de s'en tenir à une formule simple et unique comme celle de l'art. 1382 C. civ. fr., a voulu analyser et prévoir les éléments de matérialité du délit civil. Il n'y a, pour le dire tout de suite, à préciser et à définir la matérialité du délit civil, que là où l'on se contente d'une responsabilité objective : il faut bien, dans ce cas, définir le fait contraire au droit. Mais, lorsqu'on s'en tient encore à l'idée de faute, il n'y a qu'une seule conception pratique, qui serait de dire que tout dommage causé par un fait imputable à faute engage la responsabilité de l'auteur du fait, sauf à distinguer, comme c'est le cas tout au moins de la doctrine classique, les faits qui ne sont qu'une émanation de la liberté individuelle, agissant en dehors des actes prévus et garantis par la loi, et ceux qui sont l'exercice pur et simple d'un droit positif juridiquement sanctionné.

Tout au moins, l'art. 704 P¹ avait il posé un principe général de responsabilité, établissant une réglementation unitaire, très voisine de celle de notre art. 1382. Il déclarait que tout fait contraire au droit, qui fût le résultat d'une faute, d'intention ou de négligence, peu importe, du moment qu'il eût causé un dommage à autrui, pourvu que la possibilité de ce dommage eût été susceptible d'être prévue, donnait lieu à responsabilité. On avait surtout reproché à cette formule de ne pas suffisamment délimiter le cercle des personnes pouvant avoir droit à réparation ; car, d'après l'art. 704 P¹, c'était toute personne qui eût subi un préjudice, même indirectement et par contre-coup, qui eût droit à indemnité. Il est vrai que, pour restreindre cette extension de la responsabilité, le texte exigeait que l'auteur du dommage eût prévu ou pu prévoir que son fait allait être nuisible ; ce qui impliquait, semble-t-il, qu'il n'était responsable qu'à l'égard de ceux vis-à-vis de qui il aurait pu et dû prévoir qu'il allait causer un dommage.

Cependant, s'il s'agissait d'atteinte à un droit positif, d'atteinte au droit d'autrui, par conséquent, le § 2 de l'article 704 P¹ n'admettait de responsabilité qu'à l'égard de celui dont le droit avait été violé ; et alors dans ce cas on n'exigeait plus que la possibilité du dommage ait pu être prévue. De sorte que le principe d'une responsabilité illimitée, à l'égard de toutes les victimes, même indirectes, du délit, sous la réserve d'une prévision d'un dommage qui leur fût personnellement applicable, ne trouvait guère son application, en fait, que lorsqu'il s'agissait de la violation d'une défense ou prescription légale.

On reprochait, en outre, à cette formule de ne pas suffisamment délimiter les biens protégés par le droit, ou les cercles d'activité juridique reconnus par le droit, comme devant être intangibles, et dont la violation par autrui pût seule être constitutive de délit. D'après le projet, toute atteinte à un intérêt individuel, quelconque, devenait une violation du droit, alors que la mission de la loi, disait-on, devait être de reconnaître certains intérêts, ou certains cercles d'activité, garantis par le droit, et au sein desquels le domaine de la liberté individuelle, ou de la jouissance individuelle, doit être intangible, mais en dehors desquels la garantie légale ou la sanction légale n'existe plus. Sinon,

Reste à savoir ce qui caractérise le fait illicite et ce qu'il doit com-

sous prétexte de protéger celui qui aurait subi le dommage, c'eût été la sphère de liberté intangible de l'auteur du fait que l'on eût violée. De pareilles conceptions reposaient sur une double méprise. La première venait de ce qu'on ne voulait pas reconnaître, d'une façon absolue et générale, même en matière délictuelle, le principe de la réparation des intérêts purement moraux : ce sont ceux qui correspondaient principalement à cette sphère, imprécise et illimitée, des intérêts non constitutifs de biens juridiques, au sens technique du mot. On voulait donc uniquement procéder, sur ce point, par voie d'énumération, pour indiquer quels seraient, parmi ces intérêts non économiques, ceux que la loi considérerait seuls comme constitutifs de droits individuels. (Sur tous ces points, voir la thèse déjà citée de M. DONVILLE, *De l'intérêt moral dans les obligations*, Paris, 1901). La seconde se rattachait toujours à la même équivoque, provenant du principe d'une responsabilité purement subjective : comment concilier cette conception avec celle d'une atteinte au droit ? Lorsqu'il y a violation d'un droit positif, ou violation du domaine de libre activité juridique, reconnu et assuré par la loi à chacun, comment exiger encore, pour engager la responsabilité, un élément de faute chez l'auteur du fait ? Qu'il en soit ainsi en droit pénal, là où il s'agit, non plus d'une réparation individuelle, mais d'une peine publique, rien de mieux. Mais étendre la même exigence, là où il n'est question que d'indemniser quelqu'un de la violation de son droit, n'est-ce pas contraire à tous les principes sur lesquels repose l'idée de droit dans une société ? Est-ce que, en matière d'obligation, on s'occupe de savoir, lorsqu'un débiteur est devenu insolvable, si cette insolvabilité provient de son côté ou non de sa faute ? Sans doute, il se trouve libéré, lorsque son obligation porte sur un corps certain, et que celui-ci périt par cas fortuit. Cela tient à ce qu'il ne s'est pas engagé à livrer ce qui n'existait plus et que, dans ce cas, il n'y a pas violation de son obligation. Mais, là où la violation de son obligation subsiste, même s'il n'y a pas de faute de sa part, il reste obligé. C'est qu'il porte atteinte au droit qu'il a concédé à autrui. Y a-t-il un droit individuel différent, suivant que ce droit trouve son origine dans un contrat, ou dans la personnalité de l'individu, ou encore dans le domaine de la propriété ? Dira-t-on que. là où il y a contrat, il peut y avoir garantie contractuelle, au moins sous-entendue, susceptible de perpétuer la responsabilité au delà ou en dehors de la faute ? Ce n'est là qu'une explication, ou plutôt une fiction. Ces prétendues présomptions de garanties contractuelles ne couvrent que des présomptions légales, imposant au débiteur, qu'il l'ait voulu ou non, de respecter le droit du créancier, droit reconnu et établi par la loi, à raison du contrat, et non par le contrat. Il doit en être de même, toutes les fois qu'un droit individuel est violé. La réparation s'impose en dehors de l'idée de faute. Si donc on parle encore de faute subjective, que l'on ne procède plus par voie de reconnaissance limitative des droits individuels ; et, si l'on part, au contraire, du principe des intérêts spécialement protégés par le droit, que l'on abandonne enfin la conception d'une faute constitutive de responsabilité !

Quoi qu'il en soit, la seconde commission, tout en maintenant encore l'apparence d'un principe général, susceptible de rappeler la formule de l'art. 704 P¹, s'était déjà considérablement éloignée de la conception du projet. L'art. 746 P² avait, en réalité, complètement mis de côté la règle unitaire qui formait le § 1er de l'art. 704 P¹ : et la formule abstraite qu'il avait adoptée n'était qu'une généralisation du § 2 de l'art. 704 P¹. Il y était dit que celui qui, par faute, et par un fait contraire au droit, portait atteinte au droit d'un autre, ou à une loi visant la protection d'un autre, était obligé à réparation du dommage causé. On avait cru inutile d'énumérer, comme le faisait l'article 704, § 2 P¹, les prendre (1). Il est bien entendu que sous le mot *fait*, nous compre-

biens ou intérêts juridiques susceptibles de constituer des droits absolus de l'individu, la vie, la santé, l'honneur ; ils rentràient parmi les droits d'autrui. Et d'autre part, on avait voulu préciser et limiter le cercle des ayants droit, auxquels fut accordée l'action en réparation, au cas de violation légale : lorsqu'il y avait contravention à la loi, on ne voulait plus que quiconque en eût subi un dommage, même indirectement, pût demander indemnité. Mais, il fallait voir qui la loi avait voulu protéger ; et celui là seul, ou ceux-là seuls, qu'elle avait en vue, avaient droit à réparation, lorsqu'ils avaient subi un dommage. Il est vrai qu'en revanche, on n'exigeait plus que ce dommage eût pu être prévu par l'auteur du fait. Enfin, pour mieux affirmer le principe de la responsabilité subjective, on prévoyait le cas où cette violation légale eût constitué une simple contravention pénale, punissable en dehors de toute idée de faute ; et alors, à l'inverse de tout ce qu'on aurait pu croire, on déclarait que, dans ce cas encore, pour qu'il y eût délit civil, il fallait prouver la faute.

Mais, en seconde lecture, on trouva dangereux de parler d'atteinte aux droits d'autrui, sans indiquer que la vie, la santé, l'honneur, et autres éléments essentiels de la personnalité, constituaient les droits principaux que l'on avait voulu viser (Pr. VI, p. 200-201) : de sorte que c'est sous le couvert d'une formule énumérative de ce genre, que l'on crut devoir établir le principe. Il importait de lui donner une forme plus pratique et plus concrète : ainsi s'explique la rédaction de l'art. 808 P³, lequel déclare que celui qui porte atteinte à la vie, au corps, à la santé, à la liberté, à la propriété, ou à tout autre droit individuel d'un autre, lui doit réparation.

C'est la formule qui devait constituer l'art. 823 C. civ. al. Devant la commission du Reichstag, on avait parlé sans doute d'introduire, dans l'énumération qui avait passé dans le projet définitif (art. 807 P⁴), d'autres prétendus droits individuels, auxquels on voulait assurer une protection spéciale, sans les réduire à l'appréciation pure et simple du juge, chargé de définir quels « seraient les autres droits analogues » visés par le texte. C'est là le danger de toutes ces formules énumératives qui se terminent par une sorte d' « *et cætera* » légal. On cherche, autant que possible, à faire sortir les situations qui méritent le plus d'intérêt de l' « *et cætera* » du texte : c'est toujours plus sûr. Déjà, la seconde commission avait voulu le faire, par exemple, pour la possession, en dehors de toute idée de propriété (*Pr.*, II, p. 573). A plus forte raison, devant le Reichstag, on en proposa autant pour les atteintes à la liberté du travail ou à la moralité. Mais ce qu'il y eut surtout de remarquable dans l'amendement ainsi présenté, c'est que l'on comprenait, enfin, que, là où il s'agissait de violation d'un droit formel, l'idée de faute devait disparaître, et la formule proposée ne parlait plus de fait imputable à faute. Bien entendu, cette solution absolument juridique, la seule qui fût vraiment rationnelle et qui fût conforme au caractère essentiellement social du droit moderne, fut écartée et rejetée. Il en fut ainsi grâce aux principes doctrinaires, et purement rationalistes, au lieu de rationnels, sur lesquels se fonde le dogme d'une responsabilité civile purement subjective (*Bericht der Reichstags-Kommission*, p. 57 ; pour tout cet historique, voir *Pr.*, II, p. 566-575, VI, p. 200-201, et PL., II, p. 599 et suiv. et p. 605 et suiv.).

(1) Il va de soi que l'expression de « fait illicite » a un sens parfaitement équivoque, ce qui résulte des conceptions allemandes exposées dans la note précédente sur la matérialité du délit civil. Dans un système de pure subjectivité, comme celui de notre art. 1382, l'expression de fait illicite ne pourrait viser que les cas où l'acte est accompli en dehors des facultés constitutives d'un droit positif exercé par l'agent, telles que celles rentrant dans le droit de propriété. Dans un système, à la fois de subjectivité et d'objectivité, comme

nons l'omission et le laisser faire, aussi bien que le fait positif l'article 704 le dit lui-même.

306. *De l'acte illicite en soi.* — L'article 704, après avoir parlé du fait illicite, donne, dans son second alinéa, un exemple de faits illicites, ce sont ceux qui consistent dans la violation d'un droit absolu appartenant à autrui (1), et le texte ajoute qu'il faudra comprendre au nombre des droits absolus, non seulement les droits patrimoniaux, mais certains droits ayant pour objet la personnalité humaine dans ses éléments essentiels : la vie, la santé, la liberté, l'honneur. Ce n'est là bien entendu qu'un exemple, une catégorie de faits illicites, et la moins susceptible de donner prise aux doutes. Si l'article 704 l'indique expressément, ce n'est pas qu'il ait craint qu'on pût s'y méprendre, c'est qu'il a voulu l'entourer de conditions spéciales en ce qui touche la détermination de l'imputabilité ; il ne sera plus nécessaire, pour qu'il y ait faute, que celui qui viole le droit d'autrui ait pu prévoir qu'il pût en résulter un dommage pour ce dernier. La faute résultera du seul fait qu'il a su ou dû savoir qu'il violait un droit : ce point se réfère aux élé-

---

celui du droit allemand, l'expression vise, peut-être cette première catégorie de limitations, ce qui d'ailleurs est douteux, mais elle vise surtout à délimiter le cercle matériel du délit civil, en indiquant que, dans tous les domaines, même dans celui de la liberté pure et simple, s'exerçant en dehors de toute sphère constitutive de droit positif reconnu par la loi, il faut encore poser le critérium de l'acte contraire au droit, lequel ne peut se trouver que dans une contravention à une loi ou dans une atteinte à un droit individuel.

(1) Le texte s'exprime à cet égard d'une façon qui est certainement erronée : art. 704, § 2 : « Si quelqu'un, par suite de mauvaise intention ou de négligence, *par un acte illicite*, viole le droit d'autrui. » (*Hat Jemand aus Vorsatz oder Fahrlässigkeit durch eine widerrechtliche Handlung das Recht eines Anderen verletzt*, etc.). Il n'a certainement pas voulu dire que la violation du droit d'autrui dût émaner d'un acte qui fût déjà par lui-même un fait illicite en dehors de l'atteinte portée au droit d'autrui. La violation du droit d'autrui est en effet par elle-même un fait illicite, indépendamment du caractère que peut avoir l'acte duquel elle résulte. Le projet n'a guère pu penser autrement. En parlant de fait illicite, il a voulu prévoir le cas où la loi elle-même permettrait de porter atteinte au droit d'autrui, comme dans le cas de restriction à la propriété ; et, s'il exige qu'on ait, par un acte illicite, violé le droit d'autrui, il veut dire « *par un acte qui ne rentre pas dans ceux que la loi autorise* » ; seulement il oublie qu'en style précis, et par suite en style législatif, lorsqu'on fait un acte que la loi permet, même à l'encontre du droit d'autrui, cela ne s'appelle plus une *violation du droit d'autrui* : il s'agit d'une *restriction au bien d'autrui*. Cf. Meischeider, *Die alten Streitfragen...* (*Bekker-Beiträge*, fasc. 3, § 2, p. 36). — (Je serais peut-être un peu moins affirmatif aujourd'hui sur les idées contenues dans cette note que j'ai conservée dans son texte initial). — D'ailleurs j'aurai occasion de revenir sur tous ces points à propos de l'abus de droit (voir *infra*).

ments constitutifs de la faute et ne touche pas à ceux qui concernent
la matérialité du fait. Revenons à l'acte illicite ; en dehors du cas auquel nous venons de faire allusion, l'article 704 ne donne aucun
autre exemple du fait illicite. On en a conclu que, dans la catégorie des droits, il ne protégeait que les droits absolus, ceux qui
sont opposables à tous, et que tous doivent respecter, comme la
liberté et la propriété, et qu'au contraire la violation d'un droit
relatif, constitué par un rapport tout personnel inopposable aux
tiers, ne constituerait jamais un fait illicite. On cite l'exemple
du fermier, lequel n'est pas propriétaire de la récolte encore
sur pied, et l'on prétend que, si quelqu'un endommage cette dernière, il ne commet pas de délit vis-à-vis du fermier (1). Cette
conclusion ne ressort nullement de l'article 704, qui ne parle de la
violation des droits absolus que pour fixer, pour cette hypothèse,
les conditions constitutives de la faute, et qui n'a pas voulu dire
par là que la violation d'un droit relatif et tout personnel ne ren-
trât jamais dans la catégorie, fort large et fort élastique, du fait illicite. De ce que cet acte ne tomberait pas sous l'application du
paragraphe 2 de l'article 704, rien ne prouve qu'il échappe au paragraphe 1er ; et tout ce qu'il faudrait en conclure, c'est qu'au
cas de violation d'un droit de ce genre, il n'y aurait faute que si
l'agent a pu prévoir qu'il en résulterait dommage pour autrui, et
encore serait-ce là une interprétation fort risquée (2). Nous n'avons
trouvé jusque-là qu'un exemple de faits illicites, nous n'en pouvons
tirer une formule restrictive, destinée à exclure de cette catégorie
aucun ordre de faits, quelle qu'en soit la nature.

307. Les motifs, il est vrai, complètent ces indications par
d'autres exemples ; ils citent (II, p. 726) la violation d'une défense
légale. La chose va de soi ; si, par contravention à un règlement
de police, je suis la cause d'un accident qui porte préjudice à au-

(1) Gierke (*Rev. de Schmoller*, XIII, p. 250). — Cf. *Motifs*, II, p. 748.
(2) En effet reste à savoir, à ce second point de vue, qui est celui de la
prévision du dommage (art. 704, § 2), ce qu'il faut entendre par *droit absolu*.
Il faut bien remarquer d'ailleurs que ce mot *droit absolu* n'est pas dans le
texte, mais dans les motifs (II, p. 717). Le texte parle d'une façon générale,
et sans restriction, de violation du droit d'autrui. Faut-il donc, avec les motifs,
l'entendre uniquement des droits protégés par une action *in rem* ? Il peut
se faire qu'on porte atteinte aux droits d'un créancier. (V. exemple dans
Meischeider, *loc. cit.*, *Bekker-Beiträge*, III, p. 37) ; pourquoi n'y aurait-il
pas ici *violation d'un droit*, au sens de l'art. 704, § 2 ? — Cette interprétation serait-elle encore aussi facilement recevable en présence du nouveau
texte de l'art. 823 C. civ. al. ? Le point peut être douteux.

trui, j'en suis responsable : il y a fait illicite, au premier chef. Resterait à voir si cette hypothèse, au point de vue des conditions d'imputabilité, doit rentrer dans la règle de l'article 704 ou dans l'exception admise au cas de violation des droits absolus ; c'est ce que nous verrons tout à l'heure. On a cherché à interpréter au sens restrictif l'expression qu'emploient les motifs lorsqu'ils parlent de défense légale (*Verbotsgesetz*), laquelle ne comprendrait pas le cas d'obligation positive imposée par la loi (1). C'est dénaturer la pensée des motifs ; ils ont voulu parler de violation positive d'une loi, et il y a violation de la loi, qu'il s'agisse d'une loi qui ordonne ou d'une loi qui prohibe. On cite un passage des motifs, relatif aux dommages résultant du mauvais état de la propriété (2), et dans lequel on déclare que le propriétaire use de son droit en laissant dépérir la chose, et qu'on ne se reconnaît pas qualité pour lui imposer, en vue du public, l'obligation d'en prévenir la ruine, sauf exception pour le cas d'immeuble (art. 735). Ce qui veut dire qu'on n'a pas cru devoir créer, à l'encontre des droits du propriétaire, une obligation légale de veiller à sa propriété ; mais ce qui veut dire aussi que, si cette obligation avait été érigée en loi, l'omission de ce devoir légal constituerait un fait illicite au sens de l'article 704 ; et c'est ce qui a lieu pour le cas d'immeuble (art. 735). En réalité, toute loi prohibitive contient un ordre, l'ordre de ne pas faire ; et toute loi impérative contient une défense, celle de s'abstenir de ce qui est ordonné (3) : il est défendu de s'abstenir de faire ce que la loi exige et commande.

(1) Cf. Liszt, *Grenzgebiete zwischen Privatrecht und Strafrecht* (*Bekker-Beiträge*, fasc. 5, 35-36).

(2) *Motifs*, II, p. 825.

(3) Meischeider (*loc. cit., Bekker-Beiträge*, III, p. 36-37) paraît croire que le paragraphe 1 de l'art. 704 se référerait uniquement au cas de contravention à la loi, tandis que le paragraphe 2 viserait celui de la violation d'un droit (*Motifs*, II, p. 725 et suiv.). C'est une interprétation inexacte : le paragraphe 1er de l'art. 704 ne vise aucune catégorie de délits en particulier, il pose le principe en disant que tout acte illicite ayant causé dommage à autrui est un délit privé, d'où naît l'obligation délictuelle. Ce principe posé, il examine une catégorie spéciale de délits (*violation d'un droit*), afin de déterminer pour cette hypothèse les conditions de l'imputabilité, et nullement pour introduire une catégorie de délits que le paragraphe 1er de l'article n'aurait pas comprise : le paragraphe 1er les comprend tous, il pose le principe. Toute la question revient à savoir ce qu'il faut ranger au nombre des *faits illicites*. Voilà pourquoi les motifs donnent des exemples ; voilà pourquoi également l'art. 705 vient étendre la notion du *fait illicite*, en traduisant ce dernier terme par celui de *fait immoral*, ou plutôt contraire aux mœurs, aux *boni mores* des anciens. — On sait aussi que cette large conception n'est plus celle de l'article 823 C. civ. al.

308. Les motifs citent enfin (II, p. 727) l'inexécution fautive de l'obligation ; il est, en effet, très légitime de traiter comme délit civil la violation d'un droit de créance, au même titre que la violation du droit de propriété. Cela revient à dire qu'il n'y a en réalité, et en ce qui regarde le fond des choses, qu'une seule catégorie de faute, et que la faute dite contractuelle n'est en soi qu'une faute délictuelle née à l'occasion d'un contrat ; nous avons déjà insisté sur cette assimilation (1). Cependant, malgré cet aveu, les motifs reconnaissent que, conformément à la tradition, on a rangé la dette d'indemnité née de l'inexécution de l'obligation, parmi les obligations contractuelles et qu'on ne la classe pas parmi les obligations délictuelles ; cela semble au premier abord pure affaire de mots, puisqu'en réalité on reconnaît au fond qu'il n'y a pas de différence de nature essentielle. D'ailleurs, nous y reviendrons.

309. Cependant, les exemples cités laissent planer encore beaucoup de vague sur la matière, car ils ne se réfèrent qu'aux hypothèses non douteuses, violation de la loi, violation d'un droit. Le cas embarrassant est celui où l'on fait usage de son droit de façon à porter préjudice à autrui, soit qu'il s'agisse de l'usage de sa liberté, soit peut-être aussi qu'il s'agisse de l'usage de sa propriété. Sous ce rapport, une distinction s'imposait. Celui qui use d'un droit positif, que la loi lui accorde d'une façon expresse, ne saurait être rendu responsable dans aucun cas du dommage qui peut en résulter au préjudice d'autrui, alors même qu'il agirait par esprit de chicane (2) ; ce principe conduit à exclure de notre question tout ce qui a trait à l'exercice de la propriété, sauf, bien entendu, au cas où des règlements légaux ou administratifs viendraient restreindre les droits du propriétaire et que celui-ci vînt à les violer. En dehors de cette éventualité celui qui exerce son droit de propriétaire même en vue de nuire à autrui ne commet pas de délit civil. On a paru le regretter ; celui qui agit par pur esprit de chicane, même dans la limite des droits qui lui sont garantis, doit réparation. On ajoute, avec beaucoup d'élévation de langage, que

---

(1) V. *suprà*, n° 13. — Cf. *suprà*, n° 159. — Voir, à ce point de vue, la thèse de M. Grandmoulin, *De l'unité de la responsabilité* (Rennes, 1892) ; et surtout Planiol, *loc. cit.*, t. II, n°s 914 et 915, et l'intéressante discussion qui eut lieu à cet égard entre M. *de Haene* et M. *van Biervliet*, de l'Université de Louvain, dans *La Flandre judiciaire* (n° du 10 avril 1901, et n°s du 19 et du 26 juin 1901). — Cf. également, Hindenburg, *La Théorie des dommages-intérêts*, dans *Revue critique* (janvier 1901).

(2) Cf. *Motifs*, II, p. 726.

tout droit a une autre face et est en même temps un devoir ; que, par conséquent, tout droit trouve en lui ses limites naturelles, conformes à la justice et aux bonnes mœurs. On semble entendre, par là, qu'on ne devrait pouvoir user de son droit que dans une mesure admise par l'équité (1) ; mais qui serait juge de cette mesure ? et qui ne voit qu'il se cache sous ces vérités de haute morale une source d'arbitraire et d'empiètement contre la propriété ? (2).

Nul ne saurait soutenir, pour prendre l'exemple déjà cité, qu'on pût obliger le propriétaire, qui a construit ou surélevé un mur à la distance légale, à le détruire, sous prétexte qu'il a agi par esprit de chicane. Si on ne peut l'obliger à remettre les choses dans l'état primitif, lui imposera-t-on indemnité au profit du voisin ? Ce serait un contresens, car la seule vraie réparation est la réparation en nature quand elle est matériellement possible, et ici elle est matériellement possible ; or qu'est-ce qu'une indemnité, lorsque l'exécution en nature est possible et qu'on l'écarte ? Cela deviendrait une véritable peine privée fondée sur le fait de chicane ; et alors autant vaudrait ériger la chicane en délit pénal : ce serait plus logique et moins arbitraire, à condition d'en délimiter les conditions et les degrés. Seulement, si le projet ne s'est pas cru autorisé à admettre l'idée d'une possibilité de délit, résultant de l'exercice du droit de propriété, il a senti la nécessité d'imposer en certains cas de véritables obligations légales au propriétaire, obligations ayant en vue la sécurité du public, comme par exemple le devoir de veiller sur l'état de ses immeubles, de façon qu'ils ne deviennent pas un danger pour les passants (art 735), et le devoir de surveillance à l'égard des animaux qu'il peut avoir en sa garde (art. 734).

---

(1) Gierke (*Rev. de Schmoller*, XII, p. 1265, et III, p. 251).

(2) On pourra se rendre compte, à la note suivante, que toutes ces idées, jadis considérées comme des dogmes intangibles, ne sont plus tout à fait celles du Code civil allemand (art. 226), et encore moins celles que je soutiendrais aujourd'hui. — Sur la question en général, voir PLANIOL, *Traité*, II, n°ˢ 909, 910 ; BUFNOIR, *Propriété et contrat*, p. 808, CAPITANT, *Des obligations de voisinage*, dans *Revue critique* 1900, p. 156 et suiv., p. 228 et suiv. — Cf. la thèse de M. J. FERRAND, sur la *Résiliation du louage de service* (Paris, 1897) et celle de M. J. Bosc, *Essai sur les éléments constitutifs du délit civil* (Montpellier (1901), p. 78 et suiv. — Voir aussi une note importante de M. F. GÉNY, sous Cass., 11 mars 1896 (*Pand. franç.*, 96. 1. 337), également dans *Méthode d'interprétation*, p. 543 et suiv., et G. VANDEN BOSSCHE, *Des limitations imposées par les relations de voisinage*, dans la *Flandre judiciaire* (n° du 3 avril 1901). — Cf. la thèse de M. VERCESCO, *Étude sur les restrictions apportées à la propriété foncière* (Paris, 1901), et l'article important de M. EMMANUEL LÉVY, *Responsabilité et contrat*, dans *Revue critique* 1899, p. 361 ; de même DUFFAU-LAGAROSSE, *Du droit aux dommages-intérêts dans le louage de service à durée indéterminée*, dans *Revue critique* 1889, p. 479

L'omission de ces différents devoirs le constituera responsable vis-à-vis d'autrui du dommage qui en serait la conséquence.

310. En définitive, la question de délit ne peut s'élever qu'en ce qui touche l'usage de la liberté, et non s'il s'agit de l'exercice d'un droit positif expressément garanti par la loi (1). On peut user de sa

(1) Tous les différents projets, jusqu'à la discussion devant le Bundesrath, étaient partis de ces deux idées, considérées comme incontestées : la première que, sans doute, les droits subjectifs n'étaient jamais, en soi, et ne pouvaient pas être, dans un état social civilisé, des droits absolus au sens technique du mot, puisqu'ils ne pouvaient être reconnus et exercés que dans la mesure où ils n'étaient pas en contradiction avec les fins organiques de la société ; et la seconde que, cependant, cette appréciation, purement contingente et concrète, de la finalité sociale de l'exercice des droits ne pouvait pas tomber sous l'application de l'ordre juridique ; qu'il ne pouvait être question que d'une limite laissée à l'appréciation de la conscience individuelle, ou collective : cette dernière étant juge de l'autre, et le seul juge que l'on pût lui imposer. Il en résultait que, en fait, on en revenait à l'idée de l'absolu du droit subjectif ; ce que l'on traduisait par l'adage courant : Qui use de son droit n'en abuse jamais ; il n'y a pas d'abus de droit dans la sphère d'application d'un droit subjectif. Ces idées ont été, d'ailleurs, magistralement développées dans une note de la plus haute importance de M. EsMEIN, sous Cas. 29 juin 1897, dans Sir. 98. 1. 17.

C'est au Bundesrath que revient l'honneur d'avoir enfin posé, à l'encontre de toutes ces théories individualistes, la conception vraiment sociale du droit subjectif, en écrivant dans l'art. 887 P⁴, relatif au contenu du droit de propriété, ce grand principe qui, pour la première fois, ou l'une des premières tout au moins, allait être consacré dans une législation moderne, que tout exercice du droit de propriété qui ne serait réalisé que dans le but de nuire à autrui est illicite.

En conséquence, il allait falloir modifier l'un des textes les plus importants de la matière des délits, l'ancien art. 705 du premier projet, qui déclarait illicite le fait contraire aux bonnes mœurs, accompli en vue de nuire à autrui, lorsqu'il s'agissait d'un fait rentrant dans l'exercice général de la liberté. Cette dernière restriction du premier projet s'était précisée dans les versions ultérieures ; elle s'était traduite dans la rédaction finale par la formule suivante, que celui qui, *par un fait ne rentrant pas dans l'exercice d'un droit qui lui appartienne*, cause un dommage à autrui, de manière à choquer les bonnes mœurs, doit réparation (art. 810 P⁴).

La Commission du Reichstag devait rétablir l'harmonie entre ces textes contradictoires, généraliser le principe, et mettre les choses au point. Tout d'abord, il lui sembla tout à fait illogique de restreindre à l'exercice du droit de propriété la règle posée par le Bundesrath, en ce qui touche l'abus du droit. On supprima la disposition admise en matière de propriété, et on en fit un principe général, destiné à devenir l'art. 226 actuel : *Quiconque use de son droit dans le but uniquement de nuire à autrui fait un acte illicite.* Il en résulte que l'exercice abusif d'un droit devient un fait contre le droit, rentrant dans la matérialité du délit civil. Il fallait, dès lors, supprimer la restriction admise par les différents projets, en ce qui touche les actes dommageables rentrant dans l'exercice d'un droit. C'est ainsi que l'art. 810 P⁴, correspondant à l'art. 705 du premier projet, devint l'art. 826 du texte définitif, ainsi conçu : *Quiconque, par un fait contraire aux bonnes mœurs, cause intentionnellement un dommage à autrui doit réparation du dom-*

liberté de façon à ne violer ni la loi formelle, ni droit absolu au profit d'autrui et de façon cependant à commettre un acte déloyal, au-

mage causé. On ne dit plus qu'il soit indispensable que ce fait ne rentre pas parmi les actes constituant l'exercice d'un droit subjectif.

Il est vrai, comme dit Planck (I, p. 279), que le rapport entre les deux dispositions (art. 226 et art. 826) peut être assez difficile à déterminer. On peut se demander laquelle des deux doit servir de criterium à l'autre. Est-ce l'art. 826 qui doit servir à définir l'abus de droit, en faisant prédominer la matérialité du fait sur le point de vue subjectif ? L'exercice d'un droit serait abusif, toutes les fois qu'il aurait causé un dommage conscient et par un procédé réprouvé par les mœurs ; l'atteinte aux bonnes mœurs l'emporterait sur la conscience du préjudice, de telle sorte que celui qui userait de son droit de façon à choquer l'opinion publique, alors même que le dommage causé ne serait pas le but exclusif qu'il eût poursuivi, commettrait un abus de droit, donc un acte illicite. Et cependant, a-t-on dit, la conscience d'un résultat dommageable pour autrui accompagne la plupart des actes par lesquels on use de son droit, dans son propre intérêt, et non dans le but de nuire aux autres : cette conséquence, on l'accepte, mais on ne la cherchait pas. Le but immédiat est l'utilité personnelle de celui qui exerce son droit. Il serait donc vrai de dire que, dans cette interprétation, le côté objectif, c'est-à-dire l'atteinte aux bonnes mœurs, serait le seul criterium de l'abus de droit. Faut-il, au contraire, s'en tenir au système purement subjectif de l'art. 226, et se placer au point de vue psychologique du but immédiat, exclusif et direct, de l'agent ? Ne serait illicite que l'exercice d'un droit n'ayant d'autre but que de nuire à autrui, sans autre utilité personnelle pour le titulaire du droit. Ce serait alors ce motif immédiat, mais exclusif, qui seul pourrait constituer l'atteinte aux bonnes mœurs.

Sur ce point encore, on constate la contradiction perpétuelle du système allemand, entre le maintien de son système de responsabilité subjective et les tentatives infructueuses faites pour fixer certaines catégories légales, destinées à limiter la matérialité du délit civil. Rien n'est plus dangereux, en effet, ou sinon rien n'est plus inutile, que de vouloir s'en remettre uniquement à la psychologie individuelle du soin de fournir le criterium de l'abus de droit ; il n'est personne qui ait, en pareil cas, l'ingéniosité d'avouer qu'il n'avait d'autre but que de nuire à autrui. Il sera toujours facile d'alléguer un intérêt individuel. Et, alors, si l'on permet aux tribunaux de se faire juges de cet intérêt, on en revient au criterium objectif de l'art. 826, l'atteinte aux bonnes mœurs. La véritable formule serait celle qui verrait l'abus de droit dans l'exercice anormal du droit, exercice contraire à la destination économique ou sociale du droit subjectif, exercice réprouvé par la conscience publique et dépassant, par conséquent, le contenu du droit, puisque tout droit, au point de vue social, est relatif et qu'il n'y a pas de droits absolus, pas même la propriété. Pourquoi le serait-elle plus que la liberté, dont elle n'est qu'une manifestation concrète ?

Et alors, si on se place à ce point de vue, le dommage, lorsqu'il résulte d'un procédé condamné par les mœurs, n'a pas besoin forcément d'être intentionnel, pour que le fait d'où il procède soit illicite. L'abus de droit se caractérise par son côté objectif et non par son but ; ce qu'il faut dire, c'est qu'un acte dommageable qui aurait eu pour but exclusif le préjudice réalisé, serait, par lui-même, un acte objectivement contraire aux mœurs ; mais cette même atteinte aux mœurs peut se présenter dans le seul fait d'un exercice anormal, alors même qu'il ne serait qu'imprudent.

On comprendra facilement que toute cette théorie n'a de consistance et de simplicité pratique que dans un système qui, jetant enfin par dessus bord le côté psychologique du droit, s'en tiendrait à la responsabilité objective de l'individu. C'est dans un système de ce genre qu'il faut forcément matétrement dit un délit civil. C'est sur ce point que nous allons rencontrer la différence exacte qui existe entre le système du projet

rialiser le délit civil et le caractériser par sa discordance avec les mœurs : c'est un fait antisocial. Or un fait antisocial ne peut jamais être un fait licite. Ou encore, comme je l'ai déjà dit quelque part, il y a tout au moins un fait de risques, un fait qui, par lui-même et par sa nature, emporte et implique des risques. Dès lors, qu'importe le but ou l'intention de l'auteur du fait ? Dans tous ces cas, qu'il s'agisse de fait de risques ou de fait antisocial, il n'y a pas à distinguer s'il provient de l'exercice individuel de la liberté ou de la mise en œuvre d'une faculté légale, que cette dernière se rattache à la propriété, à l'autonomie des contrats, ou à la poursuite judiciaire des droits.

Rien n'est plus faux que cette cristallisation que l'on a voulu opérer de certaines facultés individuelles, pour en faire des droits positifs intangibles, alors que toutes les autres rentreraient dans l'exercice vague de la liberté, laquelle ne serait un droit garanti que dans son principe et sa virtualité, et non dans ses manifestations concrètes.

Même en admettant cette séparation anormale, on a aggravé encore le système qui l'exprime et qui la consacre, en identifiant presque toujours l'exercice de la liberté avec l'exercice de la propriété, et en considérant les faits d'activité personnelle, accomplis par un propriétaire sur sa propriété, comme rentrant parmi les actes de jouissance du droit de propriété lui-même. Qu'un propriétaire élève une maison ou un mur sur son terrain, il agit en propriétaire ; mais qu'il s'amuse à faire partir des fusées qui vont éclater chez le voisin, il n'exerce un acte de jouissance de son droit, mais il use de sa liberté et fait un de ces actes que la théorie classique consent à soumettre au contrôle du droit, dès qu'ils nuisent à autrui.

Voilà donc une première distinction à préciser, même dans le domaine de la théorie traditionnelle et classique. Mais il va de soi que ce premier pas, à lui seul, serait encore bien insuffisant, et que c'est la distinction elle-même entre propriété et liberté, la liberté étant le type du droit subjectif, et n'étant là qu'à titre d'exemple, qu'il faut désormais écarter : la seule différence à établir entre la jouissance de l'une et l'exercice de l'autre doit être purement quantitative, en ce que, pour être contraire aux mœurs, et pour être anormal, un fait de propriété devra être bien autrement abusif qu'un fait de liberté, de telle sorte que, le plus souvent, ce sera uniquement le but psychologique de l'acte qui en déterminera la matérialité délictuelle. Si peu qu'un acte de propriété soit utile à celui qui l'accomplit, et qu'il rentre dans la destination économique de la chose objet du droit, il sera conforme à l'usage et ne constituera jamais un abus du droit, tandis qu'il suffira, pour qu'un fait de liberté engage la responsabilité de son auteur, qu'il risque de porter préjudice à autrui. L'une des sphères d'activité est plus large que l'autre ; mais le principe de responsabilité est le même. (Cf sur tous ces points, *Pr.*, II, p. 576-578).

Je suis donc pleinement d'accord avec M. Planiol, lorsqu'il dit (*loc. cit.*, n°˙ 908, 909 et suiv.) qu'en réalité, la plupart du temps, lorsqu'on parle d'abus de droit, on s'exprime d'une façon incorrecte. On fait allusion à un défaut de droit, et non à un droit dont on userait mal : un droit dont on abuse n'est pas autre chose qu'une faculté qui n'est plus comprise dans le droit que l'on prétend avoir. Le prétendu abus de droit n'est, presque toujours, qu'une limitation du contenu du droit. Ce qui a fait l'erreur, c'est qu'on est parti de l'idée que certains droits, comme la propriété, étaient des droits absolus, dont on pouvait peut-être abuser, mais qu'on ne pouvait pas limiter. Ce n'était là qu'une subtilité imaginée pour respecter une conception, antisociale et inexacte en soi, l'idée de droit absolu ; il n'y a pas de droits absolus, et la propriété est peut-être un droit encore moins absolu que tous les autres. La et celui de notre article 1382 ; et nous allons voir que la théorie du projet est loin d'être aussi soucieuse et protectrice des intérêts privés que celle de notre droit français. D'après l'article 1382, tout exercice de la liberté qui, sans constituer une violation d un droit ni une contravention à une loi, a pour but de nuire à autrui, est, par le fait même, un fait délictuel ; l'intention dommageable constitue l'élément illicite de l'acte. Or, si nous nous souvenons que le fait illicite de l'article 704 du projet n'est un délit que dans la mesure où la possibilité des suites dommageables a pu être prévue, il faudra bien en conclure que le seul fait de la prévision du dommage ne suffit plus à constituer le délit, puisque l'article 705 exige, en outre, que l'acte en lui-même puisse être considéré comme déloyal au point de vue des bonnes mœurs, Il ne suffit pas, pour qu'il y ait exercice abusif de la liberté (1), qu'on ait pu prévoir le dommage qui peut

propriété est un droit dont le contenu juridique dépend des usages, des mœurs et de la loi ; là où il y a ce que l'on désigne par abus de droit, il s'agit d'un fait non compris dans le contenu juridique de la propriété.

Si, cependant, je suis d'accord avec M. Planiol sur le point de départ, et sur le fond de la question, je serais peut-être moins absolu que lui dans la forme. Je ne dirai pas qu'il n'y a jamais d'abus de droit, ou que tout abus de droit se confond toujours avec l'absence de droit. Car, là où il y a défaut de droit, la sanction principale accordée aux intéressés c'est de pouvoir s'opposer à l'acte illicite, et non seulement d'en demander réparation : sanction en nature et non par équivalent. Or, que l'on suppose, par exemple, les riverains d'une voie ferrée ayant à souffrir de la fumée que dégagent les machines employées par la compagnie, et soutenant que ces dommages proviennent, ou d'un vice de construction du matériel, ou de la mauvaise qualité de la houille ; leur donnera-t-on le droit de faire défense à la compagnie d'user des locomotives en service ? Leur donnerait-on le droit de faire arrêter la marche des trains, sous prétexte que la façon dont la compagnie use de son propre droit constitue un acte qu'elle n'avait pas le droit de faire ? Il n'y a pas défaut de droit, mais abus de droit. Au point de vue de la question qui nous occupe, la distinction, d'ailleurs, importe peu. Car user de son droit d'une façon nuisible pour la communauté constitue un acte aussi foncièrement illicite que s'il s'agissait d'un excès de droit, au sens strict du mot, c'est-à-dire d'une faculté qui dépasse le droit et n'en fasse plus partie ; mais la sanction, dans les deux cas, est un peu différente, étant possible en nature dans un cas, et par équivalent dans l'autre. Quant au criterium à établir entre les deux hypothèses, peut-être pourrait-on le trouver dans cette idée que, si le procédé employé, bien qu'abusif, ne peut se séparer du fait auquel il s'applique, et qui constitue, lui, un usage légitime du droit, tel que le fait pour une compagnie de chemins de fer de faire marcher ses trains, on ne peut reconnaître aux tiers le droit de s'opposer au fait principal en prohibant le fait accessoire, de telle sorte que la sanction de ce dernier ne pourra consister que dans les indemnités qui en résulteront. Mais, ce n'est pas ici le lieu de développer toutes ces théories. Il suffisait d'avoir posé les idées générales.

(1) Il va de soi, disent les motifs, que, si l'acte est ordonné par celui à qui l'agent est, au nom de la loi, obligé d'obéir, il perd son caractère d'acte illicite ou déloyal, il n'y a pas délit privé (*Motifs*, II, p. 730, cf. A. L. R. I, 6, § 45

en résulter, il faut aussi que le fait en lui-même soit condamnable, pour qui se place au point de vue de l'opinion et des bonnes mœurs. On a critiqué ce système (1). En effet, a-t-on dit, il y a abus de la liberté, par cela seul que, par son imprudence, quelqu'un se met à même de nuire à autrui ; et s'il a pu prévoir le dommage, s'il peut être considéré comme ayant dû savoir à quoi il s'exposait, il doit réparation. Nous admettons pleinement ces critiques, et l'article 705, qui exige, en outre du caractère dommageable, le caractère déloyal de l'acte, ne pourrait se justifier, suivant nous, que, si le seul fait de déloyauté, indépendamment de toute prévision du dommage, suffisait à constituer le délit, comme au cas du second paragraphe de l'article 704, lorsqu'il s'agit de violation du droit d'autrui. Il nous semble qu'avec cette légère correction on arriverait à un système très satisfaisant : 1° le caractère illicite du fait suffit à fonder le délit indépendamment de toute prévision de ses suites dommageables, et le caractère illicite sera constitué par la violation du droit d'autrui, la contravention à une loi ou l'exercice abusif de la liberté naturelle ; ce dernier apprécié suivant l'idée que l'on se fait des bonnes mœurs (art. 705) ; 2° indépendamment de tout caractère illicite, résultant d'une des trois circonstances qui précèdent, le seul fait de l'intention de nuire, ou de la prévision du dommage, suffit à donner à l'acte un caractère déloyal et à constituer l'élément matériel du délit.

et suiv.). Cette observation vise très certainement les cas de discipline militaire. Nous préférerions dire, non pas que le fait en soi aura toujours cessé d'être illicite, mais que la responsabilité de l'agent cesse quant au fait du dommage lui-même ; car, tout en commettant un fait qui est peut-être coupable en soi, il n'a aucune intention de nuire, et il ne lui était pas permis, au point de vue de la loi, sinon au point de vue de sa conscience, de ne pas exécuter l'ordre donné. En tous cas, nous éviterions de dire que l'acte en soi a forcément cessé d'être illicite ; mais nous dirions plutôt que l'agent étant de par la loi forcé d'obéir, il y a eu impossibilité légale de se refuser à l'accomplissement du fait, donc défaut de liberté et là où il y a défaut de liberté, il y a défaut de responsabilité : nous supprimons l'élément subjectif du délit, la faute, et non l'élément matériel du délit, le caractère délictuel du fait. Ceci n'est pas sans importance, en dehors même du point de vue philosophique ; car le défaut de liberté morale peut être affaire d'appréciation, et il peut y avoir tel cas, où, même sous le régime de l'obéissance passive, il reste place pour la liberté, et par conséquent pour la responsabilité ; et celle-ci n'ayant pas disparu, le caractère délictuel de l'acte se maintient aussi, il y aura délit. Nous trouvons dangereux de proclamer que le droit de commandement supprime la criminalité du fait ; contentons-nous de dire qu'il peut supprimer celle de l'agent (Cf. C. pén. franç., art. 327, et Garraud, *Précis de droit criminel*, n° 162). — Cf., au sujet d'un amendement présenté à ce sujet devant la seconde commission, *Pr.*, II, p. 578 et *Pr*, VI, p. 212-219.

(1) Liszt, *loc. cit.*, dans *Bekker-Beiträge*, fasc. 5, p. 35-37.

311. Cette légère retouche nous semblerait devoir donner satisfaction à la logique et à la morale Le système qui en résulterait
serait moins vague que celui de notre article 1382, et, d'autre part,
plus sûrement protecteur que celui du projet, puisqu'il ferait résulter
le caractère constitutif du délit de la négligence ou de la faute, relatives à la prévision du dommage, indépendamment de toute autre
circonstance, et d'autre part, du caractère délictuel du fait, indépendamment de toute faute relative à la prévision de ses suites
dommageables. Enfin, rien ne paraît plus juste, en dehors de tout
fait de violation des droits ou de contravention à la loi, que d'attribuer un caractère relatif aux éléments constitutionnels du délit
civil ; c'est affaire de bonnes mœurs (1). C'est une appréciation qui
varie suivant l'idée que l'on se fait de la morale et des devoirs
sociaux ; rien de plus légitime que d'avoir placé les limites imposées à la liberté de chacun sous l'égide de la morale sociale, incessamment progressive (2).

(1) Il suffit de renvoyer, pour tous ces points, aux notes sous le n° 305.

(2) Nous trouvons, en matière de promesses de mariage, un exemple intéressant de l'élément délictuel fourni par les appréciations du sens moral public
(le *fait contraire aux mœurs de l'art*. 705 par opposition au *fait contraire au
droit de l'art*. 704). En effet, le projet ne reconnaît aucun caractère obligatoire
aux promesses de mariage, d'où cette conséquence que, non seulement on ne
peut en exiger l'exécution en nature, mais qu'on ne peut pas, non plus, en
principe, exiger indemnité correspondante, ce dernier droit étant considéré
comme un moyen de contrainte pour obtenir l'exécution en nature, et comme
devant constituer en pareil cas une entrave à la liberté (cf. *Motifs*, IV, p. 3, et
Projet art. 1227). Toutefois le projet (art. 1228) soumet celle des parties qui a
rompu sans fondement légitime à l'obligation de rembourser les frais faits en
vue du mariage (C. civ. al., art. 1297 et suiv.). C'est une indemnité bien insuffisante ; mais les motifs remarquent (IV, p. 3 et 5) que, si la rupture a constitué un
fait contraire aux mœurs au sens de l'article 705. donc un délit, il y aura lieu à
pleine réparation. Or, la question de savoir quand il y aura délit dépendra du
niveau de la moralité publique ; et la chose aura surtout son importance au cas
de séduction par voie de promesse de mariage. On sait que la jurisprudence
française s'était placée à ce point de vue, qui est celui de l'article 1382, pour
tourner l'article 340 (cf. Léon Renault, *Des promesses de mariage*, dans *Rev.
crit.*, 1888, p. 785 et suiv.). Mais, dans une législation qui admet la recherche
de la paternité, tout au moins à l'effet d'attribuer à l'enfant une créance ali-
mentaire (art. 1571 et 1572, voir les intéressants développements donnés par
les *Motifs*, IV, p. 868 et suiv. ; cf. C civ. al., art. 1709, art. 1717), il ne serait pas invraisemblable, et la jurisprudence cette fois serait tout à fait dans son
droit, que l'on vît dans le fait d'avoir promis le mariage dans un but de séduction
et d'avoir après coup violé sa promesse un fait délictuel au sens de l'article
705. On dira, peut-être, que l'enfant a déjà droit à des aliments (art. 1571) ;
mais ce droit n'appartient pas à la mère (*Motifs*, IV, p. 375 et suiv) et la
question pour elle est d'obtenir réparation du tort fait à son honneur (cf. C.
civ. al., art. 1300 et art. 825). Il importera toutefois, même lorsqu'il s'agit
d'une simple réparation pécuniaire et non de mariage forcé, de ne pas tomber
dans les exagérations américaines (cf. de Varigny, *Le mariage et le divorce
aux Etats-Unis*, *Rev. des Deux-Mondes*, 1889, t. XCV, p. 71, 72 et suiv.).

312. *De la faute* (1). — Le point de départ du projet est que, quel que soit le caractère de l'acte et la gravité de ses suites, il n'y a jamais délit sans qu'il y ait faute personnelle chez l'agent. En quoi celle-ci consistera-t-elle ? Elle peut être de deux sortes : faute d'intention ou faute de négligence (*Vorsatz, Fahrlässigkeit*). On a voulu commettre un acte délictuel, ou bien on est en faute de ne s'être pas rendu compte du caractère de l'acte et de ses suites. La faute suppose une appréciation du fait réalisé, qu'il s'agisse d'une appréciation qui ait existé, ou qui aurait dû exister. Mais sur quoi cette appréciation doit-elle porter : sur les caractères du fait

(1) C'est sur ce point de la responsabilité subjective, en matière de délit civil, que la discussion a surtout porté devant la seconde commission (*Pr.*, II, p. 568-569, et p. 583, 585 et suiv.). Il se fait, en ce moment, en Allemagne, un mouvement considérable en faveur du principe de simple causalité, par opposition au principe d'imputabilité. Les historiens le présentaient comme étant le principe national allemand, par opposition au principe romain de la faute subjective ; les économistes, comme étant le seul système qui pût répondre aux exigences de simplification du droit ; et les sociologues comme la règle sociale par excellence, fondée sur cette idée de solidarité, qui est celle, aujourd'hui, dans laquelle s'incarne l'idée même de justice. On répondit aux historiens que ce que l'on prenait pour un principe coutumier national n'était que la résultante d'un état de culture préhistorique commun à toutes les nations primitives : aux économistes, qu'ils faisaient passer le côté utilitaire du droit avant la justice : et aux sociologues que leur solidarité annihilait la liberté. Or, sous un régime de liberté, il n'y a de responsabilité que là où il y a imputabilité : la faute seule peut restreindre la liberté de l'individu. En dehors de la faute, les risques sont pour celui que heurte la liberté. Et l'on ne s'aperçoit pas, en raisonnant ainsi, que, forcément, il faut encore en arriver à une application de l'idée de risque, et à une répartition des risques : seulement, on les fait supporter à celui qui subit l'initiative d'un autre, alors que la justice exige que les risques suivent l'acte. Le principe de responsabilité subjective aboutit ainsi à un renversement des facteurs, en matière de justice individuelle : limiter la responsabilité au domaine de la faute individuelle, c'est infliger une perte à celui qui est purement passif, alors que la justice exige que chacun porte les conséquences de ses actes. (On trouvera la bibliographie du sujet dans mon étude sur les *Accidents de travail et la responsabilité* ; cf. la thèse de M. Porez, *Le risque professionnel* (Paris, 1901) ; et déjà, antérieurement, la thèse de M. Huchard, *le Risque professionnel* (1898), celle de M. Pisier, *De la responsabilité du fait des choses* (1899), et enfin, de 1901, celle de M. Blondet, *De la responsabilité des accidents de travail sous le régime du Code civil et de la loi du 9 avril* 1898, mais surtout Orlando, Palerme 1894, *Saggio di una nuova teoria sul fondamento della responsabilità civile*. Je puis m'appuyer, d'ailleurs, sur une très haute autorité, celle de M. Léon Michel, qui, dans les dernières leçons professées par lui, à la veille de la maladie cruelle qui l'enleva à la Faculté de droit de Paris et à la science, exposait une opinion analogue. Il est probable que ces quelques leçons, faites par lui sur la loi du 9 avril 1898, vont être publiées par quelques-uns de ses anciens élèves, pour paraître dans la *Revue critique*. — Pour ce qui est du droit allemand, en dehors des publications citées dans ma brochure sur *Les accidents de travail*, voir les études de Rümelin, *Die Gründe der Schadenszurechnung* (Freiburg, 1898), et *Culpahaftung und Causalhaftung* dans *Archiv. f. d. Civ. Prax.*, 1898, p. 285 suiv.

ou sur ses suites ? En premier lieu, l'article 704 exigeant dans tous les cas que le fait soit illicite en soi, indépendamment de ses conséquences, il faut toujours que l'appréciation constitutive de la faute se réfère au caractère du fait, en tant que fait illicite. Il est nécessaire, avant tout, pour qu'il y ait faute, que l'agent ait su, ou dû savoir, qu'il commettait un fait illicite en soi, et qu'il lui ait été possible, par conséquent, s'il eût été moins négligent, de l'éviter. Mais cette appréciation délictuelle doit-elle se référer aussi aux conséquences de l'acte lui-même ? Autrement dit, nous savons qu'il doit y avoir faute relative au caractère du fait accompli ; doit-il, en outre, y avoir faute relative à ses conséquences ? C'est sur ce point que l'article 704 admet la distinction importante dont nous avons déjà parlé. S'agit-il de violation d'un droit, et l'on sait que sous ce rapport on range parmi les droits la vie, la santé, la liberté, l'honneur, il suffit qu'il y ait faute relative au fait lui-même ; il n'est pas nécessaire que l'agent ait prévu ou dû prévoir le dommage qui en résulterait. S'agit-il de tout autre fait illicite, il faut que l'agent ait pu connaître le dommage qui pouvait en résulter et qu'il y ait négligence de sa part de ne l'avoir ni prévu ni évité (1). De ces deux dispositions, la seconde forme la règle, et la première l'exception ; et encore cette exception n'est elle-même considérée que comme une interprétation légale conforme à la règle posée. Le principe est que le délit privé consiste dans un dommage causé sans droit, que par conséquent l'intention ou la négligence coupable doit se référer au dommage causé. Seulement, lorsqu'on viole un droit, on considère, par voie d'interprétation légale, que l'on est

(1) Il est important de noter qu'il suffit qu'on ait pu prévoir qu'il en résulterait un dommage *in abstracto* : on n'exige pas que l'étendue du dommage ait pu être prévue, ni même que l'on ait pu savoir en quoi il consisterait. On ne paraît même pas exiger, au moins à première vue, que l'on ait pu prévoir quelle personne en serait la victime : on n'exigerait pas qu'il y eût fait d'imprudence, ou faute, à l'égard spécialement de la personne qui en a souffert. Il suffirait que le fait ait pu nuire à autrui en général. On se contenterait de la prévision d'un dommage abstrait, on n'exigerait pas celle du dommage concret. Par exemple, la compagnie responsable de l'accident de chemin de fer arrivé par sa faute savait-elle qui en serait victime et en quoi consisterait le dommage causé ? Elle n'en sera pas moins responsable. Toutefois, lorsqu'il s'agit d'un dommage, qui ne se produit pas par rapport à la personne à l'égard de laquelle le fait est directement réalisé, mais qui en atteint indirectement une ou plusieurs autres, exiger la prévision du dommage revient, ou à peu près, à exiger que l'attention se soit portée sur la personne qui sera exposée à le subir. Aussi, a-t-on pu considérer, pour ce cas particulier, la condition établie par l'art. 706, comme constituant une ligne de démarcation entre les tiers susceptibles d'avoir droit à indemnité à la suite du fait dommageable (cf. *supra,* n° 305 et les notes).

en faute, faute de négligence tout au moins, de n'avoir pas prévu qu'il en résulterait dommage pour autrui. Tout cet ensemble de solutions provient de la conception du projet, qui n'envisage jamais que les droits patrimoniaux et qui voit dans toute violation d'un droit de ce genre une atteinte au patrimoine, et par suite un préjudice pécuniaire.

On a objecté alors que, s'il s'agit d'un fait illicite en soi, mais ne consistant pas dans la violation d'un droit proprement dit, l'agent ne sera plus présumé en faute de n'en avoir pas prévu les suites dommageables : il va falloir prouver sa négligence à ce point de vue. Le faux témoin, l'anarchiste, a-t-on dit, ne s'attaquent à aucun droit pris en particulier, et par suite, comme il n'y a plus lieu à l'application de la disposition exceptionnelle de l'article 704, § 2, faudra-t-il donc prouver, conformément à l'article 704, § 1er, qu'ils sont en faute de n'avoir pas prévu les suites dommageables des faits qu'ils accomplissent (1) ? Nous ajouterons cette autre observation : les motifs classent les contraventions à la loi parmi les faits illicites en général, et ne les considèrent pas forcément, et cela est vrai, comme constituant une atteinte aux droits positifs d'autrui. Faudra-t-il donc, là aussi, prouver que celui qui enfreint la loi aurait dû prévoir qu'il pourrait en résulter dommage pour autrui ? On répondra, peut-être, que l'essence du délit civil, par opposition au délit pénal, est dans l'atteinte portée aux intérêts privés, sans qu'il y ait à s'occuper de l'atteinte à l'ordre public, et que la faute doit se référer au dommage, et non à la qualification du fait. La faute à l'égard des particuliers consiste à leur avoir porté préjudice et non à avoir violé la loi. C'est par rapport aux conséquences de l'acte qu'il va falloir envisager l'acte, et non par rapport à son caractère pénal ou illicite. Celui qui viole la loi peut être passible d'une répression pénale, en tant qu'il porte atteinte à l'ordre public ; il n'est passible d'une répression privée, au profit d'autrui, que s'il est en faute par rapport au dommage qu'il lui a causé. Ce serait là assurément une conception très juridique, dont la formule reviendrait à dire que le délit privé ne repose que sur la violation de l'intérêt privé. Mais ce qui est certain, c'est que cette conception n'est pas celle du projet. Car, si cela était, la faute ne devrait jamais porter que sur les conséquences du fait et jamais sur ses caractères. Si ce système était celui de l'article 704, ce dernier devrait être conçu approximativement comme notre article 1382 : Quiconque, par son

_____

(1) Liszt, *loc. cit.*, dans *Bekker-Beiträge*, V, p. 40.

fait, et en dehors de l'exercice d'un droit positif qui lui appartienne, a causé à autrui un dommage qu'il aurait pu, et dû prévoir, est tenu à réparation ; ce serait à peu près la formule de l'article 50 du Code fédéral. En d'autres termes, la faute, en dehors des faits qui ne sont que l'exercice d'un droit formel, devrait consister à avoir voulu causer un dommage ou dû savoir que celui-ci pourrait se réaliser. Or, nous savons que tel n'est pas le système du projet. Celui qui s'est exposé à causer dommage à autrui ne commet pas de délit, si le fait d'où résulte le préjudice n'est pas en lui-même un fait illicite au point de vue des bonnes mœurs. Cela prouve que le projet fonde le délit privé sur le caractère illicite du fait, et non seulement sur l'intention dommageable. Il ne faut pas dire, comme nous le faisions pour expliquer la distinction de l'article 704, que le délit privé consiste uniquement dans une atteinte aux intérêts privés, sans qu'il y ait à se préoccuper de l'atteinte à l'ordre public. Le délit privé du projet, pour un élément tout au moins, renferme une atteinte à l'ordre public. Et alors, la question qui se pose est celle-ci : Cette atteinte à l'ordre public ne suffit-elle pas, dès qu'elle a pu conduire à des résultats dommageables, ou faut-il encore qu'il y ait eu dans l'intention de l'agent atteinte à l'intérêt privé ? La question est aussi claire que possible Le projet y a répondu, sauf pour l'exception de l'article 704, § 2, par la négative : la faute est dans le fait, et en même temps dans l'exécution du fait Autrement dit, il doit y avoir faute relative aux caractères du fait et faute relative à ses suites dommageables pour l'intérêt privé. Tel est le système (1).

(1) Ce système du projet, en ce qui touche la délimitation des personnes qui peuvent avoir droit à indemnité et se plaindre du dommage subi par elles, s'agirait-il d'un dommage absolument indirect, provenant du fait constitutif de délit, a été complètement remanié par la suite.

On a déjà vu (note sur le n° 305) que l'art. 704 P¹ avait subi une modification profonde en ce qui touche le criterium du délit et sa matérialité. Tandis que le projet érigeait en délit tout fait contraire au droit ayant causé un dommage imputable à faute, sauf à spécifier dans un second paragraphe certaines catégories plus précises de faits délictuels, tels que violations du droit d'autrui par exemple, le second projet abandonnait la formule générale du premier paragraphe de l'art. 704 P¹, pour ériger en délits, c'est-à-dire pour considérer comme faits illicites et contraires au droit, uniquement, d'une part, ces violations visées par la fin du texte primitif, violations contre le droit individuel, ce dernier personnifié dans les éléments constitutifs de la personnalité ou de la patrimonialité, vie, liberté, honneur, propriété et, d'autre part, les contraventions légales. C'est ce système restrictif, on l'a déjà vu, que l'art. 823 a consacré, en tant que principe de délimitation objective de la matérialité du fait. Il faut ajouter d'ailleurs la nouvelle catégorie de faits délictuels, visés par l'art. 826 C. civ. al., celle qui comprend les faits dommageables intentionnels,

313. On sait déjà la critique que nous en avons faite. Toute atteinte à l'ordre public est en même temps, selon nous, une atteinte aux intérêts privés, dont l'ensemble constitue l'ordre public. L'anarchiste a beau dire qu'il n'en veut à personne en particulier, il sait, ou doit savoir, que les projets qu'il médite pourront causer un dommage à quelqu'un ; donc, ceux sur qui retombe le dommage, doivent avoir droit à la réparation impliquée dans l'intention illi-

constitués par un acte condamné par les bonnes mœurs, le fait déloyal de l'art. 705 P¹. Il faut désormais qu'il soit intentionnel (art. 826 C. civ. al.).

Mais, en même temps, il fallait poser la question par rapport au dommage indirect, celui-ci entendu, non pas des suites imprévues du fait initial pour celui qui en a été victime, mais de ses conséquences pour d'autres que la victime principale elle-même. S'agissant de violation d'un droit, on sait que l'art. 704 P¹ n'exigeait plus aucune prévision du dommage, mais, d'autre part, celui-là seul pouvait se plaindre dont le droit avait été violé. Lorsqu'il s'agissait, au contraire, de contraventions légales, quiconque eût souffert le moindre préjudice du fait ainsi réalisé, fût-ce un tiers qui n'en eût été atteint que par répercussion plus ou moins lointaine, eût été en droit de réclamer indemnité. Il est vrai qu'on exigeait cette fois que l'on eût prévu la possibilité d'un dommage ; et cela revenait alors, lorsqu'il s'agissait d'un fait visant une personne déterminée, à exiger que l'on eût prévu la possibilité d'un dommage pour les autres.

Le seconde commission (cf. art. 746 P²) n'a plus admis cette généralisation du principe, car on avait critiqué un peu de tous côtés ce défaut de limitation en ce qui touche le cercle des ayants droit : cela pouvait s'étendre à l'infini. On part désormais de cette idée que, lorsque le droit d'un autre a été violé, celui-là seul peut se plaindre dont le droit a été violé : les tiers qui en souffriraient indirectement ne sont plus en cause. Sur ce point, on était déjà à peu près d'accord. Mais la réforme porte surtout sur les violations à la loi : tous ceux qui en eussent souffert auraient pu réclamer, d'après le projet. Désormais, on distingue suivant l'intérêt spécial que la loi avait pour objet de protéger ; et ceux-là seuls auront droit à indemnité que visait la protection légale. Seulement, dans ce dernier cas, on n'exige plus la prévision du dommage.

C'est cette nouvelle conception, et ce nouveau principe de délimitation, qu'a voulu reproduire l'art. 823 C. civ. al., lorsqu'il parle de celui qui a porté atteinte à la vie, à la liberté, à la propriété d'un autre, et de celui qui a contrevenu à une loi ayant pour but la protection d'un autre. On comprend qu'il puisse être parfois très délicat de reconnaître quelle est la personne que telle ou telle loi avait voulu protéger ; et lorsqu'il s'agira de lois ayant pour objet la protection générale de tous, ne faudra-t-il pas alors revenir au principe d'un droit individuel pour tous ? Cette solution semble bien devoir s'imposer.

Quoi qu'il en soit, il y a désormais un principe de délimitation qui faisait défaut dans le système initial du projet (cf. PL., p. 605-606).

Bien entendu, lorsqu'il s'agit du fait déloyal intentionnel de l'art. 826, l'intention étant exigée par le texte, cela implique prévision, non pas sans doute de l'intensité, mais de la possibilité du dommage, et cela par conséquent de la personne qui doive le subir.

Il n'y a pas à indiquer ici comment cette théorie de la délimitation des intéressés directs devrait être construite dans une théorie de responsabilité objective, puisque ce système n'est pas celui du Code civil allemand. Tout fait de risques, dirions-nous, engage la responsabilité de son auteur envers quiconque peut en souffrir directement, mais ne l'engage plus, à défaut de prévision ou d'intention, à l'égard de ceux qui n'en subissent un préjudice cite de l'agent (1). La contravention à la loi est une violation de tous les intérêts privés que la loi protège, et, par conséquent, assimilable à la violation du droit d'autrui, dont l'article 704 fait une cause de délit, indépendamment de toute prévision de ses suites. En d'autres termes, ce qui dans l'article 704 constitue l'exception devrait être la règle.

314. Supposons maintenant que la faute d'intention ou de négligence ait porté sur le fait du dommage, nous savons que cela ne suffira pas à fonder le délit, encore faudra-t-il qu'il y ait faute relative au caractère du fait. Il faut que la responsabilité porte non seulement sur le fait du dommage, mais sur les éléments constitutifs de l'acte duquel il dérive. Un individu tire un feu d'artifice dans des conditions qui constituent une contravention à l'article 368, § 7 du Code pénal, nous empruntons cet exemple à Liszt ; mais il ignore absolument l'article 368 du Code pénal, et son ignorance est considérée comme excusable : il a cru que ce qu'il faisait était permis. D'après l'article 707 (2), il n'y a plus faute par rapport au caractère du fait ; il n'y a plus fait illicite au sens de l'article 704, ou du moins fait imputable à l'agent. Mais, tout en ignorant le Code pénal, celui-ci a prévu, ou dû prévoir, que ce qu'il va faire pourrait causer accident de personnes ou dommage aux propriétés ; le dommage se produit, il n'y a pas de délit privé, car la faute n'a porté que sur l'exécution du fait et non sur ses caractères. L'auteur du dommage a cru être en droit de faire ce qu'il faisait, peu importe qu'il ait pu craindre qu'il en résultât dommage pour autrui ; il usait de sa liberté naturelle dans les limites où cette liberté peut s'exercer, et dans la mesure où elle constitue un droit absolu pour tous. Il est comme le propriétaire qui exerce une des facultés comprises dans son droit de propriété (3) ; pour le déclarer coupable d'un délit privé, il faudrait que le fait de tirer un feu d'artifice à proximité des lieux habités fût considéré comme étant en soi un fait contraire

que par contre-coup, et à raison d'autres facteurs qui se trouvent en scène, et qui ne dépendent plus de l'initiative directe de l'auteur du fait.

(1) Ce serait là, dans le système nouveau du Code civil al. (art. 823), une de ces lois de protection générale, dont la violation donne droit à indemnité à tous ceux qui en souffriront (voir la note précédente).

(2) Cette disposition a disparu du Code civil. On a considéré que le cas d'erreur devait se confondre avec les hypothèses d'irresponsabilité subjective des art. 827 et suiv. C. civ. al. (*Pr.*, II, p. 579).

(3) Cf. Liszt. *loc. cit.*, p. 41. Il n'en serait plus tout à fait de même dans le nouveau système de l'art. 823 C. civ. al.

aux mœurs au sens de l'article 705 (1) (C. civ. al., art. 806). On
voit combien toute cette théorie est subtile. Là encore, nous avons
critiqué le système du projet : la responsabilité, disions-nous, dérive de l'intention dommageable, intention, négligence ou imprudence, peu importe : elle est indépendante du caractère du fait
lui-même.

Quoi qu'il en soit, le projet ayant posé en règle le principe de la
dualité des fautes, on arrive, dit Liszt, à cette quadruple classification des délits privés :

1° Dommage intentionnel dérivant d'un fait illicite intentionnel ;

2° Dommage intentionnel dérivant d'un fait illicite commis par
négligence ;

3° Dommage par suite de négligence, dérivant d'un fait illicite
intentionnel ;

4° Dommage par suite de négligence, dérivant d'un fait illicite
commis par négligence.

Si l'on veut, en outre, distinguer avec l'article 705, le fait déloyal du fait illicite, le second étant une violation de la loi et l'autre une atteinte aux bonnes mœurs, il faudrait ajouter quatre nouveaux genres de délits à la liste. Ce qui constitue huit catégories
différentes, correspondant au délit visé par le premier alinéa de
l'article 704 ; il faut en ajouter deux aussi pour le délit du second
alinéa, le dommage ne dérivant pas d'une intention ou négligence
coupable, mais provenant soit d'une violation intentionnelle, soit
d'une violation par négligence du droit d'autrui (2).

315. A notre avis, si le fait illicite dérivait du caractère de
l'acte, indépendamment de l'intention dommageable, ou de l'intention dommageable, indépendamment de la qualification du fait,

---

(1) Il est vrai qu'en se fondant sur le même article 705 on pourra quelquefois prétendre que le seul fait de s'être exposé sciemment à causer dommage à autrui, alors même que l'acte accompli n'eût en soi rien de déloyal,
puisse être considéré comme contraire aux mœurs ; de sorte que l'intention
dommageable renfermerait à la fois les deux caractères exigés pour l'imputabilité, et constituerait l'élément illicite et l'élément dommageable. Mais tout
cela dépend d'une question d'appréciation et de bonnes mœurs et prête à
l'arbitraire ; le système que nous proposons est plus net et plus sûr. On a déjà
vu, d'ailleurs, que l'art. 826 C. civ. al., avait élargi le domaine d'application
de l'acte contraire aux bonnes mœurs et accompli en vue de nuire à autrui :
il pourra constituer un délit, même lorsqu'il est l'exercice d'un droit subjectif —
C'est ce qui a été indiqué à propos de l'abus de droit (cf. art. 226 C. civ. al.).

(2) Il est inutile de faire remarquer que toutes ces subdivisions ne s'appli-
queraient plus à l'art. 826 C. civ. al. qui, pour ce qui est du fait déloyal,
exige, pour l'ériger en délit, qu'il soit intentionnel.

toute réserve faite en ce qui touche l'exercice d'un droit positif, il suffirait alors, pour qu'il y eût responsabilité, que la faute se référât soit au fait, soit à ses conséquences dommageables. Celui qui, par intention, négligence ou imprudence, cause un dommage à autrui, en dehors de tout droit formel, est responsable et tenu d'un délit; de même, que celui qui, par intention ou négligence, accomplit un fait illicite, est tenu de ses suites dommageables, alors même qu'il ne serait coupable d'aucune faute d'intention ou négligence par rapport au dommage causé. Telle est la formule qui nous eût semblé la plus juridique.

316. *De l'absence de faute en général.* — Nous arrivons maintenant aux conséquences du principe posé par le projet d'une responsabilité personnelle à l'agent. Il s'agit de savoir dans quel cas il y aura absence de faute et, par suite, absence de délit, ce qui se présentera d'après le projet, dans les quatre cas suivants : 1° au cas de consentement de la victime ; 2° au cas d'erreur excusable de la part de l'agent ; 3° au cas d'irresponsabilité pour défaut d'âge ou de raison ; 4° enfin, s'il s'agit du fait d'autrui, au cas de non-participation d'aucune sorte au fait commis. Passons en revue ces quatre hypothèses.

317. *Consentement de la victime.* — L'article 706 consacre pleinement la maxime : *Volenti non fit injuria* (1). Si la victime a consenti au fait d'où il peut lui arriver dommage, il n'y a plus chez l'agent intention coupable à l'encontre d'un particulier. Il peut bien y avoir encore atteinte à l'ordre public, si le fait en soi est illicite comme au cas de duel (2), ou de mutilation d'un conscrit sur la demande de ce dernier, et en vue de lui procurer une exemption de service ; il n'y a pas atteinte portée à l'intérêt privé : d'où il suit qu'il peut y avoir dans le même fait, délit pénal, sans qu'il y ait délit privé. Cela se comprend admirablement dans la théorie du premier alinéa de l'article 704, qui exige, pour fonder le délit, la prévision relative au dommage et, qui fait, par conséquent, de l'intention dommageable, une des conditions essentielles du délit en dehors du caractère délictuel du fait lui-même. Nous pouvons ajouter que la disposition de l'article 706 n'est pas

---

(1) Cf. Pernice. *Labeo*, II, p. 26 et suiv.
(2) Pour ce qui est du duel, voir *Motifs*, II, p. 770, et mon *Etude sur les sources de l'obligation* (*Bulletin de la Soc. de législ comp.*, 1889, p. 664, note 1).

non plus en désaccord avec le cas exceptionnel du second alinéa de l'article 704, bien que la condition du délit soit ici le caractère de l'acte, indépendamment de l'intention dommageable. C'est qu'en effet l'exception n'est qu'apparente ; elle est fondée sur ce fait, que la loi voit dans toute violation d'un droit une intention dommageable présumée, ou tout au moins une négligence coupable à n'en avoir pas pressenti les suites. Tout cela prouve que la solution de l'article 706 resterait également compatible avec le système que nous proposions, d'une obligation *ex delicto*, naissant du seul fait de l'accomplissement d'un acte illicite en soi, en dehors de toute faute relative au fait du dommage lui-même. C'est qu'un acte illicite en soi est, dans une certaine mesure, une violation de l'ordre public ou des bonnes mœurs, et par suite, une atteinte aux intérêts privés que l'ordre public et les bonnes mœurs, ont pour but de protéger. Si donc l'un de ceux auxquels se réfèrent ces intérêts privés, que l'acte peut avoir pour résultat de blesser, accepte d'avance cette conséquence, l'acte n'est plus dirigé contre lui, et il n'y a plus faute à son encontre, s'il y a encore faute contre les autres.

318. *Erreur excusable chez l'agent.* — La détermination de l'erreur excusable, en matière de faute, forme l'un des éléments qui servent à délimiter le domaine de la négligence. La négligence ne consiste pas seulement à n'avoir pas fait tous ses efforts pour éviter un fait nuisible, car chacune de ces omissions successives constitue, par elle-même, un acte qui participe du caractère délictuel de l'acte final ; chacune d'elles constitue un fait qui, en lui-même, est un acte délictuel au point de vue de la matérialité du fait. Ce n'est pas à proprement parler dans ces faits d'omission ou d'imprudence que réside la faute ; la faute consiste dans l'intention, si on a prévu les résultats possibles de ces omissions et qu'on ne les ait pas évités, ou alors dans l'erreur sur leurs conséquences, si ces omissions proviennent de ce fait qu'on n'a rien prévu. Donc, l'erreur excusable servira de limite au domaine de la négligence et ce sera forcé, là où la faute consiste uniquement à n'avoir pas prévu les conséquences dommageables d'un fait. Aussi le projet n'aurait-il pas à prévoir le cas d'erreur, si la seule condition cons-

---

(1) La seconde commission (*Pr.*, II, p. 578) a écarté toute disposition correspondant à celle de l'art. 706 P¹. Il va de soi que le consentement de la victime supprime tout droit à réparation dans la mesure où il a enlevé à l'acte son caractère illicite et délictuel ; mais il n'en est pas toujours ainsi. De là le danger que présentait l'art. 706 P¹.

titutive du délit eût été le fait de la prévision du dommage. Mais on sait que cet élément n'est pas seul et qu'il en existe un second, la faute d'intention ou de négligence relative à la matérialité du fait lui-même. Dans ce cas, la faute consiste à avoir commis sciemment un fait illicite ou à n'avoir pas, par négligence, soupçonné le caractère délictuel du fait ; et cette fois encore l'erreur excusable formait la ligne séparative entre la négligence, c'est-à-dire, la responsabilité d'une part, et l'absence de faute d'autre part. Mais, sur ce terrain, le doute pouvait s'élever, car l'erreur va consister à ignorer la loi ou à croire permis ce qui est défendu, soit par la loi, soit par les mœurs. Cette erreur est-elle jamais excusable ? On ne l'admet pas en droit pénal, va-t-on l'admettre en matière de délit privé ? Très certainement, pour qu'elle soit excusable, il faut supposer que le doute, au point de vue moral, soit permis, comme s'il s'agit de ces faits traités d'actes déloyaux au point de vue des mœurs, et non classés parmi les contraventions et délits du droit pénal ; on ne l'admettra jamais pour les délits qui touchent à l'honorabilité. Même dans cette limite, devait-on accepter qu'il pût y avoir erreur excusable ? On aurait pu comprendre une distinction, suivant qu'il s'agirait de violation d'un droit ou de contravention à la loi, ou simplement d'un fait qui ne fût considéré comme déloyal qu'au point de vue des mœurs. Le projet n'a pas admis cette distinction ; il accepte l'excusabilité de l'erreur d'une façon absolue (art. 707), même, par conséquent, en matière de contravention à la loi. Assurément, il sera rare dans l'application qu'elle soit admise. mais le juge sera libre de reconnaître qu'il y aura eu erreur excusable, qu'il s'agisse d'erreur de fait ou d'erreur de droit. Nous avons reproduit un exemple de Liszt, fondé sur cette disposition, celui de l'individu qui, voulant tirer un feu d'artifice, ignore, par suite d'erreur excusable, les dispositions du Code pénal à cet égard et croit avoir le droit de faire ce qu'il fait. Il nous semble, cependant, qu'en ce qui touche la responsabilité dérivant du caractère de l'acte, la faute du droit privé devrait être la même que celle du droit pénal. On comprend l'erreur excusable lorsque la faute se réfère à la prévision des dommages causés : on ne pouvait pas les prévoir. Mais lorsqu'elle se réfère au caractère délictuel du fait, il semblerait que l'adage : nul n'est censé ignorer la loi, devrait s'appliquer sans distinction à la recevabilité de l'erreur. Elle ne devrait être admise que pour les faits de caractère indéterminé et dont la qualification délictuelle dépend uniquement d'un fait d'appréciation, et d'une question de mœurs et d'ordre public en prenant le mot au sens large; et peut-être au fond est-ce là ce qu'ont entendu les auteurs du projet (1).

319. *Irresponsabilité pour défaut d'âge ou de raison; absence de volonté.* — Il va de soi que, si la faute est l'élément essentiel du délit civil, le défaut d'âge ou l'absence de raison doivent la supprimer ou l'empêcher de naître. Il y aura donc une capacité délictuelle au point de vue du délit civil, comme à celui du délit pénal. D'où il suit que l'individu privé de raison sera incapable au point de vue délictuel, comme il l'est d'ailleurs au point de vue contractuel. Seulement, en matière de délits, l'incapacité doit être réelle et non pas présumée; ce qui fait que l'interdit serait responsable des délits civils qu'il aurait commis dans un intervalle lucide (cf. art. 64; C. civ. al., art. 104 et 105). L'absence de raison peut, il est vrai, être momentanée, comme au cas d'ivresse ou de sommeil hypnotique (2); l'agent qui se trouve ainsi dans un état d'incapacité transitoire est en principe irresponsable, sauf exception pour le cas où la cause, d'où résulte pour lui la privation de raison, lui serait imputable. L'article 708 le dit de l'ivresse; l'article 57 du Code fédéral s'exprimait d'une façon beaucoup plus générale, et partant beaucoup plus exacte, en disant que celui qui, par sa faute, a perdu momentanément la conscience de ses actes était tenu du dommage causé; ce qui peut comprendre les cas d'hypnotisme, de sommeil magnétique et autres similaires. Ici encore se révèle une des conséquences du système défectueux du projet. D'après l'article 704, il n'y a délit, en principe et sauf une exception dont il ne peut être question au cas d'ivresse, que si l'on a pu prévoir le dommage qui pourrait être la suite du fait constitutif du délit; on n'exige pas, il est vrai, que l'étendue du dommage ait pu être prévue, pourvu que son existence ait pu l'être (art. 704, § 1). Faudra-t-il donc, au cas d'ivresse, qu'on ait pu prévoir qu'il en pourrait résulter dommage pour autrui? Et, s'il peut être établi que l'imprudent qui se laisse entraîner aux excès visés par le projet ne pouvait avoir conscience des conséquences possibles de son état, faudra-t-il le déclarer irresponsable, bien que l'on doive lui imputer à faute ou négligence l'état lui-même où il se trouve? Le projet semble bien avoir abandonné sur ce point son principe fondamental, puisque l'article 708 exige simple-

---

(1) La disposition de l'art. 707 P¹ a été laissée de côté pour des raisons analogues à celles qui ont fait effacer l'art. 706 P¹.

(2) Cf. Liszt, *loc. cit.*, p. 43.

ment que l'ivresse lui soit imputable. Cette disposition concorde,
au contraire, avec le système que nous proposions : celui qui se livre à l'ivresse commet un acte qui, en lui-même, est contraire aux
mœurs et dont, sans autre considération, il doit être déclaré responsable. En serait-il de même de celui qui consent à se laisser
hypnotiser? Dans l'état actuel des mœurs la question peut être
douteuse ; et alors, si l'on hésitait à voir dans cet acte un fait immoral en soi, il faudrait, selon le système que nous proposions,
exiger que le sujet ait dû avoir conscience des faits dommageables
auxquels il pourrait être entraîné sous l'empire de la volonté
d'autrui (1).

L'article 709 traite de l'irresponsabilité tenant au défaut d'âge,
et reproduit en cela purement et simplement les dispositions du
droit romain ; il établit une période d'*infantia*, allant jusqu'à sept
ans, pendant laquelle n'existe aucune capacité, ni délictuelle, ni
contractuelle (art. 25 ; C. civ. al., art. 2 et art. 104 suiv.). Au delà
de sept ans et jusqu'à dix-huit, le projet admet l'excuse d'irresponsabilité (2), c'est quelque chose d'analogue à la distinction romaine
entre les *infantiæ proximi* et *pubertati proximi*.

On sait déjà que ces dispositions sont applicables à la faute dite
contractuelle, celle qui concerne par conséquent l'exécution d'une
obligation née du contrat (art. 224).

L'irresponsabilité consistera dans l'incapacité d'apprécier le caractère délictuel du fait ; l'agent n'aura pas à prouver qu'il ne s'est
pas rendu compte de l'acte pris en particulier. Il suffira d'établir qu'il
n'avait pas les lumières suffisantes pour apprécier un fait de ce
genre. Or, il faut se souvenir que, l'article 704 exigeant qu'on ait
prévu le dommage, il faudra que l'*infantiæ proximus* établisse qu'il
n'a pu soupçonner les conséquences dommageables de son fait (3).

Enfin, le projet, s'en tenant à là rigueur des principes, n'a pas
admis, comme l'avaient fait les Codes prussien et suisse (4), que
le juge pût prendre en considération l'état de fortune de l'irresponsable pour accorder indemnité à sa victime. Qu'un fou millionnaire
mette le feu à sa maison et que l'incendie gagne l'immeuble du
voisin et réduise à la misère les locataires qui l'habitent, ceux-ci

---

(1) Le Code civil allemand (art. 827) a substitué à la formule de l'art.
708 P¹, purement et simplement, la définition de l'irresponsabilité pénale,
d'après l'art. 51 du Code pénal allemand.
(2) Cf. pén. allem., §§ 55-57.
(3) Cf. *Motifs*, II, p. 733. — Liszt, *loc. cit.*, p. 44.
(4) Cf. *Al. L. R.*, I, 6, 41-43. — C. féd., art. 58.

n'auront-ils aucun recours? Cela revient à se demander lequel vaut
le mieux de tenir le malheur qui les frappe pour un accident fortuit, comme serait le feu du ciel, ou de donner au juge un pouvoir d'appréciation aussi étendu et susceptible de tant d'arbitraire (1)?

(1) Gierke, *Revue de Schmoller*, XIII, p. 248. — On a fini cependant par
mettre de côté. sur ce point comme sur beaucoup d'autres, la logique doctrinaire du premier projet Et peu s'en est fallu que le Code civil allemand
consacrât une disposition qui fût un retour complet en arrière, ou en avant,
et qui réduisît à son minimum d'application le principe de responsabilité
subjective qui restait dominant. C'est à propos de l'irresponsabilité des mineurs
et des déments que la proposition fut faite devant la seconde commission.
On sentait bien, instinctivement, qu'il y avait quelque chose de révoltant, au
point de vue de l'équité, à n'imposer aucun risque aux irresponsables, alors
qu'il n'y aurait personne qui fût chargé de leur surveillance et à qui l'on
pût s'en prendre ; révoltant surtout, lorsque l'irresponsable, mineur ou
dément, était riche et que sa victime fût dans le besoin. Aussi, différents
amendements furent présentés dans le but de remédier à cette solution
véritablement blessante pour l'équité.

Deux catégories d'amendements, si l'on peut dire, avaient été défendues,
l'une d'ordre juridique, et l'autre un peu plus empirique, fondée sur de
pures considérations d'équité.

En se plaçant au premier point de vue, on remarquait, avec beaucoup de
raison. que, même de droit commun, lorsqu'il s'agit de responsabilité pour
simple imprudence, il est difficile de parler encore de réparation fondée sur la
faute elle-même. Car il n'y a de responsabilité vraie, créée par un fait de
volonté, que là où l'on a su ce que l'on faisait. Au cas d'imprudence, il ne
s'agit pas de responsabilité, mais de garantie : chacun est garant à l'égard des
autres de l'innocuité de ses actes. C'est une garantie légale ou sociale ; au fond,
c'était là une formule très voisine de celle présentée et défendue par les partisans du principe de causalité, puisque ces derniers se contentent de dire que
chacun doit subir les risques de sa libre activité. Quoi qu'il en soit, s'il est exact
de dire qu'un fait, qui en soi, et objectivement, est un fait d'imprudence, surtout s'il s'agit d'imprudence grossière, est un fait qui engage la garantie individuelle et donne ouverture à l'action en garantie contre l'auteur de l'acte, il
n'y a pas de raison pour que le même fait, du moment que ses conséquences
légales dérivent de sa matérialité, et non de la faute de son auteur, n'impose
pas la même obligation à l'irresponsable qui l'aurait accompli. Aussi, vou-
lait-on que l'irresponsable fût tenu à garantie, non pas d'après une formule
plus ou moins vague et empirique, lorsque l'équité l'exigerait, mais lorsqu'il
serait l'auteur d'un fait révélant à lui seul une imprudence grossière, indépendamment de toute considération subjective, et de telle sorte que, s'il eût
été réalisé par un individu responsable de ses actes, il eût engagé sa responsabilité sans discussion ni hésitation (*Pr.*, p. 579 et p. 586-588).

A un tout autre point de vue, d'autres amendements, sans se mettre en
peine de chercher une formule juridique ou de tenter une construction théorique, voulaient, purement et simplement, donner satisfaction à l'équité, dans
les cas où la victime du délit n'aurait de recours contre personne, et lorsque,
de la disproportion surtout des ressources personnelles des deux intéressés,
résulterait une anomalie vraiment inique à laisser à l'un toute la perte et à
l'autre toute l'irresponsabilité. Mais on sentait bien qu'à se placer sur ce terrain, ce n'était plus seulement à l'égard des incapables qu'il fallait faire brèche au principe de la faute. Qu'il en fût ainsi de la première catégorie d'amen-

dements, cela se comprenait ; ils ne visaient que des faits d'imprudence objective, tels que, commis par d'autres, ils eussent toujours engagé la responsabilité de leur auteur. Mais, du moment que l'on se plaçait surtout au point de vue des rapports personnels entre parties intéressées, l'équité pouvait imposer réparation, même pour un fait qui n'eût constitué qu'une imprudence légère, s'il eût été commis par un responsable. Pourquoi donc ne pas étendre les mêmes préoccupations d'équité aux actes dommageables même des responsables, lorsqu'ils n'eussent impliqué aucune faute personnelle constitutive de délit ? Au cas d'erreur excusable, par exemple, erreur relativement, soit aux conséquences matérielles du fait, soit surtout, lorsqu'il s'agit de contravention à une loi, à la prohibition légale qui va se trouver violée, il peut se faire que l'on reconnaisse l'absence totale de faute : l'équité n'exigera-t elle pas, dans les mêmes cas où elle l'exigerait de l'irresponsable, que l'auteur du fait doive réparation : réparation proportionnée à ses ressources, c'est possible, réparation forfaitaire, si l'on veut, mais une réparation telle quelle ? Voilà ce qu'exige la justice. Et alors, pourquoi prévoir tel ou tel cas d'absence de faute, erreur ou folie ? C'est toutes les fois que la responsabilité subjective fait défaut, que l'équité peut, suivant les cas, les ressources et les circonstances, exiger réparation. C'était revenir, purement et simplement, au principe de la responsabilité objective (*Pr.*, p. 588-594).

Et c'est cependant cette formule très large, et aussi extensive que possible, qu'avait acceptée le second projet, dans ses deux rédactions (art. 752 P² et 814 P³). On déclarait que, quiconque fait un acte tombant sous le coup des dispositions de la loi où sont énumérés les différents délits civils, et pour lequel il se trouverait être déclaré irresponsable, parce qu'il n'y eût aucune faute à sa charge, n'en devrait pas moins réparation, dans les cas où l'équité l'exige. Et ce n'est que par voie d'analogie que l'on appliquait cette règle générale aux mineurs et aux déments.

C'est le Bundesrath qui effaça la règle, pour n'en retenir que l'application spéciale, faite aux irresponsables. On s'aperçut du vague et des incertitudes où allait conduire le principe, dans une législation qui faisait de la faute le seul fondement de la responsabilité ; aussi fut-on d'avis de restreindre cette atténuation, dans la mesure où elle portait atteinte au système de la faute, en l'admettant à l'encontre seulement des irresponsables pour raison d'âge ou de folie (art. 813 P⁴). Singulière équité, alors, qui n'aggrave la responsabilité matérielle que par rapport aux inconscients ! On eût compris qu'il en fût ainsi, sans doute, dans un système qui ne visât que les faits d'imprudence grossière, dont tout le monde eût été responsable : pourquoi dès lors en libérer les inconscients ? Ils doivent porter leur part de risque et de garantie sociale, comme les autres. Mais, dans un système qui ne s'attache plus à la gravité objective du fait, mais aux exigences de l'équité, pourquoi ne donner satisfaction à ces dernières que contre les irresponsables pathologiquement, et non contre ceux qui, en principe, ont conscience de leurs actes ?

On avait bien essayé, devant le Reichstag, de reprendre les amendements acceptés par la seconde commission, l'un voulant étendre l'obligation à réparation, dans les limites de l'équité, dans tous les cas d'absence de faute, l'autre ne visant, en dehors de l'âge ou de la folie, que l'erreur excusable. Toutes ces tentatives furent repoussées (*Bericht der Reichstags Kommission*, p. 58). On s'en tint au texte du Bundesrath, devenu, à quelques modifications près, l'art. 829 C. civ. al.

Quoi qu'il en soit, cette solution, telle quelle, du Code civil, est déjà un progrès considérable sur le système du projet.

Il est bien certain que, ni dans un sens ni dans l'autre, on ne peut imposer de solutions absolues et extrêmes. Si la théorie de la faute aboutit à des conséquences choquantes, en exemptant toujours les inconscients de toute responsabilité, peut-être en serait-il de même, en sens inverse, pour le principe de

320. *Capacité délictuelle des personnes morales* (1). — A la matière que nous venons de traiter se rattache une question accessoire de la plus haute importance, celle de la capacité délictuelle des personnes morales, et subsidiairement de l'Etat. Pour être en faute, il faut être capable de volonté, c'est un principe de justice, c'est aussi le principe du projet ; or, les personnes morales ont-elles une volonté ? C'est à cela que revient la question. L'idée romaine est qu'une collectivité ne peut ni agir, ni vouloir par elle-même ; et, comme la volonté est le fondement de l'attribution des droits, ou, pour employer le langage technique, l'élément essentiel de tout sujet juridique, on ne peut que par fiction accorder la personnalité à un être de raison, tel qu'un établissement, une fondation, une corporation : c'est la théorie de la personne fictive. Les personnes morales étant de création artificielle, elles n'ont que les droits et obligations pour lesquels la personnalité leur a été reconnue, autrement dit ceux qui rejaillissent sur elles par le fait de leurs représentants. D'autre part, ces derniers n'ont pas reçu mandat de commettre des délits pour le compte de l'être juridique au

causalité, si on voulait leur imposer dans tous les cas, sans distinction ni réserve, l'obligation de réparer l'intégrité du dommage. Car c'est précisément à l'égard des responsables que le principe du risque se justifie ; c'est parce qu'ils ont la responsabilité générale et virtuelle de leurs actes que toute initiative prise par eux les oblige à en porter les risques. Il s'agit, si l'on veut, d'une présomption légale de responsabilité, comme-dans le système classique du Code pénal de 1810, alors qu' on n'avait pas inventé la thèse de la responsabilité partielle. Mais, en présence d'une initiative inconsciente, c'est alors qu'il est juste de dire qu'il y a là comme un cas fortuit, un fait qui ne se rattache à aucune causalité psychologique et libre dont le droit ait à tenir compte ; de telle sorte que les risques de ce fait, purement matériel et brutal, doivent se répartir et se partager. L'action d'un incapable, ou d'un irresponsable, un fait subi, comme le dommage, qui peut en résulter pour les tiers, est un risque subi : les deux patrimoines sur lesquels tombe le risque doivent le supporter, conformément aux règles de l'équité sociale ; réparation exclusive à la charge de l'agent, si le fait est de ces imprudences grossières dont tout le monde devrait réparation ; atténuation, ou même suppression, de responsabilité, lorsque la réparation du dommage constituerait une charge excessive pour l'irresponsable ; et également répartition du risque dans les cas d'imprudence légère.

Ce sont là les solutions auxquelles doit conduire la théorie objective. Elles sont déjà en germe dans l'art. 829 C. civ. al. Logiquement, le droit allemand arrivera, un jour ou l'autre, à compléter le système ; l'exception qu'il a admise débordera peu à peu. On peut prédire, à coup sûr, que, dans un délai plus ou moins rapproché, elle aura renversé et remplacé la règle.

(1) Sur cette grosse question, lire les beaux articles de M. MICHOUD, *De la responsabilité de l'Etat à raison des fautes de ses agents*, dans *Revue du droit public*, 1895, I, p. 401 suiv., et 1895, II, p. 1 suiv. et p. 251 suiv. ; et surtout la thèse si importante de M. ACHILLE MESTRE, *Les personnes morales et le problème de leur responsabilité pénale*, Paris, 1899. Voir aussi l'étude de M. ORLANDO, déjà citée.

nom duquel ils agissent (1) ; et, comme cet être juridique n'a pas
de volonté par lui-même, il se trouve que la condition première de
l'obligation délictuelle fait défaut, la responsabilité. Par suite, les
agents de la collectivité, État, ou corporation privée, peu importe,
sont responsables individuellement ; mais les délits qu'ils commettent dans l'exercice de leurs fonctions, ou au cours de leur mandat, ne créent pas de responsabilité collective à la charge de la
corporation qu'ils représentent. Telles sont les déductions rigoureuses des principes romains (2), bien qu'il y ait lieu de croire que
les Romains se soient quelquefois départis de cette logique intrai-
table, surtout en matière de droit public international (3).

Il est un point qui, cependant, n'a jamais fait difficulté, c'est
que les personnes morales répondent de l'inexécution fautive, voire
même dolosive, des obligations contractées par leurs agents. Logiquement, elles n'ont pas donné mission à leurs représentants de
se montrer de mauvaise foi dans l'accomplissement de leurs obligations contractuelles. Alors, il faut admettre, quelque parti qu'on
prenne sur la question de responsabilité et garantie, pour employer
les termes techniques désormais acceptés, que, de toutes façons,
elles répondent de leurs contrats parce qu'elles sont garantes de
leur exécution, dans la mesure où en sont responsables ceux qui
doivent les exécuter pour elles (4) ; dans cette mesure, elles répondent pour leurs représentants, elles couvrent leurs agents. Pourquoi, dès lors, ne pas admettre une obligation de garantie analogue
pour tous les actes accomplis par ceux-ci dans l'accomplissement
de leur mandat ? La loi qui reconnaît la personnalité civile d'un
être de raison, ne lui donne des organes pour agir et vouloir qu'à la
condition de lui imposer garantie de tous les actes faits par eux en
vue des fonctions qu'ils ont à remplir (5). Nous ne dirons plus, dans
cette théorie, que la personne morale est responsable par elle-même,
mais nous la rendrons garante des délits de ses représentants ; l'intérêt pratique consistera en ce que la garantie sera presque forcé-

(1) Cf. Zachariæ, *Ueber die Haftungverbindlichkeit des Staats aus rechtswidrigen Handlungen und Unterlassungen seiner Beamten,* dans *Zeitsch. f.
die gesammte Staatswissenchaft,* XIX, 1863, p. 607 et suiv.
(2) Gierke, *Das deutsche Genossenschaftsrecht,* III, p. 168 et suiv. — Cf.
Windscheid, *Pand.,* § 59, note 9.
(3) V. Karlowa, *Zur Lehre ron den juristischen Personen* (*Zeitsch. f.
den priv. und öff. R.,* XV, p. 427 et suiv.).
(4) Cf. art. 224, et *suprà,* n° 17 *in fine* et la note.
(5) Cf. *Motifs,* I, p. 103.

ment subsidiaire (1), et l'on sent que cette théorie concorde encore très bien avec la thèse de la personne fictive. On comprend également que son étendue d'application soit susceptible de plus ou de moins, puisqu'elle dépend d'un fait de création légale et des conditions tacites mises à l'obtention de la personnalité, lesquelles peuvent varier et être plus ou moins rigoureuses ; la garantie pourra être universelle ou partielle. Enfin, tout en restant dans le domaine de la théorie de la personnalité fictive, on peut encore aboutir à une responsabilité générale par la voie du quasi-délit, tout au moins dans les législations comme la nôtre (C. civ., art. 1384), qui rendent le maître ou le patron responsable des délits de leurs agents, indépendamment de toute faute imputable à celui qui les emploie (2). Il est vrai qu'en matière de responsabilité pour autrui la tendance allemande était de suivre le principe romain d'une responsabilité personnelle au maître ; et, dans ce cas, l'application de ce système aux personnes morales eût presque abouti à reconnaître la capacité délictuelle de celles-ci. La jurisprudence fut longtemps flottante, c'est surtout en ce qui touche la responsabilité de l'État pour le compte de ses agents qu'elle eut à se prononcer ; or, le plus souvent elle se contenta de le déclarer responsable du choix, de la *culpa in eligendo*, par conséquent (3). On pouvait dire à la rigueur que, l'admission de la personnalité impliquant la constitution de représentants, qui en fussent les organes, il y avait obligation à la charge de la collectivité et vis-à-vis des tiers de se choisir des représentants habiles et honnêtes. C'eût été l'un des cas de garantie partielle dont nous parlions plus haut.

Dans aucune de ces théories, on n'en arrivait à affirmer ouvertement la responsabilité personnelle, au point de vue du délit civil, des personnes morales, et l'on pressent, par les divergences que nous venons de signaler, à quelles incertitudes, en pratique, tout ce

---

(1) Cf. Gerber, *Grundzüge des deutschen Staatsrechts*, 2ᵉ éd., p. 213 et suiv. Stobbe, *loc. cit*, III, § 201, note 49. Zachariæ, dans *Zeits. f. d. ges. Staatswiss.*, t. XIX, 1863, p. 582 et suiv., et *Deuts. Staats und Bundesrecht*, 3ᵉ éd., § 140. Cf. Gierke, *Genossenschaftstheorie*, p. 760, note 2.

(2) Cf. Sourdat, *Traité général de la responsabilité*, 1887, t. II, nᵒˢ 1299 et suiv. Cette conception conduit du reste à une confusion grave entre les *organes de l'État* et les *employés de l'État*, entre les actes qui doivent être censés accomplis par la personne morale elle-même et ceux qui restent le fait de ses agents. Il ne devrait être question de responsabilité pour autrui que pour ces derniers, et le problème que nous examinons reste, de toutes façons, absolument intact pour ce qui est des autres.

(3) Voir résumé de la jurisprudence dans Gierke, *Genossenschaftstheorie*, p. 754, note 1. — Add., Stobbe, III, § 201, note 48.

système devait conduire. Tout cela était fort grave en matière de
sociétés (1), et en ce qui touche les délits commis par les gérants et
administrateurs ; fort grave aussi, en ce qui concerne les compagnies
de transport et sociétés industrielles. Il est vrai que, pour celles-ci,
les lois sur la responsabilité ont, pour la plupart des cas, tranché
la question, en déclarant la compagnie responsable des faits de ses
agents et employés. Nous avons fait observer par avance que cette
responsabilité, dans plus d'une hypothèse, repose sur l'idée d'une
sorte d'assurance légale ; quoi qu'il en soit, les lois auxquelles nous
faisons allusion n'ont pas entendu trancher la question de principe. Enfin, c'est surtout au point de vue des obligations de
l'État, et autres personnes morales publiques, que la question avait
donné lieu aux plus grandes difficultés (2). Certaines lois avaient
prévu le cas et établi, pour les hypothèses qu'elles visent, une responsabilité particulière de l'État pour le fait de ses agents. Telle
est, pour la Prusse, l'Ordonnance du 5 mai 1872, sur l'organisation
des livres fonciers (*Grundbuchordnung*, § 29), laquelle admet la
responsabilité subsidiaire de l'État. En matière de dépôt judiciaire, on était généralement d'accord pour rendre l'État responsable du choix de ses agents, tandis que la loi prussienne du
14 mars 1879 (*Hinterlegungsgesetz*) considère l'État comme partie
contractante et règle sa responsabilité vis-à-vis du déposant sur la
base du contrat (3). Indépendamment de toute disposition législative, la pratique judiciaire allemande est presque unanime
à accepter, en ces matières, la responsabilité de l'État (4).
D'une façon générale, on l'admet en ce qui touche le fait des admi-

---

(1) Voir, d'une façon générale, pour ce qui est des sociétés de commerce,
et en ce qui concerne la répercussion des dispositions du nouveau Code civil
sur la situation juridique des sociétés de commerce, le mémoire de GIERKE,
Handelsgesellschaftsrecht und bürgerliches Recht (*Vortrag, gehalten in
der juristischen Gesellschaft zu Berlin am* 15 *Dezember* 1900).

(2) On les trouvera exposées, avec la jurisprudence à l'appui, dans E. Lœning, *Die Haftung des Staates aus rechtswidrigen Handlungen seiner Beamten*, 1879. — Rocholl, *Rechtsfälle aus der Praxis des Reichsgerichts*, t. I
(Breslau, 1885), p. 383 et suiv. — Gierke, *Genossenschaftstheorie*, p. 743 et
suiv. — Stobbe, *loc. cit.*, III, § 201-6°, p. 398 et suiv. — Windscheid, *Pand.*,
§ 470, note 4. — Cf. Brinz, *Pand.*, t. III, 2e part., 1888, p. 577. — Bekker,
Pand., § 62, note o, et § 153. — Cf. Waterman, W. Thomas, *A treatise on
the law of corporations other than municipal* (New-York, 1888, Baker, Voor-
his. et Cᵒ), ch XV et XVI, et sur ce dernier ouvrage le compte rendu de *König* dans la *Revue de Goldschmidt* (*Z. f. H. R.*, 1889, t. XXXVI, p. 364-365

(3) Cf. Förster-Eccius, *Preuss. Priv. R.*, I, 90, p. 553-554).

(4) Stobbe, III, § 201, notes 51, 52. — Roth, *Bayr. civ. R.*, I, éd. 1881
§ 37, notes 34 et suiv., note 42. Il faut joindre aux exemples cités au texte
les dispositions relatives à la responsabilité de l'État, en ce qui touche l'adm

nistrateurs du domaine et autres agents administratifs, employés à la gestion du patrimoine de l'État.

Mais il en fut tout autrement des fonctionnaires exerçant au nom de l'État des droits de souveraineté (1), et qui sont considérés comme des dépositaires du pouvoir public (2) : en ce qui les concerne, la jurisprudence allemande, tout en admettant d'après les règles du droit public qu'ils soient individuellement responsables, hésite à faire rejaillir sur l'État la responsabilité du délit. Sans doute, l'État n'a pas donné mission aux administrateurs de la fortune publique de nuire à autrui, en vue de l'accroissement du patrimoine de l'État ; et cependant les délits qu'ils commettent au cours de leur administration ont pour but de profiter à l'État ; le plus souvent même ils lui profitent effectivement. Il serait injuste, par conséquent, que l'État ne se portât pas garant de la conduite de ses agents, alors que leurs procédés, même délictuels, ne constituent en somme qu'une exagération de leur rôle d'administrateurs (3). Mais il n'en est plus de même des représentants du pouvoir public. On ne peut plus dire que leurs excès de zèle doivent profiter à l'État ; car l'État ne peut pas être considéré comme ayant intérêt à violer la loi, et c'est la violer que de commettre un abus de pouvoir. Ils n'ont les droits de souveraineté que par voie de délégation, et leur délégation ne porte que sur les droits que l'État pourrait exercer lui-même. donc, sur les droits qui sont consacrés par les lois. S'ils vont au delà, ils dépassent leur mandat et l'État n'y est pour rien ; pourrait-on même supposer qu'il eût prévu par avance et garanti leurs excès de pouvoirs ? Autant voudrait dire que l'État a prévu que ses fonctionnaires pourraient violer la loi et pris sur lui les conséquences des illégalités qu'ils viendraient à commettre. Ce serait impossible. On conçoit que l'on puisse prévoir la négligence d'un administrateur de la fortune publique ;

nistration des postes et télégraphes : nous y reviendrons à propos de la responsabilité pour autrui. — Cf. E. Lœning, *Die Haftung des Staates*, V, p. 45. — Brinz, *Pand.*, § 452. note 28.

(1) Förster-Eccius, *loc. cit.*, I, § 90, note 33. — Cf. Meischeider, dans *Bekker-Beiträge*, fasc. 3, p. 52.

(2) D'une façon plus précise, on admet la responsabilité de l'État pour les faits de ses agents rentrant dans la sphère du droit privé, et non pour ceux rentrant dans celle du droit public : en pratique, la distinction coïncide presque toujours, non pas forcément il est vrai, avec celle que nous indiquons entre les administrateurs de la fortune publique et les représentants du pouvoir public.

(3) Cf. *Motifs* sur l'art. 46, I, p. 103.

il serait inique de se porter garant par avance des illégalités d'un fonctionnaire d'État. Ce serait presque l'encourager par avance à les commettre. On aperçoit une raison de différence entre les deux catégories d'hypothèses que nous venons de signaler ; et l'on comprend que la jurisprudence allemande ait eu l'idée de la distinction que nous indiquons.

Sur ces entrefaites, Gierke, continuant les tendances de Beseler (1), s'est fait le promoteur d'une idée nouvelle, en opposition directe avec les doctrines romaines sur la personne fictive. Les personnes morales ne sont pas des fictions, mais des réalités. Si la volonté est la base de la personnalité juridique, on ne peut nier l'existence d'une volonté commune à tous les membres d'une collectivité, distincte de la volonté individuelle de chacun d'eux et cependant résidant chez tous, dont la résultante soit une entité juridique parfaitement réelle, sinon réalisée. Pour être réalisée, il lui manque des organes ; mais ces derniers lui seront fournis par l'organisation des différents pouvoirs, chargés de l'administration commune. On dit généralement, de ceux à qui cette mission incombe, qu'ils sont les représentants de la collectivité ; rien n'est plus faux. On ne représente que ceux qui existent déjà ; un représentant est celui qui substitue sa personnalité juridique à une personnalité déjà existante. Tel n'est pas le rôle des administrateurs d'une collectivité ; ils traduisent à l'extérieur et manifestent au dehors cette volonté collective, et une en même temps, qui est à la base de la personnalité civile : ils lui servent d'intermédiaires, ils en sont les organes. Leur volonté, lorsqu'elle se produit dans la sphère de leur rôle social, n'est pas leur volonté propre se substituant à la personnalité d'autrui, de telle sorte qu'on puisse distinguer encore deux personnalités différentes : c'est la volonté même du corps social qui s'exprime par la leur. Leur fait est le fait de la collectivité, leurs délits sont délits de la personne morale dont ils sont comme les instruments. Cette fois, non seulement la possibilité d'une volonté collective, et par suite d'une responsabilité collective, se trouvait affirmée ; mais, Gierke posait cet axiome, que tout délit d'un administrateur social, agissant en vue de l'accomplissement de ses fonctions, devenait un délit de la communauté.

(1) Cf. Beseler, *Volksrecht und Juristenrecht*, 1843, p. 158 et suiv., et *System des deutsch. Privatrechts* (3ᵉ éd. 1873, t. I, §§ 66 et suiv.). — Cf. Ch. Périn, *Du droit de propriété des personnes civiles*, dans *Rev. cathol. des instit. et du droit* (oct. 1889, p. 317).

Il y a dans cette théorie deux choses, le principe d'une responsabilité ou même d'une culpabilité collective, considérée comme
possible, puis l'étendue d'application du principe. Beaucoup d'auteurs, et des plus éminents, ont admis le principe (1) ; mais
plusieurs hésitent à lui donner cette large portée. Comment ?
dit Karlowa, si l'administrateur d'une caisse d'épargne commet
une fraude au cours de son administration, la commune sera-
t-elle considérée comme ayant commis la fraude ? et, si le dernier des petits fonctionnaires publics se laisse aller dans l'accomplissement de sa mission à commettre un délit civil à l'égard
d'un tiers, le délit sera-t-il censé commis par l'État ? Ne faut-il
pas distinguer, tout au moins, parmi les organes de la communauté, ceux qui manifestent, dans toute sa plénitude, cette volonté
collective, qui est le fondement juridique de la personne morale,
de ceux qui ne sont, en somme, que des délégués ou mandataires et
qui gardent, même dans l'accomplissement de leurs fonctions,
leur individualité juridique propre, et distincte de celle de la
communauté ? Lorsque le premier ministre d'un pays porte atteinte
aux droits d'un État voisin et viole à son détriment les principes
du droit des gens, il est vrai de dire, à moins de désaveu immédiat, que le délit provient de l'État lui-même ; mais qui donc
voudrait le soutenir encore d'une offense provenant d'un fonctionnaire subalterne (2) ? On voit, en somme, que dans cette limite
et ramenée à ces termes, la question est loin d'être complètement résolue, soit dans la théorie, soit dans la pratique : quelle
est maintenant la solution du projet ?

321. Le projet ayant supprimé le quasi-délit (3) et posé, en ma-

---

(1) Cf. Förster-Eccius, I, § 90, p. 553. — Stobbe, III, § 201, note 50. —
Windscheid, *Pand*, § 470. — Roth. *Bayr. Civilrecht*, I, 1881, p. 252, § 37,
note 51. — *Verhandl. des VI*ten *Juristentages*, I, p. 45 et suiv. ; III, p. 54 et
suiv., p. 323 et suiv. — *Des VIII*ten, I, p. 388 et suiv. — *Des IX*ten, III,
p 26 et suiv., p. 340 et suiv.

(2) Karlowa, *Zur Lehre von den juristischen Personnen*, dans *Zeitsch. f.
das Priv. und öff. R.*, XV, 1888, p. 431. La question revient, en somme, à
distinguer les organes de la collectivité de ses simples employés, à fixer les
limites de la responsabilité directe et de la responsabilité pour autrui.

(3) Il faut rappeler que l'expression n'a pas dans le droit allemand le même
sens que chez nous ; nous l'entendons généralement du délit d'imprudence,
ou encore des cas où il y a présomption de faute, comme lorsqu'il s'agit de
responsabilité pour autrui, parce que l'on présume l'imprudence. Dans la
terminologie allemande, ce que l'on appelle surtout du nom de *quasi-délits*,
ce sont les faits au sujet desquels il y a responsabilité, sans qu'il y ait de
faute, pas même présumée.

tière de responsabilité pour autrui, le principe de la faute personnelle, la question devenait beaucoup plus complexe, puisqu'il n'y
aurait plus, pour la résoudre sans aborder le principe lui-même, la
ressource d'une disposition analogue à celle de notre article 1384. Il
semble que le projet devait dès lors prendre parti sur la question de
fond. Nous ne sommes cependant pas très sûr qu'il ait entendu se prononcer pleinement sur la théorie de la capacité délictuelle des personnes morales, puisque la disposition qu'il a admise se trouve, sous
ce rapport, également interprétée dans les deux sens par les différents commentateurs du projet. Remarquons, tout d'abord, que cette
disposition ne se trouve pas au chapitre sur le délit civil, mais dans
la Partie générale, au titre même des personnes morales. Il y est
dit (art. 46), que toute corporation, société ou association, répond
des délits que son Conseil de direction ou l'un des membres de
celui-ci a pu commettre dans l'exercice de ses fonctions. Gierke en
conclut aussitôt que le projet a fait brèche à sa théorie romaniste
et doctrinaire de la personne civile, pour admettre le principe
germanique de la capacité délictuelle des personnes morales (1).

Mais Liszt semble bien dire tout le contraire, par l'excellente raison, suivant lui, que le projet ne soumet pas la responsabilité
des personnes morales au principe de la faute personnelle qui
sera admis en matière de responsabilité pour autrui (2). Il n'y
aurait, suivant lui, d'obligation *ex delicto* à la charge des personnes morales que si l'on exigeait, pour qu'il en fût ainsi, le délit
personnel de la collectivité, soit à raison du choix de l'agent, soit
à raison du défaut de surveillance ; l'article 46 admettant que la
collectivité est responsable de tout délit de ses administrateurs,
même en dehors de toute faute qui lui soit propre, s'écarte, par
conséquent, du principe de la responsabilité délictuelle, pour revenir à l'idée du quasi-délit, ou à celle de la simple garantie (3). On

---

(1) Gierke, *Rev. de Schmoller*, XII, p. 1237.
(2) Listz, dans *Bekker-Beiträge*, fasc. 5, note 9, p. 43.
(3) On remarquera également que le Code fédéral (art. 62, § 2) a réglé la
responsabilité des personnes morales conformément aux principes de la responsabilité pour autrui. Cependant, s'il s'agit de personnes morales publiques,
on prévoit les dérogations qui pourraient être apportées aux principes généraux en ce qui touche la responsabilité des employés et fonctionnaires
(art. 64). Il est vrai que l'article 64 parle de la responsabilité des fonctionnaires,
et non de la responsabilité de l'Etat à raison du fait de ses fonctionnaires ; de
sorte que l'on ne paraît pas prévoir que cette dernière pût être réglée autrement que celle d'un patron pour le fait de ses employés. Du reste, la loi fédérale du 9 décembre 1850 sur la responsabilité des autorités et fonctionnaires
de la Confédération ne s'occupe pas de la responsabilité de l'Etat à raison du

pourrait répondre, il est vrai, que, si le projet met au compte de l'association tout délit de ses gérants, sans s'occuper de savoir si l'association elle-même est en faute, c'est qu'il adopte probablement le principe de Gierke : le gérant n'est que l'organe de la communauté et par suite le fait de l'administrateur est le fait de la communauté, et son propre délit le délit de cette dernière. Ce serait l'expression la plus complète de la théorie qui admet la capacité délictuelle des personnes morales. Liszt aurait confondu responsabilité directe et responsabilité pour autrui, organes et employés, alors que l'article 46 a précisément pour but de fixer la limite entre ces deux classes d'agents. En tous cas, il importerait d'être fixé sur la pensée théorique du projet, car si la responsabilité des personnes morales donne lieu à une obligation *ex delicto*, l'action qui en résulte ne sera pas régie en tous points, en matière de prescription, par exemple (art. 719), par les dispositions du droit commun.

Nous serions tout à fait disposé, pour notre part, à croire que le projet aurait admis, tout au moins dans une mesure restreinte et par voie d'exception, la théorie de Gierke sur l'identification des actes accomplis par les organes sociaux considérés comme actes de l'association. Seulement, il ne l'admet que d'une façon restreinte, en ce sens qu'au lieu d'engager la responsabilité de la personne civile pour tout acte des administrateurs qui lui servent d'organes, il limite, à ce point de vue, le nombre des agents qui auront ce caractère d'organes de la société (art. 46). Cette limitation n'a rien qui doive étonner ; c'est déjà ce que proposait Karlowa, nous l'avons vu. Nous avons ajouté que le projet n'avait admis cette théorie qu'à regret, par voie d'exception, et comme ayant eu la main forcée par les nécessités et les besoins de la pratique : ce sont les motifs eux-mêmes qui le disent (I, p. 103). La représentation des personnes morales par leurs administrateurs a été officiellement étendue aux délits commis par ceux-ci (*Künstlich gewährte Vertretung*, ce sont les expressions mêmes des motifs). Il faudra en conclure, au point de vue des principes, que l'admission de cette représentation délictuelle n'implique pas qu'on ait voulu consacrer les idées de Gierke sur la nature des personnes morales. Reste, maintenant, à prouver que ce sont bien là les idées du projet et qu'il s'agit, dans

---

fait de ses agents. On trouvera le texte de cette dernière dans l'excellent recueil de P. Wolf, *Die Schweizerische Bundesgesetzgebung*, p. 29 (Ire liv., Bâle, 1888). Cf. *Loi fédérale sur la poursuite pour dettes et la faillite* du 11 avril 1889 (art. 5 et 6).

l'article 46, bien que celui-ci ne soit pas placé au titre des délits, d'une responsabilité délictuelle directe, et non d'une simple responsabilité légale ; et il suffit pour l'établir du mot de *représentation* employé par les motifs, bien qu'on y voie une extension artificielle de la représentation. Peu importe cette restriction ; le fait du représentant est considéré comme étant le fait du représenté ; c'est un principe. Enfin le rédacteur des motifs paraît avoir emprunté à Windscheid les expressions qu'il emploie ; et Windscheid entendait bien reproduire, sous ce terme de représentation artificielle, la formule connue, que le délit de l'agent sera délit de la communauté. et entendre la chose d'une véritable capacité délictuelle des personnes morales, tout au moins dans la mesure et dans les limites où cette capacité leur aurait été concédée par la loi (1).

Nous avons enfin à nous demander si le projet a entendu appliquer à l'État la solution de l'article 46. Celui-ci n'en dit rien, et l'article 63 nous avertit qu'il ne pouvait être question de modifier les dispositions particulières qui attribuent au fisc des différents États la personnalité civile et en règlent les effets. On doit néanmoins se demander si, à défaut de dispositions spéciales dans les lois d'États, on devra appliquer aux personnes morales publiques, et en particulier au fisc, la solution de l'article 46. Les motifs l'affirment, mais en limitant l'application de cette disposition aux délits prove·nant de faits qui puissent relever du domaine du droit privé ; on laisserait en dehors de sa portée les faits rentrant dans la sphère du droit public (2). C'est dire qu'on a voulu consacrer la distinction de la jurisprudence entre la responsabilité pour faits d'administration et la responsabilité pour faits de souveraineté : non pas que les motifs prétendent exclure la responsabilité de l'État pour ces derniers, mais ils déclarent n'avoir pas à s'en occuper et laisser la question au domaine du droit public. Il est bon d'observer en terminant que le texte, pris à la lettre, ne laisse rien soupçonner de tout cela et que, on l'a déjà fait remarquer du reste, si on doit

(1) Cf. Windscheid, I, 1887, § 59 : « *Erstreckt sich die der Juristichen Person künstlich gewährte Handlungsfähigkeit auch auf Delicte, d. h. gilt auch ein von dem Vertreter einer Juristischen person in dieser seiner Eigenschaft und innerhalb seiner Vertretungsbefugniss begangenes Delict als Delict der Juristischen person* » ? Cf. Gierke, *Genossenschaftstheorie*, p. 752, note 2. — L'art. 46 P¹ se trouve reproduit par l'art. 31 C. civ. al., dont on trouvera l'explication dans *Bul.*, 1900, p. 156 et dans la *Revue du droit public*, 1901.

(2) *Motifs*, I, p. 103.

l'appliquer à l'État (1), il sera difficile d'y introduire la moindre distinction (2).

(1) Cf. Meischeider, dans *Bekker Beiträge*, fasc , 3, p. 53. — Le Code civil al. applique, au contraire, d'une façon formelle dans son art. 89, au fisc et aux personnes morales du droit public la disposition de l'art. 31 C. civ. al. (voir, sur cet art. 89, *Bul.*, 1900. p. 150, et *Revue du droit public*, 1901 ; sur art. 31 et sur art. 89 C. civ. al. : cf. *infrà* note finale sur n° 329).

(2) En tous cas, cette disposition de l'art. 46 s'appliquera assurément aux fondations(*Stiftungen*), aussi bien qu'aux sociétés et corporations (art. 61 : art. 86 C. civ. al). Ici, cependant, la controverse pouvait paraître plus délicate encore ; car la fondation n'implique plus association de personnes, et par suite on ne saurait découvrir d'autre volonté susceptible de responsabilité en dehors de la volonté des administrateurs de la fondation : un patrimoine, personne morale, n'est pas une volonté susceptible de faute. On peut, il est vrai, chercher cet élément subjectif dans la volonté qui a érigé la fondation ; mais cette volonté elle-même, suffisante à donner l'être à une entité juridique, n'est plus considérée comme subsistant au delà de l'acte de fondation, et on ne peut lui attribuer la responsabilité des délits commis au cours de l'administration du patrimoine érigé en personne juridique indépendante. Que cette dernière soit responsable de l'inexécution de ses contrats, rien de mieux : un patrimoine ne peut s'enrichir aux dépens de personne et, s'il devient créancier, c'est à condition qu'il soit débiteur des obligations qui correspondent à son droit de créance. Mais il n'en est plus de même des délits qu'on lui attribue. Les objections étaient donc ici très pressantes (cf. Brinz, t. III, 1888, § 443, note 65). Cependant, même dans cette hypothèse, les délits commis par les administrateurs de la fondation, considérés comme ses organes au sens de l'art. 46 seront délits de la fondation ; il y a, dans une certaine mesure, une capacité délictuelle des fondations ; ou, pour employer le langage de Windscheid reproduit par les motifs, une représentation artificielle des fondations même en matière de délits. Est-ce absolument anormal ? Non. si tout organe d'une personne morale est censé manifester la volonté propre de l'être juridique auquel il sert d'intermédiaire ; si sa propre personne s'annihile pour s'identifier avec celle de l'être juridique qu'il représente, ou plutôt qui agit par lui. Il faut bien remarquer qu'en matière de corporation la volonté des administrateurs ne représente nullement les volontés individuelles des personnes associées dont l'ensemble constitue la corporation, on fait absolument abstraction des individus qui composent cette dernière, pour ne voir que l'être juridique, la volonté idéale qui ressort de l'ensemble. Si cela est vrai, la théorie ne sera pas plus inadmissible en matière de fondations, bien que toute idée d'association de personnes ait disparu. De toutes façons, on néglige l'individu, ou la somme des individus, pour ne voir que l'individualité juridique. Sur ce point encore, le droit allemand nous présente des particularités absolument étrangères au droit français. Nous avons déjà signalé l'énorme différence qui existe entre les deux législations en ce qui touche l'érection des fondations (cf. *suprà*, n° 144 ; cf. Roth, *Stiftungen*, dans *J. f. Dogm*, 1, p. 208 ; cf. *Denkschrift des erzb. Capitelsvicariats von Freiburg den Gesetzentwurf über die Rechtsverhältnisse und die Verwaltung der Stiftungen betr.* (Freiburg, 1869), et Zöpfl, *Bemerkungen zu einigen der hauptsächlichsten Bestimmungen des badischen Gesetzentwurfs*, Freiburg 1869) ; ces dernières, en droit allemand, pouvant tenir leur existence juridique, sauf autorisation administrative ultérieure s'il en est besoin, d'un acte de dernière volonté (art. 59), ou d'une simple constitution de patrimoine, voire même d'une simple promesse, au sens du projet (art. 58), tandis que le droit français oblige ou à peu près le testateur

322. *Responsabilité pour le fait d'autrui.* — Nous poursuivons
l'examen du principe de la responsabilité personnelle et en recher-
chons les conséquences : les articles 710 à 712 nous en offrent une
remarquable application. Il s'agit de savoir quelles sont les personnes qui auront à répondre du fait d'autrui et dans quelles mesure elles en répondront. Pour qu'il soit question d'imposer à un
individu la responsabilité du fait d'un autre, il faut, de toute nécessité, qu'il existe, entre le répondant et celui dont il doit répondre,
des rapports qui fassent de l'un, dans une certaine mesure, le dépendant de l'autre. Ces rapports peuvent se présenter sous deux
aspects. Ou bien il s'agit d'individus unis par des liens juridiques,
et dont la collectivité se présente au regard des tiers comme un
petit groupe organisé, si bien que les individus dont se compose la
collectivité puissent être, en certains cas, considérés comme les
organes de ce petit corps social. Ou bien ce peuvent être des relations tout accidentelles, créées volontairement, par voie de convention, entre deux individus, l'un s'étant substitué l'autre dans
l'exercice de sa fonction, de son commerce, de son industrie, ou
encore ayant confié à l'autre l'accomplissement d'un ou plusieurs
faits déterminés. Dans la première catégorie rentrent, à coup sûr,
les collectivités considérées comme personnes morales ; seulement,
nous savons déjà que les individus qui les composent ou qui en
dépendent ne doivent pas tous figurer parmi les organes de l'association. De ce nombre seront ceux dont la volonté a pour effet de

---

qui veut créer une fondation à recourir à l'intermédiaire d'une personne,
réelle ou fictive, déjà existante, en procédant par voie de donation avec
charges (voir sur cette matière une intéressante consultation de M. Beudant,
dans l'affaire Kalindéro, *affaire des héritiers de J. Ottétéléchano contre J.
Kalindéro*, Bucarest, 1889, p. 24 et suiv. ; cf. les ouvrages, déjà cités au n°
144, de MM. de *Lapradelle et Lambert*). Mais les différences sont encore bien
plus profondes en ce qui touche l'administration de la fondation elle-même
et pour tout ce qui est relatif aux questions de représentation. Nous supposons,
bien entendu, qu'il ne s'agit pas d'un établissement qu'on eût créé et pour
lequel on eût obtenu la personnalité civile ; mais nous nous plaçons dans
l'hypothèse ordinaire où l'on a dû avoir recours à la donation *sub modo*.
L'institué a créé une école, un asile, etc., et affecte à son entretien les revenus
de ce qui lui a été légué à cet effet ; si le directeur de l'école ou de l'asile se
rend passible de délits privés, les tiers pourront-ils avoir recours, en dehors
de l'auteur du délit, contre l'institué qui est censé l'avoir placé lui-même à
la tête de l'établissement ? Sera-t-il considéré comme son agent, son mandataire, son subordonné ? En tous cas, si l'on doit répondre par l'affirmative,
en se fondant sur l'idée de responsabilité pour autrui (art. 1384), et rien n'est
plus douteux, l'institué, ainsi déclaré responsable, le sera sur tous ses biens ;
dans le système du projet, c'est la fondation qui est responsable, donc par
conséquent cette responsabilité n'engage que le patrimoine qui lui est affecté.

représenter la volonté collective et d'agir aux lieu et place du corps
social : ce sont de ceux-là qu'il est vrai de dire que leur fait est le
fait de l'ensemble et que leurs délits sont délits de la communauté.
Si l'on dit de la corporation qu'elle répond de ses agents, nous savons
déjà qu'il ne faut pas entendre cette formule d'une responsabilité
pour autrui, mais d'une responsabilité propre. Toute la question
sera de savoir quelles seront les personnes à qui cette qualité d'organes du corps social devra être attribuée et l'article 46 en a délimité le nombre, en attribuant ce caractère, au point de vue de la
représentation délictuelle, au Conseil de direction et à ses membres
pris individuellement. Lorsqu'un délit aura été commis par l'administrateur d'une association, il n'y aura pas à se demander si celle-ci,
en corps, aurait pu surveiller son agent et, par suite, prévoir et
éviter le dommage que ce dernier a causé à autrui : le délit commis
est le délit personnel de la collectivité. Mais, en dehors de ces organes sociaux, toute collectivité peut avoir à son service des gens
qu'elle emploie et qui ne s'absorbent pas en elle, de façon que
leur personnalité juridique se confonde avec la sienne : elle a des
employés, comme en aurait tout autre particulier ; ceux-ci sont,
pour elle et pour les tiers, « *autrui* », et les délits qu'ils commettent
restent leurs délits propres ; si donc celui qui les emploie, particulier ou personne morale, doit en répondre, il s'agit bien alors de
responsabilité pour autrui.

Seulement, on pouvait, peut-être, se demander si, au point de
vue de la responsabilité délictuelle, il n'y avait pas lieu d'agrandir
le cercle de ces petites sociétés organisées, en dehors même de celles
qui ne rentrent plus dans la catégorie des personnes morales, ou
encore pour ces dernières, s'il n'y avait pas lieu d'étendre la notion
de l'organe social. Ainsi, par exemple, la famille, le ménage, autrement dit la petite société domestique, ne constitue pas une personne morale au point de vue juridique, et cependant on aurait
compris qu'il existât de droit, entre tous les membres de cette petite collectivité, une sorte de solidarité au point de vue délictuel.
Cette idée serait tout à fait dans l'esprit des anciennes traditions
germaniques (1). Ce que nous disons du ménage pourrait se dire

---

(1) Sans remonter jusqu'à l'ancien droit germanique proprement dit, on
peut se reporter au Code prussien, *A. L. R.*, II, 5, §§ 4 et suiv. — Cf.
Gierke, *Rev. de Schmoller*, XIII, p. 236, et mon *Etude sur les sources de
l'obligation*, n° 38 (*Bulletin* 1889, p. 623). — Cf. Sohm, *Die deutsche Genossenschaft* (dans *Festgabe der Leipz. Jur. Fakultät, f. B. Windscheid*, p.
156 et suiv., et tirage à part, p. 18 et suiv.). — Cf. *Code de Monténégro* de

d'autres groupes organisés. D'autre part, une société industrielle est bien sans doute une personne morale, mais les ouvriers qu'elle emploie ne rentrent pas au nombre de ces organes sociaux dont le fait, aux termes de l'article 46, est réputé le fait de l'ensemble. Et cependant, ici encore, au point de vue de la responsabilité délictuelle, on aurait pu comprendre, à raison des rapports que l'industrie établit entre ouvriers et patrons, l'existence d'une solidarité effective sur ce point. On pourrait entrevoir, en se plaçant à ce point de vue social, les bases d'une distinction entre les deux catégories d'hypothèses dont nous venons de parler, et le cas de l'individu qui charge un autre d'un travail ou de l'exécution d'un fait quelconque : — cette fois, il ne peut être question d'apercevoir dans les rapports qui les unissent aucun élément de solidarité susceptible d'aboutir à une responsabilité générale de l'un à l'égard de l'autre (1).

Quoi qu'il en soit, le projet ne s'est pas placé à ce point de vue organique, mais au point de vue individualiste, que nous avons signalé, de la faute personnelle. Sous ce rapport, il ne peut y avoir de personnes responsables pour autrui que celles qui ont la surveillance d'autrui et qui, par suite, sont susceptibles de négliger ce devoir de surveillance. Cette manière de voir aboutira, pour certaines hypothèses, au même résultat que l'idée de solidarité que nous avons essayé de développer ; mais le principe théorique, et même les conséquences juridiques, seront loin d'être identiques. Ainsi, par exemple, en matière de société domestique, il y a lieu à responsabilité dans les deux systèmes ; dans l'un, parce que le chef du ménage a la surveillance de ceux qui dépendent de lui (art. 710) ; dans l'autre, parce que l'ensemble constitue une petite société solidaire au point de vue pénal. Seulement, en se plaçant à ce dernier point de vue, on dira que le délit de l'enfant est considéré comme le fait du petit groupe domestique, et la victime du délit n'aura pas à établir le défaut de surveillance du père, ni le rapport de causalité entre son défaut de surveillance et le fait commis (2). Dans le système de la faute personnelle, qui est celui du projet, le

---

1888, art. 697, lequel met à la charge de la communauté de famille la dette contractée par l'un des membres de la famille pour besoins urgents (voir la préface du traducteur de SUMMER MAINE, *Etudes sur l'histoire du droit*, Paris Thorin, 1889, *Préface*, p. XXVI et suiv., p. XXIX, note 1).

(1) Cf. *Rev. de Schmoller*, XIII, p. 249.

(2) Cf. C. civ., art. 1384, §§ 2 et 3. — Voir sur tous ces points les deux études, si profondément suggestives, de UNGER, *Handeln auf eigene Gefahr* (Fischer, 1893), et *Handeln auf fremde Gefahr* (Fischer, 1894).

demandeur aura à prouver la faute, c'est-à-dire le défaut de surveillance, et de plus le rapport de causalité, c'est-à-dire à démontrer
que, si le père ou le maître avait surveillé son enfant ou son serviteur, le dommage n'aurait pas été causé (art. 710).

323. *Des personnes qui sont les surveillants légaux d'autrui.*
— Le principe du projet est qu'il n'y a plus de responsabilité pour
autrui proprement dite, au sens de ce que le droit allemand appelle
le quasi-délit. Il n'y a plus qu'une responsabilité personnelle engagée par le fait d'autrui, et cette responsabilité personnelle ne peut
provenir que d'un défaut de surveillance, lorsque cette surveillance
constituait un devoir pour celui qui l'a négligée. Reste à savoir
quelles sont les personnes à qui incombe ce devoir de surveillance.
Le projet les classe en deux catégories : celles qui par état sont les
surveillants légaux d'autrui, parents, tuteurs, instituteurs (art. 710),
et celles qui ont confié l'accomplissement d'un fait à autrui, et qui
par conséquent doivent en surveiller l'exécution (art. 715). Dans les
deux cas, il s'agit d'un devoir reconnu par la loi ; seulement, dans
l'un, ce devoir de surveillance s'impose, dans l'autre, il a été volontairement accepté, d'où cette conséquence que, dans le second cas,
il pourra y avoir un second élément de culpabilité, en dehors du
défaut de surveillance : et ce sera la négligence dans le choix,
la *culpa in eligendo* (art. 712). L'application pourra s'en présenter,
par exemple, dans les rapports entre patrons et ouvriers (art.
711) (1).

---

(1) Cf. mon *Etude sur les sources de l'obligation*, n° 62 (*Bulletin* 1889, p.
662-663). — Pour la réglementation de toute cette matière dans le Code civil
allemand, voir Nöldeke, *Die ausserkontraktliche Haftung für fremdes
Verschulden nach den §§* 831 et 832 *B. G. B.* (*Beiträge zur Erläuter. des
deutsch. R.*, t. XLI, p. 766 et suiv.), et *infrà*, n° 327 à la note finale.
Il faut cependant faire observer, à cette place, en ce qui touche la détermination des personnes susceptibles d'être classées parmi les surveillants légaux
d'autrui, que le Code civil al. (art. 832) se tient dans des cadres de délimitation
plus étroitement précisés qu'ils ne l'étaient dans le projet. L'art. 710 P¹ se
contentait de poser une règle tout à fait générale, d'après laquelle devait répondre de ses subordonnés quiconque avait, de par la loi, un devoir de surveillance qui lui fût imposé par rapport à une autre personne. Cette formule
s'appliquait, avant tout, aux parents et tuteurs, représentants légaux des
mineurs et des interdits. Elle s'étendait, en outre, aux maîtres relativement
à leurs domestiques et aux instituteurs en ce qui concerne leurs élèves.
Mais déjà, sur ce point, des doutes pouvaient s'élever ; car le texte ne semblait faire aucune restriction, et il eût fallu en conclure que cette responsabilité était encourue même pour des actes accomplis en dehors de leur
service, s'il se fût agi de domestiques, ou, de même, en dehors du temps
passé sous la surveillance de leurs maîtres, s'il se fût agi d'élèves. Enfin, ce

324. *De la mesure de la responsabilité*. — Nous savons quelles
sont les personnes qui peuvent être rendues responsables du délit

qui était plus grave, la même formule pouvait aller jusqu'à comprendre
dans son domaine d'application les officiers, les capitaines de navire, les
pasteurs ou dignitaires ecclésiastiques, ou mêmes certains fonctionnaires,
par rapport aux personnes placées sous les ordres de ces divers représentants légaux de l'autorité. La loi, en leur donnant autorité sur d'autres, leur
impose, à l'égard de ces derniers, un véritable devoir de surveillance, qui
eût été de nature à rentrer sous les termes de l'art. 710 Pl.

Ce danger a été relevé et écarté par la seconde commission. On a parfaitement montré qu'il fallait distinguer le cas où l'autorité avait été confiée
par la loi, et le devoir de surveillance imposé par elle, précisément en vue
de prévenir les dommages qui peuvent être à craindre de la part des personnes au sujet desquelles cette surveillance était une nécessité, et le cas,
au contraire, où l'autorité établie par la loi, et même l'obligation de surveillance qui en est la conséquence toujours un peu forcée, viserait un tout
autre but, et aurait pour objet, non pas de prévenir certains dommages à
l'égard des tiers, mais de faciliter le fonctionnement de certains services,
comme le service militaire, le service maritime, le service ecclésiastique.
Dans la théorie subjective du droit allemand, la responsabilité des surveillants
légaux ne pouvait être engagée que dans la mesure de leur devoir de surveillance, elle ne pouvait pas l'être pour des faits ne rentrant pas sous l'application de ce devoir légal ; et ce serait, en effet, le cas, lorsqu'il s'agirait d'un
acte dommageable commis par des militaires, ou autres personnes soumises
à une autorité hiérarchique, et qui ne fût pas un acte rentrant dans le service, à proprement parler (*Pr.*, II, p. 594-596). On pouvait presque dire la
même chose des domestiques majeurs, en ce que l'autorité que la loi reconnaît à leurs maîtres, et la surveillance qui incombe à ces derniers, ne concernent nullement la conduite, en général, du personnel chargé du service de
la maison, et ne visent que l'accomplissement de ce service lui-même. Le
maître n'entend s'attribuer aucune autorité et n'assumer aucune surveillance
par rapport à la conduite de ses serviteurs, en dehors de leur service.

Or, en tant que l'acte dommageable de ces derniers serait accompli dans
le service, il rentrait sous l'application de l'art. 711, qui traitait de la responsabilité de celui qui avait chargé un autre d'accomplir pour lui tel ou tel
fait, tel ou tel ouvrage : il s'agissait de la responsabilité pour les faits du
préposé. Le danger de la formule de l'art. 710 était donc, pour les domestiques, d'imposer une responsabilité au maître, même pour les actes ne rentrant plus dans le service, et en vertu de cette autorité générale qui est censée appartenir au maître, et à laquelle on eût tenté de faire application
des termes de l'art. 710 Pl.

L'art. 832 C. civ. al. restreint, par conséquent, le domaine de la responsabilité, dérivant d'un devoir légal de surveillance, aux personnes qui sont
les surveillants légaux d'autrui à raison de la minorité ou à raison de l'état
physique ou intellectuel de celui à l'égard duquel ce devoir de surveillance
existe. Cette formule vise, avant tout, les parents à l'égard de leurs enfants
mineurs, et également la mère par rapport aux enfants mineurs nés hors mariage (art. 1707 C. civ. al.). Elle concerne les tuteurs et curateurs des mineurs ;
ceux également qui peuvent être donnés à un majeur (art. 1901 C. civ. al. ; art.
1909 et suiv.), à raison de leur état d'esprit ou d'une infirmité corporelle.

Elle ne vise les instituteurs que en tant qu'ils sont substitués à ces représentants légaux du mineur, et dans la mesure où ils sont substitués à ces derniers, c'est-à-dire pendant le temps seulement pendant lequel le mineur est
placé sous leur surveillance. L'art. 832 § 2 fait allusion à cette nouvelle appli-

d'autrui. Ce sont les surveillants légaux d'autrui, rangés par le projet dans deux catégories, celles dont le devoir de surveillance résulte d'un rapport nécessaire, et celles pour lesquelles ce devoir résulte d'un rapport volontaire, existant entre elles et leurs subordonnés. Reste à voir plus au juste dans quelle mesure elles vont répondre du fait de leurs subordonnés. Nous avons déjà traité la question pour ce qui est de la responsabilité contractuelle, et nous rappelons le principe adopté et la base sur laquelle il repose. Lorsqu'il s'agit de l'exécution d'un contrat, tout dépend d'une question de convention, il y a lieu de délimiter la mesure et l'étendue de l'obligation du débiteur ; et par suite la question est de savoir, lorsqu'il a promis de faire, s'il a entendu promettre un résultat, sans qu'il y ait à tenir compte des moyens qu'il aura à employer pour l'obtenir, si en d'autres termes il a promis garantie pour le fait des intermédiaires dont il pourra ou devra se servir. C'est une présomption à établir ; nous avons dit que la question pouvait être susceptible de

cation de la responsabilité pour autrui, en disant que la même responsabilité incombe à celui qui par contrat s'est chargé de la surveillance d'une des personnes visées par le texte. Et il est facile de voir que ce ne sont pas seulement les instituteurs qui rentreraient sous cette formule, mais les patrons par rapport à leurs apprentis mineurs, et à plus forte raison les personnes, nourrices ou directrices de crèches, qui se chargent des soins à donner à un enfant. Seulement, il a été spécifié que cette responsabilité légale ne s'appliquerait plus, au moins sous les conditions spéciales de l'art. 832, lorsqu'il s'agirait de personnes qui, spontanément, auraient accepté de prendre soin et même de recueillir un enfant, sans qu'il y eût d'engagement pris avec les parents, comme ce serait le cas de ceux qui recueillent, au moins provisoirement, un enfant abandonné (*Pr.*, p. 596). C'est afin de préciser plus formellement encore cette distinction, que la Commission du Reichstag a quelque peu modifié le texte qui lui était soumis, en parlant de ceux qui se sont chargés *par contrat* du devoir de surveillance (*Bericht der Reichstag-Kommission*, p. 60). Relativement à ces personnes, il faudrait donc, pour engager leur responsabilité, faire la preuve d'une faute personnelle à leur charge ; il n'y aurait plus à leur opposer la présomption de faute qu'a fini par admettre l'art. 832 C. civ. al., comme on le verra plus loin (*infrà*, la note finale du n° 327).

Quant aux rapports des maîtres avec leurs domestiques, c'est un domaine auquel l'art. 832 ne s'applique plus, du moins en tant qu'il s'agit de domestiques majeurs : car, dans ce cas, c'est l'art. 831 (*infrà*, n° 327 et la note finale) qui se trouve en cause. L'application de l'art. 831 a été, d'ailleurs, expressément réservée par la Loi d'introduction (art. 95), en dépit des divergences qui pourraient se trouver dans les Lois d'Etats sur les gens de service, ces Lois d'Etats continuant elles-mêmes à recevoir leur application. Pour ce qui est des domestiques et apprentis mineurs, il y aurait lieu d'appliquer d'abord la disposition finale de l'art. 832, telle qu'elle vient d'être exposée, et en outre les dispositions complémentaires qui pourraient être admises à ce sujet dans les Législations d'Etats sur la matière (L. intr. art. 95, cf. *Gewerbeordnung*, §§ 126 et suiv., §§ 127 et suiv., texte révisé de 1900).

Pour ce qui est des conditions sous lesquelles la responsabilité de l'art. 832 produira ses effets, voir *infrà*, n° 327 et la note finale.

distinctions (1), mais que le projet n'en avait admis aucune et avait présumé, dans tous les cas, alors même que l'emploi d'intermédiaires était obligatoire et que le débiteur n'est en faute ni de négligence dans le choix ni d'inattention dans la surveillance, ce qui pourtant constitue bien pour lui une hypothèse de cas fortuit, qu'il a entendu répondre de l'exécution par autrui, et par suite de la faute d'autrui (art. 224) : c'est une garantie contractuelle tacite.

Mais on comprend que la question ne se posait plus sur le même terrain en matière de faute délictuelle. Celui qui emploie un agent ne s'est obligé envers personne à répondre de ses délits. Dans certains cas, il pourrait y avoir lieu à une sorte de solidarité légale qui impliquât responsabilité collective ; mais nous avons vu que le projet n'avait en aucune façon accepté ce point de vue. Reste alors le principe de raison et de justice que chacun n'est responsable, en dehors du contrat, que de son fait personnel. C'était la conception romaine, assurément ; mais on sait cependant que, dans l'hypothèse du *receptum*, les Romains avaient considérablement étendu cette responsabilité et fait une large brèche au dogme de la faute personnelle (2). Il faut se souvenir, en outre, que, dans l'antiquité, tout le travail manuel était fait, ou à peu près, par les esclaves, et que, si ceux-ci commettaient un délit, la victime avait contre le maître les actions noxales. Donc, dans la plupart des cas de transport, en matière de dépôt chez les aubergistes (hypothèses comprises dans le *receptum*), et toutes les fois qu'un délit était commis par un ouvrier ou employé appartenant à la classe servile, ce qui était le cas ordinaire, il y avait responsabilité du maître, en dehors de sa faute personnelle.

Dans nos sociétés, heureusement, il n'y a plus d'esclaves ; le travail est fait par des hommes libres. La victime d'un délit, commis par l'ouvrier employé chez son patron, pourra s'attaquer à l'ouvrier lui-même ; mais cette ressource est le plus souvent illusoire. Reste le patron ; fallait-il, de par la loi, le déclarer responsable, soit directement, soit subsidiairement ? Pour l'affirmative, on avait l'exemple du *receptum* ; en somme, c'était poser la question sur le terrain de l'ordre public : importe-t-il à l'ordre public que ceux qui emploient les services d'autrui soient responsables

---

(1) V. surtout le rapport de Leonhard, présenté au XVIIᵉ congrès des jurisconsultes allemands (1ʳᵉ partie), *Verhandl. des XVIIᵗᵉⁿ deuts. Juristentages*, I, p. 338 et suiv.

(2) Cf. Windscheid, *Pand.*, § 454, note 24, et § 457, note 5.

des faits délictuels, commis par leurs employés, dans l'exercice de leurs fonctions ? Notre Code civil a accepté l'affirmative (art. 1384), parce que, dit-on, il suppose un rapport de dépendance (1) entre maîtres et subordonnés, patrons et ouvriers, et qu'il érige en présomption la faute du maître: autrement dit son défaut de surveillance. Seulement, s'il s'était véritablement placé sur ce terrain de la présomption de faute, il aurait dû réserver au maître le droit à la preuve contraire, comme l'a fait le Code fédéral (art. 61-62). En le lui refusant, il est vrai de dire qu'il a abandonné l'idée d'une présomption de faute, pour se placer au point de vue de l'intérêt public ; il a vu une raison d'ordre général à imposer responsabilité au maître pour ceux qu'il emploie, il a voulu obliger le maître à une diligence plus attentive. Cela ne peut s'expliquer que par cette raison. Or, la raison d'ordre public est toujours une raison contingente, dépendant d'un certain état social et d'un certain état de mœurs, qui peut s'atténuer ou disparaître, exister là et pas ailleurs. Aussi, en Allemagne, on n'a pas cru que ce motif d'intérêt public existât au même degré qu'en France et qu'il y eût nécessité de déroger, comme théorie générale, au principe romain de la faute personnelle.

325. Seulement, si l'on n'a pas cru que l'ordre public exigeât dans tous les cas que le maître fût responsable, il a bien fallu reconnaître que, pour certaines hypothèses, cette raison d'ordre public devait être admise, et cela précisément dans celle de ces sociétés organisées, auxquelles nous avons déjà fait allusion, et surtout lorsqu'il s'agit de la grande industrie et des exploitations dangereuses. C'est en matière de chemins de fer que la nécessité d'une réglementation spéciale se fit surtout sentir. En restant sur le terrain des principes, et l'on entendait par là certaines idées traditionnelles acceptées par voie d'autorité, la victime d'un accident de chemin de fer aurait dû prouver la faute de la compagnie, ou, sinon, se contenter de prouver celle de l'agent et n'avoir d'action que contre ce dernier. Le point important était, avant tout, la question de preuve, mais on sait quelle en est la difficulté. Les compagnies profitaient de ces impossibilités et restaient le plus souvent indemnes, même de leur faute personnelle. Or, comme il s'agissait d'exploitations dangereuses par excellence, il n'était pas trop exorbitant de présumer la faute au cas d'accident : les compagnies

(1) V. Dalloz, *Répert* , v° *Responsabilité*, ch. III, sect. 2, art. 5, n° 1611.

qui se chargeaient de semblables entreprises devaient savoir à quoi s'en tenir et accepter le risque des accidents dont la cause restait inconnue. La jurisprudence fit le premier pas dans cette voie ; elle invoqua même, pour faire échec au principe romain, un prétendu principe coutumier allemand (1), susceptible de justifier le principe de la présomption de faute. On cite une haute Cour qui, voulant de toutes façons se rattacher au principe romain de la faute personnelle, déclara, dans un considérant, que toute exploitation de chemins de fer au moyen de locomotives impliquait nécessairement, en elle-même, un fait délictuel, et que, par suite, tout accident qui en serait la conséquence dût entraîner, sans autre preuve, la responsabilité de la compagnie (2). La loi prussienne du 3 novembre 1838, § 25 (3), trancha législativement la question, tout au moins pour un État particulier ; sa disposition est remarquable en ce qu'elle englobe à la fois les deux cas, de responsabilité contractuelle et de responsabilité délictuelle. Elle déclare les compagnies obligées de plein droit pour tout dommage arrivé, soit aux personnes ou aux marchandises qui sont l'objet du transport, soit à toute autre personne ou à tout autre objet corporel. Il n'est pas douteux que la responsabilité à l'égard des personnes ou objets transportés doive être réglée par les principes relatifs au contrat de transport (4). Au contraire, en faisant allusion aux dommages causés à toute autre personne ou à toute autre chose, en dehors de celles faisant l'objet de transport, la loi vise la responsabilité délictuelle. La règle émise pour les deux cas est que la compagnie est responsable de plein droit, sauf pour elle le droit de se disculper en prouvant soit qu'il y a eu force majeure, soit que l'accident est arrivé par la faute de la victime. Laissons de côté l'hypothèse de responsabilité contractuelle, qui a été réglée par l'article 400 de l'ancien Code de commerce, relatif au contrat de transport et que vise l'article 224 du projet, en déclarant que le débiteur est responsable de l'inexécution due à la faute d'autrui : le voiturier qui a promis de transporter et de conduire sain et sauf à destination l'objet qui lui a été confié, ou la personne qui s'est confiée à lui,

---

(1) Cf. Westerkamp, *Die Haftpflicht*, dans l'*Handb. d'Endemann*, III, p. 618. — Stobbe, *loc. cit.*, § 201, note 33.

(2) Cf. Stobbe, *loc. cit.*, III. § 200, note 25.

(3) Stobbe, *loc. cit.*, III, p. 381.

(4) Cf. Meili, *Das Recht der modernen Verkehrs und Transportanstalten*, Leipzig, 1888, §§ 23-36. — Cf. Schott, *Das Transportgeschäft*, § 342. (*Handb. d'Endem.*, III, p. 362 et suiv.).

répond de l'accident causé par un de ses agents et d'où résulte une violation de son contrat (1).

Tenons-nous-en à l'hypothèse d'un accident causé à un tiers, envers qui la compagnie n'était pas liée par contrat : c'est le cas de responsabilité délictuelle. L'article 25 de la loi prussienne ne vise pas spécialement le cas où l'accident est le fait d'un agent de la compagnie ; mais en déclarant que la compagnie ne peut exciper que de la force majeure, comme le fait émanant de son agent ne rentre pas dans cette hypothèse, la loi entend dire qu'elle répondra du fait de ses employés. C'est cette théorie qu'a généralisée la loi actuellement en vigueur sur la responsabilité, promulguée le 7 juin 1871, et devenue loi d'Empire. Son article 1er déclare, au cas d'accident survenu aux personnes par suite de l'exploitation d'une entreprise de chemins de fer, la compagnie responsable, sauf pour elle le droit de se disculper en prouvant la faute de la victime ou la force majeure (2). On remarquera que cette disposition ne s'applique qu'aux accidents de personnes et non au cas de dommage causé aux choses. Pour ces dernières, s'il s'agit de celles qui sont l'objet du transport (Cf. Code civil, art. 1784), la responsabilité sera donc réglée par les principes du droit commercial en cette matière, et pour les autres, par les règles du droit commun en matière de responsabilité délictuelle. De plus, en ce qui touche les personnes, on voit que la loi ne distingue pas les voyageurs des autres personnes : quelle que soit la personne atteinte, la compagnie est responsable. Et, cependant, ce peut être, ou un voyageur déjà protégé par les règles du contrat de transport, ou un ouvrier engagé par la compagnie, et qui veuille prétendre que sa sécurité personnelle lui soit garantie par son propre contrat (3), qui, en tous cas, depuis les lois de 1884, demanderait indemnité aux corporations d'assurances. Enfin, ce peut être un tiers qui ne puisse invoquer aucun contrat existant entre lui et la compagnie : ce sont ces derniers principalement qui auront intérêt, aujourd'hui, surtout depuis que les ouvriers de l'exploitation sont protégés par le mécanisme de l'assurance obligatoire, à invoquer l'article 1er de la loi de 1871. Mais il était bon de remarquer que cette disposition était absolument générale et ne faisait aucune de ces dis-

---

(1) Cf. Sainctelette, *Responsabilité et Garantie*, ch. III et IV. — Add. Lyon-Caen, *Examen doctrinal*, dans *Rev. crit.*, 1886, p. 362.

(2) Westerkamp, *loc. cit.*, dans *Handbuch d'Endemann*, III, § 377, p. 627.

(3) Cf. Sauzet, *Responsabilité des patrons vis-à-vis des ouvriers*, n° 34. V. *Rev. crit.*, 1883, p. 616, note 3.

tinctions. Ajoutons, enfin, que l'interprétation qu'elle comporte est
la même que celle de l'article 25 de la loi prussienne de 1838, et
que, par conséquent, le texte implique responsabilité pour le fait
d'autrui, agents ou employés quelconques, indépendamment de
toute faute de la compagnie, et alors même qu'elle n'en aurait
commis aucune (1) ; il n'y a que la force majeure proprement dite
qui puisse dégager sa responsabilité.

Mais la loi de 1871 ne se contente pas de poser le principe de la
responsabilité des compagnies de chemins de fer pour le cas d'accidents de personnes, son article 2 traite, d'une façon cette fois
absolument spéciale, de la responsabilité pour autrui en matière
d'industries nommément désignées et de fabriques en général (2).
Il est dit que le chef d'industrie, au cas d'accidents de personnes,
répondra de la faute de ses agents, représentants et surveillants
divers. Il s'agit d'une disposition exceptionnelle : l'exception
consiste en ce que la responsabilité est de droit, sans qu'on ait à
prouver la faute personnelle du directeur, sans même que celui-ci
puisse se disculper en prouvant l'absence de faute. Il suffit de prouver la faute de l'agent. Aussi, cette disposition n'est déclarée applicable qu'à certaines industries déterminées ; mais il est vrai que le
mot *fabriques*, employé au texte, permet la plus large interprétation (3). On remarquera, en outre, que, pour ces industries,
autres que celles ayant pour objet l'exploitation des chemins de
fer, la loi de 1871 ne traite que du cas de responsabilité pour au-.
trui, ou, pour mieux dire, de responsabilité pour la faute de certaines personnes déterminées, celles qui représentent le maître ou
qui sont préposées par lui à la surveillance des travaux. Elle ne pose
pas le principe d'une responsabilité générale. S'il s'agit d'une
personne blessée autrement que par le fait d'un des employés de
l'usine, et qui ne puisse établir la faute des surveillants, — par
exemple on peut supposer que l'un des ouvriers soit atteint au
cours de son travail et sans qu'il y ait faute des ingénieurs, surveillants et contremaîtres, — la victime aurait eu à faire la preuve
de la faute personnelle du patron (4). Il en sera encore de même

(1) Cf. Stobbe, *loc. cit*, III, § 201, p. 396.
(2) Westerkamp, *loc. cit.* (*Hand. d'Endem.*, III, § 383). — Sur toutes les
questions relatives aux lois de 1838 et 1871, voir Massola, *L'assicurazione degli
operai nella scienza et nella legislazione germanica* (Roma, 1885, ch. xi).
(3) Cf. Förster-Eccius, II, § 151, note 44.
(4) On voit en somme que les ouvriers, sous le régime de la loi de 1871, et
en dehors de ceux employés dans les compagnies de chemins de fer, ne

aujourd'hui pour les personnes étrangères à l'exploitation et qui ne pourraient établir la faute des agents visés par l'article 2 de la loi de 1871 ; on sait que pour ce qui est des ouvriers, la loi de 1884 sur l'assurance obligatoire a modifié toute cette réglementation. Mais laissons ce point de côté, nous n'avons pas à nous en occuper ici, et revenons à la responsabilité pour la faute d'autrui.

Dans le même ordre d'idées, on peut signaler, pour la Suisse, la loi fédérale du 1er juillet 1875, dont les articles 1 et 2 traitent de la responsabilité des compagnies de chemins de fer pour le fait de leurs agents et pour le cas d'accidents de personnes. Elle vise l'hypothèse, non seulement d'accident survenu au cours de l'exploitation, mais au cours de la construction, et s'exprime à peu près comme la loi allemande de 1871, § 2 (1).

326. En dehors de ces cas, visés par les lois, le principe du droit commun restait celui de la faute personnelle ; d'où cette conséquence que, bien souvent, la victime d'un dommage n'avait d'action que contre l'auteur direct, et non contre le maître. Peut-être aurions-nous pu parler à cette occasion de la respon-

pouvaient obtenir indemnité qu'à l'aide d'une série de preuves plus ou moins délicates : il leur fallait établir le défaut de surveillance des contremaîtres ou des directeurs de travaux : sinon prouver la faute des ingénieurs ; démontrer par suite les vices de l'installation ou de l'outillage mécanique, la mauvaise direction des travaux ; ou enfin s'ils n'y pouvaient réussir, remonter jusqu'au chef d'industrie et à la compagnie, en établissant par exemple que le service de surveillance était incomplet. L'ouvrier, ne pouvant plus s'en prendre aux agents visés par la loi de 1871, eût cherché à s'en prendre au patron en lui reprochant d'avoir un nombre de surveillants trop restreint. Tout cela était fort délicat. Il est vrai que s'il y avait eu violation de la part du patron des prescriptions légales sur la réglementation de l'industrie (*Reichs Gewerbe-Ordn.*, § 120), on pourrait soutenir, et on l'a soutenu sous l'influence sans doute des idées nouvelles (voir Eccius, II, p. 484), que ces prescriptions constituent comme des clauses légales du contrat de louage de services passé entre l'ouvrier et le maître et que, par suite, la violation de ces prescriptions équivaudrait de la part du maître à une violation de son contrat. Mais encore faudrait-il, pour établir la violation du contrat, prouver l'oubli des règlements ; et il ne suffit pas que l'ouvrier soit blessé, pour qu'il y ait inexécution du contrat ; celle-ci résulte de la violation des clauses relatives aux prescriptions légales et il faut démontrer cette violation contractuelle ; cela même dans la théorie d'Eccius. — Cf. L. Brentano, *la Question ouvrière*, § 43, traduct. de L. Caubert, p. 260.

(1) Cf. loi fédérale du 25 juin 1881 : loi anglaise du 7 septembre 1880. Sur les résultats de la législation anglaise en matière de responsabilité, voir Baernreither, *Die Englischen Arbeiterverbände und ihr Recht* (I, Tubingen, 1886, p. 108-112), et surtout la thèse de M. Monnier, *La législation anglaise sur la réparation des accidents de travail* (Paris, 1899) ; cf. également celle de M. Rist, *Législation anglaise sur la responsabilité en matière d'accidents* (1899).

sabilité de l'administration des postes et de celle des télégraphes pour le fait de leurs agents. Mais, en réalité, elle est calquée sur la responsabilité contractuelle et tout au moins dépend d'une obligation légale, visée par les règlements légaux ou administratifs sur la matière, et ne peut guère figurer au nombre des cas de responsabilité délictuelle. Sans doute, on admet, le plus généralement, que les rapports entre l'administration, soit des postes, soit des télégraphes, et les expéditeurs ne dérivent pas d'un véritable contrat, mais d'une réglementation légale (1), de laquelle résultent, comme conséquence du monopole administratif, certaines obligations à la charge de ces administrations, et comme compensation, certains droits à l'égard du public qui fait appel à leur intermédiaire. Mais il n'en suit pas moins que ces obligations, imposées par la loi, plutôt que résultant de la libre convention, sont modelées sur celles qui pourraient naître d'un contrat passé avec l'expéditeur, contrat de transport pour ce qui est de l'envoi des lettres, et, selon l'avis le plus commun, contrat assimilable à la *locatio operis*, en ce qui touche l'expédition des dépêches (2). Si l'administration répond du fait de ses agents, c'est en vertu d'une disposition formelle de la loi qui la considère comme étant obligée envers l'expéditeur à procurer un résultat déterminé, comme elle le serait en vertu d'un contrat passé avec lui, et qui, par conséquent, engage sa responsabilité pour le fait d'inexécution résultant de la faute d'un agent, en dehors de toute faute personnelle de sa part, et en vertu seulement d'une obligation de garantie qui lui est imposée. Rappelons également que cette obligation de garantie ne s'étend qu'aux faits strictement spécifiés par les lois et règlements. Ainsi, par exemple, pour ce qui est des postes, l'administration ne répond des lettres chargées, tout au moins pour la valeur intégrale, que si celle-ci est déclarée dans les formes et conditions requises (3). De même, l'administration des télégraphes ne répond pas de la remise régulière, et opérée dans un délai déterminé, des dépêches, ni de l'exacte traduction de ces dernières, si ce n'est qu'au cas de remise tardive ou de version inexacte, elle peut être obligée à restituer la taxe perçue (4). On voit, en somme, combien cette responsabilité spéciale est ici limitée. Mais, dans

(1) Cf. Schott, *loc. cit.* (*Hamdb. d'Endem.*, III, § 367, p. 542, § 372, p. 590, note 36).

(2) Schott, *loc. cit.*, § 372, note 38.

(3) *Post Gesetz*, §§ 8 et 10, et *Post ord.*, §§ 6 et 15.

(4) *Telegraph. Ordn.*, § 24.

tous ces cas, si l'intéressé prouve la faute de l'agent, il peut poursuivre celui-ci en vertu des principes du droit commun sur la responsabilité délictuelle et lui demander pleine réparation (1). Nous
croyons aussi que, s'il pouvait établir la faute personnelle de l'administration, par exemple le défaut de surveillance par rapport à
ses employés, il aurait droit de lui demander réparation pour le
fait d'autrui ; car, si les lois ont limité sa responsabilité légale, que
nous appellerions, par analogie, sa responsabilité contractuelle,
elles n'ont pas entendu la soustraire au principe du droit commun en matière de délit civil : seulement c'est à l'intéressé à faire
sa preuve.

327. Telles sont les principales hypothèses dans lesquelles la
loi ait statué ; et, en dehors de ces cas spéciaux, le principe romain
de la faute personnelle subsistait dans toute son intégrité. Fallait-
il donc l'abandonner (2), pour lui substituer, soit le principe français
d'une responsabilité absolue, sans aucune possibilité de justification pour toute faute d'un subordonné, soit tout au moins le
principe de la loi suisse, d'une présomption de faute susceptible
d'être combattue par la preuve contraire ? Le projet ne l'a pas pensé.
Certains disaient que le droit de surveillance, et par suite que
l'autorité, créait la responsabilité. Mais c'est oublier, a-t-on répondu, que l'autorité ne supprime pas l'individualité de l'ouvrier et
qu'elle ne crée de responsabilité que dans la mesure où elle peut
s'exercer, autrement dit dans la mesure du devoir de surveillance
qui en est la suite, ce qui est revenir au principe romain de la faute
personnelle. D'autres faisaient de l'employé, de l'ouvrier, les représentants du maître ; ce qui est une fausse analogie. On représente
quelqu'un, lorsqu'on se substitue à lui et que l'on fait à sa place
ce qu'il aurait pu faire, auquel cas, le maître est garant de celui
qu'il s'est substitué ; mais qui pourrait soutenir que le chef d'une
usine se substitue tous les ouvriers qu'il emploie ? (3). La vérité
est qu'il fait exécuter par eux ce qu'il serait incapable de faire
lui-même ; il fait appel à leurs services, il s'associe leur travail.

---

(1) Schott, *loc. cit.*, § 367, notes 117-118, § 373, note 44.
(2) Cf. Windscheid, *Pand.*, § 457, note 5 *a*. — *Verhandl. des XVII*ten
deutsch. Juristentages, I, p. 46 et suiv., p. 125 et suiv., 378 et suiv., II,
p. 80 et suiv., p. 284 et suiv. ; des XVIII*ten, I, p. 275 et suiv. — Goldschmidt,
dans *Zeitsch*. f. H. R. III, p. 73 et suiv., p. 93 et suiv.
(3) Cf. Leonhard, dans sa consultation au XVII*e* congrès (*Verhandl. des
XVII*ten *d. Jur.*, p. 351).

Il y a adjonction de deux activités, dont l'une se met au service de l'autre, il n'y a pas substitution de l'une à l'autre. Enfin, on a parlé d'instruments de travail, à quoi on a fait remarquer que ce n'était là qu'une image et non une démonstration : l'ouvrier est un instrument qui se manie lui-même et qui n'est pas aux mains du maître, comme le serait l'outil aux mains du forgeron. Le maître répondrait-il des accidents que son marteau aurait causés aux mains d'un tiers? Or, l'ouvrier est un instrument aux mains d'un tiers, lequel tiers n'est autre que l'ouvrier lui-même, et le maître est responsable de celui qui manie l'instrument et non de l'instrument (1) La question reste la même : dans quel cas doit-il être responsable de celui qui tient l'instrument ? La raison répond : lorsqu'il a manqué à son devoir de surveillance, et l'on doit ajouter, sauf si l'on doit considérer les relations entre maîtres et ouvriers comme résultant d'un organisme social qui implique entre eux une certaine solidarité ; sauf, également, si une raison d'ordre public doit faire supporter par le maître la responsabilité absolue de ceux qu'il emploie. De ces deux points de vue, le projet ignore le premier et n'admet le second que dans les cas exceptionnels visés par les lois, ce qui fait allusion à la loi de 1871. Le principe qui triomphe reste celui de la responsabilité personnelle à raison du fait d'autrui, soit que la faute du maître résulte de son choix (art. 712), soit qu'elle consiste dans le défaut de surveillance (art. 710-711) (2).

(1) Cf. Leonhard, *loc. cit.*, p. 382-383.

(2) Toute cette réglementation du projet, en ce qui touche les conditions d'admissibilité de la responsabilité pour autrui, a été considérablement modifiée par le Code civil al. Elle l'a été dans un sens opposé au principe romain, de telle sorte que le système qui a fini par l'emporter se rapproche beaucoup du principe de notre art. 1384, sans que l'on ait osé encore prononcer l'assimilation absolue avec le droit français. Sur ce point, comme sur tant d'autres, l'élaboration du Code civil allemand, au moins dans les travaux de la seconde commission, et en dehors des principes doctrinaires qui avaient prévalu au début, a prouvé, une fois de plus, la supériorité pratique du Code civil français par rapport aux déductions purement géométriques que l'on avait voulu tirer du droit romain. Il est intéressant de remarquer combien, dans la plupart des domaines, les praticiens qui préparèrent le Code civil français, en recueillant le meilleur fruit de notre évolution coutumière, avaient bien vu et touché juste, puisque, sur bien des questions prévues par eux, tout le travail scientifique d'un siècle d'analyse patiente et infatigable, dans le pays qui a, sous ce rapport, atteint, il faut savoir le reconnaître, le point véritablement culminant, devait aboutir à revenir au point de départ, ou, pour mieux dire, à s'assimiler, sans oser toujours le faire assez franchement, les simples solutions de bon sens que le législateur français avait consacrées, il y a déjà un siècle, et qu'il avait trouvées dans la pratique de notre ancien droit. Et

328. La conséquence importante de cette théorie est que le demandeur, la victime du dommage par conséquent, devra prouver

l'on sent, très bien, — cela ressort de toutes les discussions du Reichstag et de la seconde commission, — que, là où les auteurs du Code civil n'ont fait que la moitié du chemin, n'acceptant qu'à demi la solution française, tout le progrès de l'avenir consistera a franchir le dernier pas et à consacrer cette solution, non plus à moitié, mais dans l'intégrité du système qu'elle représente. Il y a donc avantage, plus que jamais, à ce que les deux courants se rapprochent et se pénètrent ; l'un venant de l'Allemagne, pour rendre plus intense encore, et pour aiguiser, si l'on peut ainsi dire, cet esprit d'analyse scientifique dont la science françaises a déjà donné tant de preuves, et l'autre venant de cette intelligence des besoins pratiques qui caractérise notre pays, et qui, par delà les solutions scientifiques, fera prévaloir, puisqu'il n'y a que ce point de vue qui compte et qui ait, en droit, une valeur positive, les desiderata qu'imposent les nécessités sociales et les exigences d'équité et de justice de l'heure présente (cf., sur tous ces points, l'admirable rapport de M. le Pr R. Sohm, au Congrès de droit comparé de 1900).

C'est à propos de la responsabilité imposée aux surveillants légaux des mineurs et interdits, celle de l'art. 832 C. civ. al. (*suprà*, n° 323 et la note finale), que le premier pas fut franchi. Contrairement au système du projet (art. 710), qui mettait à la charge du tiers victime du dommage la nécessité de faire la preuve, l'obligeant à établir la faute du père ou du tuteur, l'art. 832 renverse les rôles et établit, conformément à notre art. 1384, une présomption de faute, susceptible d'être écartée par la preuve contraire ; on donne simplement au surveillant légal le droit de se disculper en prouvant l'absence de faute (*Pr.*, p. 595-596).

Mais c'est à propos des commettants, entrepreneurs et patrons, tels que les visait l'art. 711 Pr, en parlant de ceux qui chargent un autre de l'exécution d'un travail ou d'un fait, que la discussion fut vive. On paraissait à peu près d'accord pour admettre la même interversion des rôles que celle qui venait d'être acceptée à la charge des parents et tuteurs. Mais, on voulait, à l'imitation de notre art. 1384, faire un pas de plus et imposer une responsabilité légale, sans atténuation ni restriction ; c'est ce que l'on appelle généralement le système de la présomption de faute, entendue, cette fois, d'une présomption absolue et irréfragable. C'est le quasi-délit du droit allemand. On faisait valoir l'idée d'une représentation légale du patron, analogue à celle qui avait été admise pour les personnes morales et que l'art. 31 C. civ. al. venait de consacrer, responsabilité purement objective, lorsque le fait émane des organes représentatifs de l'association. Au fond, l'idée d'une volonté collective réalisée par l'organe de la personne civile, n'est, et ne peut jamais être, qu'une image. La réalité qui se cache sous ces expressions est que celui qui travaille pour d'autres engage la responsabilité de celui pour qui il agit par tous les faits qui se rapportent à son travail. La responsabilité s'attache au fait lui-même, et non à l'agent. Elle suit le fait, en ce que celui à qui le fait profite en subit les conséquences passives, comme il en touche les profits positifs. L'agent n'est qu'un instrument qui travaille pour autrui : il est le bras qui exécute, il n'est pas la tête qui commande. Celui qui a donné l'ordre, même quand il n'a pas prévu les moyens ou la façon dont se ferait l'exécution, et même, à supposer qu'il les eût écartés s'il avait pu les connaître, doit subir les suites de l'ordre donné : il y a représentation par celui qu'il s'est préposé. On ne voit pas, disait-on, pourquoi, sous ce rapport, il y aurait lieu de distinguer entre la représentation des personnes juridiques et celle des individus (*Pr.*, p. 600).

Mais, sans entrer dans ces considérations d'ordre juridique, d'autres partisans de la responsabilité élargie faisaient surtout valoir des raisons tirées de l'ordre et la faute de l'agent et celle du maître, et enfin le rapport de causalité entre elles. Tout cela pourra être fort délicat, et il importait de bien mettre la chose en relief.

industriel et du point de vue social. Et ces derniers se partageaient en deux groupes, ceux qui voulaient n'accepter de responsabilité irréfragable que pour la grande industrie, et ceux qui voulaient étendre le principe a tous les patrons et commettants, sans leur donner jamais le droit de se disculper. Les premiers faisaient valoir des idées analogues à celles qui ont fait accepter la théorie du risque professionnel, lorsque l'accident atteint l'ouvrier lui-même, idées qui se présentent sous une forme identique lorsque c'est l'ouvrier qui blesse un tiers étranger à l'industrie. Le travail, sans distinguer quelle est la victime, doit supporter les risques du travail ; et ce principe est surtout vrai lorsqu'il s'agit du travail organisé en grand, sous forme de mécanisme industriel ne laissant plus aux individualités qui y concourent d'autre initiative que celle d'aller au-devant des dangers et des imprudences, et multipliant, par l'effet des forces aveugles qui sont mises en mouvement, les causes d'accident et de dommage, pour les tiers aussi bien que pour les travailleurs. D'autres, plus logiques, ne voyaient pas de raisons de distinguer entre la grande et la petite industrie (*Pr.*, p. 601-602).

Et, peut-être, est-ce cette application intégrale de la théorie du risque, telle que l'accepte notre art. 1384, qui a quelque peu effrayé la majorité. On mettait en avant (cf. *Bericht der Reichstag-Kommission*, p. 60), l'exemple hypothétique d'un voiturier, qui eût apporté le plus grand soin dans le choix des conducteurs et cochers employés par lui, et qui pût établir, puisque la preuve, de toutes façons, lui incomberait, que l'accident ou les accidents arrivés par la faute de ses préposés ne dussent engager en rien sa responsabilité personnelle, et qui cependant, d'après le système qu'on attribuait au droit français, devrait payer indemnité pour tous les dommages causés, soit aux voyageurs, soit aux marchandises dont il eût à effectuer le transport. Qu'il en soit ainsi d'une grande compagnie, d'une compagnie de chemins de fer, c'était un point acquis, et consacré, d'ailleurs, par les lois spéciales de la matière. Mais l'admettre également, pour de petits patrons, en mesure d'établir l'absence complète de faute à leur charge, c'était les menacer d'une ruine complète, à l'encontre de toute idée de justice. Mais, vraiment, est-ce que ce ne serait pas la ruine, en pareil cas, pour le conducteur, auteur direct et responsable de l'accident; la ruine pour la victime ? Pourquoi donc accepter la ruine pour tous, alors que celui pour qui l'industrie fonctionne et à qui elle profite resterait indemne ?

Quoi qu'il en soit, la majorité s'en tint encore au principe subjectif du projet, si ce n'est qu'elle admit une présomption de faute, purement relative, laissant au commettant, maître ou patron, le droit d'établir, pour prendre les termes de l'art. 831 C. civ. al., ou bien qu'il a apporté au choix de ses préposés ou de son mécanisme tous les soins exigés par les usages, ou encore, là où la direction lui est laissée, qu'il ne s'est pas départi d'une surveillance également requise par les usages, ou enfin, à supposer que ces preuves n'aient pas été fournies, que, de toutes façons, même en admettant que tous ces soins eussent été apportés dans l'espèce, l'accident n'en serait pas moins arrivé (*Pr.*, p. 603-604). Cela revient à dire que c'est à lui de prouver le cas fortuit ; seulement, la limite du cas fortuit est moins indéfiniment reculée que sous le domaine d'application de notre art. 1382, puisqu'on n'exige pas de lui qu'il ait apporté au choix ou à la surveillance tous les soins qui eussent suffi à écarter l'accident, de telle sorte que, dès qu'une chance de l'éviter se trouvât exister, il y ait faute par le fait seul de n'avoir pas pris les soins jugés nécessaires pour y parvenir. Ce serait le principe de la responsabilité pour toute faute quelconque, du moment qu'il

3ᵉ édition.   27

On doit aussi, comme on l'a toujours fait, rapprocher de cette matière le cas de responsabilité pour dommage causé par les animaux domestiques. Dans le système du projet qui n'admet pas le quasi-délit au sens du droit allemand, la responsabilité du propriétaire ou d'une façon générale du maître, ne sera engagée que s'il y a, à sa charge, défaut de surveillance : seulement il fallait, pour obtenir ce résultat, consacrer législativement. ce devoir de surveillance et c'est ce que fait l'article 734 (1).

y aurait eu un moyen, quel qu'il fût, d'éviter le désastre et que l'on considérât comme faute le fait de n'avoir ni prévu, ni employé, le moyen supposé. L'art. 831, au contraire, n'exige du commettant ou du patron que les soins exigés par les usages industriels, ceux que l'on est dans l'habitude de prendre dans telle ou telle industrie, lorsqu'on est prudent et soigneux. Le texte de l'amendement initial (*Pr.*, p. 597) parlait de soins conformes aux usages ; on a craint, suivant la lettre de cette formule, que l'on pût s'exempter de toute responsabilité en prouvant que l'on se fût conformé aux usages, là où la routine est devenue habituelle. Aussi, parle t on, dans le texte définitif, des soins exigés ou requis par les usages industriels : ceux que l'usage impose lorsqu'on veut être prudent : donc, non pas absolument ce qui se fait, mais ce qui devrait se faire, pour se conformer au bon fonctionnement de telle ou telle industrie, dans son adaptation au milieu où elle s'exerce. Cette expression devra s'entendre comme celle de l'art. 138, lorsqu'il est question d'actes contraires aux mœurs (cf. *Sal.*, *Décl.*, p. 281 et suiv.).

De toutes façons, la faute du patron ou du commettant, faute présumée d'ailleurs, se trouve être une faute tracée objectivement et caractérisée uniquement par son point de vue objectif, sans référence directe avec son origine subjective. Le même caractère objectif se présente et se retrouve encore, lorsqu'il s'agit de définir le fait du préposé, ou même celui du mineur ou de l'interdit, dans le cas prévu par l'art. 832, fait qui soit de nature à engager la responsabilité du commettant ou du surveillant légal. On n'exige plus, comme lorsqu'il s'agit de la responsabilité des personnes morales, là où il faut un délit personnel, impliquant responsabilité personnelle de l'agent (art. 31 C. civ. al.), que l'auteur du dommage soit lui même responsable en vertu de sa faute personnelle. Il pourrait être parfaitement exempt de faute, par application des art. 827 et 828 ; par exemple si l'on suppose que l'agent soit dans un état d'ivresse qui ne provienne pas de sa faute, hypothèse rare à prévoir d'après les termes de l'art. 827, mais non cependant irréalisable. Le patron n'en est pas moins responsable, s'il n'établit pas l'absence de faute en ce qui le concerne. C'est que ce n'est plus, comme pour la responsabilité des personnes morales, le délit de l'agent qui est imputé à la personne responsable : c'est la faute personnelle du patron qui est, ici, le fondement de la responsabilité ; et cette faute du patron est indépendante de celle de l'agent. De sorte que le fait de l'agent, ne pouvant plus être caractérisé par ses éléments subjectifs, ne le sera que par sa matérialité, en tant que fait objectivement illicite. On revient forcément à l'idée qui devrait être la seule admise en matière de délit civil : l'objectivité du fait, indépendamment de toute recherche psychologique en ce qui concerne l'agent (sur tous ces points, Pl. p. 623 et suiv. et les auteurs cités par lui)

(1) V. mon *Étude sur les sources de l'obligation* (*Bulletin* 1889, p. 665-666) ; cf. C. civ., art. 1385 et art. 1386.

En ce qui touche la responsabilité pour les animaux dont on a la garde, le

329. *Caractère de l'action en responsabilité.* — Nous avons traité jusqu'alors des conditions d'existence de la responsabilité délictuelle ; quelques mots suffiront pour en décrire les caractères.

premier projet (art. 734) s'en tenait encore à son principe général d'une faute personnelle, dont la preuve devait être faite par la victime du dommage. Seulement, il définissait ce que serait la faute, en rendant très étroit le devoir de surveillance du maître ou du possesseur de l'animal. La seconde commission, sur ce point également, fit une large brèche aux principes traditionnels, une double brèche, pourrait-on dire. Pour ce qui est des animaux domestiques, on maintenait le principe de la faute personnelle, mais le second projet appliquait, là comme ailleurs, son nouveau système de renversement de la preuve : celui qui détenait l'animal était présumé en faute, et c'était à lui de se disculper. Mais lorsqu'il s'agissait d'animaux n'ayant plus le caractère d'animaux domestiques, ce droit était enlevé au possesseur, à raison des dangers auxquels il exposait les tiers par le fait seul qu'il eût en sa possession un animal sauvage. Ce fait, à lui seul, impliquait que le propriétaire assumait tous les risques qui pussent en provenir. La responsabilité ne reposait plus sur sa faute personnelle ; le possesseur n'avait plus le droit d'établir qu'il fût exempt de faute (cf. *Pr.*, p. 646-648, art. 756 P¹). C'est ce second principe qui fut étendu à toutes les hypothèses, même à celle où il fût question d'animaux domestiques, par la commission du Reichstag *(Bericht*, p. 60). Après tout, en effet, le principe de la responsabilité est toujours le même ; c'est le fait d'avoir avec soi un animal susceptible de nuire, et ce danger n'est guère moindre lorsqu'il s'agit d'animaux domestiques. Puis, comment faire la distinction entre ces derniers et les autres ? Si l'on s'en tient au genre, il faut convenir que, parmi les animaux classés comme domestiques, les chiens par exemple, il peut y avoir des espèces fort dangereuses : et, si l'on veut distinguer parmi les espèces, quelles complications ! De là, par suite, l'admission définitive du texte actuel, qui, sans distinction, déclare responsable, sans possibilité de se disculper, celui qui a en sa garde un animal quelconque, au cas de dommage causé par ce dernier (art. 833 C. civ. al.).

Mais la disposition qui fait ainsi l'objet de l'art. 833, de même que celle de l'art. 734 P¹, ne visait que les animaux tenus en la garde de celui qui les possède, et non les animaux vivant en liberté sur un domaine, et susceptibles de causer des ravages sur les terres où ils résident. C'était la question célèbre des dommages causés aux récoltes par le gibier. Ce point était un de ceux sur lesquels, en Allemagne, les passions étaient le plus surexcitées. Cela venait, non seulement de l'importance que tient la chasse dans la vie des grands propriétaires fonciers, mais de ce que, dans certains pays encore, très rares il est vrai, le droit de chasse a gardé son caractère de droit seigneurial, appartenant à certains propriétaires de domaines féodaux sur l'ensemble des terres qui s'y rattachent. Cette situation exceptionnelle mise à part, il faut savoir que le plus souvent, en Allemagne, là surtout où la propriété est très divisée, c'est à la commune qu'appartient le droit de disposer de la chasse sur son territoire. Toutes les petites parcelles forment une agglomération, constituent un district de chasse, dont la commune loue la chasse, sous réserve d'en répartir le loyer annuel entre chacun des propriétaires, d'après l'étendue de sa propriété. C'est une des hypothèses, et l'une des plus fréquentes, dans lesquelles le droit de chasse, en vertu de la loi elle-même, n'appartient plus au propriétaire ; il en est de même dans les exceptionnels des territoires où le droit de chasse a gardé son caractère féodal et peut être exercé sur les terres d'autrui.

Dans toutes ces hypothèses, la séparation entre le droit de chasse et le droit de propriété vient de la loi elle-même. Il faut avoir bien soin d'en distinguer

Le point important est d'indiquer quelle sera la mesure de l'indemnité ; d'après l'article 715, elle devra couvrir l'intégralité du dommage, pourvu qu'entre celui-ci et le fait délictuel il y ait rapport de cause à effet. Quant aux principes relatifs au calcul de

les cas, très différents, où cette séparation serait l'œuvre d'une libre convention, comme au cas de bail, lorsque le contrat réserve le droit de chasse au propriétaire. Lorsqu'il s'agit d'usufruit, il peut y avoir là une situation mixte, susceptible d'être réglée à part (cf. art. 72, L. intr.).

Quoi qu'il en soit, là où la chasse n'appartient plus au propriétaire, il pouvait paraître véritablement injuste, puisque le propriétaire n'avait plus le droit de détruire lui-même le gibier qui ravageait ses terres, de le laisser exposé aux ravages dont il eût à souffrir, sans aucun recours contre personne. On avait bien essayé de soutenir, au moins pour les terres en friche ou guérets, que l'existence du gibier était un fait naturel, inhérent à la possession du sol, et que personne n'avait à répondre des dommages qui pouvaient en résulter, pas plus qu'on n'avait à répondre des imtempéries du ciel. La seule concession qui pût être admise était que, si le titulaire du droit de chasse était cause, par sa faute, d'une multiplication excessive du gibier, par exemple parce qu'il s'abstenait de le chasser ou de faire des battues suffisantes, il pouvait être tenu d'un délit civil, conformément aux principes généraux du droit commun ; mais on mettait en avant, surtout, pour le cas le plus fréquent, celui des districts communaux, le fait que l'indemnité de chasse, payée à chacun des petits propriétaires, était une assurance forfaitaire contre les risques ; et que, par suite, le dommage était payé par avance (*Pr.*, p. 812-866).

En tous cas, les divergences sur tous ces points étaient trop profondes entre les diverses régions de l'Allemagne, pour que la première commission ait cru pouvoir établir sur ce point une législation unitaire ; d'autant, avait-on dit, que la réglementation du droit de chasse rentre dans le domaine du droit public, et qu'il en est ainsi de la question d'indemnité à payer aux propriétaires, comme de toutes les autres. Le premier projet avait donc réservé la matière pour le domaine du droit particulariste des Législations d'États : c'est ainsi que l'art. 43 L. intr. P¹ renvoyait aux lois d'États, même en ce qui concerne le principe de l'indemnité. Par là s'explique que le premier projet n'ait contenu aucune disposition sur la matière.

Mais, il n'en fut pas de même de la seconde commission. On fut assez vite d'accord, en dépit d'une opposition assez vive de la part des représentants de la grande propriété foncière, pour détacher de l'ensemble de la législation sur la chasse, laquelle, en effet, en tant que faisant partie du droit public, restait soumise au droit particulariste, la question de l'indemnité aux propriétaires. Seulement, par le fait seul du conflit résultant de ces divergences locales, on s'explique qu'on n'ait voulu, ou qu'on n'ait pu, imposer de réglementation unitaire que sur les points les plus urgents, les seuls sur lesquels on pût arriver à se mettre d'accord, laissant ainsi dans le domaine des principes généraux, ou encore dans celui des législations d'États, bien des questions qui eussent semblé devoir appeler une réponse : la question par exemple de savoir si le propriétaire, même ayant gardé le droit de chasse, n'aurait pas droit à indemnité pour les dégâts commis par le gibier provenant d'un domaine voisin où la chasse est gardée et le gibier entretenu en vue de la chasse ; la question des règlements à intervenir entre propriétaire et fermier, lorsque le propriétaire a gardé la chasse et que son gibier ravage les récoltes du fermier ; celle enfin ayant pour but de déterminer qui supporterait l'indemnité, de celui à qui la loi attribue le droit de disposer de la chasse, ou de celui à qui la chasse est louée. Il a bien failli en être de même de la question capitale de la matière, l'indemnité, on renvoie aux dispositions sur la dette d'indemnité (*supràs*, n° 43) ; d'où il suit, d'après l'article 219 (add. art. 243), que la règle sera, en premier lieu, celle de la restitution en nature,

celle de l'énumération des espèces qui seraient considérées comme gibier, et dont les ravages dussent engager la responsabilité du titulaire de la chasse.

Toute cette matière fut l'une de celles qui provoquèrent les discussions les plus passionnées, soit devant la seconde commission, soit en séance du Reichstag. Le *Protokolle* de la seconde commission ne contient pas moins de trente-huit pages consacrées aux comptes rendus de la discussion (*Pr.*, II, p. 806-844) ; et au Reichstag toute une longue séance, en seconde lecture, fut remplie par cette grave question (*Berathung des Entwurfs im Reichstages*, p. 104-135). Aussi, l'un des députés ne manquait pas d'en faire le reproche au parti conservateur : « Alors que le Reichstag a presque laissé passer sans discussion toutes les matières susceptibles d'intéresser les travailleurs et l'industrie, voilà, pour de malheureux lièvres, toute la Chambre en émoi ! (*Berathung*, p. 118) ». Et c'est, en effet, cette question des lièvres et des lapins qui eut le don, plus que toute autre, de passionner les partis : on en fit une question politique !

Sans vouloir entrer ici dans les détails de la discussion, il suffira d'indiquer les résultats (art. 835, C. civ. al.).

Tout d'abord la seconde commission admit les principes suivants, sur lesquels on ne revint pas par la suite. La question d'indemnité devait trouver sa place dans le Code civil. Le droit à indemnité, en tant qu'il s'agissait de la réglementation unitaire à introduire dans le Code civil, ne devait être réservé qu'au propriétaire n'ayant plus le libre exercice du droit de chasse. A ce propriétaire seul le droit à indemnité serait attribué, sans entrer dans la question de savoir comment régler les rapports entre propriétaire et fermier. Enfin, l'indemnité serait imposée à celui qui avait le droit de chasse, ou qui avait le droit d'en disposer, et non à celui à qui il aurait loué la chasse : ce serait donc le propriétaire d'un domaine féodal, ayant la chasse sur les parcelles environnantes, le propriétaire d'un domaine ayant loué la chasse des domaines voisins, lorsqu'il est admis, à raison de la situation ou de l'étendue respective des propriétés, que ce droit de chasse ne peut être exercé sur aucune d'elles isolément et qu'il y a obligation de les réunir en bloc ou d'en louer la chasse à l'un des propriétaires, devenu le titulaire de la chasse pour le tout ; ce serait enfin l'association des propriétaires eux-mêmes, là où il y a communauté de chasse, ou districts formés par communes pour l'exercice de la chasse, soit que tous les propriétaires l'exercent eux-mêmes sur l'ensemble des territoires, soit qu'il y ait un fermier à qui la chasse soit affermée. Sur tous ces points, d'ailleurs, s'il y a des réglementations prises par la loi positive pour les différents États, l'art. 72 L. intr. en réserve le maintien.

Donc, ce que l'on voulait, avant tout, c'était poser le principe d'une indemnité au profit du propriétaire, lorsque celui-ci n'a plus le droit de chasse. Et cette indemnité, liée à l'exercice du droit de chasse, ou plutôt à l'attribution du droit de chasse, existe, ou du moins le principe en est fixé, indépendamment de toute question de faute. Sur tous ces points, qui étaient de première importance, les solutions de la seconde commission l'emportèrent également devant le Reichstag, en dépit de certains retours offensifs, en vue de ramener la question au domaine du droit particulariste. La seconde commission avait également énuméré les espèces pour lesquelles un recours serait admis, et l'énumération ne comprenait ni les lièvres, ni les lapins, ni les faisans (cf. art. 758 P²).

Ce fut la grosse innovation de la commission du Reichstag d'avoir étendu le principe aux dégâts causés par les lièvres et les faisans : et tout l'effort faute de quoi seulement il pourra y avoir lieu à indemnité en argent. Celle-ci devra être calculée d'après la valeur de la chose

du parti conservateur, en discussion générale, eut pour but de faire disparaître les lièvres de l'amendement ainsi proposé. Les faisans avaient fini par se faire accepter (*Bericht.*, p. 60-61).

Une seconde proposition de la commission du Reichstag souleva encore de très vives protestations et finit par être repoussée ; c'était le droit de recours, au moins lorsqu'il s'agissait de gros gibier, contre le propriétaire de la chasse où la bête avait son gîte. Cela visait surtout les sangliers. Si la bande vient d'un domaine de chasse pour pénétrer dans un autre, par exemple dans un district communal, le petit propriétaire dont les récoltes auront été ravagées pourra bien demander réparation au district : mais celui-ci aurait pu recourir contre le titulaire de la chasse où la bande avait son gîte. On fut effrayé des difficultés pratiques auxquelles pût conduire ce droit de recours ; et il fut écarté, au moins de la réglementation unitaire du Code civil (cf. art. 72, L. intr.).

Restait donc là question passionnante, celle des lièvres. Ils eurent tout l'honneur de la discussion. On les représenta comme très inoffensifs, sinon peut-être pour les propriétaires de pépinières ou de petits jardins potagers, lesquels, après tout, n'avaient qu'à se clore ; comme cherchant leur nourriture isolément, et non en bandes, ce qui pouvait aboutir à un dégât insignifiant, celui de quelques pieds de légumes : fallait-il tolérer des procès infinis, multipliés et coûteux, pour ces quelques marks qui se trouveraient en jeu ? Que de troubles de toutes sortes ! quelle matière à chicane ! Enfin, n'était-ce pas, en raison même de la multiplication des procès et des indemnités, si faibles qu'elles dussent être, compromettre l'existence des associations de chasse, et compromettre par là même les intérêts des petits propriétaires, auxquels le loyer de chasse fournissait une ressource précieuse ? Tout le parti agrarien désirait, avant tout, s'exonérer des responsabilités incessantes et multiples qu'allait faire naître l'amendement du Reichstag : on vota sur la question des lièvres ; ils furent écartés du texte, à une majorité considérable.

Telle est l'histoire de l'art. 835 C. civ. al. Ce n'est pas le lieu d'entrer ici dans les détails d'exégèse et d'application. Cf. la thèse de M. JEVAIN, *Le droit de chasse et la propriété foncière* (Paris 1901) et celle de M. ANTY (1900), *Les dommages causés par le gibier et la responsabilité civile.*

Il faut ajouter que le Code civil al., à la différence du Code civil français, ne connaît pas le principe d'une responsabilité pour le fait des choses (art. 1384 C. civ.), auquel cas on aurait pu, toutes réserves faites sur la valeur de cette interprétation, considérer les dégâts produits par le gibier comme susceptibles de rentrer sous l'application de cette responsabilité particulière. Il n'y a sous ce rapport qu'une seule disposition touchant à cet ordre d'idées, celle relative aux dégâts provenant de la ruine d'un bâtiment. Sur ce point encore, le premier projet (art. 735) faisait application de son principe de responsabilité subjective, même au point de vue de la preuve : c'était au demandeur à démontrer que le possesseur n'avait pas pris les soins nécessaires pour prévenir la ruine survenue. Ce fut là, bien entendu, une de ces hypothèses encore, où, devant la seconde commission, on réclama l'introduction du principe de pure causalité. Mais on n'aboutit qu'au système mixte, qui fut le seul pas en avant que l'on ait pu obtenir dans le second projet, celui du renversement de la preuve. Cette conception a passé dans l'art. 836 C. civ. al. La responsabilité, il importe d'y insister, incombe, non au propriétaire, mais au possesseur. Elle est acquise de plein droit, sauf la faculté pour le possesseur d'en rejeter la charge en établissant qu'il avait pris tous les soins exigés par l'usage pour écarter le danger.

au jour du dommage (art. 220), et il n'y aura à prendre en considération les accroissements de valeur survenus ultérieurement que si la victime du délit établit que, sans la perte qu'elle a subie, elle aurait profité sûrement de cette plus-value. Le projet pose d'ailleurs quelques règles spéciales pour certains cas particuliers, par exemple pour le cas de mort ou de blessures. Il suffira de s'en tenir aux théories absolument générales (1). S'il y a eu soustraction d'un objet corporel, l'auteur de la soustraction est déclaré responsable des cas fortuits dans la mesure où le serait un débiteur en demeure (art. 716 ; C. civ. al., art. 848) (2) ; si la chose soustraite est une somme d'argent, celui qui l'a soustraite subira également les règles sur la demeure. Il sera donc chargé des intérêts légaux, sans préjudice de plus ample indemnité, s'il est établi que le dommage causé est supérieur (art. 717, cf., art. 217, 248, 252 ; C. civ. al., art. 849 et art. 290). Seulement le débiteur astreint à restitution aura droit au remboursement de ses impenses (art. 718 C. civ. al., art. 850) dans la mesure où ce droit appartiendrait au possesseur (art. 936-398 ; C. civ. al., art. 994 suiv.). Une autre question était de savoir quels seraient les droits de la victime, lorsqu'elle se trouverait en présence de plusieurs personnes responsables du même fait, comme par exemple dans l'hypothèse dont nous avons parlé de responsabilité pour autrui : la responsabilité du maître serait-elle ou non subsidiaire ? Or l'article 713 accepte, tout au moins en ce qui touche l'action de la victime, le principe de la solidarité ; dans les rapports entre le maître et son subordonné, il va de soi que ce dernier, étant l'auteur du fait, devra seul en supporter les conséquences cf., art. 337-1 ; C. civ. al., art. 426) : de là le recours du maître (C. civ. al., art. 840). Il y aura également responsabilité solidaire au cas de délit commun à plusieurs personnes, tels que coauteurs ou complices, à condition toutefois que la part de responsabilité de chacun ne puisse être déterminée et alors même qu'il résulterait de la nature du fait que le délit n'a pu être l'œuvre en réalité que d'un seul. Comme on ignore qui l'a commis, la présomption de responsabilité pèse sur tous et le résultat juridique se traduit par le principe de la solidarité (art. 714 ; C. civ. al., art. 830) (3).

---

(1) Cf. *Etude sur les sources de l'obligation dans le projet de Code civil allemand*, n° 63 (*Bulletin* 1889, p. 664-665).

(2) Cf. C. civ., art. 1302 *in fine*.

(3) Cf. art. 47 du Code pénal allemand, et v. Liszt, *Lehrbuch des deutschen Strafrechts*, § 50.

Le dernier trait particulier à l'obligation née du délit civil se réfère à la prescription de l'action (art. 719). Le droit romain la laissait soumise aux délais ordinaires ; de même le droit français ; mais plusieurs législations ont vu grande utilité à la restreindre. On considère comme équitable de ne pas exposer l'adversaire à perdre ses moyens de défense ; il y a lieu également de se défier en pareille matière d'une action qu'on a différée. Si le dommage est sérieux la victime ne tarde pas à se plaindre ; si elle attend, c'est qu'elle veut spéculer sur le délit dont elle prétend avoir souffert. Pour tous ces motifs, la durée de l'action est restreinte au délai de trois ans, déjà admis pour l'action civile résultant des contraventions prévues en matière de propriété littéraire ou artistique (1). Le délai commence à courir, du jour où le créancier a connaissance du dommage et de la personne qui l'a causé ; et si, faute de se trouver dans ces conditions, la prescription de trois ans ne peut courir, l'action s'éteint par le délai ordinaire de trente ans dans les conditions du droit commun (C. civ. al., art. 852) (2).

(1) Cf. Loi sur le droit d'auteur du 11 juin 1840, § 3 (*Annuaire de* 1871, traduct. de P. Gide). — Lois de janvier 1876 (traduct. dans l'*Annuaire de* 1877).

(2) Il convient de terminer l'exposé, si fragmentaire qu'il soit, de cette importante réglementation du nouveau Code civil al., sur la responsabilité, par l'indication, au moins sommaire, d'une disposition relative à la responsabilité des fonctionnaires : c'est l'art. 839, dont l'origine se trouve dans l'art. 736 Pr.

Il ne s'agit plus de la question de savoir dans quelle mesure l'État, les communes et autres corporations publiques, peuvent être responsables pour le délit commis par un fonctionnaire, question tranchée par les art. 31 et 89 C. civ. al. (voir la *Revue du droit public*, 1901), mais de préciser quels seront les actes qui engageront la responsabilité personnelle d'un fonctionnaire et constitueront pour lui un délit dont l'intéressé puisse lui demander compte.

Il va de soi que les fonctionnaires seront responsables, tout d'abord, dans les termes du droit commun des art. 823 et 826, en ce sens que, si l'acte du fonctionnaire, s'agirait-il d'un fait rentrant dans l'exercice de la puissance publique, lèse un droit positif, ou s'il viole une loi formelle qui avait pour but la protection du tiers victime du dommage, telles que les lois relatives à la tutelle, à la tenue des livres fonciers, et autres de ce genre, le droit commun de l'art. 823 s'appliquera, sans qu'il puisse y avoir aucune hésitation à cet égard. Mais la question se posait de savoir comment il y aurait lieu de traiter les actes qui fussent une violation du devoir professionnel, sans être une atteinte directe à une disposition légale proprement dite. Fallait-il laisser le problème dans le domaine de l'interprétation et s'exposer à ce qu'en raisonnant par analogie on assimilât cette hypothèse à celle, visée par l'art. 823, d'une atteinte à la loi ? Ne valait-il pas mieux alors, au lieu des incertitudes de ce procédé d'interprétation, établir à ce sujet une réglementation légale, qui eût au moins ce mérite de préciser dans quels cas un fait de ce genre dût engager la responsabilité des agents de l'État ? Et peut-être, enfin, convenait-il de décider que toute violation d'un devoir purement professionnel ne serait jamais qu'une faute professionnelle, engageant la responsabilité de son auteur envers ses su-

330. *Domaine d'application de la responsabilité délictuelle.* — Il convient, avant d'en finir avec cette importante question de la

périeurs hiérarchiques, sans constituer un délit civil, et sans le rendre personnellement responsable envers les tiers.

, Telles étaient les différentes faces du problème, pris dans son principe. Ajoutons enfin que c'était surtout à l'égard des juges, par rapport à l'exercice de leur fonction judiciaire, qu'il était tout particulièrement délicat.

L'art. 736 P¹ visait le cas où le fonctionnaire eût commis une violation du devoir professionnel, consistant dans le fait de n'avoir pas observé telle ou telle prescription prise en vue de la protection des tiers ; et dans ce cas il était toujours responsable, si légère que fût la faute commise, et sans exiger qu'il ait pu prévoir tel ou tel dommage en particulier, pourvu que la prévision d'un dommage quelconque, et à l'égard d'un tiers quelconque, eût été possible, conformément au droit commun de l'art. 704 P¹ ; donc responsabilité pour toute faute, même d'imprudence ; et cela, sans même que l'on fît de cette responsabilité une ressource subsidiaire, pour le cas seulement où la réparation ne pourrait être obtenue que par voie de recours personnel contre le fonctionnaire. Toutefois, ce principe de responsabilité était fortement atténué, lorsqu'il s'agissait des juges ; sans doute, il s'appliquait encore sans distinguer si la violation du devoir professionnel se référait au jugement ou à la marche de l'instance : mais, dans les deux cas, on exigeait, pour que la responsabilité du juge fût engagée vis-à-vis de la partie lésée, que le fait commis fût de telle nature qu'il tombât sous le coup de la loi pénale.

Devant la seconde commission, on se trouva facilement d'accord sur un premier point qui, par la suite, ne fut plus remis en discussion ; c'est qu'il fallait limiter le cercle des ayants droit dans la mesure où déjà on l'avait fait, en matière de violation légale (cf. art. 823 C. civ. al.), en exigeant que la prescription violée, prescription purement réglementaire, il est vrai, eût pour objet la protection de celui qui fût la victime du dommage survenu ; ce dernier seul devant avoir action en indemnité Ce point est visé par le texte actuel de l'art. 839.

Mais on avait vivement protesté contre le principe d'une responsabilité sans réserve, pour toute faute professionnelle d'un fonctionnaire. celle-ci entendue même d'une simple imprudence On voulait étendre à tous les fonctionnaires de l'ordre administratif la distinction admise pour ceux de l'ordre judiciaire ; ou, tout au moins, sans exiger que la contravention commise fût passible d'une peine publique, et non pas seulement d'une peine disciplinaire, demandait-on que l'on restreignît ce principe de responsabilité délictuelle aux fautes graves, imprudences ou négligences grossières. On déclarait qu'il était presque impossible à un fonctionnaire de remplir sa mission, si délicate et si complexe en elle-même, sans s'exposer à commettre certains abus de pouvoir et sans risquer d'aller au delà des limites souvent imprécises de ses droits, que cette ligne de démarcation était tellement vague et incertaine que, si l'on voulait le menacer d'une responsabilité de droit privé pour chacun des actes de sa fonction, on lui rendrait impossible l'accomplissement de son devoir professionnel (*Pr.*, p. 660 et suiv.). On aurait pu ajouter qu'en pareil cas le véritable système eût été de considérer les fautes purement professionnelles des agents et fonctionnaires publics comme ne devant engager que la responsabilité de l'État. Cette solution est la seule qui puisse donner satisfaction à tous les intérêts : c'est une question de risques pour l'État. Mais ce point de vue n'est malheureusement pas celui du Code civil allemand. Les art. 31 et 89 C. civ. al. n'engagent la responsabilité de l'État que lorsqu'il y a déjà responsabilité personnelle du fonctionnaire : c'est une responsabilité solidaire : et encore la responsabilité de l'État n'est-elle plus engagée, lorsque responsabilité délictuelle, d'en préciser le domaine d'application, et nous le ferons par voie de comparaison avec le droit français.

le délit du fonctionnaire résulte d'un acte de puissance publique. Si tels sont les principes du Code civil allemand, il ne pouvait être question d'imposer une responsabilité à l'État dans des hypothèses où la responsabilité de l'agent ne serait plus engagée. Aussi, en dépit de ces observations, la seconde commission maintint le principe de responsabilité quelle que soit la faute commise, pourvu, bien entendu, que cette faute, élément subjectif du délit, se référât à une violation du devoir professionnel, point de vue objectif.

Mais on proposa, tout au moins, d'atténuer la rigueur de cette décision, en faisant désormais de l'action en indemnité contre le fonctionnaire lui-même, une ressource purement subsidiaire, au moins pour le cas où le tiers pût obtenir réparation par une autre voie ; et l'on songeait précisément au cas où, d'après les principes du droit public, et conformément à l'art. 89 C. civ. al., la responsabilité de l'Etat, de la commune, ou de l'établissement public serait engagée. On voulait n'admettre de recours personnel contre le fonctionnaire qu'à défaut d'action contre l'administration ; il fallait faire de cette responsabilité individuelle le remède extrême pour le cas seulement où le tiers ne pourrait s'en prendre à personne en dehors de l'auteur du délit. Et même on fit observer, à plusieurs reprises, que le principe d'une responsabilité générale pour toute faute, sans distinction, ne se comprenait pratiquement que, s'il en résultait une responsabilité directe de l'Etat, ou autres personnes morales du droit public. On ne manqua pas de faire observer à ce sujet que, d'après les principes posés sur l'art. 89 (voir le commentaire de cette disposition dans la *Revue du droit public*, 1901), cette responsabilité n'existe plus dès qu'il s'agit d'un acte se rattachant à l'exercice de la puissance publique et que par suite l'atténuation que l'on voulait obtenir par le principe de la responsabilité subsidiaire serait bien rarement réalisée. Aussi, avait-on proposé déjà, devant la seconde commission, de revenir sur la restriction émise à propos de l'art. 89 C. civ. al. et de poser en règle générale que l'Etat serait toujours responsable, dès que la responsabilité individuelle du fonctionnaire se trouverait engagée, même s'il se fût agi d'un fait se référant à l'exercice de la puissance publique (*Pr.*, 663). La proposition fut rejetée à une forte majorité. On déclara que c'eût été empiéter sur le droit public des Etats.

Mais devant le Reichstag, dans la commission et en séance plénière, la question fut reprise et discutée à nouveau avec une grande ampleur. Au moins voulait on, à supposer que l'on ne se crût pas autorisé à inscrire dans un Code de droit privé le principe de la responsabilité pour des actes de puissance publique, que l'on prît une résolution en vue de soumettre au Reichstag une loi générale sur la responsabilité de l'Etat et des administrations publiques pour excès de pouvoirs des fonctionnaires publics ou administratifs. Il faut lire dans le compte rendu de la commission la série des amendements présentés à cet égard ; c'est une étude du plus haut intérêt. On y trouvera représentées deux conceptions très différentes, dont l'une voulait faire de la responsabilité de l'Etat une responsabilité simplement subsidiaire, pour le cas seulement où le recours exercé contre le fonctionnaire serait insuffisant. C'eût été le contraire exactement du point de vue mis en avant lors de la préparation du second projet. L'autre voulait tout au moins établir une responsabilité collective. La commission s'était décidée, d'ailleurs, en faveur d'une responsabilité subsidiaire de l'Etat ou de l'administration (*Bericht*, p. 64 suiv.).

En séance plénière, cette addition fut l'objet d'une discussion très vive : on voulait revenir à l'idée d'une responsabilité au moins collective, sinon principale, de l'Etat. Du côté des représentants du gouvernement il y eut à ce sujet une opposition très vive. On voyait là un empiètement sur le domaine du droit

Le principe du projet est celui-ci : il y a obligation fondée sur la responsabilité partout où il y a délit et là seulement où il y a dé-

public. Cette opinion finit par avoir raison de la majorité du Reichstag et toute cette série d'amendements fut repoussée. Tout ce côté de la question se trouva donc écarté (*Berathung des Entwurfs im Reichstage*, p. 137 et suiv.).

A un autre point de vue, le second projet avait admis, mais pour le cas seulement où il y eût faute de négligence, et non d'intention, une responsabilité purement subsidiaire, pour le cas où la victime du préjudice ne pourrait pas obtenir réparation par une autre voie. Ce point a été maintenu. Mais on voulut aller plus loin et déclarer l'ayant droit déchu de son action, lorsque lui-même serait en faute au sujet du préjudice dont il a été victime ; et on proposait de le déclarer en faute lorsqu'il aurait eu un moyen de droit de s'en préserver et qu'il ne l'eût pas fait. C'est ce qui arriverait s'il avait eu un recours contre l'acte accompli et qu'il eût omis de s'en servir. On peut supposer, par exemple, au cas de recours contre un jugement, ou une décision de justice, dans les cas où la façon dont elle eût été rendue constituât un délit du juge, que la partie lésée eût laissé passer les délais d'appel. Dans ce cas, le tiers victime du dommage est forclos ; c'est de sa faute. Peut-être aussi, aurait-on pu étendre l'application de cette idée à l'action elle-même qui peut lui appartenir contre le principal responsable, dans le cas tout au moins où la responsabilité du fonctionnaire ne fût que subsidiaire. S'il eût laissé s'éteindre son action principale, le recours subsidiaire lui eût été enlevé. Mais l'on songeait, avant tout, aux recours susceptibles de lui appartenir contre l'acte dommageable lui-même et destinés à supprimer les conséquences qui en fussent résultées. Ce point fut l'un de ceux au sujet desquels les discussions furent le plus vives : les représentants des gouvernements avaient très à cœur cette atténuation destinée à restreindre quelque peu la rigueur du principe. Après tout, lorsqu'un recours existe, ou lorsqu'on a un moyen de procédure quelconque pour se défendre contre un acte abusif, ce doit être là, disaient-ils, le moyen normal offert par la loi ; si on le néglige, qu'on en supporte les conséquences. On voulait même en déduire la suppression de plein droit de toute action en indemnité, sans qu'il y ait à rechercher s'il y avait eu faute ou non à ne pas se servir des armes légales. Devant la seconde commission, à deux reprises différentes, cette opinion avait été défendue ; mais il avait paru qu'il y avait là une menace sérieuse pour les intérêts privés. Il arrive souvent que les intéressés ignorent les moyens mis par la loi à leur disposition, et plus souvent encore qu'ils craignent de s'en servir, n'osant s'en prendre à quelqu'un de trop puissant. Les déclarer ensuite déchus de tout droit à réparation, ne serait-ce pas effacer par un détour, admis après coup, tout le principe même de la responsabilité délictuelle à l'égard des fonctionnaires ? L'amendement, deux fois repoussé devant la seconde commission (*Pr.*, II, 662-663 et VI, 202 et suiv.), fut repris devant le Bundesrath (art. 823 P⁹), et il fut maintenu dans le texte défini : il est vrai qu'on y ajouta cette atténuation, que le Bundesrath n'avait pas admise, que cette déchéance ne sera acquise que si l'omission des moyens de recours est due à une faute d'intention ou de négligence de la part du tiers victime du dommage (art. 839 C. civ. al.).

Quant à la restriction de responsabilité admise au profit des fonctionnaires de l'ordre judiciaire, elle fut quelque peu restreinte par un vote du Reichstag, qui n'en admit l'application que pour les violations du devoir professionnel se référant au jugement lui-même, et non plus pour celles relatives à la conduite de l'instance. Si donc, par la façon même dont le juge a rendu sa sentence, il a manqué aux règles de sa profession, il ne sera passible de dommages-intérêts que si le fait est de ceux qui puissent entraîner contre lui une peine publique, et non pas seulement une mesure disciplinaire. Aussi, lit. Et cependant nous connaissons une autre obligation née de la responsabilité et qui ne se trouve pas au titre du délit civil ; c'est en ce qui touche la responsabilité contractuelle. Ici encore l'obligation d'indemnité résulte de la faute ; la faute consiste à avoir violé un contrat et par conséquent à avoir violé en cela le droit d'autrui. Y a-t-il donc *obligation ex delicto* au sens du projet : ou plutôt la faute qui consiste à violer un contrat n'est-elle pas un délit civil au sens de l'art. 704, au même titre que celle par laquelle on porte atteinte à tout autre droit, par exemple à la propriété? Sur ce point les expressions des motifs

---

sera-t-il assez rare que la déchéance pour omission des voies de recours s'applique à cette hypothèse, puisqu'elle suppose un délit professionnel dû à la négligence, et qu'il sera peu fréquent, si celui du juge est passible d'une poursuite pénale, qu'il repose sur une faute non intentionnelle, quoique, cependant, le fait ne soit pas impossible. (Voir sur tous ces points, PL., p. 639 suiv. ; NÖLDEKE, *Die civilrechtliche Haftung des Richters nach dem B. G. B*, dans *Beit, z, Erl. d deuts. R.*, t. 42, p. 795 suiv.: LINKELMANN, *Schadensersatzflicht,* p. 101 ; OERTMANN, *Kommentar,* § 823 ; et surtout SCHNEIDER, *Die Haftbarkeit des sogenannten Spruchrichters nach dem B. G. B.*, dans *Arch. f. civ. Prax.*, 1901, p. 209 suiv.).

Il importe, d'ailleurs, d'insister, en terminant, sur cette restriction importante, admise en ce qui touche l'exercice du pouvoir judiciaire. Il allait de soi que, si l'on avait appliqué à cette matière les principes du droit commun, tels qu'ils venaient d'être formulés pour les fonctionnaires en général, on aurait pu être tenté de mettre en cause la responsabilité du juge, même pour fausse interprétation, ou méconnaissance, de la loi. Le parti socialiste avait, du reste, éloquemment soutenu cette idée devant le Reichstag : « N'y a-t-il pas, de la part du juge, un grave manquement professionnel, à ignorer la loi ou à l'appliquer inexactement ? C'est la plus grande faute qu'il puisse commettre : comment comprendre qu'on l'en déclare irresponsable ? » Mais, qui ne voit qu'à s'en tenir à ces idées on en arriverait à enlever au juge toute indépendance, et à l'asservir à l'interprétation, sottement et brutalement. littérale du texte [2]. Il est vrai que cet idéal a toujours été l'idéal jacobin : et le parti socialiste paraît vouloir inscrire ce principe de piétinement sur place parmi les dogmes de son *Credo*. A un autre point de vue, on fit remarquer qu'une responsabilité de ce genre se concilierait difficilement avec le principe de la chose jugée. Mais, il importe de bien indiquer sur quel point la contradiction se présenterait : car l'admissibilité de la révision n'est pas incompatible, on le sait, avec l'autorité de la chose jugée. Il faut remarquer, cependant, que, si l'on permettait à l'une des parties d'attaquer ses juges pour faute commise dans l'application de la loi et que le tribunal, saisi de l'action en responsabilité lui donnât raison, il faudrait en conclure qu'elle pourrait se refuser à l'exécution de la condamnation, et alors l'autre partie, lésée à son tour, par la nouvelle interprétation du nouveau tribunal, pourrait, de son côté, attaquer celui-ci en responsabilité, et ainsi de suite, sans qu'il y eût de fin à la série des procès. Or, le principe de l'autorité de la chose jugée n'a été admis que pour couper court à cette pérennité de chicane Et, si l'on objecte que, même si elle obtient satisfaction contre les premiers juges, la partie lésée ne pourrait réclamer que l'indemnité qui lui est attribuée, sans être autorisée à s'opposer à l'exécution du premier jugement, on peut répondre que ce sont les juges euxrestent ambiguës. On paraît bien reconnaître que la faute, au point de vue de sa nature, est la même dans les deux cas, que certains de ses résultats, en ce qui touche, par exemple, la mesure de l'indemnité, doivent être identiques (1) ; et cependant on avoue qu'on n'a pas entendu classer la faute (2) contractuelle parmi les délits civils proprement dits. Essayons de rechercher ce que les motifs ont voulu dire par là. C'est un point très important ; il convient non seulement d-échapper à la contradiction, mais de préciser une théorie juridique de la plus haute portée. En d'autres termes, voyons si, par ces formules embarrassées, le projet n'aurait pas entendu déclarer que la faute contractuelle était, par sa nature,

mêmes, déclarés responsables, qui pourraient attaquer le jugement qui engageât ainsi leur responsabilité, en se fondant sur une interprétation différente de la leur. C'étaient là des procédés de chicane inacceptables.

Seulement, par cela même qu'il y avait quelque chose d'un peu exorbitant à restreindre la responsabilité du juge à l'hypothèse où ses procédés eussent donné lieu à un recours de caractère pénal contre lui, il importait de délimiter assez étroitement la sphère d'application de cette exception aux principes du droit commun. Déjà, le second projet avait rejeté cette restriction en matière de responsabilité judiciaire pour le cas où il s'agirait d'un dommage causé par un retard apporté par le juge à l'exercice de ses fonctions ; et à plus forte raison devait-il en être ainsi au cas de déni de justice. On revient, dans toutes ces hypothèses, à la responsabilité du droit commun (art. 762 P²) ; et l'art. 839 a maintenu cette disposition.

Il faut rappeler aussi que cette restriction de responsabilité a été limitée à l'hypothèse du jugement proprement dit ; on ne l'admet plus pour les autres actes ou décisions, intervenus au cours de l'instance, et qui n'auraient plus le caractère d'un jugement. Aussi, l'on a déjà fait remarquer à quelles difficultés d'interprétation allait conduire cette restriction du texte. Comment distinguera-t on, et comment définira-t-on, le jugement au sens technique du mot ? Est-ce même le jugement au sens étroit qu'aura voulu viser l'art.. 839, ou le jugement au sens large du terme ? C'est à cette question surtout qu'est consacré l'important article de Schneider, dans l'*Archiv fur die civilistische Praxis*. Des difficultés analogues s'élèveront, lorsqu'il s'agira de définir à quels fonctionnaires judiciaires s'appliquera cette restriction de responsabilité ; car c'est le juge fonctionnaire. le magistrat chargé de trancher un procès, qui, seul, est visé par l'art. 839.

Remarquons, d'ailleurs, que, si les décisions prises au cours de l'instance, et n'ayant pas le caractère de jugements, ne bénéficient plus de l'exception admise par l'art. 839, c'est à elles surtout que s'appliquera la disposition finale du texte, d'après laquelle le droit à responsabilité se trouve exclu, lorsque l'ayant droit a laissé perdre, par sa faute, les moyens de recours que la loi lui offrait. Ce serait le cas lorsqu'il aurait laissé passer les délais d'appel. Seulement, sur ce point encore, contrairement à ce qu'avaient demandé les représentants des gouvernements, cette déchéance du droit à responsabilité n'a pas lieu de plein droit : il faut que la perte des voies de recours soit le résultat d'une faute.

(1) Nous avons déjà indiqué les résultats communs aux deux cas (voir *supra*, n° 16).

(2) V. *Motifs*, II, p. 727.

un délit civil comme tout autre, mais dont la sphère et les conséquences juridiques n'étaient pas de tous points les mêmes.

331. *Responsabilité et garantie* (1). — Nous connaissons deux théories très différentes sur ce sujet. Dans l'une, on prétend qu'il ne saurait y avoir deux espèces de fautes : une faute contractuelle et une faute délictuelle (2). Si l'on veut dire par là que toute faute en soi est un délit, c'est ce que le projet dit lui-même (3) ; mais, si l'on entend qu'il n'y ait aucune différence entre le délit commis à l'occasion d'un contrat et celui né en dehors du contrat, on se heurte à toutes les traditions juridiques, romaines et françaises, autant qu'allemandes (4) : le nouveau projet est le premier à déclarer qu'il y a sur ce point une distinction à faire. Mais cette distinction est-elle aussi tranchée que dans la théorie vraiment ingénieuse, qui a si nettement mis en relief la dualité des fautes, et dont l'honneur revient surtout à M. Sainctelette (5) ? Nous savons déjà que sur ce point également le projet est loin d'être aussi affirmatif. On a dit que d'un côté il s'agissait de responsabilité, et de l'autre de garantie : or, cette terminologie est étrangère au projet ;

(1) Toute cette partie du texte primitif, tel qu'il date de la première édition de cet ouvrage, pourra paraître aujourd'hui bien inutile ; elle est de celles qui ont le plus vieilli, surtout au point de vue français, depuis la loi du 9 avril 1898. Il m'a semblé, cependant, à moins de la supprimer complètement, ce qui eût constitué une lacune trop visible dans l'ensemble de cette matière, qu'il fallait lui laisser son caractère primitif, sans autres modifications que celles imposées par les changements législatifs survenus depuis 1889. Si les controverses auxquelles il est fait allusion, et qui étaient alors dans toute leur nouveauté, ont perdu, désormais, de leur actualité, les idées qu'elles soulevèrent ont gardé encore leur importance. C'est l'exposé de ces idées qu'il était bon de laisser subsister, sous la forme même sous laquelle il se présentait à l'esprit il y a plus de dix ans aujourd'hui. Au point de vue de l'histoire des doctrines, cette survivance d'un stade d'évolution dans les convictions scientifiques ne sera pas sans présenter quelque intérêt.

(2) Cf. dans la *Rev. crit.* 1886, p. 485 et suiv., un article signé « Lefèvre », *De la responsabilité délictuelle et contractuelle.* — (Cf. Arth. Desjardins, *Le Code civil et les ouvriers* (Revue des Deux-Mondes, 15 mars 1888, p. 350 et suiv., p. 362 et suiv.). — Add. Fromageot, *De la faute comme source de la responsabilité* (Paris 1891) ; Grandmoulin, *De l'unité de la responsabilité* (Rennes, 1892) : et surtout Capitant, *Introduction à l'étude du droit civil* (1898), p. 309 et suiv. Voir enfin Planiol, *loc. cit.*, cf. les articles déjà cités de *La Flandre judiciaire* (1901).

(3) Cf. *Rev. crit.* 1888, p. 426 et suiv., un article signé « Marc Gérard » qui contient des vues intéressantes et fort bien présentées.

(4) Sainctelette, *Projet d'une proposition de loi sur les accidents de travail* (Bruxelles, 1886), p. 12, note 1, et *Accidents de travail, la jurisprudence qui s'éloigne et la jurisprudence qui s'approche* (Bruxelles, 1888), p. 3 et suiv.

(5) Sainctelette, *Responsabilité et garantie.*

et les mots, en cette matière, ont leur importance, car ils peuvent
entraîner les idées. Pour le projet, il y a responsabilité, dès qu'il y a
faute ; il y aura donc une responsabilité de délit contractuel et une
responsabilité de délit non contractuel : telle serait sa véritable formule (1). L'expression de garantie que l'on propose pour désigner
l'obligation d'indemnité née de l'inexécution du contrat pourrait avoir
un danger, celui de paraître écarter l'idée de faute et de responsabilité. Peut-être ferait-elle croire, ce que personne assurément ne
soutient, que la dette d'indemnité fût, en ce cas, comme une dette
accessoire, prévue en dehors et à côté de la dette principale, née
d'une clause de garantie tacite, comme c'était le cas, nous l'avons
vu, pour la clause pénale à l'époque où elle venait se substituer
aux dommages-intérêts, qui n'existaient pas alors de plein droit.
Le projet et ses motifs nous semblent dans la vérité en reconnaissant que la responsabilité du débiteur est engagée par la violation
de son contrat, et que la faute qui lui est imputable est une faute
contre le droit d'autrui, dont la réparation lui incombe en dehors de
toute garantie tacite (2). C'est un principe moderne, universellement
accepté, que tout dommage causé par un fait illicite implique indemnité (art. 704 et C. civil, art. 1382) (3).

332. Toutefois, cette responsabilité contractuelle n'a pas de
tous points les mêmes caractères que la responsabilité non contractuelle. Il n'y a pas, en somme, opposition de principes entre les
deux fautes, mais leur domaine d'application diffère, et de là certaines différences dans les résultats pratiques. La plus sensible vient
des éléments constitutifs du délit dans les deux cas. Le délit né en

---

(1) Cf. Stobbe, *loc. cit.*, III, § 204, « *Verhaftung für krontraktliche und
ausserkontraktliche Culpa* ».

(2) Cf. Lyon-Caen, dans *Rev. crit.*, 1886, p. 362, note 1. Tout ce que l'on
peut dire, c'est que le délit d'inexécution contractuelle a été prévu par les
parties, et la responsabilité qui en découle, corroborée par la convention.
De ce que les parties en ont prévu et réglé les conséquences, cela ne change
pas les caractères de la faute ; et la preuve en est que, d'après le projet,
l'étendue de la réparation sera la même, que les dommages aient été ou non
prévus. Elle sera de toute la perte, comme c'est la règle en matière de délit
en général (Cf. *suprà*, n° 13). Seulement, il suit de là que ce délit particulier se rattachant au contrat et la responsabilité qui en découle étant corroborée par le contrat, cette distinction aura les conséquences pratiques que nous
allons indiquer : et de plus l'action en responsabilité pour violation de contrat sera l'action même du contrat, se prescrivant d'après les règles du droit
commun et non d'après celles de l'art. 719. — Cf. Eccius, II, p. 484.

(3) Cf. Arth. Desjardins, *Rev: des Deux-Mondes*, 15 mars 1888, p. 362 et
l'article signé Marc Gérard, dans *Rev. crit.*, 1888, p. 427.

dehors de tout rapport de contrat s'attaque à un état de droit absolu. Ses conditions d'existence ne dépendent pas de la volonté des parties ; ses éléments sont partout les mêmes et les mêmes pour tous. Le délit né de la violation du contrat s'attaque à un droit dont la volonté des parties a fixé l'étendue ; et, par suite, il n'existe que dans la mesure prévue par la convention. En d'autres termes, c'est la convention qui a seule déterminé les éléments de la faute contractuelle. Lorsque la jurisprudence refusait d'admettre, en matière de transport, certaines clauses de non-garantie, sous prétexte que la responsabilité est d'ordre public, elle oubliait que, si la responsabilité est d'ordre public, elle se mesure au contrat (1), car elle dérive d'un droit dont la volonté des parties a seule fixé le contenu. Si le débiteur n'a promis qu'une certaine somme de diligence, le créancier n'a droit qu'à la prestation due. Il n'y a violation du droit d'autrui que dans la mesure où ce droit peut exister. Il faut reconnaître que M. Sainctelette a été l'un des plus ardents à combattre cette jurisprudence (2) ; mais il n'en est pas moins curieux de constater que la séparation, peut-être un peu tranchée, qu'il a relevée entre les deux fautes pourrait fournir à nouveau des armes à la reconstruction d'une théorie presque similaire. En effet, disait-il, la jurisprudence se trompe en parlant de responsabilité en matière de contrat, il s'agit de garantie, et la garantie dépend de la convention ; or, toutes les conventions en principe sont libres. Mais voici alors le raisonnement que l'on serait tenté de faire : à côté de la garantie, laquelle dépend de la convention, il y a la responsabilité qui n'en dépend pas. Cette dernière est engagée par le fait seul qu'on a par sa faute causé dommage à autrui. Ce dommage peut tout aussi bien émaner d'un débiteur à l'occasion de son contrat, et celui-ci aura beau s'être déclaré non garant de sa faute, s'il a commis, dans l'exécution de son contrat, un fait qui l'eût constitué en faute vis-à-vis d'un tiers quelconque, il n'en sera pas moins en faute vis-à-vis de son créancier. Cette faute constituera un délit engageant sa responsabilité, conformément à l'article 1382 du Code civil ; cette responsabilité, on le sait, est d'ordre public et l'on ne peut s'y soustraire par une convention qui l'écarte (3). Si l'on voulait dire par là qu'on ne peut d'avance s'affranchir de son dol, la chose serait inutile à dire, car une telle con-

(1) Cf. Sainctelette, *Responsabilité et Garantie*, ch. III, nᵒˢ 14, 15 et suiv.
(2) Sainctelette, *loc. cit.*, ch. III, nᵒˢ 21 et suiv.
(3) Cf. Arth. Desjardins, *loc. cit.*, p. 366, 367.

vention serait contraire à l'ordre public ; on ne peut d'avance se
donner le droit d'être de mauvaise foi. Mais ce que l'on veut prétendre, c'est qu'on ne pourrait s'affranchir de certaines fautes,
lorsque celles-ci seraient le résultat d'une négligence qui eût suffi,
en dehors du contrat, à constituer la faute de l'article 1382 (1).
Or, nous savons déjà que le projet a repoussé ces exagérations et
admis dans toute leur étendue les clauses de non-responsabilité
(*suprà*, n° 16). C'est qu'en effet en matière de contrat, il n'y a pas
deux sortes de responsabilité : il n'y en a qu'une, celle qui se réfère
à la violation du contrat (2). Dans toute hypothèse, elle se trouve

(1) Il va de soi qu'un raisonnement de ce genre ne se concevrait même
pas dans une théorie qui accepterait, comme explication de l'art. 1382, l'idée
d'une responsabilité purement objective.

(2) Bien entendu, en parlant de responsabilité unique en matière de contrat, nous n'avons en vue que le fait même de violation du contrat ; et c'est
en cela que nous disons avec M. Sauzet (voir *infrà*, n° 333) : le fait seul de
l'inexécution du contrat est une faute, non pas présumée mais actuellement
réalisée. Mais il peut arriver que le fait, duquel découle cette violation de
l'obligation contractuelle, ait eu pour résultat de causer au créancier d'autres
dommages que ceux qui dérivent directement pour lui de l'inexécution de ce
qui lui était dû. En ce cas, le fait concret qui a été la cause de cette inexécution constitue bien à son égard, et par rapport à celles de ses conséquences
qui ne se réfèrent plus à l'inexécution du contrat, un délit distinct, qui ne se
confond plus avec la faute contractuelle et qui doit être prouvé et spécialisé.
On en verra une application à propos de la loi de 1883 et du locataire déclaré
en faute parce qu'il est le seul à n'avoir pu établir que le feu n'avait pas commencé chez lui (cf. *infrà*, n° 333). Il va de soi que, si, en dehors de cette preuve
négative, on établit d'une façon concrète le fait d'où dérive sa faute, c'est-à-
dire le fait qu'il a par son imprudence mis le feu à la maison, il sera responsable de tout le dommage comme conséquence d'un délit dont on a établi et
fixé les éléments concrets. Tout ce que nous avons voulu dire, c'est qu'en
matière d'exécution du contrat, la faute relative au seul fait d'inexécution,
indépendamment des autres conséquences qu'elle peut avoir et du préjudice
qu'elle a pu causer en dehors de la violation même du contrat, ne peut se
mesurer qu'à la libre convention des parties. Voici un autre exemple qui
mettra mieux en relief cette distinction. Le voyageur a été blessé par un accident et il se trouve que le même accident a détérioré sa propriété : il s'agit,
par exemple, d'un déraillement, et le train, passant en remblai, se déverse sur
un terrain qui se trouve appartenir à l'un des voyageurs qu'il transporte et le
détériore. C'est le même fait qui a blessé le voyageur et endommagé sa propriété ; et cependant le voyageur sera dispensé de toute preuve en ce qui
touche l'indemnité pour dommage à sa personne et devra prouver la faute pour
le dommage à sa propriété : c'est que, pour ce qui est du premier point, il
s'agit d'une faute d'inexécution du contrat de transport, laquelle existe de
droit, mais n'existe que par rapport à l'inexécution du contrat. Pour lui imputer d'autres conséquences, en dehors de la violation du contrat, il faudrait
prouver le double délit, donc établir le fait concret qui engage la responsabilité
de la compagnie à l'égard de la propriété endommagée. On voit que le même
fait peut engendrer un double délit : mais le délit relatif à la pure inexécution
du contrat se mesure aux clauses du contrat (voir un autre exemple à peu près

engagée par la mauvaise foi, car tout contrat exige la bonne foi et doit être exécuté de bonne foi. Mais ceci à part, la violation du contrat ne peut aller au delà du fait promis et des obligations acceptées. Or, un débiteur peut toujours promettre une certaine somme de diligence et ne rien promettre au delà, et la faute qui implique une diligence supérieure à celle qu'il a promise, et que le créancier a acceptée, ne sera jamais une violation du contrat. Pour soutenir le contraire, il faudrait dire qu'il y a une raison d'ordre public à ce que les débiteurs ne soient jamais négligents, même du consentement de leurs créanciers. Cette raison d'ordre public ne peut exister que si le fait susceptible d'engager la responsabilité des parties est de ceux qui touchent à l'intérêt général, par exemple s'il s'agit d'éviter un accident de personnes et de veiller à la sécurité d'autrui (1). C'est ce qu'a admis le droit allemand en matière de responsabilité des compagnies de chemins de fer et en matière de responsabilité relative aux accidents dans certaines industries (2). Mais, en dehors de cette exception et de quelques autres, l'exécution de l'obligation du débiteur n'intéresse que le créancier ; et, si celui-ci consent à courir le risque de l'inexécution, on ne peut soutenir, sauf réserve pour certains cas, que la loi doive veiller plus que lui-même à ses propres intérêts. En tous cas, les exceptions au principe de liberté devront provenir de la loi et être motivées par une raison d'ordre public. C'est tout au moins l'idée

analogue rapporté par M. Labbé, *Examen doctrinal, Rev. crit.*, 1886, p. 439, 440 . — Dans l'hypothèse qui précède, on voit également que la solution serait tout autre et que la distinction subtile qui se trouve exposée serait assez heureusement écartée, si l'on devait accepter l'idée d'une responsabilité purement objective comme droit commun de l'art. 1382.

Enfin, de même que le même fait peut engendrer un double délit, au moins dans la théorie classique admise par l'art. 1382, de même le débiteur peut être tenu envers son créancier d'un délit relatif au contrat et qui ne soit pas un délit d'inexécution du contrat : par exemple ce sera un délit relatif à la formation même du contrat, comme au cas de dol ou violence, auquel cas la victime, au lieu d'invoquer le droit qui lui est réservé de faire annuler le contrat suivant les règles des articles 103 et 104, peut s'en tenir à l'idée de délit et demander réparation, les motifs le reconnaissent absolument (I, p. 208). Nous rappelons enfin qu'on a laissé à l'examen des interprètes et de la doctrine le soin de décider si la *culpa in contrahendo* constituait ou non un délit civil au sens propre du mot ou une faute contractuelle (*suprà*, nos 159 et 160). On voit donc bien que, si le projet admet l'identité de caractère en ce qui touche les deux fautes, il distingue avec soin leurs origines et leurs conséquences : tout cela est délicat, mais en somme nous semble très correct.

(1) Cf. Sainctelette, *Responsabilité et Garantie*, ch IV, nos 15 et suiv.

(2) Cf. C. de com. all., art. 423 et suiv., et loi du 7 juin 1871, sur la *Responsabilité*, art. 5. — Cf. Loi prussienne du 3 nov. 1838, art. 25.

traditionnelle qui domine encore aujourd'hui. Mais il faut bien se garder de poser en règle juridique, sous prétexte de responsabilité fondée sur le délit civil, une atteinte générale à la liberté des conventions (1). La responsabilité en matière de contrat ne naît que du contrat et n'existe que dans la mesure créée par le contrat lui-même (2).

(1) C'est, en somme, la thèse de M. Sainctelette, *loc. cit.*, et celle de M. Labbé, *Annales de droit commercial*, I, p. 185 et suiv., p 234 et suiv. — Cf. *supra*, n° 16.

(2) Nous rappelons une autre question très voisine de celle de la validité des clauses d'irresponsabilité. C'est en matière d'assurance de responsabilité. La compagnie entend garantir au chef d'industrie qui s'est assuré auprès d'elle la responsabilité qui pourra lui incomber à raison des accidents survenus à ses ouvriers ou arrivés aux tiers par la faute de ses ouvriers. La compagnie entend-elle garantir encore les accidents provenant de la faute lourde de l'assuré ? On voit la corrélation que l'on peut établir entre les clauses de non-garantie des accidents dus à la faute lourde et le droit de s'assurer contre les conséquences des mêmes accidents. D'autre part, il arrive souvent que les polices portent expressément que la compagnie ne répond pas des accidents dus à une violation des règlements. Or, les compagnies ont voulu prétendre que par extenstion de cette clause elles ne répondaient pas non plus des accidents dus à la faute lourde (Cf trib. de com. du Havre, 18 juillet 1884, rapporté dans le journal le *Droit*, 7 sept. 1884). Si l'on croit, comme on le propose, que la responsabilité du patron vis à-vis de ses ouvriers dérive de son contrat, on sera tenté d'admettre l'assurance pour tout accident, même ceux qui proviennent de la faute lourde ; car la responsabilité couverte par l'assurance est celle qui dérive de l'inexécution d'un contrat, et il n'y a aucun motif d'ordre public qui puisse restreindre le droit de s'assurer contre les risques relatifs à la faute contractuelle. Si, de plus, la compagnie n'a fait aucune distinction, on ne voit pas pourquoi elle prétendrait s'exonérer de certains risques. On sait, au contraire, que la jurisprudence voit dans la responsabilité du patron pour accidents professionnels une responsabilité délictuelle reposant sur l'art. 1382, au moins en était-il ainsi avant la loi du 9 avril 1898. D'autre part, nous venons de dire que, même avec la théorie de M. Sainctelette sur la responsabilité et la garantie, on pourrait prétendre que, dans les rapports entre débiteur et créancier, et même en ce qui touche l'exécution du contrat, il y aurait lieu, le cas échéant, au cumul des deux fautes et que le même fait qui engage la responsabilité civile en vertu de la garantie contractuelle fût de nature à constituer aussi, à raison de ses caractères, un délit civil conformément à l'art. 1382. Dans cette théorie, on peut parfaitement soutenir que la faute lourde de laquelle résulte un accident de personne soit à la fois un délit civil rentrant dans le domaine de l'art. 1382 et une violation du contrat entre patron et ouvrier ; et pour ceux qui raisonnent de la sorte, la question revient toujours à ceci : peut-on s'assurer contre les risques provenant d'une faute délictuelle ? Après quoi, on aurait à poser la question subsidiaire ; si on le peut, dans quelle mesure le peut-on ? Et enfin quelle est la portée d'application des clauses d'assurances qui ne prévoient pas expressément la faute lourde ? Qu'on puisse s'assurer contre les risques provenant de la responsabilité délictuelle, cela ne fait aucun doute, en tant que celle-ci repose sur la simple négligence. Il n'y a pas de doute non plus qu'il soit interdit de s'assurer contre les conséquences de son dol : on voit comment la question se resserre . faudra-t-il donc assimiler ici la faute lourde au dol ? Or certains

333. Signalons entre les deux fautes une autre différence, acceptée par le projet comme par notre législation : c'est en ce qui touche la preuve. La faute ne se présume pas, c'est à celui qui s'en prétend victime à l'établir et à démontrer le dommage qui en est résulté Ce principe reste intact, en matière de responsabilité non contractuelle ; lors, au contraire, qu'il s'agit de faute contractuelle, le créancier n'a rien à prouver et c'est au débiteur à établir, soit qu'il a exécuté son obligation, soit qu'il en a été empêché par suite de cas fortuit. Les rôles en matière de preuve se trouvent renversés. Faut-il en conclure qu'en matière de contrat la dette d'indemnité ne repose pas sur l'idée de faute, mais sur une clause de garantie tacite ? En droit français, l article 1147 suffit à écarter cette idée ; car le cas fortuit seul supprime l'indemnité et le cas fortuit commence là où cesse la faute. C'est la preuve que l'indemnité implique l'idée de faute dans l'exécution, ou, pour mieux dire, celle d'inexécution par la faute du débiteur. Et cependant on n'exige plus que la faute soit prouvée : serait-ce donc qu'on la présume ? Ce serait là une autre erreur au point de vue théorique ; on ne présume pas plus la faute en matière de contrat qu'on ne la présume en dehors du contrat. Seulement, la faute consiste dans l'inexécution d'une obligation qui subsiste et qu'on était en état de remplir. Pour

auteurs qui, en matière de clauses d'irresponsabilité, assimilent l'un à l'autre, proscrivant la non-garantie des risques dus à la faute lourde parce qu'ils proscrivent, et cela avec raison, celles des risques provenant du dol, prétendent établir, en matière d'assurance de responsabilité civile, la même corrélation. — Elle serait cependant loin d'être exacte. Il y a une différence entre se dégager de toute responsabilité à raison de son délit civil, de telle sorte que la victime n'ait rien à prétendre, et faire supporter à l'assureur la charge de ce qu'on devra à la victime. Sans doute, on ne peut s'assurer contre son propre dol, car ce serait prévoir qu'on sera de mauvaise foi et trafiquer de son dol ; mais rien n'empêche de faire porter sur l'assureur qui l'accepte les conséquences d'une simple négligence, dût-elle constituer une faute lourde. Reste maintenant les questions d'interprétation : quand l'assureur a-t-il entendu prendre à sa charge le risque de la faute lourde ; et entre autres la clause d'exclusion des risques provenant de la violation des règlements entraîne t-elle exclusion d'une façon générale de ceux provenant de la faute lourde ? Ce sont là des questions fort délicates, mais plutôt des questions de fait que de principe. Nous avons simplement voulu faire ressortir les points de contact entre la question d'assurance de responsabilité civile et celle des clauses d'irresponsabilité, et nous tenions à bien établir ceci : que le terrain juridique des deux questions est absolument différent et que l'on a tort de vouloir raisonner de l'un à l'autre par voie d'analogie. L'un porte sur l'étendue d'un engagement contractuel et le droit que l'on peut avoir de fixer à son gré la mesure de sa responsabilité en matière de contrat, l'autre porte sur le droit qu'on peut avoir de faire supporter par un assureur sa responsabilité délictuelle (V. la thèse de Tarbouriech, *Assurance contre les accidents de travail*, Paris, 1889, p. 241-260).

s'exonérer, il faudrait prouver que l'obligation ne subsiste plus ou qu'on n'a pas été en état de l'accomplir par suite de cas fortuit. Autrement dit, il faudrait que le débiteur établît sa libération, et de droit commun cette preuve lui incombe (C. civ., art 1302 et 1315). Tant qu'il ne la fait pas : 1° il reste acquis que l'obligation subsiste, et 2° rien n'est venu établir que le débiteur fût ou eût été incapable de la remplir ; donc, un débiteur qui ne remplit pas son obligation alors qu'il le pourrait, ou qui ne l'a pas remplie alors qu'il l'aurait pu, est en faute. Il n'y a pas faute présumée, il y a faute réalisée (1). Ce qui reste incertain, parce que la preuve n'a pas été faite, c'est le fait d'où dérive la faute du débiteur : il y a bien faute, mais il n'y a pas faute spécialisée. On ne sait pas quelle est la faute exacte que le débiteur a commise ; mais il reste acquis, faute de preuve contraire. qu'il en a commis une, puisqu'il n'exécute pas une obligation dont il n'a pas établi l'extinction. Il y a intérêt à dire qu'il y a faute, sans que l'on sache de quel fait elle dérive, car la mesure de l'indemnité se règle d'après celle du dommage ; et pour établir le dommage, il faut qu'il y ait rapport de causalité entre le préjudice dont on se plaint et le fait concret auquel on l'attribue : dans l'espèce, ce fait n'a pu être établi. Donc, au cas de faute non spécialisée, on ne pourra en général réclamer indemnité que pour le dommage direct résultant de l'inexécution de l'obligation et non pour celui qui, en dehors du défaut de prestation de l'objet dû, pourrait se rattacher au fait qui a rendu cette dernière impossible (2) Éclairons toutes ces idées par un exemple, et celui que nous choisissons est bien connu. On sait les difficultés qui se sont élevées au cas d'incendie depuis la loi du 5 janvier 1883, lorsque, de plusieurs locataires, tous, moins un, ont établi que le feu n'avait pu prendre chez eux et que ce dernier n'a pu faire cette preuve pour la partie qu'il occupe, sans toutefois qu'on ait pu déterminer exactement le lieu initial de l'incendie, ni sa cause. Assurément, celui-ci doit indemnité, puisqu'il n'a pu démontrer le cas fortuit ; mais devra-t-il indemnité pour le tout ? Oui, si l'on parle de faute présumée, car la présomption consistera en ce qu'il sera soupçonné par sa faute avoir été l'auteur de l'incendie ; il devra entière réparation des conséquences de son

(1) Cf. Sauzet, *Responsabilité des locataires au cas d'incendie* (*R. crit.*, 1885, p. 177).
(2) Cf. les explications que nous avons données au numéro précédent (n° 332).

fait, et la conséquence du fait qu'on ui attribue est la destruction
totale de l'immeuble (1). Mais on a répondu avec raison qu'il n'y
avait pas faute présumée ; en effet, dirons-nous, il n'y a que faute
non spécialisée, en ce sens qu'il est déclaré en faute de n'avoir pas
rempli son obligation, sans que le fait d'où dérive cette inexécution ait été déterminé. Ce peut être, sans doute, un fait de négligence duquel l'incendie fût résulté ; mais il peut se faire aussi
que ce dernier ait eu pour cause une étincelle venant d'ailleurs.
Rien ne prouve que cela ne soit pas, puisqu'il n'a pas été établi
directement que l'incendie eût commencé dans la partie occupée
par le locataire qui reste seul en cause. Si le fait n'est pas spécialisé, on ne saurait soutenir que la faute de ce dernier eût consisté
à mettre l'incendie, plutôt qu'à n'avoir pas préservé l'appartement
qu'il habite. Le fait n'étant pas spécialisé, on ne peut lui demander
compte que de la faute d'inexécution : et la faute d'inexécution
consiste à n'avoir pas su préserver du feu l'appartement qu'il devait
conserver et rendre. On ne peut lui imputer une faute qui supposerait un rapport de causalité entre son fait et l'incendie lui-même,
puisque ce fait reste incertain, et que, dans l'incertitude, il ne peut
être déclaré responsable que de l'impossibilité de restituer les lieux,
sans qu'on ait le droit de rattacher au fait, d'où cette impossibilité
dérive, la destruction totale de la maison (2).

334. Jusqu'ici, en somme, sauf une différence de terminologie,
les idées du projet concordent, ou à peu près, avec celles de M. Sainctelette. Il y a fort à craindre que, sur une question très voisine et
non la moins importante, l'accord n'existe plus. Nous faisons allusion à la thèse si actuelle de la responsabilité en matière de risques
professionnels. Un grand nombre de jurisconsultes éminents ont été
frappés de la situation de l'ouvrier, obligé d'établir, au cas d'accident, la faute du maître pour obtenir indemnité. Il leur a semblé

---

(1) Cf. Bathie, dans la *Rev. crit.*, 1884, p. 739 et suiv., p. 742. — Pépin
Lehalleur, *Note sur l'interprétation du nouvel article 1734 du Code civil*,
p. 28 et suiv.
(2) Cf. sur toute cette question l'étude si remarquable de M. Sauzet, dans
la *Rev. crit.* de 1885, p. 166 et suiv. — V. aussi Bourcart, *Du fondement de
la responsabilité des locataires en cas d'incendie (France jud.*, 1887), tirage
à part, p. 40 et suiv. (Voir également M. Planiol, *Examen doctrinal*, dans
Rev. crit., 1886, p. 627). — Pour les citations plus récentes de jurisprudence,
voir PLANIOL, *Traité de droit civil*, II, n° 1778, p. 541, note : GUILLOUARD,
Louage, n°s 255 et suiv., n° 277 ; WAHL. *Louage*, I, n° 987 : cf. CHARMONT,
dans *Revue critique*, 1891, p. 85.

alors que l'ancienne école, ici encore, confondait garantie et responsabilité ; et M. Sainctelette a été l'un des promoteurs de cette idée
ingénieuse, que, en matière d'industrie, le contrat de louage de
services impliquait une clause tacite de garantie par laquelle le
patron s'engageait à protéger l'ouvrier contre tout accident professionnel. C'est lui, en effet, qui procède à l'aménagement de son
entreprise, qui règle les conditions du travail : c'est à lui, par conséquent, que l'ouvrier s'en remet du soin de veiller à sa propre
sécurité. En d'autres termes, il a l'autorité, il doit avoir la responsabilité. On pourrait ajouter que cette théorie concorde avec celle
de nos articles 1384 et 1385, fondée sur le principe de la responsabilité découlant de l'autorité (1). Si l'on impute au maître toute
faute de ses employés, c'est qu'il est réputé, parce ce qu'il est le
maître, devoir surveiller ses subordonnés, à plus forte raison doit-il
diriger chez lui le travail et l'exploitation de son industrie ; et, s'il
doit aux tiers de les préserver de toute imprudence de la part de ceux
qui lui sont soumis, à plus forte raison doit-il à ces derniers de les
préserver de tout danger provenant du travail auquel il les emploie.
Enfin, s'il est responsable du dommage causé par ses animaux
domestiques, comment ne le serait-il pas de plein droit de celui
qui provient de son outillage industriel (2) ? Déjà, M. Sauzet avait
enfermé l'idée dans une formule d'une véritable précision juridique :
le maître a garanti la sécurité des personnes dont il loue les
services, comme le voiturier, ajouterons-nous, qui répond des
objets qu'il transporte (3). Si donc un accident arrive, le maître se
trouve avoir manqué à son contrat, et c'est à lui de prouver qu'il
n'est pas en faute. On arrive ainsi à intervertir les rôles en matière
de preuve : c'est le résultat que l'on voulait atteindre.

335. Reconnaissons, tout de suite, que le droit allemand, pour

(1) Cf. Sainctelette, *Mémoire pour Mme v^e Desitter*, p. 15 et suiv.
(2) On a parlé d'une responsabilité pour le fait des choses (machines ou
autres) existant parallèlement à la responsabilité pour le fait d'autrui (art.
1384, cf. *infrà*, n° 336). — C'est la théorie, d'ailleurs, à laquelle j'ai fini par
me rallier dans mon étude sur *Les accidents de travail et la responsabilité*
(Paris, 1897). Voir surtout l'importante monographie de M. Josserand, *De la
responsabilité du fait des choses inanimées* (Paris, 1897) et la thèse de
M. Pisier, déjà citée.
(3) V. Sauzet, *De la responsabilité des patrons vis-à-vis des ouvriers dans les
accidents industriels* (Rev. crit., 1883, p. 616, note 3). « *Le patron doit veiller
à la sécurité de l'ouvrier, c'est-à-dire qu'il doit le garder sain et sauf au cours
de l'exécution du travail dangereux qu'il lui confie et qu'il dirige ; il doit,
à chaque instant, pouvoir le restituer, le rendre à lui-même, valide, comme
il l'a reçu* ».

quelques-uns des cas qu'avaient en vue les auteurs du système que nous venons d'exposer, a consacré le même résultat. Mais il s'est bien gardé de lui donner la valeur d'un principe juridique, d'une présomption générale applicable à toutes les hypothèses. Nous en avons la preuve dans la loi de 1871, qui rend les compagnies de chemins de fer responsables de droit de tout accident de personnes, arrivé à un individu quelconque, et qui soit la conséquence de l'exploitation. Sous la généralité des termes, il faut comprendre les ouvriers engagés par la compagnie, aussi bien que les voyageurs, et même les tiers quelconques. Il a fallu faire une loi pour les dispenser de prouver la faute de la compagnie ; n'est-ce pas la preuve que celle-ci n'était pas engagée par contrat à veiller à leur sécurité ? Elle n'y était obligée qu'en vertu du devoir qui incombe à tout le monde de ne rien faire qui pût mettre en danger la vie d'autrui. Seulement, cette application stricte du droit commun étant insuffisante, la loi impose aux compagnies une responsabilité de droit ; ce qu'il importe de remarquer, c'est que cette responsabilité est mise à la charge des compagnies, quelle que soit la personne victime de l'accident, fût-ce même un tiers qui ne fût lié par aucun rapport contractuel avec la compagnie, le passant qui traverse la voie par exemple. S'il lui arrive malheur par le fait de l'exploitation, il n'a rien à prouver et la compagnie lui doit réparation, sauf pour elle le droit d'établir que l'imprudence venait de lui. Tout ceci prouve à merveille que cette responsabilité est absolument étrangère à l'idée de contrat ; il s'agit d'une responsabilité légale, justifiée par les dangers de l'exploitation et qui, par suite, devait profiter à toute personne victime d'accident, sans qu'il y eût à tenir compte de ses rapports avec la compagnie. Tel est le point de vue du droit allemand (1). Il apparaît plus nettement encore

(1) Cf. aussi ce que nous avons dit de l'art. 2 de la loi de 1871 relatif à la responsabilité des chefs de fabrique, compagnies minières, etc., pour accidents survenus par la faute de leurs représentants, préposés et surveillants (cf. *supr.*, n° 325). Nous rappelons que le chef d'industrie est obligé à certaines précautions légales (*R. Gewerb. ordn* , § 120) et que quelques auteurs considèrent cette obligation comme une clause tacite d'aggravation de responsabilité, sous-entendue dans le contrat passé entre patrons et ouvriers (Eccius, II, p. 484, v° *supra*, p. 380, note 2). Mais il ne faut pas confondre l'obligation de prendre certaines mesures de surveillance et l'obligation contractuelle de garder à l'ouvrier la vie sauve : dans le premier cas, la survenance d'un accident ne constitue pas par elle même une violation du contrat et laisse encore à la victime le soin de prouver que les mesures de précaution n'ont pas été prises ; dans le second cas, tout accident est une violation du contrat qui dispense la victime de toute preuve. Dans toutes les hypothèses

aujourd'hui depuis les lois sur l'assurance obligatoire ; cette obligation légale a été transportée de la personne du patron sur la
corporation chargée de l'assurance. On peut dire en principe que
le maître n'est plus responsable ; nous laissons les exceptions de
côté, bien entendu. Les corporations instituées à cet effet suppor-
tent la charge du risque professionnel. Pareil système ne se relie
en aucune façon au contrat conclu entre l'ouvrier et le patron ; ce
sont obligations qui résultent de l'organisation même de la grande
industrie. Faut-il dire qu'elles n'aient rien de commun avec les
principes ordinaires du droit privé (1) ? Il y a toute une école qui
le soutient. On a prétendu que celui-ci ne devait régler que les
conventions-individuelles, et que c'était aux lois spéciales à réglementer le fonctionnement des groupes industriels. Il m'est arrivé à
moi-même de le croire et de le dire. Je serais aujourd'hui beaucoup
moins affirmatif sur tous ces points ; et, déjà, j'ai osé prétendre que
le principe même du risque professionnel, dont ceux-là encore qui
en sont les partisans les plus convaincus ne font qu'une règle
exceptionnelle et dérogatoire, n'était au fond que l'application généralisée du droit commun de l'article 1382.

336. En dernière analyse, il pourra sembler aujourd'hui que le
principe de droit privé mis en avant par l'école belge, si l'on peut
vraiment lui donner ce nom, et que l'école française était volontiers
tentée d'accepter, est un expédient qui, poussé à ses dernières limites
et admis dans toute sa généralité, est par trop radical. Il se réduit en
somme à une interprétation de volonté. Mais, si l'on veut y regarder
de près on devra reconnaître que cette obligation contractuelle que
l'on impose au maître sera souvent la dernière à laquelle il ait songé.

où il y a interversion de preuve, comme dans celles de la loi de 1871, le droit
allemand voit la avec raison une sorte de garantie légale des risques d'exploitation imposée au patron et non une garantie contractuelle ; et c'est dans
ce sens que l'ont entendu tous ceux, auteurs ou parlementaires, qui, avant
les lois actuelles sur l'assurance, demandaient une extension, soit partielle,
soit générale, des dispositions de la loi de 1871 sur la responsabilité et vou
laient ainsi généraliser l'interversion de preuve. On pourra voir diverses
motions faites dans ce sens au Reichstag en 1878 et 1879 et rapportées dans
l'*Handb. d'Endem.*, III, p. 623, note 18.

(1) On l'a dit avec raison ; toutes ces questions d'assurance et d'assistance
sociale n'ont rien à voir avec la question de faute et de responsabilité personnelle (cf. Moriz Ertl, *Die sociale Versicherung in Œsterreich*, dans la
Revue de Schmoller, XII, p. 659). — Seulement, j'ajouterai aujourd'hui que
l'on peut prétendre, avec beaucoup plus de raison encore, que les mêmes
principes de faute personnelle devraient être étrangers au système de droit
commun, sur le terrain même du droit privé.

Et, si le maître fait accepter des clauses qui le déchargent de la preuve et le ramènent au droit commun, que deviendra alors la présomption de garantie tacite ? On demandera, sans doute, qu'on en fasse une garantie légale dont le patron ne puisse se dégager : c'est ce qu'ont fait les Chambres françaises, en votant la loi bienfaisante du 9 avril 1898. Mais alors mieux vaut reconnaître, tout de suite, qu'il ne s'agit plus d'une convention libre, mais d'une clause forcée, pour raison d'intérêt public ; et mieux vaut alors lui restituer son véritable caractère d'obligation légale. et non contractuelle (1). La chose a son importance, nous allons le voir. Tout d'abord. si l'on veut s'en tenir à l'idée de garantie tacite, on se voit presque forcé de généraliser la présomption : et il peut se présenter telles ou telles hypothèses où ce serait parfaitement injuste. Il est tel cas, non plus peut-être en matière de grande industrie, mais dans l'hypothèse par exemple du propriétaire qui s'adresse à un ouvrier isolé pour un travail dont celui-ci ait seul la direction, ce qui arrive tous les jours, où l'on ne peut plus dire que le maître ayant la haute main aura de plein droit la responsabilité : il n'a même pas les connaissances techniques qui peuvent l'avertir du danger que va courir l'ouvrier, celui-ci seul les possède et lui seul peut se garantir (2). Il va de soi que, dans la plupart des cas de ce genre, l'ouvrier maniant ses outils, au lieu d'être à la merci de l'outillage du maître, l'art. 1384 ne s'appliquerait plus.

On a répondu, il est vrai, qu'en raisonnant ainsi on confondait l'entreprise d'ouvrage avec le louage de services (3) . mais il n'est

---

(1) Du reste, il faut bien reconnaître que les auteurs de la loi se sont placés sinon à ce point de vue d'une obligation légale, tout au moins à celui d'une obligation *ex delicto* ou plutôt *quasi-délictuelle* ; ils ont voulu élargir, en l'appliquant à l'outillage industriel, le cadre de l'article 1384. Le patron répond de sa machine comme des gens qu'il a sous sa garde. On a objecté que, dans le cas de responsabilité pour autrui, on suppose qu'il y a *faute* d'autrui et faute démontrée, tandis que dans le cas de prétendue *responsabilité pour le fait des choses* il n'y aurait plus à prouver la faute de personne et l'on présumerait d'emblée celle du patron, alors qu'il est tout aussi naturel de présumer celle de l'ouvrier (cf. Paul Nourisson, *La responsabilité des accidents du travail et le projet de loi*, p. 13 et suiv.). — Mais tout ce raisonnement repose sur l'idée fausse d'une présomption de faute à la base et comme explication de l'art. 1384, alors qu'il s'agit bien réellement d'une obligation légale, justifiée par l'idée de risques (cf. mon étude précitée et surtout celle de M. JOSSERAND, Paris, Rousseau, 1897 : voir cependant deux notes de la plus haute autorité, émanant de mon éminent maître, M. ESMEIN, dans *Sir.* 97. 1. 17 et 98. 1. 65).

(2) Cf. A. de Courcy, *Le Droit et les ouvriers*, p. 30-41.

(3) Sainctelette, *Accidents de travail, la jurisprudence qui s'éloigne et la jurisprudence qui s'approche*, p. 15.

pas rare, même dans cette seconde hypothèse, que la direction appartienne encore exclusivement aux ouvriers que l'on engage, bien qu'il ne s'agisse pas d'un ouvrage dont on leur confie l'entière exécution et pour lequel ils aient toute l'initiative. On voit tous les jours des patrons, même des entrepreneurs, engager des ouvriers spéciaux pour des travaux pour lesquels ces derniers ont seuls les connaissances techniques et professionnelles, et procéder cependant par voie de louage de services, sans qu'on puisse prétendre que le patron ou même l'entrepreneur ait entendu veiller lui-même à la sécurité de l'ouvrier, autrement qu'il ne veille à la sécurité de tous les gens qu'il emploie, quels qu'ils soient. Il y a là des distinctions qui s'imposent et qui nous paraissent extrêmement délicates. En d'autres termes, la présomption que l'on invoque peut être compatible avec les conditions d'exercice de la grande industrie, en présence d'un outillage compliqué, auprès duquel l'ouvrier n'est plus qu'un rouage parmi les autres (1) ; mais ailleurs, dans la plupart des cas, elle irait contre tous les usages reçus (2).

Enfin, voici ce qui nous frappe. Le maître, dit-on, a promis de veiller à ce qu'il n'arrive pas d'accident à l'ouvrier ; mais a-t il donc besoin d'une promesse spéciale pour que ce devoir lui incombe ? Est-ce qu'il n'en est pas tenu envers toute personne quelconque, non seulement envers l'ouvrier qui travaille chez lui, mais à l'égard par exemple de l'étranger qui visite son usine ? S'il en est ainsi, comment supposer qu'il ait dû prendre vis-à-vis de l'ouvrier un engagement qui lui est déjà imposé envers tout le monde

(1) Cf. la note très remarquable de M. Labbé. dans *Sir.*, 1885, IV, 25 : et Labbé, *Examen doctrinal* dans *Rev. critique*, 1886, p. 444.

(2) En somme, la thèse de M. Sauzet et de M Sainctelette se présente sous la forme d'un principe absolu et a le grand inconvénient de ne pas tenir compte des nuances et des détails. Mais il faut savoir gré à ses auteurs d'avoir soulevé la question, de l'avoir approfondie eux-mêmes avec une science aussi profonde et une finesse d'analyse aussi pénétrante, d'avoir en quelque sorte mis le problème à l'ordre du jour. Aujourd'hui surtout que, depuis la loi du 9 avril 1898. la solution de fait à laquelle ils voulaient aboutir est acquise, il faut bien reconnaître qu'une grande part de l'honneur doit en revenir aux éminents jurisconsultes qui ont les premiers posé la question sur son véritable terrain, qui est à la fois le terrain juridique, économique et social. En tous cas, c'est un mérite dont nous sommes absolument redevables à M. Sainctelette, on ne saurait trop le dire, d'avoir quitté enfin le terrain de la faute délictuelle et le domaine de l'art. 1382, tel que l'explique l'école traditionnelle, pour en revenir à celui d'une clause obligatoire du contrat ; car, lorsqu'on parle de clause contractuelle obligatoire, on n'est déjà plus dans le domaine du contrat, mais dans le domaine de la loi (cf. Planiol, *Examen doctrinal* dans *Rev. crit.*, 1888, p. 280 et suiv., et *Traité de droit civil*, II, nos 901 et suiv.).

par les plus simples notions de la morale et de la loi naturelle (cf. C. civ. al., art. 618)? Voici alors le résultat auquel va conduire cette théorie : le même accident blesse à la fois l'ouvrier qui travaille à l'usine et l'étranger qui la visite ; l'ouvrier aura sa preuve toute faite et l'autre devra faire la sienne. Le patron sera déclaré responsable envers le premier, et pourra ne pas l'être envers le second, faute par celui-ci d'avoir fait sa preuve. Cette inégalité, la loi allemande de 1871 ne l'admet pas ; elle est également étrangère au système du quasi-délit, tel qu'il ressort de nos articles 1384 et 1385, où l'on ne distingue pas suivant les personnes victimes du dommage, tandis que, au contraire, le système de la garantie tacite y conduit forcément. Rien de plus naturel, dira-t-on ; le patron ne doit rien à l'étranger, sinon les précautions qui lui sont imposées en vue de la sécurité générale ; au tiers de prouver qu'elles n'ont pas été prises. A l'ouvrier, au contraire, il a promis de veiller à sa sécurité particulière. Voilà ce que nous ne pouvons pas admettre ; il n'y a pas d'obligation de veiller à la sécurité particulière de certains individus qui puisse être différente de l'obligation de veiller à la sécurité générale de tous. La vérité est que, si le patron a promis quelque chose à l'ouvrier, en dehors des conditions ordinaires du contrat de louage, ce n'est pas de lui garder la vie sauve, c'est l'ouvrier que cela regarde, et il a, connaissant son métier, tous les moyens d'y veiller. Il lui a promis, à raison des dangers auxquels sa profession l'expose, de prendre les risques à sa charge, sauf quelques cas exceptionnels de force majeure ou de faute personnelle à l'ouvrier. Ne dites plus qu'il s'est engagé à lui procurer la sécurité ; c'est un devoir qu'il a vis-à-vis de tous ; dites, ce qui est bien différent, qu'il s'est engagé à prendre sur lui certains risques. Ne dites plus que nous sommes en présence d'une obligation impliquée de droit dans le contrat d'engagement ou de louage de services, mais que nous sommes en présence d'un contrat d'assurance tout à fait distinct. C'est une assurance légale. Et, cette fois, du moment que nous ne sommes plus en présence d'une clause inhérente au louage industriel, nous ne serons plus tentés d'étendre à tout engagement de services, en matière d'industrie, l'assurance pour risques professionnels ; cela dépendra des caractères de l'industrie elle même, des règlements en usage, de la nature de l'outillage, et cela devient une question d'ordre économique, ou plutôt une question de droit social, beaucoup plus que de droit individuel. Mais la sphère d'application du premier tendra de plus en plus à absorber le cercle d'application du second.

337. C'est alors que nous en reviendrions à nous demander si nos conceptions individualistes suffisent à la réglementation de ces grands corps organisés que nous présentent aujourd'hui certaines sociétés industrielles. Suffit-il encore du jeu des volontés individuelles, et ne faut-il pas reconnaître que ces petites sociétés ont leurs lois organiques spéciales, pour lesquelles la notion de contrat est tout à fait insuffisante, et pour lesquelles il faut tenir compte, à la fois des conditions de l'industrie, des intérêts de l'ouvrier et de ceux du patron ? L'engagement de l'ouvrier est-il lui-même un contrat comme tout autre, où la position des parties soit égale, ou le parallélisme des volontés soit intact ? N'est-il pas plus vrai de dire que l'ouvrier accepte de devenir membre d'un organisme compliqué, qu'il entre dans une société et qu'il adhère à ses statuts ? Il ne les débat pas, il ne les discute pas ; la réglementation du travail et de tout l'organisme lui échappe. Il devient membre d'une association industrielle dans laquelle vont être représentés le travail et le capital. Il accepte une loi qu'on lui propose, il ne discute pas les conditions d'un contrat. Il y a là un phénomène juridique qui tend à devenir aujourd'hui bien habituel, et en vertu duquel le parallélisme des volontés se trouve remplacé par l'adhésion de la volonté à une loi que l'on propose (1). Il y a bien encore concours de volontés et par suite convention au sens large. Y a-t-il encore contrat au vieux sens romain du mot ? Et n'est-il pas opportun de rappeler que les Romains donnaient assez volontiers ce nom de *lex* à ces propositions de contrat, qui n'étaient pas débattues par les parties et auxquelles on adhérait, plus qu'on ne les discutait, comme en matière de marchés publics (2) ? De même en

---

(1) Cf. Sauzet, *Situation des ouvriers dans l'assurance-accidents collective* (*Rev. crit*, 1886, p. 371) ; cf. supr., p. 299-300. — SAL., *Décl.*, p. 229 suiv.

(2) On n'a pas été sans me reprocher cette allusion que j'avais faite à la *lex* romaine, comme si j'eusse voulu parler simplement de ces *leges contractus*, qui n'ont d'autre sens, a-t-on dit, que celui dans lequel le mot *loi* est employé lui-même dans l'art. 1134 C. civ. ? Mais ne sait-on pas qu'il existait de véritables *leges*, au sens du droit public romain, ayant tous les caractères d'une sorte de réglementation publique, faite par les magistrats ou par le prince, en vue de certains marchés publics, et surtout pour ce qui est des fermages de certains domaines impériaux ? Ceux à qui le contrat s'adressait n'avaient ni à le débattre ni à le discuter ; ils n'avaient qu'à l'accepter, ou plutôt à adhérer à la *lex* formant la charte administrative, témoin cette lex *Hadriana* dont il est question à propos du *saltus Burunitanus*, et tant d'autres documents que nous a révélés l'épigraphie. Les petits fermiers du fisc ou des grands domaines, lesquels formaient la plèbe industrielle de l'époque impériale, correspondant à ce que sont nos travailleurs modernes de la grande industrie, avaient leur contrat d'engagement réglé d'avance par une charte impériale, comme aujour-

matière industrielle, ce sont de véritables lois que l'ouvrier va accepter, c'est toute une charte constitutionnelle qui va réglementer son travail et régir son activité industrielle, son avenir, sa vie. Il importe de favoriser, en présence de cet état de choses, tout essai d'organisation collective, conçue, non pas dans un esprit d'antagonisme contre le patron, mais au contraire d'accord avec lui, en union avec lui, de telle sorte que la protection des intérêts divers engagés résulte d'une entente commune et véritablement efficace. Là où cette entente existe, les patrons sont les premiers à organiser l'assurance des risques, à prendre, eux-mêmes, l'initiative des sacrifices. En tous cas, on comprend que, si l'on se place à ces divers points de vue, la question s'élève ; et l'on sent que l'intérêt public n'est plus indifférent à la constitution de ces vastes corps organisés, du fonctionnement desquels vont dépendre à la fois la richesse du pays et l'avenir des classes laborieuses.

En présence de ces grands intérêts engagés de part et d'autre, on est aujourd'hui tenté de faire intervenir l'État et de lui remettre la tutelle et la haute main en cette matière ; là peut être, dans une certaine mesure, le danger, le danger social et le danger politique (1).

d'hui le contrat de travail est imprimé par avance dans les formules de la compagnie Il n'y a plus qu'à donner une signature ou une adhésion ; là du moins où il y a une signature à donner. L'analogie est d'une évidence manifeste. Or, le droit romain se gardait bien de parler de contrats à propos de ces engagements des petits fermiers impériaux ; et ceux-ci, en s'adressant à l'empereur, par exemple dans cette pétition adressée à Commode, et qui nous a été conservée, ne disent pas un mot qui puisse faire allusion à un engagement réciproque. Ils parlent de la *lex* qui réglait leur situation, ils décrivent leur condition comme une condition légale, garantie par une *lex*. Ils ne laissent même pas entendre qu'ils peuvent rompre le contrat, ou qu'ils peuvent reprendre leur liberté. Ils étaient des fermiers légaux, ils avaient une situation légale ; on a pu dire qu'ils étaient déjà des colons attachés à la terre. Tout au moins faisaient-ils partie d'un organisme agricole, comme les ouvriers d'une grande usine forment un organisme industriel. Pour les uns comme pour les autres, leur situation juridique est réglée par une charte générale, donc par une *lex*, et non par des contrats individuels (sur tous ces points d'histoire, voir le livre de Beaudouin, *Les grands domaines dans l'Empire romain*, 1899).

(1) Cf. Claudio Jannet, *le Socialisme d'État*, V, p. 217 et suiv. (A lire, d'ailleurs, avec une certaine défiance, à raison du parti pris de l'auteur.) Ce danger menacerait déjà l'Angleterre elle-même, le pays de la libre initiative par excellence (cf. Baernreither, *Die Englischen Arbeiterverbände*, p. 337 et suiv., et Hasbach, *Neuere Literatur über die englische Arbeiterversicherungswesen*, dans *Rev. de Schmoller*, XII, p. 180 et suiv.). L'Autriche, bien entendu, a suivi l'Allemagne dans la voie de l'assurance obligatoire (loi du 28 décembre 1887). Pour les différences avec la législation allemande sur ce point, voir Ertl, *Die soziale Versicherung in Œsterreich*, dans *Rev. de Schmoller*, XII, p. 670-671). Pour ce qui est du droit comparé, on trouvera tous les principaux documents dans le rapport de M. de Ramaix, *La Réforme sociale*

On sait ce qui se passe en Allemagne à cet égard : on avait voulu faire de l'État l'assureur de tous les risques professionnels, comme si l'individu devait trouver dans la protection de l'État un remède à toutes les misères inhérentes à la vie humaine, et sans que l'on ait songé que toute protection venant de l'État constitue, le plus souvent, à la fois une atteinte à la liberté et une augmentation des charges collectives, par conséquent un accroissement pour tous de ces difficultés de vie contre lesquelles on prétend s'assurer. On est parvenu à mettre l'assurance à la charge de corporations dont font partie patrons et ouvriers et l'assurance est obligatoire pour l'ouvrier. L'État réglemente ainsi les conditions de l'industrie et applique à toutes les sociétés de ce genre un moule uniforme. Tout cela peut être mauvais en soi (1) : le rôle de l'État devrait se borner à provoquer, en matière d'assurance, l'initiative des patrons et il ne lui appartient guère de se substituer à eux. Il peut encore favoriser les caisses d'assurances et aider à leur crédit auprès des ouvriers. C'est le système suivi en Italie (cf. *loi italienne du 8 juillet* 1883) ; et peut-être serait-ce là ce qu'il y aurait de mieux à faire (2). En tous cas, la réglementation de l'industrie doit être laissée à l'initiative privée et à la liberté, au moins dans la mesure où l'initiative privée et la liberté sauront faire elles-mêmes les sacrifices nécessaires Le libéralisme économique, dans la proportion où il peut encore subsister, n'a d'application possible que dans les pays où règne un très grand esprit public, où le sentiment de la solidarité sociale est tellement inhérent à la politique des partis et aux efforts des individus, que, par la concurrence elle-même se crée l'organisme dont on a besoin, et que l'on veut remettre, ailleurs, aux mains de l'État. C'est la solution idéale. Mais où donc l'éducation publique est-elle assez haute et assez intelligente pour se dégager, dans notre vieux continent tout au moins, de l'individualisme qui divise, pour aboutir à l'union qui constitue la paix et engendre le progrès ? Indépendamment, d'ailleurs, de toute solution générale à admettre sur ce point, et les solutions générales sont toujours mauvaises, ce qui est absolument nécessaire,

et économique en Europe et dans les Etats-Unis de l'Amérique du Nord (Bruxelles, 1889).

(1) Cf. Gruner, *Les Lois d'assurances ouvrières en Allemagne* (Chaix, 1887.) Non que la responsabilité corporative soit chose mauvaise en soi ; ce qui est mauvais, c'est la corporation imposée par l'Etat (cf. baron Reille, *La respon sabilité des accidents devant le Parlement*, p. 47-48).

(2) V. la thèse française de Tarbouriech, *Des assurances contre les accidents du travail*, p. xxxi-xxxii (Paris, 1889).

c'est que la loi réglemente l'engagement industriel et détermine,
pour certains cas spéciaux, la responsabilité du patron (1). On
comprend que, pour certaines industries, où cela paraît conforme
à la nature des choses, elle accepte cette présomption d'assurance
pour risques professionnels dont on veut faire aujourd'hui une loi
générale et forcée : l'étendre à tous les cas d'engagements industriels, cela pourrait être dangereux ; l'appliquer à certaines industries ou à certains contrats d'engagement industriel, conclus dans
certaines conditions, ou encore la restreindre à certains risques,
cela peut être opportun, et même indispensable. En tous cas, ce
sont là des matières qui exigent une étude sérieuse des conditions
du travail, une analyse minutieuse des faits, un examen approfondi des intérêts engagés, enfin un sens de la vraie liberté, qui,
tout en sachant reconnaître où sont les responsabilités (2), ne
risque pas de porter atteinte au libre jeu des initiatives privées, et
par suite au développement des usages auxquels il peut donner
naissance. Et c'est, en effet, par les initiatives individuelles qu'il
faut commencer. La loi ne doit se substituer à elles que là où
elles restent inférieures à la tâche. Et encore, lorsqu'il a fallu en
arriver là, importe-t-il que l'organisme légal laisse un assez libre jeu,
pour son fonctionnement interne, à toutes les initiatives privées,
pour que subsiste le principe des libertés créatrices et fécondes,
au lieu de l'étouffer en germe sous une réglementation autoritaire
et toute mécanique.

338. En d'autres termes, nous comprenons que, pour certaines
hypothèses, il y ait une responsabilité légale imposée au patron.
Nous ne comprenons pas que ce qui devait être l'exception soit érigé
en principe absolu. Nous comprenons encore moins que l'obligation qui en dérive soit regardée comme une obligation contractuelle,
puisque c'est la loi qui l'impose, ni même comme une obligation
délictuelle, puisqu'elle est fondée, non pas sur une présomption de
faute, mais sur un devoir d'assurance. Nous tenons à lui rendre son
véritable caractère d'obligation légale ; et alors c'est à la loi qu'il
appartiendra d'en fixer les conditions et les cas d'application. Mais
en dehors des cas où la loi l'aura admise, nous nous en tiendrons
au droit commun ; nous dirons que le patron n'est responsable que
de son fait ou de l'inexécution de son contrat ; or, son fait doit être

---

(1) Cf. Glasson, *Le Code civil et la question ouvrière*, p. 10 et suiv.
(2) V. sur tous ces points Mataja, *Das Recht des Schadenersatzes von
Stand punkte der Nationalökonomie* (Leipzig, 1888).

établi, et son contrat ne comprend pas, de droit, une clause d'assurance pour risques professionnels. Il est possible qu'en raison des
usages cette clause puisse être considérée comme tacitement incluse au contrat. Mais ce sera, dans ce cas, à l'ouvrier à démontrer
l'existence de cette clause tacite (1) ; nous ne la présumons pas et
nous crooyns en cela rester d'accord avec les principes du droit,
avec ceux de la justice, tout en respectant, ce qui est le grand
point, la liberté.

339. Tel est, en somme, le point de vue du projet. Pour lui,
l'obligation délictuelle est celle qui provient d'un délit prouvé et
spécifié. En dehors de cela, il peut y avoir, en matière de responsabilité surtout, certaines obligations légales ; mais il importe de ne
pas confondre obligation légale et obligation délictuelle. Le projet
n'a pas pensé qu'il eût mission de fixer ces obligations légales ; il
a été si loin dans cette voie qu'il a supprimé la notion considérée
comme artificielle du quasi-délit, celui-ci entendu d'une présomption de faute ; et il laisse aux lois spéciales le soin d'imposer certaines responsabilités et par suite certaines obligations nécessitées
par les besoins de la pratique ou par certains intérêts d'ordre public.

III

Enrichissement sans cause.

340. Le projet, suivant une terminologie assez habituelle aux
ouvrages allemands, ne connaît pas l'expression de quasi-contrats.
Après avoir parlé du contrat et du fait illicite, considérés comme
sources d'obligations, il s'occupe de certaines obligations nées
d'autres causes, sans autre désignation (*Einzelne Schuldverhält-
lnisse aus anderen Grunden*). Parmi ces autres causes, se trouvent
les matières connues sous le nom de quasi-contrats, d'après l'usage
traditionnel, par exemple la gestion d'affaires. Nous laisserons de
côté ces théories particulières, pour nous en tenir aux idées générales. Or, nous trouvons comme expression de ces dernières l'importante matière de l'enrichissement sans cause, sous laquelle se
dissimulent, revêtues de noms allemands, les anciennes *condictiones*

---

(1) Cf. Marcel Planiol, *Rev. crit.*, 1888, p. 279 et suiv,
3ᵉ édition.   29

du droit romain. Cette étude acquiert dans le projet une importance considérable, puisque la plupart des titres d'acquisition, en matière de droits, tant réels que personnels, ont le caractère de contrats abstraits, qui produisent leur effet, indépendamment de toute cause préexistante et ne laissent, au cas de défaut de cause, à l'ancien titulaire dépossédé, qu'une action personnelle reproduite des anciennes *condictiones*, action fondée sur l'enrichissement irrégulier Le domaine d'application de ces actions personnelles s'étend encore à toute une autre catégorie d'hypothèses, dont le projet nous fournit un grand nombre d'exemples. Ce sont tous les cas, assez nombreux du reste, dans lesquels la loi validera, en vue de la protection des tiers de bonne foi, un acte de disposition provenant de celui qui n'avait ni droit ni pouvoir pour l'accomplir. Toute l'organisation des livres fonciers, par exemple, est fondée sur un système de protection de ce genre. Celui qui est porté au registre comme le titulaire du droit sera aux yeux des tiers le titulaire légitime ; et même s'il ne l'est pas, les aliénations faites par lui seront opposables au véritable ayant droit, au moins si l'acquéreur était de bonne foi. Le projet admet une théorie analogue en matière de meubles, lorsque la chose a été aliénée par un non ayant droit au profit d'un tiers de bonne foi ; le propriétaire doit subir l'effet de cet acte de disposition. Et de même, si un débiteur, après que la créance a été cédée, paie de bonne foi à l'ancien créancier, le paiement sera valable et la créance éteinte ; le cessionnaire n'aura rien acquis. Le cédant aura disposé du droit qu'il avait cédé. Dans tous les cas, le véritable titulaire du droit ne peut pas faire annuler l'acte à l'encontre du tiers de bonne foi, au profit de qui l'acte avait été passé ; mais, si celui qui l'a passé irrégulièrement a retiré de là un enrichissement quelconque, il y a, en ce qui le touche, enrichissement sans cause, et le véritable titulaire du droit peut agir en restitution de ce profit illégitime. C'est ce qui arriverait, par exemple, pour le vendeur de meubles qui eût aliéné la chose d'autrui et qui en eût touché le prix ; l'ancien propriétaire peut agir en répétition de ce prix. Il y a là tout autant de sources d'obligations, fondées sur l'enrichissement illégitime. C'est donc de celui-ci que nous avons à parler en terminant.

341. Le principe qui domine la matière est que tout enrichissement dépourvu de cause juridique donne naissance, au profit de celui aux dépens de qui il a eu lieu, à une obligation de restituer ce qu'il en reste. Il ne suffit pas de dire, comme on l'a fait quelquefois, que personne ne doit s'enrichir aux dépens d'autrui. Cette formule laisse de côté l'une des conditions d'existence de l'obligation, car celle-ci suppose à la fois les deux faits suivants : un enrichissement et le défaut de cause. Cette théorie diffère également de celle de la *versio in rem*, dont il est surtout question dans le Code prussien. Elle se caractérise, comme nous venons de le voir, par le fait d'un enrichissement obtenu aux dépens d'autrui et que ne justifie aucune cause légitime d'acquisition. Ce principe, dans son expression la plus générale, n'apparaît cependant dans le projet que tout à fait dans la dernière application qu'il en ait consacrée, celle qui correspond à la *condictio sine causa* proprement dite (art. 748). Seulement, dans la terminologie du projet, la *condictio sine causâ* se trouve en quelque sorte spécialisée, en ce sens qu'elle reste l'action réservée pour les cas d'enrichissement auxquels ne s'appliquent pas les autres *condictiones* limitées à certains cas spéciaux. Or le domaine, auquel se trouve restreinte cette *condictio sine causa* (1) ainsi réduite, est celui de l'enrichissement irrégulier qui se soit produit sans le fait ni la participation de celui aux dépens duquel il a été obtenu ; de sorte que nous pouvons, d'après le projet, distinguer deux sortes d'enrichissements sans cause : celui qui a son origine dans le fait de la personne dont le patrimoine se trouve lésé et celui arrivé sans son fait. Enfin, parmi les hypothèses de la première catégorie, nous trouvons une action d'une portée absolument générale, correspondant à l'ancienne *condictio ob rem*, c'est l'action en répétition de l'enrichissement procuré en vue d'une cause qui n'existe pas, ou d'une cause future qui ne se réalise pas. Il semblerait que ce fût à l'occasion de ce cas, tout à fait général, que le projet aurait dû poser les règles de la matière : il ne l'a pas fait. Il a traité à part, vu son importance, d'un des cas d'application de la *condictio ob rem*, celui de la répétition de l'indû ; et c'est à propos de cette dernière institution qu'il a posé les bases de toute la théorie. On se demande même, au premier abord, pourquoi il a été amené à faire une distinction, puisque l'une des hypothèses rentre dans l'autre. La raison en est que les conditions d'exercice de la *condictio indebiti* ne sont pas de tous points semblables à celles de la *condictio ob rem*, dont elle n'est cependant qu'une variété ; la différence se réfère surtout aux règles relatives à l'erreur en matière d'indû. Cette observation faite, nous allons, avec le projet, traiter en premier lieu de la *condictio indebiti*, sauf à généraliser plus tard

(1) Cf. Windscheid, *Pand.*, § 424, note 1.

quelques-unes des règles qui vont être posées en cette matière. Nous ajoutons une dernière remarque générale, avant d'aborder l'étude des dispositions particulières du projet : c'est que toutes les actions nées de l'enrichissement sans cause, comme les anciennes *condictiones*, sont de simples actions personnelles, inopposables aux tiers, et qui n'aboutissent jamais à une résolution de la propriété (1).

---

(1) Le système du Code civil al., en matière d'enrichissement sans cause, est très différent de celui du projet, au moins dans la forme et comme façon de présenter la matière. Le projet, comme on l'a vu, s'en tenait à la méthode romaine des catégories légales. Il classait les différentes hypothèses de répétition, suivant le domaine propre qu'elles visaient ; chacune répondait à l'une des différentes *condictiones* du droit romain. Ce système aurait risqué de laisser en dehors de ses prévisions bien des cas où il pût y avoir enrichissement injustifié. Heureusement, le projet s'était mis en garde contre les lacunes possibles de sa classification, et il terminait la série par une disposition de principe, susceptible de comprendre tous les cas laissés en souffrance ; c'était l'art. 748 (*infrà*, n° 349). C'était là qu'il fallait chercher la règle : il déclarait que, toutes les fois que quelqu'un s'était enrichi aux dépens d'autrui sans qu'il y eût à cela de cause légitime, il y avait lieu à répétition. N'était-ce pas là, peut-on dire, la règle générale qui comprenait tous les cas particuliers, spécialement prévus par la loi, et qui constituait le principe d'unité de toute la matière ? Alors, pourquoi ne pas le mettre en vedette et ne pas s'en contenter ? C'est ce qu'a fait le Code civil al., en ramenant à l'unité d'une règle générale le système de fractionnement du projet. Il pose, dans l'art. 812, le principe que celui qui, en recevant une prestation ou de toute autre manière, a bénéficié, sans cause juridique, d'un enrichissement auquel il n'avait pas droit, est tenu à restitution. Cela comprend le paiement de l'indu et toutes les hypothèses dans lesquelles le droit romain donnait une *condicrio sine causa*. Cette nouvelle réglementation est imitée de l'art. 70 du Code fédéral des obligations.

Le Code civil al. a fait, en matière d'enrichissement sans cause, ce que, malheureusement, il n'a pas osé faire en matière de délits ; il a substitué au système d'énumération du droit romain un principe unitaire, susceptible de comprendre toutes les hypothèses où l'équité peut exiger qu'il y ait lieu à restitution ; ce sera au juge à faire l'application de la règle aux espèces. Il est vrai que ce droit d'appréciation du juge sera délimité par certaines conditions légales que l'on trouvera précisées aux notes qui vont suivre. Il y a donc là un système inverse de celui du Code civil français, au moins dans la forme. Tandis que ce dernier procède par réglementation des cas particuliers, lorsqu'il s'agit d'enrichissement sans cause et pose au contraire une règle aussi générale que possible en matière de délits, le Code civil allemand renverse l'ordre des termes ; il procède par réglementation générale lorsqu'il s'agit d'enrichissement sans cause et s'en tient encore aux catégories légales pour les délits. Ce procédé tout à fait inférieur, — et cette infériorité se révèle uniquement, bien entendu, à propos de l'enrichissement sans cause, — s'explique en droit français comme conséquence de la théorie de l'art. 1131 sur la cause, théorie étrangère au droit allemand. Là où il y a nullité de l'acte pour défaut de cause (art. 1133), le champ d'application de la restitution fondée sur l'enrichissement sans cause se trouve considérablement restreint. Dans le droit allemand, au contraire, c'est sur ce dernier terrain que se pose la question de la cause et que la théorie doit en être élaborée, comme on le verra aux notes suivantes. Aussi, sur ce terrain nouveau, le Code civil allemand a-t-il admis un principe de réglementation générale analogue à celle du droit français dans les art. 1131 et 1133 C. civ.

342. *Action en répétition en matière de paiement de l'indû.* —
Le projet suit d'assez près en cette matière les solutions romaines,
sauf quelques différences en ce qui touche la preuve de l'erreur. Le
principe est que celui qui a fourni une prestation, ayant dans sa
pensée le caractère d'un paiement, c'est-à-dire faite en vue d'exécuter et d'éteindre une obligation qu'il croit lui incomber, a le droit
de répéter ce qu'il a fourni, s'il est établi que l'obligation n'existait
pas ou avait cessé d'exister (art. 737). Il n'y a pas d'ailleurs à distinguer suivant que l'obligation était inexistante, ou paralysée par
une exception perpétuelle (1) ; il n'y a pas non plus à établir de
différence suivant la nature de la prestation, fût-ce même un simple
transfert de possession (*condictio possessionis*). Bien entendu, on
n'admet pas la répétition de ce qui aura été payé avant terme
(art. 738) : mais on considérera comme n'existant pas une dette
simplement conditionnelle (art. 128), tandis qu'on ne fera pas de
la dette susceptible de compensation une dette paralysée par une
exception perpétuelle : nous avons déjà dit pourquoi celui qui a
payé ignorant une cause de compensation ne peut pas répéter (art.
281 et suiv.). Il faut aussi se souvenir que le projet ne connaît pas
l'obligation naturelle : par conséquent la *condictio indebiti* ne sera
pas refusée sur le seul fondement que l'obligation était fondée sur
un motif de convenance ou un devoir moral (2).

(1) Cf. C. civ. al., art. 813.
(2) *Motifs*, II, p. 833. — Cf. C. civ., art. 1235, art. 1906. — Sur ce point
encore, la seconde commission a opéré un changement de front presque total.
On s'était tout d'abord contenté de spécifier les cas, parmi ceux que l'on aurait
pu ranger dans le domaine des obligations naturelles, dans lesquelles la répétition serait exclue, prescription, jeu et pari, et quelques autres encore. Mais,
on n'avait pas accepté de poser en règle que, dès que le paiement peut se justifier par un devoir de convenance, on ne pourrait plus le répéter. C'est ce
dernier principe cependant qu'a établi et consacré dans toute sa généralité
l'art. 814 C. civ. al. Une telle manière de faire a soulevé de vives réclamations devant la seconde commission. Car, disait-on, c'est tout le système des
obligations naturelles que l'on va faire revivre, avec cette aggravation que les
cadres n'en sont plus précisés et que l'on laisse au juge le soin de reconnaître
quand, et à quel cas, suivant son appréciation, il y aura motifs de convenance suffisants, pour justifier la prestation et exclure la restitution. Mais on a
répondu que l'on ne pouvait pas s'exposer à heurter de front la conscience
morale du peuple (*Pr.*, p. 695, 696). Lorsque quelqu'un fait une prestation
dans le but de satisfaire à un devoir de conscience, il serait scandaleux que
le droit lui fournît le moyen de reprendre ce qu'il a livré, du moment que,
ce qu'il a fait, il l'a fait en connaissance de cause, et en pleine volonté et
liberté. C'est le même sentiment qui a poussé la jurisprudence française à
soumettre à son appréciation, pour se faire juge de leur validité, les donations dictées par un sentiment autre que l'intention pure et simple de faire
une libéralité (cf. Bufnoir, *Propriété et contrat*, p. 543 ; Planiol, *loc. cit.*,

343. Mais le point délicat est celui qui touche aux conditions de preuve. L'auteur du paiement doit établir l'existence d'une obligation provenant de l'enrichissement sans cause : et l'enrichissement sans cause a son fondement dans l'inexistence de la dette. Le demandeur en répétition devra donc prouver : 1° qu'il a fait une prestation ; 2° que cette prestation avait le caractère d'un paiement ; 3° que la dette n'existait pas (1). Est-ce là

II, nᵒˢ 1082 et suiv. : et les thèses de MM. TARBOURIECH, *De la cause dans les libéralités*, Paris, 1894, et SÉFÉRIADÈS, Paris, 1897). Il n'y a pas de théorie au monde qui puisse jamais écarter cet indispensable contrôle de l'équité à l'encontre du formalisme juridique : et, quant aux craintes que l'on manifestait de l'arbitraire du juge, elles n'étaient pas plus justifiées en cette matière que par rapport aux actes nuls comme contraires aux mœurs (SAL., *Décl.*, sur l'art. 138). Du reste, l'art. 814 exige que le but de l'auteur du paiement ait été de remplir un devoir moral ou d'avoir égard aux convenances : il faudrait donc écarter toutes considérations qui ne seraient fondées que sur de simples fantaisies subjectives ou sur de simples obligations que l'on se serait faites, ne répondant ni aux exigences de la morale commune ni aux usages. On a posé la question pour le cas de concordat, lorsque le débiteur aurait payé plus que la somme à laquelle sa dette avait été réduite, par rapport à l'un des créanciers. Mais il faut reconnaître que, neuf fois sur dix, la question sera écartée, de prime abord, par la première disposition de l'art. 814, qui exclut la répétition, lorsque l'auteur du paiement savait que, ce qu'il a payé, il n'était pas obligé de le payer. Il faudrait donc, pour que la question s'élevât, supposer l'erreur du débiteur : or, s'il y a erreur, on ne peut plus dire qu'il a payé pour satisfaire un devoir de convenance. Et, à supposer que, pour l'application de cette seconde disposition de l'art. 814, on ne veuille plus tenir compte de l'erreur, et qu'on n'exige pas comme condition première la conscience du but moral auquel le paiement se trouvera satisfaire, il serait vraiment difficile de soutenir qu'il y ait, pour le débiteur failli bénéficiant d'un concordat, un devoir de morale ou de convenance à ne pas tenir compte de la réduction concordataire : aussi, est-ce sur ce point, et à ce point de vue, qu'il peut y avoir intérêt à dire que l'art. 814 n'a pas rétabli le système de l'idée d'obligation naturelle. L'obligation naturelle existe d'une façon objective, indépendamment du but poursuivi par celui qui paie, si bien que là où la morale objective approuve le paiement, celui-ci doit subsister, sans qu'il y ait à rechercher ce qu'a voulu celui qui l'a fait, puisqu'il y avait obligation à sa charge. D'après l'art. 814, c'est le but intentionnel ; la cause subjective visée par l'auteur du paiement, qui doit être pris en considération, pour savoir si l'acte sur lequel il prétendait revenir après coup était dicté par un devoir moral ou par le sentiment des convenances (cf. PL., p. 585 et les citations). Il n'y a pas obligation préalable : il y a livraison justifiée par son but : ce sont deux conceptions essentiellement différentes.

(1) Déjà, sur ce premier point, des doutes se sont élevés dans la doctrine, non pas sur le cas ordinaire du paiement de l'indû, tel que le visait l'art. 737 Pᵗ, mais pour l'une des hypothèses comprises sous la formule large et générale de l'art. 812 C. civ. al., le cas où l'on a livré en vue d'une cause future, comme si une fiancée mettait son fiancé en possession de ses apports en vue du mariage, et que ce dernier vînt à ne pas se réaliser. On a soutenu que le demandeur en restitution n'avait qu'une chose à établir, à savoir qu'il avait fourni la chose en vue d'un évènement futur : or, comme il peut, en droit commun, toujours reprendre ce qu'il a livré tant que cet évènement ne s'est pas accompli, étant donné qu'il ne s'agissait pas de l'inexécution d'une

tout (1) ? Le droit romain déclarait que le droit à répétition avait pour base l'erreur du *solvens*. S'il a payé sachant la dette inexistante, il est présumé avoir fait une donation et on lui refuse la répétition. Le projet admet bien encore que, s'il a su que la dette n'existait pas, il sera débouté de sa demande. Non pas qu'on présume forcément l'intention de donner, mais on présume l'existence d'une cause quelconque que l'auteur du paiement a voulu dissimuler ; en d'autres termes, la prestation n'est plus censée dénuée de cause. Seulement la condition première de cette déchéance est l'erreur de celui qui a fourni la prestation ; ce dernier devra-t-il encore prouver qu'il a ignoré l'inexistence de la dette ? La question était controversée sur le terrain du droit commun : on pouvait dire que c'était au demandeur à établir toutes les conditions auxquelles est subordonné son droit, et l'erreur ici en est une. On était tenté d'ajouter, en outre, en se fondant sur les théories de Bähr, relatives au contrat de reconnaissance de dette, qu'en payant il avait reconnu l'existence de la dette, que, par suite, il avait substitué un titre nouveau à l'ancien et que ce dernier servait de cause suffisante à la prestation qui avait été faite indépendamment de toute cause antérieure ; que, par conséquent, pour détruire l'efficacité de ce nouveau titre, il fallait prouver qu'il n'avait pas eu la volonté de s'engager ainsi par voie de promesse abstraite. Le seul moyen d'établir l'absence de volonté était de prouver l'erreur où il a été sur l'ancienne et la croyance où il était d'exécuter une obligation qui lui incombait (2). Mais la jurisprudence trouvait le raisonnement un peu subtil et pensait que celui qui paie une dette doit être présumé avoir cru à l'existence de sa dette, à moins que l'on dût supposer chez lui une

obligation conditionnelle, il n'a donc pas, a-t-on dit, à établir que cette cause ne s'est pas réalisée : elle est présumée ne pas l'être. C'est donc à celui qui a reçu à prouver que l'évènement qui devait justifier la prestation s'est accompli (cf. Windscheid, II, 429, note 2). Le Code civil al. n'a pas tranché cette question de preuve ; mais la plupart des commentateurs n'ont pas accepté, et à juste titre, semble-t-il, le raisonnement qui précède. Le seul fait antérieur du paiement suffit à justifier la possession de celui qui l'a reçu : c'est donc à son adversaire à prouver tous les éléments de son droit à répétition. Or, il est faux de dire que, s'il a livré en vue d'un évènement qui est encore susceptible de se réaliser, il peut déjà répéter, faute de cause. Sans doute, il n'était pas tenu en vertu d'un contrat ayant fondé à sa charge une obligation conditionnelle : mais en livrant en vue d'un évènement éventuel, il a lui-même donné une cause à sa prestation, et cette cause existe, tant qu'il n'a pas fait la preuve que la condition prévue ne s'est pas accomplie et ne s'accomplira pas (voir les citations et références dans PL., p. 382).

(1) Windscheid, *Pand.*, §§ 426-5.
(2) Cf. Windscheid, *Pand.*, § 426, note 19.

erreur absolument grossière. En d'autres termes, la simulation ne se présume pas et la présomption d'erreur doit être attachée au fait de la prestation, du moment qu'il est établi qu'elle a eu les apparences d'un paiement. Notre Code civil et le Code fédéral (1) n'acceptent pas cette présomption et veulent que le demandeur prouve l'erreur. Le projet suit la tendance déjà fortement manifestée par la jurisprudence allemande et, allant plus loin qu'elle, voit, dans tous les cas, et sans distinction, une présomption d'erreur au cas de prestation fournie à titre de paiement d'une dette. Il exige donc que le défendeur prouve l'absence d'erreur de la part de celui qui a payé ; il devra établir exactement que celui-ci a su que la dette n'existait pas. Comme on l'a fait remarquer (2), il ne suffirait pas qu'il établît le doute dans lequel l'auteur du paiement était sur le fait de la dette, mais la connaissance positive qu'il a eue de son inexistence. Si donc un individu paie une dette sur la validité de laquelle il a des doutes, et que pour des considérations quelconques il ne veuille pas en contester l'existence, il pourra toujours, lui ou ses héritiers, répéter ce qu'il a presté, sans qu'on puisse lui opposer qu'il a accepté de payer en dépit des doutes qu'il pouvait avoir. Si la preuve de l'erreur eût été à sa charge, il n'aurait pu l'établir, car le doute n'est pas l'erreur. Comme on a interverti la preuve, l'*accipiens* ne pourra établir que l'autre a connu pertinemment l'inexistence de la dette, car ici encore le doute n'est pas la certitude. Tout au moins ajouterons-nous que sa preuve sera beaucoup plus difficile et le succès de la *condictio* beaucoup plus sûr. On a paru craindre dans la critique qu'il y ait là toute une source de difficultés dans les relations de la vie et une mine à procès. Mais cette objection paraîtra difficilement fondée (3).

344. Cela veut-il dire que l'*accipiens* sera sûr, en toute hypothèse, de garder la chose parce qu'il a détruit la présomption d'erreur existant au profit de celui qui a payé ? Pas absolument, car il résulte de ce que celui-ci savait la dette inexistante qu'il simulait la cause réelle de la prestation. Or il peut toujours, à son tour,

---

(1) Cf. C. civ., art. 1376-1377 ; C. féd., art. 72 ; de même A. L. R., I, 16, §§ 166, 178, 181.

(2) Cf. Meischeider, *Die alten Streitfragen gegenüber dem Entwurfe* (*Bekker-Beiträge*, fas. 3, p. 71).

(3) Cf. Bähr, *Beurtheilung*, etc., p. 93, et Gierke, *Rev. de Schmoller*, XIII, p. 260. — Rien de changé, quant à cette question de preuve, pour ce qui est de l'application de l'art. 814 C. civ. al. (cf. Pl., p. 586).

faire la preuve de la cause vraie, une fois la cause apparente
rejetée ; et, s'il se trouve que la cause réelle constitue une cause
illicite, comme, par exemple, si la prestation avait pour but d'exécuter une donation irrégulière, ou quelque chose d'équivalent, le
demandeur pourrait encore, cette preuve une fois faite, répéter ce
qu'il a fourni. Tout ceci nous permet également de saisir en quoi
les résultats pratiques, en ce qui concerne la théorie susceptible de
correspondre dans le projet à ce qu'est en droit romain le système
de l'obligation naturelle, vont différer, dans la conception qui vient
d'être exposée, de ce qu'ils sont dans la plupart des constructions
juridiques actuelles. On admet ordinairement que l'obligation
naturelle sert de cause valable au paiement, et cela alors même
que le *solvens* aurait cru payer une obligation civile. Le projet
n'admettant pas l'obligation naturelle, donnera gain de cause au
solvens qui prouvera qu'en pareil cas il n'y avait pas de dette à sa
charge. Seulement, celui qui a reçu le paiement poura établir que
l'autre a payé en connaissance de cause, dans l'intention par
exemple de remplir un devoir de conscience (1) et la répétion

(1) On voit par là que l'innovation de la seconde disposition de l'art. 148
C. civ. al. est loin d'avoir la portée que l'on aurait pu croire au premier abord
(*supra*, n° 342 et les notes). Déjà dans la théorie du projet, il suffisait que
l'*accipiens* eût prouvé que le *solvens* eût fait la prestation, sachant qu'il n'était
tenu d'aucune dette ; et généralement en fait il ne pourra faire cette preuve
qu'en établissant la véritable cause qu'il avait en vue, telle que la satisfaction d'un devoir de convenance, pour que la répétition fût exclue. Qu'ajoute
donc, de plus, l'art. 814, qui exclut la répétition, lorsque la prestation répondait à un devoir moral ou à une obligation de convenance ? Ce qu'il faut dire,
pour préciser plus exactement la portée de la solution exposée au texte, c'est
que, si l'*accipiens* eût fait la preuve que le *solvens* savait très bien ne rien
devoir civilement et que, d'autre part, il fût établi, par l'une ou l'autre des
parties, que la cause véritable de l'obligation était, non pas une donation
pure et simple, mais l'exécution d'un devoir de convenance, il n'y a plus
erreur sur la cause : il y a la révélation d'une cause que la loi n'acceptait pas
comme suffisante, d'après le premier projet, et dont elle reconnaît, au contraire,
la légitimité, d'après le Code civil al. Or, en principe, lorsque la cause est
démontrée, et que cette cause se trouve être différente de la cause apparente,
et ne correspondre à aucune dette civile proprement dite, il ne suffit pas,
pour exclure la répétition, que l'on ait ainsi établi l'absence d'erreur du *solvens* au sujet de toute obligation civile préexistante, puisque la cause vraie
n'était plus une obligation civile, et que l'absence d'erreur de la part du *solvens*
ne s'oppose à la répétition que lorsqu'elle se réfère à la seule cause connue
comme pouvant servir de cause réelle à la prestation. Mais, lorsque, de plus,
la cause vraie se trouve apparaître et qu'elle se révèle, le fait pour le *solvens*
d'avoir su l'inexistence de toute autre cause civile est désormais sans influence sur le droit à répétition. La seule question qui s'élève est de savoir si
la cause réelle, désormais connue, est de celles que la loi admet ou non comme
suffisant à légitimer une prestation : or, d'après le projet, un simple devoir

sera rejetée. Le prétendu paiement vaudra comme donation. Dans les cas où le droit commun verrait une obligation naturelle, le projet oblige l'*accipiens* à prouver l'intention qu'a eue l'auteur du paiement, s'il veut conserver ce qu'il a reçu : tandis que la plupart des législations ne lui imposent aucune preuve et lui assurent la conservation de ce qu'il a reçu en tout état de cause.

345. *De la mesure de la restitution.* — Le principe posé par le projet est que la restitution que devra opérer le défendeur se mesurera à l'enrichissement ; car le droit du demandeur suppose deux conditions, l'enrichissement et le défaut de cause. Seulement, il peut se faire que l'enrichissement ait disparu. Le demandeur pourra-t-il exiger la valeur de tout ce dont l'autre s'était enrichi ou ce qu'il en reste ? D'ordinaire, cette question se relie au problème de la responsabilité, et l'on se demande dans quelle mesure l'*accipiens* est responsable à l'égard de l'auteur du paiement des pertes survenues à la chose. Or, tant que l'*accipiens* ignore qu'il puisse être obligé à restitution, la question n'a pas de sens, car il ne doit rien au *solvens* et n'est soumis à aucune obligation de conserver la chose à son profit. Aussi, le projet décide-t-il que l'action se mesurera à l'enrichissement actuel. Seulement, si la chose n'existe plus, le projet présume que la valeur en a été versée dans le patrimoine et que l'enrichissement subsiste. Le *solvens*, n'ayant pas d'action réelle opposable aux tiers, demandera restitution de la valeur, sauf au défendeur à prouver, par voie d'exception, qu'il ne lui reste aucun enrichissement actuel de ce qu'il avait reçu. Le projet ne fait, d'ailleurs, aucune distinction, suivant qu'il s'agit ou non de choses fongibles, quoique en droit commun ce point soit très contesté (art. 739). D'autre part, si l'action se mesure à l'enrichissement actuel, elle comprend tout l'enrichissement, donc les gains et profits retirés de la prestation reçue. Mais une exception est faite en ce qui touche les revenus d'une chose transmise en propriété ; l'*accipiens* est assimilé au possesseur (art. 740). S'il a été de bonne foi, il sera dispensé de restituer les revenus qu'il a perçus. C'est la décision formelle de l'article 930, en ce qui touche le possesseur de bonne foi, décision qu'il ne faut pas confondre avec celle qui lui fait acquérir les fruits naturels par la séparation (art. 900). Par suite,

---

de convenance n'eût pas été une cause suffisante, pour justifier le maintien de ce qui eût été livré : il n'en est plus de même d'après l'art. 814 C. civ. al.

l'*ac ipiens* gardera l'enrichissement qui lui aura été procuré de
ce chef, par exception aux articles 739 et 748 (1). Mais, si
l'*accipiens* doit restituer, en dehors de cette exception relative
aux fruits, tout ce dont il s'est enrichi, il ne doit cette restitution que dans la mesure de son enrichissement ; le montant de ce
qu'il doit rendre devra être diminué de toutes les impenses qu'il

(1) A. L. R., I. § 189 (Förster-Eccius, II, § 150, note 85). Sächs, G. B.,
§ 1527, V. *Motifs*, II, p. 839, III, p. 365 et 401. — Sur ce point encore, le Code
civil al. a profondément modifié le système du projet, et il ne faut pas craindre
de reconnaître, cette fois, qu'il y eut là comme une des rares méprises de la seconde commission, dans les changements apportés par elle au projet qui lui
était soumis. Elle considéra que l'action en répétition devait être assimilée,
au point de vue de ses résultats, non pas à la revendication d'un immeuble en particulier, mais à l'action en restitution d'une hérédité, pour laquelle
on oblige le possesseur de bonne foi à restituer tout ce dont il s'est enrichi,
sans lui laisser le bénéfice des fruits perçus : c'est à lui d'établir que ces
derniers ont été consommés sans laisser d'équivalent dans son patrimoine,
preuve bien difficile, il faut en convenir. C'est le même système que l'art.
818 C. civ. al. (cf. *Pr.*, p. 703 et suiv et p. 709-710) a cru devoir consacrer
en ce qui touche la répétition pour enrichissement sans cause : sinon, a t-
on dit, il y aurait enrichissement sans cause pour le possesseur qui eût
gardé les fruits perçus et dont l'équivalent se retrouverait dans son patrimoine. Mais n'est ce pas ce qui se présente dans les rapports du possesseur
avec le propriétaire qui revendique ? A l'égard de ce dernier, et quant aux
fruits, n'y a-t-il pas enrichissement sans cause ? Sans doute, il y a un titre
supposé valable vis-à-vis de celui qui avait aliéné la chose ; mais ce titre
n'est pas une cause vis-à-vis du propriétaire, et la preuve c'est que, dans les
cas rares où le droit allemand admettra encore que la revendication soit
possible contre le possesseur de bonne foi, ce titre ne sera pas une cause
juridique suffisante pour permettre au possesseur de garder la chose elle-
même : en quoi serait-elle une cause qui doive suffire à lui faire garder les
fruits ? S'il les garde, c'est en raison d'une autre cause, en raison de sa bonne
foi. Cette cause existe donc tout aussi bien dans les rapports du possesseur
avec celui qui lui avait livré l'immeuble : alors pourquoi ne pas lui accorder
la même protection ? Et que l'on remarque bien que c'est ce même système de
restitution que l'on appliquera au cas de nullité ou d'annulation au profit de
celui qui aurait déjà livré la chose et qui en demande restitution sur le fondement d'un acte nul ou annulé, ou d'une cause qui a disparu (cf. C. civ. al.,
art. 812 et 815; Pr., p. 581 et 587). Il y a là un système profondément injuste.
Le possesseur a cru à la légitimité de son titre, il a joui des fruits et ne s'est
ménagé aucun titre de preuve destiné à justifier de l'emploi qu'il en a fait :
comment l'obliger à établir qu'il les a dépensés sans utilité pour lui ? Il est vrai,
par contre, que ce sera au demandeur en restitution à prouver le montant de
ce que le possesseur aurait touché, preuve déjà singulièrement difficile : et,
cette preuve faite, si on peut la faire le possesseur aura à établir que ce qu'il
avait touché ne lui a pas profité : que de complications et de difficultés pratiques pour donner satisfaction à un intérêt de pure logique juridique ! Car,
on se trompe singulièrement lorsque l'on parle d'un intérêt d'équité et de justice. Ce que veut l'équité, c'est que la jouissance incontestable des fruits soit
l'accessoire de toute possession de bonne foi : la possession est un fait, et ce
fait comprend la perception des fruits. Ce fait est acquis, et il doit rester
acquis avec toutes ses conséquences accessoires, dès qu'il a eu lieu de bonne foi.

aura pu faire, sans distinction (1). Il pourra faire valoir ce droit
par voie d'exception, sous la forme du droit de rétention. Si,
d'ailleurs, il omettait d'invoquer ce droit, la doctrine et la pratique
auraient à décider s'il jouirait à son tour d'une *condictio*, fondée sur
l'article 748, pour réclamer du demandeur à qui il aurait restitué la
chose l'enrichissement que pourraient avoir procuré à celui-ci les
impenses dont il n'a pas été tenu compte, et qui, par suite, peuvent
constituer pour lui un enrichissement sans cause (2). Donc, tant
qu'il s'agit d'un *accipiens* de bonne foi, tout se mesure à l'enrichissement et il ne saurait être question, avec l'introduction de
l'instance (art. 739), d'obligation de veiller à la chose et de responsabilité. Mais cette responsabilité, au contraire, commence avec
l'obligation qui va incomber au possesseur, ayant en mains la
prestation soumise à restitution, ou plutôt elle commence avec la
connaissance qu'il acquiert de son obligation de restituer, autrement
dit avec sa mauvaise foi (art. 741). Toutefois, il faut distinguer deux
hypothèses, celle où il a toujours été de mauvaise foi et celle où il
l'est devenu après coup. Dans le premier cas, s'il a su que la dette
pour laquelle il recevait paiement n'existait pas, et que, d'autre
part, le *solvens* était dans l'erreur à cet égard, son obligation résulte, non seulement du fait de l'enrichissement, mais d'un véritable délit et elle se mesure alors à tout le dommage, comme c'est
la règle pour les obligations nées de faits illicites (art. 741, § 1).
Mais, si cette connaissance ne lui parvient qu'après réception de la
chose, on ne peut plus traiter de délit le simple fait de n'avoir pas
pris l'initiative de la restitution ; la *mala fides superveniens* ne
pourrait pas non plus, à elle seule, disent les motifs, le constituer en
demeure *(mora ex re)*. Tout ce que l'on peut dire, c'est que l'obligation de veiller à la chose, en vue de sa restitution possible, existe
à partir de ce moment à la charge de l'*accipiens*, comme elle existerait du jour de l'introduction de l'instance. A partir de ce moment,
il est tenu, à l'égard du *solvens*, des pertes arrivées par sa faute,
bien loin de ne lui devoir que l'enrichissement subsistant au jour
de la demande ; il faut remarquer cependant qu'il ne répondra pas
des cas fortuits (art. 741, § 2) (3).

(1) Voir solution différente du Code civil, art. 1481, et du C. féd., art. 74.
— Cf. Säch., G. B., § 1527, A. L. R., I, 16, § 190.
(2) *Motifs*, II, p. 840.
(3) V. interprétation dans ce sens de l'art. 1379-1° du C. civ. (Aubry et
Rau, § 442, note 30). Cf. Observations de Meischeider, *loc. cit.* (*Bekker-
Beiträge*, f. 3, p. 72). — L'art. 819 C. civ. al, efface cette distinction, entre

Telles sont les dérogations apportées par suite de la *males fides superveniens* aux principes des articles 739 et 740. Mais il importe surtout d'insister sur le caractère de l'obligation de l'*accipiens*, s'il a reçu la chose de mauvaise foi ; car du moment qu'on le traite comme coupable d'un délit, son obligation aura tous les caractères de l'obligation délictuelle, soit au point de vue des restitutions à opérer, soit à celui de la prescription. Cette dernière, à vrai dire, ne sera réduite à trois ans (art. 719) qu'autant que le *solvens* invoque le délit pour obtenir pleine réparation ; s'il s'appuie uniquement sur le fait de l'enrichissement pour limiter son action à 'enrichissement, il ne subira que la prescription de droit commun, puisqu'il se trouvera intenter la *condictio*, et non l'action née du délit (1).

346. *Condictio ob rem* (art. 742) (2). — Après le cas particulier

le cas où l'*accipiens* a connu l'erreur du *solvens* au moment de la livraison, et celui où il ne l'aurait connue qu'après coup. Dans les deux cas, on devra le traiter, et déterminer sa responsabilité, comme on le ferait si, à partir de ce moment, il y avait déjà introduction de l'instance. Cela revient à dire que l'on ne considère pas *ipso facto*, et forcément, comme un délit le fait d'avoir accepté ce qu'on savait ne pas être dû. Il est possible qu'il y ait dans ce fait les éléments d'un délit civil, mais il faudra l'établir.

(1) Sur tous ces derniers points, voir la note précédente.

(2) On sait déjà, et ceci s'applique à toutes les autres hypothèses de restitution prévues dans les articles du projet qui vont suivre, que le Code civil al. a rejeté le procédé romain des cadres spéciaux et des catégories légales, pour poser une règle générale, comprenant tous les cas d'enrichissement sans cause, et dont la formule est donnée par l'art. 812 C. civ. al. Ce dernier pose, sous une forme juridiquement très différente, le principe qu'établissait l'art. 742 dans les termes suivants : *Celui qui a fait une prestation sous la prévision déclarée par lui, sous forme expresse ou sous entendue, de l'arrivée, ou de la non-arrivée, d'un fait ou d'une conséquence juridique, qui ne se produit pas, a le droit de répéter ce qu'il avait fourni.* L'art. 812 dit, sous une autre forme : *Celui qui, par le fait d'une prestation qui lui est fournie par un autre, ou qui, de toute autre manière, réalise aux dépens d'autrui une acquisition qui soit sans cause juridique, est obligé à restitution. Cette obligation lui incombe également, lorsque la cause juridique vient à disparaître ou que le résultat qui, d'après le contenu de l'acte juridique, constituait le but visé par la prestation ne se produit pas.* Comme on le voit, c'est toute la théorie de la cause en matière d'actes juridiques qui surgit en quelque sorte sous cette forme nouvelle. On a beau la déclarer inutile ; on ne peut l'éviter, soit qu'elle s'élève, comme chez nous, au point de vue de la validité de l'acte, soit qu'elle se présente, comme en Allemagne et comme dans le droit romain, sur le terrain de l'action en répétition pour enrichissement sans cause. Quel que soit le résultat à en déduire, nullité ou répétition, il faut, quoi que l'on veuille et quoi que l'on fasse, en arriver à définir ce que sera l'absence de cause, ce qui revient à se demander ce qu'est la cause et ce qu'il faut entendre par cause juridique.

Sur ce point, le premier projet, dans son art. 742, avait reproduit, purele projet étudie le principe général, susceptible de comprendre toutes les hypothèses dans lesquelles on fait une prestation en vue

ment et simplement, une théorie très connue de Windscheid, sur la *Prévision* en matière d'actes juridiques, théorie très fine et d'une analyse très délicate, mais théorie purement subjective, laquelle entendait distinguer et comme intercaler, entre la condition proprement dite, ou les clauses formant le contenu de l'acte juridique, et le simple motif individuel, une situation intermédiaire de prévision, laissée en dehors du contenu de l'acte, mais détachée cependant du motif pur et simple. Chaque partie, en effet, même en matière de contrats synallagmatiques, a son but et ses prévisions particulières ; elle peut les faire rentrer dans le contenu juridique de l'acte, et leur donner le caractère d'un *modus* ou d'une condition, résolutoire ou suspensive, peu importe. Lorsqu'il en est ainsi, aucun doute ne saurait exister sur ce qui constitue l'absence de cause. La condition se réalisant, ou venant à défaillir, suivant son caractère, l'acte qu'elle affectait cesse d'être une cause juridique, pouvant servir de justification aux prestations accomplies en exécution des engagements pris par les parties. Mais, il arrivera, le plus souvent, surtout s'il s'agit de contrat synallagmatique, — supposons, par exemple, que ce soit une vente, — que chaque partie garde pour elle ses intentions personnelles sans les faire entrer dans le contenu du contrat, et sans leur ménager par là une sanction juridique, acceptée par avance par l'autre contractant : c'est un simple motif. On a donné, pour bien marquer l'opposition, le double exemple suivant. Une fiancée met son fiancé en possession de ses immeubles, en vue du mariage : cette prévision est, pour tout le monde, une cause juridique, car elle est la condition de la livraison faite. Elle fait partie du contenu juridique de l'acte, peut-être pas de son contenu formel, si le contrat a pris la forme d'un acte abstrait, mais de son contenu réel, le seul qui compte au point de vue de la théorie de l'enrichissement sans cause. Au lieu de cela, elle achète un immeuble en vue de se constituer une dot et de le fournir à titre d'apport : le mariage ne se réalise pas. La vente subsiste, en tant que cause juridique valable : la prévision en vue de laquelle elle avait été consentie, du côté de celle des parties qui jouait le rôle d'acheteur, n'est qu'un motif personnel, qui lui reste purement individuel ; et, si ce motif est déçu, il n'y a rien là qui doive influer sur le sort des prestations faites en vertu de cette cause juridique. Mais, on peut, disait Windscheid, supposer un état de choses intermédiaire. On peut imaginer que le but ou la prévision de l'une des parties n'ait pas été mis dans le contenu, non seulement formel, mais réel, de l'acte, et que cependant ce but ait été déclaré à l'autre comme étant la prévision à laquelle cette partie, dans sa pensée, subordonnait les effets du contrat. Par exemple, que l'on suppose un achat de terrains à bâtir, accepté dans la prévision de l'ouverture d'une rue qui doive en doubler la valeur ; l'acheteur n'a pas fait de cette prévision une condition de la vente. Cependant, il y a eu déclaration, expresse ou tacite, de cette prévision à laquelle il entendait subordonner les effets de l'acquisition. Si cette prévision ne se réalise pas, il n'y a pas nullité ou résolution de la vente, car il ne s'agit pas là d'une clause du contrat, il ne s'agit pas d'une condition résolutoire, et encore moins de l'inexistence d'un des éléments sur lesquels ait porté le consentement des parties. Il ne peut donc être question de nullité pour erreur. La vente subsiste. Mais, de la part de la partie qui aurait fait une prestation sur le fondement de cette vente, il y a absence de cause, parce que le but individuel sous lequel elle avait entendu conclure le marché n'a pas été réalisé, et ce but, elle l'avait déclaré à l'autre contractant. Cela revient à dire qu'elle peut demander de ce chef annulation de la vente et restitution de ce qui aurait été livré en exécution d'une cause qui n'existe plus. Pratiquement, cela conduirait, au lieu d'admettre une résolution de plein droit invocable par les deux parties, à

d'un événement à venir, ou d'un effet de droit, lesquels ne se réa-
lisent pas. C'est sous ce titre, et sous cette longue périphrase, que

introduire un droit à l'annulation, droit purement relatif, et personnel à celle des
parties qui peut établir que le maintien du contrat constituerait pour l'autre un
enrichissement sans cause, réalisé à ses propres dépens. Cet enrichissement,
quant à elle, se trouverait dépourvu de cause juridique. La prévision servant
de but juridique personnel à l'une des parties, bien qu'elle ne constituât pas une
condition formelle du contrat, aurait la valeur d'une cause juridique pour celle
des parties qui l'a eue pour objectif ; et, du moment qu'elle l'eût déclarée à l'autre, l'absence de réalisation du but poursuivi équivaudrait par rapport à l'autre à l'absence de cause, et par suite, sous réserve des preuves à fournir
conformément au droit commun, à l'enrichissement sans cause.

Cette théorie, qui paraît un peu compliquée, lorsqu'on veut l'appliquer aux
contrats synallagmatiques, apparaît des plus simples en matière de contrats
unilatéraux. Une livraison a été faite par quelqu'un qui avait en vue telle
prévision qui ne se réalise pas. Elle n'avait pas fait de ce but une condition
résolutoire de la prestation. Il ne peut donc y avoir lieu à répétition que
sur le fondement de l'enrichissement sans cause ; et toute la question est de
savoir si cette prévision, qui n'est pas entrée dans le contenu du contrat,
pourra cependant avoir le caractère d'une cause juridique. Il faut pour cela
qu'elle se dégage du simple motif individuel ; car, même dans la théorie de
Windscheid, le simple motif n'est jamais une cause juridique. Cette théorie
revenait à admettre, en dehors des clauses comprises dans le contenu réel de
l'acte, des déclarations individuelles des parties, ayant pour effet d'ériger de
simples motifs en cause juridique, de telle sorte que, la prévision, ainsi déclarée, venant à manquer, il y ait lieu à répétition pour enrichissement sans
cause. Et, comme ces sortes de déclarations pouvaient être tacites, on voit
l'incertitude et le danger qui allaient résulter de tout cet excès de psychologie subjective La conséquence pratique eût été celle-ci : le seul fait que l'autre partie aurait, non pas connu, mais dû connaître le motif individuel de
l'autre, eût suffi pour faire de la prévision visée par ce motif la cause juridique
de son acquisition (WINDSCHEID, *Die Lehre des römischen Rechts von der Vo-
raussetzung* (1850) et, pour la littérature du sujet) *Pand.* (1900), I, § 97, p. 435).

Lenel avait victorieusement combattu l'introduction d'un tel subjectivisme
dans les relations juridiques. Le crédit doit reposer sur l'objectivité des contrats, et non sur une analyse psychologique de la volonté. Il avait supérieure-
ment démontré qu'il n'y avait pas de milieu entre le fait de laisser les prévisions individuelles dans la catégorie interne des motifs et celui d'en faire
un élément du contenu de l'acte. La cause ne devait pas se chercher en
dehors du contenu objectif de l'acte juridique. Non pas que ce contenu fût
une catégorie légale et formelle, comme à Rome, où les éléments des contrats, de certains tout au moins, étaient fixés par la loi. Le droit moderne
admet que le contenu d'un acte dépend des parties et ne dépend que d'elles :
aussi bien le contenu formel, lorsqu'il y a contrat abstrait, que le contenu
réel, lorsque, par delà le contrat abstrait, il s'agit de reconstituer l'acte dans
sa totalité. D'une part, le contenu de l'acte n'est délimité que par la déclaration de volonté. L'acte dans son ensemble juridique est ce que les parties
ont voulu qu'il fût. Mais contenu juridique ne veut pas dire contenu psychologique ; la déclaration trace entre les deux domaines une limite objective
infranchissable : sera cause juridique tout ce qui sera au delà, reste un
simple motif tout ce qui est en deçà. La cause ne peut être cherchée que
dans le contenu, non pas légal, mais objectif, de l'acte. C'est là une théorie
respectueuse de la volonté des parties, de toutes les volontés des parties,

le projet annonce la *condictio ob rem*. Nous savons déjà que la *condictio indebiti* n'en est qu'une application particulière, visant le cas où une prestation est fournie en vue d'un effet juridique spécial, l'extinction d'une dette, lequel ne se produit pas, puisqu'il n'y a pas de dette à éteindre. Ce qui reste au domaine de la *condictio ob rem* proprement dite se réfère surtout à l'hypothèse où la cause de la prestation fournie est un événement futur et dont on attend la réalisation, comme par exemple s'il s'agit de donation avec charge, ou d'une façon générale de *datio ob rem*. Il faut, en effet, ne jamais perdre de vue que le transfert de propriété est valable indépendamment de sa cause et que, par conséquent, si l'on a procédé,

pourvu qu'elles se manifestent au moyen de ce qui est l'instrument juridique par excellence, la déclaration de volonté ; mais respectueuse, par là même, du crédit économique et transactionnel, lequel ne connaît que les déclarations objectives des actes, et non leur milieu psychologique (cf. LENEL dans *Archiv für die civilistische Praxis*, t. 74, p. 213-239 ; réponse de WINDSCHEID, *eod. loc.*, t. 78, p. 161-202, et une réplique de LENEL, *eod. loc.*, t. 79, p. 49-107).

Il est facile de voir maintenant que l'art. 742 P[1] ne faisait que reproduire purement et simplement la théorie subjective de Windscheid. La polémique qui eut lieu à cette occasion parvint à ce résultat excellent de triompher des derniers scrupules de la seconde commission ; et, en dépit de son respect pour l'autonomie de la volonté individuelle, elle consacra dans l'art. 737 P[2], devenu l'art. 812 C. civ. al., la théorie objective de Lenel (*Pr.*, p. 689 et seiv.). On eut soin, pour mieux préciser, de parler du but visé par l'auteur de la prestation *en tant qu'il se révèle par le contenu de l'acte juridique* : la cause d'une prestation ne peut, et ne doit, être cherchée que dans le contenu réel de l'acte (cf. SAL., *Décl.*, p. 256 suiv., et PL., p. 575 suiv., p. 579 suiv.). Cela signifie que, même lorsqu'il s'agit de contrat abstrait, et il en est ainsi de tout contrat d'aliénation, le juge a le droit de reconstituer le contenu réel de l'acte, tel qu'il ressort de la déclaration des parties, pris en dehors de la déclaration d'aliénation elle-même. Lorsque les parties aliènent, elles ne font qu'exécuter un acte antérieur, lequel a son contenu spécifié par les déclarations qui lui sont propres. C'est ce contenu de l'acte que le juge doit reconstituer en ramenant à leur unité réelle les éléments divers dans lesquels les parties l'avaient décomposé. Et c'est ce contenu réel de l'acte qui tracera le cercle limité, dans lequel il y aura lieu de chercher ce qui pourra être une cause juridique, en ce qui touche les prestations fournies en exécution de cet acte ainsi reconstitué. Ces causes juridiques ne pourront jamais se trouver au delà, ni pénétrer dans le cercle des motifs, même s'il se fût agi de motifs dont l'une des parties eût formellement déclaré l'importance, à son point de vue tout au moins, à l'autre contractant. C'est une théorie de la cause, analogue à celle que le premier projet voulait admettre comme champ d'appréciation pour le juge en matière d'acte illicite (SAL., *loc. cit* , p. 259 . Cette limite d'investigation, en ce qui touche le droit d'appréciation du juge, a été singulièrement étendue en matière d'actes contraires aux mœurs (SAL., *loc. cit.*, p. 259 suiv.). C'est donc bien en deçà de cette dernière limite qu'il faudra chercher le domaine de la cause, en matière d'enrichissement sans cause. Théorie purement objective, comme on le voit, mais théorie cependant bien autrement large, souple et élastique, que la prétendue théorie de la cause, telle qu'une certaine école classique s'obstine encore à la formuler en droit français sur le terrain de l'art. 1131 C. civ. (SAL., *Décl.*, p. 252 suiv.).

par exemple en matière immobilière, au contrat de transfert, suivi d'inscription aux registres, et que le fait juridique auquel on avait subordonné l'aliénation ne se réalise pas, l'ancien propriétaire n'aura d'autre ressource que l'action personnelle en restitution.

On aurait pu être également tenté d'en étendre l'application au cas de contrat synallagmatique, lorsqu'une des parties s'est exécutée sans que l'autre eût satisfait à ses obligations ; mais l'on sait déjà que, dans la conception adoptée par le projet, la cause de chacune des prestations est plutôt l'existence de la créance elle-même, telle qu'elle appartient à celui qui a fourni sa prestation, que l'obtention effective de l'objet même de cette créance (art. 360). Aussi n'y a-t-il pas, non plus, résolution du contrat pour inexécution de l'obligation. Mais il pourra se faire que l'un des débiteurs paie, alors qu'il ne devait plus rien. Par exemple, l'un des créanciers se trouve libéré par suite de la perte fortuite de ce qui lui était dû, les risques étant pour le débiteur, il ne doit plus rien ; puis, dans l'ignorance de sa libération, il paie son prix (art. 368) : il aura la *condictio ob rem*. Une autre hypothèse plus délicate, en matière de contrat synallagmatique, est celle de l'omission par erreur du droit de rétention. Le créancier qui a payé, alors qu'il aurait pu ainsi s'en dispenser, pourrait-il se faire restituer la chose, afin de la retenir jusqu'à paiement de ce qui lui est dû ? Nous avons déjà fait allusion à la question et indiqué les motifs qui nous portent à croire que les auteurs du projet seraient partisans de l'affirmative (*suprà*, nos 174 et suiv., n° 177). Par exception, la *condictio* sera exclue dans les trois cas suivants (art. 743) : 1° si la cause en vue de laquelle la prestation a été fournie est de telle nature que le paiement doive constituer pour celui qui l'a fait une atteinte aux bonnes mœurs (1) ; 2° si c'est par la faute de celui qui a fait la prestation que la cause a manqué ; 3° si enfin celui-ci savait, lorsqu'il a payé, que la cause qu'il avait en vue ne devait pas pouvoir se réaliser. On voit que la première hypothèse est un cas d'application des règles relatives à la *condictio ob turpem causam*. L'auteur du paiement ne pourrait réclamer ce qu'il s'était fait promettre, il ne peut donc se plaindre de ne pouvoir toucher ce que le droit ne lui permet pas d'obtenir ;

---

(1) Cf. Windscheid, § 428, note 9. Aubry et Rau, § 422 *bis*, note 8. *Contrà* : Colmet de Santerre, V, 49 *bis*, IV. Demolombe, XXIV, 382. Cette exception implique que le droit à répétition subsiste lorsque c'est au contraire de la part de l'*accipiens* qu'il y a atteinte aux bonnes mœurs à avoir touché la prestation à raison du but visé : l'art. 817 C. civ. al. le dit formellement (cf. d'ailleurs art. 747 P¹, *infrà* n° 348).

en d'autres termes, il ne peut fonder sa réclamation sur une cause que le droit annule ou ne reconnaît pas. Seulement, comme il devait prévoir dès le début cette impossibilité d'obtenir par voie de justice ce qu'il attendait de l'*accipiens*, il est censé avoir fait une sorte de contrat aléatoire, duquel résulte la véritable cause qui justifie le maintien de la prestation aux mains de celui qui l'a reçue (1). Enfin, en ce qui touche le montant de la restitution, l'article 744 applique, sinon la lettre, du moins le principe fondamental, des articles 739 à 741, qui règlent la matière relativement à la *condictio indebiti*. L'obligation de restituer ne commencera donc que lorsque la cause devient irréalisable. Jusque-là, l'*accipiens* est propriétaire et a juste motif de croire qu'il le sera toujours ; aussi n'est-il tenu d'aucune obligation de conserver la chose qu'il a reçue. Il devra restituer ce qu'il en reste du jour où naît à sa charge le droit à restitution, à condition encore qu'il eût conscience de ce fait ; pour mieux dire, il devra restituer ce dont son patrimoine s'en trouve enrichi. Il en serait autrement, bien entendu, si, par avance et en esprit de fraude, il avait disposé de la chose, en vue uniquement de rendre impossible la restitution dont il peut être menacé. Si maintenant il est de mauvaise foi, et que par conséquent il ait su dès le début que la cause ne se réaliserait pas, le fait d'avoir accepté le paiement constitue de sa part un délit aux termes de l'article 741 (2) ; de même qu'on le rend responsable aussi de toute perte survenue par sa faute, si cette certitude ne lui est acquise que plus tard, c'est-à-dire au cas de *malafides superveniens* (art. 741, § 2).

347. *Condictio ob causam finitam.* — Le projet traite à part (art. 745) des cas où la prestation a été exécutée sur le fondement d'une cause qui vient à disparaître et qui juridiquement se trouve effacée (3). A cette catégorie appartiendront les cas, assez nombreux, de rescision ou d'annulation ; on pourrait être tenté d'y faire rentrer les hypothèses de résolution avec effet purement obligatoire, comme celui de la résiliation conventionnelle de l'article 426. On sait que la clause de retrait ne produit que des effets personnels et a pour résultat principal de faire naître une obligation de restitution de l'état de choses antérieur. Mais il faut bien se garder d'assimiler les deux hypothèses ; elles diffèrent d'abord au point de vue du fon-

---

(1) Aubry et Rau, § 442 *bis*, note 9.
(2) Cf. n° 345 *in fine* et les notes.
(3) Cf. C. féd., art. 71. Osterr, G. B., § 1435. Säch., G. B., § 1548. — Cf. n° 345 et n° 346.

dement de l'obligation, puisque celle-ci, dans le cas de résiliation, est fondée sur une clause expresse ou tacite du contrat, tandis que la répétition, accordée au cas d'anéantissement de la clause, repose, non sur une convention sous-entendue, bien que quelques auteurs anciens l'aient cru (1), mais sur le fait d'un enrichissement devenu irrégulier. De plus, au point de vue des résultats pratiques, la résiliation oblige à rétablir l'état de choses antérieur, avec tous les accessoires et conséquences que cette formule comporte (art. 427), tandis que la mesure de la répétition, en matière de *condictio*, se limite à l'enrichissement, sous les conditions d'application des articles 739 à 741, telles que nous allons les retrouver ici indiquées.

Nous serions tentés d'en dire autant au cas de terme et de condition résolutoires (art. 129 et 142), lesquels reposent également sur une manifestation de la volonté, et non sur un pur fait d'enrichissement, et qui également doivent avoir pour effet de rétablir un état de choses antérieur, plutôt que de faire restituer ce dont on se trouve irrégulièrement enrichi. La question se trouve, d'ailleurs, fort réduite d'importance dans la théorie du projet qui, tout en rejetant la rétroactivité de la condition (art. 128 et 129), accepte le rétablissement de plein droit de l'état de choses antérieur (2). Ainsi, par exemple, au cas de transfert de propriété sous condition résolutoire, et à supposer que la condition ait été mentionnée aux registres fonciers (cf. art. 337 et art. 135) (3), si la condition se réalise, et alors même que la chose eût été retransférée à un tiers, la propriété revient de plein droit, bien que sans effet rétroactif, à celui en faveur de qui s'opère la résolution (art. 871, 843). Ce dernier n'a donc pas seulement une action personnelle en rétrocession, comme on le proposait (4) et comme cela se présente au cas de résiliation conventionnelle (art. 426), il est redevenu propriétaire et a la revendication. Seulement l'action personnelle existera encore forcément, s'il s'agit de prestations autres qu'un transfert de propriété ayant pour objet un corps certain susceptible de conserver son individualité. Mais on rangera alors sûrement dans cette catégorie, c'est l'article 746 qui le dit expressément, les cas de prestation fournis à la suite d'un jugement exécutoire par provision et qui vient à être

(1) Cf. Windscheid, § 423, note 13.
(2) Cf. *Motifs,* I, p. 253, et le compte rendu de M. Bufnoir (*Bulletin*, 1889, p. 160).
(3) Cf. *Motifs,* III, p. 218, note 2.
(4) Cf. *Motifs,* I, p. 253. — Cf. Säch., G. B., §§ 112, 875, 1109. — A. L. R., 1, 4, §§ 115, 116. — C. féd., art. 174.

cassé et autres hypothèses analogues qu'indique la fin de l'article.

Ici encore il fallait, après avoir indiqué les conditions et les cas d'application de la *condictio*, en régler les effets. C'est ce que fait le second paragraphe de l'article 745, en renvoyant aux articles 737 à 741, sous réserve du § 3 de l'article 737 et du § 1er de l'article 741, qui se trouvent écartés. Le premier est celui qui fait allusion à l'exclusion de la *condictio indebiti*, pour ce motif que l'auteur du paiement avait agi en connaissance de cause ; et le second est celui qui traite comme coupable d'un véritable délit civil celui qui a reçu le paiement, sachant la dette existante et l'autre partie dans l'erreur. Il ne pouvait être question en effet d'écarter la *condictio* pour la raison que l'auteur de la prestation avait pu prévoir la disparition de la cause en vertu de laquelle il la fournissait, tout au plus pourrait-on l'exclure alors en tirant de ce fait une preuve de confirmation, à supposer celle-ci recevable ; mais ce serait toute une autre question. Encore moins, si l'*accipiens* a de son côté prévu cette même éventualité, pouvait-on le déclarer pour ce fait tenu d'un délit civil. En cette matière, il n'y a pas de mauvaise foi initiale, comme disent les motifs (1), il ne peut y avoir qu'une mauvaise foi survenue après coup, laquelle résultera de la connaissance acquise de la disparition de la cause, et ses effets seront ceux de l'article 741, § 2, de fonder une obligation de restitution, entraînant celle de surveillance et conservation. Il en résultera que la mesure de la rétrocession ne sera pas limitée à l'enrichissement actuel. Nous renvoyons à ce que nous avons dit à propos de la *condictio indebiti*. Mais, de ce que le seul fait de la prévision des chances d'annulation ou de résolution du titre qui sert de cause au paiement ne suffit pas à fonder le délit civil, il n'en faudrait pas conclure que l'*accipiens* ne pourrait jamais être coupable de délit, par exemple au cas de violence de sa part, de dol, ou de fraude en général, conformément aux principes généraux : l'article 745 *in fine* le dit expressément.

348. *Condictio ob turpem causam.* — L'article 747 réserve le droit à la répétition si le fait d'avoir accepté la prestation constitue, pour celui qui l'a reçue, un fait contraire aux mœurs. S'il y avait immoralité des deux côtés, aussi bien dans le fait du *solvens* d'avoir payé que dans celui pour l'autre d'avoir accepté le paiement, la répétition serait exclue. Le caractère d'immoralité peut se référer tout aussi bien à une cause passée qu'à une cause future, par

(1) *Motifs*, II, p. 847.

exemple si le *solvens* a voulu rémunérer des services passés et qu'i
ne soit pas bienséant, dans le sens de la *turpis causa* des Romains,
pour l'*accipiens*, de recevoir ce qu'on lui offre. Restait à régler la
responsabilité de ce dernier par rapport à l'obligation qui lui incombe
de restituer ce qu'il a reçu. Il ne pouvait être question de le déclarer tenu d'un délit civil, comme il est dit à l'article 741, § 1 ; on
l'assimile alors à celui qui a reçu l'indû de bonne foi, et qui n'apprend qu'après coup l'irrégularité de la prestation, ce qui est le cas
de *mala fides superveniens* (art. 741, § 2).

349. *Condictio sine causa proprement dite* (art. 748) (1). —
Le projet termine le titre consacré aux *condictiones* par le principe
général que le fait d'avoir en mains une chose acquise sans titre juridique, de quelque façon que cela soit arrivé (*Sonstiges grundloses
Haben*), donne lieu à l'exercice d'une *condictio* ; et il la désigne sous
l'expression générique de *condictio sine causa*, sinon le projet qui
s'ingénie à ne parler qu'allemand, du moins les motifs. On a voulu la
distinguer des autres *condictiones* créées en vue d'espèces particulières et portant un nom spécial. Or, il se trouve que les *condictiones*
spéciales que nous venons de parcourir comprennent tous les cas
d'enrichissement sans cause provenant du fait de celui au détriment
duquel il s'est opéré, ou, tout au moins, de sa volonté en tant qu'elle
n'est pas frappée d'incapacité, de sorte que notre *condictio sine causa*,
au sens étroit que lui donne le projet, va se trouver restreinte aux
hypothèses d'enrichissement sans cause, procuré indépendamment
de la volonté de celui à l'encontre duquel il s'est réalisé, ou, tout
au moins, s'il provient de lui, provenant d'une volonté considérée
comme inefficace et frappée d'incapacité juridique : ce sont les deux
cas prévus par l'article 748.

Un mot suffit, pour ce qui est de la seconde hypothèse. On suppose un acte fait par un incapable ; il en résulte une acquisition réalisée à son détriment et non consentie par son ou ses représentants
légaux. En principe, il sera resté propriétaire et pourra revendiquer
(cf. art. 64 et suiv.) ; mais encore faut-il que la revendication soit
possible. Si la chose a été consommée, ou qu'il s'agisse de prestation de services, il ne peut y avoir lieu qu'à une action personnelle
en restitution de l'enrichissement procuré ; et cette action sera la
condictio sine causa.

La première hypothèse est bien plus délicate : il s'agit de celui

(1) Cf. n°ˢ 345 et 346 et les notes.

qui s'est enrichi sans cause aux dépens d'autrui, mais sans la participation d'autrui. Il faut supposer assurément que la propriété, s'il s'agit d'un objet corporel, n'en soit pas restée à celui qui la réclame, sinon il ne saurait être question d'enrichissement ; il n'y aurait pas eu transfert de droit, ni acquisition par un patrimoine aux dépens d'un autre. Il n'y a donc pas à songer à celui qui acquiert une chose d'un non-propriétaire, puisqu'en principe, et sauf les règles spéciales en matière mobilière, il n'en devient pas propriétaire. Mais on peut imaginer qu'il s'agisse de choses qui ne conservent pas leur individualité, ou que l'*accipiens* a consommées ; ou encore, si ce sont des meubles, des objets qu'il a retransférés à un tiers de bonne foi auquel la propriété en ait été acquise en vertu des règles sur la transmission des meubles, tandis que l'aliénateur en aura reçu le prix. Dans tous ces cas, et mettant à part l'hypothèse d'un délit civil, il y a enrichissement sans cause, réalisé, nous le supposons, sans la participation ni la volonté de l'intéressé : il y aura lieu à *condictio*. Nous supposons, pour construire l'hypothèse, qu'il y a perte d'un droit au profit d'autrui, et cette perte a procuré un enrichissement irrégulier à quelqu'un ; celui-ci sera tenu à restitution. Seulement, cet enrichissement, et par suite la perte du droit, peuvent provenir d'un simple fait, sans que la loi ait prévu et sanctionné la déchéance dont le titulaire du droit va être victime. Ce sera, si l'on veut, un vol de denrées, et le voleur consomme ou revend les objets volés. La perte que subit la victime du vol ne repose assurément pas sur une disposition légale ; il peut se faire, au contraire, que la perte repose sur une prescription de la loi et soit consacrée ou consommée par la loi elle-même ; le cas de prescription acquisitive en est l'exemple le plus frappant. Or, il peut arriver que la loi, tout en déclarant le droit perdu pour l'ancien titulaire, ait pu ne pas vouloir lui en faire perdre la valeur ; mais on conçoit aussi qu'elle ait entendu lui imposer, une perte sèche, sans compensation. Ainsi, au cas d'acquisition par voie d'accession, confusion et autres éventualités de ce genre, le projet oblige l'acquéreur à désintéresser l'ancien propriétaire de la chose (art. 897) ; au contraire, il va de soi qu'en matière de prescription acquisitive, en matière d'acquisition d'un meuble fondée sur la bonne foi de l'acquéreur (art. 877), ou bien encore, s'il s'agit des fruits acquis au possesseur de bonne foi (art. 900), il ne pouvait être question d'obliger celui au profit de qui ces dispositions ont été édictées à rendre la valeur de ce qu'on lui attribue ; c'eût été lui faire subir, sous une autre forme, la perte à laquelle on veut le soustraire. Il pouvait donc y avoir, dans tous les cas où la loi a posé elle-même le principe d'un transfert du droit d'autrui, une question d'appréciation délicate sur le point de savoir si elle entendait que la perte du droit constituât une perte économique pour le patrimoine d'autrui, et par suite une perte de la valeur ainsi disparue. Le projet a pensé qu'il eût été dangereux d'en laisser la décision à l'interprétation, et pose en règle que, si l'enrichissement réalisé sous forme d'acquisition du droit d'autrui repose sur une prescription légale, on doit présumer que ce titre d'acquisition est une cause régulière d'enrichissement ; dans le doute, la *condictio* sera exclue, et on ne pourra répéter la valeur de ce qui a été perdu. Cette réserve s'appliquera, sans hésitation, aux cas de prescription et d'acquisition sur le fondement de la bonne foi ; nous en avons déjà parlé. Dans d'autres hypothèses, la loi a prévu elle-même le droit à répétition, et par suite l'application de la *condictio*, par exemple au cas d'accession, mélange, confusion (art. 897) et lorsqu'il s'agit d'acquisition de la propriété en matière de choses perdues (art. 922) (1).

C'est donc pour les hypothèses au sujet desquelles la loi ne s'explique pas que la présomption d'un titre légitime d'enrichissement est posée par l'article 748 ; mais ce n'est qu'une présomption, et il y a telle ou telle éventualité où la preuve contraire ressortira des faits eux-mêmes. Les motifs citent l'exemple du débiteur qui, après cession de la créance, paie à l'ancien créancier, de telle sorte que ce paiement soit libératoire dans les conditions indiquées par la loi (art. 304-306). La créance est perdue pour le cessionnaire et le débiteur libéré, il y a aussi enrichissement pour le cédant qui a touché ce qu'il ne devait pas recevoir, et cet enrichissement, tant pour le débiteur que pour l'ancien créancier, repose sur une disposition légale. Il va de soi cependant que pour ce dernier la présomption de légitimité du titre ne sera pas admise (2). Il résulte de là que, pour l'application de la règle, il faut supposer une disposition légale relative à un transfert de droit. Ainsi, par exemple, un juste titre d'acquisition, émanant d'un non-propriétaire, ne serait un juste titre d'enrichissement que dans le cas où la

---

(1) Le projet admet, en effet, que celui qui a trouvé un objet et en a fait la déclaration à la police en acquiert la propriété après un certain délai et sous certaines conditions et formalités (art. 918 et 921). Mais il est comptable de l'enrichissement qu'il en a retiré (art. 922). — Voir, pour ce qui est du Code civil al. toute la réglementation minutieuse et intéressante des art. 973 et suiv.

(2) *Motifs*, II, p. 852-853.

loi consomme le transfert du droit et déclare l'acquéreur propriétaire définitif. En règle générale, le simple titre d'acquisition, inefficace pour défaut de droit, rentre dans les cas d'enrichissement réalisé sans la participation de celui à qui le droit appartient ; et il va de soi que, vis-à-vis de ce dernier, l'enrichissement n'a pas de cause, du moins en principe et tant qu'il n'y a pas usucapion réalisée. La question n'a pas d'importance en ce qui touche le fond du droit, tant que le *verus dominus* reste propriétaire ; mais elle peut en avoir, s'il s'agit de choses qui se consomment, et en admettant que le possesseur ne les ait pas acquises conformément aux règles sur l'acquisition des meubles par le seul effet de la bonne foi (art. 877). Elle peut en avoir aussi par rapport à l'enrichissement retiré de l'usage de la chose (1) ; nous ne parlons pas des fruits qui sont déclarés acquis au possesseur de bonne foi par la séparation (art. 900). Mais, en dehors des fruits, il pouvait y avoir enrichissement reposant uniquement sur le titre d'acquisition et la question de répétition se posait. Le projet l'a tranchée, en déclarant que la bonne foi sera dans ce cas une juste cause d'acquisition des fruits, et l'article 930 décide que le possesseur de bonne foi de la chose d'autrui n'aura pas à restituer les profits qu'il en a retirés. Telles sont, les principales hypothèses pour lesquelles le projet se soit exprimé par voie de dispositions spéciales. Pour celles qui ne rentreraient pas dans ces catégories légales, il pourra y avoir lieu à difficulté sur le fait de la régularité du titre et le point de savoir s'il y a juste cause d'enrichissement à l'encontre de celui aux dépens de qui il s'est produit ; mais la présomption de l'article 748 sera de nature à écarter les plus grosses difficultés.

La dernière partie de l'article 748 traite des effets de la *condictio sine causa* et lui applique les règles de la *condictio ob causam finitam*, c'est-à-dire les articles 737 à 745, moins le dernier paragraphe de l'article 741 (cf. *suprà*, n° 347). La seule question qui pouvait se poser était de savoir si l'acquéreur de mauvaise foi ne devait pas être considéré comme tenu d'un délit civil et soumis par conséquent aux dispositions du paragraphe 1er de l'article 741 (2). Il pourra, en effet, arriver très souvent que celui qui s'est enrichi de la sorte aux dépens d'autrui se soit procuré cet enrichissement par la voie d'un délit, comme par exemple au cas de spécification opérée par qui savait pertinemment qu'il s'agissait de la chose

---

(1) Cf. Windscheid, § 422, note 8.
(2) Cf. Säch., G. B., § 1550, C. féd., art. 73.

d'autrui Mais l'existence d'un délit n'est pas forcée et personne ne soutiendra que celui qui va profiter de l'avulsion, bien qu'il sache parfaitement qu'il acquiert sans cause la propriété d autrui, ait commis à l'égard de ce dernier aucun délit civil. Or, comme le délit ne se présume pas, l'article 748 n'applique à celui qui s'est enrichi, connaissant l'irrégularité de la cause, que les règles relatives à la responsabilité de l'*accipiens* qui n'apprend qu'après coup l'inexistence de la dette pour laquelle il a reçu paiement, autrement dit qui se trouve responsable en raison seulement de sa *mala fides superveniens*. On traitera de même celui qui, dès le début, se sera enrichi aux dépens d'autrui, sachant qu'il s'agissait d'enrichissement irrégulier. Seulement, il va de soi que l'intéressé pourra toujours prouver le délit et en invoquer les conséquences s'il réussit à l'établir.

TABLE MÉTHODIQUE

LAVAL. — IMPRIMERIE L. BARNÉOUD ET Cⁱᵉ.

DE LA POSSESSION DES MEUBLES
ÉTUDES DE DROIT ALLEMAND ET DE DROIT FRANÇAIS
par RAYMOND SALEILLES

Professeur à la Faculté de Droit de l'Université de Paris.

1907, 1 vol. in-8 . . . . 9 fr.

TRAITÉ DE DROIT CIVIL COMPARÉ
par ERNEST ROGUIN

Professeur à la Faculté de Droit de Lausanne.

Sept volumes parus :

Le mariage. 1904, 1 vol. in-8 . . . . 10 fr.
Le régime matrimonial. 1905, 1 vol. in-8 . . . . . 10 fr.
Les successions. 1908-1912, 5 vol. in-8 . . . . . . 50 fr.

LA RÉFORME DE LA LÉGISLATION CIVILE
par FRANCESCO COSENTINI

Professeur à l'Université Nouvelle de Bruxelles.

1913, 1 vol. in 8 . . . . 20 fr.

MANUEL DU DROIT CIVIL SUISSE
par

V. ROSSEL	F.-H. MENTHA
Professeur à l'Université de Berne.	Prof. à l'Université de Neufchâtel.

Tome I. — Introduction. Titre préliminaire. Droit des personnes.
Droit de la famille. Des successions. 1910, 1 vol. in-8 . 12 fr.
Tome II. — Des droits réels. Titre final. Lois et ordonnances complémentaires. Tables. 1911, 1 vol in-8 . . . . . . 10 fr.
Tome III. — Code révisé des obligations. 1912, 1 vol. in-8. 15 fr.

TRAITÉ ÉLÉMENTAIRE DE DROIT CIVIL
par MARCEL PLANIOL

Professeur à la Faculté de Droit de l'Université de Paris.

Tome I. 6e édition, 1911 . . . . 12 fr. 50
Tome II. 6e édition, 1912 . . . . 12 fr. 50
Tome III. 6e édition, 1913 . . . . 12 fr. 50

LAVAL. — IMPRIMERIE L. BARNÉOUD ET Cie.

www.ingramcontent.com/pod-product-compliance
Lightning Source LLC
Chambersburg PA
CBHW031612210326
41599CB00021B/3158